WEBSTER'S
NEW WRLD™
575+ Italian Verbs

WEBSTER'S NEW WORLD™

575+ Italian Verbs

by Laura Soave

WILEY

Wiley Publishing, Inc.

For general information on our other products and services or to obtain technical support, please contact our Customer Care Department within the U.S. at 800-762-2974, outside the U.S. at 317-572-3993, or fax 317-572-4002.

Wiley also publishes its books in a variety of electronic formats. Some content that appears in print may not be available in electronic books. For more information about Wiley products, please visit our web site at www.wiley.com.

Library of Congress Cataloging-in-Publication Data:

Soave, Laura.
    Webster's new world 575+ Italian verbs / by Laura Soave.
        p. cm.
            ISBN-13: 978-0-471-74829-8 (pbk.)
            ISBN-10: 0-471-74829-3
1.   Italian language—Verb. 2. Italian language—Idioms. I. Title: 575+ Italian verbs. II. Title: Webster's New World 575 plus Italian verbs. III. Title: 575 plus Italian verbs. IV. Title.
    PF1271.S63 2006
    458.2'421—dc22
                                    2005034542
ISBN-13 978-0-471-74829-8

ISBN-10 0-471-74829-3

Manufactured in the United States of America
10 9 8 7 6 5 4 3 2 1

ACKNOWLEDGMENTS

A number of people supported and contributed to this project. At Wiley, Roxane Cerda, who initiated and entrusted it to me; Christina Stambaugh, who continued the work; and the great editors with whom I worked. My deepest thanks to Elizabeth Kuball for her invaluable editing skills and to the technical editor, Jonathan Hiller, for his precious, critical comments and suggestions. At the School Lorenzo de' Medici, I would like to thank the President, Fabrizio Guarducci, and Beatrice Scaffidi, for their complete support.

DEDICATION

To Daisaku Ikeda, mentor of peace

. . . and to the newborn Giulia, who arrived with the completion of this book!

TABLE OF CONTENTS

INTRODUCTION

W*ebster's New World 575+ Italian Verbs* is an invaluable tool that well help you master Italian verbs and acquire an in-depth command of the Italian language. This book provides a quick and easy reference to 575 of the most frequently used Italian verbs. The verbs are fully conjugated, with straightforward examples that illustrate their everyday, colloquial, and idiomatic usage. The examples display a variety of different moods and tenses and are translated into English. *Webster's New World 575+ Italian Verbs* is divided in three distinct sections: Verb Usage Review, which fosters an in-depth understanding of the Italian verb system, its regular and irregular conjugations, and the usages of the moods and tenses; verb charts, with 575 fully conjugated verbs and numerous example sentences translated into English; and four appendices with 1,500 fully cross-referenced Italian verbs, an irregular verbs index, a verb-preposition list, as well as an essential index of English and Italian verbs.

Verb Usage Review

This section provides a comprehensive review of Italian verbs. It helps you understand the Italian verb system and how it differs from the English verb system. It also offers suggestions that will help you memorize the regular and irregular conjugations, as well as the use of the correct mood and tense.

The "Subject Pronouns" section introduces the Italian subject pronouns and their corresponding English subject pronouns. Being able to use the correct pronoun and/or its corresponding verb form, in any context, is essential. Unlike in English, Italian verb endings almost always vary from subject to subject. Each verb chart is divided into two columns:

Singular	*Plural*
io (I)	*noi* (we)
tu (you)	*voi* (you)
lui (he), *lei* (she), *Lei* (you, formal)	*loro* (they)

The "Basics on Verbs" section helps you identify the basic structure of an Italian verb, root, and verb ending, as well as recognize the main groups into which Italian verbs are classified.

The "Italian Moods and Tenses" section explains what Italian moods and tenses are. To help you quickly identify which mood and tense to use when translating from English, it shows how the seven Italian moods and their simple and compound tenses relate to those in English. The "Compound Tenses" section supplies the necessary tools to form a compound tense: how the past participle is formed, and how to choose the appropriate auxiliary verb.

The "Indicative Mood" section explains when to use its four simple and four corresponding compound tenses. Examples of the usage of these tenses are provided.

The formation of each tense is thoroughly discussed, illustrating the regular conjugation, the spelling changes (if any), and the irregularities. When it is possible, a pattern of irregularity is provided, in order to help you understand the irregular forms.

The "Conditional Mood" section explains how to form and when to use the present (or simple) conditional and its correspondent compound tense, the perfect conditional.

The "Subjunctive Mood" section explains when to use (and when not to use) the subjunctive mood. The subjunctive mood conveys the opinions and attitude of the speaker. It expresses uncertainty, doubt, possibility, or personal feelings rather than fact. The verbs that prompt the use of subjunctive are listed in a quick and easy reference. Then the various forms of the subjunctive, its present and its corresponding compound tense, the present perfect, and the imperfect and its corresponding compound tense are presented.

The "Imperative Mood" section is on the formation and use of the formal and informal forms of the imperative, the mood used to express commands, exhortations, and suggestions.

The "Nonpersonal Forms" section discusses the formation and uses of infinitives and gerunds. The focus is on the construction *stare* + gerund.

Reflexive verbs are more common in Italian than in English, and the "Reflexive Form" section is dedicated to understanding how to conjugate reflexive verbs and how Italian reflexive verbs are translated into English.

The Verb Usage Review ends with the "Impersonal Verbs" section, covering verbs that require special constructions, such as *piacere* (to like), and the uses of certain verbs for which the meaning is changed based on the particular tense that is used: *dovere, potere, volere,* and the conditional sentences.

Verb Charts

The verb charts section has 575 fully conjugated verbs listed in alphabetical order, by their infinitive. Each chart identifies the infinitive and its English meaning(s), the auxiliary verb it uses to form compound tenses, the past participle, the gerund, and the imperative forms. Then each verb is shown in its simple and compound tenses. Each chart is followed by three or more example sentences in Italian, translated into English showing the meaning of the specific verb and the usage of the tenses. Some verbs include a note. For example, if the verb has a reflexive counterpart, the note before the examples explains the reflexive use of the verb and the reflexive pronouns are shown. The note also indicates if the verb requires a particular preposition or any other particular issue related to the use of the verb.

See the following chart for an example of the different parts of the verb charts and what they mean.

andare

to go

Auxiliary verb: essere **Past participle:** andato **Gerund:** andando
Imperative: (tu) va'/vai (non andare); (Lei) vada; (noi) andiamo; (voi) andate; (Loro) vadano

Mode	Simple Tenses		Compound Tenses	
	Singular	Plural	Singular	Plural
	Present		**Present Perfect**	
Indicative	vado	andiamo	sono andato/a	siamo andati/e
	vai	andate	sei andato/a	siete andati/e
	va	vanno	è andato/a	sono andati/e
	Imperfect		**Past Perfect**	
	andavo	andavamo	ero andato/a	eravamo andati/e
	andavi	andavate	eri andato/a	eravate andati/e
	andava	andavano	era andato/a	erano andati/e
	Past Definite		**Past Anterior**	
	andai	andammo	fui andato/a	fummo andati/e
	andasti	andaste	fosti andato/a	foste andati/e
	andò	andarono	fu andato/a	furono andati/e
	Future		**Future Perfect**	
	andrò	andremo	sarò andato/a	saremo andati/e
	andrai	andrete	sarai andato/a	sarete andati/e
	andrà	andranno	sarà andato/a	saranno andati/e
Subjunctive	**Present**		**Present Perfect**	
	vada	andiamo	sia andato/a	siamo andati/e
	vada	andiate	sia andato/a	siate andati/e
	vada	vadano	sia andato/a	siano andati/e
	Imperfect		**Past Perfect**	
	andassi	andassimo	fossi andato/a	fossimo andati/e
	andassi	andaste	fossi andato/a	foste andati/e
	andasse	andassero	fosse andato/a	fossero andati/e
Conditional	**Present Conditional**		**Perfect Conditional**	
	andrei	andremmo	sarei andato/a	saremmo andati/e
	andresti	andreste	saresti andato/a	sareste andati/e
	andrebbe	andrebbero	sarebbe andato/a	sarebbero andati/e

Note: If *andare* is followed by another verb ("to go dancing"), the sequence *andare* + *a* + infinitive is used. *Andare* is conjugated, and the second verb is used in the infinitive (see the fourth example below). A means of transportation used with *andare* is preceded by the preposition *in*; when *andare* is followed by the name of a country, the preposition *in* is used; when it is followed by the name of a city, *a* is used (see the third example below). When it is followed by the name of a person, *da* is used (see the fifth example below).

EXAMPLES

Dove vai stasera?	Where are you going tonight?
Lo scorso fine settimana siamo andati al mare.	Last weekend we went to the beach.
Vado a Roma in macchina.	I go to Rome by car.
Andiamo a ballare il giovedì.	We go dancing on Thursdays.
Domani andrà dal dottore.	Tomorrow he is going to the doctor.
Ti va un caffè?	Would you like a coffee?

Knowing the appropriate auxiliary verb—either *avere* or *essere*—is essential when forming the compound tenses of the verb.

The past participle is used with either *avere* or *essere* to form compound tenses. It may also be used to form the passive voice and as an adjective or noun.

The gerund is used to form the progressive tenses with the verb *stare*. The gerund is one of the Italian verb forms corresponding to the English –ing form.

The imperative is used for giving commands and orders. It can be expressed formally and informally. The negative imperative of the *tu* form of a reflexive verb has two forms. The pronoun can precede the verb or can follow it. The verb chart shows the second option but both are possible. (See the "Reflexive Verbs" section of the Verb Usage Review for a detailed explanation.)

The indicative mood is the most commonly used in everyday conversation to express or indicate facts in the past, in the present, and in the future.

The use of present perfect is preferred to the use of the past definite. The past definite is mainly used in literature.

The past anterior is very rarely used currently.

The imperfect tense is not a tense in English but it has English equivalents.

The subjunctive is mainly used in subordinate clauses and it is prompted by the use of certain verbs of emotion, volition, or doubt.

For some verbs, a note is included on reflexive usage, preposition requirements, and so on.

Appendix of Additional Verbs

The Appendix of Additional verbs contains over 1,500 Italian verbs with a quick reference to a fully conjugated verb in the verb charts with an equivalent conjugation.

Appendix of Irregular Verbs Forms

The Appendix of Irregular Verb Forms helps you to identify the infinitive of irregular verb forms that are different in appereance from the infinitive and may, therefore, be difficult to recognize.

Appendix of Verbs Used with Prepositions

This appendix provides a quick-reference list of verbs that require certain prepositions. It indicates which prepositions are required when using the selected verbs.

English-Italian Verb Index

This index lists, in alphabetical order, English verbs followed by their Italian translation. A reference to the fully conjugated verb or a verb that has an equivalent conjugation is also given.

VERB USAGE REVIEW

This section provides a comprehensive review of Italian verbs to foster an in-depth understanding of the Italian verb system: the regular and irregular conjugation of the verbs, the usages of the moods and tenses, and how it differs from the English verb system. The formation and use of each mood and tense is discussed thoroughly, illustrating the regular conjugation, the spelling changes (if any), and the irregularities.

Subject Pronouns

Proper verb conjugation requires an understanding of subject pronouns and how they're used. Subject pronouns are words that take the place of subject nouns:

>Geir is Norwegian. He lives in Trondheim.

In the preceding example, the pronoun "He" replaces the name "Geir" in order to avoid repetition. Table 1 shows the most common Italian subject pronouns and their corresponding English subject pronouns.

Table 1 Italian and English Subject Pronouns

Person	Singular		Plural	
	Italian	*English*	*Italian*	*English*
First person	io	I	noi	we
Second person	tu	you (informal)	voi	you
	Lei	you (formal)	Loro	you (very formal)
Third person	lei	she	loro	they
	lui	he		

In English, subject pronouns are always used with verb forms, for example "I go," "you have." The verb form itself—go—does not identify the subject: It could be "I go," "you go," "we go," or "they go," just as it could be "I have," "you have," "we have," or "they have." Unlike English, in Italian the verb ending is different for each person in the majority of verb tenses, so the verb ending itself identifies the subject. For this reason, subject pronouns are superfluous, and they are normally omitted when the verb is expressed.

Vado a Roma.	I <u>go</u> to Rome.
Vai a Roma.	You <u>go</u> to Rome.

In the preceding examples, the verb form *vado* includes the information that the subject is "I." Understanding which subject pronoun is needed, however, whether or not you choose to use it, enables you to correctly conjugate a verb in any tense.

Note the following about the use of subject pronouns and their corresponding verb forms:

- Note that *io* ("I") is not capitalized unless it begins a sentence. In case of coordinated subjects, if a third person is conjoined with *io* or *noi,* the *noi* form of the verb must be used as in the last example below:

Io abito a Firenze, e tu?	I live in Florence, what about you?
Noi abitiamo a New York.	We live in New York.
Io e Carlo abitiamo a Roma.	Carlo and I live in Rome.

- When speaking to someone there are four ways to express the English "you" according to how many people are being addressed and the level of formality:

  ○ **When addressing one person,** use:
  Tu and/or its corresponding verb form in an informal setting, including relatives, friends, fellow students, children, and people with whom you are on a first-name basis. For example:

Tu sei fantastico.	You are terrific.

  Lei in a formal situation for a person (male or female) you do not know well or a person to whom you wish to show respect. The corresponding verb form for polite form, *Lei,* is the third-person singular *(lei),* the same as "she." *Lei* means, therefore, both "you (formal)" (male or female) and "she." In writing the polite form, *Lei* is often capitalized in order to distinguish it from *lei* ("she").

Marta, anche <u>tu</u> studi l'italiano?	Marta, do <u>you</u> study Italian too?
Signora Rossi, anche <u>Lei</u> studia l'italiano?	Mrs. Rossi, do <u>you</u> study Italian too?
Signor Rossi, anche <u>Lei</u> studia l'italiano?	Mr. Rossi, do <u>you</u> study Italian too?
Anche lei studia l'italiano.	She, too, studies Italian.

  ○ **When addressing two or more people,** use:
  Voi both in formal and informal situations.

Che cosa prendete (voi)?	What are you having?

  The use of *Loro* to address two or more people in a formal way is restricted to extremely formal situations and is rarely used today.

- *Lui* and *lei* mean "he" and "she," respectively. In formal literary language, the forms *egli* ("he") and *ella* ("she") can be used.
  The subject pronoun "it" (and the plural form "they" when the reference is to animal and inanimate things) usually is not stated in Italian.

È vero.	It is true.
I quadri di Marsha? Sono bellissimi!	Marsha's paintings? They're beautiful!

The Basics on Verbs

In Italian, most verb forms have the following basic structure:

root + grammatical ending

Except in some irregular verbs, the root or stem generally does not change and expresses the meaning of the verb. The ending, added to the infinitive stem, conveys important information including:

- **Person:** Who or what is doing the action
- **Mood:** The attitude or disposition of the speaker toward the sentence
- **Time:** When the action takes place

For example, *canto* ("I sing") consists of the root *cant,* which conveys the meaning "sing," and the ending *o,* which expresses present tense, "I" form. Therefore, *canto* means "I sing" (present tense, "I" form).

In the dictionary, you'll find the verb listed under its infinitive form. In English the infinitive consists of "to" + verb, for example "to speak" or "to talk." In Italian, the infinitive form is one word consisting of: stem + infinitive ending. Italian regular verbs are divided into three groups according to the ending of the infinitive form. These groups are also called first, second, and third conjugations. The infinitive regular endings are *–are, –ere,* and *–ire,* as shown in Table 2.

Table 2 The Italian Regular Infinitive

Infinitive	Stem or Root	Infinitive Ending	Conjugation
parlare ("to talk")	*parl–*	*–are*	first
vedere ("to see")	*ved–*	*–ere*	second
dormire ("to sleep")	*dorm–*	*–ire*	third

Therefore, the infinitive indicates to which group the verb belongs. By dropping the infinitive ending, you have the root of the verb. Why is it so important to know which group a verb belongs to? Because each group has its own set of endings that are added to the root and vary according to the subject, the tense, and the mood. If, therefore, you memorize the pattern of the *–are* group, you know the pattern for every regular verb within that group: *parlare* ("to speak"), *cantare* ("to sing"), *abitare* ("to live"), and so on. The great majority of *–are* verbs are regular. The first step in mastering Italian verbs is to become familiar with the regular endings.

To help you out, the endings of four regular verbs are highlighted in bold in order to facilitate their identification. The model verbs are: *parlare, credere, finire,* and *partire.*

Irregular verbs are called irregular because they don't follow the pattern of the conjugation to which they belong or because they have a change in the stem.

Minor spelling changes don't make a verb irregular. For example, verbs belonging to the *–are* group that end in *–care, -gare,* or *-iare* undergo internal spelling changes in certain tenses to preserve the hard or soft sound of the conjugated verb form (*c/ g + a, o, u* hard sound, as in "cat", "golf"; *c/g + i, e* soft sound as in "george", "cello"). There are no spelling changes in the second and third group.

You should memorize the irregular verbs. Only four *–are* verbs, and their compounds, are irregular. They are *andare, dare, fare,* and *stare.* The majority of irregular verbs belong to the *–ere* group. Some verbs are irregular in only some tenses, and there are "families" of irregularities. When it is possible, a pattern of irregularity will be provided, in order to facilitate the acquisition of the irregular forms.

Italian Moods and Tenses

In Italian, there are seven moods. The four definite moods *(modi finiti)* are the:

- **Indicative:** The most commonly used mood in everyday conversation. It is used for ordinary statements and questions.
- **Conditional:** The conditional mood allows a softening of the tone of a request or advice and it expresses what would happen under certain circumstances.
- **Subjunctive:** Whereas the indicative is used to express or indicate facts, the subjunctive mood conveys the opinions and attitude of the speaker. The subjunctive often follows verbs such as *pensare* ("to think").
- **Imperative:** The imperative gives a command.

The three "indefinite moods" or "non personal forms" *(modi indefiniti)*, in which the subject remains undefined, are the:

- **Infinitive**
- **Gerund**
- **Participle**

Tense can be simple or compound. The simple tenses consist of one word. Table 3 shows the simple tenses and their equivalents in English of the verb *parlare* ("to talk"). Note that the Italian tenses might have two equivalent English translations.

Table 3 The Simple Tenses

Italian		English			
Indicativo presente	io parlo tu parli lui/lei/Lei parla noi parliamo voi parlate loro parlano	Present Indicative		I talk you talk he/she/it talks we talk you talk they talk	I am talking you are talking he/she/it is talking we are talking you are talking they are talking
Indicativo imperfetto	io parlavo tu parlavi lui/lei/Lei parlava noi parlavamo voi parlavate loro parlavano	Equivalent to Imperfect Indicative (past descriptive)		I used to talk you used to talk he/she/it used to talk we used to talk you used to talk they used to talk	I was talking you were talking he/she/it was talking we were talking you were talking they were talking
Indicativo futuro	io parlerò tu parlerai lui/lei/Lei parlerà noi parleremo voi parlerete loro parleranno	Future		I will talk you will talk he/she/it will talk we will talk you will talk they will talk	I am going to talk you are going to talk he/she/it is going to talk we are going to talk you are going to talk they are going to talk
Indicativo passato remoto*	io parlai tu parlasti lui/lei/Lei parlò noi parlammo voi parlaste loro parlarono	Past Absolute or Past Definite		I talked you talked he/she/it talked we talked you talked they talked	
Condizionale presente or Condizionale semplice	io parlerei tu parleresti lui/lei/Lei parlerebbe noi parleremmo voi parlereste loro parlerebbero	Present Conditional or Simple Conditional		I would talk you would talk he/she/it would talk we would talk you would talk they would talk	
Congiuntivo presente	io parli tu parli lui/lei/Lei parli noi parliamo voi parliate loro parlino	Present Subjunctive		that I (may) talk that you (may) talk that he/she/it (may) talk that we (may) talk that you (may) talk that they (may) talk	
Congiuntivo imperfetto	io parlassi tu parlassi lui/lei/Lei parlasse noi parlassimo voi parlaste loro parlassero	Imperfect Subjunctive		that I (might) talk that you (might) talk that he/she/it (might) talk that we (might) talk that you (might) may talk that they (might) talk	
Imperative	– (tu) parla! (Lei) parli! (noi) parliamo! (voi) parlate! (Loro) parlino!	Imperative		– Talk! – Let's talk! Talk! –	
Infinito presente	parlare	Infinitive Present		to talk	
Gerundio presente	parlando	Gerund Present		talking	
Participio presente**	parlante	Present Participle **		talking	
Participio passato	parlato	Past Participle		talked	

* The past absolute is mainly used in literary works.

** The present participle is mainly used as an adjective or a noun.

COMPOUND TENSES

In English, the compound tenses are also called perfect tenses. Compound tenses are composed of two words. The first word is the auxiliary (or "helping") verb, and it expresses mainly grammatical information such as person, tense, and mood. The other word, the past participle, expresses principally the meaning of the verb:

> *ho cantato* = *ho* (auxiliary verb, *io*/"I" form, present tense) + *cantato* (past participle of *cantare*, "to sing") = I have sung

In English, to form the compound tenses the auxiliary verb "have" is used with the past participle—for example, "she <u>has read</u> the book," "they <u>had gone</u> to the movie." In Italian, the auxiliary (or "helping") verbs are *essere* ("to be") and *avere* ("to have").

The perfect tenses are based on simple tenses, and they require the use of a helping verb in a simple tense plus the past participle. Therefore, to form the Italian compound tense you should know:

- How to form the past participle
- *Avere* and *essere* in their simple tenses
- Whether to use *essere* or *avere* as an auxiliary verb

How to form the past participle and whether to use *essere* or *avere* as auxiliary verb are discussed in the next two sections.

Table 4 shows the compound tenses and the English equivalents of two Italian verbs: *parlare* ("to talk"), which uses *avere* as an auxiliary verb to form compound tenses, and *andare* ("to go"), which uses *essere* as an auxiliary verb.

Table 4 The Compound Tenses

Auxiliary avere	Auxiliary essere	English	
Indicativo passato prossimo		**Present Perfect**	
io ho parlato	io sono andato/a	I/you/he/she/we/	I/you/he/she/we/
tu hai parlato	tu sei andato/a	they talked	they went
lui/lei ha parlato	lui/lei è andato/a	I/you/we/they have talked	I/you/we/they have gone
noi abbiamo parlato	noi siamo andati/e	she/he/it has talked	she/he/it has gone
voi avete parlato	voi siete andati/e		
loro hanno parlato	loro sono andati/e		
Indicativo trapassato prossimo		**Past Perfect**	
io avevo parlato	io ero andato/a	I had talked	I had gone
tu avevi parlato	tu eri andato/a	you had talked	you had gone
lui/lei aveva parlato	lui/lei era andato/a	she/he/it had talked	she/he/it had gone
noi avevamo parlato	noi eravamo andati/e	we had talked	we had gone
voi avevate parlato	voi eravate andati/e	you had talked	you had gone
loro avevano parlato	loro erano andati/e	they had talked	they had gone
Indicativo futuro anteriore		**Future Perfect**	
io avrò parlato	io sarò andato/a	I will have talked	I will have gone
tu avrai parlato	tu sarai andato/a	you will have talked	you will have gone
lui/lei avrà parlato	lui/lei sarà andato/a	she/he/it will have talked	she/he/it will have gone
noi avremo parlato	noi saremo andati/e	we will have talked	we will have gone
voi avrete parlato	voi sarete andati/e	you will have talked	you will have gone
loro avranno parlato	loro saranno andati/e	they will have talked	they will have gone
Indicativo trapassato remoto*		**Past Perfect**	
io ebbi parlato	io fui andato/a	I had talked	I had gone
tu avesti parlato	tu fosti andato/a	you had talked	you had gone
lui/lei ebbe parlato	lui/lei fu andato/a	she/he/it had talked	she/he/it had gone
noi avemmo parlato	noi fummo andati/e	we had talked	we had gone
voi aveste parlato	voi foste andati/e	you had talked	you had gone
loro ebbero parlato	loro furono andati/e	they had talked	they had gone
Condizionale passato		**Conditional Perfect**	
io avrei parlato	io sarei andato/a	I would have talked	I would have gone
tu avresti parlato	tu saresti andato/a	you would have talked	you would have gone
lui/lei avrebbe parlato	lui/lei sarebbe	she/he/it would have talked	she/he/it would have gone
noi avremmo parlato	andato/a	we would have talked	we would have gone
voi avreste parlato	noi saremmo andati/e	you would have talked	you would have gone
loro avrebbero parlato	voi sareste andati/e	they would have talked	they would have gone
	loro sarebbero andati/e		
Congiuntivo passato		**Equivalent to Past Subjunctive**	
io abbia parlato	io sia andato/a	that I may have talked	that I may have gone
tu abbia parlato	tu sia andato/a	that you may have talked	that you may have gone
lui/lei abbia parlato	lui/lei sia andato/a	that she/he/it may have talked	that she/he/it may have gone
noi abbiamo parlato	noi siamo andati/e	that we may have talked	that we may have gone
voi abbiate parlato	voi siate andati/e	that you may have talked	that you may have gone
loro abbiano parlato	loro siano andati/e	that they may have talked	that they may have gone
Congiuntivo imperfetto		**Equivalent to Past Perfect Subjunctive**	
io avessi parlato	io fossi andato/a	that I might have talked	that I might have gone
tu avessi parlato	tu fossi andato/a	that you might have talked	that you might have gone
lui/lei avesse parlato	lui/lei fossi andato/a	that she/he/it might have talked	that she/he/it might have
noi avessimo parlato	noi fossimo andati/e	that we might have talked	gone
voi aveste parlato	voi foste andati/e	that you might have talked	that we might have gone
loro avessero parlato	loro fossero andati/e	that they might have talked	that you might have gone
			that they might have gone

continues

Table 4 *(continued)*

Infinito passato		Past Infinitive	
aver parlato	essere andato	having talked	having gone
Gerundio passato		**Perfect Gerund**	
avendo parlato	essendo andato	having talked	having gone

* The *trapassato remoto* is rarely used today.

THE PAST PARTICIPLE

The English past participle is used to form the compound tenses ("he has <u>worked</u>," "he had <u>worked</u>," and so on). The regular past participle is formed by adding *–ed* to the verb ("watched," "liked"). Some verbs have an irregular past participle ("gone" from "go," "seen" from "see"). In Italian, as in English, the past participle is used to form the nine compound tenses as well as to form the passive voice with *essere* or as an adjective. The past participle may also be used as a noun:

Abbiamo *comprato* la casa.	We have <u>bought</u> the house. (compound)
Siamo *andati* al cinema.	We have <u>gone</u> to the cinema. (compound)
La casa è stata *venduta*.	The house has been <u>sold</u>. (passive)
Il negozio è *chiuso*.	The store is <u>closed</u>. (adjective)
Gli *scritti* di Dante.	The <u>writings</u> of Dante. (noun)

The Italian regular past participle is formed by dropping the infinitive endings *–are*, *–ere*, and *–ire* and adding *–ato*, *–uto*, and *–ito* as shown in Table 5.

Table 5 Forming the Past Participle

Verb Group	Infinitive	Past Participle
–are	parl<u>are</u> ("to talk")	parl<u>ato</u> ("talked")
–ere	ricev<u>ere</u> ("to receive")	ricev<u>uto</u> ("received")
–ire	fin<u>ire</u> ("to end")	fin<u>ito</u> ("finished")

Some verbs ending in *–cere* add the ending *–iuto* when forming the past participle in order to keep the soft sound of the infinitive, as for example, *conoscere* ("to know"), *conos<u>ciuto</u>,* and *piacere* ("to like"), *piac<u>iuto</u>.*

The past participles of all *–are* (with the exceptions of *fare*, which has a past participle of *fatto*) and most *–ire* verbs are regular and follow the above pattern.

The vast majority of *–ere* verbs have irregular past participles, and the irregularity must be memorized. Below is a list of commonly used *–ere* verbs that have an irregular past participle:

Verb	Past Participle
bere ("to drink")	bevuto ("drunk")
chiedere ("to ask")	chiesto ("asked")
chiudere ("to close")	chiuso ("closed")
decidere ("to decide")	deciso ("decided")
dipingere ("to paint")	dipinto ("painted")

Verb	**Past Participle**
dire ("to say")	*detto* ("said")
leggere ("to read")	*letto* ("read")
mettere ("to put")	*messo* ("put")
perdere ("to lose")	*perso* ("lost")
prendere ("to take")	*preso* ("took")
scegliere ("to choose")	*scelto* ("chosen")
vincere ("to win")	*vinto* ("won")

Note the following on the irregular past participles:

- Many verbs ending in *–dere* and *–ndere* have a past participle ending in *–so* (for example, *prendere* and *preso; chiudere* and *chiuso*).
- Some verbs ending in *–ncere* and *–ngere* have a past participle ending in *–nto* (for example, *vincere* and *vinto; spingere* and *spinto*).
- Some verbs ending in *–gliere* have a past participle ending in *–lto* (for example, *scegliere* and *scelto; cogliere* and *colto*).

AVERE OR ESSERE?

In order to form compound tenses in English, the auxiliary ("helping") verb "to have" ("you have studied," "I have gone") is always used. In Italian, compound tenses may be formed with either *avere* or *essere* as an auxiliary verb. When selecting the correct auxiliary ("helping") verb, keep the following in mind:

- The overwhelming majority of Italian verbs form the compound tenses with the helping verb *avere*. *Avere* is used with all transitive active verbs (those that can be followed by a direct object).
- All reflexive verbs (those with an infinitive ending in *–si*) always use *essere* as their helping verb—for example, *Mi sono svegliato presto* ("I woke up early"). See "The Reflexive Form."
- The most common intransitive verbs (those that do not take a direct object) use *essere* as their helping verb. These verbs generally show motion or change of place, state, or condition and include those shown in Table 3.
- Verbs denoting atmospheric conditions, and some intransive verbs, may be conjugated with *essere* or *avere* (*ha piovuto/è piovuto*, "it rained").
- Verbs that use an indirect pronoun construction, such as the verb *piacere*, use *essere* as their helping verb—for example, *Ti è piaciuto il film?* ("Did you like the movie?"). See "Piacere and Verbs with Special Construction." Also verbs used in impersonal construction, such as *accadere* ("to happen") and *occorrere* ("to need"), use *essere* to form compound tenses. See "Impersonal Verbs and Expressions."

Table 6 is a list of the most common intransitive verbs that form the compound tenses with *essere*.

Table 6 Commonly Used Verbs That Take *essere* as Their Auxiliary Verb

Infinitive	Meaning	Past Participle
andare	to go	andato/andata/andati/andate
arrivare	to arrive	arrivato/arrivata/arrivati/arrivate
cadere	to fall	caduto/caduta/caduti/cadute
diventare	to become	diventato/diventata/diventati/diventate
entrare	to enter	entrato/entrata/entrati/entrate
essere	to be	stato/stata/stati/state
morire	to die	morto/morta/morti/morte
nascere	to be born	nato/nata/nati/nate
partire	to leave, to depart	partito/partita/partiti/partite
restare	to stay	restato/restata/restati/restate
rimanere	to remain	rimasto/rimasta/rimasti/rimaste
stare	to stay	stato/stata/stati/state
succedere	to happen	successo/successa/successi/successe
tornare	to return	tornato/tornata/tornati/tornate
uscire	to go out	uscito/uscita/usciti/uscite
venire	to come	venuto/venuta/venuti/venute

Some verbs can be both transitive and intransitive. When such verbs are followed by a direct object, they use *avere* as their helping verb. Note that the meaning of the verbs may change:

Verb	Intransitive Use	Transitive Use
finire	Il film è finito alle 5:00. The film was over at 5:00.	Ho finito il libro. I finished the book.
cominciare	Le vacanze sono cominciate ieri. The holidays started yesterday.	Ha cominciato la lezione alle 8:00. He began class at 8:00.
cambiare	La mia vita è cambiata. My life has changed.	Hai cambiato lavoro. You changed job.
passare	Sono passato in ufficio. I stopped by at the office.	Ho passato le vacanze in Italia. I spent the holidays in Italy.
salire	Siamo saliti sul treno. We boarded the train.	Ho salito le scale di corsa. I climbed the stair in a rush.
scendere	Siamo scesi in cantina. We went down in the cellar.	Abbiamo sceso le scale. We went down the stairs.

Agreement with Subject

If the verb is conjugated with *avere,* the past participle is normally invariable:

Giulio ha <u>studiato</u>.
Giulio e Anna hanno <u>studiato</u>.

Giulio has <u>studied</u>/ Giulio studied.
Giulio and Anna have <u>studied</u>/ Giulio and Anna studied.

Anna ha <u>studiato</u>.
Anna e Silvia hanno <u>studiato</u>.

Anna has <u>studied</u>/Anna studied.
Anna and Silvia have <u>studied</u>/Anna and Silvia studied.

If the verb is conjugated with *essere*, the past participle agrees with the subject of the sentence in gender and in number. There are four possible forms:

	Singular	*Plural*
Masculine	–o	–i
Feminine	–a	–e

> Giulio è <u>andato</u>. Giulio has <u>gone</u>/Giulio went.
> Giulio e Anna sono <u>andati</u>.* Giulio and Anna have <u>gone</u>/Giulio and Anna went.
>
> Anna è <u>andata</u>. Anna has <u>gone</u>/Anna went.
> Anna e Silvia sono <u>andate</u>. Anna and Silvia have <u>gone</u>/Anna and Silvia went.

* If the subject includes both masculine and feminine, the past participle will be masculine –*i*.

The Indicative Mood

The indicative mood allows you to express or indicate facts. It is used for ordinary statements and questions. It is the most commonly used mood in everyday conversation. There are four simple and four corresponding compound tenses:

Simple Tenses

Present *(presente)*
Imperfect *(imperfetto)*
Future *(futuro)*
Past definite *(passato remoto)*

Compound Tenses

Present perfect *(passato prossimo)*
Past perfect *(trapassato prossimo)*
Future perfect *(futuro anteriore)*
Past anterior *(trapassato remoto)*

THE PRESENT TENSE

The present indicative is a simple tense that expresses what is happening now. It is equivalent to the English present tense ("I work", "I do work") and the English present progressive ("I am working"). The Italian present tense expresses:

- Actions that take place habitually:

  Prendo un caffè tutte le mattine. I have a coffee every morning.

- Actions taken at the moment of speaking:

  Vado a casa adesso. I am going home now.

- Actions planned for the near future. Usually there is another word in the sentence that indicates a future time:

  Arrivano tra due ore. They're arriving in two hours.
  Quest'estate vado al mare. This summer I'll be going to the beach.

The Italian present tense accompanied by the preposition *da* + "a time expression" corresponds to the English present perfect tense ("I have worked," "I have been working for/since" + time expression). It is used to

- Express an action or state that began in the past and continues in the present. Present tense + *da* + time expression to express length of time:

Lavoro qui da dieci anni.	I have been working here for ten years.
Abitano a Roma dal 2001.	They have been living in Rome since 2001.

- Ask how long something has been going on: *da quanto tempo* or *quanto tempo è che* + present:

Da quanto tempo studi italiano?	How long have you been studying Italian?
Studio italiano da un anno.	I have been studying Italian for one year.

Regular forms

The present tense of a regular verb is formed by dropping the infinitive endings –*are*, –*ere*, and –*ire* and adding the appropriate ending (see Table 7) to the remaining stem. Note that, unlike English, in Italian the ending is different for each person. In the present indicative, –*ire* verbs fall into two groups. The endings are the same but in the second pattern –*isc*– is inserted between the stem and the ending in all forms but *noi* and *voi*.

Table 7   The Present Tense of Regular Verbs

Drop	– are	–ere	–ire (1)	–ire (2) (–isc)
(io)	-o	-o	-o	-isco
(tu)	-i	-i	- i	-isci
(lui/lei/Lei)	-a	-e	-e	-isce
(noi)	-iamo	-iamo	-iamo	-iamo
(voi)	-ate	-ete	-ite	-ite
(loro)	-ano	-ono	-ono	-iscono

For example:

> **parlare:** parlo, parli, parla, parliamo, parlate, parlano
> **vivere:** vivo, vivi, vive, viviamo, vivete, vivono
> **dormire:** dormo, dormi, dorme, dormiamo, dormite, dormono
> **capire:** capisco, capisci, capisce, capiamo, capite, capiscono

Here are some examples of verbs conjugated in present tense:

Tu parli italiano.	You speak Italian.
Lei vive a Roma.	She lives in Rome.
Voi dormite molto.	You sleep a lot.

Note the following:

- The verb form for *noi* is the same in the four patterns.
- The *–ere* and *–ire (dormire)* patterns differ only in the *voi* form.
- The *loro* form has the stress on the third vowel from the end—for example, PArlano, VIvono, DOrmono, caPIscono.
- Verbs ending in *–cere* and *–gere* alternate soft and hard sound of *–c* and *–g* (c/ g + a, o, u hard sound, as in "cat," "golf"; c/g + i, e soft sound as in "george," "cello"):

vincere: *vinco, vinci, vince, vinciamo, vincete, vincono*

For reflexive verbs, simply place the reflexive pronoun before the verb *(mi alzo, ti alzi . . .).*

The majority of *–ire* verbs follow the second pattern (example: *capire*) and insert the *-isc*, but there is a relatively small group (many of which are very frequently used) that follows the first pattern (example: *dormire*). The following is a list of the most common *–ire* verbs that, like *dormire*, do not require the insertion of *–isc:*

- *Aprire* ("to open")
- *Coprire* ("to cover") and its compounds
- *Divertirsi* ("to have fun")
- *Dormire* ("to sleep")
- *Partire* ("to leave")
- *Seguire* ("to follow") and its compounds
- *Sentire* ("to feel," "to hear") and its compounds
- *Servire* ("to serve")
- *Vestire* ("to dress")

Spelling changes

Certain *–are* verbs require spelling changes in the present indicative in order to keep the original sound of the verb. These changes do not make the verbs irregular.

- All verbs ending in *–care* and *–gare* such as *cercare* ("to look for"), *pagare* ("to pay"), add an *–h* to the infinite stem in the *tu* and *noi* forms so that the hard sounds *c* and *g* of the stem are retained (c/g + a, o, u hard sound, as in "cat," "golf"; c/g + i, e soft sound as in "george," "cello"):

cercare: *cerco, cerchi, cerca, cerchiamo, cercate, cercano*
pagare: *pago, paghi, paga, paghiamo, pagate, pagano*

- Verbs ending in *–iare* such as *studiare* ("to study"), *cominciare* ("to start"), *mangiare* ("to eat"), and *lasciare* ("to leave") drop the *–i* from the infinitive stem when the verb ending begins with *–i* (*tu* and *noi* forms).

studiare: *studio, studi, studia, studiamo, studiate, studiano*
cominciare: *comincio, cominci, comincia, cominciamo, cominciate, cominciano*
mangiare: *mangio, mangi, mangia, mangiamo, mangiate, mangiano*
lasciare: *lascio, lasci, lascia, lasciamo, lasciate, lasciano*

Exception: Some verbs ending in *–iare* retain the *–i* of the stem in the *tu* form if the *–i* is stressed. The *–i* of the *noi* and *voi* form drop:

> **in*VI*are ("to send"):** *invio, invii, invia, inviamo, inviate, inviano*
> **s*CI*are ("to ski"):** *scio, scii, scia, sciamo, sciate, sciano*

Irregular verbs

Irregular verbs do not adhere to any set pattern of rules and, therefore, must be memorized. Note, though, that for most verbs the *noi* and *voi* forms are regular.

Verbs ending in *–are* are mainly regular. Only four *–are* verbs are irregular in the present tense:

- **andare ("to go"):** *vado, vai, va, andiamo, andate, vanno*
- **dare ("to give"):** *do, dai, dà, diamo, date, danno*
- **fare ("to do," "to make"):** *faccio, fai, fa, facciamo, fate, fanno*
- **stare ("to stay"):** *sto, stai, sta, stiamo, state, stanno*

Here is a brief list of very common verbs that are irregular in the present tense:

- **essere ("to be"):** *sono, sei, è, siamo, siete, sono*
- **avere ("to have"):** *ho, hai, ha, abbiamo, avete, hanno*
- **dovere ("to have to"):** *devo, devi, deve, dobbiamo, dovete, devono*
- **potere ("to be able"):** *posso, puoi, può, possiamo, potete, possono*
- **rimanere ("to remain"):** *rimango, rimani, rimane, rimaniamo, rimanete, rimangono*
- **salire ("to go up"):** *salgo, sali, sale, saliamo, salite, salgono*
- **sapere ("to know"):** *so, sai, sa, sappiamo, sapete, sanno*
- **scegliere ("to choose"):** *scelgo, scegli, sceglie, scegliamo, scegliete, scelgono*
- **uscire ("to go out"):** *esco, esci, esce, usciamo, uscite, escono*
- **venire ("to come"):** *vengo, vieni, viene, veniamo, venite, vengono*
- **volere ("to want"):** *voglio, vuoi, vuole, vogliamo, volete, vogliono*

Some verbs have an irregular infinitive and their present tense is "regular" based on the Latin or old Italian infinitive form. For example:

> **bere (old form: *bevere*):** *bevo, bevi, beve, beviamo, bevete, bevono*
> **dire (Latin: *dicere*):** *dico, dici, dice, diciamo, dite, dicono*

Verbs ending in *–urre* retain the Latin stem *–ducere (condurre, introdurre, produrre, tradurre):*

> **tradurre (Latin: *traducere*):** *traduco, traduci, traduce, traduciamo, traducete, traducono*

Verbs ending in *–orre* are usually formed similarly to the Latin infinitive *ponere*, so they belong to the *–ere* verbs:

> **porre:** *pongo, poni, pone, poniamo, ponete, pongono*

Verbs ending in *–arre* are conjugated as follows:

> **trarre:** *traggo, trai, trae, traiamo, traete, traggono*

PRESENT PERFECT

The corresponding compound tense of the present tense is the *passato prossimo*, or present perfect, a tense expressing an action or state of being that occurred at a particular time in the past. The present perfect is equivalent to either the present perfect ("I have worked") or the simple past ("I worked") in English:

Ho pagato il conto. I paid the bill/I have paid the bill.

Prepositions such as *per* ("for"), *in* ("in"), or precise times or dates, which specify the temporal limits or completeness of a past event, indicate that *passato prossimo* is needed:

Ho studiato per cinque ore. I studied for five hours.
Sono nata nel 1966. I was born in 1966.

The following words and expressions often require the use of *passato prossimo:*

- *Scorso* ("last"), *l'anno scorso* ("last year"), *il mese scorso* ("last month"), and so on
- *Ieri* ("yesterday"), *ieri sera* ("last night"), *l'altro ieri* ("the day before yesterday"), and so on
- *Da . . . a* ("from . . . to")
- *Fino a* ("until")
- *Tutto il giorno* ("all day long")
- *Alla fine* ("finally")
- *Poi* ("then")
- *Una volta* ("one time")
- *Fa* ("ago"; for example, *due giorni fa,* "two days ago")

See page 52 for the use of present perfect with the verbs *volere, dovere,* and *potere.*

The present perfect, *passato prossimo,* is a compound tense that consists of two parts:

- The present tense of an auxiliary ("helping") verb, either *avere (ho, hai, ha, abbiamo, avete, hanno)* or *essere (sono, sei, è, siamo, siete, sono).*
- The past participle of the verb you want in the past.

Note that in English, only the auxiliary verb "have" may be used to form the compound tenses. See the Italian past participle section for an explanation on forming the Italian past participle, and see the "Avere or Essere?" section for an explanation of when to use *essere* or *avere* as auxiliary verbs. The chart below shows examples of the formation of the present perfect. The helping verbs *avere* and *essere* are in the present tense. The past participle of the verbs *lavorare, ricevere, dormire,* and *arrivare* are given. The past participle agrees with the subject in number and gender when the verb is conjugated with *essere.*

	Present Perfect with *avere*	**Present Perfect with *essere***
(io)	ho lavorato/ricevuto/dormito	sono arrivato/arrivata
(tu)	hai lavorato/ricevuto/dormito	sei arrivato/arrivata
(lui/lei)	ha lavorato/ricevuto/dormito	è arrivato/arrivata
(noi)	abbiamo lavorato/ricevuto/dormito	siamo arrivati/arrivate
(voi)	avete lavorato/avorato/dormito	siete arrivati/arrivate
(loro)	hanno lavorato/ricevuto/dormito	sono arrivati/arrivate

IMPERFECT

The imperfect is a past simple tense. It expresses continuous, repeated, habitual actions, situations, or events in the past. It describes what was going on at a certain time and what used to happen. The imperfect focuses on a past action considered in its length and in its progress. It expresses an unfinished past action or a past action whose coordinates (start, end . . .) are not specified. The imperfect is the ideal tense for describing people, places, events, weather and time in the past. The imperfect is not a tense in English and therefore has several English equivalents. It is commonly translated as:

- "used to . . . ," as in "We used to eat breakfast at 9,"
- "would . . .," as in "I would take long walks on the beach,"
- "was + ing," "were + ing," as in "while he was eating . . . ,"
- or simple past—for example "We played soccer when we were younger."

In the use of indicative past tenses in Italian, there is a contrast between the imperfect on one hand and the *passato prossimo* (present perfect), on the other. The imperfect is used to:

- Express habitual or repeated action in the past. The English equivalent is "used to." Time expressions like *sempre* ("always"), *spesso* ("often"), *di solito* ("usually"), *generalmente* ("generally"), and *tutti i giorni* ("every day") indicate the use of imperfect.

  Giocavamo a calcio tutti i lunedì.   We used to play soccer on Mondays.
  Andavano spesso al mare.   They would often go to the ocean.

- Describe a person, place, thing, or state of mind in the past.

  Da piccola avevo i capelli biondi.   When I was a child, I had blonde hair.
  La casa era grande e c'era anche   The house was big and there was a
  un bel giardino.   nice garden as well.

- Describe what was going on when something else happened. The "interrupted" action takes the imperfect; the other action takes the present perfect. *Mentre* ("while") is immediately followed by the imperfect.

  Mentre facevo colazione, è andata   While I was having breakfast,
  via la luce.   the lights went out.

- Express two or more actions occurring simultaneously in the past.

  Quando studiavo all'Università   When I was studying at the university,
  Lavoravo come cameriera.   I used to work as a waitress.

- To tell what time, day, or month it was in the past (never the present perfect).

> _Erano_ le 2 quando arrivammo.   It was 2 o'clock when we arrived.

See page 52 for the use of imperfect with the verbs _volere, dovere,_ and _potere._

The Italian imperfect tense accompanied by the preposition _da_ + "a time expression" corresponds to the English past perfect tense ("I had worked," "I had been working for/since" + time expression). It expresses how long (or since when) an action had been going on. The construction is: imperfect + _da_ + time expression to express length of time.

> _Lavoravano alla Fiat da dieci anni._   They had been working at Fiat for ten years.

Forming the imperfect

The imperfect tense is formed by dropping the infinitive ending _–are, -ere,_ or _-ire_ and adding the appropriate ending, as shown in Table 8, to the remaining stem. The ending is different for each person.

Table 8 Imperfect Regular Forms

Drop	_–are_	_–ere_	_–ire_
_(io)_	_–avo_	_–evo_	_–ivo_
_(tu)_	_–avi_	_–evi_	_–ivi_
(lui/lei/Lei)	_–ava_	_–eva_	_–iva_
(noi)	_–avamo_	_–evamo_	_–ivamo_
(voi)	_–avate_	_–evate_	_–ivate_
(loro)	_–avano_	_–evano_	_–ivano_

For example:

> **parlare:** _parl<u>a</u>vo, parl<u>a</u>vi, parl<u>a</u>va, parl<u>a</u>vamo, parl<u>a</u>vate, parl<u>a</u>vano_
> **vivere:** _viv<u>e</u>vo, viv<u>e</u>vi, viv<u>e</u>va, viv<u>e</u>vamo, viv<u>e</u>vate, viv<u>e</u>vano_
> **dormire:** _dorm<u>i</u>vo, dorm<u>i</u>vi, dorm<u>i</u>va, dorm<u>i</u>vamo, dorm<u>i</u>vate, dorm<u>i</u>vano_
> **capire:** _cap<u>i</u>vo, cap<u>i</u>vi, cap<u>i</u>va, cap<u>i</u>vamo, cap<u>i</u>vate, cap<u>i</u>vano_

Note the following about the imperfect tense:

- The endings are the same for all conjugations. The only difference is the characteristic vowel that each conjugation maintains _(–are, –ere, –ire)._
- The verbs ending in _–ire_ do not fall into two groups as for the present tense _(dormo, capisco)._
- The main stress falls on the second syllable from the end—for example, _faCEvo, eraVAmo, beVEvi._ The _loro_ form has the stress on the third vowel from the end—for example, _faCEvano, Erano, beVEvano._

Compared to the the present tense, the imperfect is a more regular tense. Only a few verbs are irregular in this tense. The verb _essere_ is irregular:

> **essere:** _ero, eri, era, eravamo, eravate, erano_

The verbs *fare* ("to do," "to make"), *bere* ("to drink"), *dire* ("to say"), and *tradurre* ("to translate") conjugate according to the Latin or old Italian infinitive.

> *fare* (**Latin** *facere*): *facevo, facevi, faceva, facevamo, facevate, facevano*
> *bere* (**Latin** *bibere*, **old Italian** *bevere*): *bevevo, bevevi, beveva, bevevamo, bevevate, bevevano*
> *dire* (**Latin** *dicere*): *dicevo, dicevi, diceva, dicevamo, dicevate, dicevano*
> *tradurre* (**Latin** *traducere*): *traducevo, traducevi, traduceva, traducevamo, traducevate, traducevano*

C'era and *c'erano* correspond to the English "there was" and "there were."

For reflexive verbs, simply place the reflexive pronoun before the verb *(mi alzavo, ci vedevamo)*.

PAST PERFECT

The corresponding compound verb of the imperfect tense is the *trapassato prossimo*, the past perfect, a tense expressing an action or state of being that had happen before another past action. The Italian past perfect, *trapassato prossimo*, is the equivalent of the English past perfect, or pluperfect ("I had seen," "we had traveled"). Both actions are in the past. The action that took place before takes the past perfect. The more recent event may be expressed in the present perfect or the imperfect.

Il treno <u>era già partito</u>, quando sono arrivato alla stazione.	The train had already left when I arrived at the station. (***Note:*** First the train left, then the subject arrived at the station.)
Quando aveva 30 anni Alberto Tomba <u>aveva già vinto</u> tre medaglie olimpiche.	When Alberto Tomba was 30, he had already won three Olympic medals. (***Note:*** First Alberto Tomba won three Olympic medals, then he turned 30.)
Non avevo mai visto un panorama così bello.	I have never seen such a beautiful view. (***Implied:*** Now the subject has seen it, and is in fact looking at it.)

* When the past perfect is used with *mai* ("never"), the more recent action is implicit. English may use the present perfect ("have"+ past participle), while Italian uses the past perfect.

In Italian, the *trapassato prossimo* is formed by combining the imperfect tense of the appropriate helping verb *(avere: avevo, avevi, aveva, avevamo, avevate, avevano* or *essere: ero, eri, era, eravamo, eravate, erano)* plus the past participle of the main verb. See the Italian past participle section for an explanation on forming Italian past participles, and see the "Avere or Essere?" section for an explanation of when to use *essere* or *avere* as auxiliary verbs. The chart below shows examples of the formation of the past perfect. The helping verbs *avere* and *essere* are in the imperfect tense. The past participle of the verbs *lavorare, ricevere, dormire,* and *arrivare* are given. The past participle agrees with the subject in number and gender when the verb is conjugated with *essere*.

	Past Perfect with *avere*	Past Perfect with *essere*
(io)	*avevo lavorato/ricevuto/dormito*	*ero arrivato/arrivata*
(tu)	*avevi lavorato/ricevuto/dormito*	*eri arrivato/arrivata*
(lui/lei)	*aveva lavorato/ricevuto/dormito*	*era arrivato/arrivata*
(noi)	*avevamo lavorato/ricevuto/dormito*	*eravamo arrivati/arrivate*
(voi)	*avevate lavorato/ricevuto/dormito*	*eravate arrivati/arrivate*
(loro)	*avevano lavorato/ricevuto/dormito*	*erano arrivati/arrivate*

FUTURE

In English, the future is expressed with the auxiliary verb "will" ("we will win") or the phrase "to be going to" ("tomorrow I am going to Rome by train"). In Italian, the future is a simple tense, consisting of one word. The usage of the future in Italian corresponds in general to its usage in English.

Quest'anno <u>vinceremo</u> il campionato.	This year we will win the title.
<u>Andrà</u> a Roma in treno.	He will go to Rome by train.

More often than in English, the future is replaced by the present tense to refer to a definite event, especially if it is in the immediate future.

Domani vado al mare.	Tomorrow I'm going to the beach.
Ti chiamo dopo.	I'll call you later.

To express tentative plans by contrast, the future tense is used.

Che cosa fai quest'estate?	What are you doing this summer?
Forse <u>farò</u> un viaggio in Italia.	Maybe I will take a trip to Italy.

In Italian, there is no equivalent for "to be going to," which is expressed by the ordinary future or by the present tense.

Mi sposerò a giugno.	I am going to get married in June.
Stasera vado al cinema.	Tonight I am going to the movies.

The future is used after *quando* ("when"), *appena* ("as soon as"), and *se* ("if") when the verb of the main clause is in the future tense. The future tense is used in both cases in Italian. In English, the future tense is used in the main clause, and the present tense immediately follows "when/if."

Quando <u>finirò</u> l'università, mi <u>iscriverò</u> a un corso di specializzazione.	When I graduate, I will apply for graduate school.

One very common use of future tense in Italian is to express probability or conjecture about circumstances in the present. In English, probability can be expressed with *probably*, *must*, or *can*.

Che ore <u>saranno</u>? Non so, <u>saranno</u> le 8.	What time do you think it is? I don't know, it must be around 8.
Questa torta <u>peserà</u> tre chili!	This cake probably weighs around six pounds!
Sai dov'è Giada? <u>Sarà</u> a casa.	Do you know where Giada is? She must be home.

Forming the future tense

In Italian, the future tense is expressed with one word. It is formed by dropping the infinitive ending *–are, -ere,* or *-ire* and adding the endings shown in Table 9 to the remaining stem.

Table 9   The Future Tense

Drop	–are (a changes to e)	–ere	–ire
(io)	–erò	–erò	–irò
(tu)	–erai	–erai	–irai
(lui/lei/Lei)	–erà	–erà	–irà
(noi)	–eremo	–eremo	–iremo
(voi)	–erete	–erete	–irete
(loro)	–eranno	–eranno	–iranno

For example:

> **parlare:** *parlerò, parlerai, parlerà, parleremo, parlerete, parleranno*
> **prendere:** *prenderò, prenderai, prenderà, prenderemo, prenderete, prenderanno*
> **capire:** *capirò, capirai, capirà, capiremo, capirete, capiranno*

Note that:

- *–are* verbs change the vowel *a* of the infinitive in *–e*.
- *–io* and *lui/lei* forms are stressed and have an accent mark on the final vowel.

For reflexive verbs, simply place the reflexive pronoun before the verb *(mi alzerò, ci capiremo)*.

Spelling changes and irregular forms

As in the present tense, verbs ending in *–care* and *–gare,* such as *cercare* ("to look for") and *pagare* ("to pay"), require a spelling change in order to keep the original sound of the verb. Such verbs add an *–h* to the infinite stem in all forms of the future tense so that the hard sounds *c* and *g* of the stem are retained (*c/g + a, o, u* hard sound; *c/g + i, e* soft sound).

> **cercare:** *cercherò, cercherai, cercherà, cercheremo, cercherete, cercheranno*
> **pagare:** *pagherò, pagherai, pagherà, pagheremo, pagherete, pagheranno*

Verbs ending in *–ciare* and *–giare* drop the *i* in all forms of the future tense:

> **cominciare:** *comincerò, comincerai, comincerà, cominceremo, comincerete, cominceranno*
> **mangiare:** *mangerò, mangerai, mangerà, mangeremo, mangerete, mangeranno*

The following *–are* verbs keep the *–a* vowel of the stem. Their conjugation is similar to the verb *essere:*

> **dare:** *darò, darai, darà, daremo, darete, daranno*
> **fare:** *farò, farai, farà, faremo, farete, faranno*
> **stare:** *starò, starai, starà, staremo, starete, staranno*
> **essere:** *sarò, sarai, sarà, saremo, sarete, saranno*

The following two groups of verbs have irregular future stems:

Infinitive	Future Stem	Endings: –ò, –ai, –à, –emo, –ete, –anno
andare ("to go")	andr–	andrò, andrai, andrà, andremo, andrete, andranno
avere ("to have")	avr–	avrò, avrai, avrà, avremo, avrete, avranno
cadere ("to fall")	cadr–	cadrò, cadrai, cadrà, cadremo, cadrete, cadranno
dovere ("to have to")	dovr–	dovrò, dovrai, dovrà, dovremo, dovrete, dovranno
potere ("to be able to")	potr–	potrò, potrai, potrà, potremo, potrete, potranno
sapere ("to know")	sapr–	saprò, saprai, saprà, sapremo, saprete, sapranno
vedere ("to see")	vedr–	vedrò, vedrai, vedrà, vedremo, vedrete, vedranno
vivere ("to live")	vivr–	vivrò, vivrai, vivrà, vivremo, vivrete, vivranno
bere ("to drink")	berr–	berrò, berrai, berrà, berremo, berrete, berranno
rimanere ("to remain")	rimarr–	rimarrò, rimarrai, rimarrà, rimarremo, rimarrete, rimarranno
tenere ("to keep")	terr–	terrò, terrai, terrà, terremo, terrete, terranno
venire ("to come")	verr–	verrò, verrai, verrà, verremo, verrete, verranno
volere ("to want")	vorr–	vorrò, vorrai, vorrà, vorremo, vorrete, vorranno

FUTURE PERFECT

The Italian future perfect, *futuro anteriore,* is the equivalent of the English future perfect "shall/will have seen." It expresses an action that will happen in the future before another future action.

Andremo al cinema appena avrai finito di lavorare.	We will go to the movie as soon as you (will) have finished work.
Quando arriverai, mi sarò già laureato.	By the time you arrive, I'll have already graduated.

In conversational Italian, the simple future or the present perfect can be used instead. Like the simple future, the future perfect can also be used to convey probability.

Quella macchina sarà costata un occhio della testa.	That car must have cost an arm and a leg.
Avrà telefonato alle sei.	He must have phoned at six.

In Italian, the future perfect is formed by combining the future tense of the appropriate helping verb *(avere: avrò, avrai, avrà, avremo, avrete, avranno* or *essere: sarò, sarai, sarà, saremo, sarete, saranno)* plus the past participle of the main verb. See the Italian past participle section for an explanation on forming Italian past participle, and see the "Avere or Essere?" section for an explanation of when to use *essere* or *avere* as auxiliary verbs. The chart below shows examples of the formation of the future perfect. The auxiliary verbs *avere* and *essere* are in the future tense. The past participle of the verbs *lavorare, ricevere, dormire,* and *arrivare* are given. The past participle agrees with the subject in number and gender when the verb is conjugated with *essere.*

	Future Perfect with *avere*	Future Perfect with *essere*
(io)	avrò lavorato/ricevuto/dormito	sarò arrivato/arrivata
(tu)	avrai lavorato/ricevuto/dormito	sarai arrivato/arrivata
(lui/lei)	avrà lavorato/ricevuto/dormito	sarà arrivato/arrivata
(noi)	avremo lavorato/ricevuto/dormito	saremo arrivati/arrivate
(voi)	avrete lavorato/ricevuto/dormito	sarete arrivati/arrivate
(loro)	avranno lavorato/ricevuto/dormito	saranno arrivati/arrivate

PAST DEFINITE

The definite past, *passato remoto*, like the present perfect, *passato prossimo*, expresses an action which was completed in the past. Students of Italian are advised to use the present perfect *(passato prossimo)* in everyday conversation and to learn the forms of the past definite in order to understand them and to recognize them when they are used, mainly in literature.

Forming the past definite

The *passato remoto*, the definite past, is a one-word tense and it is formed by dropping the infinitive ending –*are*, -*ere*, and –*ire* and adding the appropriate ending, as shown in Table 10 to the remaining stem. The ending is different for each person.

Table 10   The Past Definite

Drop	–are	–ere	–ire
(io)	–ai	–ei (-etti)	–ii
(tu)	–asti	–esti	–isti
(lui/lei/Lei)	–ò	–é (-ette)	–ì
(noi)	–ammo	–emmo	–immo
(voi)	–aste	–este	–iste
(loro)	–arono	–erono (–ettero)	–irono

For example:

> **parlare:** parlai, parlasti, parlò, parlammo, parlaste, parlarono
> **credere:** credei (credetti), credesti, credé (credette), credemmo, credeste, crederono (credettero)
> **capire:** capii, capisti, capì, capimmo, capiste, capirono

For reflexive verbs, simply place the reflexive pronoun before the verb *(mi alzai, si chinò, ci capimmo)*.

Note that:

- The *lui/lei* regular forms are stressed and have an accent mark on the final vowel (except –*ette*).
- The *loro* form has the stress on the third vowel from the end, for example *parLArono*, *creDEttero*, and *caPIrono*.
- The regular –*ere* verbs have two possible different forms for *io/lui-lei/loro*.

The past definite is a highly irregular tense.

The verbs *essere* and *avere* have irregular forms:

> **essere:** *fui, fosti, fu, fummo, foste, furono*
> **avere:** *ebbi, avesti, ebbe, avemmo, aveste, ebbero*

The following verbs are like *essere* in that they are irregular in all their forms:

> **dare:** *diedi (detti), desti, diede (dette), demmo, deste, diedero (dettero)*
> **dire:** *dissi, dicesti, disse, dicemmo, diceste, dissero*
> **fare:** *feci, facesti, fece, facemmo, faceste, fecero*
> **stare:** *stetti, stesti, stette, stemmo, steste, stettero*

There are very few *–ere* verbs that have a regular past definite form (for example, *dovere, potere, credere, ricevere, vendere, temere*). The majority of the verbs that have an irregular past definite follow a pattern: The irregularity only occurs in the *io*, *lui/lei*, and *loro* forms. The *tu, noi,* and *voi* forms are regular. Also, there is often a link between the irregular past participle and the past definite irregular forms. Below is a list of *–ere* verbs that have an irregular past definite; when there is a similarity, the form of the irregular past participle is also given:

Infinitive	Past Participle	Irregular Past Definite *io-lui/lei-loro*
chiedere ("to ask")	*chiesto*	*chiesi, chiese, chiesero*
conoscere ("to know")		*conobbi, conobbe, conobbero*
decidere ("to decide")	*deciso*	*decisi, decise, decisero*
leggere ("to read")	*letto*	*lessi, lesse, lessero*
nascere ("to be born")		*nacqui, nacque, nacquero*
perdere ("to lose")	*perso*	*persi, perse, persero*
prendere ("to take")	*preso*	*presi, prese, presero*
rispondere ("to answer")	*risposto*	*risposi, rispose, risposero*
sapere ("to know how")		*seppi, seppe, seppero*
scrivere ("to write")	*scritto*	*scrissi, scrisse, scrissero*
vedere ("to see")		*vidi, vide, videro*
venire ("to come")		*venni, venne, vennero*
vincere ("to win")	*vinto*	*vinsi, vinse, vinsero*
vivere ("to live")		*vissi, visse, vissero*
volere ("to want")		*volli, volle, vollero*

Note that, unlike the regular forms, the irregular *lui/lei* forms are not accented on the final vowel.

PAST ANTERIOR

The corresponding compound of the past definite is the past anterior, *trapassato remoto*. It expresses a past action that had taken place before a past action expressed in the *passato remoto*. It is very rarely used today; it is only used in written Italian, after the conjuctions *dopo che* ("after that"), *non appena* ("as soon as"), and *quando* ("when") in conjunction with the past definite.

Non appena <u>ebbe finito</u> di lavorare, uscì.	He went away as soon as he had finished working.

In Italian, the *trapassato remoto* is formed by combining the past definite of the appropriate helping verb *(avere: ebbi, avesti, ebbe, avemmo, aveste, ebbero* or *essere: fui, fosti, fu, fummo, foste, furono)* with the past participle of the main verb.

The Conditional Mood

The conditional mood allows a softening of the tone of a request or advice, as in "I <u>would like</u> a glass of water" instead of "I want a glass of water." It makes it possible to dissociate oneself with what is being said and to express what would occur under certain conditions or circumstances. In Italian, there is one simple and one corresponding compound tense. The simple conditional corresponds to English "would + verb infinitive" and the perfect conditional corresponds to English "would have + past participle."

PRESENT (SIMPLE) CONDITIONAL

Like its English equivalent, it is used to add politeness to:

- **Requests:** *Vorrei noleggiare una macchina.* ("I would like to rent a car.")
- **Wishes:** *Sarebbe bello incontrarsi di nuovo.* ("It would be nice to meet again.")
- **Preferences:** *Preferirei non uscire.* ("I would rather not go out.")
- **Advice:** *Dovresti smettere di fumare.* ("You should quit smoking.")
- **Offers:** *Vorresti venire con noi?* ("Would you like to come with us?")

The conditional may be used by reporters and journalists to describe an action that is unsure or not known to be true.

> *Si dice che l'attore sarebbe a Firenze.*   It is rumored (said) that the actor is in Florence.

The present conditional is used in conditional sentences. See the "Conditional Sentences" section. See page 52 for the use of conditional with the verbs *volere, dovere,* and *potere.*

Note that when the English "would" is used to express "used to," the imperfect is used in Italian:

> *Ogni domenica andavamo al cinema.* Every Sunday we would (used to) go to the movies.

Also, to express actions that, in the past, were perceived as occurring in the future, English uses the simple conditional while Italian uses the past conditional (see next section on Perfect Conditional).

The simple conditional is formed by dropping the infinitive ending and adding the endings shown in Table 11. Note that in *–are* verbs, the *–a* of the infinitive ending changes to *–e (parl<u>are</u>: parl<u>er</u>–),* while *–ere* and *–ire* verbs maintain the characteristic vowel.

Table 11 The Present Conditional of Regular Verbs

drop	–are (a becomes e)	–ere	–ire
(io)	–erei	–erei	–irei
(tu)	–eresti	–eresti	–iresti
(lui/lei/Lei)	–erebbe	–erebbe	–irebbe
(noi)	–eremmo	–eremmo	–iremmo
(voi)	–ereste	–ereste	–ireste
(loro)	–erebbero	–erebbero	–irebbero

For example:

parlare: parlerei, parleresti, parlerebbe, parleremmo, parlereste, parlerebbero
prendere: prenderei, prenderesti, prenderebbe, prenderemmo, prendereste, prenderebbero
capire: capirei, capiresti, capirebbe, capiremmo, capireste, capirebbero

Spelling changes and irregular forms

As in the future tense, verbs ending in –care and –gare, such as cercare ("to look for") and pagare ("to pay"), require a spelling change in order to keep the original sound of the verb. Here an –h is added to the infinitive stem in all forms so that the hard sounds c and g of the stem are retained (c/g + a, o, u hard sound; c/g + i, e soft sound).

cercare: cercherei, cercheresti, cercherebbe, cercheremmo, cerchereste, cercherebbero

pagare: pagherei, pagheresti, pagherebbe, pagheremmo, paghereste, pagherebbero

Verbs ending in –ciare and –giare drop the i in all forms:

cominciare: comincerò, comincerai, comincerà, cominceremo, comincerete, cominceranno

mangiare: mangerò, mangerai, mangerà, mangeremo, mangerete, mangeranno

The conditional stem is always the same as the future stem, even in the case of irregular verbs. The endings are regular.

essere: sarei, saresti, sarebbe, saremmo, sareste, sarebbero
dare: darei, daresti, darebbe, daremmo, dareste, darebbero
fare: farei, faresti, farebbe, faremmo, fareste, farebbero
stare: starò, starai, starà, staremo, starete, staranno

The following verbs have irregular future/conditional stems and regular endings:

Infinitive	Conditional Stem	Regular Endings (-ei, -esti, -ebbe, -emmo, -este, -ebbero)
andare ("to go")	andr–	andrei, andresti, andrebbe, andremmo, andreste, andrebbero
avere ("to have")	avr–	avrei, avresti, avrebbe, avremmo, avreste, avrebbero
cadere ("to fall")	cadr–	cadrei, cadresti, cadrebbe, cadremmo, cadreste, cadrebbero
dovere ("to have to")	dovr–	dovrei, dovresti, dovrebbe, dovremmo, dovreste, dovrebbero
potere ("to be able to")	potr–	potrei, potresti, potrebbe, potremmo, potreste, potrebbero
sapere ("to know")	sapr–	saprei, sapresti, saprebbe, sapremmo, sapreste, saprebbero
vedere ("to see")	vedr–	vedrei, vedresti, vedrebbe, vedremmo, vedreste, vedrebbero
vivere ("to live")	vivr–	vivrei, vivresti, vivrebbe, vivremmo, vivreste, vivrebbero

Infinitive	Conditional Stem	Regular Endings (–ei, –esti, –ebbe, –emmo, –este, –ebbero)
bere ("to drink")	*berr–*	*berrei, berresti, berrebbe, berremmo, berreste, berrebbero*
rimanere ("to remain")	*rimarr–*	*rimarrei, rimarresti, rimarrebbe, rimarremmo, rimarreste, rimarrebbero*
tenere ("to keep")	*terr–*	*terrei, terresti, terrebbe, terremmo, terreste, terrebbero*
venire ("to come")	*verr–*	*verrei, verresti, verrebbe, verremmo, verreste, verrebbero*
volere ("to want")	*vorr–*	*vorrei, vorresti, vorrebbe, vorremmo, vorreste, vorrebbero*

PERFECT CONDITIONAL

In Italian, the perfect conditional is formed by combining the present conditional of the appropriate helping verb *(avere: avrei, avresti, avrebbe, avremmo, avreste, avrebbero* or *essere: sarei, saresti, sarebbe, saremmo, sareste, sarebbero)* plus the past participle of the main verb. See the "Past Participle" section for an explanation on forming the Italian past participle, and see the section "Avere or Essere?" for an explanation of when to use *essere* or *avere* as auxiliary verbs.

The following chart shows examples of the formation of the perfect conditional. The auxiliary verbs *avere* and *essere* are in the conditional present. The past participle of the verbs *lavorare, ricevere, dormire,* and *arrivare* are given. The past participle agrees with the subject in number and gender when the verb is conjugated with *essere*.

	Perfect Conditional with *avere*	Perfect Conditional with *essere*
(io)	*avrei lavorato/ricevuto/dormito*	*sarei arrivato/arrivata*
(tu)	*avresti lavorato/ricevuto/dormito*	*saresti arrivato/arrivata*
(lui/lei)	*avrebbe lavorato/ricevuto/dormito*	*sarebbe arrivato/arrivata*
(noi)	*avremmo lavorato/ricevuto/dormito*	*saremmo arrivati/arrivate*
(voi)	*avreste lavorato/ricevuto/dormito*	*sareste arrivati/arrivate*
(loro)	*avrebbero lavorato/ricevuto/dormito*	*sarebbero arrivati/arrivate*

The perfect conditional expresses an unfulfilled action in the past and action that cannot be fulfilled in the present and or future. It can convey a sense of regret.

L'estate scorsa mi sarebbe piaciuto andare in Sicilia.	Last summer I would have liked to go to Sicily (but I didn't).
Avrei cenato volentieri a casa, ma il frigorifero è vuoto.	I would have had dinner at home, but the refrigerator is empty.

The perfect conditional is also used to report actions that, in the past, were perceived as occurring in the future (the future seen from the point of view of the past), which English expresses with simple conditional.

Lunedì ha detto che mercoledì sarebbe venuto.	On Monday he said he would come on Wednesday.
Mario disse che sarebbe arrivato in orario.	Mario said he would arrive on time.

Like the conditional, the conditional perfect is used by reporters and journalists to describe an action that is unconfirmed and to dissociate/distance oneself from the uncertain reported news.

I due attori si sarebbero sposati a Venezia.	The two actors are presumed to have been married in Venice.

See the "Dovere, Potere, and Volere" section for the use of perfect conditional with the verbs *volere, dovere,* and *potere.*

See the "Conditional Sentences" section for the use of perfect conditional in conditional sentences.

The Subjunctive Mood

Whereas the indicative is used to express or indicate facts, the subjunctive mood conveys the opinions and attitude of the speaker. It expresses uncertainty, doubt, possibility, or personal feelings rather than fact. The subjunctive often follows verbs such as *pensare* ("to think"), *volere* ("to want"), *sperare* ("to hope"), and many impersonal expressions that imply an opinion; *è necessario/bisogna* ("it's necessary"), *è possibile* ("it's possible"), where the action of the verb is not a fact (indicative) but rather a supposition, belief or desire. Note the difference in meaning in the following two sentences:

> *Stefania si laurea a giugno.* Stefania is graduating in June.
> *Penso che Stefania si laurei a giugno.* I think Stefania is graduating in June.

The first sentence conveys a fact, and therefore uses the indicative mood in Italian (the present tense in this example). The second sentence conveys a belief, not a fact, and therefore uses the subjunctive. English has a subjunctive mood as well, but it is used infrequently:

> We would prefer that he go home immediately.
> I wish I were there.

MAIN USES OF THE SUBJUNCTIVE MOOD

The subjunctive is generally preceded by a main clause and introduced by *che.*

Main Clause	+ che + Dependent Clause	
Indicative		**Subjunctive**
È importante	*che*	*tu capisca il congiuntivo.*
It is important	that	you understand the subjunctive.

Certain conditions expressed in the main clause of a sentence require the subjunctive in the subordinate clause. When the verb or expression in the independent/ main clause denotes certainty (for example, *sapere che* ["to know that"], *vedere che* ["to see that"]), the indicative is used in the dependent clause. If the main clause expresses a desire, a demand, or a hope, the subordinate clause will be in the subjunctive. There are certain verbs that announce the use of the subjunctive in the subordinate clause. The following verbs prompt the use of the subjunctive. They express emotion, opinion, doubt, demand, or uncertainty:

- Verbs expressing opinion, belief: *avere l'impressione* (to have the impression), *credere* (to believe), *immaginare/immaginarsi* (to immagine), *pensare* (to think), *supporre* (to suppose).

- Verbs expressing doubt, uncertainty: *dubitare* (to doubt), *chiedersi/domandarsi* (to wonder), *non essere sicuro* (to not be sure), *non sapere* (to not know), *non capire* (to not understand).

- Verbs expressing emotions: *augurarsi* (to hope), *avere paura* (to be afraid), *dispiacere* (to be sorry), *essere contento/felice* (to be glad/happy), *non vedere l'ora* (to look forward), *piacere* (to like), *preferire* (to prefer), *preoccuparsi* (to be worried), *sperare* (to hope), *temere* (to fear).

- Verbs expressing will or desire: *chiedere* (to require), *desiderare* (to wish), *esigere* (to require), *impedire* (to prevent), *insistere* (to insist), *lasciare* (to let, to allow), *ordinare* (to order), *pregare* (to beg), *pretendere* (to demand), *proibire* (to prohibit), *proporre* (to propose), *suggerire* (to suggest), *vietare* (to forbid), *volere* (to want).

- Verbs indicating expectations: *aspettare* (to wait), *aspettarsi* (to expect), *attendere* (to wait).

The subjunctive is used only when the main clause and the subordinate clause have two different subjects. An infinitive is used if there is no change of subject. The preposition *di* is often required before the infinitive (see the Appendix of Verbs Used with Prepositions for a listing of the verbs that require a preposition before the infinitive).

Spero di arrivare presto.	I hope to arrive soon.
Spero che Luisa arrivi presto.	I hope Luisa arrives soon.

Impersonal verbs and expressions

Impersonal expressions are expressions with no specific subject: for example, "It is important that. . . ." In Italian the subjunctive is used after certain impersonal expressions of necessity, possibility, probability, and opinion that indicates the speaker's attitude.

Here is a list of impersonal expressions requiring the subjunctive:

(è un) peccato che	it is a pity that
bisogna che	it is necessary that
è (im)possibile che	it is (im)possible that
è bene che	it is good that
è giusto che	it is right that
è importante che	it is important that
è necessario che	it is necessary that
è probabile/improbabile che	it is (im)probable that
è difficile che	it is unlikely that
è facile che	it is probable that
è incredibile che	it is incredible that
è l'ora che	it is time that
è meglio che	it is better that
è strano che	it is strange that

pare che	it seems that
può darsi che	it is possible
sembra	it seems

Note the following about when *not* to use the subjunctive:

- Impersonal expressions that indicate certainty require the indicative in the dependent clause. Example of such expressions are:

è ovvio che	it is obvious that
è vero che	it is true that
è certo che	it is sure that
è sicuro che	it is certain that

- If no subject is specified, an infinitive is used after an impersonal expression:

È' importante <u>mangiare</u> bene.	It is important to eat well. (no subject)
È' importante <u>che tu mangi</u> bene.	It is important that you eat well. (subject = "you")

THE SUBJUNCTIVE TENSES

The Italian subjunctive mood has two simple and two corresponding compound tenses.

Simple Tenses	*Compound Tenses*
Present (*presente*)	Present perfect (*passato*)
Imperfect (*imperfetto*)	Past perfect (*trapassato*)

See Table 3 and Table 4 for a quick correlation between the Italian subjunctive tenses and the English equivalent.

The tense to be used in the subjunctive is determined by:

- The tense of the verb in the main clause
- The time relationship between the two clauses

When the main/independent clause is in the present tense (*io penso*/I think), the dependent clause may be in the present tense if its action occurs at the same time or in the future, or in the past tense if its action had happened in the past, as in the following examples:

Penso che Vincent parli bene.	I think Vincent speaks well.
Penso che Vincent abbia parlato bene.	I think Vincent has spoken well.

The conditions that call for the use of the present and present perfect subjunctive also apply to the use of the imperfect and past perfect subjunctive. If the verb that announces the use of the subjunctive is in the main clause or an impersonal expression is in a past tense or the conditional, the imperfect subjunctive is used in the subordinate clause.

For example:

Penso che lui <u>abbia</u> ragione.	I think he is right.
Pensavo che lui <u>avesse</u> ragione.	I thought he was right.
Voglio che tu <u>venga</u> a cena.	I want you to come to dinner.
Vorrei che tu <u>venissi</u> a cena.	I would like you to come to dinner.

The past perfect subjunctive is used in place of the past perfect indicative whenever the subjunctive is required. It is also used when a verb in a dependent clause is in the past tense or in the conditional and the action of the dependent clause occurred before the action of the independent clause:

Pensavo che Vincent parlasse bene.	I thought Vincent spoke well.
Pensavo che Vincent avesse parlato bene.	I thought Vincent had talked well.

Present-tense subjunctive

The present-tense subjunctive is formed by dropping *–are, –ere,* or *–ire* and adding its characteristic endings to the infinitive stem, as shown in the following Table 12. The subjunctive endings for the *–ere* and *–ire* verbs are the same. Verbs ending in *–ire* that insert *–isc* in the indicative present tense do so also in the subjunctive.

Table 12   The Present Tense Subjunctive of Regular Verbs

Drop	–are	–ere	–ire	–ire (–isc)
(io)	–i	–a	–a	–isca
(tu)	–i	–a	–a	–isca
(lui/lei)	–i	–a	–a	–isca
(noi)	–iamo	–iamo	–iamo	–iamo
(voi)	–iate	–iate	–iate	–iate
(loro)	–ino	–ano	–ano	–iscano

parlare: *parli, parli, parli, parliamo, parliate, parlino*
prendere: *prenda, prenda, prenda, prendiamo, prendiate, prendano*
dormire: *dorma, dorma, dorma, dormiamo, dormiate, dormano*
capire: *capisca, capisca, capisca, capiamo, capiate, capiscano*

For reflexive verbs, simply place the reflexive pronoun before the verb *(mi alzi, ti alzi).*

Note that:

- The singular forms of the present tense *(io/tu/lui/lei)* are the same. It is advisable, therefore, to use the personal subject pronoun if it is not clear from the context:

Spero che <u>tu venga</u>.	I hope that you are coming.
Spero che <u>lui venga</u>.	I hope that he is coming.

- The *noi* and *voi* forms (first- and second-person plural) have the same endings for the *–are, –ere,* and *–ire* verbs.

Spelling changes

As in the present indicative, certain *–are* verbs require spelling changes in the present subjunctive in order to keep the original sound of the verb. These changes do not make the verbs irregular.

- Verbs ending in *–care* and *–gare*, such as *cercare* ("to look for") and *pagare* ("to pay"), add an *–h* to the infinite stem in all forms so that the hard sounds *c* and *g* of the stem are retained (*c/g* + *a, o, u* hard sound; *c/g* + *i, e* soft sound).

  cercare: *cerchi, cerchi, cerchi, cerchiamo, cerchiate, cerchino*
  pagare: *paghi, paghi, paghi, paghiamo, paghiate, paghino*

- Verbs ending in *–iare* such as *studiare* ("to study"), *cominciare* ("to start"), *mangiare* ("to eat"), and *lasciare* ("to leave") drop the final *–i* of the root in all forms.

  studiare: *studi, studi, studi, studiamo, studiate, studino*
  cominciare: *cominci, cominci, cominci, cominciamo, cominciate, comincino*
  mangiare: *mangi, mangi, mangi, mangiamo, mangiate, mangino*
  lasciare: *lasci, lasci, lasci, lasciamo, lasciate, lascino*

Some verbs ending in *–iare* retain the *–i* of the stem in the *io/tu/lui-lei/loro* forms if the *–i* is stressed. The *–i* of the *noi* and *voi* form drop:

  ***inVIare* (to send):** *invii, invii, invii, inviamo, inviate, inviino*
  ***sCIare* (to ski):** *scii, scii, scii, sciamo, sciate, sciino*

Irregular verbs

The verbs that follow are completely irregular in the subjunctive and must be memorized. An easy way to memorize the following irregular forms (except the verb *dovere*) is to derive them from the *noi* form of the present indicative (for example *abbiamo* for the verb *avere*) and simply remove the last syllable (*-mo*) from it:

Infinitive	Present Indicative	Present Subjunctive
avere	(noi abbiamo)	abbia, abbia, abbia, abbiamo, abbiate, abbiano
dovere		debba, debba, debba, dobbiamo, dobbiate, debbano
sapere	(noi sappiamo)	sappia, sappia, sappia, sappiamo, sappiate, sappiano
dare	(noi diamo)	dia, dia, dia, diamo, diate, diano
essere	(noi siamo)	sia, sia, sia, siamo, siate, siano
stare	(noi stiamo)	stia, stia, stia, stiamo, stiate, stiano

If a verb has an irregular form in the indicative present tense, it is irregular also in the present tense subjunctive. Note that:

- All the endings have the same characteristic vowel *–a*, regardless of whether they are *–are*, *–ere*, or *–ire*.
- *Noi* and *voi* forms are regular.

Infinitive	Present Indicative	Present Subjunctive
andare	vado	vada, vada, vada, andiamo, andiate, vadano
bere	bevo	beva, beva, beva, beviamo, beviate, bevano
dire	dico	dica, dica, dica, diciamo, diciate, dicano
fare	faccio	faccia, faccia, faccia, facciamo, facciate, facciano
potere	posso	possa, possa, possa, possiamo, possiate, possano
rimanere	rimango	rimanga, rimanga, rimanga, rimaniamo, rimaniate, rimangano
salire	salgo	salga, salga, salga, saliamo, saliate, salgano
scegliere	scelgo	scelga, scelga, scelga, scegliamo, scegliate, scelgano
tenere	tengo	tenga, tenga, tenga, teniamo, teniate, tengano
togliere	tolgo	tolga, tolga, tolga, togliamo, togliate, tolgano
uscire	esco	esca, esca, esca, usciamo, usciate, escano
venire	vengo	venga, venga, venga, veniamo, veniate, vengano
volere	voglio	voglia, voglia, voglia, vogliamo, vogliate, vogliano

Present perfect subjunctive

In Italian, the present perfect subjunctive is formed by combining the present tense subjunctive tense of the appropriate auxiliary verb (*avere: abbia, abbia, abbia, abbiamo, abbiate, abbiano* or *essere: sia, sia, sia, siamo, siate, siano*) plus the past participle of the main verb. See the "Past Participle" section for an explanation on forming Italian past participle, and see the "Avere or Essere?" section for an explanation of when to use *essere* or *avere* as auxiliary verbs.

The following chart shows examples of the formation of the present perfect. The auxiliary verbs *avere* and *essere* are in the present subjunctive. The past participle of the verbs *lavorare, ricevere, dormire,* and *arrivare* are given. The past participle agrees with the subject in number and gender when the verb is conjugated with *essere*.

	Present Perfect with *avere*	Present Perfect with *essere*
(io)	abbia lavorato/ricevuto/dormito	sia arrivato/arrivata
(tu)	abbia lavorato/ricevuto/dormito	sia arrivato/arrivata
(lui/lei)	abbia lavorato/ricevuto/dormito	sia arrivato/arrivata
(noi)	abbiamo lavorato/ricevuto/dormito	siamo arrivati/arrivate
(voi)	abbiate lavorato/ricevuto/dormito	siate arrivati/arrivate
(loro)	abbiano lavorato/ricevuto/dormito	siano arrivati/arrivate

The present perfect subjunctive is used in place of the indicative present perfect and indicative past definite whenever the subjunctive is required. The main clause is in the present tense.

> Giulio <u>ha superato</u> l'esame.   Giulio passed the exam.
> Spero che Giulio <u>abbia superato</u>   I hope Giulio passed the exam.
> l'esame.

Imperfect subjunctive

The conditions that call for the use of the present subjunctive (see "Main Uses of the Subjunctive Mood" section) also apply for the use of the imperfect subjunctive.

The imperfect subjunctive is used in dependent *che* clauses when the verb in the main tense is in the past tense or present conditional.

Pensavo che lui fosse italiano.	I thought he was Italian.
Vorrei che tu venissi qui.	I would like you to come here.

The imperfect subjunctive is a simple tense and it is formed by dropping the infinitive ending *–are, –ere,* or *–ire* and adding the appropriate ending, as shown in the following Table 13, to the remaining stem.

Table 13   The Imperfect Subjuntive Regular Forms

Drop	–are	–ere	–ire
(io)	–assi	–essi	–issi
(tu)	–assi	–essi	–issi
(lui/lei/Lei)	–asse	–esse	–isse
(noi)	–assimo	–essimo	–issimo
(voi)	–aste	–este	–iste
(loro)	–assero	–essero	–issero

parlare: *parlassi, parlassi, parlasse, parlassimo, parlaste, parlassero*
vivere: *vivessi, vivessi, vivesse, vivessimo, viveste, vivessero*
dormire: *dormissi, dormissi, dormisse, dormissimo, dormiste, dormissero*
capire: *capissi, capissi, capisse, capissimo, capiste, capissero*

Note the following about the imperfect subjunctive:

- The endings are the same for all conjugations. The only difference is the characteristic vowel that each conjugation maintains *(–are, –ere, –ire)*
- The main stress falls on the second syllable from the end—for example, *caPIssi, caPIsse, caPIste.* The *noi* and the *loro* forms have the stress on the third vowel from the end—for example, *caPIssimo, caPIssero.*

The following verbs have an irregular imperfect subjunctive:

Infinitive	Imperfect Subjunctive
dare	dessi, dessi, desse, dessimo, deste, dessero
stare	stessi, stessi, stesse, stessimo, steste, stessero
essere	fossi, fossi, fosse, fossimo, foste, fossero

As in the imperfect indicative, the verbs *fare* (to do, to make), *bere* (to drink), *dire* (to say), and *tradurre* (to translate) conjugate according to the Latin infinitive to form the subjunctive imperfect.

fare (Latin facere): *facessi, facessi, facesse, facessimo, faceste, facessero*
bere (Latin bibere, old Italian bevere): *bevessi, bevessi, bevesse, bevessimo, beveste, bevessero*
dire (Latin dicere): *dicessi, dicessi, dicesse, dicessimo, diceste, dicessero*
tradurre (Latin traducere): *traducessi, traducessi, traducesse, traducessimo, traduceste, traducessero*

Past perfect subjunctive

In Italian, the past perfect subjunctive is formed by combining the imperfect subjunctive of the appropriate auxiliary verb (*avere: avessi, avessi, avesse, avessimo, aveste, avessero* or *essere: fossi, fossi, fosse, fossimo, foste, fossero*) plus the past participle of the main verb. See the "Past Participle" section for an explanation on forming the Italian past participle, and see the "Avere or Essere?" section for an explanation of when to use *essere* or *avere* as auxiliary verbs. The following chart shows examples of the formation of the past perfect. The helping verbs *avere* and *essere* are in the imperfect subjunctive. The past participle of the verbs *lavorare, ricevere, dormire,* and *arrivare* are given. The past participle agrees with the subject in number and gender when the verb is conjugated with *essere*.

	Past Perfect with *avere*	**Past Perfect with *essere***
(io)	avessi lavorato/ricevuto/dormito	fossi arrivato/arrivata
(tu)	avessi lavorato/ricevuto/dormito	fossi arrivato/arrivata
(lui/lei)	avesse lavorato/ricevuto/dormito	fosse arrivato/arrivata
(noi)	avessimo lavorato/ricevuto/dormito	fossimo arrivati/arrivate
(voi)	aveste lavorato/ricevuto/dormito	foste arrivati/arrivate
(loro)	avessero lavorato/ricevuto/dormito	fossero arrivati/arrivate

Imperative Mood

The imperative expresses orders, pleas, exhortations, advice ("be good," "stay at home," "let's go"). In the negative form, the imperative expresses a prohibition. The imperative has only the present tense. Because of the special nature of its usage, there is no third-person form of the imperative. The imperative is used only when addressing someone directly—thus, only the "you" forms exist. In Italian, the imperative mood can be expressed informally and formally. There is also a command form for *noi* corresponding to the English command expressions "let's" or "let's not."

	Informal	*Formal*
addressing one person	tu	Lei
addressing two or more people	voi	(loro)
let's	noi	–

Only the *tu* form of *–are* verbs; *avere* and *essere* have a separate imperative form. All other subjects use for the imperative either the present indicative or the present subjunctive forms for that person.

INFORMAL IMPERATIVE: AFFIRMATIVE AND NEGATIVE

The affirmative imperative forms for *tu, noi,* and *voi* are identical to the corresponding present-tense forms, with one difference: The *tu* imperative of regular

–are verbs ends in *–a*, while the present tense ends in *–i (tu parli)*. The negative imperative *noi* and *voi* forms are identical to those in the affirmative: the *non* precedes the affirmative verb form. The negative form of imperative for *tu* in all conjugations is formed with *non* + the infinitive of the main verb. The following chart shows examples of the formation of the forms of the imperative informal.

	parlare	**scrivere**	**partire**	**finire**
(tu)	*parla! (non parlare!)*	*scrivi! (non scrivere!)*	*parti! (non partire!)*	*finisci! (non finire!)*
(noi)	*(non) parliamo!*	*(non) scriviamo!*	*(non) partiamo!*	*(non) finiamo!*
(voi)	*(non) parlate!*	*(non) scrivete!*	*(non) partite!*	*(non) finite!*

The verbs *avere* and *essere* have irregular imperative forms—for example, *Sii te stessa!* (Be yourself!)

	avere	**essere**
(tu)	*abbi!*	*sii!*
(noi)	*abbiamo!*	*siamo!*
(voi)	*abbiate!*	*siate!*

The following verbs have irregular *tu* imperatives that are frequently used instead of the present-tense forms. The other imperative forms of these verbs are regular, including the negative forms.

andare: *va' (vai)*
dare: *da' (dai)*
fare: *fa' (fai)*
stare: *sta' (stai)*
dire: *di'*

INFORMAL IMPERATIVE WITH PRONOUNS

In informal affirmative imperative, object (direct or indirect, combined forms, *ci* or *ne*) and reflexive pronouns are attached to the end of the verb to form one word, no matter how long the word becomes:

Scrivimi appena possible!	Write me us soon as possible!
Diciamoglielo!	Let's say it to him.
Sbrigati per favore!	Hurry up please!

When the short imperative *tu* form of *andare, dare, fare, stare,* or *dire* is used with a pronoun, the apostrophe disappears and the first consonant of the pronoun is doubled (except for the pronoun *gli*).

dì + mi = dimmi tutto!	Tell me everything!
da' + le = dalle il libro!	Give her the book!

If the imperative is negative, the pronouns may be placed either before or after the verb.

Telefonale!	*Non le telefonare!*	*Non telefonarle!*
Telefoniamole!	*Non le telefoniamo!*	*Non telefoniamole!*
Telefonatele!	*Non le telefonate!*	*Non telefonatele!*

See the "Reflexive Verbs" section for details of the position of the reflexive pronoun and the imperative.

FORMAL IMPERATIVE

The formal *Lei* and *Loro* imperative forms are the correspondending forms of present subjunctive—for example, *Venga venga!* (Come in!).

	parlare	**scrivere**	**partire**	**finire**
(Lei)	*(non) parli!*	*(non) scriva!*	*(non) parta!*	*(non) finisca!*
(Loro)	*(non) parlino!*	*(non) scrivano!*	*(non) partano!*	*(non) finiscano!*

For the irregular forms, see the irregularities of the present subjunctive.

The negative imperative is formed by inserting *non* before the affirmative form.

The object and reflexive pronouns are not attached to the polite *Lei* and *Loro* forms. Pronouns must always precede the verb both in the affirmative and negative imperative.

> *Dott. Berge, non si preoccupi!*　　　Dr. Berge, don't worry!
> *Signora, si accomodi!*　　　Madam, take your seat!

The formal *Loro* imperative forms are seldom if ever used:

> *Prego, si accomodino, signori . . .*　　　Please, take a seat, sirs . . . what would
> *cosa desiderano?*　　　you like to order?

The Nonpersonal Forms

The three verb moods that do not change to agree with the subject are called *modi indefiniti* or *forme implicite* ("nonpersonal forms"). The nonpersonal forms are:

- The infinitive (*infinito*), present and past
- The gerund (*gerundio*), present and past
- The participle (*participio*), present and past

The past participle has already been discussed on page 12. Because the Italian present participle has mainly an adjective or noun value, its form has not been included in the verb charts. The best approach is to observe that adjectives and nouns ending in *–ante* and *–ente* may be derived from verbs.

> *Questa è una storia divertente.*　　　This is an amusing story.

The adjective *divertente* in the preceding example derives from the verb *divertire* ("to amuse").

INFINITIVE

In English, the infinitive consists of *to* + verb (for example, "to speak," "to talk"). In Italian, the infinitive form is *one word* consisting of stem + infinitive ending. The Italian infinitive has two tenses:

- The **present** has three main endings: *–are, –ere,* and *–ire* (*cantare, prendere, finire*).
- The **past** is composed of *avere* or *essere* plus the past participle of the main verb.

The following chart shows examples of the present infinitive and of the formation of the past infinitive. The helping verbs *avere* and *essere* are in the infinitive. The past participle of the verbs *lavorare, ricevere, dormire,* and *arrivare* are given. The past participle agrees with the subject in number and gender when the verb is conjugated with *essere*.

Present Infinitive	*Past Infinitive*
lavorare (to work)	*aver(e) lavorato* (having worked)
arrivare (to arrive)	*essere arrivato/arrivata/arrivati/arrivate* (having arrived)
ricevere (to see)	*aver(e) ricevuto* (having believed)
dormire (to sleep)	*aver(e) dormito* (having slept)

Note that in the past infinitive, *aver* is generally used instead of the full verb *avere*. There is a fourth type of infinitive ending in *–rre*, but there are very few of them: *produrre* ("to produce"), *tradurrre* ("to translate"), *porre* ("to put"), *trarre* ("to pull"), and their compound verbs. The conjugation of these verbs is based on the Latin infinitive form (for example: *producere, traducere, ponere*).

The infinitive may be used alone in the following cases:

- **As the subject or direct object of a sentence:** In English, either the gerund (–ing form) or infinitive is used.

È importante parlare almeno due lingue straniere.	It is important to speak at least two foreign languages.
È vietato fumare.	Smoking is prohibited.

- **As an imperative, to express a "generic instructions" addressed to everybody:** For this reason, it is frequently used in public notices, in recipes, and in instructions for the use of machines.

Spingere.	Push. (sign on a door)
Non disperdere nell'ambiente.	Do not litter.
Cuocere in forno per 20 minuti.	Bake for 20 minutes.

- **After impersonal expressions that contain *essere*:**

Sarebbe meglio aspettare.	It would be better to wait.
È necessario riempire il modulo.	It is necessary to fill out the form.

Certain verbs, including verbs of perception and impersonal verbs, can be followed by an infinitive. Below is a list of the most common verbs followed by the infinitive. If one of these verbs is followed by another verb, the first verb is conjugated, and the second verb is used in the infinitive—for example, *Sai nuotare?* (Can you swim?).

> *amare* ("to love")
> *ascoltare* ("to listen")
> *bastare* ("to be enough")
> *bisogna* ("it is necessary")
> *desiderare* ("to wish")
> *dovere* ("must," "to have to")
> *fare* ("to make")
> *gradire* ("to appreciate)
> *guardare* ("to look at")
> *lasciare* ("to let," "to allow")
> *occorrere* ("to be necessary")
> *osare* ("to dare")
> *osservare* ("to observe")
> *parere* ("to seem")
> *piacere* ("to like")
> *potere* ("to be able")
> *preferire* ("to prefer")
> *sapere* ("to know how")
> *sembrare* ("to seem")
> *sentire* ("to hear," "to listen")
> *vedere* ("to see")
> *volere* ("to want")

Certain verbs require a preposition before the infinitive. For example, the verb *andare* requires the preposition *a*. If *andare* is followed by another verb (to go dancing), the sequence *andare* + *a* + infinitive is used. As in the first example below, *andare* is conjugated, and the second verb is used in the infinitive (for example, *Vado a ballare* [I go dancing]). In English, either the –ing form gerund or the infinitive can be used:

> *Vado a ballare.*   I'm going dancing.
> *Hanno deciso di partire in treno.*   They decided to leave by train.
> *Proviamo a entrare.*   Let's try to go in.

The Appendix of Verbs Used with Prepositions lists verbs requiring the preposition *a* and a list of verbs requiring the preposition *di*.

Note that the subjunctive is used if there is a change of subject after the verbs and in expressions that normally require the infinitive (with or without a preposition), especially verbs and expressions of thought, doubt, hope, fear, promise, denial, or desire:

> *Spero di finire il lavoro domani.*   I hope to finish the work tomorrow.
> *Spero che tu finisca il lavoro domani.*   I hope you'll finish the work tomorrow.

The infinitive is also used after the following prepositions.

- *Per:* **The preposition *per* immediately followed by the infinitive expresses purpose.** In English an infinitive alone may be used, or "in order to":

Vado in Italia per studiare l'italiano.	I am going to Italy (in order) to study Italian.

- *Da:* **The preposition *da* immediately followed by the infinitive expresses purpose and use of the noun it refers to.**

Dove sono le lettere da spedire?	Where are the letters to be mailed?
È un film da vedere.	It is a movie to see.
Non ho tempo da perdere.	I don't have time to waste.

- **Other prepositions requiring the infinitive.** These prepositions are usually followed by the –ing form of the verb in English: *prima di* (before), *invece di* (instead of), *senza* (without), *dopo* (after, always followed by the past infinitive).

Rifletti prima di parlare!	Think before speaking!
Dopo esserci alzati, abbiamo fatto colazione.	After getting up, we had breakfast.

GERUND

The gerund is one of the Italian verb forms corresponding to the English *–ing* form. It expresses contemporaneity to the verb of the main tense. It has two forms: present and past.

Correndo sono caduto.	I fell while I was running.

The present (or simple) tense is formed by dropping the ending of the infinitive *(–are, –ere,* or *–ire)* and adding *–ando, –endo,* or *–endo.* The simple gerund is invariable. The past gerund is formed with the present gerund of *avere (avendo)* or *essere (essendo)* plus the past participle of the main verb. When the past gerund is formed with *essere (essendo),* the past participle agrees with the subject in gender and number.

Infinitive	Present Gerund	Past Gerund
can*tare* (to sing)	can*tando* (singing)	*avendo cantato* (having sung)
and*are* (to go)	and*ando* (going)	*essendo andato/andata/andati/andate* (having gone)
perd*ere* (to lose)	perd*endo* (losing)	*avendo perso* (having lost)
cap*ire* (to understand)	cap*endo* (understanding)	*avendo capito* (having understood)

Note the gerund of the following verbs derives from Latin or old forms:

bere (from *bevere*)	*bevendo*
dire (from *dicere*)	*dicendo*
fare (from *facere*)	*facendo*
tradurre (from *traducere*)	*traducendo*
trarre (from *trahere*)	*traendo*

Other verbs ending in –*durre* use the Latin stem – *duc* (for example, *produrre*, *producendo*).

Reflexive and object pronouns follow the gerund and are attached to it to form one word. In the compound gerund, they are attached to *avendo* or *essendo*.

> *<u>Vedendolo</u> tutti i giorni, ho potuto apprezzare il suo valore.*
> *<u>Essendomi</u> laureata a pieni voti, ho trovato subito lavoro.*

> <u>Seeing him</u> every day, I could appreciate his value.
> Having graduated with full marks, I immediately found a job.

Stare + gerund

The main use of the gerund is with the present tense of *stare* to form the progressive form of the present (action currently in progress: *I am working*) or with the imperfect tense of *stare* (action in progress in the past: *I was working*). It is never used with compound tenses.

In English, the present progressive is also used to express a future action. In Italian, the present indicative is used instead. Note that whereas the present indicative *lavoro* can mean both "I work" and "I am working," *sto lavorando* can only mean "I am working (right now)". Similarly, *lavoravo* can mean "I used to work" and "I was working," and *stavo lavorando* can only mean "I was working." The progressive forms are used less frequently in Italian than in English. They may always be replaced by the simple forms of the present and imperfect.

Table 14   Present Tense of *stare* + Gerund = Present Progressive

Simple Present	Present Tense of stare	+ Gerund of Main Verb	
lavoro	*(io) sto*		I am working
lavori	*(tu) stai*		you are working
lavora	*(lui/lei) sta*	*lavorando*	he/she is working
lavoriamo	*(noi) stiamo*		we are working
lavorate	*(voi) state*		you are working
lavorano	*(loro) stanno*		they are working

Table 15   Imperfect of *stare* + Gerund = Past Progressive

Imperfect	Imperfect Tense stare	+ Gerund of Main Verb	
lavoravo	*(io) stavo*		I was working
lavoravi	*(tu) stavi*		you were working
lavorava	*(lui/lei) stava*		he/she was working
lavoravamo	*(noi) stavamo*	*lavorando*	we were working
lavoravate	*(voi) stavate*		you were working
lavoravano	*(loro) stavano*		they were working

The structure *stare* + gerund can also be used with the present or imperfect subjunctive of *stare*.

> **present:** *stia, stia, stia, stiamo, stiate, stiano* + gerund of main verb
> **imperfect:** *stessi, stessi, stesse, stessimo, steste, stessero* + gerund of main verb

Il bambino sta dormendo.	The baby is sleeping.
Stavano lavorando.	They were working.
Penso che lui stia dormendo.	I think he is sleeping.
Pensavo che loro stessero lavorando.	I thought they were working.

The Reflexive Form

Italian verbs can have a reflexive form. A reflexive infinitive is identifiable by the ending *–si:*

$$lav\underline{are} + si = lav\underline{arsi}$$
$$mett\underline{ere} + si = mett\underline{ersi}$$
$$divert\underline{ire} + si = divert\underline{irsi}.$$

Note that the final *–e* of the infinitive is omitted. Reflexive pronouns are: *mi, ti, si, ci, vi,* and *si.* The following chart shows the subject pronouns with their corresponding Italian reflexive pronouns and English reflexive pronouns:

Subject Pronouns	Reflexive Pronouns	English Reflexive Pronouns
io	*mi*	myself
tu	*ti*	yourself
lui/lei	*si*	himself/herself
Lei	*Si*	yourself
noi	*ci*	ourselves
voi	*vi*	yourselves
loro	*si*	themselves

Note that the form for the third-person singular *(lui/lei)* and plural *(loro)* pronoun is the same: *si.* Also, when the word "sì" means "yes," it is spelled with an accent in order to distinguish it from the pronoun "si."

Reflexive verbs, like all other verbs, are conjugated in the various tenses and moods according to the infinitive ending *(alzarsi: –are; mettersi: –ere; divertirsi: –ire)* and according to any spelling changes or irregularities. Reflexive verbs, unlike other verbs however, must be preceded by their appropriate reflexive pronoun.

For simple tenses, if you know the conjugation of a verb (for example, *mettere,* "to put"), in order to conjugate it in a reflexive way (for example, *mettersi* "to put oneself"), simply put the reflexive pronouns before the simple tenses *(mi metto, ti metti, si mette).* Table 16 shows, as an example, the reflexive present tense of the verbs *alzarsi* ("to get up"), *mettersi* ("to put oneself"), *divertirsi* ("to have fun"), and *trasferirsi* ("to move").

Table 16   The Indicative Present Tense of Reflexive Verbs

	alzarsi	mettersi	divertirsi	trasferirsi
(io)	mi alzo	mi metto	mi diverto	mi trasferisco
(tu)	ti alzi	ti metti	ti diverti	ti trasferisci
(lui/lei)	si alza	si mette	si diverte	si trasferisce
(noi)	ci alziamo	ci mettiamo	ci divertiamo	ci trasferiamo
(voi)	vi alzate	vi mettete	vi divertite	vi trasferite
(loro)	si alzano	si mettono	si divertono	si trasferiscono

All reflexives verbs use *essere* as auxiliary verb to form compound tenses. The following list shows the example of the formation of the present perfect of a reflexive verb, *alzarsi*. The past participle agrees with the subject in number and gender when the verb is conjugated with *essere*.

Indicativo (passato prossimo)	Present Perfect
mi sono svegliato/svegliata	I woke up
ti sei svegliato/svegliata	you woke up
si è svegliato/svegliata	he/she woke up
ci siamo svegliati/svegliate	we woke up
vi siete svegliati/svegliate	you woke up
si sono svegliati/svegliate	they woke up

Here are examples of usages of the reflexive compound tenses:

Giacomo si è svegliato tardi.	Giacomo woke up late.
Penso che Piera si sia laureata.	I think Piera graduated.
Pensavo che Giacomo e Piera si fossero sposati.	I thought Giacomo and Piera had married.
Piera e Marta si erano arrabbiate.	Piera and Marta had gotten angry.

POSITION OF THE REFLEXIVE PRONOUNS

The reflexive pronouns usually precede the conjugated verb forms or attach to the infinitive and the gerund, as in the following examples:

Mi laureo a giugno.	I am graduating in June.
Vorrei alzarmi presto.	I would like to get up early.

In the affirmative informal imperative, the reflexive pronoun attaches to the end of the verb form and makes one word with it, as shown in the following table. In the informal negative commands, there are two choices: The pronoun can precede the verb (first option) or attach at the end (second option) as shown below:

Table 17   Informal Imperative and Reflexive Pronouns

Informal	Affirmative imperative	Negative imperative	
		first option	second option
(tu)	alzati!	Non ti alzare!	Non alzarti!
(noi)	alziamoci!		Non alziamoci!
(voi)	alzatevi!	Non vi alzate!	Non alzatevi!

Note that in the second option of the *tu* form, the infinitive drops the final –*e* before the pronoun.

In the verb charts, in the negative imperative of the *tu* form, only the second option will be displayed, but both are possible.

If the infinitive is preceded by a form of *dovere, potere,* or *volere,* the reflexive pronoun either attaches to the infinitive (which drops its final –*e*) or precedes the conjugated verb. Note that the reflexive pronoun agrees with the subject even when attached to the infinitive.

Mi alzo presto.	I get up early.
Devo alzarmi presto.	I have to get up early.
Mi devo alzare presto.	I have to get up early.

HOW ITALIAN REFLEXIVE VERBS TRANSLATE INTO ENGLISH

A reflexive verb is a verb whose action refers back to the subject, such as "I see myself in the mirror" or "He considers himself intelligent." In both of these examples, the subject and direct object are the same. Generally, when a verb is reflexive in English, it is also reflexive in Italian—for example, *farsi male* ("to hurt oneself"). The opposite is not true. When a verb is reflexive in Italian, it is not necessarily reflexive in English, as for examples the verbs below:

laurearsi	to graduate
iscriversi	to enroll

Many transitive verbs (those that can be followed by a direct object) can be non-reflexive or reflexive depending upon whether the subject is acting upon itself or upon someone or something else.

Giada lava la macchina.	Giada is washing the car. ("car" = direct object)
Giada si lava.	Giada washes herself.

Note that the nonreflexive verb forms the compound tenses with *avere,* while the reflexive form always uses *essere:*

Giada ha lavato la macchina.	Giada washed the car.
Giada si è lavata.	Giada washed herself.

Often the action refers back to "part of oneself" as, for example, *mi lavo le mani* (I wash my hands). Note that, in these cases, reflexive meaning is often expressed in English by a possessive adjective rather than a reflexive verb. In the Italian sentences, the use of the reflexive pronoun identifies the subject and possession is understood; thus, the definite article is used rather than the possessive as it is used in English.

Mi sono lavato i capelli.	I washed my hair.
Si è messo il cappotto.	He put his coat on.

Often an Italian reflexive corresponds to the English verbs "to get," "to fall," or "to become" as in the examples below:

arrabbiarsi	to get angry
alzarsi	to get up
ubriacarsi	to get drunk
innamorarsi	to fall in love
addormentarsi	to fall asleep

In Italian reflexive verbs are commonly used to express reciprocal actions. While English uses "each other" and "one another," Italian uses the plural reflexive pronouns *ci, vi,* and *si* with the correspondent plural forms of the verb.

Ci vediamo domani.	See you tomorrow. (Literally: We see each other tomorrow.)
Dove vi incontrate?	Where are you meeting (each other)?
Gianna e Alberto si sposano a giugno.	Gianna and Alberto are getting married in June.

Here are a few common verbs that can have reciprocal meaning with their transitive counterpart:

aiutare (to help)	*aiutarsi* (to help each other)
amare (to love)	*amarsi* (to love each other)
baciare (to kiss)	*baciarsi* (to kiss each other)
capire (to understand)	*capirsi* (to understand each other)
conoscere (to know)	*conoscersi* (to know each other, to meet [for the first time])
incontrare (to meet)	*incontrarsi* (to meet each other)
odiare (to hate)	*odiarsi* (to hate each other)
salutare (to greet)	*salutarsi* (to greet each other)
sposare (to marry)	*sposarsi* (to get married)
vedere (to see)	*vedersi* (to see each other)

Note that the transitive counterpart forms the compound tenses with *avere* while the reflexive form always uses *essere:*

La madre ha abbracciato il figlio.	The mother embraced the son.
Madre e figlio si sono abbracciati.	Mother and son embraced each other.

A group of Italian reflexive verbs have a form that is reflexive, though there is not any real reflexive meaning. In English, the equivalent verb is not reflexive. Following is a list of verbs that in Italian have only reflexive form, but no reflexive meaning:

accorgersi di ("to realize")
arrabbiarsi ("to get angry")
congratularsi con ("to congratulate")
fidarsi di ("to trust")
ostinarsi a ("to persist")
pentirsi di ("to repent")
ribellarsi ("to rebel")
vergognarsi ("to be ashamed")

Si è pentito di aver detto tante bugie.   He repented of having told so many lies.
Si vede che si vergogna.   One can see he is ashamed.

There is also a group of transitive verbs that can be used reflexively and that slightly changes the meaning of the verb between the reflexive form and the transitive counterpart. Therefore the reflexive form and the transitive counterpart translate into English with different verbs, as in some of the following examples:

Intransitive Reflexive	**Transitive**
alzarsi (to get up)	*alzare* (to raise)
annoiarsi (to get bored)	*annoiare* (to bore)
gonfiarsi (to swell up)	*gonfiare* (to inflate)
irritarsi (to get irritated)	*irritare* (to irritate)
offendersi (to take offense)	*offendere* (to offend)
spaventarsi (to get frightened)	*spaventare* (to frighten)
stupirsi (to be astonished)	*stupire* (to astonish)
decidersi (to make up one's mind)	*decidere* (to decide)
svegliarsi (to wake up)	*svegliare* (to awaken)

The reflexive form in Italian is used to express other meanings beside the literal one. Many transitive verbs can be used reflexively or not, depending on whether the speaker wishes to stress his own involvement.

Ho comprato un portatile.   I bought a laptop.
Mi sono comprata un portatile!   I bought myself a laptop!

Impersonal Verbs

Impersonal verbs do not have a determinate subject and they are only conjugated in indefinite moods (infinitive, gerund, participle) and in the third-person singular, as for example the verb *accadere* ("to happen"). In English, the subject of impersonal verbs is always expressed and it is "it" ("it rains"). In Italian, the subject is not expressed.

Impersonal verbs can be grouped as follows:

- Verbs only used in impersonal form, as *bisognare* ("to be necessary") and *occorrere* ("to be necessary").
- **Verbs for expressing weather conditions:** *piovere* (to rain), *grandinare* (to hail), *nevicare* (to snow). In compound tenses, this group of verbs can use either *essere* or *avere* (*ha piovuto, è piovuto* [it rained]).
- **The verb *fare* in expressions such as *fa freddo, fa caldo* (it is hot, it is cold).**
- **Verbs that have a "personal" conjugation but are often used in the impersonal form.** The most common are: *bastare* ("to be enough"), *convenire* ("to be better"), *parere* ("to seem"), *sembrare* ("to seem"), *succedere* ("to happen"), *essere necessario* ("to be necessary"), *essere opportuno* ("to be convenient"), *essere certo* ("to be sure"), *essere evidente* ("to be evident"), *essere chiaro* (to be clear).

Here are examples of impersonal verbs in different tenses.

Per andare a Fiesole bisogna
prendere l'autobus.
Conveniva aspettare.

To go to Fiesole it is necessary to
take a bus.
It was better to wait.

Compound tenses of impersonal verbs are formed with *essere*. Verbs that express weather conditions can also use *avere*.

Che cosa è successo?   What happened?

Any verb can be used in an impersonal form if the form of the third-person singular of the verb is preceded by the pronoun *si*. It corresponds to the English impersonal construction "one," "you," "we," "they," people + verb—for example: *Qui si mangia bene*. (Here one eats well.) When a reflexive verb is used in this impersonal construction, both an impersonal and a reflexive pronoun are needed. The pronouns used are *ci si* (not *si si*)—for example, *Ci si diverte sempre alle feste di Simona*. (One always has a good time at Simona's parties.)

Piacere and Verbs with Special Construction

In Italian, there are some verbs that have a special construction, such as the verb *piacere*. The verb *piacere* corresponds to the English verbs "to like," "to enjoy." Its construction, however, is quite different from that of the verb "to like." In Italian, the verb "to like" is similar in structure to the English phrase "to be pleasing to." In order to say that "you like pizza Margherita," you must say that "pizza Margherita is pleasing to you."

I like Italian music.	Italian music appeals to me.	Mi piace la musica italiana.
I like antique watches.	Antique watches appeal to me.	Mi piacciono gli orologi antichi.

In the Italian construction, the person or thing that is pleasing is the subject (Italian music, watches) of the sentence and it usually follows the verb. The person who likes appears as the indirect object of the verb ("to me"). The verb *piacere* agrees with the subject; consequently, if what is liked is singular, *piacere* is used in the third-person singular form; if what is liked is plural, *piacere* is used in the third-person plural form. The person to whom someone/something is pleasing is the indirect object, often replaced by an indirect pronoun (*mi, ti, gli/le, ci, vi, gli*). When the subject is an infinitive, the singular form of third-person *piacere* is used ("I like to read," "Reading is pleasing to me"). The following chart shows the Italian indirect object pronouns and the present tense of *piacere*.

Subject Pronouns	Indirect Pronouns	piacere
(io)	mi	piace + singular noun or verb piacciono + plural noun
(tu)	ti	
(lui)	gli	
(lei/Lei)	le/Le	
(noi)	ci	
(voi)	vi	
(loro)	gli	

The subject pronouns are *never used* in this construction.

Mi piace la pizza Margherita.	I like pizza Margherita.
Ci piacciono i bambini.	We like the children.
Ti piace viaggiare in treno?	Do you like traveling by train?
Mi piacerebbe studiare il francese.	I would like to study French.
Gli piaceva andare a cavallo.	He used to like to ride a horse.
Sono sicura che ti piacerà il film.	I am sure you will like the movie.

In all compound tenses, *piacere* is conjugated with *essere*. Its past participle *(piaciuto)* agrees in gender and number with the subject (the person or thing that it is liked).

Mi è piaciuto il libro.	I liked the book.
Mi sono piaciuti i libri.	I liked the books.
Mi è piaciuta la fotografia.	I liked the picture.
Mi sono piaciute le fotografie.	I liked the pictures.
Mi sarebbe piaciuto venire.	I would have liked to come.

In the first example above, the past participle *piaciuto* is masculine and singular agreeing with *libro,* which is also masculine and singular. In the second example above, the past participle *piaciuti* is masculine and plural, agreeing with *libri,* which is also masculine and plural.

When the indirect object is a noun, it must be preceded by the preposition *a.*

<u>A</u> *Fabio piace la musica italiana.*	Fabio likes Italian music.
A Fabio piacciono gli spaghetti al dente.	Fabio likes spaghetti.

The negative of *piacere* is *non* + *piacere* (for example, *Non mi piace la cioccolata* [I don't like chocolate]). The verb *dispiacere,* used in the same way as *piacere,* means "to be sorry."

Other common verbs used with this specia construction are: *bastare* ("to be enough"), *mancare* ("to miss"), *occorrere* ("to be needed"), *sembrare* ("to seem"), *servire* ("to need," "have a use for"), and *andare* ("to feel like"). The verb *andare* in its personal construction as shown in the verb chart means "to go"; when used with the special construction it means "to feel like":

Ti va di andare al cinema?	Do you feel like going to the movie?
Non sono andato perché non mi andava.	I didn't go because I didn't feel like it.
Mi manca Marco.	I miss Marco.

Dovere, Potere, and Volere

The verbs *dovere* ("to have to," "must"), *potere* ("to be able to," "can"), and *volere* ("to want") can be used autonomously or can be followed by another verb. When they're followed by another verb ("I want to study"), the first verb is conjugated in the desired tense, and the second verb immediately follows in the infinitive. For example:

Posso pagare con la carta di credito?	Can I pay by credit card?
Puoi ripetere, per favore?	Can you repeat that, please?
Voglio studiare il francese.	I want to study French.
Dobbiamo fare gli esercizi.	We have to do the exercises.

In compound tenses, when used by themselves and not followed by an infinitive, these verbs use *avere* as a helping verb.

Sei andata? Ho dovuto.	Did you go? I had to.

When followed by an infinitive, *volere*, *potere*, and *dovere* take *avere* or *essere* depending on whether the verb in the infinitive normally requires *avere* or *essere*. However, in conversational Italian, the tendency is to use *avere*. Below are two examples of the verb *potere* in the present perfect:

Non <u>ho potuto</u> dormire.	I couldn't sleep.
<u>È</u> <u>potuto</u> partire.	He was able to leave.

In the preceding examples, the verb *potere* uses *avere* as a helping verb when is followed by the verb *dormire*, because *dormire* requires *avere* to form the compound tenses (for example, *Ho dormito* [I slept]). In the second example, *potere* uses *essere* as a helping verb, because it's followed by the verb *andare*, and *andare* requires *essere* to form the compound tenses (for example, *Sono andato* [I went]).

When the modal verb *(volere, potere, sapere, dovere)* is followed by a reflexive verb, two constructions are possible, depending on the position of the reflexive pronoun. When the reflexive pronoun precedes the verb, *essere* is used; when the reflexive pronoun is attached to the infinitive of the verb, *avere* is used.

Bruno <u>si è</u> dovuto svegliare presto.	Bruno had to wake up early.
Bruno <u>ha</u> dovuto svegliar<u>si</u> presto.	Bruno had to wake up early.

Volere, *potere*, and *dovere* take on different meanings depending on the tense in which they're used.

Present perfect and imperfect

The verbs *volere*, *potere*, *dovere*, and *sapere* are generally used in the imperfect. Note that the examples below slightly changes in meaning whether used in the present perfect or imperfect:

Voleva partire.	She wanted to leave (uncertain whether the subject left or not).
È voluta partire.	She wanted to leave (and did so).

The examples have the same meaning, but in the first example, the use of imperfect express the intention of leaving and it doesn't specify whether she left or not. In the second example, the subject did in fact leave.

Present conditional

The present conditional of *dovere*, *potere*, and *volere* is often used instead of the present tense, to soften the impact of a statement or request.

- **Dovere:** *dovrei, dovresti* . . . means "should" or "ought to" (in addition to "would have to") in contrast to the present tense *devo* (I must, I have to).

Dovresti metterti il cappotto.	You should put on your coat.

- **Potere:** *potrei, potresti* . . . is equivalent to English "could," "would be able to," and "would be allowed."

Potrebbe dirmi che ore sono?	Could you tell me what time is it?
Potrei andare io al tuo posto, se vuoi.	I could go on your behalf, if you like.

- **Volere:** *vorrei, vorresti* . . . means "would want" or "would like"

Vorresti venire a cena?	Would you like to come to dinner?
Vorrei studiare il francese.	I would like to study French.

Past conditional

The past conditional of *dovere* + infinitive is equivalent to English "should have" or "ought to have" + past participle (done something):

Saresti dovuto arrivare puntuale.	You should have arrived on time.

The past conditional of *potere* + infinitive is equivalent to English "could (might) have" + past participle:

Avrei potuto fare di più.	I could have done more.

The past conditional of *volere* + infinitive is equivalent to English "would have liked to" + infinitive:

Avrebbe voluto fare di più.	He would have liked to do more.

Conditional Sentences

Conditional sentences have two parts: the *se*/if clause and the main clause. In the sentence "If it rains I shall stay home," "if it rains" is the if clause, and "I shall stay at home" is the main clause. There are three kind of conditional sentences:

- **Type 1 (probable):** When real or possible situations are described, the *se* clause is in the indicative, and the main clause is in the indicative or the imperative, as shown in the examples below:

○ *"se* clause" in the present + main clause: present/future/imperative

Se piove, non vengo.	If it rains, I am not coming.
Se sto male, non partirò.	If I am feeling bad, I will not leave.
Se arrivi prima, prendi un posto per me.	If you arrive early, take a seat for me.

○ "se clause" in the future + main clause in the future:

Se <u>potrò</u>, lo farò.	If <u>I can</u> I'll do it.

The above example is the only tense sequence that differs from English: *se* + future in Italian; if + present in English.

- **Type 2:** When hypothetical, imaginary situations (likely or unlikely to happen) are described, the *se* clause is in the imperfect subjunctive, and the main clause is in the conditional, as in the example below:

Se vincessi alla lotteria farei un viaggio intorno al mondo.	If I won the lottery, I would travel around the world.

- **Type 3:** When improbable or impossible situations (unlikey to happen or to have happened, contrary to fact) are described, the *se* clause is in the past perfect subjunctive, and the main clause in the conditional. To talk about a contrary-to-fact or imaginary situation entirely in the past, use *se* + past perfect subjunctive + past conditional. The order of the two clauses can be switched.

Se lo avesse saputo prima, non ci sarebbe andato.	If he had known sooner, he wouldn't have gone.
Se non avessi perso l'autobus, non ti avrei incontrato.	If I hadn't missed the bus, I wouldn't have met you.

In spoken Italian, the sequence *se* + imperfect indicative + imperfect indicative is often used instead of *se* + past perfect subjunctive + perfect conditional and the preceding examples can also translate as below.

Se lo sapeva, non ci andava.	If he had known sooner, he wouldn't have gone.
Se non perdevo l'autobus non ti incontravo.	If I hadn't missed the bus, I wouldn't have met you.

Note that the conditional is never used in the *se* clause. When *se* means "whether," it may be followed by any tenses, just as in English.

The Passive Form

The form of a verb can be active or passive. The active voice is the most commonly used in everyday conversation. The passive voice is mainly used when trying to deemphasize the doer of the action, such as in news. In the active voice, the subject makes the action, as in the following example: The sun lights the earth. "The sun" is the subject doing the action of "lighting." "The earth," the object, receives the action of the verb. In the passive voice, the subject is acted upon by the action of the verb: The object of the active voice becomes the subject, and the subject becomes the agent.

> **Active voice:** The sun (subject) lights (verb) the earth (object).
> **Passive voice:** The earth (subject) is lighted (verb) by the sun (agent).

As in English, in Italian the passive is formed as follows:

> subject + *essere* in the desired tense + past participle + *da* + agent (if mentioned)

The verb *essere* is conjugated in the same tense as the corresponding/equivalent active: The passive exists in the different tenses and moods (except for the imperative and the infinitive). The past participle agrees with the subject in gender and number. If the agent is expressed, the agent (with or without the article) is preceded by the preposition *da.* Here are examples in different tenses.

- active form (present tense)

  Il sole <u>illumina</u> la terra.　　　　　The sun lights the earth.

  passive voice (present tense of the verb *essere* + the past participle)

  La terra <u>è</u> illuminata* dal sole.　　　The earth is lighted by the sun.

  Note: The past participle agrees in gender and number with the subject.

- active form (present perfect)

  La polizia <u>ha arrestato</u> il ladro.　　　The police have arrested the thief.

  passive voice (present perfect of *essere* + the past participle)

  Il ladro <u>è stato</u> arrestato dalla polizia.　The thief has been arrested by the police.

- active form (future)

  L'insegnante <u>informerà</u> gli studenti.　The teacher will inform the students.

  passive voice (future tense of *essere* + the past participle)

  Gli studenti <u>saranno</u> informati* dall'insegnante.　The students will be informed by the teacher.

  Note: The past participle agrees in gender and number with the subject.

The impersonal *si* construction is often used instead of the passive voice when the agent is not expressed. The verb is in the third-person singular or plural depending on whether the noun used with the verb (considered the subject in Italian) is in the singular or plural. Note that the noun usually follows the verb.

> *Si compra oro.*　　　　　　　　We buy gold. (Gold is bought.)
> *Si comprano abiti usati.*　　　　We buy used clothes. (Used clothes are bought.)

English uses "one," "they," "you," "we," or the passive voice to express the *si* construction found in Italian.

VERB CHARTS

This section has 575 fully conjugated verbs listed in alphabetical order by their infinitive. Each chart identifies the infinitive and its English meaning(s), the auxiliary verb, the past participle, the gerund, and the imperative forms. Then each verb is shown in its simple and compound tenses. Each chart is followed by example sentences in Italian, translated into English, showing the meaning of the specific verb and the usage of the tenses. Some verbs include a note. For example, if the verb has a reflexive counterpart, the note before the examples explains the reflexive use of the verb and the reflexive pronouns are shown. The note also indicates if the verb requires a particular preposition or any other particular issue related to the use of the verb.

abbandonare

to abandon, to leave, to give up, to drop

Auxiliary verb: avere **Past participle:** abbandonato **Gerund:** abbandonando
Imperative: (tu) abbandona (non abbandonare); (Lei) abbandoni; (noi)
abbandoniamo; (voi) abbandonate; (Loro) abbandonino

Mode	Simple Tenses		Compound Tenses	
	Singular	*Plural*	*Singular*	*Plural*
Indicative	**Present**		**Present Perfect**	
	abbandono	abbandoniamo	ho abbandonato	abbiamo abbandonato
	abbandoni	abbandonate	hai abbandonato	avete abbandonato
	abbandona	abbandonano	ha abbandonato	hanno abbandonato
	Imperfect		**Past Perfect**	
	abbandonavo	abbandonavamo	avevo abbandonato	avevamo abbandonato
	abbandonavi	abbandonavate	avevi abbandonato	avevate abbandonato
	abbandonava	abbandonavano	aveva abbandonato	avevano abbandonato
	Past Definite		**Past Anterior**	
	abbandonai	abbandonammo	ebbi abbandonato	avemmo abbandonato
	abbandonasti	abbandonaste	avesti abbandonato	aveste abbandonato
	abbandonò	abbandonarono	ebbe abbandonato	ebbero abbandonato
	Future		**Future Perfect**	
	abbandonerò	abbandoneremo	avrò abbandonato	avremo abbandonato
	abbandonerai	abbandonerete	avrai abbandonato	avrete abbandonato
	abbandonerà	abbandoneranno	avrà abbandonato	avranno abbandonato
Subjunctive	**Present**		**Present Perfect**	
	abbandoni	abbandoniamo	abbia abbandonato	abbiamo abbandonato
	abbandoni	abbandoniate	abbia abbandonato	abbiate abbandonato
	abbandoni	abbandonino	abbia abbandonato	abbiano abbandonato
	Imperfect		**Past Perfect**	
	abbandonassi	abbandonassimo	avessi abbandonato	avessimo abbandonato
	abbandonassi	abbandonaste	avessi abbandonato	aveste abbandonato
	abbandonasse	abbandonassero	avesse abbandonato	avessero abbandonato
Conditional	**Present Conditional**		**Perfect Conditional**	
	abbandonerei	abbandoneremmo	avrei abbandonato	avremmo abbandonato
	abbandoneresti	abbandonereste	avresti abbandonato	avreste abbandonato
	abbandonerebbe	abbandonerebbero	avrebbe abbandonato	avrebbero abbandonato

Note: As a reflexive verb *abbandonarsi* ("to give oneself up/in," "to drop") uses the reflexive
pronouns *mi, ti, si, ci, vi, si,* as well as the auxiliary verb *essere,* to form compound tenses (see
the last example below).

EXAMPLES

Lei non ha mai abbandonato la speranza.	She never gave up all hope.
Abbandoniamo il progetto?	Shall we abandon the plan?
Il ragazzo ha abbandonato gli studi.	The young boy dropped out of school.
Non abbandonerebbe mai moglie e figli.	He would never leave his wife and children.
Pensavo che avesse abbandonato l'idea.	I thought he had dropped the idea.
Si è abbandonato alla disperazione.	He gave in to despair.

abbassare

to lower, to turn down

Auxiliary verb: avere **Past participle:** abbassato **Gerund:** abbassando
Imperative: (tu) abbassa (non abbassare); (Lei) abbassi; (noi) abbassiamo; (voi) abbassate; (Loro) abbassino

Mode	Simple Tenses		Compound Tenses	
	Singular	*Plural*	*Singular*	*Plural*
Indicative	**Present**		**Present Perfect**	
	abbasso	abbassiamo	ho abbassato	abbiamo abbassato
	abbassi	abbassate	hai abbassato	avete abbassato
	abbassa	abbassano	ha abbassato	hanno abbassato
	Imperfect		**Past Perfect**	
	abbassavo	abbassavamo	avevo abbassato	avevamo abbassato
	abbassavi	abbassavate	avevi abbassato	avevate abbassato
	abbassava	abbassavano	aveva abbassato	avevano abbassato
	Past Definite		**Past Anterior**	
	abbassai	abbassammo	ebbi abbassato	avemmo abbassato
	abbassasti	abbassaste	avesti abbassato	aveste abbassato
	abbassò	abbassarono	ebbe abbassato	ebbero abbassato
	Future		**Future Perfect**	
	abbasserò	abbasseremo	avrò abbassato	avremo abbassato
	abbasserai	abbasserete	avrai abbassato	avrete abbassato
	abbasserà	abbasseranno	avrà abbassato	avranno abbassato
Subjunctive	**Present**		**Present Perfect**	
	abbassi	abbassiamo	abbia abbassato	abbiamo abbassato
	abbassi	abbassiate	abbia abbassato	abbiate abbassato
	abbassi	abbassino	abbia abbassato	abbiano abbassato
	Imperfect		**Past Perfect**	
	abbassassi	abbassassimo	avessi abbassato	avessimo abbassato
	abbassassi	abbassaste	avessi abbassato	aveste abbassato
	abbassasse	abbassassero	avesse abbassato	avessero abbassato
Conditional	**Present Conditional**		**Perfect Conditional**	
	abbasserei	abbasseremmo	avrei abbassato	avremmo abbassato
	abbasseresti	abbassereste	avresti abbassato	avreste abbassato
	abbasserebbe	abbasserebbero	avrebbe abbassato	avrebbero abbassato

Note: As a reflexive verb *abbassarsi* ("to lower," "to lower oneself," "to stoop") uses the reflexive pronouns *mi, ti, si, ci, vi, si,* as well as the auxiliary verb *essere,* to form compound tenses (see the last example below).

EXAMPLES

Per favore, abbassa il volume!	Please, turn down the volume!
Attenzione, signora abbassi la testa!	Watch your head! (Literally, "Lower your head!")
Hanno abbassato i prezzi.	They lowered their prices.
Abbassa la voce!	Lower your voice!
Lei non si abbasserebbe mai a un'azione simile.	She would never stoop to such an action.

abbracciare

to hug, to embrace
Auxiliary verb: avere **Past participle:** abbracciato **Gerund:** abbracciando
Imperative: (tu) abbraccia (non abbracciare); (Lei) abbracci; (noi)
abbracciamo; (voi) abbracciate; (Loro) abbraccino

Mode	Simple Tenses		Compound Tenses	
	Singular	*Plural*	*Singular*	*Plural*
Indicative	**Present**		**Present Perfect**	
	abbraccio	abbracciamo	ho abbracciato	abbiamo abbracciato
	abbracci	abbracciate	hai abbracciato	avete abbracciato
	abbraccia	abbracciano	ha abbracciato	hanno abbracciato
	Imperfect		**Past Perfect**	
	abbracciavo	abbracciavamo	avevo abbracciato	avevamo abbracciato
	abbracciavi	abbracciavate	avevi abbracciato	avevate abbracciato
	abbracciava	abbracciavano	aveva abbracciato	avevano abbracciato
	Past Definite		**Past Anterior**	
	abbracciai	abbracciammo	ebbi abbracciato	avemmo abbracciato
	abbracciasti	abbracciaste	avesti abbracciato	aveste abbracciato
	abbracciò	abbracciarono	ebbe abbracciato	ebbero abbracciato
	Future		**Future Perfect**	
	abbraccerò	abbracceremo	avrò abbracciato	avremo abbracciato
	abbraccerai	abbraccerete	avrai abbracciato	avrete abbracciato
	abbraccerà	abbracceranno	avrà abbracciato	avranno abbracciato
Subjunctive	**Present**		**Present Perfect**	
	abbracci	abbracciamo	abbia abbracciato	abbiamo abbracciato
	abbracci	abbracciate	abbia abbracciato	abbiate abbracciato
	abbracci	abbraccino	abbia abbracciato	abbiano abbracciato
	Imperfect		**Past Perfect**	
	abbracciassi	abbracciassimo	avessi abbracciato	avessimo abbracciato
	abbracciassi	abbracciaste	avessi abbracciato	aveste abbracciato
	abbracciasse	abbracciassero	avesse abbracciato	avessero abbracciato
Conditional	**Present Conditional**		**Perfect Conditional**	
	abbraccerei	abbracceremmo	avrei abbracciato	avremmo abbracciato
	abbracceresti	abbраccereste	avresti abbracciato	avreste abbracciato
	abbraccerebbe	abbraccerebbero	avrebbe abbracciato	avrebbero abbracciato

Note: As a reflexive verb *abbracciarsi* ("to hug each other") uses the reflexive pronouns *mi, ti, si, ci, vi, si,* as well as the auxiliary verb *essere,* to form compound tenses (see the last example below).

EXAMPLES

Mi abbracciò teneramente.	He embraced me tenderly.
Ti abbraccio.	Lots of love/With all my love (Literally, "I hug you"; used in letters)
Abbracciami!	Hug me!
Si è convertito ed ha abbracciato il cattolicesimo.	He converted and embraced Catholicism.
Si sono abbracciati a lungo.	They hugged each other for a long time.

abitare

to live

Auxiliary verb: avere **Past participle:** abitato **Gerund:** abitando
Imperative: (tu) abita (non abitare); (Lei) abiti; (noi) abitiamo; (voi) abi-
tate; (Loro) abitino

Mode	Simple Tenses		Compound Tenses	
	Singular	*Plural*	*Singular*	*Plural*
Indicative	**Present**		**Present Perfect**	
	abito	abitiamo	ho abitato	abbiamo abitato
	abiti	abitate	hai abitato	avete abitato
	abita	abitano	ha abitato	hanno abitato
	Imperfect		**Past Perfect**	
	abitavo	abitavamo	avevo abitato	avevamo abitato
	abitavi	abitavate	avevi abitato	avevate abitato
	abitava	abitavano	aveva abitato	avevano abitato
	Past Definite		**Past Anterior**	
	abitai	abitammo	ebbi abitato	avemmo abitato
	abitasti	abitaste	avesti abitato	aveste abitato
	abitò	abitarono	ebbe abitato	ebbero abitato
	Future		**Future Perfect**	
	abiterò	abiteremo	avrò abitato	avremo abitato
	abiterai	abiterete	avrai abitato	avrete abitato
	abiterà	abiteranno	avrà abitato	avranno abitato
Subjunctive	**Present**		**Present Perfect**	
	abiti	abitiamo	abbia abitato	abbiamo abitato
	abiti	abitiate	abbia abitato	abbiate abitato
	abiti	abitino	abbia abitato	abbiano abitato
	Imperfect		**Past Perfect**	
	abitassi	abitassimo	avessi abitato	avessimo abitato
	abitassi	abitaste	avessi abitato	aveste abitato
	abitasse	abitassero	avesse abitato	avessero abitato
Conditional	**Present Conditional**		**Perfect Conditional**	
	abiterei	abiteremmo	avrei abitato	avremmo abitato
	abiteresti	abitereste	avresti abitato	avreste abitato
	abiterebbe	abiterebbero	avrebbe abitato	avrebbero abitato

Note: When *abitare* is followed by the name of a country, the preposition *in* is used; when it is followed by the name of a city, *a* is used (see the first example below).

EXAMPLES

Io abito a Firenze in Italia.	I live in Florence, Italy.
Penso che lui abiti ancora con i genitori.	I think he still lives with his parents.
Abitano in Via Dante al numero 13, al terzo piano.	They live at Via Dante number 13, on the third floor.
Dove abiti?	Where do you live?
Maria abita al mare o in campagna?	Does Maria live by the sea or in the countryside?
Hai sempre abitato in questa casa?	Have you always lived in this house?
I miei nonni abitavano qui.	My grandparents used to live here.

abituarsi

to get used to, to get accustomed to
Auxiliary verb: essere **Past participle:** abituato(si) **Gerund:** abituando(si)
Imperative: (tu) abituati (non abituarti); (Lei) si abitui; (noi) abituiamoci; (voi) abituatevi; (Loro) si abituino

Mode	Simple Tenses		Compound Tenses	
	Singular	*Plural*	*Singular*	*Plural*
Indicative	**Present**		**Present Perfect**	
	mi abituo ti abitui si abitua	ci abituiamo vi abituate si abituano	mi sono abituato/a ti sei abituato/a si è abituato/a	ci siamo abituati/e vi siete abituati/e si sono abituati/e
	Imperfect		**Past Perfect**	
	mi abituavo ti abituavi si abituava	ci abituavamo vi abituavate si abituavano	mi ero abituato/a ti eri abituato/a si era abituato/a	ci eravamo abituati/e vi eravate abituati/e si erano abituati/e
	Past Definite		**Past Anterior**	
	mi abituai ti abituasti si abituò	ci abituammo vi abituaste si abituarono	mi fui abituato/a ti fosti abituato/a si fu abituato/a	ci fummo abituati/e vi foste abituati/e si furono abituati/e
	Future		**Future Perfect**	
	mi abituerò ti abituerai si abituerà	ci abitueremo vi abituerete si abitueranno	mi sarò abituato/a ti sarai abituato/a si sarà abituato/a	ci saremo abituati/e vi sarete abituati/e si saranno abituati/e
Subjunctive	**Present**		**Present Perfect**	
	mi abitui ti abitui si abitui	ci abituiamo vi abituiate si abituino	mi sia abituato/a ti sia abituato/a si sia abituato/a	ci siamo abituati/e vi siate abituati/e si siano abituati/e
	Imperfect		**Past Perfect**	
	mi abituassi ti abituassi si abituasse	ci abituassimo vi abituaste si abituassero	mi fossi abituato/a ti fossi abituato/a si fosse abituato/a	ci fossimo abituati/e vi foste abituati/e si fossero abituati/e
Conditional	**Present Conditional**		**Perfect Conditional**	
	mi abituerei ti abitueresti si abituerebbe	ci abitueremmo vi abituereste si abituerebbero	mi sarei abituato/a ti saresti abituato/a si sarebbe abituato/a	ci saremmo abituati/e vi sareste abituati/e si sarebbero abituati/e

Note: *Abituare* ("to train") may be used nonreflexively with *avere* as its auxiliary verb (see the last example below). *Abituare* and *abituarsi* require the preposition *a* before an infinitive or a noun (see the examples below).

EXAMPLES

Mi sono abituato a svegliarmi presto.	I got used to getting up early.
Si è abituata al nuovo stile di vita.	She got accustomed to her new life.
Si deve abituare ad arrivare puntuale.	She has to get used to arriving on time.
Non riesco ad abituarmi al traffico.	I can't get used to the traffic.
Ha abituato il gatto a dormire in camera.	He trained the cat to sleep in the bedroom.

accendere

to turn on, to switch on, to light

Auxiliary verb: avere **Past participle:** acceso **Gerund:** accendendo
Imperative: (tu) accendi (non acc**e**ndere); (Lei) accenda; (noi) accendiamo; (voi) accendete; (Loro) accendano

Mode	Simple Tenses		Compound Tenses	
	Singular	*Plural*	*Singular*	*Plural*
Indicative	**Present**		**Present Perfect**	
	accendo	accendiamo	ho acceso	abbiamo acceso
	accendi	accendete	hai acceso	avete acceso
	accende	accendono	ha acceso	hanno acceso
	Imperfect		**Past Perfect**	
	accendevo	accendevamo	avevo acceso	avevamo acceso
	accendevi	accendevate	avevi acceso	avevate acceso
	accendeva	accendevano	aveva acceso	avevano acceso
	Past Definite		**Past Anterior**	
	accesi	accendemmo	ebbi acceso	avemmo acceso
	accendesti	accendeste	avesti acceso	aveste acceso
	accese	accesero	ebbe acceso	ebbero acceso
	Future		**Future Perfect**	
	accenderò	accenderemo	avrò acceso	avremo acceso
	accenderai	accenderete	avrai acceso	avrete acceso
	accenderà	accenderanno	avrà acceso	avranno acceso
Subjunctive	**Present**		**Present Perfect**	
	accenda	accendiamo	abbia acceso	abbiamo acceso
	accenda	accendiate	abbia acceso	abbiate acceso
	accenda	accendano	abbia acceso	abbiano acceso
	Imperfect		**Past Perfect**	
	accendessi	accendessimo	avessi acceso	avessimo acceso
	accendessi	accendeste	avessi acceso	aveste acceso
	accendesse	accendessero	avesse acceso	avessero acceso
Conditional	**Present Conditional**		**Perfect Conditional**	
	accenderei	accenderemmo	avrei acceso	avremmo acceso
	accenderesti	accendereste	avresti acceso	avreste acceso
	accenderebbe	accenderebbero	avrebbe acceso	avrebbero acceso

Note: As a reflexive verb *accendersi* ("to catch fire," "to light up") uses the reflexive pronouns *mi, ti, si, ci, vi, si,* as well as the auxiliary verb *essere*, to form compound tenses (see the fourth and fifth examples below).

EXAMPLES

Per favore potresti accendere la luce?	Could you please turn on the light?
Mi accendi la sigaretta?	Can you light my cigarette?
Accendi la radio?	Will you switch on the radio?
Questa legna non si accende facilmente.	This wood doesn't catch fire easily.
Il suo viso si è acceso d'entusiasmo.	His face lit up with enthusiasm.

accettare

to accept, to take, to agree to
Auxiliary verb: avere **Past participle:** accettato **Gerund:** accettando
Imperative: (tu) accetta (non accettare); (Lei) accetti; (noi) accettiamo;
(voi) accettate; (Loro) accettino

Mode	Simple Tenses		Compound Tenses	
	Singular	*Plural*	*Singular*	*Plural*
	Present		**Present Perfect**	
	accetto	accettiamo	ho accettato	abbiamo accettato
	accetti	accettate	hai accettato	avete accettato
	accetta	accettano	ha accettato	hanno accettato
	Imperfect		**Past Perfect**	
	accettavo	accettavamo	avevo accettato	avevamo accettato
Indicative	accettavi	accettavate	avevi accettato	avevate accettato
	accettava	accettavano	aveva accettato	avevano accettato
	Past Definite		**Past Anterior**	
	accettai	accettammo	ebbi accettato	avemmo accettato
	accettasti	accettaste	avesti accettato	aveste accettato
	accettò	accettarono	ebbe accettato	ebbero accettato
	Future		**Future Perfect**	
	accetterò	accetteremo	avrò accettato	avremo accettato
	accetterai	accetterete	avrai accettato	avrete accettato
	accetterà	accetteranno	avrà accettato	avranno accettato
	Present		**Present Perfect**	
	accetti	accettiamo	abbia accettato	abbiamo accettato
	accetti	accettiate	abbia accettato	abbiate accettato
Subjunctive	accetti	accettino	abbia accettato	abbiano accettato
	Imperfect		**Past Perfect**	
	accettassi	accettassimo	avessi accettato	avessimo accettato
	accettassi	accettaste	avessi accettato	aveste accettato
	accettasse	accettassero	avesse accettato	avessero accettato
	Present Conditional		**Perfect Conditional**	
Conditional	accetterei	accetteremmo	avrei accettato	avremmo accettato
	accetteresti	accettereste	avresti accettato	avreste accettato
	accetterebbe	accetterebbero	avrebbe accettato	avrebbero accettato

Note: *Accettare* requires the preposition *di* before an infinitive (see the sixth example below). As a reflexive verb *accettarsi* ("to accept oneself") uses the reflexive pronouns *mi, ti, si, ci, vi, si,* as well as the auxiliary verb *essere,* to form compound tenses (see the last example below).

EXAMPLES

Accetate carte di credito?	Do you take credit cards?
Lei ha accettato l'invito.	She accepted the invitation.
Va bene, accetto la scommessa!	Okay, I accept the bet!
Hanno accettato la nostra proposta.	They agreed to our proposal.
Penso che lui non abbia accettato il posto.	I think he didn't take the job.
Non accetterebbe mai di cambiare il proprio orario.	He would never agree to change his schedule.
È importante accettarsi.	It is important to accept oneself.

accogliere
to welcome, to greet, to allow
Auxiliary verb: avere **Past participle:** accolto **Gerund:** accogliendo
Imperative: (tu) accogli (non accogliere); (Lei) accolga; (noi) accogliamo;
(voi) accogliete; (Loro) accolgano

Mode	Simple Tenses		Compound Tenses	
	Singular	*Plural*	*Singular*	*Plural*
	Present		**Present Perfect**	
	accolgo	accogliamo	ho accolto	abbiamo accolto
	accogli	accogliete	hai accolto	avete accolto
	accoglie	accolgono	ha accolto	hanno accolto
	Imperfect		**Past Perfect**	
Indicative	accoglievo	accoglievamo	avevo accolto	avevamo accolto
	accoglievi	accoglievate	avevi accolto	avevate accolto
	accoglieva	accoglievano	aveva accolto	avevano accolto
	Past Definite		**Past Anterior**	
	accolsi	accogliemmo	ebbi accolto	avemmo accolto
	accogliesti	accoglieste	avesti accolto	aveste accolto
	accolse	accolsero	ebbe accolto	ebbero accolto
	Future		**Future Perfect**	
	accoglierò	accoglieremo	avrò accolto	avremo accolto
	accoglierai	accoglierete	avrai accolto	avrete accolto
	accoglierà	accoglieranno	avrà accolto	avranno accolto
	Present		**Present Perfect**	
	accolga	accogliamo	abbia accolto	abbiamo accolto
Subjunctive	accolga	accogliate	abbia accolto	abbiate accolto
	accolga	accolgano	abbia accolto	abbiano accolto
	Imperfect		**Past Perfect**	
	accogliessi	accogliessimo	avessi accolto	avessimo accolto
	accogliessi	accoglieste	avessi accolto	aveste accolto
	accogliesse	accogliessero	avesse accolto	avessero accolto
Conditional	**Present Conditional**		**Perfect Conditional**	
	accoglierei	accoglieremmo	avrei accolto	avremmo accolto
	accoglieresti	accogliereste	avresti accolto	avreste accolto
	accoglierebbe	accoglierebbero	avrebbe accolto	avrebbero accolto

EXAMPLES

Mi hanno accolto bene.	They welcomed me.
Accogli tu gli ospiti per favore?	Can you welcome our guests, please?
L'annuncio fu accolto con grida.	The announcement was greeted with cheers.
Non ha accolto il mio ricorso.	He didn't allow my claim.
Se verrà, lo accoglieremo a braccia aperte.	If he comes, we will welcome him with open arms.

accomodarsi

to make oneself comfortable (at home), to take a seat
Auxiliary verb: essere **Past participle:** accomodato(si)
Gerund: accomodando(si)
Imperative: (tu) accomodati (non accomodarti); (Lei) si accomodi; (noi)
accomodiamoci; (voi) accomodatevi; (Loro) si accomodino

Mode	Simple Tenses		Compound Tenses	
	Singular	*Plural*	*Singular*	*Plural*
Indicative	**Present**		**Present Perfect**	
	mi accomodo ti accomodi si accomoda	ci accomodiamo vi accomodate si accomodano	mi sono accomodato/a ti sei accomodato/a si è accomodato/a	ci siamo accomodati/e vi siete accomodati/e si sono accomodati/e
	Imperfect		**Past Perfect**	
	mi accomodavo ti accomodavi si accomodava	ci accomodavamo vi accomodavate si accomodavano	mi ero accomodato/a ti eri accomodato/a si era accomodato/a	ci eravamo accomodati/e vi eravate accomodati/e si erano accomodati/e
	Past Definite		**Past Anterior**	
	mi accomodai ti accomodasti si accomodò	ci accomodammo vi accomodaste si accomodarono	mi fui accomodato/a ti fosti accomodato/a si fu accomodato/a	ci fummo accomodati/e vi foste accomodati/e si furono accomodati/e
	Future		**Future Perfect**	
	mi accomoderò ti accomoderai si accomoderà	ci accomoderemo vi accomoderete si accomoderanno	mi sarò accomodato/a ti sarai accomodato/a si sarà accomodato/a	ci saremo accomodati/e vi sarete accomodati/e si saranno accomodati/e
Subjunctive	**Present**		**Present Perfect**	
	mi accomodi ti accomodi si accomodi	ci accomodiamo vi accomodiate si accomodino	mi sia accomodato/a ti sia accomodato/a si sia accomodato/a	ci siamo accomodati/e vi siate accomodati/e si siano accomodati/e
	Imperfect		**Past Perfect**	
	mi accomodassi ti accomodassi si accomodasse	ci accomodassimo vi accomodaste si accomodassero	mi fossi accomodato/a ti fossi accomodato/a si fosse accomodato/a	ci fossimo accomodati/e vi foste accomodati/e si fossero accomodati/e
Conditional	**Present Conditional**		**Perfect Conditional**	
	mi accomoderei ti accomoderesti si accomoderebbe	ci accomoderemmo vi accomodereste si accomoderebbero	mi sarei accomodato/a ti saresti accomodato/a si sarebbe accomodato/a	ci saremmo accomodati/e vi sareste accomodati/e si sarebbero accomodati/e

Note: *Accomodare* ("to mend," "to fix," "to straighten") may be used nonreflexively with *avere* as its auxiliary verb (see the last example below). *Accomodare* does not mean "to accommodate."

EXAMPLES

Prego, accomodati!	Please, take a seat (or come in). (Informal)
Prego, si accomodi!	Please, enter. (Formal)
Non state in piedi, accomodatevi!	Don't stand there; make yourselves comfortable.
Col tempo tutto si accomoda.	Time is a great healer.
Hai accomodato l'orologio?	Did you fix your watch?

accompagnare

to go (come along) with, to take (to see, to walk, to drive)

Auxiliary verb: avere   **Past participle:** accompagnato   **Gerund:** accompagnando

Imperative: (tu) accompagna (non accompagnare); (Lei) accompagni; (noi) accompagnamo; (voi) accompagnate; (Loro) accompagnino

Mode	Simple Tenses		Compound Tenses	
	Singular	*Plural*	*Singular*	*Plural*
	Present		**Present Perfect**	
	accompagno	accompagniamo	ho accompagnato	abbiamo accompagnato
	accompagni	accompagnate	hai accompagnato	avete accompagnato
	accompagna	accompagnano	ha accompagnato	hanno accompagnato
	Imperfect		**Past Perfect**	
Indicative	accompagnavo	accompagnavamo	avevo accompagnato	avevamo accompagnato
	accompagnavi	accompagnavate	avevi accompagnato	avevate accompagnato
	accompagnava	accompagnavano	aveva accompagnato	avevano accompagnato
	Past Definite		**Past Anterior**	
	accompagnai	accompagnammo	ebbi accompagnato	avemmo accompagnato
	accompagnasti	accompagnaste	avesti accompagnato	aveste accompagnato
	accompagnò	accompagnarono	ebbe accompagnato	ebbero accompagnato
	Future		**Future Perfect**	
	accompagnerò	accompagneremo	avrò accompagnato	avremo accompagnato
	accompagnerai	accompagnerete	avrai accompagnato	avrete accompagnato
	accompagnerà	accompagneranno	avrà accompagnato	avranno accompagnato
	Present		**Present Perfect**	
	accompagni	accompagniamo	abbia accompagnato	abbiamo accompagnato
	accompagni	accompagniate	abbia accompagnato	abbiate accompagnato
Subjunctive	accompagni	accompagnino	abbia accompagnato	abbiano accompagnato
	Imperfect		**Past Perfect**	
	accompagnassi	accompagnassimo	avessi accompagnato	avessimo accompagnato
	accompagnassi	accompagnaste	avessi accompagnato	aveste accompagnato
	accompagnasse	accompagnassero	avesse accompagnato	avessero accompagnato
	Present Conditional		**Perfect Conditional**	
Conditional	accompagnerei	accompagneremmo	avrei accompagnato	avremmo accompagnato
	accompagneresti	accompagnereste	avresti accompagnato	avreste accompagnato
	accompagnerebbe	accompagnerebbero	avrebbe accompagnato	avrebbero accompagnato

Note: As a reflexive verb *accompagnarsi* ("to go well with," "to match") uses the reflexive pronouns *mi, ti, si, ci, vi, si,* as well as the auxiliary verb *essere*, to form compound tenses (see the last example below).

EXAMPLES

Ti accompagno?	Shall I come (along) with you?
Ornella accompagna la bambina dal dottore.	Ornella is taking the child to the doctor.
Marco accompagnerà Luisa a scuola.	Marco will take Luisa to school.
Mi potresti accompagnare a casa?	Could you drive (walk, see) me home?
Questo vino si accompagna bene al pesce.	This wine goes well with fish.

accorgersi

to realize, to become aware (of), to notice

Auxiliary verb: essere **Past participle:** accorto(si)

Gerund: accorgendo(si)

Imperative: (tu) accorgiti (non accorgerti); (Lei) si accorga; (noi) accorgiamoci; (voi) accorgetevi; (Loro) si accorgano

Mode	Simple Tenses		Compound Tenses	
	Singular	*Plural*	*Singular*	*Plural*
Indicative	**Present**		**Present Perfect**	
	mi accorgo	ci accorgiamo	mi sono accorto/a	ci siamo accorti/e
	ti accorgi	vi accorgete	ti sei accorto/a	vi siete accorti/e
	si accorge	si accorgano	si è accorto/a	si sono accorti/e
	Imperfect		**Past Perfect**	
	mi accorgevo	ci accorgevamo	mi ero accorto/a	ci eravamo accorti/e
	ti accorgevi	vi accorgevate	ti eri accorto/a	vi eravate accorti/e
	si accorgeva	si accorgevano	si era accorto/a	si erano accorti/e
	Past Definite		**Past Anterior**	
	mi accorsi	ci accorgemmo	mi fui accorto/a	ci fummo accorti/e
	ti accorgesti	vi accorgeste	ti fosti accorto/a	vi foste accorti/e
	si accorse	si accorsero	si fu accorto/a	si furono accorti/e
	Future		**Future Perfect**	
	mi accorgerò	ci accorgeremo	mi sarò accorto/a	ci saremo accorti/e
	ti accorgerai	vi accorgerete	ti sarai accorto/a	vi sarete accorti/e
	si accorgerà	si accorgeranno	si sarà accorto/a	si saranno accorti/e
Subjunctive	**Present**		**Present Perfect**	
	mi accorga	ci accorgiamo	mi sia accorto/a	ci siamo accorti/e
	ti accorga	vi accorgiate	ti sia accorto/a	vi siate accorti/e
	si accorga	si accorgano	si sia accorto/a	si siano accorti/e
	Imperfect		**Past Perfect**	
	mi accorgessi	ci accorgessimo	mi fossi accorto/a	ci fossimo accorti/e
	ti accorgessi	vi accorgeste	ti fossi accorto/a	vi foste accorti/e
	si accorgesse	si accorgessero	si fosse accorto/a	si fossero accorti/e
Conditional	**Present Conditional**		**Perfect Conditional**	
	mi accorgerei	ci accorgeremmo	mi sarei accorto/a	ci saremmo accorti/e
	ti accorgeresti	vi accorgereste	ti saresti accorto/a	vi sareste accorti/e
	si accorgerebbe	si accorgerebbero	si sarebbe accorto/a	si sarebbero accorti/e

Note: *Accorgersi* requires the preposition *di* before a noun or an infinitive (see the first and fourth examples below).

EXAMPLES

Si è accorto del mio imbarazzo.	He noticed my embarrassment.
Mi accorgo ora che abbiamo sbagliato.	I now realize that we've made a mistake.
Non si era accorto che pioveva.	He didn't realize it was raining.
Si è accorta di avere torto.	She has realized she is wrong.
Non si sarebbero accorti dell'imbroglio, se non fosse intervenuta la polizia.	They would not have become aware of the mix-up, if the police had not arrived.

accusare

to accuse, to charge, to complain of

Auxiliary verb: avere **Past participle:** accusato **Gerund:** accusando
Imperative: (tu) accusa (non accusare); (Lei) accusi; (noi) accusiamo;
(voi) accusate; (Loro) accusino

Mode	Simple Tenses		Compound Tenses	
	Singular	*Plural*	*Singular*	*Plural*
	Present		**Present Perfect**	
	accuso	accusiamo	ho accusato	abbiamo accusato
	accusi	accusate	hai accusato	avete accusato
	accusa	accusano	ha accusato	hanno accusato
	Imperfect		**Past Perfect**	
Indicative	accusavo	accusavamo	avevo accusato	avevamo accusato
	accusavi	accusavate	avevi accusato	avevate accusato
	accusava	accusavano	aveva accusato	avevano accusato
	Past Definite		**Past Anterior**	
	accusai	accusammo	ebbi accusato	avemmo accusato
	accusasti	accusaste	avesti accusato	aveste accusato
	accusò	accusarono	ebbe accusato	ebbero accusato
	Future		**Future Perfect**	
	accuserò	accuseremo	avrò accusato	avremo accusato
	accuserai	accuserete	avrai accusato	avrete accusato
	accuserà	accuseranno	avrà accusato	avranno accusato
	Present		**Present Perfect**	
	accusi	accusiamo	abbia accusato	abbiamo accusato
Subjunctive	accusi	accusate	abbia accusato	abbiate accusato
	accusi	accusino	abbia accusato	abbiano accusato
	Imperfect		**Past Perfect**	
	accusassi	accusassimo	avessi accusato	avessimo accusato
	accusassi	accusaste	avessi accusato	aveste accusato
	accusasse	accusassero	avesse accusato	avessero accusato
	Present Conditional		**Perfect Conditional**	
Conditional	accuserei	accuseremmo	avrei accusato	avremmo accusato
	accuseresti	accusereste	avresti accusato	avreste accusato
	accuserebbe	accuserebbero	avrebbe accusato	avrebbero accusato

Note: *Accusare* requires the preposition *di* before a noun or an infinitive (see the first, second and third examples below).

EXAMPLES

L'hanno accusato di tradimento.	They charged him with treason.
Sua moglie lo accusa di pigrizia.	His wife accuses him of laziness.
Lo accusavano di essere avaro.	They used to accuse him of being stingy.
Accusa dolore di stomaco.	He complains of stomach pains.

addormentarsi
to fall asleep, to get to sleep, to go to sleep
Auxiliary verb: essere **Past participle:** addormentato(si)   **Gerund:** addormentando(si)
Imperative: (tu) addormentati (non addormentarti); (Lei) si addormenti; (noi) addormentiamoci; (voi) addormentatevi; (Loro) si addormentino

Mode	Simple Tenses		Compound Tenses	
	Singular	*Plural*	*Singular*	*Plural*
	Present		**Present Perfect**	
Indicative	mi addormento ti addormenti si addormenta	ci addormentiamo vi addormentate si addormentano	mi sono addormentato/a ti sei addormentato/a si è addormentato/a	ci siamo addormentati/e vi siete addormentati/e si sono addormentati/e
	Imperfect		**Past Perfect**	
	mi addormentavo ti addormentavi si addormentava	ci addormentavamo vi addormentavate si addormentavano	mi ero addormentato/a ti eri addormentato/a si era addormentato/a	ci eravamo addormentati/e vi eravate addormentati/e si erano addormentati/e
	Past Definite		**Past Anterior**	
	mi addormentai ti addormentasti si addormentò	ci addormentammo vi addormentaste si addormentarono	mi fui addormentato/a ti fosti addormentato/a si fu addormentato/a	ci fummo addormentati/e vi foste addormentati/e si furono addormentati/e
	Future		**Future Perfect**	
	mi addormenterò ti addormenterai si addormenterà	ci addormenteremo vi addormenterete si addormenteranno	mi sarò addormentato/a ti sarai addormentato/a si sarà addormentato/a	ci saremo addormentati/e vi sarete addormentati/e si saranno addormentati/e
Subjunctive	**Present**		**Present Perfect**	
	mi addormenti ti addormenti si addormenti	ci addormentiamo vi addormentiate si addormentino	mi sia addormentato/a ti sia addormentato/a si sia addormentato/a	ci siamo addormentati/e vi siate addormentati/e si siano addormentati/e
	Imperfect		**Past Perfect**	
	mi addormentassi ti addormentassi si addormentasse	ci addormentassimo vi addormentaste si addormentassero	mi fossi addormentato/a ti fossi addormentato/a si fosse addormentato/a	ci fossimo addormentati/e vi foste addormentati/e si fossero addormentati/e
Conditional	**Present Conditional**		**Perfect Conditional**	
	mi addormenterei ti addormenteresti si addormenterebbe	ci addormenteremmo vi addormentereste si addormenterebbero	mi sarei addormentato/a ti saresti addormentato/a si sarebbe addormentato/a	ci saremmo addormentati/e vi sareste addormentati/e si sarebbero addormentati/e

Note: *Addormentare* ("to put to sleep") may be used nonreflexively with *avere* as its auxiliary verb (see the last example below).

EXAMPLES

Si è addormentato subito sul divano.	He fell asleep instantly on the sofa.
Si è addormentato?	Has he fallen asleep?
Mia madre si addormenta sempre in poltrona.	My mother always falls asleep on the sofa.
Ieri sera non riuscivo ad addormentarmi.	I couldn't get to sleep.
Non addormentatevi a lezione!	Don't fall asleep in class!
Ho addormentato il bambino e poi ho chiamato Cesare.	I put the child to sleep and then I called Cesare.

aderire

to adhere, to join

Auxiliary verb: avere **Past participle:** aderito **Gerund:** aderendo
Imperative: (tu) aderisci (non aderire); (Lei) aderisca; (noi) aderiamo;
(voi) aderite; (Loro) aderiscano

Mode	Simple Tenses		Compound Tenses	
	Singular	*Plural*	*Singular*	*Plural*
Indicative	**Present**		**Present Perfect**	
	aderisco	aderiamo	ho aderito	abbiamo aderito
	aderisci	aderite	hai aderito	avete aderito
	aderisce	aderiscono	ha aderito	hanno aderito
	Imperfect		**Past Perfect**	
	aderivo	aderivamo	avevo aderito	avevamo aderito
	aderivi	aderivate	avevi aderito	avevate aderito
	aderiva	aderivano	aveva aderito	avevano aderito
	Past Definite		**Past Anterior**	
	aderii	aderimmo	ebbi aderito	avemmo aderito
	aderisti	aderiste	avesti aderito	aveste aderito
	aderì	aderirono	ebbe aderito	ebbero aderito
	Future		**Future Perfect**	
	aderirò	aderiremo	avrò aderito	avremo aderito
	aderirai	aderirete	avrai aderito	avrete aderito
	aderirà	aderiranno	avrà aderito	avranno aderito
Subjunctive	**Present**		**Present Perfect**	
	aderisca	aderiamo	abbia aderito	abbiamo aderito
	aderisca	aderiate	abbia aderito	abbiate aderito
	aderisca	aderiscano	abbia aderito	abbiano aderito
	Imperfect		**Past Perfect**	
	aderissi	aderissimo	avessi aderito	avessimo aderito
	aderissi	aderiste	avessi aderito	aveste aderito
	aderisse	aderissero	avesse aderito	avessero aderito
Conditional	**Present Conditional**		**Perfect Conditional**	
	aderirei	aderiremmo	avrei aderito	avremmo aderito
	aderiresti	aderireste	avresti aderito	avreste aderito
	aderirebbe	aderirebbero	avrebbe aderito	avrebbero aderito

Note: *Aderire* requires the preposition *a* before a noun (see the examples below).

EXAMPLES

Aderisco alla tua iniziativa.	I adhere to your proposal.
Questa colla non aderisce alla porcellana.	This glue will not adhere to the china.
Ha aderito al partito da giovane.	He joined the party when he was young.

affacciarsi

to appear, to come to the window, to strike

Auxiliary verb: essere **Past participle:** affacciato(si) **Gerund:** affacciando(si)

Imperative: (tu) affacciati (non affacciarti); (Lei) si affacci; (noi) affacciamoci; (voi) affacciatevi; (Loro) si affaccino

Mode	Simple Tenses		Compound Tenses	
	Singular	*Plural*	*Singular*	*Plural*
Indicative	**Present**		**Present Perfect**	
	mi affaccio	ci affacciamo	mi sono affacciato/a	ci siamo affacciati/e
	ti affacci	vi affacciate	ti sei affacciato/a	vi siete affacciati/e
	si affaccia	si affacciano	si è affacciato/a	si sono affacciati/e
	Imperfect		**Past Perfect**	
	mi affacciavo	ci affacciavamo	mi ero affacciato/a	ci eravamo affacciati/e
	ti affacciavi	vi affacciavate	ti eri affacciato/a	vi eravate affacciati/e
	si affacciava	si affacciavano	si era affacciato/a	si erano affacciati/e
	Past Definite		**Past Anterior**	
	mi affacciai	ci affacciammo	mi fui affacciato/a	ci fummo affacciati/e
	ti affacciasti	vi affacciaste	ti fosti affacciato/a	vi foste affacciati/e
	si affacciò	si affacciarono	si fu affacciato/a	si furono affacciati/e
	Future		**Future Perfect**	
	mi affaccerò	ci affacceremo	mi sarò affacciato/a	ci saremo affacciati/e
	ti affaccerai	vi affaccerete	ti sarai affacciato/a	vi sarete affacciati/e
	si affaccerà	si affacceranno	si sarà affacciato/a	si saranno affacciati/e
Subjunctive	**Present**		**Present Perfect**	
	mi affacci	ci affacciamo	mi sia affacciato/a	ci siamo affacciati/e
	ti affacci	vi affacciate	ti sia affacciato/a	vi siate affacciati/e
	si affacci	si affaccino	si sia affacciato/a	si siano affacciati/e
	Imperfect		**Past Perfect**	
	mi affacciassi	ci affacciassimo	mi fossi affacciato/a	ci fossimo affacciati/e
	ti affacciassi	vi affacciaste	ti fossi affacciato/a	vi foste affacciati/e
	si affacciasse	si affacciassero	si fosse affacciato/a	si fossero affacciati/e
Conditional	**Present Conditional**		**Perfect Conditional**	
	mi affaccerei	ci affacceremmo	mi sarei affacciato/a	ci saremmo affacciati/e
	ti affacceresti	vi affaccereste	ti saresti affacciato/a	vi sareste affacciati/e
	si affaccerebbe	si affaccerebbero	si sarebbe affacciato/a	si sarebbero affacciati/e

EXAMPLES

Il Papa si è affacciato per la Messa.	The Pope appeared at the window for the Mass.
Affacciati!	Come to the window!
Un pensiero mi si affaccia alla mente.	A thought strikes me.

affermare

to affirm, to assert, to declare

Auxiliary verb: avere   **Past participle:** affermato   **Gerund:** affermando
Imperative: (tu) afferma (non affermare); (Lei) affermi; (noi) affermiamo; (voi) affermate; (Loro) affermino

Mode	Simple Tenses		Compound Tenses	
	Singular	*Plural*	*Singular*	*Plural*
Indicative	**Present**		**Present Perfect**	
	affermo	affermiamo	ho affermato	abbiamo affermato
	affermi	affermate	hai affermato	avete affermato
	afferma	affermano	ha affermato	hanno affermato
	Imperfect		**Past Perfect**	
	affermavo	affermavamo	avevo affermato	avevamo affermato
	affermavi	affermavate	avevi affermato	avevate affermato
	affermava	affermavano	aveva affermato	avevano affermato
	Past Definite		**Past Anterior**	
	affermai	affermammo	ebbi affermato	avemmo affermato
	affermasti	affermaste	avesti affermato	aveste affermato
	affermò	affermarono	ebbe affermato	ebbero affermato
	Future		**Future Perfect**	
	affermerò	affermeremo	avrò affermato	avremo affermato
	affermerai	affermerete	avrai affermato	avrete affermato
	affermerà	affermeranno	avrà affermato	avranno affermato
Subjunctive	**Present**		**Present Perfect**	
	affermi	affermiamo	abbia affermato	abbiamo affermato
	affermi	affermiate	abbia affermato	abbiate affermato
	affermi	affermino	abbia affermato	abbiano affermato
	Imperfect		**Past Perfect**	
	affermassi	affermassimo	avessi affermato	avessimo affermato
	affermassi	affermaste	avessi affermato	aveste affermato
	affermasse	affermassero	avesse affermato	avessero affermato
Conditional	**Present Conditional**		**Perfect Conditional**	
	affermerei	affermeremmo	avrei affermato	avremmo affermato
	affermeresti	affermereste	avresti affermato	avreste affermato
	affermerebbe	affermerebbero	avrebbe affermato	avrebbero affermato

Note: *Affermare* requires the preposition *di* before an infinitive (see the fourth example below). As a reflexive verb *affermarsi* ("to assert oneself," "to make oneself known") uses the reflexive pronouns *mi, ti, si, ci, vi, si,* as well as the auxiliary verb *essere*, to form compound tenses (see the last example below).

EXAMPLES

Lo farò per affermare i miei diritti.	I'll do it to assert my rights.
Affermiamo la verità.	We affirm the truth.
Ha affermato la sua autorità.	He has asserted his authority.
Il nipote afferma di essere innocente.	The nephew asserts that he is innocent.
Si è affermato nel proprio lavoro.	He made himself known in his job.

affidare

to entrust, to trust

Auxiliary verb: avere   **Past participle:** affidato   **Gerund:** affidando
Imperative: (tu) affida (non affidare); (Lei) affidi; (noi) affidiamo; (voi) affidate; (Loro) affidino

Mode	Simple Tenses		Compound Tenses	
	Singular	*Plural*	*Singular*	*Plural*
Indicative	**Present**		**Present Perfect**	
	affido	affidiamo	ho affidato	abbiamo affidato
	affidi	affidate	hai affidato	avete affidato
	affida	affidano	ha affidato	hanno affidato
	Imperfect		**Past Perfect**	
	affidavo	affidavamo	avevo affidato	avevamo affidato
	affidavi	affidavate	avevi affidato	avevate affidato
	affidava	affidavano	aveva affidato	avevano affidato
	Past Definite		**Past Anterior**	
	affidai	affidammo	ebbi affidato	avemmo affidato
	affidasti	affidaste	avesti affidato	aveste affidato
	affidò	affidarono	ebbe affidato	ebbero affidato
	Future		**Future Perfect**	
	affiderò	affideremo	avrò affidato	avremo affidato
	affiderai	affiderete	avrai affidato	avrete affidato
	affiderà	affideranno	avrà affidato	avranno affidato
Subjunctive	**Present**		**Present Perfect**	
	affidi	affidiamo	abbia affidato	abbiamo affidato
	affidi	affidiate	abbia affidato	abbiate affidato
	affidi	affidino	abbia affidato	abbiano affidato
	Imperfect		**Past Perfect**	
	affidassi	affidassimo	avessi affidato	avessimo affidato
	affidassi	affidaste	avessi affidato	aveste affidato
	affidasse	affidassero	avesse affidato	avessero affidato
Conditional	**Present Conditional**		**Perfect Conditional**	
	affiderei	affideremmo	avrei affidato	avremmo affidato
	affideresti	affidereste	avresti affidato	avreste affidato
	affiderebbe	affiderebbero	avrebbe affidato	avrebbero affidato

Note: As a reflexive verb *affidarsi* ("to place one's trust in," "to trust") uses the reflexive pronouns *mi, ti, si, ci, vi, si,* as well as the auxiliary verb *essere,* to form compound tenses (see the last example below).

EXAMPLES

Il giudice ha affidato la casa al figlio.	The judge granted the house to the son.
Mi ha affidato una nuova responsabilità.	He entrusted me with a new responsibility.
Affiderò questo compito a Giulio.	I will entrust these documents to Giulio.
Si è affidato alla sorte.	He trusted chance.

affittare

to rent

Auxiliary verb: avere **Past participle:** affittato **Gerund:** affittando
Imperative: (tu) affitta (non affittare); (Lei) affitti; (noi) affittiamo; (voi) affittate; (Loro) affittino

Mode	Simple Tenses		Compound Tenses	
	Singular	*Plural*	*Singular*	*Plural*
	Present		**Present Perfect**	
Indicative	affitto	affittiamo	ho affittato	abbiamo affittato
	affitti	affittate	hai affittato	avete affittato
	affitta	affittano	ha affittato	hanno affittato
	Imperfect		**Past Perfect**	
	affittavo	affittavamo	avevo affittato	avevamo affittato
	affittavi	affittavate	avevi affittato	avevate affittato
	affittava	affittavano	aveva affittato	avevano affittato
	Past Definite		**Past Anterior**	
	affittai	affittammo	ebbi affittato	avemmo affittato
	affittasti	affittaste	avesti affittato	aveste affittato
	affittò	affittarono	ebbe affittato	ebbero affittato
	Future		**Future Perfect**	
	affitterò	affitteremo	avrò affittato	avremo affittato
	affitterai	affitterete	avrai affittato	avrete affittato
	affitterà	affitteranno	avrà affittato	avranno affittato
Subjunctive	**Present**		**Present Perfect**	
	affitti	affittiamo	abbia affittato	abbiamo affittato
	affitti	affittiate	abbia affittato	abbiate affittato
	affitti	affittino	abbia affittato	abbiano affittato
	Imperfect		**Past Perfect**	
	affittassi	affittassimo	avessi affittato	avessimo affittato
	affittassi	affittaste	avessi affittato	aveste affittato
	affittasse	affittassero	avesse affittato	avessero affittato
Conditional	**Present Conditional**		**Perfect Conditional**	
	affitterei	affitteremmo	avrei affittato	avremmo affittato
	affitteresti	affittereste	avresti affittato	avreste affittato
	affitterebbe	affitterebbero	avrebbe affittato	avrebbero affittato

Note: *Affittare* means both "to rent out" (in this meaning also *dare in affitto*) and "to rent" (in this meaning also *prendere in affitto*); see the second and third examples below.

EXAMPLES

Affittasi.	For rent.
Quest'estate affitto (do in affitto) la mia casa ad un conoscente.	This summer I am renting out my apartment to an acquaintance.
L'estate scorsa ho affittato (ho preso in affitto) una casa al mare.	Last summer I rented a house on the beach.

affliggere

to torment, to afflict

Auxiliary verb: avere **Past participle:** afflitto **Gerund:** affliggendo
Imperative: (tu) affliggi (non affliggere); (Lei) affligga; (noi) affliggiamo; (voi) affliggete; (Loro) affliggano

Mode	Simple Tenses		Compound Tenses	
	Singular	*Plural*	*Singular*	*Plural*
Indicative	**Present**		**Present Perfect**	
	affliggo	affliggiamo	ho afflitto	abbiamo afflitto
	affliggi	affliggete	hai afflitto	avete afflitto
	affligge	affliggono	ha afflitto	hanno afflitto
	Imperfect		**Past Perfect**	
	affliggevo	affliggevamo	avevo afflitto	avevamo afflitto
	affliggevi	affliggevate	avevi afflitto	avevate afflitto
	affliggeva	affliggevano	aveva afflitto	avevano afflitto
	Past Definite		**Past Anterior**	
	afflissi	affliggemmo	ebbi afflitto	avemmo afflitto
	affliggesti	affliggeste	avesti afflitto	aveste afflitto
	afflisse	afflissero	ebbe afflitto	ebbero afflitto
	Future		**Future Perfect**	
	affliggerò	affliggeremo	avrò afflitto	avremo afflitto
	affliggerai	affliggerete	avrai afflitto	avrete afflitto
	affliggerà	affliggeranno	avrà afflitto	avranno afflitto
Subjunctive	**Present**		**Present Perfect**	
	affligga	affliggiamo	abbia afflitto	abbiamo afflitto
	affligga	affliggiate	abbia afflitto	abbiate afflitto
	affligga	affliggano	abbia afflitto	abbiano afflitto
	Imperfect		**Past Perfect**	
	affliggessi	affliggessimo	avessi afflitto	avessimo afflitto
	affliggessi	affliggeste	avessi afflitto	aveste afflitto
	affliggesse	affliggessero	avesse afflitto	avessero afflitto
Conditional	**Present Conditional**		**Perfect Conditional**	
	affliggerei	affliggeremmo	avrei afflitto	avremmo afflitto
	affliggeresti	affliggereste	avresti afflitto	avreste afflitto
	affliggerebbe	affliggerebbero	avrebbe afflitto	avrebbero afflitto

Note: Similar to *affliggere: infliggere* ("to inflict"). As a reflexive verb *affliggersi* ("to distress oneself") uses the reflexive pronouns *mi, ti, si, ci, vi, si,* as well as the auxiliary verb *essere,* to form compound tenses (see the last example below).

EXAMPLES

Ho un mal di denti che mi affligge.	I've been tormented by a toothache for three days.
Che cosa ti affligge?	What afflicts you?
Sono afflitta dalla notizia.	I feel afflicted by the news.
Non ti affliggere per così poco.	Do not distress yourself over so little.

aggiungere
to add
Auxiliary verb: avere **Past participle:** aggiunto **Gerund:** aggiungendo
Imperative: (tu) aggiungi (non aggiungere); (Lei) aggiunga; (noi) aggi-
ungiamo; (voi) aggiungete; (Loro) aggiungano

Mode	Simple Tenses		Compound Tenses	
	Singular	*Plural*	*Singular*	*Plural*
Indicative	**Present**		**Present Perfect**	
	aggiungo	aggiungiamo	ho aggiunto	abbiamo aggiunto
	aggiungi	aggiungete	hai aggiunto	avete aggiunto
	aggiunge	aggiungono	ha aggiunto	hanno aggiunto
	Imperfect		**Past Perfect**	
	aggiungevo	aggiungevamo	avevo aggiunto	avevamo aggiunto
	aggiungevi	aggiungevate	avevi aggiunto	avevate aggiunto
	aggiungeva	aggiungevano	aveva aggiunto	avevano aggiunto
	Past Definite		**Past Anterior**	
	aggiunsi	aggiungemmo	ebbi aggiunto	avemmo aggiunto
	aggiungesti	aggiungeste	avesti aggiunto	aveste aggiunto
	aggiunse	aggiunsero	ebbe aggiunto	ebbero aggiunto
	Future		**Future Perfect**	
	aggiungerò	aggiungeremo	avrò aggiunto	avremo aggiunto
	aggiungerai	aggiungerete	avrai aggiunto	avrete aggiunto
	aggiungerà	aggiungeranno	avrà aggiunto	avranno aggiunto
Subjunctive	**Present**		**Present Perfect**	
	aggiunga	aggiungiamo	abbia aggiunto	abbiamo aggiunto
	aggiunga	aggiungiate	abbia aggiunto	abbiate aggiunto
	aggiunga	aggiungano	abbia aggiunto	abbiano aggiunto
	Imperfect		**Past Perfect**	
	aggiungessi	aggiungessimo	avessi aggiunto	avessimo aggiunto
	aggiungessi	aggiungeste	avessi aggiunto	aveste aggiunto
	aggiungesse	aggiungessero	avesse aggiunto	avessero aggiunto
Conditional	**Present Conditional**		**Perfect Conditional**	
	aggiungerei	aggiungeremmo	avrei aggiunto	avremmo aggiunto
	aggiungeresti	aggiungereste	avresti aggiunto	avreste aggiunto
	aggiungerebbe	aggiungerebbero	avrebbe aggiunto	avrebbero aggiunto

Note: As a reflexive verb *aggiungersi* ("to be added," "to join") uses the reflexive pronouns *mi, ti, si, ci, vi, si,* as well as the auxiliary verb *essere,* to form compound tenses (see the fourth example below).

EXAMPLES

Aggiungi un po' di sale al sugo ed è pronto!	Add some salt to the sauce and it's ready!
"Devo andare" aggiunse.	"I must go," he added.
Aggiungi un posto a tavola.	Set another place at the table. (Literally, add another . . .)
Si è aggiunta Simona.	Simona joined us.
Aggiungasi . . .	May it be added that . . . (Written formal)

agire

to act, to behave

Auxiliary verb: avere **Past participle:** agito **Gerund:** agendo
Imperative: (tu) agisci (non agire); (Lei) agisca; (noi) agiamo; (voi) agite;
(Loro) agiscano

Mode	Simple Tenses		Compound Tenses	
	Singular	*Plural*	*Singular*	*Plural*
Indicative	**Present**		**Present Perfect**	
	agisco	agiamo	ho agito	abbiamo agito
	agisci	agite	hai agito	avete agito
	agisce	agiscono	ha agito	hanno agito
	Imperfect		**Past Perfect**	
	agivo	agivamo	avevo agito	avevamo agito
	agivi	agivate	avevi agito	avevate agito
	agiva	agivano	aveva agito	avevano agito
	Past Definite		**Past Anterior**	
	agii	agimmo	ebbi agito	avemmo agito
	agisti	agiste	avesti agito	aveste agito
	agì	agirono	ebbe agito	ebbero agito
	Future		**Future Perfect**	
	agirò	agiremo	avrò agito	avremo agito
	agirai	agirete	avrai agito	avrete agito
	agirà	agiranno	avrà agito	avranno agito
Subjunctive	**Present**		**Present Perfect**	
	agisca	agiamo	abbia agito	abbiamo agito
	agisca	agiate	abbia agito	abbiate agito
	agisca	agiscano	abbia agito	abbiano agito
	Imperfect		**Past Perfect**	
	agissi	agissimo	avessi agito	avessimo agito
	agissi	agiste	avessi agito	aveste agito
	agisse	agissero	avesse agito	avessero agito
Conditional	**Present Conditional**		**Perfect Conditional**	
	agirei	agiremmo	avrei agito	avremmo agito
	agiresti	agireste	avresti agito	avreste agito
	agirebbe	agirebbero	avrebbe agito	avrebbero agito

Note: Like *agire* is *reagire* ("to react").

EXAMPLES

Penso che abbia agito in buona fede.	I think he acted in good faith.
Non mi piace il tuo modo di agire!	I don't like the way you behave.
Ho agito seguendo i consigli di Paola.	I acted upon Paola's advice.

agitare
to shake, to upset

Auxiliary verb: avere **Past participle:** agitato **Gerund:** agitando
Imperative: (tu) agita (non agitare); (Lei) agiti; (noi) agitiamo; (voi) agitate; (Loro) agitino

Mode	Simple Tenses		Compound Tenses	
	Singular	*Plural*	*Singular*	*Plural*
Indicative	**Present**		**Present Perfect**	
	agito	agitiamo	ho agitato	abbiamo agitato
	agiti	agitate	hai agitato	avete agitato
	agita	agitano	ha agitato	hanno agitato
	Imperfect		**Past Perfect**	
	agitavo	agitavamo	avevo agitato	avevamo agitato
	agitavi	agitavate	avevi agitato	avevate agitato
	agitava	agitavano	aveva agitato	avevano agitato
	Past Definite		**Past Anterior**	
	agitai	agitammo	ebbi agitato	avemmo agitato
	agitasti	agitaste	avesti agitato	aveste agitato
	agitò	agitarono	ebbe agitato	ebbero agitato
	Future		**Future Perfect**	
	agiterò	agiteremo	avrò agitato	avremo agitato
	agiterai	agiterete	avrai agitato	avrete agitato
	agiterà	agiteranno	avrà agitato	avranno agitato
Subjunctive	**Present**		**Present Perfect**	
	agiti	agitiamo	abbia agitato	abbiamo agitato
	agiti	agitate	abbia agitato	abbiate agitato
	agiti	agitino	abbia agitato	abbiano agitato
	Imperfect		**Past Perfect**	
	agitassi	agitassimo	avessi agitato	avessimo agitato
	agitassi	agitaste	avessi agitato	aveste agitato
	agitasse	agitassero	avesse agitato	avessero agitato
Conditional	**Present Conditional**		**Perfect Conditional**	
	agiterei	agiteremmo	avrei agitato	avremmo agitato
	agiteresti	agitereste	avresti agitato	avreste agitato
	agiterebbe	agiterebbero	avrebbe agitato	avrebbero agitato

Note: As a reflexive verb ("to get excited" or "to distress oneself") uses the reflexive pronouns *mi, ti, si, ci, vi, si,* as well as the auxiliary verb *essere,* to form compound tenses (see the fourth and fifth examples below).

EXAMPLES

Agitare il contenuto prima dell'uso.	Shake well before using.
Queste notizie agitano molto mia madre.	This news deeply upset my mother.
Il politico ha agitato la folla con il suo discorso.	The politician stirred the crowd with his speech.
Si è agitato per un piccolo problema.	He distressed himself over a small problem.
Non agitarti per così poco!	Don't distress yourself over such a small problem! (It's nothing to get distressed about).

aiutare

to help; to aid

Auxiliary verb: avere **Past participle:** aiutato **Gerund:** aiutando
Imperative: (tu) aiuta (non aiutare); (Lei) aiuti; (noi) aiutiamo; (voi) aiutate; (Loro) aiutino

Mode	Simple Tenses		Compound Tenses	
	Singular	*Plural*	*Singular*	*Plural*
	Present		**Present Perfect**	
Indicative	aiuto	aiutiamo	ho aiutato	abbiamo aiutato
	aiuti	aiutate	hai aiutato	avete aiutato
	aiuta	aiutano	ha aiutato	hanno aiutato
	Imperfect		**Past Perfect**	
	aiutavo	aiutavamo	avevo aiutato	avevamo aiutato
	aiutavi	aiutavate	avevi aiutato	avevate aiutato
	aiutava	aiutavano	aveva aiutato	avevano aiutato
	Past Definite		**Past Anterior**	
	aiutai	aiutammo	ebbi aiutato	avemmo aiutato
	aiutasti	aiutaste	avesti aiutato	aveste aiutato
	aiutò	aiutarono	ebbe aiutato	ebbero aiutato
	Future		**Future Perfect**	
	aiuterò	aiuteremo	avrò aiutato	avremo aiutato
	aiuterai	aiuterete	avrai aiutato	avrete aiutato
	aiuterà	aiuteranno	avrà aiutato	avranno aiutato
Subjunctive	**Present**		**Present Perfect**	
	aiuti	aiutiamo	abbia aiutato	abbiamo aiutato
	aiuti	aiutate	abbia aiutato	abbiate aiutato
	aiuti	aiutino	abbia aiutato	abbiano aiutato
	Imperfect		**Past Perfect**	
	aiutassi	aiutassimo	avessi aiutato	avessimo aiutato
	aiutassi	aiutaste	avessi aiutato	aveste aiutato
	aiutasse	aiutassero	avesse aiutato	avessero aiutato
Conditional	**Present Conditional**		**Perfect Conditional**	
	aiuterei	aiuteremmo	avrei aiutato	avremmo aiutato
	aiuteresti	aiutereste	avresti aiutato	avreste aiutato
	aiuterebbe	aiuterebbero	avrebbe aiutato	avrebbero aiutato

Note: When *aiutare* is followed by another verb ("to help to do something"), the sequence *aiutare* + *a* + infinitive is used. *Aiutare* is conjugated, and the second verb is used in the infinitive (see the second and fourth examples below). As a reflexive verb *aiutarsi* ("to help oneself," "to help each other") uses the reflexive pronouns *mi, ti, si, ci, vi, si,* as well as the auxiliary verb *essere,* to form compound tenses (see the last example below). For the meaning "to help oneself" see the Italian verb *servire.*

EXAMPLES

Non riesco ad alzare questa scatola da sola, aiutami per favore.	I can't lift this box alone—please help me.
Mi potresti aiutare a scrivere questa lettera?	Could you help me (to) write this letter?
Ti ho aiutato abbastanza.	I helped you enough.
Mi ha aiutato a trovare un appartamento.	He helped me find an apartment.
Ci siamo aiutati molto.	We helped each other a lot.

allungare

to lengthen, to stretch out, to hand

Auxiliary verb: avere **Past participle:** allungato **Gerund:** allungando
Imperative: (tu) allunga (non allungare); (Lei) allunghi; (noi) allun-
ghiamo; (voi) allungate; (Loro) allunghino

Mode	Simple Tenses		Compound Tenses	
	Singular	*Plural*	*Singular*	*Plural*
	Present		**Present Perfect**	
Indicative	allungo	allunghiamo	ho allungato	abbiamo allungato
	allunghi	allungate	hai allungato	avete allungato
	allunga	allungano	ha allungato	hanno allungato
	Imperfect		**Past Perfect**	
	allungavo	allungavamo	avevo allungato	avevamo allungato
	allungavi	allungavate	avevi allungato	avevate allungato
	allungava	allungavano	aveva allungato	avevano allungato
	Past Definite		**Past Anterior**	
	allungai	allungammo	ebbi allungato	avemmo allungato
	allungasti	allungaste	avesti allungato	aveste allungato
	allungò	allungarono	ebbe allungato	ebbero allungato
	Future		**Future Perfect**	
	allungherò	allungheremo	avrò allungato	avremo allungato
	allungherai	allungherete	avrai allungato	avrete allungato
	allungherà	allungheranno	avrà allungato	avranno allungato
Subjunctive	**Present**		**Present Perfect**	
	allunghi	allunghiamo	abbia allungato	abbiamo allungato
	allunghi	allungate	abbia allungato	abbiate allungato
	allunghi	allunghino	abbia allungato	abbiano allungato
	Imperfect		**Past Perfect**	
	allungassi	allungassimo	avessi allungato	avessimo allungato
	allungassi	allungaste	avessi allungato	aveste allungato
	allungasse	allungassero	avesse allungato	avessero allungato
Conditional	**Present Conditional**		**Perfect Conditional**	
	allungherei	allungheremmo	avrei allungato	avremmo allungato
	allungheresti	allunghereste	avresti allungato	avreste allungato
	allungherebbe	allungherebbero	avrebbe allungato	avrebbero allungato

Note: As a reflexive verb *allungarsi* ("to lengthen") uses the reflexive pronouns *mi, ti, si, ci, vi, si,* as well as the auxiliary verb *essere,* to form compound tenses (see the fourth and fifth examples below).

EXAMPLES

Il vestito è troppo corto, lo vorrei allungare.	The dress is too short. I would like to lengthen it.
Adesso allungate le braccia.	Now stretch out your arms.
Mi allunghi quel libro?	Could you hand me that book?
Le giornate si sono allungate.	The days have lenghtened.
In questi casi le vocali brevi si allungano.	In these cases short vowels lengthen.

alzare

to lift, to raise, to turn up
Auxiliary verb: avere **Past participle:** alzato **Gerund:** alzando
Imperative: (tu) alza (non alzare); (Lei) alzi; (noi) alziamo; (voi) alzate;
(Loro) alzino

Mode	Simple Tenses		Compound Tenses	
	Singular	*Plural*	*Singular*	*Plural*
Indicative	**Present**		**Present Perfect**	
	alzo	alziamo	ho alzato	abbiamo alzato
	alzi	alzate	hai alzato	avete alzato
	alza	alzano	ha alzato	hanno alzato
	Imperfect		**Past Perfect**	
	alzavo	alzavamo	avevo alzato	avevamo alzato
	alzavi	alzavate	avevi alzato	avevate alzato
	alzava	alzavano	aveva alzato	avevano alzato
	Past Definite		**Past Anterior**	
	alzai	alzammo	ebbi alzato	avemmo alzato
	alzasti	alzaste	avesti alzato	aveste alzato
	alzò	alzarono	ebbe alzato	ebbero alzato
	Future		**Future Perfect**	
	alzerò	alzeremo	avrò alzato	avremo alzato
	alzerai	alzerete	avrai alzato	avrete alzato
	alzerà	alzeranno	avrà alzato	avranno alzato
Subjunctive	**Present**		**Present Perfect**	
	alzi	alziamo	abbia alzato	abbiamo alzato
	alzi	alziate	abbia alzato	abbiate alzato
	alzi	alzino	abbia alzato	abbiano alzato
	Imperfect		**Past Perfect**	
	alzassi	alzassimo	avessi alzato	avessimo alzato
	alzassi	alzaste	avessi alzato	aveste alzato
	alzasse	alzassero	avesse alzato	avessero alzato
Conditional	**Present Conditional**		**Perfect Conditional**	
	alzerei	alzeremmo	avrei alzato	avremmo alzato
	alzeresti	alzereste	avresti alzato	avreste alzato
	alzerebbe	alzerebbero	avrebbe alzato	avrebbero alzato

EXAMPLES

Alzare pesi non fa bene alla schiena.	It is not good for your back to lift weights.
Alzò gli occhi al cielo.	He raised his eyes to heaven.
Alzate la mano!	Raise your hand!
Puoi alzare il volume per favore?	Can you please turn up the volume?

alzarsi

to get up

Auxiliary verb: essere **Past participle:** alzato(si) **Gerund:** alzando(si)
Imperative: (tu) alzati (non alzarti); (Lei) si alzi; (noi) alziamoci; (voi)
alzatevi; (Loro) si alzino

Mode	Simple Tenses		Compound Tenses	
	Singular	*Plural*	*Singular*	*Plural*
Indicative	**Present**		**Present Perfect**	
	mi alzo ti alzi si alza	ci alziamo vi alzate si alzano	mi sono alzato/a ti sei alzato/a si è alzato/a	ci siamo alzati/e vi siete alzati/e si sono alzati/e
	Imperfect		**Past Perfect**	
	mi alzavo ti alzavi si alzava	ci alzavamo vi alzavate si alzavano	mi ero alzato/a ti eri alzato/a si era alzato/a	ci eravamo alzati/e vi eravate alzati/e si erano alzati/e
	Past Definite		**Past Anterior**	
	mi alzai ti alzasti si alzò	ci alzammo vi alzaste si alzarono	mi fui alzato/a ti fosti alzato/a si fu alzato/a	ci fummo alzati/e vi foste alzati/e si furono alzati/e
	Future		**Future Perfect**	
	mi alzerò ti alzerai si alzerà	ci alzeremo vi alzerete si alzeranno	mi sarò alzato/a ti sarai alzato/a si sarà alzato/a	ci saremo alzati/e vi sarete alzati/e si saranno alzati/e
Subjunctive	**Present**		**Present Perfect**	
	mi alzi ti alzi si alzi	ci alziamo vi alziate si alzino	mi sia alzato/a ti sia alzato/a si sia alzato/a	ci siamo alzati/e vi siate alzati/e si siano alzati/e
	Imperfect		**Past Perfect**	
	mi alzassi ti alzassi si alzasse	ci alzassimo vi alzaste si alzassero	mi fossi alzato/a ti fossi alzato/a si fosse alzato/a	ci fossimo alzati/e vi foste alzati/e si fossero alzati/e
Conditional	**Present Conditional**		**Perfect Conditional**	
	mi alzerei ti alzeresti si alzerebbe	ci alzeremmo vi alzereste si alzerebbero	mi sarei alzato/a ti saresti alzato/a si sarebbe alzato/a	ci saremmo alzati/e vi sareste alzati/e si sarebbero alzati/e

EXAMPLES

Alzati in piedi!	Stand up!
Oggi mi sono alzato presto.	Today I got up early.
È tardi, alzati dal letto!	It's late! Get (up) out of bed!
A che ora vi siete alzati?	What time did you get up?

amare

to love

Auxiliary verb: avere **Past participle:** amato **Gerund:** amando

Imperative: (tu) ama (non amare); (Lei) ami; (noi) amiamo; (voi) amate; (Loro) amino

Mode	Simple Tenses		Compound Tenses	
	Singular	*Plural*	*Singular*	*Plural*
Indicative	**Present**		**Present Perfect**	
	amo	amiamo	ho amato	abbiamo amato
	ami	amate	hai amato	avete amato
	ama	amano	ha amato	hanno amato
	Imperfect		**Past Perfect**	
	amavo	amavamo	avevo amato	avevamo amato
	amavi	amavate	avevi amato	avevate amato
	amava	amavano	aveva amato	avevano amato
	Past Definite		**Past Anterior**	
	amai	amammo	ebbi amato	avemmo amato
	amasti	amaste	avesti amato	aveste amato
	amò	amarono	ebbe amato	ebbero amato
	Future		**Future Perfect**	
	amerò	ameremo	avrò amato	avremo amato
	amerai	amerete	avrai amato	avrete amato
	amerà	ameranno	avrà amato	avranno amato
Subjunctive	**Present**		**Present Perfect**	
	ami	amiamo	abbia amato	abbiamo amato
	ami	amiate	abbia amato	abbiate amato
	ami	amino	abbia amato	abbiano amato
	Imperfect		**Past Perfect**	
	amassi	amassimo	avessi amato	avessimo amato
	amassi	amaste	avessi amato	aveste amato
	amasse	amassero	avesse amato	avessero amato
Conditional	**Present Conditional**		**Perfect Conditional**	
	amerei	ameremmo	avrei amato	avremmo amato
	ameresti	amereste	avresti amato	avreste amato
	amerebbe	amerebbero	avrebbe amato	avrebbero amato

Note: As a reflexive verb *amarsi* ("to love oneself/each other") uses the reflexive pronouns *mi, ti, si, ci, vi, si,* as well as the auxiliary verb *essere,* to form compound tenses (see the last example below). No preposition is required if an infinitive follows the verb (see the third example below).

EXAMPLES

Ti amo.	I love you.
Mi ami?	Do you love me?
Amo camminare nei boschi.	I love walking in the woods.
Si sono amati molto.	They loved each other a lot.

ammalarsi

to fall ill, to become sick

Auxiliary verb: essere **Past participle:** ammalato (si) **Gerund:** ammalando (si)

Imperative: (tu) ammalati (non ammalarti); (Lei) si ammali; (noi) ammaliamoci; (voi) ammalatevi; (Loro) si ammalino

Mode	Simple Tenses		Compound Tenses	
	Singular	*Plural*	*Singular*	*Plural*
Indicative	**Present**		**Present Perfect**	
	mi ammalo ti ammali si ammala	ci ammaliamo vi ammalate si ammalano	mi sono ammalato/a ti sei ammalato/a si è ammalato/a	ci siamo ammalati/e vi siete ammalati/e si sono ammalati/e
	Imperfect		**Past Perfect**	
	mi ammalavo ti ammalavi si ammalava	ci ammalavamo vi ammalavate si ammalavano	mi ero ammalato/a ti eri ammalato/a si era ammalato/a	ci eravamo ammalati/e vi eravate ammalati/e si erano ammalati/e
	Past Definite		**Past Anterior**	
	mi ammalai ti ammalasti si ammalò	ci ammalammo vi ammalaste si ammalarono	mi fui ammalato/a ti fosti ammalato/a si fu ammalato/a	ci fummo ammalati/e vi foste ammalati/e si furono ammalati/e
	Future		**Future Perfect**	
	mi ammalerò ti ammalerai si ammalerà	ci ammaleremo vi ammalerete si ammaleranno	mi sarò ammalato/a ti sarai ammalato/a si sarà ammalato/a	ci saremo ammalati/e vi sarete ammalati/e si saranno ammalati/e
Subjunctive	**Present**		**Present Perfect**	
	mi ammali ti ammali si ammali	ci ammaliamo vi ammaliate si ammalino	mi sia ammalato/a ti sia ammalato/a si sia ammalato/a	ci siamo ammalati/e vi siate ammalati/e si siano ammalati/e
	Imperfect		**Past Perfect**	
	mi ammalassi ti ammalassi si ammalasse	ci ammalassimo vi ammalaste si ammalassero	mi fossi ammalato/a ti fossi ammalato/a si fosse ammalato/a	ci fossimo ammalati/e vi foste ammalati/e si fossero ammalati/e
Conditional	**Present Conditional**		**Perfect Conditional**	
	mi ammalerei ti ammaleresti si ammalerebbe	ci ammaleremmo vi ammalereste si ammalerebbero	mi sarei ammalato/a ti saresti ammalato/a si sarebbe ammalato/a	ci saremmo ammalati/e vi sareste ammalati/e si sarebbero ammalati/e

EXAMPLES

Non mi ammalo mai.	I never fall ill.
Si è ammalato improvvisamente.	He was suddenly taken ill.
Questo inverno si sono ammalati tutti.	Last winter they all fell ill.

ammettere
to admit, to acknowledge
Auxiliary verb: avere **Past participle:** ammeso **Gerund:** ammettendo
Imperative: (tu) ammetti (non ammettere); (Lei) ammetta; (noi) ammet-
tiamo; (voi) ammettete; (Loro) ammettano

Mode	Simple Tenses		Compound Tenses	
	Singular	*Plural*	*Singular*	*Plural*
Indicative	**Present**		**Present Perfect**	
	ammetto	ammettiamo	ho ammesso	abbiamo ammesso
	ammetti	ammettete	hai ammesso	avete ammesso
	ammette	ammettono	ha ammesso	hanno ammesso
	Imperfect		**Past Perfect**	
	ammettevo	ammettevamo	avevo ammesso	avevamo ammesso
	ammettevi	ammettevate	avevi ammesso	avevate ammesso
	ammetteva	ammettevano	aveva ammesso	avevano ammesso
	Past Definite		**Past Anterior**	
	ammisi	ammettemmo	ebbi ammesso	avemmo ammesso
	ammettesti	ammetteste	avesti ammesso	aveste ammesso
	ammise	ammisero	ebbe ammesso	ebbero ammesso
	Future		**Future Perfect**	
	ammetterò	ammetteremo	avrò ammesso	avremo ammesso
	ammetterai	ammetterete	avrai ammesso	avrete ammesso
	ammetterà	ammetteranno	avrà ammesso	avranno ammesso
Subjunctive	**Present**		**Present Perfect**	
	ammetta	ammettiamo	abbia ammesso	abbiamo ammesso
	ammetta	ammettiate	abbia ammesso	abbiate ammesso
	ammetta	ammettano	abbia ammesso	abbiano ammesso
	Imperfect		**Past Perfect**	
	ammettessi	ammettessimo	avessi ammesso	avessimo ammesso
	ammettessi	ammetteste	avessi ammesso	aveste ammesso
	ammettesse	ammettessero	avesse ammesso	avessero ammesso
Conditional	**Present Conditional**		**Perfect Conditional**	
	ammetterei	ammetteremmo	avrei ammesso	avremmo ammesso
	ammetteresti	ammettereste	avresti ammesso	avreste ammesso
	ammetterebbe	ammetterebbero	avrebbe ammesso	avrebbero ammesso

Note: *Ammettere* requires the preposition *di* before an infinitive (see the third example below). *Ammesso che* requires the use of subjunctive (see the last example below).

EXAMPLES

Ha ammesso i propri errori.	He acknowledged his mistakes.
Ammetti la verità!	Admit the truth!
Ammetto di essere spesso in ritardo.	I admit that I am often late.
È stato ammesso all'esame (all'università).	He was accepted/admitted to take the exam (into the university).
Ammesso che lui venga, non so se potrà entrare.	Provided that he comes, I am not sure he will be able to enter.

andare

to go

Auxiliary verb: essere **Past participle:** andato **Gerund:** andando
Imperative: (tu) va'/vai (non andare); (Lei) vada; (noi) andiamo; (voi) andate; (Loro) vadano

Mode	Simple Tenses		Compound Tenses	
	Singular	*Plural*	*Singular*	*Plural*
	Present		**Present Perfect**	
Indicative	vado	andiamo	sono andato/a	siamo andati/e
	vai	andate	sei andato/a	siete andati/e
	va	vanno	è andato/a	sono andati/e
	Imperfect		**Past Perfect**	
	andavo	andavamo	ero andato/a	eravamo andati/e
	andavi	andavate	eri andato/a	eravate andati/e
	andava	andavano	era andato/a	erano andati/e
	Past Definite		**Past Anterior**	
	andai	andammo	fui andato/a	fummo andati/e
	andasti	andaste	fosti andato/a	foste andati/e
	andò	andarono	fu andato/a	furono andati/e
	Future		**Future Perfect**	
	andrò	andremo	sarò andato/a	saremo andati/e
	andrai	andrete	sarai andato/a	sarete andati/e
	andrà	andranno	sarà andato/a	saranno andati/e
Subjunctive	**Present**		**Present Perfect**	
	vada	andiamo	sia andato/a	siamo andati/e
	vada	andiate	sia andato/a	siate andati/e
	vada	vadano	sia andato/a	siano andati/e
	Imperfect		**Past Perfect**	
	andassi	andassimo	fossi andato/a	fossimo andati/e
	andassi	andaste	fossi andato/a	foste andati/e
	andasse	andassero	fosse andato/a	fossero andati/e
Conditional	**Present Conditional**		**Perfect Conditional**	
	andrei	andremmo	sarei andato/a	saremmo andati/e
	andresti	andreste	saresti andato/a	sareste andati/e
	andrebbe	andrebbero	sarebbe andato/a	sarebbero andati/e

Note: If *andare* is followed by another verb ("to go dancing"), the sequence *andare* + *a* + infinitive is used. *Andare* is conjugated, and the second verb is used in the infinitive (see the fourth example below). A means of transportation used with *andare* is preceded by the preposition *in*; when *andare* is followed by the name of a country, the preposition *in* is used; when it is followed by the name of a city, *a* is used (see the third example below). When it is followed by the name of a person, *da* is used (see the fifth example below).

EXAMPLES

Dove vai stasera?	Where are you going tonight?
Lo scorso fine settimana siamo andati al mare.	Last weekend we went to the beach.
Vado a Roma in macchina.	I go to Rome by car.
Andiamo a ballare il giovedì.	We go dancing on Thursdays.
Domani andrà dal dottore.	Tomorrow he is going to the doctor.
Ti va un caffè?	Would you like a coffee?

andarsene

to go away, to leave, to take off

Auxiliary verb: essere **Past participle:** andato (sene) **Gerund:** andando (sene)

Imperative: (tu) vattene (non andartene/ non te ne andare); (Lei) Se ne vada; (noi) andiamocene; (voi) andatevene; (Loro) Se ne vadano

Mode	Simple Tenses		Compound Tenses	
	Singular	*Plural*	*Singular*	*Plural*
Indicative	**Present**		**Present Perfect**	
	me ne vado	ce ne andiamo	me ne sono andato/a	ce ne siamo andati/e
	te ne vai	ve ne andate	te ne sei andato/a	ve ne siete andati/e
	se ne va	se ne vanno	se ne è andato/a	se ne sono andati/e
	Imperfect		**Past Perfect**	
	me ne andavo	ce ne andavamo	me ne ero andato/a	ce ne eravamo andati/e
	te ne andavi	ve ne andavate	te ne eri andato/a	ve ne eravate andati/e
	se ne andava	se ne andavano	se ne era andato/a	se ne erano andati/e
	Past Definite		**Past Anterior**	
	me ne andai	ce ne andammo	me ne fui andato/a	ce ne fummo andati/e
	te ne andasti	ve ne andaste	te ne fosti andato/a	ve ne foste andati/e
	se ne andò	se ne andarono	se ne fu andato/a	se ne furono andati/e
	Future		**Future Perfect**	
	me ne andrò	ce ne andremo	me ne sarò andato/a	ce ne saremo andati/e
	te ne andrai	ve ne andrete	te ne sarai andato/a	ve ne sarete andati/e
	se ne andrà	se ne andranno	se ne sarà andato/a	se ne saranno andati/e
Subjunctive	**Present**		**Present Perfect**	
	me ne vada	ce ne andiamo	me ne sia andato/a	ce ne siamo andati/e
	te ne vada	ve ne andiate	te ne sia andato/a	ve ne siate andati/e
	se ne vada	se ne vadano	se ne sia andato/a	se ne siano andati/e
	Imperfect		**Past Perfect**	
	me ne andassi	ce ne andassimo	me ne fossi andato/a	ce ne fossimo andati/e
	te ne andassi	ve ne andaste	te ne fossi andato/a	ve ne foste andati/e
	se ne andasse	se ne andassero	se ne fosse andato/a	se ne fossero andati/e
Conditional	**Present Conditional**		**Perfect Conditional**	
	me ne andrei	ce ne andremmo	me ne sarei andato/a	ce ne saremmo andati/e
	te ne andresti	ve ne andreste	te ne saresti andato/a	ve ne sareste andati/e
	se ne andrebbe	se ne andrebbero	se ne sarebbe andato/a	se ne sarebbero andati/e

EXAMPLES

Ora devo andarmene.	I must be going now.
Se ne è andato via di casa a 15 anni.	He left home when he was 15.
Venne alle cinque e se ne andò alle otto.	He came at 5:00 and left at 8:00 p.m.

annoiarsi

to get bored, to be bored

Auxiliary verb: essere **Past participle:** annoiato (si) **Gerund:** annoiando (si)

Imperative: (tu) annoiati (non annoiarti); (Lei) Si annoi; (noi) annoiamoci; (voi) annoiatevi; (Loro) Si annoino

Mode	Simple Tenses		Compound Tenses	
	Singular	*Plural*	*Singular*	*Plural*
Indicative	**Present**		**Present Perfect**	
	mi annoio	ci annoiamo	mi sono annoiato/a	ci siamo annoiati/e
	ti annoi	vi annoiate	ti sei annoiato/a	vi siete annoiati/e
	si annoia	si annoiano	si è annoiato/a	si sono annoiati/e
	Imperfect		**Past Perfect**	
	mi annoiavo	ci annoiavamo	mi ero annoiato/a	ci eravamo annoiati/e
	ti annoiavi	vi annoiavate	ti eri annoiato/a	vi eravate annoiati/e
	si annoiava	si annoiavano	si era annoiato/a	si erano annoiati/e
	Past Definite		**Past Anterior**	
	mi annoiai	ci annoiammo	mi fui annoiato/a	ci fummo annoiati/e
	ti annoiasti	vi annoiaste	ti fosti annoiato/a	vi foste annoiati/e
	si annoiò	si annoiarono	si fu annoiato/a	si furono annoiati/e
	Future		**Future Perfect**	
	mi annoierò	ci annoieremo	mi sarò annoiato/a	ci saremo annoiati/e
	ti annoierai	vi annoierete	ti sarai annoiato/a	vi sarete annoiati/e
	si annoierà	si annoieranno	si sarà annoiato/a	si saranno annoiati/e
Subjunctive	**Present**		**Present Perfect**	
	mi annoi	ci annoiamo	mi sia annoiato/a	ci siamo annoiati/e
	ti annoi	vi annoiate	ti sia annoiato/a	vi siate annoiati/e
	si annoi	si annoino	si sia annoiato/a	si siano annoiati/e
	Imperfect		**Past Perfect**	
	mi annoiassi	ci annoiassimo	mi fossi annoiato/a	ci fossimo annoiati/e
	ti annoiassi	vi annoiaste	ti fossi annoiato/a	vi foste annoiati/e
	si annoiasse	si annoiassero	si fosse annoiato/a	si fossero annoiati/e
Conditional	**Present Conditional**		**Perfect Conditional**	
	mi annoierei	ci annoieremmo	mi sarei annoiato/a	ci saremmo annoiati/e
	ti annoieresti	vi annoiereste	ti saresti annoiato/a	vi sareste annoiati/e
	si annoierebbe	si annoierebbero	si sarebbe annoiato/a	si sarebbero annoiati/e

Note: *Annoiare* ("to bore") may be used nonreflexively with *avere* as its auxiliary verb (see the last example below).

EXAMPLES

Perché ti sei annoiato?	What bored you?
Mi sto annoiando.	I am bored.
Ci siamo annoiati a morte alla festa ieri sera.	Last night at the party we were bored to death.
I suoi discorsi hanno annoiato tutti.	His stories bored everybody.

annullare

to cancel, to revoke, to annul

Auxiliary verb: avere **Past participle:** annullato **Gerund:** annullando
Imperative: (tu) annulla (non annullare); (Lei) annulli; (noi) annulliamo;
(voi) annullate; (Loro) annullino

Mode	Simple Tenses		Compound Tenses	
	Singular	*Plural*	*Singular*	*Plural*
	Present		**Present Perfect**	
	annullo	annulliamo	ho annullato	abbiamo annullato
	annulli	annullate	hai annullato	avete annullato
	annulla	annullano	ha annullato	hanno annullato
	Imperfect		**Past Perfect**	
	annullavo	annullavamo	avevo annullato	avevamo annullato
	annullavi	annullavate	avevi annullato	avevate annullato
	annullava	annullavano	aveva annullato	avevano annullato
Indicative	**Past Definite**		**Past Anterior**	
	annullai	annullammo	ebbi annullato	avemmo annullato
	annullasti	annullaste	avesti annullato	aveste annullato
	annullò	annullarono	ebbe annullato	ebbero annullato
	Future		**Future Perfect**	
	annullerò	annulleremo	avrò annullato	avremo annullato
	annullerai	annullerete	avrai annullato	avrete annullato
	annullerà	annulleranno	avrà annullato	avranno annullato
	Present		**Present Perfect**	
	annulli	annulliamo	abbia annullato	abbiamo annullato
	annulli	annulliate	abbia annullato	abbiate annullato
Subjunctive	annulli	annullino	abbia annullato	abbiano annullato
	Imperfect		**Past Perfect**	
	annullassi	annullassimo	avessi annullato	avessimo annullato
	annullassi	annullaste	avessi annullato	aveste annullato
	annullasse	annullassero	avesse annullato	avessero annullato
	Present Conditional		**Perfect Conditional**	
Conditional	annullerei	annulleremmo	avrei annullato	avremmo annullato
	annulleresti	annullereste	avresti annullato	avreste annullato
	annullerebbe	annullerebbero	avrebbe annullato	avrebbero annullato

EXAMPLES

Abbiamo annullato la prenotazione (l'ordine).	We cancelled our reservation (our order).
Il decreto è stato annullato.	The decree was revoked.
Dobbiamo annullare il contratto.	We have to annul the contract.

apparire

to appear, to look

Auxiliary verb: essere **Past participle:** apparso **Gerund:** apparendo
Imperative: (tu) appari (non apparire); (Lei) appaia; (noi) appariamo;
(voi) apparite; (Loro) appaiano

Mode	Simple Tenses		Compound Tenses	
	Singular	*Plural*	*Singular*	*Plural*
Indicative	**Present**		**Present Perfect**	
	appaio	appariamo	sono apparso/a	siamo apparsi/e
	appari	apparite	sei apparso/a	siete apparsi/e
	appare	appaiono	è apparso/a	sono apparsi/e
	Imperfect		**Past Perfect**	
	apparivo	apparivamo	ero apparso/a	eravamo apparsi/e
	apparivi	apparivate	eri apparso/a	eravate apparsi/e
	appariva	apparivano	era apparso/a	erano apparsi/e
	Past Definite		**Past Anterior**	
	apparvi	apparimmo	fui apparso/a	fummo apparsi/e
	apparisti	appariste	fosti apparso/a	foste apparsi/e
	apparve	apparvero	fu apparso/a	furono apparsi/e
	Future		**Future Perfect**	
	apparirò	appariremo	sarò apparso/a	saremo apparsi/e
	apparirai	apparirete	sarai apparso/a	sarete apparsi/e
	apparirà	appariranno	sarà apparso/a	saranno apparsi/e
Subjunctive	**Present**		**Present Perfect**	
	appaia	appariamo	sia apparso/a	siamo apparsi/e
	appaia	appariate	sia apparso/a	siate apparsi/e
	appaia	appaiano	sia apparso/a	siano apparsi/e
	Imperfect		**Past Perfect**	
	apparissi	apparissimo	fossi apparso/a	fossimo apparsi/e
	apparissi	appariste	fossi apparso/a	foste apparsi/e
	apparisse	apparissero	fosse apparso/a	fossero apparsi/e
Conditional	**Present Conditional**		**Perfect Conditional**	
	apparirei	appariremmo	sarei apparso/a	saremmo apparsi/e
	appariresti	apparireste	saresti apparso/a	sareste apparsi/e
	apparirebbe	apparirebbero	sarebbe apparso/a	sarebbero apparsi/e

Note: Similar to *apparire* is *trasparire* ("to be transparent"). They follow the same pattern, except that *trasparire* has a regular past participle, *trasparito*.

EXAMPLES

Un angelo le è apparso in sogno.	An angel appeared to her in a dream.
Quel che prima appariva impossibile adesso pare facile.	That which appeared impossible at first now seems easy.
Voglio apparire elegante.	I want to look elegant.
Appare ovvio che lui non vuole tornare.	It appears obvious that he doesn't want to come back.

appartenere

to belong

Auxiliary verb: avere **Past participle:** appartenuto **Gerund:** appartenendo

Imperative: (tu) appartieni (non appartenere); (Lei) appartenga; (noi) apparteniamo; (voi) appartenete; (Loro) appartengano

Mode	Simple Tenses		Compound Tenses	
	Singular	*Plural*	*Singular*	*Plural*
Indicative	**Present**		**Present Perfect**	
	appartengo	apparteniamo	sono appartenuto/a	siamo appartenuti/e
	appartieni	appartenete	sei appartenuto/a	siete appartenuti/e
	appartiene	appartengono	è appartenuto/a	sono appartenuti/e
	Imperfect		**Past Perfect**	
	appartenevo	appartenevamo	ero appartenuto/a	eravamo appartenuti/e
	appartenevi	appartenevate	eri appartenuto/a	eravate appartenuti/e
	apparteneva	appartenevano	era appartenuto/a	erano appartenuti/e
	Past Definite		**Past Anterior**	
	appartenni	appartenemmo	fui appartenuto/a	fummo appartenuti/e
	appartenesti	apparteneste	fosti appartenuto/a	foste appartenuti/e
	appartenne	appartennero	fu appartenuto/a	furono appartenuti/e
	Future		**Future Perfect**	
	apparterrò	apparterremo	sarò appartenuto/a	saremo appartenuti/e
	apparterrai	apparterrete	sarai appartenuto/a	sarete appartenuti/e
	apparterrà	apparterranno	sarà appartenuto/a	saranno appartenuti/e
Subjunctive	**Present**		**Present Perfect**	
	appartenga	apparteniamo	sia appartenuto/a	siamo appartenuti/e
	appartenga	apparteniate	sia appartenuto/a	siate appartenuti/e
	appartenga	appartengano	sia appartenuto/a	siano appartenuti/e
	Imperfect		**Past Perfect**	
	appartenessi	appartenessimo	fossi appartenuto/a	fossimo appartenuti/e
	appartenessi	apparteneste	fossi appartenuto/a	foste appartenuti/e
	appartenesse	appartenessero	fosse appartenuto/a	fossero appartenuti/e
Conditional	**Present Conditional**		**Perfect Conditional**	
	apparterrei	apparterremmo	sarei appartenuto/a	saremmo appartenuti/e
	apparterresti	apparterreste	saresti appartenuto/a	sareste appartenuti/e
	apparterrebbe	apparterrebbero	sarebbe appartenuto/a	sarebbero appartenuti/e

EXAMPLES

Appartiene a te questo libro?	Does this book belong to you?
Una parte dell'eredità mi appartiene.	Part of the inheritance belongs to me.
Questa casa appartenne a mio nonno.	This house belonged to my grandfather.

appendere

to hang, to pin

Auxiliary verb: avere **Past participle:** appeso **Gerund:** appendendo
Imperative: (tu) appendi (non appendere); (Lei) appenda; (noi) appen-
diamo; (voi) appendete; (Loro) appendano

Mode	Simple Tenses		Compound Tenses	
	Singular	*Plural*	*Singular*	*Plural*
Indicative	**Present**		**Present Perfect**	
	appendo	appendiamo	ho appeso	abbiamo appeso
	appendi	appendete	hai appeso	avete appeso
	appende	appendono	ha appeso	hanno appeso
	Imperfect		**Past Perfect**	
	appendevo	appendevamo	avevo appeso	avevamo appeso
	appendevi	appendevate	avevi appeso	avevate appeso
	appendeva	appendevano	aveva appeso	avevano appeso
	Past Definite		**Past Anterior**	
	appesi	appendemmo	ebbi appeso	avemmo appeso
	appendesti	appendeste	avesti appeso	aveste appeso
	appese	appesero	ebbe appeso	ebbero appeso
	Future		**Future Perfect**	
	appenderò	appenderemo	avrò appeso	avremo appeso
	appenderai	appenderete	avrai appeso	avrete appeso
	appenderà	appenderanno	avrà appeso	avranno appeso
Subjunctive	**Present**		**Present Perfect**	
	appenda	appendiamo	abbia appeso	abbiamo appeso
	appenda	appendiate	abbia appeso	abbiate appeso
	appenda	appendano	abbia appeso	abbiano appeso
	Imperfect		**Past Perfect**	
	appendessi	appendessimo	avessi appeso	avessimo appeso
	appendessi	appendeste	avessi appeso	aveste appeso
	appendesse	appendessero	avesse appeso	avessero appeso
Conditional	**Present Conditional**		**Perfect Conditional**	
	appenderei	appenderemmo	avrei appeso	avremmo appeso
	appenderesti	appendereste	avresti appeso	avreste appeso
	appenderebbe	appenderebbero	avrebbe appeso	avrebbero appeso

Note: Compound verb of *pendere* ("to lean"). Like *appendere* is *sospendere* ("to suspend").

EXAMPLES

Non appendere niente sulle pareti.	Do not hang anything on the walls.
Appendi il tuo cappotto.	Hang (up) your coat.
Gli appese la medaglia al petto.	He pinned the medal on his chest.

applaudire
to applaud
Auxiliary verb: avere **Past participle:** applaudito
Gerund: applaudendo
Imperative: (tu) applaudi (non applaudire); (Lei) applauda; (noi) applaudiamo; (voi) applaudite; (Loro) applaudano

Mode	Simple Tenses		Compound Tenses	
	Singular	*Plural*	*Singular*	*Plural*
Indicative	**Present**		**Present Perfect**	
	applaudo (applaudisco)	applaudiamo	ho applaudito	abbiamo applaudito
	applaudi (applaudisci)	applaudite	hai applaudito	avete applaudito
	applaude (applaudisce)	applaudono (applaudiscono)	ha applaudito	hanno applaudito
	Imperfect		**Past Perfect**	
	applaudivo	applaudivamo	avevo applaudito	avevamo applaudito
	applaudivi	applaudivate	avevi applaudito	avevate applaudito
	applaudiva	applaudivano	aveva applaudito	avevano applaudito
	Past Definite		**Past Anterior**	
	applaudii	applaudimmo	ebbi applaudito	avemmo applaudito
	applaudisti	applaudiste	avesti applaudito	aveste applaudito
	applaudì	applaudirono	ebbe applaudito	ebbero applaudito
	Future		**Future Perfect**	
	applaudirò	applaudiremo	avrò applaudito	avremo applaudito
	applaudirai	applaudirete	avrai applaudito	avrete applaudito
	applaudirà	applaudiranno	avrà applaudito	avranno applaudito
Subjunctive	**Present**		**Present Perfect**	
	applauda (applaudisca)	applaudiamo	abbia applaudito	abbiamo applaudito
	applauda (applaudisca)	applaudiate	abbia applaudito	abbiate applaudito
	applauda (applaudisca)	applaudano (applaudiscano)	abbia applaudito	abbiano applaudito
	Imperfect		**Past Perfect**	
	applaudissi	applaudissimo	avessi applaudito	avessimo applaudito
	applaudissi	applaudiste	avessi applaudito	aveste applaudito
	applaudisse	applaudissero	avesse applaudito	avessero applaudito
Conditional	**Present Conditional**		**Perfect Conditional**	
	applaudirei	applaudiremmo	avrei applaudito	avremmo applaudito
	applaudiresti	applaudireste	avresti applaudito	avreste applaudito
	applaudirebbe	applaudirebbero	avrebbe applaudito	avrebbero applaudito

EXAMPLES

Il pubblico ha applaudito il cantante per cinque minuti.	The audience applauded the singer for five minutes.
Il pubblico ha applaudito in piedi.	The audience stood up and clapped.
Quando calò il sipario, tutti applaudirono.	As the curtain went down, everybody applauded.

appoggiare
to lean, to support
Auxiliary verb: avere **Past participle:** appoggiato **Gerund:** appoggiando
Imperative: (tu) appoggia (non appoggiare); (Lei) appoggi; (noi) appoggiamo; (voi) appoggiate; (Loro) appoggino

Mode	Simple Tenses		Compound Tenses	
	Singular	*Plural*	*Singular*	*Plural*
Indicative	**Present**		**Present Perfect**	
	appoggio	appoggiamo	ho appoggiato	abbiamo appoggiato
	appoggi	appoggiate	hai appoggiato	avete appoggiato
	appoggia	appoggiano	ha appoggiato	hanno appoggiato
	Imperfect		**Past Perfect**	
	appoggiavo	appoggiavamo	avevo appoggiato	avevamo appoggiato
	appoggiavi	appoggiavate	avevi appoggiato	avevate appoggiato
	appoggiava	appoggiavano	aveva appoggiato	avevano appoggiato
	Past Definite		**Past Anterior**	
	appoggiai	appoggiammo	ebbi appoggiato	avemmo appoggiato
	appoggiasti	appoggiaste	avesti appoggiato	aveste appoggiato
	appoggiò	appoggiarono	ebbe appoggiato	ebbero appoggiato
	Future		**Future Perfect**	
	appoggerò	appoggeremo	avrò appoggiato	avremo appoggiato
	appoggerai	appoggerete	avrai appoggiato	avrete appoggiato
	appoggerà	appoggeranno	avrà appoggiato	avranno appoggiato
Subjunctive	**Present**		**Present Perfect**	
	appoggi	appoggiamo	abbia appoggiato	abbiamo appoggiato
	appoggi	appoggiate	abbia appoggiato	abbiate appoggiato
	appoggi	appoggino	abbia appoggiato	abbiano appoggiato
	Imperfect		**Past Perfect**	
	appoggiassi	appoggiassimo	avessi appoggiato	avessimo appoggiato
	appoggiassi	appoggiaste	avessi appoggiato	aveste appoggiato
	appoggiasse	appoggiassero	avesse appoggiato	avessero appoggiato
Conditional	**Present Conditional**		**Perfect Conditional**	
	appoggerei	appoggeremmo	avrei appoggiato	avremmo appoggiato
	appoggeresti	appoggereste	avresti appoggiato	avreste appoggiato
	appoggerebbe	appoggerebbero	avrebbe appoggiato	avrebbero appoggiato

Note: As a reflexive verb *appoggiarsi* ("to lean," "to place one's trust") uses the reflexive pronouns *mi, ti, si, ci, vi, si,* as well as the auxiliary verb *essere,* to form compound tenses (see the last example below).

EXAMPLES

Ho appoggiato la scala al muro.
Noi appoggiamo la tua proposta.
Non appoggiare i gomiti sulla tavola.
Mi sono appoggiato al muro.

I leaned the ladder against the wall.
We support your proposal.
Do not put your elbows on the table.
I leaned against the wall.

apprendere
to learn, to hear

Auxiliary verb: avere **Past participle:** appreso **Gerund:** apprendendo
Imperative: (tu) apprendi (non apprendere); (Lei) apprenda; (noi)
apprendiamo; (voi) apprendete; (Loro) apprendano

Mode	Simple Tenses		Compound Tenses	
	Singular	*Plural*	*Singular*	*Plural*
Indicative	**Present**		**Present Perfect**	
	apprendo	apprendiamo	ho appreso	abbiamo appreso
	apprendi	apprendete	hai appreso	avete appreso
	apprende	apprendono	ha appreso	hanno appreso
	Imperfect		**Past Perfect**	
	apprendevo	apprendevamo	avevo appreso	avevamo appreso
	apprendevi	apprendevate	avevi appreso	avevate appreso
	apprendeva	apprendevano	aveva appreso	avevano appreso
	Past Definite		**Past Anterior**	
	appresi	apprendemmo	ebbi appreso	avemmo appreso
	apprendesti	apprendeste	avesti appreso	aveste appreso
	apprese	appresero	ebbe appreso	ebbero appreso
	Future		**Future Perfect**	
	apprenderò	apprenderemo	avrò appreso	avremo appreso
	apprenderai	apprenderete	avrai appreso	avrete appreso
	apprenderà	apprenderanno	avrà appreso	avranno appreso
Subjunctive	**Present**		**Present Perfect**	
	apprenda	apprendiamo	abbia appreso	abbiamo appreso
	apprenda	apprendiate	abbia appreso	abbiate appreso
	apprenda	apprendano	abbia appreso	abbiano appreso
	Imperfect		**Past Perfect**	
	apprendessi	apprendessimo	avessi appreso	avessimo appreso
	apprendessi	apprendeste	avessi appreso	aveste appreso
	apprendesse	apprendessero	avesse appreso	avessero appreso
Conditional	**Present Conditional**		**Perfect Conditional**	
	apprenderei	apprenderemmo	avrei appreso	avremmo appreso
	apprenderesti	apprendereste	avresti appreso	avreste appreso
	apprenderebbe	apprenderebbero	avrebbe appreso	avrebbero appreso

Note: It is a compound verb of *prendere* ("to take"). *Apprendere* requires the preposition *a* before an infinitive (see the third example below).

EXAMPLES

All'estero ha appreso bene la lingua.

He learned the language well while abroad.

Ho appreso la notizia da lei.

I heard the news from her.

Sta apprendendo a suonare il piano.

She is learning to play the piano.

approfittare

to take advantage, to profit

Auxiliary verb: avere **Past participle:** approfittato **Gerund:** approfittando

Imperative: (tu) approfitta (non approfittare); (Lei) approfitti; (noi) approfittiamo; (voi) approfittate; (Loro) approfittino

Mode	Simple Tenses		Compound Tenses	
	Singular	*Plural*	*Singular*	*Plural*
Indicative	**Present**		**Present Perfect**	
	approfitto	approfittiamo	ho approfittato	abbiamo approfittato
	approfitti	approfittate	hai approfittato	avete approfittato
	approfitta	approfittano	ha approfittato	hanno approfittato
	Imperfect		**Past Perfect**	
	approfittavo	approfittavamo	avevo approfittato	avevamo approfittato
	approfittavi	approfittavate	avevi approfittato	avevate approfittato
	approfittava	approfittavano	aveva approfittato	avevano approfittato
	Past Definite		**Past Anterior**	
	approfittai	approfittammo	ebbi approfittato	avemmo approfittato
	approfittasti	approfittaste	avesti approfittato	aveste approfittato
	approfittò	approfittarono	ebbe approfittato	ebbero approfittato
	Future		**Future Perfect**	
	approfitterò	approfitteremo	avrò approfittato	avremo approfittato
	approfitterai	approfitterete	avrai approfittato	avrete approfittato
	approfitterà	approfitteranno	avrà approfittato	avranno approfittato
Subjunctive	**Present**		**Present Perfect**	
	approfitti	approfittiamo	abbia approfittato	abbiamo approfittato
	approfitti	approfittiate	abbia approfittato	abbiate approfittato
	approfitti	approfittino	abbia approfittato	abbiano approfittato
	Imperfect		**Past Perfect**	
	approfittassi	approfittassimo	avessi approfittato	avessimo approfittato
	approfittassi	approfittaste	avessi approfittato	aveste approfittato
	approfittasse	approfittassero	avesse approfittato	avessero approfittato
Conditional	**Present Conditional**		**Perfect Conditional**	
	approfitterei	approfitteremmo	avrei approfittato	avremmo approfittato
	approfitteresti	approfittereste	avresti approfittato	avreste approfittato
	approfitterebbe	approfitterebbero	avrebbe approfittato	avrebbero approfittato

Note: As a reflexive verb *approfittarsi* uses the reflexive pronouns *mi, ti, si, ci, vi, si,* as well as the auxiliary verb *essere,* to form compound tenses (see the last example below).

EXAMPLES

Tutti si approfittano di lui.	Everybody takes advantage of him.
Non vorrei approfittarmi troppo della vostra gentilezza.	I don't want to take advantage of your kindness.
Approffitta di questa occasione!	Take advantage of this opportunity!
Si è approfittato degli amici.	He took advantage of his friends.

aprire
to open
Auxiliary verb: avere **Past participle:** aperto **Gerund:** aprendo
Imperative: (tu) apri (non aprire); (Lei) apra; (noi) apriamo; (voi) aprite;
(Loro) aprano

Mode	Simple Tenses		Compound Tenses	
	Singular	*Plural*	*Singular*	*Plural*
Indicative	**Present**		**Present Perfect**	
	apro	apriamo	ho aperto	abbiamo aperto
	apri	aprite	hai aperto	avete aperto
	apre	aprono	ha aperto	hanno aperto
	Imperfect		**Past Perfect**	
	aprivo	aprivamo	avevo aperto	avevamo aperto
	aprivi	aprivate	avevi aperto	avevate aperto
	apriva	aprivano	aveva aperto	avevano aperto
	Past Definite		**Past Anterior**	
	aprii	aprimmo	ebbi aperto	avemmo aperto
	apristi	apriste	avesti aperto	aveste aperto
	aprì	aprirono	ebbe aperto	ebbero aperto
	Future		**Future Perfect**	
	aprirò	apriremo	avrò aperto	avremo aperto
	aprirai	aprirete	avrai aperto	avrete aperto
	aprirà	apriranno	avrà aperto	avranno aperto
Subjunctive	**Present**		**Present Perfect**	
	apra	apriamo	abbia aperto	abbiamo aperto
	apra	apriate	abbia aperto	abbiate aperto
	apra	aprano	abbia aperto	abbiano aperto
	Imperfect		**Past Perfect**	
	aprissi	aprissimo	avessi aperto	avessimo aperto
	aprissi	apriste	avessi aperto	aveste aperto
	aprisse	aprissero	avesse aperto	avessero aperto
Conditional	**Present Conditional**		**Perfect Conditional**	
	aprirei	apriremmo	avrei aperto	avremmo aperto
	apriresti	aprireste	avresti aperto	avreste aperto
	aprirebbe	aprirebbero	avrebbe aperto	avrebbero aperto

Note: As a reflexive verb *aprirsi* ("to open," "to open one's heart") uses the reflexive pronouns *mi, ti, si, ci, vi, si,* as well as the auxiliary verb *essere,* to form compound tenses (see the sixth and seventh examples below).

EXAMPLES

I negozi aprono dalle nove alle venti.	The stores open from 9:00 a.m. to 8:00 p.m.
A che ora apre la banca?	What time does the bank open?
Potresti aprire la finestra, per favore?	Could you please open the window?
Aspetta, apro la porta a Gianni!	Wait, I'll open the door for Gianni!
Ho appena aperto un negozio.	I just opened a store.
Improvvisamente la porta si aprì.	Suddenly the door opened.
Si è aperto con il suo amico.	He opened his heart to his friend.

ardere

to burn, to be burning

Auxiliary verb: essere/avere **Past participle:** arso **Gerund:** ardendo
Imperative: (tu) ardi (non ardere); (Lei) arda; (noi) ardiamo; (voi) ardete;
(Loro) ardano

Mode	Simple Tenses		Compound Tenses	
	Singular	*Plural*	*Singular*	*Plural*
	Present		**Present Perfect**	
Indicative	ardo	ardiamo	sono arso/a	siamo arsi/e
	ardi	ardete	sei arso/a	siete arsi/e
	arde	ardono	è arso/a	sono arsi/e
	Imperfect		**Past Perfect**	
	ardevo	ardevamo	ero arso/a	eravamo arsi/e
	ardevi	ardevate	eri arso/a	eravate arsi/e
	ardeva	ardevano	era arso/a	erano arsi/e
	Past Definite		**Past Anterior**	
	arsi	ardemmo	fui arso/a	fummo arsi/e
	ardesti	ardeste	fosti arso/a	foste arsi/e
	arse	arsero	fu arso/a	furono arsi/e
	Future		**Future Perfect**	
	arderò	arderemo	sarò arso/a	saremo arsi/e
	arderai	arderete	sarai arso/a	sarete arsi/e
	arderà	arderanno	sarà arso/a	saranno arsi/e
Subjunctive	**Present**		**Present Perfect**	
	arda	ardiamo	sia arso/a	siamo arsi/e
	arda	ardiate	sia arso/a	siate arsi/e
	arda	ardano	sia arso/a	siano arsi/e
	Imperfect		**Past Perfect**	
	ardessi	ardessimo	fossi arso/a	fossimo arsi/e
	ardessi	ardeste	fossi arso/a	foste arsi/e
	ardesse	ardessero	fosse arso/a	fossero arsi/e
Conditional	**Present Conditional**		**Perfect Conditional**	
	arderei	arderemmo	sarei arso/a	saremmo arsi/e
	arderesti	ardereste	saresti arso/a	sareste arsi/e
	arderebbe	arderebbero	sarebbe arso/a	sarebbero arsi/e

Note: When used with a direct object, *ardere* uses *avere* to form compound tenses (see the last example below).

EXAMPLES

Maria arde di passione per il teatro.	Maria burns with passion for theater.
Un bel fuoco ardeva nel camino.	A strong fire blazed in the fireplace.
Ardeva d'amore per Romeo.	She burned with love for Romeo.
Ardo di sete.	I am dying of thirst.
legna da ardere	firewood
Abbiamo arso la legna.	We burned the wood.

arrabbiarsi

to get angry, to get annoyed

Auxiliary verb: essere **Past participle:** arrabbiato(si) **Gerund:** arrabbiando(si)

Imperative: (tu) arrabbiati (non arrabbiarti); (Lei) si arrabbi; (noi) arrabbiamoci; (voi) arrabbiatevi; (Loro) si arrabbino

Mode	Simple Tenses		Compound Tenses	
	Singular	*Plural*	*Singular*	*Plural*
Indicative	**Present**		**Present Perfect**	
	mi arrabbio	ci arrabbiamo	mi sono arrabbiato/a	ci siamo arrabbiati/e
	ti arrabbi	vi arrabbiate	ti sei arrabbiato/a	vi siete arrabbiati/e
	si arrabbia	si arrabbiano	si è arrabbiato/a	si sono arrabbiati/e
	Imperfect		**Past Perfect**	
	mi arrabbiavo	ci arrabbiavamo	mi ero arrabbiato/a	ci eravamo arrabbiati/e
	ti arrabbiavi	vi arrabbiavate	ti eri arrabbiato/a	vi eravate arrabbiati/e
	si arrabbiava	si arrabbiavano	si era arrabbiato/a	si erano arrabbiati/e
	Past Definite		**Past Anterior**	
	mi arrabbiai	ci arrabbiammo	mi fui arrabbiato/a	ci fummo arrabbiati/e
	ti arrabbiasti	vi arrabbiaste	ti fosti arrabbiato/a	vi foste arrabbiati/e
	si arrabbiò	si arrabbiarono	si fu arrabbiato/a	si furono arrabbiati/e
	Future		**Future Perfect**	
	mi arrabbierò	ci arrabbieremo	mi sarò arrabbiato/a	ci saremo arrabbiati/e
	ti arrabbierai	vi arrabbierete	ti sarai arrabbiato/a	vi sarete arrabbiati/e
	si arrabbierà	si arrabbieranno	si sarà arrabbiato/a	si saranno arrabbiati/e
Subjunctive	**Present**		**Present Perfect**	
	mi arrabbi	ci arrabbiamo	mi sia arrabbiato/a	ci siamo arrabbiati/e
	ti arrabbi	vi arrabbiate	ti sia arrabbiato/a	vi siate arrabbiati/e
	si arrabbi	si arrabbino	si sia arrabbiato/a	si siano arrabbiati/e
	Imperfect		**Past Perfect**	
	mi arrabbiassi	ci arrabbiassimo	mi fossi arrabbiato/a	ci fossimo arrabbiati/e
	ti arrabbiassi	vi arrabbiaste	ti fossi arrabbiato/a	vi foste arrabbiati/e
	si arrabbiasse	si arrabbiassero	si fosse arrabbiato/a	si fossero arrabbiati/e
Conditional	**Present Conditional**		**Perfect Conditional**	
	mi arrabbierei	ci arrabbieremmo	mi sarei arrabbiato/a	ci saremmo arrabbiati/e
	ti arrabbieresti	vi arrabbiereste	ti saresti arrabbiato/a	sareste arrabbiati/e
	si arrabbierebbe	si arrabbierebbero	si sarebbe arrabbiato/a	sarebbero arrabbiati/e

Note: *Arrabbiare* may be used nonreflexively with the verb *fare* to express the notion "to make somebody angry." The sequence "direct pronoun + *fare* + *arrabbiare*" is used. *Fare* is conjugated in the desired tense (see the fourth and fifth examples below).

EXAMPLES

Lei si arrabbia facilmente.	She gets angry easily.
Non ti arrabbiare!	Take it easy! (Literally, Don't get angry!)
Perché ti sei arrabbiato con Paolo?	Why did you get angry with Paolo?
Il tuo comportamento mi fa arrabbiare.	Your behavior makes me angry.
Il tuo comportamento mi ha fatto arrabbiare.	Your behavior made me angry.

arrendersi

to surrender, to give up

Auxiliary verb: essere **Past participle:** arreso(si) **Gerund:** arrendendo(si)

Imperative: (tu) arrenditi (non arrenderti); (Lei) si arrenda; (noi) arrendiamoci; (voi) arrendetevi; (Loro) si arrendano

Mode	Simple Tenses		Compound Tenses	
	Singular	*Plural*	*Singular*	*Plural*
Indicative	**Present**		**Present Perfect**	
	mi arrendo	ci arrendiamo	mi sono arreso/a	ci siamo arresi/e
	ti arrendi	vi arrendete	ti sei arreso/a	vi siete arresi/e
	si arrende	si arrendano	si è arreso/a	si sono arresi/e
	Imperfect		**Past Perfect**	
	mi arrendevo	ci arrendevamo	mi ero arreso/a	ci eravamo arresi/e
	ti arrendevi	vi arrendevate	ti eri arreso/a	vi eravate arresi/e
	si arrendeva	si arrendevano	si era arreso/a	si erano arresi/e
	Past Definite		**Past Anterior**	
	mi arresi	ci arrendemmo	mi fui arreso/a	ci fummo arresi/e
	ti arrendesti	vi arrendeste	ti fosti arreso/a	vi foste arresi/e
	si arrese	si arresero	si fu arreso/a	si furono arresi/e
	Future		**Future Perfect**	
	mi arrenderò	ci arrenderemo	mi sarò arreso/a	ci saremo arresi/e
	ti arrenderai	vi arrenderete	ti sarai arreso/a	vi sarete arresi/e
	si arrenderà	si arrenderanno	si sarà arreso/a	si saranno arresi/e
Subjunctive	**Present**		**Present Perfect**	
	mi arrenda	ci arrendiamo	mi sia arreso/a	ci siamo arresi/e
	ti arrenda	vi arrendiate	ti sia arreso/a	vi siate arresi/e
	si arrenda	si arrendano	si sia arreso/a	si siano arresi/e
	Imperfect		**Past Perfect**	
	mi arrendessi	ci arrendessimo	mi fossi arreso/a	ci fossimo arresi/e
	ti arrendessi	vi arrendeste	ti fossi arreso/a	vi foste arresi/e
	si arrendesse	si arrendessero	si fosse arreso/a	si fossero arresi/e
Conditional	**Present Conditional**		**Perfect Conditional**	
	mi arrenderei	ci arrenderemmo	mi sarei arreso/a	ci saremmo arresi/e
	ti arrenderesti	vi arrendereste	ti saresti arreso/a	vi sareste arresi/e
	si arrenderebbe	si arrenderebbero	si sarebbe arreso/a	si sarebbero arresi/e

EXAMPLES

La città si è arresa.	The city surrendered.
Arrendetevi!	Surrender!
Non mi arrenderò mai!	I will never give up!

arrivare

to arrive, to come

Auxiliary verb: essere **Past participle:** arrivato **Gerund:** arrivando
Imperative: (tu) arriva (non arrivare); (Lei) arrivi; (noi) arriviamo; (voi) arrivate; (Loro) arrivino

Mode	Simple Tenses		Compound Tenses	
	Singular	*Plural*	*Singular*	*Plural*
Indicative	**Present**		**Present Perfect**	
	arrivo	arriviamo	sono arrivato/a	siamo arrivati/e
	arrivi	arrivate	sei arrivato/a	siete arrivati/e
	arriva	arrivano	è arrivato/a	sono arrivati/e
	Imperfect		**Past Perfect**	
	arrivavo	arrivavamo	ero arrivato/a	eravamo arrivati/e
	arrivavi	arrivavate	eri arrivato/a	eravate arrivati/e
	arrivava	arrivavano	era arrivato/a	erano arrivati/e
	Past Definite		**Past Anterior**	
	arrivai	arrivammo	fui arrivato/a	fummo arrivati/e
	arrivasti	arrivaste	fosti arrivato/a	foste arrivati/e
	arrivò	arrivarono	fu arrivato/a	furono arrivati/e
	Future		**Future Perfect**	
	arriverò	arriveremo	sarò arrivato/a	saremo arrivati/e
	arriverai	arriverete	sarai arrivato/a	sarete arrivati/e
	arriverà	arriveranno	sarà arrivato/a	saranno arrivati/e
Subjunctive	**Present**		**Present Perfect**	
	arrivi	arriviamo	sia arrivato/a	siamo arrivati/e
	arrivi	arriviate	sia arrivato/a	siate arrivati/e
	arrivi	arrivino	sia arrivato/a	siano arrivati/e
	Imperfect		**Past Perfect**	
	arrivassi	arrivassimo	fossi arrivato/a	fossimo arrivati/e
	arrivassi	arrivaste	fossi arrivato/a	foste arrivati/e
	arrivasse	arrivassero	fosse arrivato/a	fossero arrivati/e
Conditional	**Present Conditional**		**Perfect Conditional**	
	arriverei	arriveremmo	sarei arrivato/a	saremmo arrivati/e
	arriveresti	arrivereste	saresti arrivato/a	sareste arrivati/e
	arriverebbe	arriverebbero	sarebbe arrivato/a	sarebbero arrivati/e

Note: When used with the pronoun *ci*, *arrivare* means "to reach" or "to understand" (see the fourth and fifth examples below).

EXAMPLES

A che ora arriva il treno? Alle 12:15.
What time does the train arrive? At 12:15.

Siamo arrivati lunedì.
We arrived on Monday.

Ti è arrivata una lettera.
A letter has come for you.

Prendi quel libro, se ci arrivi.
That book up there, if you can reach it.

Mi dispiace ma non capisco la tua spiegazione—non ci arrivo.
I am afraid I don't understand your explanation—can't figure it out.

asciugare
to dry
Auxiliary verb: avere **Past participle:** asciugato **Gerund:** asciugando
Imperative: (tu) asciuga (non asciugare); (Lei) asciughi; (noi) asciughiamo; (voi) asciugate; (Loro) asciughino

Mode	Simple Tenses		Compound Tenses	
	Singular	*Plural*	*Singular*	*Plural*
Indicative	**Present**		**Present Perfect**	
	asciugo	asciughiamo	ho asciugato	abbiamo asciugato
	asciughi	asciugate	hai asciugato	avete asciugato
	asciuga	asciugano	ha asciugato	hanno asciugato
	Imperfect		**Past Perfect**	
	asciugavo	asciugavamo	avevo asciugato	avevamo asciugato
	asciugavi	asciugavate	avevi asciugato	avevate asciugato
	asciugava	asciugavano	aveva asciugato	avevano asciugato
	Past Definite		**Past Anterior**	
	asciugai	asciugammo	ebbi asciugato	avemmo asciugato
	asciugasti	asciugaste	avesti asciugato	aveste asciugato
	asciugò	asciugarono	ebbe asciugato	ebbero asciugato
	Future		**Future Perfect**	
	asciugherò	asciugheremo	avrò asciugato	avremo asciugato
	asciugherai	asciugherete	avrai asciugato	avrete asciugato
	asciugherà	asciugheranno	avrà asciugato	avranno asciugato
Subjunctive	**Present**		**Present Perfect**	
	asciughi	asciughiamo	abbia asciugato	abbiamo asciugato
	asciughi	asciughiate	abbia asciugato	abbiate asciugato
	asciughi	asciughino	abbia asciugato	abbiano asciugato
	Imperfect		**Past Perfect**	
	asciugassi	asciugassimo	avessi asciugato	avessimo asciugato
	asciugassi	asciugaste	avessi asciugato	aveste asciugato
	asciugasse	asciugassero	avesse asciugato	avessero asciugato
Conditional	**Present Conditional**		**Perfect Conditional**	
	asciugherei	asciugheremmo	avrei asciugato	avremmo asciugato
	asciugheresti	asciughereste	avresti asciugato	avreste asciugato
	asciugherebbe	asciugherebbero	avrebbe asciugato	avrebbero asciugato

Note: As a reflexive verb *asciugarsi* ("to dry oneself" or "to dry off") uses the reflexive pronouns *mi, ti, si, ci, vi, si,* as well as the auxiliary verb *essere*, to form compound tenses (see the last example below).

EXAMPLES

Il sole asciuga il bucato.	The sun dries the laundry.
Ho asciugato i piatti.	I have dried the dishes.
Asciugati le lacrime!	Dry your tears!
Si asciuga i capelli ed è pronta.	She'll dry her hair, and then she will be ready.

ascoltare
to listen to

Auxiliary verb: avere **Past participle:** ascoltato **Gerund:** ascoltando
Imperative: (tu) ascolta (non ascoltare); (Lei) ascolti; (noi) ascoltiamo;
(voi) ascoltate; (Loro) ascoltino

Mode	Simple Tenses		Compound Tenses	
	Singular	*Plural*	*Singular*	*Plural*
Indicative	**Present**		**Present Perfect**	
	ascolto	ascoltiamo	ho ascoltato	abbiamo ascoltato
	ascolti	ascoltate	hai ascoltato	avete ascoltato
	ascolta	ascoltano	ha ascoltato	hanno ascoltato
	Imperfect		**Past Perfect**	
	ascoltavo	ascoltavamo	avevo ascoltato	avevamo ascoltato
	ascoltavi	ascoltavate	avevi ascoltato	avevate ascoltato
	ascoltava	ascoltavano	aveva ascoltato	avevano ascoltato
	Past Definite		**Past Anterior**	
	ascoltai	ascoltammo	ebbi ascoltato	avemmo ascoltato
	ascoltasti	ascoltaste	avesti ascoltato	aveste ascoltato
	ascoltò	ascoltarono	ebbe ascoltato	ebbero ascoltato
	Future		**Future Perfect**	
	ascolterò	ascolteremo	avrò ascoltato	avremo ascoltato
	ascolterai	ascolterete	avrai ascoltato	avrete ascoltato
	ascolterà	ascolteranno	avrà ascoltato	avranno ascoltato
Subjunctive	**Present**		**Present Perfect**	
	ascolti	ascoltiamo	abbia ascoltato	abbiamo ascoltato
	ascolti	ascoltiate	abbia ascoltato	abbiate ascoltato
	ascolti	ascoltino	abbia ascoltato	abbiano ascoltato
	Imperfect		**Past Perfect**	
	ascoltassi	ascoltassimo	avessi ascoltato	avessimo ascoltato
	ascoltassi	ascoltaste	avessi ascoltato	aveste ascoltato
	ascoltasse	ascoltassero	avesse ascoltato	avessero ascoltato
Conditional	**Present Conditional**		**Perfect Conditional**	
	ascolterei	ascolteremmo	avrei ascoltato	avremmo ascoltato
	ascolteresti	ascoltereste	avresti ascoltato	avreste ascoltato
	ascolterebbe	ascolterebbero	avrebbe ascoltato	avrebbero ascoltato

Note: Ascoltare doesn't require a preposition after the verb as does its English equivalent (see all examples below).

EXAMPLES

Ascolta! (ascoltami!)	Listen! (Listen to me!)
Ho ascoltato questa notizia alla radio.	I listened to the news on the radio.
Preferisco ascoltare la musica contemporanea.	I prefer to listen to contemporary music.
È necessario ascoltare il professore.	It's necessary to listen to the teacher.

aspettare

to wait, to await

Auxiliary verb: avere **Past participle:** aspettato **Gerund:** aspettando
Imperative: (tu) aspetta (non aspettare); (Lei) aspetti; (noi) aspettiamo;
(voi) aspettate; (Loro) aspettino

Mode	Simple Tenses		Compound Tenses	
	Singular	*Plural*	*Singular*	*Plural*
Indicative	**Present**		**Present Perfect**	
	aspetto	aspettiamo	ho aspettato	abbiamo aspettato
	aspetti	aspettate	hai aspettato	avete aspettato
	aspetta	aspettano	ha aspettato	hanno aspettato
	Imperfect		**Past Perfect**	
	aspettavo	aspettavamo	avevo aspettato	avevamo aspettato
	aspettavi	aspettavate	avevi aspettato	avevate aspettato
	aspettava	aspettavano	aveva aspettato	avevano aspettato
	Past Definite		**Past Anterior**	
	aspettai	aspettammo	ebbi aspettato	avemmo aspettato
	aspettasti	aspettaste	avesti aspettato	aveste aspettato
	aspettò	aspettarono	ebbe aspettato	ebbero aspettato
	Future		**Future Perfect**	
	aspetterò	aspetteremo	avrò aspettato	avremo aspettato
	aspetterai	aspetterete	avrai aspettato	avrete aspettato
	aspetterà	aspetteranno	avrà aspettato	avranno aspettato
Subjunctive	**Present**		**Present Perfect**	
	aspetti	aspettiamo	abbia aspettato	abbiamo aspettato
	aspetti	aspettiate	abbia aspettato	abbiate aspettato
	aspetti	aspettino	abbia aspettato	abbiano aspettato
	Imperfect		**Past Perfect**	
	aspettassi	aspettassimo	avessi aspettato	avessimo aspettato
	aspettassi	aspettaste	avessi aspettato	aveste aspettato
	aspettasse	aspettassero	avesse aspettato	avessero aspettato
Conditional	**Present Conditional**		**Perfect Conditional**	
	aspetterei	aspetteremmo	avrei aspettato	avremmo aspettato
	aspetteresti	aspettereste	avresti aspettato	avreste aspettato
	aspetterebbe	aspetterebbero	avrebbe aspettato	avrebbero aspettato

Note: *Aspettare* doesn't require a preposition after the verb as in its English equivalent. It takes a direct object like the English verb "await" (see the first example below). *Aspettare* requires the preposition *di* before an infinitive (see the third example below). *Aspettare che . . .* requires the use of subjunctive (see the fourth and fifth examples below). As a reflexive verb *aspettarsi* ("to expect") uses the reflexive pronouns *mi, ti, si, ci, vi, si,* as well as the auxiliary verb *essere,* to form compound tenses (see the last example below).

EXAMPLES

Aspetterò Luigi alla stazione.	I'll wait for Luigi at the station.
Aspettami!	Wait for me!
Aspetta di sapere i risultati.	He is waiting to know the results.
Aspettiamo che smetta di piovere.	Let's wait for the rain to stop.
Aspetto che tu mi chiami.	I am waiting for you to call.
Non mi aspettavo una risposta così forte.	I didn't expect such a strong response.

assaggiare

to taste

Auxiliary verb: avere **Past participle:** assaggiato **Gerund:** assaggiando
Imperative: (tu) assaggia (non assaggiare); (Lei) assaggi; (noi) assaggiamo; (voi) assaggiate; (Loro) assaggino

Mode	Simple Tenses		Compound Tenses	
	Singular	*Plural*	*Singular*	*Plural*
	Present		**Present Perfect**	
Indicative	assaggio	assaggiamo	ho assaggiato	abbiamo assaggiato
	assaggi	assaggiate	hai assaggiato	avete assaggiato
	assaggia	assaggiano	ha assaggiato	hanno assaggiato
	Imperfect		**Past Perfect**	
	assaggiavo	assaggiavamo	avevo assaggiato	avevamo assaggiato
	assaggiavi	assaggiavate	avevi assaggiato	avevate assaggiato
	assaggiava	assaggiavano	aveva assaggiato	avevano assaggiato
	Past Definite		**Past Anterior**	
	assaggiai	assaggiammo	ebbi assaggiato	avemmo assaggiato
	assaggiasti	assaggiaste	avesti assaggiato	aveste assaggiato
	assaggiò	assaggiarono	ebbe assaggiato	ebbero assaggiato
	Future		**Future Perfect**	
	assaggerò	assaggeremo	avrò assaggiato	avremo assaggiato
	assaggerai	assaggerete	avrai assaggiato	avrete assaggiato
	assaggerà	assaggeranno	avrà assaggiato	avranno assaggiato
Subjunctive	**Present**		**Present Perfect**	
	assaggi	assaggiamo	abbia assaggiato	abbiamo assaggiato
	assaggi	assaggiate	abbia assaggiato	abbiate assaggiato
	assaggi	assaggino	abbia assaggiato	abbiano assaggiato
	Imperfect		**Past Perfect**	
	assaggiassi	assaggiassimo	avessi assaggiato	avessimo assaggiato
	assaggiassi	assaggiaste	avessi assaggiato	aveste assaggiato
	assaggiasse	assaggiassero	avesse assaggiato	avessero assaggiato
Conditional	**Present Conditional**		**Perfect Conditional**	
	assaggerei	assaggeremmo	avrei assaggiato	avremmo assaggiato
	assaggeresti	assaggereste	avresti assaggiato	avreste assaggiato
	assaggerebbe	assaggerebbero	avrebbe assaggiato	avrebbero assaggiato

Note: "To taste good/bad" translates *avere un buon (cattivo) sapore*—for example, *Questa torta ha un buon sapore (è buona)* ("This cake tastes good"). "To taste like" translates *sapere di* —for example, *Questo dolce sa di mandorle* ("This cake tastes like almonds").

EXAMPLES

Assaggia questo vino!	Taste this wine!
Non avevo mai assaggiato il gorgonzola.	I had never tasted gorgonzola before.
La squadra non ha ancora assaggiato la vittoria in casa.	The team has not yet tasted victory at home.

assicurare

to assure, to insure

Auxiliary verb: avere **Past participle:** assicurato **Gerund:** assicurando
Imperative: (tu) assicura (non assicurare); (Lei) assicuri; (noi) assicuriamo; (voi) assicurate; (Loro) assicurino

Mode	Simple Tenses		Compound Tenses	
	Singular	*Plural*	*Singular*	*Plural*
Indicative	**Present**		**Present Perfect**	
	assicuro	assicuriamo	ho assicurato	abbiamo assicurato
	assicuri	assicurate	hai assicurato	avete assicurato
	assicura	assicurano	ha assicurato	hanno assicurato
	Imperfect		**Past Perfect**	
	assicuravo	assicuravamo	avevo assicurato	avevamo assicurato
	assicuravi	assicuravate	avevi assicurato	avevate assicurato
	assicurava	assicuravano	aveva assicurato	avevano assicurato
	Past Definite		**Past Anterior**	
	assicurai	assicurammo	ebbi assicurato	avemmo assicurato
	assicurasti	assicuraste	avesti assicurato	aveste assicurato
	assicurò	assicurarono	ebbe assicurato	ebbero assicurato
	Future		**Future Perfect**	
	assicurerò	assicureremo	avrò assicurato	avremo assicurato
	assicurerai	assicurerete	avrai assicurato	avrete assicurato
	assicurerà	assicureranno	avrà assicurato	avranno assicurato
Subjunctive	**Present**		**Present Perfect**	
	assicuri	assicuriamo	abbia assicurato	abbiamo assicurato
	assicuri	assicuriate	abbia assicurato	abbiate assicurato
	assicuri	assicurino	abbia assicurato	abbiano assicurato
	Imperfect		**Past Perfect**	
	assicurassi	assicurassimo	avessi assicurato	avessimo assicurato
	assicurassi	assicuraste	avessi assicurato	aveste assicurato
	assicurasse	assicurassero	avesse assicurato	avessero assicurato
Conditional	**Present Conditional**		**Perfect Conditional**	
	assicurerei	assicureremmo	avrei assicurato	avremmo assicurato
	assicureresti	assicurereste	avresti assicurato	avreste assicurato
	assicurerebbe	assicurerebbero	avrebbe assicurato	avrebbero assicurato

Note: As a reflexive verb *assicurarsi* ("to make sure" or "to assure oneself") uses the reflexive pronouns *mi, ti, si, ci, vi, si,* as well as the auxiliary verb *essere*, to form compound tenses (see the third and fourth examples below).

EXAMPLES

Assicuro sempre tua madre che non c'è pericolo.	I always assure your mother that there is no danger.
Abbiamo assicurato la macchina contro il furto.	We have insured our car against theft.
Assicurati di prendere le chiavi.	Make sure you have the keys.
Mi sono assicurato sulla vita.	I have insured my life.
Lo assicurai della mia amicizia.	I assured him of my friendship.
Abbiamo assicurato la casa.	We have insured our house.

assistere

to be present, to attend, to assist, to help

Auxiliary verb: avere **Past participle:** assistito **Gerund:** assistendo
Imperative: (tu) assisti (non assistere); (Lei) assista; (noi) assistiamo;
(voi) assistete; (Loro) assistano

Mode	Simple Tenses		Compound Tenses	
	Singular	*Plural*	*Singular*	*Plural*
Indicative	**Present**		**Present Perfect**	
	assisto	assistiamo	ho assistito	abbiamo assistito
	assisti	assistete	hai assistito	avete assistito
	assiste	assistono	ha assistito	hanno assistito
	Imperfect		**Past Perfect**	
	assistevo	assistevamo	avevo assistito	avevamo assistito
	assistevi	assistevate	avevi assistito	avevate assistito
	assisteva	assistevano	aveva assistito	avevano assistito
	Past Definite		**Past Anterior**	
	assistei (assistetti)	assistemmo	ebbi assistito	avemmo assistito
	assistesti	assisteste	avesti assistito	aveste assistito
	assisté (assistette)	assisterono (assistettero)	ebbe assistito	ebbero assistito
	Future		**Future Perfect**	
	assisterò	assisteremo	avrò assistito	avremo assistito
	assisterai	assisterete	avrai assistito	avrete assistito
	assisterà	assisteranno	avrà assistito	avranno assistito
Subjunctive	**Present**		**Present Perfect**	
	assista	assistiamo	abbia assistito	abbiamo assistito
	assista	assistiate	abbia assistito	abbiate assistito
	assista	assistano	abbia assistito	abbiano assistito
	Imperfect		**Past Perfect**	
	assistessi	assistessimo	avessi assistito	avessimo assistito
	assistessi	assisteste	avessi assistito	aveste assistito
	assistesse	assistessero	avesse assistito	avessero assistito
Conditional	**Present Conditional**		**Perfect Conditional**	
	assisterei	assisteremmo	avrei assistito	avremmo assistito
	assisteresti	assistereste	avresti assistito	avreste assistito
	assisterebbe	assisterebbero	avrebbe assistito	avrebbero assistito

Note: *Assistere* requires the preposition *a* when the meaning "to attend (an event)" is intended (see the first three examples below). Similar to *assistere* are *insistere* ("to persevere"), *persistere* ("to persist"), *resistere* ("to resist"), *consistere* ("to consist"), and *esistere* ("to exist"). *Consistere* and *esistere* both conjugate with *essere*.

EXAMPLES

Ho assistito all'incidente.	I was present at the accident.
Abbiamo assistito allo spettacolo.	We attended the show.
Assistevo alle sue lezioni.	I used to attend his lectures.
Vieni ad assistere il medico.	Come and assist (help) the doctor.
Il medico assiste il malato.	The doctor treats the patient.

assomigliare

to resemble, to be like, to look like

Auxiliary verb: avere **Past participle:** assomigliato **Gerund:** assomigliando

Imperative: (tu) assomiglia (non assomigliare); (Lei) assomigli; (noi) assomigliamo; (voi) assomigliate; (Loro) assomiglino

Mode	Simple Tenses		Compound Tenses	
	Singular	*Plural*	*Singular*	*Plural*
Indicative	**Present**		**Present Perfect**	
	assomiglio	assomigliamo	ho assomigliato	abbiamo assomigliato
	assomigli	assomigliate	hai assomigliato	avete assomigliato
	assomiglia	assomigliano	ha assomigliato	hanno assomigliato
	Imperfect		**Past Perfect**	
	assomigliavo	assomigliavamo	avevo assomigliato	avevamo assomigliato
	assomigliavi	assomigliavate	avevi assomigliato	avevate assomigliato
	assomigliava	assomigliavano	aveva assomigliato	avevano assomigliato
	Past Definite		**Past Anterior**	
	assomigliai	assomigliammo	ebbi assomigliato	avemmo assomigliato
	assomigliasti	assomigliaste	avesti assomigliato	aveste assomigliato
	assomigliò	assomigliarono	ebbe assomigliato	ebbero assomigliato
	Future		**Future Perfect**	
	assomiglierò	assomiglieremo	avrò assomigliato	avremo assomigliato
	assomiglierai	assomiglierete	avrai assomigliato	avrete assomigliato
	assomiglierà	assomiglieranno	avrà assomigliato	avranno assomigliato
Subjunctive	**Present**		**Present Perfect**	
	assomigli	assomigliamo	abbia assomigliato	abbiamo assomigliato
	assomigli	assomigliate	abbia assomigliato	abbiate assomigliato
	assomigli	assomiglino	abbia assomigliato	abbiano assomigliato
	Imperfect		**Past Perfect**	
	assomigliassi	assomigliassimo	avessi assomigliato	avessimo assomigliato
	assomigliassi	assomigliaste	avessi assomigliato	aveste assomigliato
	assomigliasse	assomigliassero	avesse assomigliato	avessero assomigliato
Conditional	**Present Conditional**		**Perfect Conditional**	
	assomiglierei	assomiglieremmo	avrei assomigliato	avremmo assomigliato
	assomiglieresti	assomigliereste	avresti assomigliato	avreste assomigliato
	assomiglierebbe	assomiglierebbero	avrebbe assomigliato	avrebbero assomigliato

Note: As a reflexive verb *assomigliarsi* ("to be alike") uses the reflexive pronouns *mi, ti, si, ci, vi, si,* as well as the auxiliary verb *essere,* to form compound tenses (see the fourth example below).

EXAMPLES

Questa storia assomiglia ad un'altra che conosco.	This story resembles another one that I know.
Il ragazzo assomiglia alla madre.	The boy is just like his mother.
Io non assomiglio a mia sorella.	I don't look like my sister.
Alberto e Fabio si assomigliano come due gocce d'acqua.	Alberto and Fabio are as alike as two peas.
Non mi assomiglia per niente!	He doesn't look at all like me!

assumere

to hire, to undertake, to take on

Auxiliary verb: avere **Past participle:** assunto **Gerund:** assumendo
Imperative: (tu) assumi (non assumere); (Lei) assuma; (noi) assumiamo;
(voi) assumete; (Loro) assumano

Mode	Simple Tenses		Compound Tenses	
	Singular	*Plural*	*Singular*	*Plural*
Indicative	**Present**		**Present Perfect**	
	assumo	assumiamo	ho assunto	abbiamo assunto
	assumi	assumete	hai assunto	avete assunto
	assume	assumono	ha assunto	hanno assunto
	Imperfect		**Past Perfect**	
	assumevo	assumevamo	avevo assunto	avevamo assunto
	assumevi	assumevate	avevi assunto	avevate assunto
	assumeva	assumevano	aveva assunto	avevano assunto
	Past Definite		**Past Anterior**	
	assunsi	assumemmo	ebbi assunto	avemmo assunto
	assumesti	assumeste	avesti assunto	aveste assunto
	assunse	assumemmo	ebbe assunto	ebbero assunto
	Future		**Future Perfect**	
	assumerò	assumeremo	avrò assunto	avremo assunto
	assumerai	assumerete	avrai assunto	avrete assunto
	assumerà	assumeranno	avrà assunto	avranno assunto
Subjunctive	**Present**		**Present Perfect**	
	assuma	assumiamo	abbia assunto	abbiamo assunto
	assuma	assumiate	abbia assunto	abbiate assunto
	assuma	assumano	abbia assunto	abbiano assunto
	Imperfect		**Past Perfect**	
	assumessi	assumessimo	avessi assunto	avessimo assunto
	assumessi	assumeste	avessi assunto	aveste assunto
	assumesse	assumessero	avesse assunto	avessero assunto
Conditional	**Present Conditional**		**Perfect Conditional**	
	assumerei	assumeremmo	avrei assunto	avremmo assunto
	assumeresti	assumereste	avresti assunto	avreste assunto
	assumerebbe	assumerebbero	avrebbe assunto	avrebbero assunto

Note: As a reflexive verb *assumersi* ("to take upon oneself") uses the reflexive pronouns *mi, ti, si, ci, vi, si,* as well as the auxiliary verb *essere,* to form compound tenses (see the last example below). *Assumere* does not mean "to assume" as in "to make an assumption"; for that meaning, refer to the verb *presupporre* ("to presuppose").

EXAMPLES

Hanno assunto una nuova segretaria.	They hired a new secretary.
Prima di assumere questo incarico, pensaci.	Before you undertake this task, think about it.
Ha assunto la presidenza.	He took the chair.
Si è assunto tutta la responsabilità.	He took upon himself all the responsibility.

attaccare

to hang, to stick, to pass, to attack, to start

Auxiliary verb: avere **Past participle:** attaccato **Gerund:** attaccando
Imperative: (tu) attacca (non attaccare); (Lei) attacchi; (noi) attacchiamo; (voi) attaccate; (Loro) attacchino

Mode	Simple Tenses		Compound Tenses	
	Singular	*Plural*	*Singular*	*Plural*
Indicative	**Present**		**Present Perfect**	
	attacco	attacchiamo	ho attaccato	abbiamo attaccato
	attacchi	attaccate	hai attaccato	avete attaccato
	attacca	attaccano	ha attaccato	hanno attaccato
	Imperfect		**Past Perfect**	
	attaccavo	attaccavamo	avevo attaccato	avevamo attaccato
	attaccavi	attaccavate	avevi attaccato	avevate attaccato
	attaccava	attaccavano	aveva attaccato	avevano attaccato
	Past Definite		**Past Anterior**	
	attaccai	attaccammo	ebbi attaccato	avemmo attaccato
	attaccasti	attaccaste	avesti attaccato	aveste attaccato
	attaccò	attaccarono	ebbe attaccato	ebbero attaccato
	Future		**Future Perfect**	
	attaccherò	attaccheremo	avrò attaccato	avremo attaccato
	attaccherai	attaccherete	avrai attaccato	avrete attaccato
	attaccherà	attaccheranno	avrà attaccato	avranno attaccato
Subjunctive	**Present**		**Present Perfect**	
	attacchi	attacchiamo	abbia attaccato	abbiamo attaccato
	attacchi	attacchiate	abbia attaccato	abbiate attaccato
	attacchi	attacchino	abbia attaccato	abbiano attaccato
	Imperfect		**Past Perfect**	
	attaccassi	attaccassimo	avessi attaccato	avessimo attaccato
	attaccassi	attaccaste	avessi attaccato	aveste attaccato
	attaccasse	attaccassero	avesse attaccato	avessero attaccato
Conditional	**Present Conditional**		**Perfect Conditional**	
	attaccherei	attaccheremmo	avrei attaccato	avremmo attaccato
	attaccheresti	attacchereste	avresti attaccato	avreste attaccato
	attaccherebbe	attaccherebbero	avrebbe attaccato	avrebbero attaccato

Note: As a reflexive verb *attaccarsi* ("to stick," "to become attached," "to set about each other") uses the reflexive pronouns *mi, ti, si, ci, vi, si,* as well as the auxiliary verb *essere,* to form compound tenses (see the last example below).

EXAMPLES

Devo attaccare il calendario alla parete.	I have to hang the calendar on the wall.
Questa colla non attacca bene.	This glue doesn't stick well.
Mi ha attaccato il raffreddore.	He passed his cold on to me.
Attacca le proposte degli avversari politici.	He attacks the other party's proposals.
Quando lui attacca a parlare, non smette più.	When he starts talking, he never stops.
Si è attaccato molto a mio fratello.	He became very attached to my brother.

attendere

to wait for, to await, to expect

Auxiliary verb: avere **Past participle:** atteso **Gerund:** attendendo

Imperative: (tu) attendi (non attendere); (Lei) attenda; (noi) attendiamo; (voi) attendete; (Loro) attendano

Mode	Simple Tenses		Compound Tenses	
	Singular	*Plural*	*Singular*	*Plural*
	Present		**Present Perfect**	
Indicative	attendo	attendiamo	ho atteso	abbiamo atteso
	attendi	attendete	hai atteso	avete atteso
	attende	attendono	ha atteso	hanno atteso
	Imperfect		**Past Perfect**	
	attendevo	attendevamo	avevo atteso	avevamo atteso
	attendevi	attendevate	avevi atteso	avevate atteso
	attendeva	attendevano	aveva atteso	avevano atteso
	Past Definite		**Past Anterior**	
	attesi	attendemmo	ebbi atteso	avemmo atteso
	attendesti	attendeste	avesti atteso	aveste atteso
	attese	attesero	ebbe atteso	ebbero atteso
	Future		**Future Perfect**	
	attenderò	attenderemo	avrò atteso	avremo atteso
	attenderai	attenderete	avrai atteso	avrete atteso
	attenderà	attenderanno	avrà atteso	avranno atteso
Subjunctive	**Present**		**Present Perfect**	
	attenda	attendiamo	abbia atteso	abbiamo atteso
	attenda	attendiate	abbia atteso	abbiate atteso
	attenda	attendano	abbia atteso	abbiano atteso
	Imperfect		**Past Perfect**	
	attendessi	attendessimo	avessi atteso	avessimo atteso
	attendessi	attendeste	avessi atteso	aveste atteso
	attendesse	attendessero	avesse atteso	avessero atteso
Conditional	**Present Conditional**		**Perfect Conditional**	
	attenderei	attenderemmo	avrei atteso	avremmo atteso
	attenderesti	attendereste	avresti atteso	avreste atteso
	attenderebbe	attenderebbero	avrebbe atteso	avrebbero atteso

Note: *Attendere* doesn't require a preposition after the verb as in its English equivalent. It takes a direct object like the English verb "await" (see the first and fourth examples below). *Attendere* requires the preposition *di* before an infinitive (see the second example below). *Attendere che* . . . requires the use of subjunctive (see the third example below).

EXAMPLES

Ho atteso tutto il giorno il suo arrivo. I waited all day for his arrival.

Attendiamo di ricevere conferma. We are waiting to receive confirmation.

Ho atteso tutto il giorno che lui arrivasse. I waited for him to arrive all day long.

Attendo sue notizie. I am awaiting news from him.

Non so cosa mi attende. I don't know what to expect.

atterrare

to land, to knock down

Auxiliary verb: essere/avere **Past participle:** atterrato **Gerund:** atterrando
Imperative: (tu) atterra (non atterrare); (Lei) atterri; (noi) atterriamo;
(voi) atterrate; (Loro) atterrino

Mode	Simple Tenses		Compound Tenses	
	Singular	*Plural*	*Singular*	*Plural*
	Present		**Present Perfect**	
	atterro	atterriamo	sono atterrato/a	siamo atterrati/e
	atterri	atterrate	sei atterrato/a	siete atterrati/e
	atterra	atterrano	è atterrato/a	sono atterrati/e
	Imperfect		**Past Perfect**	
	atterravo	atterravamo	ero atterrato/a	eravamo atterrati/e
	atterravi	atterravate	eri atterrato/a	eravate atterrati/e
	atterrava	atterravano	era atterrato/a	erano atterrati/e
	Past Definite		**Past Anterior**	
	atterrai	atterrammo	fui atterrato/a	fummo atterrati/e
	atterrasti	atterraste	fosti atterrato/a	foste atterrati/e
	atterrò	atterrarono	fu atterrato/a	furono atterrati/e
	Future		**Future Perfect**	
	atterrerò	atterreremo	sarò atterrato/a	saremo atterrati/e
	atterrerai	atterrerete	sarai atterrato/a	sarete atterrati/e
	atterrerà	atterreranno	sarà atterrato/a	saranno atterrati/e
	Present		**Present Perfect**	
	atterri	atterriamo	sia atterrato/a	siamo atterrati/e
	atterri	atterriate	sia atterrato/a	siate atterrati/e
	atterri	atterrino	sia atterrato/a	siano atterrati/e
	Imperfect		**Past Perfect**	
	atterrassi	atterrassimo	fossi atterrato/a	fossimo atterrati/e
	atterrassi	atterraste	fossi atterrato/a	foste atterrati/e
	atterrasse	atterrassero	fosse atterrato/a	fossero atterrati/e
	Present Conditional		**Perfect Conditional**	
	atterrerei	atterreremmo	sarei atterrato/a	saremmo atterrati/e
	atterreresti	atterrereste	saresti atterrato/a	sareste atterrati/e
	atterrerebbe	atterrerebbero	sarebbe atterrato/a	sarebbero atterrati/e

Row labels (vertical): Indicative, Subjunctive, Conditional

Note: When used with a direct object, *atterrare* uses *avere* to form compound tenses (see the last example below).

EXAMPLES

L'aereo sta atterando.	The plane is landing.
L'aereo è atterrato 15 minuti fa.	The plane landed 15 minutes ago.
A che ora atterrate?	What time do you land?
Siamo atterrati in orario.	We landed on time.
Il vento ha atterrato due alberi.	The wind has knocked down two trees.

attribuire

to award, to attribute, to ascribe, to assign
Auxiliary verb: avere **Past participle:** attribuito **Gerund:** attribuendo
Imperative: (tu) attribuisci (non attribuire); (Lei) attribuisca; (noi) attribuiamo; (voi) attribuite; (Loro) attribuiscano

Mode	Simple Tenses		Compound Tenses	
	Singular	*Plural*	*Singular*	*Plural*
Indicative	**Present**		**Present Perfect**	
	attribuisco	attribuiamo	ho attribuito	abbiamo attribuito
	attribuisci	attribuite	hai attribuito	avete attribuito
	attribuisce	attribuiscono	ha attribuito	hanno attribuito
	Imperfect		**Past Perfect**	
	attribuivo	attribuivamo	avevo attribuito	avevamo attribuito
	attribuivi	attribuivate	avevi attribuito	avevate attribuito
	attribuiva	attribuivano	aveva attribuito	avevano attribuito
	Past Definite		**Past Anterior**	
	attribuii	attribuimmo	ebbi attribuito	avemmo attribuito
	attribuisti	attribuiste	avesti attribuito	aveste attribuito
	attribuì	attribuirono	ebbe attribuito	ebbero attribuito
	Future		**Future Perfect**	
	attribuirò	attribuiremo	avrò attribuito	avremo attribuito
	attribuirai	attribuirete	avrai attribuito	avrete attribuito
	attribuirà	attribuiranno	avrà attribuito	avranno attribuito
Subjunctive	**Present**		**Present Perfect**	
	attribuisca	attribuiamo	abbia attribuito	abbiamo attribuito
	attribuisca	attribuiate	abbia attribuito	abbiate attribuito
	attribuisca	attribuiscano	abbia attribuito	abbiano attribuito
	Imperfect		**Past Perfect**	
	attribuissi	attribuissimo	avessi attribuito	avessimo attribuito
	attribuissi	attribuiste	avessi attribuito	aveste attribuito
	attribuisse	attribuissero	avesse attribuito	avessero attribuito
Conditional	**Present Conditional**		**Perfect Conditional**	
	attribuirei	attribuiremmo	avrei attribuito	avremmo attribuito
	attribuiresti	attribuireste	avresti attribuito	avreste attribuito
	attribuirebbe	attribuirebbero	avrebbe attribuito	avrebbero attribuito

Note: As a reflexive verb *attribuirsi* ("to claim") uses the reflexive pronouns *mi, ti, si, ci, vi, si,* as well as the auxiliary verb *essere,* to form compound tenses (see the last example below).

EXAMPLES

Hanno attribuito un premio a Fabio.	They awarded Fabio a prize.
Gli attribuiscono una parte della colpa.	They attribute part of the blame to him.
Ho attribuito la responsabilità a lei.	I attributed the responsibility to her.
Si è attribuito il merito della scoperta.	He claimed credit for the discovery.

augurare

to wish

Auxiliary verb: avere **Past participle:** augurato **Gerund:** augurando

Imperative: (tu) augura (non augurare); (Lei) auguri; (noi) auguriamo; (voi) augurate; (Loro) augurino

Mode	Simple Tenses		Compound Tenses	
	Singular	*Plural*	*Singular*	*Plural*
	Present		**Present Perfect**	
	auguro	auguriamo	ho augurato	abbiamo augurato
	auguri	augurate	hai augurato	avete augurato
	augura	augurano	ha augurato	hanno augurato
	Imperfect		**Past Perfect**	
	auguravo	auguravamo	avevo augurato	avevamo augurato
	auguravi	auguravate	avevi augurato	avevate augurato
Indicative	augurava	auguravano	aveva augurato	avevano augurato
	Past Definite		**Past Anterior**	
	augurai	augurammo	ebbi augurato	avemmo augurato
	augurasti	auguraste	avesti augurato	aveste augurato
	augurò	augurarono	ebbe augurato	ebbero augurato
	Future		**Future Perfect**	
	augurerò	augureremo	avrò augurato	avremo augurato
	augurerai	augurerete	avrai augurato	avrete augurato
	augurerà	augureranno	avrà augurato	avranno augurato
	Present		**Present Perfect**	
	auguri	auguriamo	abbia augurato	abbiamo augurato
	auguri	auguriate	abbia augurato	abbiate augurato
Subjunctive	auguri	augurino	abbia augurato	abbiano augurato
	Imperfect		**Past Perfect**	
	augurassi	augurassimo	avessi augurato	avessimo augurato
	augurassi	auguraste	avessi augurato	aveste augurato
	augurasse	augurassero	avesse augurato	avessero augurato
	Present Conditional		**Perfect Conditional**	
Conditional	augurerei	augureremmo	avrei augurato	avremmo augurato
	augureresti	augurereste	avresti augurato	avreste augurato
	augurerebbe	augurerebbero	avrebbe augurato	avrebbero augurato

Note: As a reflexive verb *augurarsi* ("to hope") uses the reflexive pronouns *mi, ti, si, ci, vi, si,* as well as the auxiliary verb *essere*, to form compound tenses. *Augurare* and *augurarsi* require the preposition *di* before an infinitive (see the second and fourth example below). When *augurarsi* is followed by another verb and the subject is different, the subjunctive is required (see the last example below).

EXAMPLES

Auguro alla tua famiglia un buon anno nuovo.	I wish your family a happy new year.
Vi auguriamo di fare un buon viaggio.	We wish you a pleasant journey.
Auguro ogni bene a tua figlia.	I wish your daughter well.
Mi auguro di passare l'esame.	I hope I will pass the exam.
Mi auguro che tu mi chiami.	I hope that you'll call me.

aumentare

to increase, to raise

Auxiliary verb: essere/avere   **Past participle:** aumentato **Gerund:** aumentando

Imperative: (tu) aumenta (non aumentare); (Lei) aumenti; (noi) aumentiamo; (voi) aumentate; (Loro) aumentino

Mode	Simple Tenses		Compound Tenses	
	Singular	*Plural*	*Singular*	*Plural*
Indicative	**Present**		**Present Perfect**	
	aumento	aumentiamo	sono aumentato/a	siamo aumentati/e
	aumenti	aumentate	sei aumentato/a	siete aumentati/e
	aumenta	aumentano	è aumentato/a	sono aumentati/e
	Imperfect		**Past Perfect**	
	aumentavo	aumentavamo	ero aumentato/a	eravamo aumentati/e
	aumentavi	aumentavate	eri aumentato/a	eravate aumentati/e
	aumentava	aumentavano	era aumentato/a	erano aumentati/e
	Past Definite		**Past Anterior**	
	aumentai	aumentammo	fui aumentato/a	fummo aumentati/e
	aumentasti	aumentaste	fosti aumentato/a	foste aumentati/e
	aumentò	aumentarono	fu aumentato/a	furono aumentati/e
	Future		**Future Perfect**	
	aumenterò	aumenteremo	sarò aumentato/a	saremo aumentati/e
	aumenterai	aumenterete	sarai aumentato/a	sarete aumentati/e
	aumenterà	aumenteranno	sarà aumentato/a	saranno aumentati/e
Subjunctive	**Present**		**Present Perfect**	
	aumenti	aumentiamo	sia aumentato/a	siamo aumentati/e
	aumenti	aumentiate	sia aumentato/a	siate aumentati/e
	aumenti	aumentino	sia aumentato/a	siano aumentati/e
	Imperfect		**Past Perfect**	
	aumentassi	aumentassimo	fossi aumentato/a	fossimo aumentati/e
	aumentassi	aumentaste	fossi aumentato/a	foste aumentati/e
	aumentasse	aumentassero	fosse aumentato/a	fossero aumentati/e
Conditional	**Present Conditional**		**Perfect Conditional**	
	aumenterei	aumenteremmo	sarei aumentato/a	saremmo aumentati/e
	aumenteresti	aumentereste	saresti aumentato/a	sareste aumentati/e
	aumenterebbe	aumenterebbero	sarebbe aumentato/a	sarebbero aumentati/e

Note: When used with a direct object, *aumentare* uses *avere* to form compound tenses (see the last example below).

EXAMPLES

Le difficoltà aumentano.	Difficulties are increasing.
Il costo della vita è aumentato.	The cost of living has increased.
Le case sono aumentate di prezzo.	Houses have increased in price.
I prezzi sono aumentati (vertiginosamente).	Prices have risen (spiralled upward).
Hanno aumentano il mio stipendio.	They raised my salary.

avere

to have

Auxiliary verb: avere **Past participle:** avuto **Gerund:** avendo

Imperative: (tu) abbi (non avere); (Lei) abbia; (noi) abbiamo; (voi) abbiate; (Loro) abbiano

Mode	Simple Tenses		Compound Tenses	
	Singular	*Plural*	*Singular*	*Plural*
Indicative	**Present**		**Present Perfect**	
	ho	abbiamo	ho avuto	abbiamo avuto
	hai	avete	hai avuto	avete avuto
	ha	hanno	ha avuto	hanno avuto
	Imperfect		**Past Perfect**	
	avevo	avevamo	avevo avuto	avevamo avuto
	avevi	avevate	avevi avuto	avevate avuto
	aveva	avevano	aveva avuto	avevano avuto
	Past Definite		**Past Anterior**	
	ebbi	avemmo	ebbi avuto	avemmo avuto
	avesti	aveste	avesti avuto	aveste avuto
	ebbe	ebbero	ebbe avuto	ebbero avuto
	Future		**Future Perfect**	
	avrò	avremo	avrò avuto	avremo avuto
	avrai	avrete	avrai avuto	avrete avuto
	avrà	avranno	avrà avuto	avranno avuto
Subjunctive	**Present**		**Present Perfect**	
	abbia	abbiamo	abbia avuto	abbiamo avuto
	abbia	abbiate	abbia avuto	abbiate avuto
	abbia	abbiano	abbia avuto	abbiano avuto
	Imperfect		**Past Perfect**	
	avessi	avessimo	avessi avuto	avessimo avuto
	avessi	aveste	avessi avuto	aveste avuto
	avesse	avessero	avesse avuto	avessero avuto
Conditional	**Present Conditional**		**Perfect Conditional**	
	avrei	avremmo	avrei avuto	avremmo avuto
	avresti	avreste	avresti avuto	avreste avuto
	avrebbe	avrebbero	avrebbe avuto	avrebbero avuto

Note: *Avere* is used in many expressions requiring "to be" in English, find a list in the Appendix of Additional Verbs. *Avere* is also used in the following frequently used expressions: *avere bisogno di* ("to need"), *avere voglia di* ("to feel like"), *avere intenzione di* + infinitive ("to intend to do something").

EXAMPLES

Quanti anni hai? Ho venti anni.	How old are you? I am twenty years old.
Ho caldo (fame, fortuna, freddo, fretta, paura, ragione, sete, sonno, torto).	I am hot (hungry, lucky, cold, in a hurry, afraid, right, thirsty, sleepy, wrong).
Mia sorella ha gli occhi azzurri e i capelli biondi.	My sister has blue eyes and blond hair.
Avevamo due cani e un gatto.	We used to have two dogs and one cat.
Domani ho un colloquio per un lavoro.	Tomorrow I'll have a job interview.
Abbiamo voglia di andare al mare.	We feel like going to the beach.
Avevo bisogno di parlargli.	I needed to speak to him.
Avrebbe intenzione di comprare casa.	He intends to buy a house.

avviarsi

to set off, to set out, to get going, to get off

Auxiliary verb: essere **Past participle:** avviato(si) **Gerund:** avviando(si)

Imperative: (tu) avviati (non avviarti); (Lei) si avvii; (noi) avviamoci; (voi) avviatevi; (Loro) si avviino

Mode	Simple Tenses		Compound Tenses	
	Singular	*Plural*	*Singular*	*Plural*
Indicative	**Present**		**Present Perfect**	
	mi avvio	ci avviamo	mi sono avviato/a	ci siamo avviati/e
	ti avvii	vi avviate	ti sei avviato/a	vi siete avviati/e
	si avvia	si avviano	si è avviato/a	si sono avviati/e
	Imperfect		**Past Perfect**	
	mi avviavo	ci avviavamo	mi ero avviato/a	ci eravamo avviati/e
	ti avviavi	vi avviavate	ti eri avviato/a	vi eravate avviati/e
	si avviava	si avviavano	si era avviato/a	si erano avviati/e
	Past Definite		**Past Anterior**	
	mi avviai	ci avviammo	mi fui avviato/a	ci fummo avviati/e
	ti avviasti	vi avviaste	ti fosti avviato/a	vi foste avviati/e
	si avviò	si avviarono	si fu avviato/a	si furono avviati/e
	Future		**Future Perfect**	
	mi avvierò	ci avvieremo	mi sarò avviato/a	ci saremo avviati/e
	ti avvierai	vi avvierete	ti sarai avviato/a	vi sarete avviati/e
	si avvierà	si avvieranno	si sarà avviato/a	si saranno avviati/e
Subjunctive	**Present**		**Present Perfect**	
	mi avvii	ci avviamo	mi sia avviato/a	ci siamo avviati/e
	ti avvii	vi avviate	ti sia avviato/a	vi siate avviati/e
	si avvii	si avviino	si sia avviato/a	si siano avviati/e
	Imperfect		**Past Perfect**	
	mi avviassi	ci avviassimo	mi fossi avviato/a	ci fossimo avviati/e
	ti avviassi	vi avviaste	ti fossi avviato/a	vi foste avviati/e
	si avviasse	si avviassero	si fosse avviato/a	si fossero avviati/e
Conditional	**Present Conditional**		**Perfect Conditional**	
	mi avvierei	ci avvieremmo	mi sarei avviato/a	ci saremmo avviati/e
	ti avvieresti	vi avviereste	ti saresti avviato/a	vi sareste avviati/e
	si avvierebbe	si avvierebbero	si sarebbe avviato/a	si sarebbero avviati/e

Note: *Avviare* ("to start," "to set up") may be used nonreflexively with *avere* as its auxiliary verb to form compound tenses (see the last example below).

EXAMPLES

Si è avviato a casa.	He set off for home.
È ora di avviarci.	It's time to get going.
Abbiamo avviato un negozio.	We set up a shop.

avvisare

to inform, to tell

Auxiliary verb: avere **Past participle:** avvisato **Gerund:** avvisando

Imperative: (tu) avvisa (non avvisare); (Lei) avvisi; (noi) avvisiamo; (voi) avvisate; (Loro) avvisino

Mode	Simple Tenses		Compound Tenses	
	Singular	*Plural*	*Singular*	*Plural*
Indicative	**Present**		**Present Perfect**	
	avviso	avvisiamo	ho avvisato	abbiamo avvisato
	avvisi	avvisate	hai avvisato	avete avvisato
	avvisa	avvisano	ha avvisato	hanno avvisato
	Imperfect		**Past Perfect**	
	avvisavo	avvisavamo	avevo avvisato	avevamo avvisato
	avvisavi	avvisavate	avevi avvisato	avevate avvisato
	avvisava	avvisavano	aveva avvisato	avevano avvisato
	Past Definite		**Past Anterior**	
	avvisai	avvisammo	ebbi avvisato	avemmo avvisato
	avvisasti	avvisaste	avesti avvisato	aveste avvisato
	avvisò	avvisarono	ebbe avvisato	ebbero avvisato
	Future		**Future Perfect**	
	avviserò	avviseremo	avrò avvisato	avremo avvisato
	avviserai	avviserete	avrai avvisato	avrete avvisato
	avviserà	avviseranno	avrà avvisato	avranno avvisato
Subjunctive	**Present**		**Present Perfect**	
	avvisi	avvisiamo	abbia avvisato	abbiamo avvisato
	avvisi	avvisiate	abbia avvisato	abbiate avvisato
	avvisi	avvisino	abbia avvisato	abbiano avvisato
	Imperfect		**Past Perfect**	
	avvisassi	avvisassimo	avessi avvisato	avessimo avvisato
	avvisassi	avvisaste	avessi avvisato	aveste avvisato
	avvisasse	avvisassero	avesse avvisato	avessero avvisato
Conditional	**Present Conditional**		**Perfect Conditional**	
	avviserei	avviseremmo	avrei avvisato	avremmo avvisato
	avviseresti	avvisereste	avresti avvisato	avreste avvisato
	avviserebbe	avviserebbero	avrebbe avvisato	avrebbero avvisato

Note: *Avvisare* requires the preposition *di* before a noun (see the first example below) or an infinitive (see the second example below).

EXAMPLES

Ho avvisato Mario del mio arrivo.	I informed Mario of my arrival.
Avvisa Mario di venire domani.	Tell Mario to come tomorrow.
Uomo avvisato mezzo salvato.	Forewarned forearmed. (Literally, a man who is forewarned is half saved.)

baciare
to kiss

Auxiliary verb: avere **Past participle:** baciato **Gerund:** baciando
Imperative: (tu) bacia (non baciare); (Lei) baci; (noi) baciamo; (voi)
baciate; (Loro) bacino

Mode	Simple Tenses		Compound Tenses	
	Singular	*Plural*	*Singular*	*Plural*
Indicative	**Present**		**Present Perfect**	
	bacio	baciamo	ho baciato	abbiamo baciato
	baci	baciate	hai baciato	avete baciato
	bacia	baciano	ha baciato	hanno baciato
	Imperfect		**Past Perfect**	
	baciavo	baciavamo	avevo baciato	avevamo baciato
	baciavi	baciavate	avevi baciato	avevate baciato
	baciava	baciavano	aveva baciato	avevano baciato
	Past Definite		**Past Anterior**	
	baciai	baciammo	ebbi baciato	avemmo baciato
	baciasti	baciaste	avesti baciato	aveste baciato
	baciò	baciarono	ebbe baciato	ebbero baciato
	Future		**Future Perfect**	
	bacerò	baceremo	avrò baciato	avremo baciato
	bacerai	bacerete	avrai baciato	avrete baciato
	bacerà	baceranno	avrà baciato	avranno baciato
Subjunctive	**Present**		**Present Perfect**	
	baci	baciamo	abbia baciato	abbiamo baciato
	baci	baciate	abbia baciato	abbiate baciato
	baci	bacino	abbia baciato	abbiano baciato
	Imperfect		**Past Perfect**	
	baciassi	baciassimo	avessi baciato	avessimo baciato
	baciassi	baciaste	avessi baciato	aveste baciato
	baciasse	baciassero	avesse baciato	avessero baciato
Conditional	**Present Conditional**		**Perfect Conditional**	
	bacerei	baceremmo	avrei baciato	avremmo baciato
	baceresti	bacereste	avresti baciato	avreste baciato
	bacerebbe	bacerebbero	avrebbe baciato	avrebbero baciato

Note: Like *baciare,* all verbs ending in *–ciare* and *–giare* keep the *–i* when the ending starts with *–a* or *–o.* They drop the *–i* when the ending starts with *–e* or *–i.* As a reflexive verb *baciarsi* ("to kiss oneself/each other") uses the reflexive pronouns *mi, ti, si, ci, vi, si,* as well as the auxiliary verb *essere,* to form compound tenses (see the last example below).

EXAMPLES

La madre bacia il bambino sulla guancia.	The mother kisses the child on the cheek.
Baciami!	Kiss me!
Bacio le mani.	I greet you (literally, "I kiss your hands," an old-fashioned greeting).
Si sono baciati.	They kissed each other.

ballare

to dance

Auxiliary verb: avere **Past participle:** ballato **Gerund:** ballando
Imperative: (tu) balla (non ballare); (Lei) balli; (noi) balliamo; (voi)
ballate; (Loro) ballino

Mode	Simple Tenses		Compound Tenses	
	Singular	*Plural*	*Singular*	*Plural*
Indicative	**Present**		**Present Perfect**	
	ballo	balliamo	ho ballato	abbiamo ballato
	balli	ballate	hai ballato	avete ballato
	balla	ballano	ha ballato	hanno ballato
	Imperfect		**Past Perfect**	
	ballavo	ballavamo	avevo ballato	avevamo ballato
	ballavi	ballavate	avevi ballato	avevate ballato
	ballava	ballavano	aveva ballato	avevano ballato
	Past Definite		**Past Anterior**	
	ballai	ballammo	ebbi ballato	avemmo ballato
	ballasti	ballaste	avesti ballato	aveste ballato
	ballò	ballarono	ebbe ballato	ebbero ballato
	Future		**Future Perfect**	
	ballerò	balleremo	avrò ballato	avremo ballato
	ballerai	ballerete	avrai ballato	avrete ballato
	ballerà	balleranno	avrà ballato	avranno ballato
Subjunctive	**Present**		**Present Perfect**	
	balli	balliamo	abbia ballato	abbiamo ballato
	balli	balliate	abbia ballato	abbiate ballato
	balli	ballino	abbia ballato	abbiano ballato
	Imperfect		**Past Perfect**	
	ballassi	ballassimo	avessi ballato	avessimo ballato
	ballassi	ballaste	avessi ballato	aveste ballato
	ballasse	ballassero	avesse ballato	avessero ballato
Conditional	**Present Conditional**		**Perfect Conditional**	
	ballerei	balleremmo	avrei ballato	avremmo ballato
	balleresti	ballereste	avresti ballato	avreste ballato
	ballerebbe	ballerebbero	avrebbe ballato	avrebbero ballato

EXAMPLES

Mariele balla bene.	Mariele dances well.
Abbiamo ballato tutta la notte.	We danced all night long.
Balliamo!	Let's dance!
Balliamo?	Shall we dance?
Hanno ballato un tango.	They danced a tango.

bastare
to be enough, to suffice
Auxiliary verb: essere **Past participle:** bastato **Gerund:** bastando
Imperative: (tu) basta (non bastare); (Lei) basti; (noi) bastiamo; (voi) bastate; (Loro) bastino

Mode	Simple Tenses		Compound Tenses	
	Singular	*Plural*	*Singular*	*Plural*
	Present		**Present Perfect**	
Indicative	basto	bastiamo	sono bastato/a	siamo bastati/e
	basti	bastate	sei bastato/a	siete bastati/e
	basta	**bastano**	**è bastato/a**	**sono bastati/e**
	Imperfect		**Past Perfect**	
	bastavo	bastavamo	ero bastato/a	eravamo bastati/e
	bastavi	bastavate	eri bastato/a	eravate bastati/e
	bastava	**bastavano**	**era bastato/a**	**erano bastati/e**
	Past Definite		**Past Anterior**	
	bastai	bastammo	fui bastato/a	fummo bastati/e
	bastasti	bastaste	fosti bastato/a	foste bastati/e
	bastò	**bastarono**	**fu bastato/a**	**furono bastati/e**
	Future		**Future Perfect**	
	basterò	basteremo	sarò bastato/a	saremo bastati/e
	basterai	basterete	sarai bastato/a	sarete bastati/e
	basterà	**basteranno**	**sarà bastato/a**	**saranno bastati/e**
Subjunctive	**Present**		**Present Perfect**	
	basti	bastiamo	sia bastato/a	siamo bastati/e
	basti	bastiate	sia bastato/a	siate bastati/e
	basti	**bastino**	**sia bastato/a**	**siano bastati/e**
	Imperfect		**Past Perfect**	
	bastassi	bastassimo	fossi bastato/a	fossimo bastati/e
	bastassi	bastaste	fossi bastato/a	foste bastati/e
	bastasse	**bastassero**	**fosse bastato/a**	**fossero bastati/e**
Conditional	**Present Conditional**		**Perfect Conditional**	
	basterei	basteremmo	sarei bastato/a	saremmo bastati/e
	basteresti	bastereste	saresti bastato/a	sareste bastati/e
	basterebbe	**basterebbero**	**sarebbe bastato/a**	**sarebbero bastati/e**

Note: *Bastare* is mainly used in the impersonal form. Therefore, for convenience, the third person singular and third person plural forms are highlighted. *Basta che . . .* means "provided that" and it requires the use of subjunctive (see the last example below). *Bastare* can also use the same construction as *piacere* (refer to Introduction and to the fifth and sixth examples below).

EXAMPLES

Questa stoffa non basta per una camicia.	This material is not enough for a shirt.
Quanto basta (q.b.)	As needed (in recipes)
Basta!	That's enough!
Basta sapere le regole.	It is enough to know the rules.
Mi basta un'ora.	One hour is enough for me.
Mi bastano cinque minuti.	Five minutes are enough for me.
Basta che tu studi e passarai l'esame.	Provided that you study, you'll pass the exam.

battere

to beat, to defeat; to bump

Auxiliary verb: avere **Past participle:** battuto **Gerund:** battendo
Imperative: (tu) batti (non battere); (Lei) batta; (noi) battiamo; (voi) battete; (Loro) battano

Mode	Simple Tenses		Compound Tenses	
	Singular	*Plural*	*Singular*	*Plural*
Indicative	**Present**		**Present Perfect**	
	batto	battiamo	ho battuto	abbiamo battuto
	batti	battete	hai battuto	avete battuto
	batte	battono	ha battuto	hanno battuto
	Imperfect		**Past Perfect**	
	battevo	battevamo	avevo battuto	avevamo battuto
	battevi	battevate	avevi battuto	avevate battuto
	batteva	battevano	aveva battuto	avevano battuto
	Past Definite		**Past Anterior**	
	battei	battemmo	ebbi battuto	avemmo battuto
	battesti	batteste	avesti battuto	aveste battuto
	batté	batterono	ebbe battuto	ebbero battuto
	Future		**Future Perfect**	
	batterò	batteremo	avrò battuto	avremo battuto
	batterai	batterete	avrai battuto	avrete battuto
	batterà	batteranno	avrà battuto	avranno battuto
Subjunctive	**Present**		**Present Perfect**	
	batta	battiamo	abbia battuto	abbiamo battuto
	batta	battiate	abbia battuto	abbiate battuto
	batta	battano	abbia battuto	abbiano battuto
	Imperfect		**Past Perfect**	
	battessi	battessimo	avessi battuto	avessimo battuto
	battessi	batteste	avessi battuto	aveste battuto
	battesse	battessero	avesse battuto	avessero battuto
Conditional	**Present Conditional**		**Perfect Conditional**	
	batterei	batteremmo	avrei battuto	avremmo battuto
	batteresti	battereste	avresti battuto	avreste battuto
	batterebbe	batterebbero	avrebbe battuto	avrebbero battuto

Note: As a reflexive verb *battersi* ("to fight for") uses the reflexive pronouns *mi, ti, si, ci, vi, si,* as well as the auxiliary verb *essere,* to form compound tenses (see the last example below).

EXAMPLES

Ha battuto il concorrente.	He defeated his rival.
Batterà il suo avversario a tennis.	He will defeat his opponent at tennis.
Il suo cuore batte forte per una ragazza.	His heart beats fast for a girl.
Batterei la testa contro il muro.	I would beat my head against the wall.
Si è battuto per la libertà del suo paese.	He fought for the freedom of his country.

bere

to drink

Auxiliary verb: avere **Past participle:** bevuto **Gerund:** bevendo
Imperative: (tu) bevi (non bere); (Lei) beva; (noi) beviamo; (voi) bevete; (Loro) bevano

Mode	Simple Tenses		Compound Tenses	
	Singular	*Plural*	*Singular*	*Plural*
Indicative	**Present**		**Present Perfect**	
	bevo	beviamo	ho bevuto	abbiamo bevuto
	bevi	bevete	hai bevuto	avete bevuto
	beve	bevono	ha bevuto	hanno bevuto
	Imperfect		**Past Perfect**	
	bevevo	bevevamo	avevo bevuto	avevamo bevuto
	bevevi	bevevate	avevi bevuto	avevate bevuto
	beveva	bevevano	aveva bevuto	avevano bevuto
	Past Definite		**Past Anterior**	
	bevvi	bevemmo	ebbi bevuto	avemmo bevuto
	bevesti	beveste	avesti bevuto	aveste bevuto
	bevve	bevvero	ebbe bevuto	ebbero bevuto
	Future		**Future Perfect**	
	berrò	berremo	avrò bevuto	avremo bevuto
	berrai	berrete	avrai bevuto	avrete bevuto
	berrà	berranno	avrà bevuto	avranno bevuto
Subjunctive	**Present**		**Present Perfect**	
	beva	beviamo	abbia bevuto	abbiamo bevuto
	beva	beviate	abbia bevuto	abbiate bevuto
	beva	bevano	abbia bevuto	abbiano bevuto
	Imperfect		**Past Perfect**	
	bevessi	bevessimo	avessi bevuto	avessimo bevuto
	bevessi	beveste	avessi bevuto	aveste bevuto
	bevesse	bevessero	avesse bevuto	avessero bevuto
Conditional	**Present Conditional**		**Perfect Conditional**	
	berrei	berremmo	avrei bevuto	avremmo bevuto
	berresti	berreste	avresti bevuto	avreste bevuto
	berrebbe	berrebbero	avrebbe bevuto	avrebbero bevuto

Note: Many verb forms of *bere* keep the *bev–* stem according to the old infinitive *bevere* from Latin *bibere*.

EXAMPLES

Bevo un bicchiere di vino al giorno.	I drink a glass of wine a day.
Ha bevuto l'acqua in un sorso.	He drank the water in one gulp.
Beviamo alla tua salute!	Let's drink to your health!
Lui beve come una spugna.	He drinks like a fish (literally, "like a sponge").
Non bere dalla bottiglia!	Don't drink from the bottle!

bisognare
to be necessary, must
Auxiliary verb: N/A   **Past participle:** N/A   **Gerund:** bisognando
Imperative: N/A

Mode	Simple Tenses		Compound Tenses	
	Singular	*Plural*	*Singular*	*Plural*
Indicative	**Present**		**Present Perfect**	
	bisogna			
	Imperfect		**Past Perfect**	
	bisognava			
	Past Definite		**Past Anterior**	
	bisognò			
	Future		**Future Perfect**	
	bisognerà			
Subjunctive	**Present**		**Present Perfect**	
	bisogni			
	Imperfect		**Past Perfect**	
	bisognasse			
Conditional	**Present Conditional**		**Perfect Conditional**	
	bisognerebbe			

Note: As with other impersonal forms this verb is used exclusively in the third person. Therefore, for convenience, the other forms are omitted. For personal forms, use *avere bisogno di* ("to need"; literally, "to have need of")—for example, *Ho bisogno di un caffè* ("I need a coffee"). "*Bisogna che*" requires the use of subjunctive (see the second and last example below).

EXAMPLES

Non bisogna credere a quello che dice.	One mustn't believe what he says.
Bisogna che tu parta.	It's necessary for you to leave.
Bisognerebbe chiudere la porta.	It would be necessary to close the door.
Bisogna che lui venga alle otto.	It is necessary for him to come at eight.

bloccare

to block, to stop, to freeze

Auxiliary verb: avere **Past participle:** bloccato **Gerund:** bloccando
Imperative: (tu) blocca (non bloccare); (Lei) blocchi; (noi) blocchiamo;
(voi) bloccate; (Loro) blocchino

Mode	Simple Tenses		Compound Tenses	
	Singular	*Plural*	*Singular*	*Plural*
Indicative	**Present**		**Present Perfect**	
	blocco	blocchiamo	ho bloccato	abbiamo bloccato
	blocchi	bloccate	hai bloccato	avete bloccato
	blocca	bloccano	ha bloccato	hanno bloccato
	Imperfect		**Past Perfect**	
	bloccavo	bloccavamo	avevo bloccato	avevamo bloccato
	bloccavi	bloccavate	avevi bloccato	avevate bloccato
	bloccava	bloccavano	aveva bloccato	avevano bloccato
	Past Definite		**Past Anterior**	
	bloccai	bloccammo	ebbi bloccato	avemmo bloccato
	bloccasti	bloccaste	avesti bloccato	aveste bloccato
	bloccò	bloccarono	ebbe bloccato	ebbero bloccato
	Future		**Future Perfect**	
	bloccherò	bloccheremo	avrò bloccato	avremo bloccato
	bloccherai	bloccherete	avrai bloccato	avrete bloccato
	bloccherà	bloccheranno	avrà bloccato	avranno bloccato
Subjunctive	**Present**		**Present Perfect**	
	blocchi	blocchiamo	abbia bloccato	abbiamo bloccato
	blocchi	blocchiate	abbia bloccato	abbiate bloccato
	blocchi	blocchino	abbia bloccato	abbiano bloccato
	Imperfect		**Past Perfect**	
	bloccassi	bloccassimo	avessi bloccato	avessimo bloccato
	bloccassi	bloccaste	avessi bloccato	aveste bloccato
	bloccasse	bloccassero	avesse bloccato	avessero bloccato
Conditional	**Present Conditional**		**Perfect Conditional**	
	bloccherei	bloccheremmo	avrei bloccato	avremmo bloccato
	bloccheresti	blocchereste	avresti bloccato	avreste bloccato
	bloccherebbe	bloccherebbero	avrebbe bloccato	avrebbero bloccato

Note: As a reflexive verb *bloccarsi* ("to jam") uses the reflexive pronouns *mi, ti, si, ci, vi, si,* as well as the auxiliary verb *essere,* to form compound tenses (see the last example below).

EXAMPLES

Il vigile ha bloccato il traffico.	The policeman blocked the traffic.
Devo bloccare l'assegno.	I have to stop the check.
Il governo ha bloccato i prezzi.	The government froze the prices.
La chiave si è bloccata.	The key has jammed.

bocciare

to fail, to reject

Auxiliary verb: avere **Past participle:** bocciato **Gerund:** bocciando
Imperative: (tu) boccia (non bocciare); (Lei) bocci; (noi) bocciamo; (voi) bocciate; (Loro) boccino

Mode	Simple Tenses		Compound Tenses	
	Singular	*Plural*	*Singular*	*Plural*
	Present		**Present Perfect**	
	boccio	bocciamo	ho bocciato	abbiamo bocciato
	bocci	bocciate	hai bocciato	avete bocciato
	boccia	bocciano	ha bocciato	hanno bocciato
	Imperfect		**Past Perfect**	
	bocciavo	bocciavamo	avevo bocciato	avevamo bocciato
	bocciavi	bocciavate	avevi bocciato	avevate bocciato
	bocciava	bocciavano	aveva bocciato	avevano bocciato
	Past Definite		**Past Anterior**	
	bocciai	bocciammo	ebbi bocciato	avemmo bocciato
	bocciasti	bocciaste	avesti bocciato	aveste bocciato
	bocciò	bocciarono	ebbe bocciato	ebbero bocciato
	Future		**Future Perfect**	
	boccerò	bocceremo	avrò bocciato	avremo bocciato
	boccerai	boccerete	avrai bocciato	avrete bocciato
	boccerà	bocceranno	avrà bocciato	avranno bocciato
	Present		**Present Perfect**	
	bocci	bocciamo	abbia bocciato	abbiamo bocciato
	bocci	bocciate	abbia bocciato	abbiate bocciato
	bocci	boccino	abbia bocciato	abbiano bocciato
	Imperfect		**Past Perfect**	
	bocciassi	bocciassimo	avessi bocciato	avessimo bocciato
	bocciassi	bocciaste	avessi bocciato	aveste bocciato
	bocciasse	bocciassero	avesse bocciato	avessero bocciato
	Present Conditional		**Perfect Conditional**	
	boccerei	bocceremmo	avrei bocciato	avremmo bocciato
	bocceresti	boccereste	avresti bocciato	avreste bocciato
	boccerebbe	boccerebbero	avrebbe bocciato	avrebbero bocciato

Indicative / Subjunctive / Conditional

Note: *Bocciare* doesn't work like the verb "to fail" in English, as in "I failed the test," but rather it means "to be failed." For the meaning "to fail (the test)" use *"non superare (l'esame)."*

EXAMPLES

Se non studi, ti boccio.	If you don't study, I will fail you.
Il parlamento ha bocciato la proposta.	The parlament rejected the proposal.
Pietro è stato bocciato agli esami.	Peter was failed in his exams.

bollire

to boil

Auxiliary verb: avere **Past participle:** bollito **Gerund:** bollendo
Imperative: (tu) bolli (non bollire); (Lei) bolla; (noi) bolliamo; (voi)
bollite; (Loro) bollano

Mode	Simple Tenses		Compound Tenses	
	Singular	*Plural*	*Singular*	*Plural*
	Present		**Present Perfect**	
	bollo	bolliamo	ho bollito	abbiamo bollito
	bolli	bollite	hai bollito	avete bollito
	bolle	bollono	ha bollito	hanno bollito
	Imperfect		**Past Perfect**	
	bollivo	bollivamo	avevo bollito	avevamo bollito
Indicative	bollivi	bollivate	avevi bollito	avevate bollito
	bolliva	bollivano	aveva bollito	avevano bollito
	Past Definite		**Past Anterior**	
	bollii	bollimmo	ebbi bollito	avemmo bollito
	bollisti	bolliste	avesti bollito	aveste bollito
	bollì	bollirono	ebbe bollito	ebbero bollito
	Future		**Future Perfect**	
	bollirò	bolliremo	avrò bollito	avremo bollito
	bollirai	bollirete	avrai bollito	avrete bollito
	bollirà	bolliranno	avrà bollito	avranno bollito
	Present		**Present Perfect**	
	bolla	bolliamo	abbia bollito	abbiamo bollito
Subjunctive	bolla	bolliate	abbia bollito	abbiate bollito
	bolla	bollano	abbia bollito	abbiano bollito
	Imperfect		**Past Perfect**	
	bollissi	bollissimo	avessi bollito	avessimo bollito
	bollissi	bolliste	avessi bollito	aveste bollito
	bollisse	bollissero	avesse bollito	avessero bollito
	Present Conditional		**Perfect Conditional**	
Conditional	bollirei	bolliremmo	avrei bollito	avremmo bollito
	bolliresti	bollireste	avresti bollito	avreste bollito
	bollirebbe	bollirebbero	avrebbe bollito	avrebbero bollito

EXAMPLES

L'acqua bolle a 100 gradi centigradi.	Water boils at 100 degrees Celsius.
La pentola bolle, butta gli spaghetti.	The pot is boiling; put the spaghetti in.
Ho già bollito il riso.	I've already boiled the rice.
Le verdure devono bollire 10 minuti.	The vegetables have to boil for 10 minutes.

bombardare
to bomb, to bombard
Auxiliary verb: avere **Past participle:** bombardato
Gerund: bombardando
Imperative: (tu) bombarda (non bombardare); (Lei) bombardi; (noi)
bombardiamo; (voi) bombardate; (Loro) bombardino

Mode	Simple Tenses		Compound Tenses	
	Singular	*Plural*	*Singular*	*Plural*
Indicative	**Present**		**Present Perfect**	
	bombardo	bombardiamo	ho bombardato	abbiamo bombardato
	bombardi	bombardate	hai bombardato	avete bombardato
	bombarda	bombardano	ha bombardato	hanno bombardato
	Imperfect		**Past Perfect**	
	bombardavo	bombardavamo	avevo bombardato	avevamo bombardato
	bombardavi	bombardavate	avevi bombardato	avevate bombardato
	bombardava	bombardavano	aveva bombardato	avevano bombardato
	Past Definite		**Past Anterior**	
	bombardai	bombardammo	ebbi bombardato	avemmo bombardato
	bombardasti	bombardaste	avesti bombardato	aveste bombardato
	bombardò	bombardarono	ebbe bombardato	ebbero bombardato
	Future		**Future Perfect**	
	bombarderò	bombarderemo	avrò bombardato	avremo bombardato
	bombarderai	bombarderete	avrai bombardato	avrete bombardato
	bombarderà	bombarderanno	avrà bombardato	avranno bombardato
Subjunctive	**Present**		**Present Perfect**	
	bombardi	bombardiamo	abbia bombardato	abbiamo bombardato
	bombardi	bombardiate	abbia bombardato	abbiate bombardato
	bombardi	bombardino	abbia bombardato	abbiano bombardato
	Imperfect		**Past Perfect**	
	bombardassi	bombardassimo	avessi bombardato	avessimo bombardato
	bombardassi	bombardaste	avessi bombardato	aveste bombardato
	bombardasse	bombardassero	avesse bombardato	avessero bombardato
Conditional	**Present Conditional**		**Perfect Conditional**	
	bombarderei	bombarderemmo	avrei bombardato	avremmo bombardato
	bombarderesti	bombardereste	avresti bombardato	avreste bombardato
	bombarderebbe	bombarderebbero	avrebbe bombardato	avrebbero bombardato

EXAMPLES

Durante la guerra l'esercito bombardò la città.	During the war, the army bombed the city.
Gli studenti hanno bombardato l'insegnante di domande.	The students bombarded the teacher with questions.
La città è stata bombardata a tappeto.	The city was carpet-bombed.

brindare

to toast, to drink a toast

Auxiliary verb: avere **Past participle:** brindato **Gerund:** brindando
Imperative: (tu) brinda (non brindare); (Lei) brindi; (noi) brindiamo;
(voi) brindate; (Loro) brindino

Mode	Simple Tenses		Compound Tenses	
	Singular	*Plural*	*Singular*	*Plural*
	Present		**Present Perfect**	
Indicative	brindo	brindiamo	ho brindato	abbiamo brindato
	brindi	brindate	hai brindato	avete brindato
	brinda	brindano	ha brindato	hanno brindato
	Imperfect		**Past Perfect**	
	brindavo	brindavamo	avevo brindato	avevamo brindato
	brindavi	brindavate	avevi brindato	avevate brindato
	brindava	brindavano	aveva brindato	avevano brindato
	Past Definite		**Past Anterior**	
	brindai	brindammo	ebbi brindato	avemmo brindato
	brindasti	brindaste	avesti brindato	aveste brindato
	brindò	brindarono	ebbe brindato	ebbero brindato
	Future		**Future Perfect**	
	brinderò	brinderemo	avrò brindato	avremo brindato
	brinderai	brinderete	avrai brindato	avrete brindato
	brinderà	brinderanno	avrà brindato	avranno brindato
Subjunctive	**Present**		**Present Perfect**	
	brindi	brindiamo	abbia brindato	abbiamo brindato
	brindi	brindiate	abbia brindato	abbiate brindato
	brindi	brindino	abbia brindato	abbiano brindato
	Imperfect		**Past Perfect**	
	brindassi	brindassimo	avessi brindato	avessimo brindato
	brindassi	brindaste	avessi brindato	aveste brindato
	brindasse	brindassero	avesse brindato	avessero brindato
Conditional	**Present Conditional**		**Perfect Conditional**	
	brinderei	brinderemmo	avrei brindato	avremmo brindato
	brinderesti	brindereste	avresti brindato	avreste brindato
	brinderebbe	brinderebbero	avrebbe brindato	avrebbero brindato

EXAMPLES

Brindiamo alla tua salute!	Let's drink to your health!
Brindo all'amicizia!	Here's to friendship!
Brinda con noi!	Touch glasses!

bruciare

to burn

Auxiliary verb: avere/essere **Past participle:** bruciato **Gerund:** bruciando
Imperative: (tu) brucia (non bruciare); (Lei) bruci; (noi) bruciamo; (voi)
bruciate; (Loro) brucino

Mode	Simple Tenses		Compound Tenses	
	Singular	*Plural*	*Singular*	*Plural*
	Present		**Present Perfect**	
Indicative	brucio	bruciamo	ho bruciato	abbiamo bruciato
	bruci	bruciate	hai bruciato	avete bruciato
	brucia	bruciano	ha bruciato	hanno bruciato
	Imperfect		**Past Perfect**	
	bruciavo	bruciavamo	avevo bruciato	avevamo bruciato
	bruciavi	bruciavate	avevi bruciato	avevate bruciato
	bruciava	bruciavano	aveva bruciato	avevano bruciato
	Past Definite		**Past Anterior**	
	bruciai	bruciammo	ebbi bruciato	avemmo bruciato
	bruciasti	bruciaste	avesti bruciato	aveste bruciato
	bruciò	bruciarono	ebbe bruciato	ebbero bruciato
	Future		**Future Perfect**	
	brucerò	bruceremo	avrò bruciato	avremo bruciato
	brucerai	brucerete	avrai bruciato	avrete bruciato
	brucerà	bruceranno	avrà bruciato	avranno bruciato
Subjunctive	**Present**		**Present Perfect**	
	bruci	bruciamo	abbia bruciato	abbiamo bruciato
	bruci	bruciate	abbia bruciato	abbiate bruciato
	bruci	brucino	abbia bruciato	abbiano bruciato
	Imperfect		**Past Perfect**	
	bruciassi	bruciassimo	avessi bruciato	avessimo bruciato
	bruciassi	bruciaste	avessi bruciato	aveste bruciato
	bruciasse	bruciassero	avesse bruciato	avessero bruciato
Conditional	**Present Conditional**		**Perfect Conditional**	
	brucerei	bruceremmo	avrei bruciato	avremmo bruciato
	bruceresti	brucereste	avresti bruciato	avreste bruciato
	brucerebbe	brucerebbero	avrebbe bruciato	avrebbero bruciato

Note: *Bruciare* can be used in a intransitive way and, therefore, uses *essere* in compound tenses (for reference see Introduction and the fourth example below). As a reflexive verb *bruciarsi* ("to burn oneself," "to get burned") uses the reflexive pronouns *mi, ti, si, ci, vi, si,* as well as the auxiliary verb *essere*, to form compound tenses (see the last example below).

EXAMPLES

Ho bruciato l'arrosto.	I burnt the roast.
Hai la fronte che brucia.	Your forehead is burning.
Questa legna non brucia bene.	This wood doesn't burn well.
La casa è bruciata.	The house burned down.
Mi sono bruciato un dito.	I have burnt my finger.

bussare

to knock

Auxiliary verb: avere **Past participle:** bussato **Gerund:** bussando
Imperative: (tu) bussa (non bussare); (Lei) bussi; (noi) bussiamo; (voi)
bussate; (Loro) bussino

Mode	Simple Tenses		Compound Tenses	
	Singular	*Plural*	*Singular*	*Plural*
	Present		**Present Perfect**	
Indicative	busso	bussiamo	ho bussato	abbiamo bussato
	bussi	bussate	hai bussato	avete bussato
	bussa	bussano	ha bussato	hanno bussato
	Imperfect		**Past Perfect**	
	bussavo	bussavamo	avevo bussato	avevamo bussato
	bussavi	bussavate	avevi bussato	avevate bussato
	bussava	bussavano	aveva bussato	avevano bussato
	Past Definite		**Past Anterior**	
	bussai	bussammo	ebbi bussato	avemmo bussato
	bussasti	bussaste	avesti bussato	aveste bussato
	bussò	bussarono	ebbe bussato	ebbero bussato
	Future		**Future Perfect**	
	busserò	busseremo	avrò bussato	avremo bussato
	busserai	busserete	avrai bussato	avrete bussato
	busserà	busseranno	avrà bussato	avranno bussato
Subjunctive	**Present**		**Present Perfect**	
	bussi	bussiamo	abbia bussato	abbiamo bussato
	bussi	bussiate	abbia bussato	abbiate bussato
	bussi	bussino	abbia bussato	abbiano bussato
	Imperfect		**Past Perfect**	
	bussassi	bussassimo	avessi bussato	avessimo bussato
	bussassi	bussaste	avessi bussato	aveste bussato
	bussasse	bussassero	avesse bussato	avessero bussato
Conditional	**Present Conditional**		**Perfect Conditional**	
	busserei	busseremmo	avrei bussato	avremmo bussato
	busseresti	bussereste	avresti bussato	avreste bussato
	busserebbe	busserebbero	avrebbe bussato	avrebbero bussato

EXAMPLES

Prima di entrare, si bussa.	Before entering, please knock.
Stanno bussando alla porta.	They're knocking at the door.
Chi bussa alla porta?	Who's knocking at the door?

buttare

to throw; to toss

Auxiliary verb: avere **Past participle:** buttato **Gerund:** buttando
Imperative: (tu) butta (non buttare); (Lei) butti; (noi) buttiamo; (voi)
buttate; (Loro) buttino

Mode	Simple Tenses		Compound Tenses	
	Singular	*Plural*	*Singular*	*Plural*
Indicative	**Present**		**Present Perfect**	
	butto	buttiamo	ho buttato	abbiamo buttato
	butti	buttate	hai buttato	avete buttato
	butta	buttano	ha buttato	hanno buttato
	Imperfect		**Past Perfect**	
	buttavo	buttavamo	avevo buttato	avevamo buttato
	buttavi	buttavate	avevi buttato	avevate buttato
	buttava	buttavano	aveva buttato	avevano buttato
	Past Definite		**Past Anterior**	
	buttai	buttammo	ebbi buttato	avemmo buttato
	buttasti	buttaste	avesti buttato	aveste buttato
	buttò	buttarono	ebbe buttato	ebbero buttato
	Future		**Future Perfect**	
	butterò	butteremo	avrò buttato	avremo buttato
	butterai	butterete	avrai buttato	avrete buttato
	butterà	butteranno	avrà buttato	avranno buttato
Subjunctive	**Present**		**Present Perfect**	
	butti	buttiamo	abbia buttato	abbiamo buttato
	butti	buttiate	abbia buttato	abbiate buttato
	butti	buttino	abbia buttato	abbiano buttato
	Imperfect		**Past Perfect**	
	buttassi	buttassimo	avessi buttato	avessimo buttato
	buttassi	buttaste	avessi buttato	aveste buttato
	buttasse	buttassero	avesse buttato	avessero buttato
Conditional	**Present Conditional**		**Perfect Conditional**	
	butterei	butteremmo	avrei buttato	avremmo buttato
	butteresti	buttereste	avresti buttato	avreste buttato
	butterebbe	butterebbero	avrebbe buttato	avrebbero buttato

Note: As a reflexive verb *buttarsi* ("to throw oneself") uses the reflexive pronouns *mi, ti, si, ci, vi, si,* as well as the auxiliary verb *essere,* to form compound tenses (see the last example below). *Buttare giù* means "to throw down," "to scribble down," "to gulp down" (see the fourth and fifth examples below). *Buttare via* means "to throw away," "to waste" (see the sixth example below).

EXAMPLES

Butta la pasta!	Put on the pasta!
Devono buttare giù questo vecchio edificio.	They have to knock down this old building.
Butto la spazzatura nel cassonetto.	I am throwing the trash in the waste basket.
Ha buttato giù un articolo.	I scribbled down an article.
Butto giù un panino e vengo.	I am gulping down a sandwich and I'll come.
Stai buttando via tempo e denaro.	You are wasting your time and money.
Si è buttato sul letto.	He threw himself on the bed.

cadere
to fall down
Auxiliary verb: essere **Past participle:** caduto **Gerund:** cadendo
Imperative: (tu) cadi (non cadere); (Lei) cada; (noi) cadiamo; (voi) cadete; (Loro) cadano

Mode	Simple Tenses		Compound Tenses	
	Singular	*Plural*	*Singular*	*Plural*
Indicative	**Present**		**Present Perfect**	
	cado	cadiamo	sono caduto/a	siamo caduti/e
	cadi	cadete	sei caduto/a	siete caduti/e
	cade	cadono	è caduto/a	sono caduti/e
	Imperfect		**Past Perfect**	
	cadevo	cadevamo	ero caduto/a	eravamo caduti/e
	cadevi	cadevate	eri caduto/a	eravate caduti/e
	cadeva	cadevano	era caduto/a	erano caduti/e
	Past Definite		**Past Anterior**	
	caddi	cademmo	fui caduto/a	fummo caduti/e
	cadesti	cadeste	fosti caduto/a	foste caduti/e
	cadde	caddero	fu caduto/a	furono caduti/e
	Future		**Future Perfect**	
	cadrò	cadremo	sarò caduto/a	saremo caduti/e
	cadrai	cadrete	sarai caduto/a	sarete caduti/e
	cadrà	cadranno	sarà caduto/a	saranno caduti/e
Subjunctive	**Present**		**Present Perfect**	
	cada	cadiamo	sia caduto/a	siamo caduti/e
	cada	cadiate	sia caduto/a	siate caduti/e
	cada	cadano	sia caduto/a	siano caduti/e
	Imperfect		**Past Perfect**	
	cadessi	cadessimo	fossi caduto/a	fossimo caduti/e
	cadessi	cadeste	fossi caduto/a	foste caduti/e
	cadesse	cadessero	fosse caduto/a	fossero caduti/e
Conditional	**Present Conditional**		**Perfect Conditional**	
	cadrei	cadremmo	sarei caduto/a	saremmo caduti/e
	cadresti	cadreste	saresti caduto/a	sareste caduti/e
	cadrebbe	cadrebbero	sarebbe caduto/a	sarebbero caduti/e

Note: Similar to *cadere* are *accadere* ("to happen"), *decadere* ("to fall off," "to decay"), and *scadere* ("to decline"). *Accadere* is impersonal and is only used in the third-person singular and plural—for example, *accade* ("it happens"). For the meaning "to fall in love" refer to the verb *innamorarsi*.

EXAMPLES

Cade la neve.	The snow is falling.
È caduto dalla finestra.	He fell out of the window.
Sono caduto mentre correvo.	I fell while I was running.
Il governo di centro-destra è caduto.	The center-right government has fallen.
La Pasqua cade presto quest'anno.	Easter falls early this year.

calmarsi

to calm down, to become calm

Auxiliary verb: essere **Past participle:** calmato (si) **Gerund:** calmando (si)

Imperative: (tu) calmati (non calmarti); (Lei) si calmi; (noi) calmiamoci; (voi) calmatevi; (Loro) si calmino

Mode	Simple Tenses		Compound Tenses	
	Singular	*Plural*	*Singular*	*Plural*
Indicative	**Present**		**Present Perfect**	
	mi calmo	ci calmiamo	mi sono calmato/a	ci siamo calmati/e
	ti calmi	vi calmate	ti sei calmato/a	vi siete calmati/e
	si calma	si calmano	si è calmato/a	si sono calmati/e
	Imperfect		**Past Perfect**	
	mi calmavo	ci calmavamo	mi ero calmato/a	ci eravamo calmati/e
	ti calmavi	vi calmavate	ti eri calmato/a	vi eravate calmati/e
	si calmava	si calmavano	si era calmato/a	si erano calmati/e
	Past Definite		**Past Anterior**	
	mi calmai	ci calmammo	mi fui calmato/a	ci fummo calmati/e
	ti calmasti	vi calmaste	ti fosti calmato/a	vi foste calmati/e
	si calmò	si calmarono	si fu calmato/a	si furono calmati/e
	Future		**Future Perfect**	
	mi calmerò	ci calmeremo	mi sarò calmato/a	ci saremo calmati/e
	ti calmerai	vi calmerete	ti sarai calmato/a	vi sarete calmati/e
	si calmerà	si calmeranno	si sarà calmato/a	si saranno calmati/e
Subjunctive	**Present**		**Present Perfect**	
	mi calmi	ci calmiamo	mi sia calmato/a	ci siamo calmati/e
	ti calmi	vi calmiate	ti sia calmato/a	vi siate calmati/e
	si calmi	si calmino	si sia calmato/a	si siano calmati/e
	Imperfect		**Past Perfect**	
	mi calmassi	ci calmassimo	mi fossi calmato/a	ci fossimo calmati/e
	ti calmassi	vi calmaste	ti fossi calmato/a	vi foste calmati/e
	si calmasse	si calmassero	si fosse calmato/a	si fossero calmati/e
Conditional	**Present Conditional**		**Perfect Conditional**	
	mi calmerei	ci calmeremmo	mi sarei calmato/a	ci saremmo calmati/e
	ti calmeresti	vi calmereste	ti saresti calmato/a	vi sareste calmati/e
	si calmerebbe	si calmerebbero	si sarebbe calmato/a	si sarebbero calmati/e

Note: *Calmare* ("to calm," "to allay") may be used nonreflexively with *avere* as its auxiliary verb to form compound tenses (see the last example below).

EXAMPLES

Calmati!	Calm down!
Il mare si è calmato.	The sea grew calm.
Mi sono calmato.	I calmed down.
Abbiamo calmato la sua ansia.	We allayed his fears.

cambiare
to change, to exchange
Auxiliary verb: avere/essere **Past participle:** cambiato **Gerund:** cambiando
Imperative: (tu) cambia (non cambiare); (Lei) cambi; (noi) cambiamo; (voi) cambiate; (Loro) cambino

Mode	Simple Tenses		Compound Tenses	
	Singular	*Plural*	*Singular*	*Plural*
Indicative	**Present**		**Present Perfect**	
	cambio	cambiamo	ho cambiato	abbiamo cambiato
	cambi	cambiate	hai cambiato	avete cambiato
	cambia	cambiano	ha cambiato	hanno cambiato
	Imperfect		**Past Perfect**	
	cambiavo	cambiavamo	avevo cambiato	avevamo cambiato
	cambiavi	cambiavate	avevi cambiato	avevate cambiato
	cambiava	cambiavano	aveva cambiato	avevano cambiato
	Past Definite		**Past Anterior**	
	cambiai	cambiammo	ebbi cambiato	avemmo cambiato
	cambiasti	cambiaste	avesti cambiato	aveste cambiato
	cambiò	cambiarono	ebbe cambiato	ebbero cambiato
	Future		**Future Perfect**	
	cambierò	cambieremo	avrò cambiato	avremo cambiato
	cambierai	cambierete	avrai cambiato	avrete cambiato
	cambierà	cambieranno	avrà cambiato	avranno cambiato
Subjunctive	**Present**		**Present Perfect**	
	cambi	cambiamo	abbia cambiato	abbiamo cambiato
	cambi	cambiate	abbia cambiato	abbiate cambiato
	cambi	cambino	abbia cambiato	abbiano cambiato
	Imperfect		**Past Perfect**	
	cambiassi	cambiassimo	avessi cambiato	avessimo cambiato
	cambiassi	cambiaste	avessi cambiato	aveste cambiato
	cambiasse	cambiassero	avesse cambiato	avessero cambiato
Conditional	**Present Conditional**		**Perfect Conditional**	
	cambierei	cambieremmo	avrei cambiato	avremmo cambiato
	cambieresti	cambiereste	avresti cambiato	avreste cambiato
	cambierebbe	cambierebbero	avrebbe cambiato	avrebbero cambiato

Note: Like *cambiare*, all verbs ending in *–iare*, when the *–i* is not stressed, drop the *–i* in the *tu* and *noi* forms of present indicative, and in the present subjunctive. The verb *cambiare* also means "to become different," and, in this case, it uses *essere* as its auxiliary verb to form compound tenses (see the last example below). As a reflexive verb *cambiarsi* ("to change clothes") uses the reflexive pronouns *mi, ti, si, ci, vi, si,* as well as the auxiliary verb *essere,* to form compound tenses (see the sixth example below). The verb *cambiare* also means "to become different," and in this case it uses *essere* in compounds (see the last example below).

EXAMPLES

Ho cambiato idea.	I've changed my mind.
Devi cambiare treno a Bologna.	You must change trains at Bologna.
Hanno cambiato casa.	They moved (to a new house).
Ha cambiato abitudini.	She changed habits.
Cambiare i dollari in euro.	Exchange dollars into euro.
Mi sono cambiata per uscire.	I changed my clothes before going out.
Lucia è cambiata in meglio dall'anno scorso.	Lucia has changed for the better since last year.

camminare

to walk, to go on foot

Auxiliary verb: avere **Past participle:** camminato **Gerund:** camminando

Imperative: (tu) cammina (non camminare); (Lei) cammini; (noi) camminiamo; (voi) camminate; (Loro) camminino

Mode	Simple Tenses		Compound Tenses	
	Singular	*Plural*	*Singular*	*Plural*
Indicative	**Present**		**Present Perfect**	
	cammino	camminiamo	ho camminato	abbiamo camminato
	cammini	camminate	hai camminato	avete camminato
	cammina	camminano	ha camminato	hanno camminato
	Imperfect		**Past Perfect**	
	camminavo	camminavamo	avevo camminato	avevamo camminato
	camminavi	camminavate	avevi camminato	avevate camminato
	camminava	camminavano	aveva camminato	avevano camminato
	Past Definite		**Past Anterior**	
	camminai	camminammo	ebbi camminato	avemmo camminato
	camminasti	camminaste	avesti camminato	aveste camminato
	camminò	camminarono	ebbe camminato	ebbero camminato
	Future		**Future Perfect**	
	camminerò	cammineremo	avrò camminato	avremo camminato
	camminerai	camminerete	avrai camminato	avrete camminato
	camminerà	cammineranno	avrà camminato	avranno camminato
Subjunctive	**Present**		**Present Perfect**	
	cammini	camminiamo	abbia camminato	abbiamo camminato
	cammini	camminiate	abbia camminato	abbiate camminato
	cammini	camminino	abbia camminato	abbiano camminato
	Imperfect		**Past Perfect**	
	camminassi	camminassimo	avessi camminato	avessimo camminato
	camminassi	camminaste	avessi camminato	aveste camminato
	camminasse	camminassero	avesse camminato	avessero camminato
Conditional	**Present Conditional**		**Perfect Conditional**	
	camminerei	cammineremmo	avrei camminato	avremmo camminato
	cammineresti	camminereste	avresti camminato	avreste camminato
	camminerebbe	camminerebbero	avrebbe camminato	avrebbero camminato

Note: "I walk home" translates *Vado a casa a piedi* not *Cammino a casa.*

EXAMPLES

Ti piace camminare?	Do you like walking?
Abbiamo camminato a lungo.	We walked for a long distance.
Cammina, cammina e cammina arrivò a . . .	On and on and on, until he got to . . .
Su, cammina!	Come on, get going!

cantare

to sing

Auxiliary verb: avere **Past participle:** cantato **Gerund:** cantando
Imperative: (tu) canta (non cantare); (Lei) canti; (noi) cantiamo; (voi)
cantate; (Loro) cantino

Mode	Simple Tenses		Compound Tenses	
	Singular	*Plural*	*Singular*	*Plural*
	Present		**Present Perfect**	
Indicative	canto	cantiamo	ho cantato	abbiamo cantato
	canti	cantate	hai cantato	avete cantato
	canta	cantano	ha cantato	hanno cantato
	Imperfect		**Past Perfect**	
	cantavo	cantavamo	avevo cantato	avevamo cantato
	cantavi	cantavate	avevi cantato	avevate cantato
	cantava	cantavano	aveva cantato	avevano cantato
	Past Definite		**Past Anterior**	
	cantai	cantammo	ebbi cantato	avemmo cantato
	cantasti	cantaste	avesti cantato	aveste cantato
	cantò	cantarono	ebbe cantato	ebbero cantato
	Future		**Future Perfect**	
	canterò	canteremo	avrò cantato	avremo cantato
	canterai	canterete	avrai cantato	avrete cantato
	canterà	canteranno	avrà cantato	avranno cantato
Subjunctive	**Present**		**Present Perfect**	
	canti	cantiamo	abbia cantato	abbiamo cantato
	canti	cantiate	abbia cantato	abbiate cantato
	canti	cantino	abbia cantato	abbiano cantato
	Imperfect		**Past Perfect**	
	cantassi	cantassimo	avessi cantato	avessimo cantato
	cantassi	cantaste	avessi cantato	aveste cantato
	cantasse	cantassero	avesse cantato	avessero cantato
Conditional	**Present Conditional**		**Perfect Conditional**	
	canterei	canteremmo	avrei cantato	avremmo cantato
	canteresti	cantereste	avresti cantato	avreste cantato
	canterebbe	canterebbero	avrebbe cantato	avrebbero cantato

EXAMPLES

Sandra canta bene.	Sandra sings well.
Cantami una canzone!	Sing me a song!
Perché non ci canti una canzone?	Why don't you sing a song for us?
Pavarotti canta da tenore.	Pavarotti is a tenor.
Canta che ti passa!	Cheer up and you'll get over it!

capire

to understand, to see

Auxiliary verb: avere **Past participle:** capito **Gerund:** capendo
Imperative: (tu) capisci (non capire); (Lei) capisca; (noi) capiamo; (voi)
capite; (Loro) capiscano

Mode	Simple Tenses		Compound Tenses	
	Singular	*Plural*	*Singular*	*Plural*
Indicative	**Present**		**Present Perfect**	
	capisco	capiamo	ho capito	abbiamo capito
	capisci	capite	hai capito	avete capito
	capisce	capiscono	ha capito	hanno capito
	Imperfect		**Past Perfect**	
	capivo	capivamo	avevo capito	avevamo capito
	capivi	capivate	avevi capito	avevate capito
	capiva	capivano	aveva capito	avevano capito
	Past Definite		**Past Anterior**	
	capii	capimmo	ebbi capito	avemmo capito
	capisti	capiste	avesti capito	aveste capito
	capì	capirono	ebbe capito	ebbero capito
	Future		**Future Perfect**	
	capirò	capiremo	avrò capito	avremo capito
	capirai	capirete	avrai capito	avrete capito
	capirà	capiranno	avrà capito	avranno capito
Subjunctive	**Present**		**Present Perfect**	
	capisca	capiamo	abbia capito	abbiamo capito
	capisca	capiate	abbia capito	abbiate capito
	capisca	capiscano	abbia capito	abbiano capito
	Imperfect		**Past Perfect**	
	capissi	capissimo	avessi capito	avessimo capito
	capissi	capiste	avessi capito	aveste capito
	capisse	capissero	avesse capito	avessero capito
Conditional	**Present Conditional**		**Perfect Conditional**	
	capirei	capiremmo	avrei capito	avremmo capito
	capiresti	capireste	avresti capito	avreste capito
	capirebbe	capirebbero	avrebbe capito	avrebbero capito

Note: The idiomatic way of asking "Do you understand?" and "I understand" translate in the
present perfect forms (see the fourth example below). As a reflexive verb *capirsi* ("to understand each other") uses the reflexive pronouns *mi, ti, si, ci, vi, si*, as well as the auxiliary verb
essere, to form compound tenses (see the last example below). If you want to convey the verb
"to misunderstand," you would say *capire male* (see the sixth example below).

EXAMPLES

Non capisco il suo comportamento.	I don't understand his behavior.
Capisco quello che vuoi dire.	I see what you mean.
Vieni anche tu? Si capisce!	Are you coming too? Of course!
Hai capito? Sì, ho capito.	Do you understand? Yes, I understand.
Ha capito tutto al volo.	He understood everything right away.
Mi dispiace, avevo capito male.	I am sorry, I misunderstood.
Ci siamo capiti?	Is it understood?

capitare

to happen, to befall, to arise

Auxiliary verb: essere **Past participle:** capitato **Gerund:** capitando
Imperative: (tu) capita (non capitare); (Lei) capiti; (noi) capitiamo; (voi) capitate; (Loro) capitino

Mode	Simple Tenses		Compound Tenses	
	Singular	*Plural*	*Singular*	*Plural*
Indicative	**Present**		**Present Perfect**	
	capito	capitiamo	sono capitato/a	siamo capitati/e
	capiti	capitate	sei capitato/a	siete capitati/e
	capita	capitano	è capitato/a	sono capitati/e
	Imperfect		**Past Perfect**	
	capitavo	capitavamo	ero capitato/a	eravamo capitati/e
	capitavi	capitavate	eri capitato/a	eravate capitati/e
	capitava	capitavano	era capitato/a	erano capitati/e
	Past Definite		**Past Anterior**	
	capitai	capitammo	fui capitato/a	fummo capitati/e
	capitasti	capitaste	fosti capitato/a	foste capitati/e
	capitò	capitarono	fu capitato/a	furono capitati/e
	Future		**Future Perfect**	
	capiterò	capiteremo	sarò capitato/a	saremo capitati/e
	capiterai	capiterete	sarai capitato/a	sarete capitati/e
	capiterà	capiteranno	sarà capitato/a	saranno capitati/e
Subjunctive	**Present**		**Present Perfect**	
	capiti	capitiamo	sia capitato/a	siamo capitati/e
	capiti	capitiate	sia capitato/a	siate capitati/e
	capiti	capitino	sia capitato/a	siano capitati/e
	Imperfect		**Past Perfect**	
	capitassi	capitassimo	fossi capitato/a	fossimo capitati/e
	capitassi	capitaste	fossi capitato/a	foste capitati/e
	capitasse	capitassero	fosse capitato/a	fossero capitati/e
Conditional	**Present Conditional**		**Perfect Conditional**	
	capiterei	capiteremmo	sarei capitato/a	saremmo capitati/e
	capiteresti	capitereste	saresti capitato/a	sareste capitati/e
	capiterebbe	capiterebbero	sarebbe capitato/a	sarebbero capitati/e

Note: The first syllable is emphasized in the singular forms of indicative and subjunctive present tense: *capito* as opposed to *capito*, the past participle of *capire*.

EXAMPLES

Capita a tutti (di arrivare in ritardo)!	It happens to everybody (to be late)!
Mi è capitato di incontrare Anna di nuovo.	I happened to meet Anna again.
Se capita l'occasione . . .	If the opportunity should arise . . .
Per puro caso il documento mi è capitato tra le mani.	Quite by chance I came upon the document.
Se capiti a Firenze, vieni a trovarmi!	If you happen to be in Florence, come and visit me!

cascare

to fall, to land

Auxiliary verb: essere **Past participle:** cascato **Gerund:** cascando
Imperative: (tu) casca (non cascare); (Lei) caschi; (noi) caschiamo; (voi)
cascate; (Loro) caschino

Mode	Simple Tenses		Compound Tenses	
	Singular	*Plural*	*Singular*	*Plural*
Indicative	**Present**		**Present Perfect**	
	casco	caschiamo	sono cascato/a	siamo cascati/e
	caschi	cascate	sei cascato/a	siete cascati/e
	casca	cascano	è cascato/a	sono cascati/e
	Imperfect		**Past Perfect**	
	cascavo	cascavamo	ero cascato/a	eravamo cascati/e
	cascavi	cascavate	eri cascato/a	eravate cascati/e
	cascava	cascavano	era cascato/a	erano cascati/e
	Past Definite		**Past Anterior**	
	cascai	cascammo	fui cascato/a	fummo cascati/e
	cascasti	cascaste	fosti cascato/a	foste cascati/e
	cascò	cascarono	fu cascato/a	furono cascati/e
	Future		**Future Perfect**	
	cascherò	cascheremo	sarò cascato/a	saremo cascati/e
	cascherai	cascherete	sarai cascato/a	sarete cascati/e
	cascherà	cascheranno	sarà cascato/a	saranno cascati/e
Subjunctive	**Present**		**Present Perfect**	
	caschi	caschiamo	sia cascato/a	siamo cascati/e
	caschi	caschiate	sia cascato/a	siate cascati/e
	caschi	caschino	sia cascato/a	siano cascati/e
	Imperfect		**Past Perfect**	
	cascassi	cascassimo	fossi cascato/a	fossimo cascati/e
	cascassi	cascaste	fossi cascato/a	foste cascati/e
	cascasse	cascassero	fosse cascato/a	fossero cascati/e
Conditional	**Present Conditional**		**Perfect Conditional**	
	cascherei	cascheremmo	sarei cascato/a	saremmo cascati/e
	cascheresti	caschereste	saresti cascato/a	sareste cascati/e
	cascherebbe	cascherebbero	sarebbe cascato/a	sarebbero cascati/e

EXAMPLES

Improvvisamente è cascato.	Suddenly he fell.
Lui casca sempre in piedi.	He always lands on his feet.
Siamo cascati male—è un brutto albergo.	We were unlucky—it is a bad hotel.
Casca dalle nuvole.	She is dumbfounded.
Caschi il mondo, domani parto.	I am leaving tomorrow, whatever happens.
Ho capito l'inganno, non ci casco.	I saw the trick; I am not falling for it.

causare

to cause, to be due to

Auxiliary verb: avere **Past participle:** causato **Gerund:** causando
Imperative: (tu) causa (non causare); (Lei) causi; (noi) causiamo; (voi)
causate; (Loro) causino

Mode	Simple Tenses		Compound Tenses	
	Singular	*Plural*	*Singular*	*Plural*
Indicative	**Present**		**Present Perfect**	
	causo	causiamo	ho causato	abbiamo causato
	causi	causate	hai causato	avete causato
	causa	causano	ha causato	hanno causato
	Imperfect		**Past Perfect**	
	causavo	causavamo	avevo causato	avevamo causato
	causavi	causavate	avevi causato	avevate causato
	causava	causavano	aveva causato	avevano causato
	Past Definite		**Past Anterior**	
	causai	causammo	ebbi causato	avemmo causato
	causasti	causaste	avesti causato	aveste causato
	causò	causarono	ebbe causato	ebbero causato
	Future		**Future Perfect**	
	causerò	causeremo	avrò causato	avremo causato
	causerai	causerete	avrai causato	avrete causato
	causerà	causeranno	avrà causato	avranno causato
Subjunctive	**Present**		**Present Perfect**	
	causi	causiamo	abbia causato	abbiamo causato
	causi	causiate	abbia causato	abbiate causato
	causi	causino	abbia causato	abbiano causato
	Imperfect		**Past Perfect**	
	causassi	causassimo	avessi causato	avessimo causato
	causassi	causaste	avessi causato	aveste causato
	causasse	causassero	avesse causato	avessero causato
Conditional	**Present Conditional**		**Perfect Conditional**	
	causerei	causeremmo	avrei causato	avremmo causato
	causeresti	causereste	avresti causato	avreste causato
	causerebbe	causerebbero	avrebbe causato	avrebbero causato

EXAMPLES

Il terremoto ha causato danni e perdite.

Il ritardo è causato dallo sciopero.

Così causi problemi a tutti.

The earthquake caused damages and losses.

The delay is due to the strike.

By acting like this, you are causing problems
for everybody.

cedere

to give up, to give in, to yield

Auxiliary verb: avere **Past participle:** ceduto **Gerund:** cedendo
Imperative: (tu) cedi (non cedere); (Lei) ceda; (noi) cediamo; (voi) cedete; (Loro) cedano

Mode	Simple Tenses		Compound Tenses	
	Singular	*Plural*	*Singular*	*Plural*
	Present		**Present Perfect**	
Indicative	cedo	cediamo	ho ceduto	abbiamo ceduto
	cedi	cedete	hai ceduto	avete ceduto
	cede	cedono	ha ceduto	hanno ceduto
	Imperfect		**Past Perfect**	
	cedevo	cedevamo	avevo ceduto	avevamo ceduto
	cedevi	cedevate	avevi ceduto	avevate ceduto
	cedeva	cedevano	aveva ceduto	avevano ceduto
	Past Definite		**Past Anterior**	
	cedei (cedetti)	cedemmo	ebbi ceduto	avemmo ceduto
	cedesti	cedeste	avesti ceduto	aveste ceduto
	cedé (cedette)	cederono (cedettero)	ebbe ceduto	ebbero ceduto
	Future		**Future Perfect**	
	cederò	cederemo	avrò ceduto	avremo ceduto
	cederai	cederete	avrai ceduto	avrete ceduto
	cederà	cederanno	avrà ceduto	avranno ceduto
Subjunctive	**Present**		**Present Perfect**	
	ceda	cediamo	abbia ceduto	abbiamo ceduto
	ceda	cediate	abbia ceduto	abbiate ceduto
	ceda	cedano	abbia ceduto	abbiano ceduto
	Imperfect		**Past Perfect**	
	cedessi	cedessimo	avessi ceduto	avessimo ceduto
	cedessi	cedeste	avessi ceduto	aveste ceduto
	cedesse	cedessero	avesse ceduto	avessero ceduto
Conditional	**Present Conditional**		**Perfect Conditional**	
	cederei	cederemmo	avrei ceduto	avremmo ceduto
	cederesti	cedereste	avresti ceduto	avreste ceduto
	cederebbe	cederebbero	avrebbe ceduto	avrebbero ceduto

EXAMPLES

Ho ceduto alle sue preghiere.	I yielded to his prayers.
Dobbiamo tener duro e non cedere.	We must hang on and not give up.
Non cederebbe mai i propri terreni.	He would never give up his land.
Penso che lei abbia ceduto i propri diritti al produttore.	I think she gave over her rights to the producer.

cenare

to eat dinner, to dine

Auxiliary verb: avere **Past participle:** cenato **Gerund:** cenando
Imperative: (tu) cena (non cenare); (Lei) ceni; (noi) ceniamo; (voi)
cenate; (Loro) cenino

Mode	Simple Tenses		Compound Tenses	
	Singular	*Plural*	*Singular*	*Plural*
	Present		**Present Perfect**	
Indicative	ceno	ceniamo	ho cenato	abbiamo cenato
	ceni	cenate	hai cenato	avete cenato
	cena	cenano	ha cenato	hanno cenato
	Imperfect		**Past Perfect**	
	cenavo	cenavamo	avevo cenato	avevamo cenato
	cenavi	cenavate	avevi cenato	avevate cenato
	cenava	cenavano	aveva cenato	avevano cenato
	Past Definite		**Past Anterior**	
	cenai	cenammo	ebbi cenato	avemmo cenato
	cenasti	cenaste	avesti cenato	aveste cenato
	cenò	cenarono	ebbe cenato	ebbero cenato
	Future		**Future Perfect**	
	cenerò	ceneremo	avrò cenato	avremo cenato
	cenerai	cenerete	avrai cenato	avrete cenato
	cenerà	ceneranno	avrà cenato	avranno cenato
Subjunctive	**Present**		**Present Perfect**	
	ceni	ceniamo	abbia cenato	abbiamo cenato
	ceni	ceniate	abbia cenato	abbiate cenato
	ceni	cenino	abbia cenato	abbiano cenato
	Imperfect		**Past Perfect**	
	cenassi	cenassimo	avessi cenato	avessimo cenato
	cenassi	cenaste	avessi cenato	aveste cenato
	cenasse	cenassero	avesse cenato	avessero cenato
Conditional	**Present Conditional**		**Perfect Conditional**	
	cenerei	ceneremmo	avrei cenato	avremmo cenato
	ceneresti	cenereste	avresti cenato	avreste cenato
	cenerebbe	cenerebbero	avrebbe cenato	avrebbero cenato

EXAMPLES

In Italia si cena alle venti.	In Italy, one usually has dinner at 8:00 p.m.
Sto cenando.	I am eating dinner.
A che ora ceniamo?	When shall we dine?
Avete cenato a casa o al ristorante?	Did you eat dinner at home or at the restaurant?
Domani ceniamo da amici.	Tomorrow we are going to dine at a friend's place.

cercare

to look for, to try, to look up, to seek

Auxiliary verb: avere **Past participle:** cercato **Gerund:** cercando

Imperative: (tu) cerca (non cercare); (Lei) cerchi; (noi) cerchiamo; (voi) cercate; (Loro) cerchino

Mode	Simple Tenses		Compound Tenses	
	Singular	*Plural*	*Singular*	*Plural*
Indicative	**Present**		**Present Perfect**	
	cerco	cerchiamo	ho cercato	abbiamo cercato
	cerchi	cercate	hai cercato	avete cercato
	cerca	cercano	ha cercato	hanno cercato
	Imperfect		**Past Perfect**	
	cercavo	cercavamo	avevo cercato	avevamo cercato
	cercavi	cercavate	avevi cercato	avevate cercato
	cercava	cercavano	aveva cercato	avevano cercato
	Past Definite		**Past Anterior**	
	cercai	cercammo	ebbi cercato	avemmo cercato
	cercasti	cercaste	avesti cercato	aveste cercato
	cercò	cercarono	ebbe cercato	ebbero cercato
	Future		**Future Perfect**	
	cercherò	cercheremo	avrò cercato	avremo cercato
	cercherai	cercherete	avrai cercato	avrete cercato
	cercherà	cercheranno	avrà cercato	avranno cercato
Subjunctive	**Present**		**Present Perfect**	
	cerchi	cerchiamo	abbia cercato	abbiamo cercato
	cerchi	cerchiate	abbia cercato	abbiate cercato
	cerchi	cerchino	abbia cercato	abbiano cercato
	Imperfect		**Past Perfect**	
	cercassi	cercassimo	avessi cercato	avessimo cercato
	cercassi	cercaste	avessi cercato	aveste cercato
	cercasse	cercassero	avesse cercato	avessero cercato
Conditional	**Present Conditional**		**Perfect Conditional**	
	cercherei	cercheremmo	avrei cercato	avremmo cercato
	cercheresti	cerchereste	avresti cercato	avreste cercato
	cercherebbe	cercherebbero	avrebbe cercato	avrebbero cercato

Note: *Cercare* (in the meaning "to look for") doesn't require a preposition after the verb as in its English equivalent (see the first example). *Cercare* ("to try") requires the preposition *di* before an infinitive (see the fourth and sixth examples below).

EXAMPLES

Sto cercando casa.	I am looking for a house.
Chi cerca trova.	Whoever seeks will find.
Cercasi	Wanted (as in want ads)
Ho cercato di aprire la scatola.	I tried to open the box.
Cercate la parola nel dizionario.	Look up the word in the dictionary.
Cerco di vincere la gara.	I'll try to win the competition.

chiamare
to call

Auxiliary verb: avere **Past participle:** chiamato **Gerund:** chiamando
Imperative: (tu) chiama (non chiamare); (Lei) chiami; (noi) chiamiamo;
(voi) chiamate; (Loro) chiamino

Mode	Simple Tenses		Compound Tenses	
	Singular	*Plural*	*Singular*	*Plural*
Indicative	**Present**		**Present Perfect**	
	chiamo	chiamiamo	ho chiamato	abbiamo chiamato
	chiami	chiamate	hai chiamato	avete chiamato
	chiama	chiamano	ha chiamato	hanno chiamato
	Imperfect		**Past Perfect**	
	chiamavo	chiamavamo	avevo chiamato	avevamo chiamato
	chiamavi	chiamavate	avevi chiamato	avevate chiamato
	chiamava	chiamavano	aveva chiamato	avevano chiamato
	Past Definite		**Past Anterior**	
	chiamai	chiamammo	ebbi chiamato	avemmo chiamato
	chiamasti	chiamaste	avesti chiamato	aveste chiamato
	chiamò	chiamarono	ebbe chiamato	ebbero chiamato
	Future		**Future Perfect**	
	chiamerò	chiameremo	avrò chiamato	avremo chiamato
	chiamerai	chiamerete	avrai chiamato	avrete chiamato
	chiamerà	chiameranno	avrà chiamato	avranno chiamato
Subjunctive	**Present**		**Present Perfect**	
	chiami	chiamiamo	abbia chiamato	abbiamo chiamato
	chiami	chiamiate	abbia chiamato	abbiate chiamato
	chiami	chiamino	abbia chiamato	abbiano chiamato
	Imperfect		**Past Perfect**	
	chiamassi	chiamassimo	avessi chiamato	avessimo chiamato
	chiamassi	chiamaste	avessi chiamato	aveste chiamato
	chiamasse	chiamassero	avesse chiamato	avessero chiamato
Conditional	**Present Conditional**		**Perfect Conditional**	
	chiamerei	chiameremmo	avrei chiamato	avremmo chiamato
	chiameresti	chiamereste	avresti chiamato	avreste chiamato
	chiamerebbe	chiamerebbero	avrebbe chiamato	avrebbero chiamato

Note: As a reflexive verb *chiamarsi* ("to be named" or "to be called") uses the reflexive pronouns *mi, ti, si, ci, vi, si,* as well as the auxiliary verb *essere,* to form compound tenses (see the sixth and seventh examples below).

EXAMPLES

Chiamami alle cinque.	Call me at five (on the telephone).
Chiamo un taxi.	I'll call a taxi.
La cena è pronta, chiama Daniela!	Dinner's ready, call Daniela!
Chiamalo per nome.	Call him by his (first) name.
Ho chiamato Valeria a testimoniare.	I called Valeria to testify.
Mi chiamo Laura.	My name is Laura.
Come ti chiami?	What is your name?

chiedere

to ask for

Auxiliary verb: avere **Past participle:** chiesto **Gerund:** chiedendo

Imperative: (tu) chiedi (non chiedere); (Lei) chieda; (noi) chiediamo; (voi) chiedete; (Loro) chiedano

Mode	Simple Tenses		Compound Tenses	
	Singular	*Plural*	*Singular*	*Plural*
Indicative	**Present**		**Present Perfect**	
	chiedo	chiediamo	ho chiesto	abbiamo chiesto
	chiedi	chiedete	hai chiesto	avete chiesto
	chiede	chiedono	ha chiesto	hanno chiesto
	Imperfect		**Past Perfect**	
	chiedevo	chiedevamo	avevo chiesto	avevamo chiesto
	chiedevi	chiedevate	avevi chiesto	avevate chiesto
	chiedeva	chiedevano	aveva chiesto	avevano chiesto
	Past Definite		**Past Anterior**	
	chiesi	chiedemmo	ebbi chiesto	avemmo chiesto
	chiedesti	chiedeste	avesti chiesto	aveste chiesto
	chiese	chiesero	ebbe chiesto	ebbero chiesto
	Future		**Future Perfect**	
	chiederò	chiederemo	avrò chiesto	avremo chiesto
	chiederai	chiederete	avrai chiesto	avrete chiesto
	chiederà	chiederanno	avrà chiesto	avranno chiesto
Subjunctive	**Present**		**Present Perfect**	
	chieda	chiediamo	abbia chiesto	abbiamo chiesto
	chieda	chiediate	abbia chiesto	abbiate chiesto
	chieda	chiedano	abbia chiesto	abbiano chiesto
	Imperfect		**Past Perfect**	
	chiedessi	chiedessimo	avessi chiesto	avessimo chiesto
	chiedessi	chiedeste	avessi chiesto	aveste chiesto
	chiedesse	chiedessero	avesse chiesto	avessero chiesto
Conditional	**Present Conditional**		**Perfect Conditional**	
	chiederei	chiederemmo	avrei chiesto	avremmo chiesto
	chiederesti	chiedereste	avresti chiesto	avreste chiesto
	chiederebbe	chiederebbero	avrebbe chiesto	avrebbero chiesto

Note: As a reflexive verb *chiedersi* ("to wonder") uses the reflexive pronouns *mi, ti, si, ci, vi, si,* as well as the auxiliary verb *essere,* to form compound tenses (see the last example below). *Chiedere* doesn't require a preposition after the verb as does its English equivalent (see the first example). *Chiedere* requires the preposition *di* before an infinitive (see the sixth examples below).

Examples

Ho chiesto il conto al cameriere.	I asked the waiter for the check.
Chiedigli come si chiama.	Ask (him) his name.
Mi ha chiesto di andare con lui.	He asked me to go with him.
Chiedo un favore a Anna.	I ask Anna for a favor.
Mi hanno chiesto di te.	They asked me about you.
Ha chiesto di uscire.	She asked to go out.
Mi chiedo cosa voglia.	I wonder what he wants.

chiudere

to close, to shut

Auxiliary verb: avere **Past participle:** chiuso **Gerund:** chiudendo
Imperative: (tu) chiudi (non chiudere); (Lei) chiuda; (noi) chiudiamo;
(voi) chiudete; (Loro) chiudano

Mode	Simple Tenses		Compound Tenses	
	Singular	*Plural*	*Singular*	*Plural*
Indicative	**Present**		**Present Perfect**	
	chiudo	chiudiamo	ho chiuso	abbiamo chiuso
	chiudi	chiudete	hai chiuso	avete chiuso
	chiude	chiudono	ha chiuso	hanno chiuso
	Imperfect		**Past Perfect**	
	chiudevo	chiudevamo	avevo chiuso	avevamo chiuso
	chiudevi	chiudevate	avevi chiuso	avevate chiuso
	chiudeva	chiudevano	aveva chiuso	avevano chiuso
	Past Definite		**Past Anterior**	
	chiusi	chiudemmo	ebbi chiuso	avemmo chiuso
	chiudesti	chiudeste	avesti chiuso	aveste chiuso
	chiuse	chiusero	ebbe chiuso	ebbero chiuso
	Future		**Future Perfect**	
	chiuderò	chiuderemo	avrò chiuso	avremo chiuso
	chiuderai	chiuderete	avrai chiuso	avrete chiuso
	chiuderà	chiuderanno	avrà chiuso	avranno chiuso
Subjunctive	**Present**		**Present Perfect**	
	chiuda	chiudiamo	abbia chiuso	abbiamo chiuso
	chiuda	chiudiate	abbia chiuso	abbiate chiuso
	chiuda	chiudano	abbia chiuso	abbiano chiuso
	Imperfect		**Past Perfect**	
	chiudessi	chiudessimo	avessi chiuso	avessimo chiuso
	chiudessi	chiudeste	avessi chiuso	aveste chiuso
	chiudesse	chiudessero	avesse chiuso	avessero chiuso
Conditional	**Present Conditional**		**Perfect Conditional**	
	chiuderei	chiuderemmo	avrei chiuso	avremmo chiuso
	chiuderesti	chiudereste	avresti chiuso	avreste chiuso
	chiuderebbe	chiuderebbero	avrebbe chiuso	avrebbero chiuso

Note: Similar to *chiudere* are *socchiudere* ("to half-close"), *dischiudere* ("to open slightly"), *richiudere* ("to close again"), and *schiudere* ("to unclose" or "to hatch"). To convey the end of a relationship, use *chiudere con* (see the fourth example below). As a reflexive verb *chiudersi* ("to shut," "to shut oneself up") uses the reflexive pronouns *mi, ti, si, ci, vi, si,* as well as the auxiliary verb *essere,* to form compound tenses (see the last example below).

EXAMPLES

Chiudi la porta (la finestra) per favore!	Please, shut the door (the window)!
Chiudo il conto.	I close the account.
I negozi chiudono alle otto.	The stores close at eight.
Penso che lei abbia chiuso con Alberto.	I think she ended it with Alberto.
Si è chiuso nel suo dolore.	He shut himself (up) in his grief.

cogliere

to pick, to catch, to take

Auxiliary verb: avere **Past participle:** colto **Gerund:** cogliendo
Imperative: (tu) cogli (non cogliere); (Lei) colga; (noi) cogliamo; (voi)
cogliete; (Loro) colgano

Mode	Simple Tenses		Compound Tenses	
	Singular	*Plural*	*Singular*	*Plural*
	Present		**Present Perfect**	
Indicative	colgo	cogliamo	ho colto	abbiamo colto
	cogli	cogliete	hai colto	avete colto
	coglie	colgono	ha colto	hanno colto
	Imperfect		**Past Perfect**	
	coglievo	coglievamo	avevo colto	avevamo colto
	coglievi	coglievate	avevi colto	avevate colto
	coglieva	coglievano	aveva colto	avevano colto
	Past Definite		**Past Anterior**	
	colsi	cogliemmo	ebbi colto	avemmo colto
	cogliesti	coglieste	avesti colto	aveste colto
	colse	colsero	ebbe colto	ebbero colto
	Future		**Future Perfect**	
	coglierò	coglieremo	avrò colto	avremo colto
	coglierai	coglierete	avrai colto	avrete colto
	coglierà	coglieranno	avrà colto	avranno colto
Subjunctive	**Present**		**Present Perfect**	
	colga	cogliamo	abbia colto	abbiamo colto
	colga	cogliate	abbia colto	abbiate colto
	colga	colgano	abbia colto	abbiano colto
	Imperfect		**Past Perfect**	
	cogliessi	cogliessimo	avessi colto	avessimo colto
	cogliessi	coglieste	avessi colto	aveste colto
	cogliesse	cogliessero	avesse colto	avessero colto
Conditional	**Present Conditional**		**Perfect Conditional**	
	coglierei	coglieremmo	avrei colto	avremmo colto
	coglieresti	cogliereste	avresti colto	avreste colto
	coglierebbe	coglierebbero	avrebbe colto	avrebbero colto

Note: Similar to *cogliere* are *accogliere* ("to welcome") and *raccogliere* ("to pick up").

EXAMPLES

Colgo i fiori e vengo.	I'll pick the flowers and then I'll come.
Non ho colto il problema.	I didn't catch (understand) the problem.
Colgo l'occasione per dirle quanto le sono riconoscente.	I am taking the opportunity to tell you how grateful I am.
Cogli l'attimo!	Seize the day!
La polizia ha colto il ladro in flagrante.	The police caught the thief in the act.
Dovevi cogliere la palla al balzo.	You had to take your chance.

coinvolgere

to involve

Auxiliary verb: avere **Past participle:** coinvolto **Gerund:** coinvolgendo
Imperative: (tu) coinvolgi (non coinvolgere); (Lei) coinvolga; (noi) coinvolgiamo; (voi) coinvolgete; (Loro) coinvolgano

Mode	Simple Tenses		Compound Tenses	
	Singular	*Plural*	*Singular*	*Plural*
	Present		**Present Perfect**	
	coinvolgo	coinvolgiamo	ho coinvolto	abbiamo coinvolto
	coinvolgi	coinvolgete	hai coinvolto	avete coinvolto
	coinvolge	coinvolgono	ha coinvolto	hanno coinvolto
	Imperfect		**Past Perfect**	
	coinvolgevo	coinvolgevamo	avevo coinvolto	avevamo coinvolto
	coinvolgevi	coinvolgevate	avevi coinvolto	avevate coinvolto
Indicative	coinvolgeva	coinvolgevano	aveva coinvolto	avevano coinvolto
	Past Definite		**Past Anterior**	
	coinvolsi	coinvolgemmo	ebbi coinvolto	avemmo coinvolto
	coinvolgesti	coinvolgeste	avesti coinvolto	aveste coinvolto
	coinvolse	coinvolsero	ebbe coinvolto	ebbero coinvolto
	Future		**Future Perfect**	
	coinvolgerò	coinvolgeremo	avrò coinvolto	avremo coinvolto
	coinvolgerai	coinvolgerete	avrai coinvolto	avrete coinvolto
	coinvolgerà	coinvolgeranno	avrà coinvolto	avranno coinvolto
	Present		**Present Perfect**	
	coinvolga	coinvolgiamo	abbia coinvolto	abbiamo coinvolto
	coinvolga	coinvolgiate	abbia coinvolto	abbiate coinvolto
Subjunctive	coinvolga	coinvolgano	abbia coinvolto	abbiano coinvolto
	Imperfect		**Past Perfect**	
	coinvolgessi	coinvolgessimo	avessi coinvolto	avessimo coinvolto
	coinvolgessi	coinvolgeste	avessi coinvolto	aveste coinvolto
	coinvolgesse	coinvolgessero	avesse coinvolto	avessero coinvolto
Conditional	**Present Conditional**		**Perfect Conditional**	
	coinvolgerei	coinvolgeremmo	avrei coinvolto	avremmo coinvolto
	coinvolgeresti	coinvolgereste	avresti coinvolto	avreste coinvolto
	coinvolgerebbe	coinvolgerebbero	avrebbe coinvolto	avrebbero coinvolto

EXAMPLES

Dobbiamo coinvolgere più persone possibili in questo progetto.	We have to involve in this project as many people as possible.
Che tipo di organizzazioni saranno coinvolte in questo progetto?	What kind of organizations will be involved in this project?
È rimasto coinvolto nell'incidente.	He got involved in the accident.

colpire

to hit, to strike, to shoot

Auxiliary verb: avere **Past participle:** colpito **Gerund:** colpendo
Imperative: (tu) colpisci (non colpire); (Lei) colpisca; (noi) colpiamo;
(voi) colpite; (Loro) colpiscano

Mode	Simple Tenses		Compound Tenses	
	Singular	*Plural*	*Singular*	*Plural*
Indicative	**Present**		**Present Perfect**	
	colpisco	colpiamo	ho colpito	abbiamo colpito
	colpisci	colpite	hai colpito	avete colpito
	colpisce	colpiscono	ha colpito	hanno colpito
	Imperfect		**Past Perfect**	
	colpivo	colpivamo	avevo colpito	avevamo colpito
	colpivi	colpivate	avevi colpito	avevate colpito
	colpiva	colpivano	aveva colpito	avevano colpito
	Past Definite		**Past Anterior**	
	colpii	colpimmo	ebbi colpito	avemmo colpito
	colpisti	colpiste	avesti colpito	aveste colpito
	colpì	colpirono	ebbe colpito	ebbero colpito
	Future		**Future Perfect**	
	colpirò	colpiremo	avrò colpito	avremo colpito
	colpirai	colpirete	avrai colpito	avrete colpito
	colpirà	colpiranno	avrà colpito	avranno colpito
Subjunctive	**Present**		**Present Perfect**	
	colpisca	colpiamo	abbia colpito	abbiamo colpito
	colpisca	colpiate	abbia colpito	abbiate colpito
	colpisca	colpiscano	abbia colpito	abbiano colpito
	Imperfect		**Past Perfect**	
	colpissi	colpissimo	avessi colpito	avessimo colpito
	colpissi	colpiste	avessi colpito	aveste colpito
	colpisse	colpissero	avesse colpito	avessero colpito
Conditional	**Present Conditional**		**Perfect Conditional**	
	colpirei	colpiremmo	avrei colpito	avremmo colpito
	colpiresti	colpireste	avresti colpito	avreste colpito
	colpirebbe	colpirebbero	avrebbe colpito	avrebbero colpito

Note: Similar to *colpire* is *scolpire* ("to sculpt")—for example, *Michelangelo scolpì il David*
("Michelangelo sculpted the David").

EXAMPLES

È stato colpito alla gamba.	He was shot in the leg.
La palla ha colpito il bambino alla testa.	The ball hit the child on the head.
Mi ha colpito la tua sincerità.	I was struck by your sincerity.

coltivare

to cultivate, to grow, to promote, to encourage

Auxiliary verb: avere **Past participle:** coltivato **Gerund:** coltivando
Imperative: (tu) coltiva (non coltivare); (Lei) coltivi; (noi) coltiviamo;
(voi) coltivate; (Loro) coltivino

Mode	Simple Tenses		Compound Tenses	
	Singular	*Plural*	*Singular*	*Plural*
	Present		**Present Perfect**	
Indicative	coltivo	coltiviamo	ho coltivato	abbiamo coltivato
	coltivi	coltivate	hai coltivato	avete coltivato
	coltiva	coltivano	ha coltivato	hanno coltivato
	Imperfect		**Past Perfect**	
	coltivavo	coltivavamo	avevo coltivato	avevamo coltivato
	coltivavi	coltivavate	avevi coltivato	avevate coltivato
	coltivava	coltivavano	aveva coltivato	avevano coltivato
	Past Definite		**Past Anterior**	
	coltivai	coltivammo	ebbi coltivato	avemmo coltivato
	coltivasti	coltivaste	avesti coltivato	aveste coltivato
	coltivò	coltivarono	ebbe coltivato	ebbero coltivato
	Future		**Future Perfect**	
	coltiverò	coltiveremo	avrò coltivato	avremo coltivato
	coltiverai	coltiverete	avrai coltivato	avrete coltivato
	coltiverà	coltiveranno	avrà coltivato	avranno coltivato
Subjunctive	**Present**		**Present Perfect**	
	coltivi	coltiviamo	abbia coltivato	abbiamo coltivato
	coltivi	coltiviate	abbia coltivato	abbiate coltivato
	coltivi	coltivino	abbia coltivato	abbiano coltivato
	Imperfect		**Past Perfect**	
	coltivassi	coltivassimo	avessi coltivato	avessimo coltivato
	coltivassi	coltivaste	avessi coltivato	aveste coltivato
	coltivasse	coltivassero	avesse coltivato	avessero coltivato
Conditional	**Present Conditional**		**Perfect Conditional**	
	coltiverei	coltiveremmo	avrei coltivato	avremmo coltivato
	coltiveresti	coltivereste	avresti coltivato	avreste coltivato
	coltiverebbe	coltiverebbero	avrebbe coltivato	avrebbero coltivato

EXAMPLES

Coltivano grano.	They grow grain.
L'amicizia va coltivata.	Friendship must be cultivated.
È importante coltivare i propri interessi.	It is important to cultivate one's interests.
Coltivare rapporti amichevoli tra due paesi	To promote friendly relations between two countries

combattere

to fight, to oppose
Auxiliary verb: avere **Past participle:** combattuto
Gerund: combattendo
Imperative: (tu) combatti (non combattere); (Lei) combatta; (noi) combattiamo; (voi) combattete; (Loro) combattano

Mode	Simple Tenses		Compound Tenses	
	Singular	*Plural*	*Singular*	*Plural*
	Present		**Present Perfect**	
Indicative	combatto	combattiamo	ho combattuto	abbiamo combattuto
	combatti	combattete	hai combattuto	avete combattuto
	combatte	combattono	ha combattuto	hanno combattuto
	Imperfect		**Past Perfect**	
	combattevo	combattevamo	avevo combattuto	avevamo combattuto
	combattevi	combattevate	avevi combattuto	avevate combattuto
	combatteva	combattevano	aveva combattuto	avevano combattuto
	Past Definite		**Past Anterior**	
	combattei	combattemmo	ebbi combattuto	avemmo combattuto
	combattesti	combatteste	avesti combattuto	aveste combattuto
	combatté	combatterono	ebbe combattuto	ebbero combattuto
	Future		**Future Perfect**	
	combatterò	combatteremo	avrò combattuto	avremo combattuto
	combatterai	combatterete	avrai combattuto	avrete combattuto
	combatterà	combatteranno	avrà combattuto	avranno combattuto
Subjunctive	**Present**		**Present Perfect**	
	combatta	combattiamo	abbia combattuto	abbiamo combattuto
	combatta	combattiate	abbia combattuto	abbiate combattuto
	combatta	combattano	abbia combattuto	abbiano combattuto
	Imperfect		**Past Perfect**	
	combattessi	combattessimo	avessi combattuto	avessimo combattuto
	combattessi	combatteste	avessi combattuto	aveste combattuto
	combattesse	combattessero	avesse combattuto	avessero combattuto
Conditional	**Present Conditional**		**Perfect Conditional**	
	combatterei	combatteremmo	avrei combattuto	avremmo combattuto
	combatteresti	combattereste	avresti combattuto	avreste combattuto
	combatterebbe	combatterebbero	avrebbe combattuto	avrebbero combattuto

EXAMPLES

Stiamo combattendo per una giusta causa.	We are fighting for a just cause.
Intendo combattere il nuovo progetto di legge.	I mean to oppose the new bill.
Il governo combatte l'inflazione.	The government fights inflation.

cominciare

to begin, to start

Auxiliary verb: avere/essere **Past participle:** cominciato
Gerund: cominciando
Imperative: (tu) comincia (non cominciare); (Lei) cominci;
(noi) cominciamo; (voi) cominciate; (Loro) comincino

Mode	Simple Tenses		Compound Tenses	
	Singular	*Plural*	*Singular*	*Plural*
Indicative	**Present**		**Present Perfect**	
	comincio	cominciamo	ho cominciato	abbiamo cominciato
	cominci	cominciate	hai cominciato	avete cominciato
	comincia	cominciano	ha cominciato	hanno cominciato
	Imperfect		**Past Perfect**	
	cominciavo	cominciavamo	avevo cominciato	avevamo cominciato
	cominciavi	cominciavate	avevi cominciato	avevate cominciato
	cominciava	cominciavano	aveva cominciato	avevano cominciato
	Past Definite		**Past Anterior**	
	cominciai	cominciammo	ebbi cominciato	avemmo cominciato
	cominciasti	cominciaste	avesti cominciato	aveste cominciato
	cominciò	cominciarono	ebbe cominciato	ebbero cominciato
	Future		**Future Perfect**	
	comincerò	cominceremo	avrò cominciato	avremo cominciato
	comincerai	comincerete	avrai cominciato	avrete cominciato
	comincerà	cominceranno	avrà cominciato	avranno cominciato
Subjunctive	**Present**		**Present Perfect**	
	cominci	cominciamo	abbia cominciato	abbiamo cominciato
	cominci	cominciate	abbia cominciato	abbiate cominciato
	cominci	comincino	abbia cominciato	abbiano cominciato
	Imperfect		**Past Perfect**	
	cominciassi	cominciassimo	avessi cominciato	avessimo cominciato
	cominciassi	cominciaste	avessi cominciato	aveste cominciato
	cominciasse	cominciassero	avesse cominciato	avessero cominciato
Conditional	**Present Conditional**		**Perfect Conditional**	
	comincerei	cominceremmo	avrei cominciato	avremmo cominciato
	cominceresti	comincereste	avresti cominciato	avreste cominciato
	comincerebbe	comincerebbero	avrebbe cominciato	avrebbero cominciato

Note: *Cominciare* requires the preposition *a* before an infinitive (see the fifth example below). The verb *cominciare* can also have an intransitive meaning and therefore uses *essere* in compounds (see the Introduction, as well as the last example below).

EXAMPLES

Ho appena cominciato un nuovo libro.	I just started a new book.
Comincia a piovere.	It is starting to rain.
Lo spettacolo comincia alle 9 di sera.	The performance is starting at 9:00 p.m.
parole che cominciano per vocale	words that begin with a vowel
A che ora hai cominciato a studiare?	At what time did you start studying?
A che ora è cominciato il film?	At what time did the movie start?

commettere

to commit, to make

Auxiliary verb: avere **Past participle:** commesso

Gerund: commettendo

Imperative: (tu) commetti (non commettere); (Lei) commetta;
(noi) commettiamo; (voi) commettete; (Loro) commettano

Mode	Simple Tenses		Compound Tenses	
	Singular	*Plural*	*Singular*	*Plural*
Indicative	**Present**		**Present Perfect**	
	commetto	commettiamo	ho commesso	abbiamo commesso
	commetti	commettete	hai commesso	avete commesso
	commette	commettono	ha commesso	hanno commesso
	Imperfect		**Past Perfect**	
	commettevo	commettevamo	avevo commesso	avevamo commesso
	commettevi	commettevate	avevi commesso	avevate commesso
	commetteva	commettevano	aveva commesso	avevano commesso
	Past Definite		**Past Anterior**	
	commisi	commettemmo	ebbi commesso	avemmo commesso
	commettesti	commetteste	avesti commesso	aveste commesso
	commise	commisero	ebbe commesso	ebbero commesso
	Future		**Future Perfect**	
	commetterò	commetteremo	avrò commesso	avremo commesso
	commetterai	commetterete	avrai commesso	avrete commesso
	commetterà	commetteranno	avrà commesso	avranno commesso
Subjunctive	**Present**		**Present Perfect**	
	commetta	commettiamo	abbia commesso	abbiamo commesso
	commetta	commettiate	abbia commesso	abbiate commesso
	commetta	commettano	abbia commesso	abbiano commesso
	Imperfect		**Past Perfect**	
	commettessi	commettessimo	avessi commesso	avessimo commesso
	commettessi	commetteste	avessi commesso	aveste commesso
	commettesse	commettessero	avesse commesso	avessero commesso
Conditional	**Present Conditional**		**Perfect Conditional**	
	commetterei	commetteremmo	avrei commesso	avremmo commesso
	commetteresti	commettereste	avresti commesso	avreste commesso
	commetterebbe	commetterebbero	avrebbe commesso	avrebbero commesso

Note: To express "to commit" as in "to commit to a cause," use *essere impegnato a* + infinitive, as in the last example below.

EXAMPLES

Ha commesso un delitto efferato.	He committed a cruel crime.
Abbiamo commeso un errore.	We made a mistake.
Non commettiamo un'ingiustizia.	Let's not do a wrong.
È impegnato a lottare per la causa della libertà.	He is committed to fight for the cause of freedom.

commuovere

to move, to touch

Auxiliary verb: avere **Past participle:** commosso **Gerund:** comm(u)ovendo

Imperative: (tu) commuovi (non commuovere); (Lei) commuova; (noi) comm(u)oviamo; (voi) comm(u)ovete; (Loro) commuovano

Mode	Simple Tenses		Compound Tenses	
	Singular	*Plural*	*Singular*	*Plural*
Indicative	**Present**		**Present Perfect**	
	commuovo	comm(u)oviamo	ho commosso	abbiamo commosso
	commuovi	comm(u)ovete	hai commosso	avete commosso
	commuove	commuovono	ha commosso	hanno commosso
	Imperfect		**Past Perfect**	
	comm(u)ovevo	comm(u)ovevamo	avevo commosso	avevamo commosso
	comm(u)ovevi	comm(u)ovevate	avevi commosso	avevate commosso
	comm(u)oveva	comm(u)ovevano	aveva commosso	avevano commosso
	Past Definite		**Past Anterior**	
	commossi	comm(u)ovemmo	ebbi commosso	avemmo commosso
	comm(u)ovesti	comm(u)oveste	avesti commosso	aveste commosso
	commosse	commossero	ebbe commosso	ebbero commosso
	Future		**Future Perfect**	
	comm(u)overò	comm(u)overemo	avrò commosso	avremo commosso
	comm(u)overai	comm(u)overete	avrai commosso	avrete commosso
	comm(u)overà	comm(u)overanno	avrà commosso	avranno commosso
Subjunctive	**Present**		**Present Perfect**	
	commuova	comm(u)oviamo	abbia commosso	abbiamo commosso
	commuova	comm(u)oviate	abbia commosso	abbiate commosso
	commuova	commuovano	abbia commosso	abbiano commosso
	Imperfect		**Past Perfect**	
	comm(u)ovessi	comm(u)ovessimo	avessi commosso	avessimo commosso
	comm(u)ovessi	comm(u)oveste	avessi commosso	aveste commosso
	comm(u)ovesse	comm(u)ovessero	avesse commosso	avessero commosso
Conditional	**Present Conditional**		**Perfect Conditional**	
	comm(u)overei	comm(u)overemmo	avrei commosso	avremmo commosso
	comm(u)overesti	comm(u)overeste	avresti commosso	avreste commosso
	comm(u)overebbe	comm(u)overebbero	avrebbe commosso	avrebbero commosso

Note: As a reflexive verb *commuoversi* ("to be touched" or "to be moved") uses the reflexive pronouns *mi, ti, si, ci, vi, si,* as well as the auxiliary verb *essere,* to form compound tenses (see the last example below).

EXAMPLES

Le tue parole hanno commosso il pubblico profondamente.	Your words touched/moved the audience deeply.
Il tuo comportamento mi commuove alle lacrime.	Your behavior moves me to tears.
Alla fine del film mi sono commossa.	I was touched at the end of the movie.

comparire

to appear, to show oneself

Auxiliary verb: essere **Past participle:** comparso **Gerund:** comparendo
Imperative: (tu) compari (non comparire); (Lei) compaia; (noi) compa-
riamo; (voi) comparite; (Loro) compaiano

Mode	Simple Tenses		Compound Tenses	
	Singular	*Plural*	*Singular*	*Plural*
	Present		**Present Perfect**	
	compaio	compariamo	sono comparso/a	siamo comparsi/e
	compari	comparite	sei comparso/a	siete comparsi/e
	compare	compaiono	è comparso/a	sono comparsi/e
	Imperfect		**Past Perfect**	
Indicative	comparivo	comparivamo	ero comparso/a	eravamo comparsi/e
	comparivi	comparivate	eri comparso/a	eravate comparsi/e
	compariva	comparivano	era comparso/a	erano comparsi/e
	Past Definite		**Past Anterior**	
	comparvi	comparimmo	fui comparso/a	fummo comparsi/e
	comparisti	compariste	fosti comparso/a	foste comparsi/e
	comparve	comparvero	fu comparso/a	furono comparsi/e
	Future		**Future Perfect**	
	comparirò	compariremo	sarò comparso/a	saremo comparsi/e
	comparirai	comparirete	sarai comparso/a	sarete comparsi/e
	comparirà	compariranno	sarà comparso/a	saranno comparsi/e
	Present		**Present Perfect**	
	compaia	compariamo	sia comparso/a	siamo comparsi/e
Subjunctive	compaia	compariate	sia comparso/a	siate comparsi/e
	compaia	compaiano	sia comparso/a	siano comparsi/e
	Imperfect		**Past Perfect**	
	comparissi	comparissimo	fossi comparso/a	fossimo comparsi/e
	comparissi	compariste	fossi comparso/a	foste comparsi/e
	comparisse	comparissero	fosse comparso/a	fossero comparsi/e
Conditional	**Present Conditional**		**Perfect Conditional**	
	comparirei	compariremmo	sarei comparso/a	saremmo comparsi/e
	compariresti	comparireste	saresti comparso/a	sareste comparsi/e
	comparirebbe	comparirebbero	sarebbe comparso/a	sarebbero comparsi/e

Note: Similar to *comparire* is *scomparire* ("to disappear"). The present tense and the past
definite also have regular forms. Present: *compariscor, comparisci* . . . ; Past definite: *compa-
rii* . . . The past definite *comparsi* is also possible.

EXAMPLES

Deve comparire in giudizio.	He has to appear before the court.
La cantante Mina non compare in pubblico da 20 anni.	The Italian singer Mina has not shown herself in public for 20 years.
La nave comparve improvvisamente all'orizzonte.	The ship suddenly appeared on the horizon.

compiere

to finish, to turn, to be, to accomplish, to achieve
Auxiliary verb: avere **Past participle:** compiuto **Gerund:** compiendo
Imperative: (tu) compi (non compiere); (Lei) compia; (noi) compiamo;
(voi) compiete; (Loro) compiano

Mode	Simple Tenses		Compound Tenses	
	Singular	*Plural*	*Singular*	*Plural*
	Present		**Present Perfect**	
Indicative	compio	compiamo	ho compiuto	abbiamo compiuto
	compi	compiete	hai compiuto	avete compiuto
	compie	compiono	ha compiuto	hanno compiuto
	Imperfect		**Past Perfect**	
	compivo	compivamo	avevo compiuto	avevamo compiuto
	compivi	compivate	avevi compiuto	avevate compiuto
	compiva	compivano	aveva compiuto	avevano compiuto
	Past Definite		**Past Anterior**	
	compii	compimmo	ebbi compiuto	avemmo compiuto
	compisti	compiste	avesti compiuto	aveste compiuto
	compì	compirono	ebbe compiuto	ebbero compiuto
	Future		**Future Perfect**	
	compirò	compiremo	avrò compiuto	avremo compiuto
	compirai	compirete	avrai compiuto	avrete compiuto
	compirà	compiranno	avrà compiuto	avranno compiuto
Subjunctive	**Present**		**Present Perfect**	
	compia	compiamo	abbia compiuto	abbiamo compiuto
	compia	compiate	abbia compiuto	abbiate compiuto
	compia	compiano	abbia compiuto	abbiano compiuto
	Imperfect		**Past Perfect**	
	compissi	compissimo	avessi compiuto	avessimo compiuto
	compissi	compiste	avessi compiuto	aveste compiuto
	compisse	compissero	avesse compiuto	avessero compiuto
Conditional	**Present Conditional**		**Perfect Conditional**	
	compirei	compiremmo	avrei compiuto	avremmo compiuto
	compiresti	compireste	avresti compiuto	avreste compiuto
	compirebbe	compirebbero	avrebbe compiuto	avrebbero compiuto

Note: From the infinitive *compiere* are formed the present, the gerund *compiendo*, and the past participle *compiuto*. All other tenses derive from the infinitive *compire*. As a reflexive verb *compiersi* ("to come to an end," "to come true") uses the reflexive pronouns *mi, ti, si, ci, vi, si,* as well as the auxiliary verb *essere,* to form compound tenses (see the last example below).

EXAMPLES

Bravo—hai compiuto una buona azione!	Excellent—you've done a good deed!
Quando compi gli anni?	When is your birthday?
Compio 20 anni il 30 giugno.	I will be 20 on June 30.
Devo compiere il lavoro entro venerdì.	I have to finish the work by Friday.
Si è compiuto un periodo.	A period has come to an end.

comporre

to compose, to be composed

Auxiliary verb: avere **Past participle:** composto **Gerund:** componendo
Imperative: (tu) componi (non comporre); (Lei) componga; (noi) componiamo; (voi) componete; (Loro) compongano

Mode	Simple Tenses		Compound Tenses	
	Singular	*Plural*	*Singular*	*Plural*
	Present		**Present Perfect**	
Indicative	compongo	componiamo	ho composto	abbiamo composto
	componi	componete	hai composto	avete composto
	compone	compongono	ha composto	hanno composto
	Imperfect		**Past Perfect**	
	componevo	componevamo	avevo composto	avevamo composto
	componevi	componevate	avevi composto	avevate composto
	componeva	componevano	aveva composto	avevano composto
	Past Definite		**Past Anterior**	
	composi	componemmo	ebbi composto	avemmo composto
	componesti	componeste	avesti composto	aveste composto
	compose	composero	ebbe composto	ebbero composto
	Future		**Future Perfect**	
	comporrò	comporremo	avrò composto	avremo composto
	comporrai	comporrete	avrai composto	avrete composto
	comporrà	comporranno	avrà composto	avranno composto
Subjunctive	**Present**		**Present Perfect**	
	componga	componiamo	abbia composto	abbiamo composto
	componga	componiate	abbia composto	abbiate composto
	componga	compongano	abbia composto	abbiano composto
	Imperfect		**Past Perfect**	
	componessi	componessimo	avessi composto	avessimo composto
	componessi	componeste	avessi composto	aveste composto
	componesse	componessero	avesse composto	avessero composto
Conditional	**Present Conditional**		**Perfect Conditional**	
	comporrei	comporremmo	avrei composto	avremmo composto
	comporresti	comporreste	avresti composto	avreste composto
	comporrebbe	comporrebbero	avrebbe composto	avrebbero composto

Note: *Comporre* and all verbs ending in *–porre* come from the original Latin *–ponere*. This is the reason why so many of the forms have the *–pon–* root in them. As a reflexive verb *comporsi* ("to consist of," "to be made up of") uses the reflexive pronouns *mi, ti, si, ci, vi, si,* as well as the auxiliary verb *essere,* to form compound tenses (see the last example below).

EXAMPLES

La giuria era composta da tutte donne.	The jury was made up entirely of women.
Vivaldi ha composto "Le quattro stagioni."	Vivaldi composed The Four Seasons.
Non devi comporre lo zero.	Do not dial zero.
Il documento si compone di tre sezioni.	The documents consist of three sections.

comportarsi
to behave

Auxiliary verb: essere **Past participle:** comportato(si) **Gerund:** comportando(si)

Imperative: (tu) comportati (non comportarti); (Lei) Si comporti; (noi) comportiamoci; (voi) comportatevi; (Loro) Si comportino

Mode	Simple Tenses		Compound Tenses	
	Singular	*Plural*	*Singular*	*Plural*
Indicative	**Present**		**Present Perfect**	
	mi comporto ti comporti si comporta	ci comportiamo vi comportate si comportano	mi sono comportato/a ti sei comportato/a si è comportato/a	ci siamo comportati/e vi siete comportati/e si sono comportati/e
	Imperfect		**Past Perfect**	
	mi comportavo ti comportavi si comportava	ci comportavamo vi comportavate si comportavano	mi ero comportato/a ti eri comportato/a si era comportato/a	ci eravamo comportati/e vi eravate comportati/e si erano comportati/e
	Past Definite		**Past Anterior**	
	mi comportai ti comportasti si comportò	ci comportammo vi comportaste si comportarono	mi fui comportato/a ti fosti comportato/a si fu comportato/a	ci fummo comportati/e vi foste comportati/e si furono comportati/e
	Future		**Future Perfect**	
	mi comporterò ti comporterai si comporterà	ci comporteremo vi comporterete si comporteranno	mi sarò comportato/a ti sarai comportato/a si sarà comportato/a	ci saremo comportati/e vi sarete comportati/e si saranno comportati/e
Subjunctive	**Present**		**Present Perfect**	
	mi comporti ti comporti si comporti	ci comportiamo vi comportiate si comportino	mi sia comportato/a ti sia comportato/a si sia comportato/a	ci siamo comportati/e vi siate comportati/e si siano comportati/e
	Imperfect		**Past Perfect**	
	mi comportassi ti comportassi si comportasse	ci comportassimo vi comportaste si comportassero	mi fossi comportato/a ti fossi comportato/a si fosse comportato/a	ci fossimo comportati/e vi foste comportati/e si fossero comportati/e
Conditional	**Present Conditional**		**Perfect Conditional**	
	mi comporterei ti comporteresti si comporterebbe	ci comporteremmo vi comportereste si comporterebbero	mi sarei comportato/a ti saresti comportato/a si sarebbe comportato/a	ci saremmo comportati/e vi sareste comportati/e si sarebbero comportati/e

Note: *Comportare* ("to involve" or "to take") may be used nonreflexively with *avere* as its auxiliary verb to form compound tenses (see the last example below).

EXAMPLES

Si comporta da bambino.	He behaves like a child.
Si è comportato da eroe.	He behaved like a hero.
Comportati bene!	Behave!
Se ti comporti bene ti compro un gelato.	If you behave well, I'll buy you an ice cream.
Si sono comportati male.	They behaved badly.
Questo ha comportato una spesa enorme.	This involved an enormous expenditure.

comprare
to buy

Auxiliary verb: avere **Past participle:** comprato **Gerund:** comprando
Imperative: (tu) compra (non comprare); (Lei) compri; (noi) compriamo;
(voi) comprate; (Loro) comprino

Mode	Simple Tenses		Compound Tenses	
	Singular	*Plural*	*Singular*	*Plural*
	Present		**Present Perfect**	
	compro	compriamo	ho comprato	abbiamo comprato
	compri	comprate	hai comprato	avete comprato
	compra	comprano	ha comprato	hanno comprato
Indicative	**Imperfect**		**Past Perfect**	
	compravo	compravamo	avevo comprato	avevamo comprato
	compravi	compravate	avevi comprato	avevate comprato
	comprava	compravano	aveva comprato	avevano comprato
	Past Definite		**Past Anterior**	
	comprai	comprammo	ebbi comprato	avemmo comprato
	comprasti	compraste	avesti comprato	aveste comprato
	comprò	comprarono	ebbe comprato	ebbero comprato
	Future		**Future Perfect**	
	comprerò	compreremo	avrò comprato	avremo comprato
	comprerai	comprerete	avrai comprato	avrete comprato
	comprerà	compreranno	avrà comprato	avranno comprato
Subjunctive	**Present**		**Present Perfect**	
	compri	compriamo	abbia comprato	abbiamo comprato
	compri	compriate	abbia comprato	abbiate comprato
	compri	comprino	abbia comprato	abbiano comprato
	Imperfect		**Past Perfect**	
	comprassi	comprassimo	avessi comprato	avessimo comprato
	comprassi	compraste	avessi comprato	aveste comprato
	comprasse	comprassero	avesse comprato	avessero comprato
Conditional	**Present Conditional**		**Perfect Conditional**	
	comprerei	compreremmo	avrei comprato	avremmo comprato
	compreresti	comprereste	avresti comprato	avreste comprato
	comprerebbe	comprerebbero	avrebbe comprato	avrebbero comprato

EXAMPLES

Cristina compra i vestiti a buon prezzo al mercato.	Cristina buys clothes for a good price at the market.
Compro la macchina da Fabio.	I'm buying the car from Fabio.
Ho comprato questi pantaloni in un negozio.	I bought these pants in a store.
Dove compri le verdure?	Where do you buy vegetables?
Non compro niente.	I'm not buying anything.
Compreresti una bicicletta di seconda mano?	Would you buy a bicycle second hand?
Compreremo il computer a rate.	We will buy the computer on the installment plan.

comprendere
to include, to understand
Auxiliary verb: avere **Past participle:** compreso **Gerund:** comprendendo
Imperative: (tu) comprendi (non comprendere); (Lei) comprenda; (noi) comprendiamo; (voi) comprendete; (Loro) comprendano

Mode	Simple Tenses		Compound Tenses	
	Singular	*Plural*	*Singular*	*Plural*
Indicative	**Present**		**Present Perfect**	
	comprendo	comprendiamo	ho compreso	abbiamo compreso
	comprendi	comprendete	hai compreso	avete compreso
	comprende	comprendono	ha compreso	hanno compreso
	Imperfect		**Past Perfect**	
	comprendevo	comprendevamo	avevo compreso	avevamo compreso
	comprendevi	comprendevate	avevi compreso	avevate compreso
	comprendeva	comprendevano	aveva compreso	avevano compreso
	Past Definite		**Past Anterior**	
	compresi	comprendemmo	ebbi compreso	avemmo compreso
	comprendesti	comprendeste	avesti compreso	aveste compreso
	comprese	compresero	ebbe compreso	ebbero compreso
	Future		**Future Perfect**	
	comprenderò	comprenderemo	avrò compreso	avremo compreso
	comprenderai	comprenderete	avrai compreso	avrete compreso
	comprenderà	comprenderanno	avrà compreso	avranno compreso
Subjunctive	**Present**		**Present Perfect**	
	comprenda	comprendiamo	abbia compreso	abbiamo compreso
	comprenda	comprendiate	abbia compreso	abbiate compreso
	comprenda	comprendano	abbia compreso	abbiano compreso
	Imperfect		**Past Perfect**	
	comprendessi	comprendessimo	avessi compreso	avessimo compreso
	comprendessi	comprendeste	avessi compreso	aveste compreso
	comprendesse	comprendessero	avesse compreso	avessero compreso
Conditional	**Present Conditional**		**Perfect Conditional**	
	comprenderei	comprenderemmo	avrei compreso	avremmo compreso
	comprenderesti	comprendereste	avresti compreso	avreste compreso
	comprenderebbe	comprenderebbero	avrebbe compreso	avrebbero compreso

Note: *Comprendere* requires the preposition *di* before an infinitive (see the last example below). As a reflexive verb *comprendersi* ("to understand each other") uses the reflexive pronouns *mi, ti, si, ci, vi, si,* as well as the auxiliary verb *essere,* to form compound tenses.

EXAMPLES

Il libro comprende un capitolo sulla storia.	The book includes a chapter on history.
La nuova legge comprende anche questo caso.	The new law also covers this case.
Il prezzo è 50 euro, tutto compreso.	The price is 50 euro, everything included.
Comprendiamo il tuo punto di vista.	We understand your point of view.
Comprendo quello che dici.	I see what you mean.
Comprende di avere sbagliato.	He understands he was wrong.

comprimere
to compress, to restrain
Auxiliary verb: avere **Past participle:** compresso
Gerund: comprimendo
Imperative: (tu) comprimi (non comprimere); (Lei) comprima; (noi) comprimiamo; (voi) comprimete; (Loro) comprimano

Mode	Simple Tenses		Compound Tenses	
	Singular	*Plural*	*Singular*	*Plural*
Indicative	**Present**		**Present Perfect**	
	comprimo	comprimiamo	ho compresso	abbiamo compresso
	comprimi	comprimete	hai compresso	avete compresso
	comprime	comprimono	ha compresso	hanno compresso
	Imperfect		**Past Perfect**	
	comprimevo	comprimevamo	avevo compresso	avevamo compresso
	comprimevi	comprimevate	avevi compresso	avevate compresso
	comprimeva	comprimevano	aveva compresso	avevano compresso
	Past Definite		**Past Anterior**	
	compressi	comprimemmo	ebbi compresso	avemmo compresso
	comprimesti	comprimeste	avesti compresso	aveste compresso
	compresse	compressero	ebbe compresso	ebbero compresso
	Future		**Future Perfect**	
	comprimerò	comprimeremo	avrò compresso	avremo compresso
	comprimerai	comprimerete	avrai compresso	avrete compresso
	comprimerà	comprimeranno	avrà compresso	avranno compresso
Subjunctive	**Present**		**Present Perfect**	
	comprima	comprimiamo	abbia compresso	abbiamo compresso
	comprima	comprimiate	abbia compresso	abbiate compresso
	comprima	comprimano	abbia compresso	abbiano compresso
	Imperfect		**Past Perfect**	
	comprimessi	comprimessimo	avessi compresso	avessimo compresso
	comprimessi	comprimeste	avessi compresso	aveste compresso
	comprimesse	comprimessero	avesse compresso	avessero compresso
Conditional	**Present Conditional**		**Perfect Conditional**	
	comprimerei	comprimeremmo	avrei compresso	avremmo compresso
	comprimeresti	comprimereste	avresti compresso	avreste compresso
	comprimerebbe	comprimerebbero	avrebbe compresso	avrebbero compresso

Note: Similar to *comprimere* are *deprimere* ("to depress"), *esprimere* ("to express"), *imprimere* ("to impress"), *opprimere* ("to oppress"), *reprimere* ("to repress"), and *sopprimere* ("to suppress").

EXAMPLES

Abbiamo compresso le informazioni più importanti in un solo paragrafo.

We compressed the main information into a single paragraph.

aria compressa

compressed air

Non potei comprimere lo sdegno.

I was unable to restrain my indignation.

comunicare

to communicate, to inform
Auxiliary verb: avere **Past participle:** comunicato **Gerund:** comunicando

Imperative: (tu) comunica (non comunicare); (Lei) comunichi; (noi) comunichiamo; (voi) comunicate; (Loro) comunichino

Mode	Simple Tenses		Compound Tenses	
	Singular	*Plural*	*Singular*	*Plural*
	Present		**Present Perfect**	
	comunico	comunichiamo	ho comunicato	abbiamo comunicato
	comunichi	comunicate	hai comunicato	avete comunicato
	comunica	comunicano	ha comunicato	hanno comunicato
	Imperfect		**Past Perfect**	
Indicative	comunicavo	comunicavamo	avevo comunicato	avevamo comunicato
	comunicavi	comunicavate	avevi comunicato	avevate comunicato
	comunicava	comunicavano	aveva comunicato	avevano comunicato
	Past Definite		**Past Anterior**	
	comunicai	comunicammo	ebbi comunicato	avemmo comunicato
	comunicasti	comunicaste	avesti comunicato	aveste comunicato
	comunicò	comunicarono	ebbe comunicato	ebbero comunicato
	Future		**Future Perfect**	
	comunicherò	comunicheremo	avrò comunicato	avremo comunicato
	comunicherai	comunicherete	avrai comunicato	avrete comunicato
	comunicherà	comunicheranno	avrà comunicato	avranno comunicato
	Present		**Present Perfect**	
	comunichi	comunichiamo	abbia comunicato	abbiamo comunicato
	comunichi	comunichiate	abbia comunicato	abbiate comunicato
Subjunctive	comunichi	comunichino	abbia comunicato	abbiano comunicato
	Imperfect		**Past Perfect**	
	comunicassi	comunicassimo	avessi comunicato	avessimo comunicato
	comunicassi	comunicaste	avessi comunicato	aveste comunicato
	comunicasse	comunicassero	avesse comunicato	avessero comunicato
	Present Conditional		**Perfect Conditional**	
Conditional	comunicherei	comunicheremmo	avrei comunicato	avremmo comunicato
	comunicheresti	comunichereste	avresti comunicato	avreste comunicato
	comunicherebbe	comunicherebbero	avrebbe comunicato	avrebbero comunicato

Note: Similar to *comunicare* is *scomunicare* ("to excommunicate"). *Comunicare* requires the preposition *di* before an infinitive (see the fifth example below). As a reflexive verb *comunicarsi* ("to communicate to each other") uses the reflexive pronouns *ci, vi, si,* as well as the auxiliary verb *essere*, to form compound tenses (see the last example below).

EXAMPLES

Cerco di comunicare a voi il mio entusiasmo.	I am trying to communicate my enthusiasm to you.
La camera comunica con il bagno.	The bedroom connects to the bathroom.
Comunichiamo solo per email.	We communicate by e-mail.
Ho comunicato la decisione ai colleghi.	I informed my colleagues of my decision.
Vi comunico di essere preoccupato.	I inform you that I am worried.
Si sono comunicati per telefono.	They communicated with each other by telephone.

concedere

to grant, to allow, to award

Auxiliary verb: avere **Past participle:** concesso **Gerund:** concedendo
Imperative: (tu) concedi (non concedere); (Lei) conceda; (noi) conce-
diamo; (voi) concedete; (Loro) concedano

Mode	Simple Tenses		Compound Tenses	
	Singular	*Plural*	*Singular*	*Plural*
	Present		**Present Perfect**	
Indicative	concedo	concediamo	ho concesso	abbiamo concesso
	concedi	concedete	hai concesso	avete concesso
	concede	concedono	ha concesso	hanno concesso
	Imperfect		**Past Perfect**	
	concedevo	concedevamo	avevo concesso	avevamo concesso
	concedevi	concedevate	avevi concesso	avevate concesso
	concedeva	concedevano	aveva concesso	avevano concesso
	Past Definite		**Past Anterior**	
	concessi	concedemmo	ebbi concesso	avemmo concesso
	concedesti	concedeste	avesti concesso	aveste concesso
	concesse	concessero	ebbe concesso	ebbero concesso
	Future		**Future Perfect**	
	concederò	concederemo	avrò concesso	avremo concesso
	concederai	concederete	avrai concesso	avrete concesso
	concederà	concederanno	avrà concesso	avranno concesso
Subjunctive	**Present**		**Present Perfect**	
	conceda	concediamo	abbia concesso	abbiamo concesso
	conceda	concediate	abbia concesso	abbiate concesso
	conceda	concedano	abbia concesso	abbiano concesso
	Imperfect		**Past Perfect**	
	concedessi	concedessimo	avessi concesso	avessimo concesso
	concedessi	concedeste	avessi concesso	aveste concesso
	concedesse	concedessero	avesse concesso	avessero concesso
Conditional	**Present Conditional**		**Perfect Conditional**	
	concederei	concederemmo	avrei concesso	avremmo concesso
	concederesti	concedereste	avresti concesso	avreste concesso
	concederebbe	concederebbero	avrebbe concesso	avrebbero concesso

Note: *Concedere* requires the preposition *di* before an infinitive (see the last example below).

EXAMPLES

La banca ha concesso il prestito a mio fratello.	The bank has granted a loan to my brother.
Concedimi più tempo.	Give me more time.
Concederò l'esclusiva alla casa editrice.	I will patent the publishing.
Il capo mi ha concesso un aumento.	The boss has awarded me a raise in salary.
Mi hanno concesso una borsa di studio.	They awarded me a scholarship.
Ieri abbiamo concesso ai dipendenti di uscire prima.	Yesterday we allowed the employees to leave early.

concludere

to conclude, to achieve, to clinch

Auxiliary verb: avere **Past participle:** concluso   **Gerund:** concludendo
Imperative: (tu) concludi (non concludere); (Lei) concluda; (noi) concludiamo; (voi) concludete; (Loro) concludano

Mode	Simple Tenses		Compound Tenses	
	Singular	*Plural*	*Singular*	*Plural*
Indicative	**Present**		**Present Perfect**	
	concludo	concludiamo	ho concluso	abbiamo concluso
	concludi	concludete	hai concluso	avete concluso
	conclude	concludono	ha concluso	hanno concluso
	Imperfect		**Past Perfect**	
	concludevo	concludevamo	avevo concluso	avevamo concluso
	concludevi	concludevate	avevi concluso	avevate concluso
	concludeva	concludevano	aveva concluso	avevano concluso
	Past Definite		**Past Anterior**	
	conclusi	concludemmo	ebbi concluso	avemmo concluso
	concludesti	concludeste	avesti concluso	aveste concluso
	concluse	conclusero	ebbe concluso	ebbero concluso
	Future		**Future Perfect**	
	concluderò	concluderemo	avrò concluso	avremo concluso
	concluderai	concluderete	avrai concluso	avrete concluso
	concluderà	concluderanno	avrà concluso	avranno concluso
Subjunctive	**Present**		**Present Perfect**	
	concluda	concludiamo	abbia concluso	abbiamo concluso
	concluda	concludiate	abbia concluso	abbiate concluso
	concluda	concludano	abbia concluso	abbiano concluso
	Imperfect		**Past Perfect**	
	concludessi	concludessimo	avessi concluso	avessimo concluso
	concludessi	concludeste	avessi concluso	aveste concluso
	concludesse	concludessero	avesse concluso	avessero concluso
Conditional	**Present Conditional**		**Perfect Conditional**	
	concluderei	concluderemmo	avrei concluso	avremmo concluso
	concluderesti	concludereste	avresti concluso	avreste concluso
	concluderebbe	concluderebbero	avrebbe concluso	avrebbero concluso

Note: As a reflexive verb *concludersi* ("to end up" or "to conclude") uses the reflexive pronouns *mi, ti, si, ci, vi, si,* as well as the auxiliary verb *essere* to form compound tenses (see the last example below).

EXAMPLES

Concludo col dire che è stato un onore . . .	I conclude by saying that it has been an honor . . .
Oggi ho concluso poco.	I didn't get much done today.
Un coro conclude il primo atto.	A chorus brings the first act to an end.
Concludiamo l'affare!	Let's clinch the deal!
La manifestazione si è conclusa.	The demonstration has concluded.

condannare

to sentence, to condemn, to convict

Auxiliary verb: avere **Past participle:** condannato **Gerund:** condannando
Imperative: (tu) condanna (non condannare); (Lei) condanni; (noi) condanniamo; (voi) condannate; (Loro) condannino

Mode	Simple Tenses		Compound Tenses	
	Singular	*Plural*	*Singular*	*Plural*
	Present		**Present Perfect**	
Indicative	condanno	condanniamo	ho condannato	abbiamo condannato
	condanni	condannate	hai condannato	avete condannato
	condanna	condannano	ha condannato	hanno condannato
	Imperfect		**Past Perfect**	
	condannavo	condannavamo	avevo condannato	avevamo condannato
	condannavi	condannavate	avevi condannato	avevate condannato
	condannava	condannavano	aveva condannato	avevano condannato
	Past Definite		**Past Anterior**	
	condannai	condannammo	ebbi condannato	avemmo condannato
	condannasti	condannaste	avesti condannato	aveste condannato
	condannò	condannarono	ebbe condannato	ebbero condannato
	Future		**Future Perfect**	
	condannerò	condanneremo	avrò condannato	avremo condannato
	condannerai	condannerete	avrai condannato	avrete condannato
	condannerà	condanneranno	avrà condannato	avranno condannato
Subjunctive	**Present**		**Present Perfect**	
	condanni	condanniamo	abbia condannato	abbiamo condannato
	condanni	condanniate	abbia condannato	abbiate condannato
	condanni	condannino	abbia condannato	abbiano condannato
	Imperfect		**Past Perfect**	
	condannassi	condannassimo	avessi condannato	avessimo condannato
	condannassi	condannaste	avessi condannato	aveste condannato
	condannasse	condannassero	avesse condannato	avessero condannato
Conditional	**Present Conditional**		**Perfect Conditional**	
	condannerei	condanneremmo	avrei condannato	avremmo condannato
	condanneresti	condannereste	avresti condannato	avreste condannato
	condannerebbe	condannerebbero	avrebbe condannato	avrebbero condannato

EXAMPLES

È stato condannato a 3 anni di reclusione.	He was sentenced to three years' imprisonment.
Non credo che la Corte lo condannerà.	I don't think the court will condemn him.
Condanno questa politica.	I condemn this policy.
Penso che lo condanneranno per furto.	I think they will convict him of theft.

condire
to season, to dress, to add
Auxiliary verb: avere **Past participle:** condito **Gerund:** condendo
Imperative: (tu) condisci (non condire); (Lei) condisca; (noi) condiamo;
(voi) condite; (Loro) condiscano

Mode	Simple Tenses		Compound Tenses	
	Singular	*Plural*	*Singular*	*Plural*
Indicative	**Present**		**Present Perfect**	
	condisco	condiamo	ho condito	abbiamo condito
	condisci	condite	hai condito	avete condito
	condisce	condiscono	ha condito	hanno condito
	Imperfect		**Past Perfect**	
	condivo	condivamo	avevo condito	avevamo condito
	condivi	condivate	avevi condito	avevate condito
	condiva	condivano	aveva condito	avevano condito
	Past Definite		**Past Anterior**	
	condii	condimmo	ebbi condito	avemmo condito
	condisti	condiste	avesti condito	aveste condito
	condì	condirono	ebbe condito	ebbero condito
	Future		**Future Perfect**	
	condirò	condiremo	avrò condito	avremo condito
	condirai	condirete	avrai condito	avrete condito
	condirà	condiranno	avrà condito	avranno condito
Subjunctive	**Present**		**Present Perfect**	
	condisca	condiamo	abbia condito	abbiamo condito
	condisca	condiate	abbia condito	abbiate condito
	condisca	condiscano	abbia condito	abbiano condito
	Imperfect		**Past Perfect**	
	condissi	condissimo	avessi condito	avessimo condito
	condissi	condiste	avessi condito	aveste condito
	condisse	condissero	avesse condito	avessero condito
Conditional	**Present Conditional**		**Perfect Conditional**	
	condirei	condiremmo	avrei condito	avremmo condito
	condiresti	condireste	avresti condito	avreste condito
	condirebbe	condirebbero	avrebbe condito	avrebbero condito

EXAMPLES

Condisco l'insalata con l'olio e l'aceto. Va bene per te?

I am dressing the salad with oil and vinegar. Is this okay with you?

Abbiamo condito con sale e pepe.

We seasoned with salt and pepper.

Mi piace condire la pasta con il sugo di carne.

I like to add a meat sauce to the pasta.

un discorso condito di citazioni latine

a speech seasoned with Latin quotations

condurre

to lead, to manage, to conduct

Auxiliary verb: avere **Past participle:** condotto   **Gerund:** conducendo
Imperative: (tu) conduci (non condurre); (Lei) conduca; (noi) conduciamo; (voi) conducete; (Loro) conducano

Mode	Simple Tenses		Compound Tenses	
	Singular	*Plural*	*Singular*	*Plural*
Indicative	**Present**		**Present Perfect**	
	conduco	conduciamo	ho condotto	abbiamo condotto
	conduci	conducete	hai condotto	avete condotto
	conduce	conducono	ha condotto	hanno condotto
	Imperfect		**Past Perfect**	
	conducevo	conducevamo	avevo condotto	avevamo condotto
	conducevi	conducevate	avevi condotto	avevate condotto
	conduceva	conducevano	aveva condotto	avevano condotto
	Past Definite		**Past Anterior**	
	condussi	conducemmo	ebbi condotto	avemmo condotto
	conducesti	conduceste	avesti condotto	aveste condotto
	condusse	condussero	ebbe condotto	ebbero condotto
	Future		**Future Perfect**	
	condurrò	condurremo	avrò condotto	avremo condotto
	condurrai	condurrete	avrai condotto	avrete condotto
	condurrà	condurranno	avrà condotto	avranno condotto
Subjunctive	**Present**		**Present Perfect**	
	conduca	conduciamo	abbia condotto	abbiamo condotto
	conduca	conduciate	abbia condotto	abbiate condotto
	conduca	conducano	abbia condotto	abbiano condotto
	Imperfect		**Past Perfect**	
	conducessi	conducessimo	avessi condotto	avessimo condotto
	conducessi	conduceste	avessi condotto	aveste condotto
	conducesse	conducessero	avesse condotto	avessero condotto
Conditional	**Present Conditional**		**Perfect Conditional**	
	condurrei	condurremmo	avrei condotto	avremmo condotto
	condurresti	condurreste	avresti condotto	avreste condotto
	condurrebbe	condurrebbero	avrebbe condotto	avrebbero condotto

Note: The old Latin root of verbs ending in –*urre* is -*ucere,* as in *produrre (producere),* thus the –*uc* that appears in many forms of the conjugation.

EXAMPLES

Conduce una vita piacevole.	She leads a pleasant life.
Ha condotto male i propri affari.	He managed his affairs badly.
La squadra conduceva per tre a zero.	The team was leading 3-0.
Questa strada conduce al mare.	This road leads to the sea.
Tutte le strade conducono a Roma.	All roads lead to Rome.
Quest'anno Pippo Baudo ha condotto il festival di Sanremo.	Pippo Baudo conducted Sanremo Festival this year.

confermare
to confirm, to prove, to corroborate
Auxiliary verb: avere **Past participle:** confermato **Gerund:** confermando
Imperative: (tu) conferma (non confermare); (Lei) confermi; (noi) confermiamo; (voi) confermate; (Loro) confermino

Mode	Simple Tenses		Compound Tenses	
	Singular	*Plural*	*Singular*	*Plural*
Indicative	**Present**		**Present Perfect**	
	confermo	confermiamo	ho confermato	abbiamo confermato
	confermi	confermate	hai confermato	avete confermato
	conferma	confermano	ha confermato	hanno confermato
	Imperfect		**Past Perfect**	
	confermavo	confermavamo	avevo confermato	avevamo confermato
	confermavi	confermavate	avevi confermato	avevate confermato
	confermava	confermavano	aveva confermato	avevano confermato
	Past Definite		**Past Anterior**	
	confermai	confermammo	ebbi confermato	avemmo confermato
	confermasti	confermaste	avesti confermato	aveste confermato
	confermò	confermarono	ebbe confermato	ebbero confermato
	Future		**Future Perfect**	
	confermerò	confermeremo	avrò confermato	avremo confermato
	confermerai	confermerete	avrai confermato	avrete confermato
	confermerà	confermeranno	avrà confermato	avranno confermato
Subjunctive	**Present**		**Present Perfect**	
	confermi	confermiamo	abbia confermato	abbiamo confermato
	confermi	confermiate	abbia confermato	abbiate confermato
	confermi	confermino	abbia confermato	abbiano confermato
	Imperfect		**Past Perfect**	
	confermassi	confermassimo	avessi confermato	avessimo confermato
	confermassi	confermaste	avessi confermato	aveste confermato
	confermasse	confermassero	avesse confermato	avessero confermato
Conditional	**Present Conditional**		**Perfect Conditional**	
	confermerei	confermeremmo	avrei confermato	avremmo confermato
	confermeresti	confermereste	avresti confermato	avreste confermato
	confermerebbe	confermerebbero	avrebbe confermato	avrebbero confermato

Note: As a reflexive verb *confermarsi* ("to confirm oneself") uses the reflexive pronouns *mi, ti, si, ci, vi, si,* as well as the auxiliary verb *essere,* to form compound tenses (see the last example below).

EXAMPLES

Vorrei confermare la mia prenotazione.	I would like to confirm my reservation.
Confermo l'invito a cena.	I confirm the invitation for dinner.
L'eccezione conferma la regola.	The exception proves the rule.
La notizia è stata confermata adesso.	The news has now been confirmed.
Gli esperimenti hanno confermato la teoria.	Experiments corroborated the theory.
La squadra si è confermata Campione del Mondo.	The team confirmed itself World Champions.

confessare

to confess, to admit

Auxiliary verb: avere **Past participle:** confessato **Gerund:** confessando
Imperative: (tu) confessa (non confessare); (Lei) confessi; (noi) confes-
siamo; (voi) confessate; (Loro) confessino

Mode	Simple Tenses		Compound Tenses	
	Singular	*Plural*	*Singular*	*Plural*
Indicative	**Present**		**Present Perfect**	
	confesso	confessiamo	ho confessato	abbiamo confessato
	confessi	confessate	hai confessato	avete confessato
	confessa	confessano	ha confessato	hanno confessato
	Imperfect		**Past Perfect**	
	confessavo	confessavamo	avevo confessato	avevamo confessato
	confessavi	confessavate	avevi confessato	avevate confessato
	confessava	confessavano	aveva confessato	avevano confessato
	Past Definite		**Past Anterior**	
	confessai	confessammo	ebbi confessato	avemmo confessato
	confessasti	confessaste	avesti confessato	aveste confessato
	confessò	confessarono	ebbe confessato	ebbero confessato
	Future		**Future Perfect**	
	confesserò	confesseremo	avrò confessato	avremo confessato
	confesserai	confesserete	avrai confessato	avrete confessato
	confesserà	confesseranno	avrà confessato	avranno confessato
Subjunctive	**Present**		**Present Perfect**	
	confessi	confessiamo	abbia confessato	abbiamo confessato
	confessi	confessiate	abbia confessato	abbiate confessato
	confessi	confessino	abbia confessato	abbiano confessato
	Imperfect		**Past Perfect**	
	confessassi	confessassimo	avessi confessato	avessimo confessato
	confessassi	confessaste	avessi confessato	aveste confessato
	confessasse	confessassero	avesse confessato	avessero confessato
Conditional	**Present Conditional**		**Perfect Conditional**	
	confesserei	confesseremmo	avrei confessato	avremmo confessato
	confesseresti	confessereste	avresti confessato	avreste confessato
	confesserebbe	confesserebbero	avrebbe confessato	avrebbero confessato

Note: *Confessare* requires the preposition *di* before an infinitive (see the fourth example
below). As a reflexive verb *confessarsi* ("to confess what one has done," especially in the
Catholic sense of confessing) uses the reflexive pronouns *mi, ti, si, ci, vi, si,* as well as the
auxiliary verb *essere,* to form compound tenses (see the last two examples below).

EXAMPLES

Devo confessare che all'inizio non gli ho creduto.	I must confess that at first I did not believe him.
Confesso che sono stato io a cominciare.	I admit that it was I who began it.
Ha confessato tutto in tribunale.	He confessed everything in court.
Confesso di avere paura.	I admit to being afraid.
Si è confessato colpevole.	He has confessed his guilt.
Mi vorrei confessare prima di Pasqua.	I would like to confess before Easter.

confondere

to confuse, to mix up, to take for
Auxiliary verb: avere **Past participle:** confuso **Gerund:** confondendo
Imperative: (tu) confondi (non confondere); (Lei) confonda; (noi) confondiamo; (voi) confondete; (Loro) confondano

Mode	Simple Tenses		Compound Tenses	
	Singular	*Plural*	*Singular*	*Plural*
	Present		**Present Perfect**	
Indicative	confondo confondi confonde	confondiamo confondete confondono	ho confuso hai confuso ha confuso	abbiamo confuso avete confuso hanno confuso
	Imperfect		**Past Perfect**	
	confondevo confondevi confondeva	confondevamo confondevate confondevano	avevo confuso avevi confuso aveva confuso	avevamo confuso avevate confuso avevano confuso
	Past Definite		**Past Anterior**	
	confusi confondesti confuse	confondemmo confondeste confusero	ebbi confuso avesti confuso ebbe confuso	avemmo confuso aveste confuso ebbero confuso
	Future		**Future Perfect**	
	confonderò confonderai confonderà	confonderemo confonderete confonderanno	avrò confuso avrai confuso avrà confuso	avremo confuso avrete confuso avranno confuso
Subjunctive	**Present**		**Present Perfect**	
	confonda confonda confonda	confondiamo confondiate confondano	abbia confuso abbia confuso abbia confuso	abbiamo confuso abbiate confuso abbiano confuso
	Imperfect		**Past Perfect**	
	confondessi confondessi confondesse	confondessimo confondeste confondessero	avessi confuso avessi confuso avesse confuso	avessimo confuso aveste confuso avessero confuso
Conditional	**Present Conditional**		**Perfect Conditional**	
	confonderei confonderesti confonderebbe	confonderemmo confondereste confonderebbero	avrei confuso avresti confuso avrebbe confuso	avremmo confuso avreste confuso avrebbero confuso

Note: As a reflexive verb *confondersi* ("to get confused" or "to mingle") uses the reflexive pronouns *mi, ti, si, ci, vi, si*, as well as the auxiliary verb *essere*, to form compound tenses (see the last two examples below).

EXAMPLES

Confonde sempre le idee a tutti.	He always mixes up everybody's ideas.
Hanno confuso tutti i libri.	They have muddled up all the books.
Scusa, ti ho confuso per tuo fratello.	I am sorry, I took you for your brother.
Confondo il verde con il blu.	I confuse green with blue.
Durante l'esame si è confuso.	During the exam he got confused.
Ci confondemmo tra la folla.	We mingled in the crowd.

congratularsi

to congratulate

Auxiliary verb: essere **Past participle:** congratulato(si) **Gerund:** congratulando(si)

Imperative: (tu) congratulati (non congratularti); (Lei) Si congratuli; (noi) congratuliamoci; (voi) congratulatevi; (Loro) Si congratulino

Mode	Simple Tenses		Compound Tenses	
	Singular	*Plural*	*Singular*	*Plural*
	Present		**Present Perfect**	
Indicative	mi congratulo ti congratuli si congratula	ci congratuliamo vi congratulate si congratulano	mi sono congratulato/a ti sei congratulato/a si è congratulato/a	ci siamo congratulati/e vi siete congratulati/e si sono congratulati/e
	Imperfect		**Past Perfect**	
	mi congratulavo ti congratulavi si congratulava	ci congratulavamo vi congratulavate si congratulavano	mi ero congratulato/a ti eri congratulato/a si era congratulato/a	ci eravamo congratulati/e vi eravate congratulati/e si erano congratulati/e
	Past Definite		**Past Anterior**	
	mi congratulai ti congratulasti si congratulò	ci congratulammo vi congratulaste si congratularono	mi fui congratulato/a ti fosti congratulato/a si fu congratulato/a	ci fummo congratulati/e vi foste congratulati/e si furono congratulati/e
	Future		**Future Perfect**	
	mi congratulerò ti congratulerai si congratulerà	ci congratuleremo vi congratulerete si congratuleranno	mi sarò congratulato/a ti sarai congratulato/a si sarà congratulato/a	ci saremo congratulati/e vi sarete congratulati/e si saranno congratulati/e
Subjunctive	**Present**		**Present Perfect**	
	mi congratuli ti congratuli si congratuli	ci congratuliamo vi congratuliate si congratulino	mi sia congratulato/a ti sia congratulato/a si sia congratulato/a	ci siamo congratulati/e vi siate congratulati/e si siano congratulati/e
	Imperfect		**Past Perfect**	
	mi congratulassi ti congratulassi si congratulasse	ci congratulassimo vi congratulaste si congratulassero	mi fossi congratulato/a ti fossi congratulato/a si fosse congratulato/a	ci fossimo congratulati/e vi foste congratulati/e si fossero congratulati/e
Conditional	**Present Conditional**		**Perfect Conditional**	
	mi congratulerei ti congratuleresti si congratulerebbe	ci congratuleremmo vi congratulereste si congratulerebbero	mi sarei congratulato/a ti saresti congratulato/a si sarebbe congratulato/a	ci saremmo congratulati/e vi sareste congratulati/e si sarebbero congratulati

EXAMPLES

Mi congratulo con te per il tuo successo.	I congratulate you on your success.
Si è congratulato con me per la promozione.	He congratulated me on my promotion.
Il professore si congratulò per l'esame.	The professor congratulated us on the exam.

connettere

to join, to connect, to link

Auxiliary verb: avere **Past participle:** connesso **Gerund:** connettendo
Imperative: (tu) connetti (non connettere); (Lei) connetta; (noi) connettiamo; (voi) connettete; (Loro) connettano

Mode	Simple Tenses		Compound Tenses	
	Singular	*Plural*	*Singular*	*Plural*
	Present		**Present Perfect**	
Indicative	connetto	connettiamo	ho connesso	abbiamo connesso
	connetti	connettete	hai connesso	avete connesso
	connette	connettono	ha connesso	hanno connesso
	Imperfect		**Past Perfect**	
	connettevo	connettevamo	avevo connesso	avevamo connesso
	connettevi	connettevate	avevi connesso	avevate connesso
	connetteva	connettevano	aveva connesso	avevano connesso
	Past Definite		**Past Anterior**	
	connessi	connettemmo	ebbi connesso	avemmo connesso
	connettesti	connetteste	avesti connesso	aveste connesso
	connesse	connessero	ebbe connesso	ebbero connesso
	Future		**Future Perfect**	
	connetterò	connetteremo	avrò connesso	avremo connesso
	connetterai	connetterete	avrai connesso	avrete connesso
	connetterà	connetteranno	avrà connesso	avranno connesso
Subjunctive	**Present**		**Present Perfect**	
	connetta	connettiamo	abbia connesso	abbiamo connesso
	connetta	connettiate	abbia connesso	abbiate connesso
	connetta	connettano	abbia connesso	abbiano connesso
	Imperfect		**Past Perfect**	
	connettessi	connettessimo	avessi connesso	avessimo connesso
	connettessi	connetteste	avessi connesso	aveste connesso
	connettesse	connettessero	avesse connesso	avessero connesso
Conditional	**Present Conditional**		**Perfect Conditional**	
	connetterei	connetteremmo	avrei connesso	avremmo connesso
	connetteresti	connettereste	avresti connesso	avreste connesso
	connetterebbe	connetterebbero	avrebbe connesso	avrebbero connesso

Note: As a reflexive verb *connettersi* ("to be connected," "to be linked," "to log in") uses the reflexive pronouns *mi, ti, si, ci, vi, si,* as well as the auxiliary verb *essere,* to form compound tenses (see the last example below).

EXAMPLES

Devi connettere i fili.	You have to connect the wires.
Ha connesso le idee.	He connected the ideas.
Ti sei connesso ad internet?	Did you log in?

conoscere

to know, to meet

Auxiliary verb: avere **Past participle:** conosciuto **Gerund:** conoscendo
Imperative: (tu) conosci (non conoscere); (Lei) conosca; (noi) conos-
ciamo; (voi) conoscete; (Loro) conoscano

Mode	Simple Tenses		Compound Tenses	
	Singular	*Plural*	*Singular*	*Plural*
	Present		**Present Perfect**	
Indicative	conosco	conosciamo	ho conosciuto	abbiamo conosciuto
	conosci	conoscete	hai conosciuto	avete conosciuto
	conosce	conoscono	ha conosciuto	hanno conosciuto
	Imperfect		**Past Perfect**	
	conoscevo	conoscevamo	avevo conosciuto	avevamo conosciuto
	conoscevi	conoscevate	avevi conosciuto	avevate conosciuto
	conosceva	conoscevano	aveva conosciuto	avevano conosciuto
	Past Definite		**Past Anterior**	
	conobbi	conoscemmo	ebbi conosciuto	avemmo conosciuto
	conoscesti	conosceste	avesti conosciuto	aveste conosciuto
	conobbe	conobbero	ebbe conosciuto	ebbero conosciuto
	Future		**Future Perfect**	
	conoscerò	conosceremo	avrò conosciuto	avremo conosciuto
	conoscerai	conoscerete	avrai conosciuto	avrete conosciuto
	conoscerà	conosceranno	avrà conosciuto	avranno conosciuto
Subjunctive	**Present**		**Present Perfect**	
	conosca	conosciamo	abbia conosciuto	abbiamo conosciuto
	conosca	conosciate	abbia conosciuto	abbiate conosciuto
	conosca	conoscano	abbia conosciuto	abbiano conosciuto
	Imperfect		**Past Perfect**	
	conoscessi	conoscessimo	avessi conosciuto	avessimo conosciuto
	conoscessi	conosceste	avessi conosciuto	aveste conosciuto
	conoscesse	conoscessero	avesse conosciuto	avessero conosciuto
Conditional	**Present Conditional**		**Perfect Conditional**	
	conoscerei	conosceremmo	avrei conosciuto	avremmo conosciuto
	conosceresti	conoscereste	avresti conosciuto	avreste conosciuto
	conoscerebbe	conoscerebbero	avrebbe conosciuto	avrebbero conosciuto

Note: *Conoscere* and *sapere* both correspond to the verb "to know," but they have different meanings. *Conoscere* means "to know a person, place, or thing" in the sense of "to be
acquainted with somebody or something." It also means "to make the acquaintance of" or "to
meet" (in the past tense). As a reflexive verb *conoscersi* ("to know oneself" or "to know each
other") uses the reflexive pronouns *mi, ti, si, ci, vi, si,* as well as the auxiliary verb *essere,* to
form compound tenses (see the last example below).

EXAMPLES

Conosco tua sorella di vista.	I know your sister by sight.
Ho conosciuto Fabio a casa di amici.	I met Fabio at my friends' house.
Conosciamo la città.	We know the city.
Conosco Maria da 25 anni.	I have known Maria for 25 years.
Si sono conosciuti dieci anni fa.	They met each other ten years ago.

consigliare

to recommend, to advise

Auxiliary verb: avere **Past participle:** consigliato **Gerund:** consigliando
Imperative: (tu) consiglia (non consigliare); (Lei) consigli; (noi) consigliamo; (voi) consigliate; (Loro) consiglino

Mode	Simple Tenses		Compound Tenses	
	Singular	*Plural*	*Singular*	*Plural*
	Present		**Present Perfect**	
	consiglio	consigliamo	ho consigliato	abbiamo consigliato
	consigli	consigliate	hai consigliato	avete consigliato
	consiglia	consigliano	ha consigliato	hanno consigliato
	Imperfect		**Past Perfect**	
	consigliavo	consigliavamo	avevo consigliato	avevamo consigliato
	consigliavi	consigliavate	avevi consigliato	avevate consigliato
	consigliava	consigliavano	aveva consigliato	avevano consigliato
Indicative	**Past Definite**		**Past Anterior**	
	consigliai	consigliammo	ebbi consigliato	avemmo consigliato
	consigliasti	consigliaste	avesti consigliato	aveste consigliato
	consigliò	consigliarono	ebbe consigliato	ebbero consigliato
	Future		**Future Perfect**	
	consiglierò	consiglieremo	avrò consigliato	avremo consigliato
	consiglierai	consiglierete	avrai consigliato	avrete consigliato
	consiglierà	consiglieranno	avrà consigliato	avranno consigliato
	Present		**Present Perfect**	
	consigli	consigliamo	abbia consigliato	abbiamo consigliato
	consigli	consigliate	abbia consigliato	abbiate consigliato
	consigli	consiglino	abbia consigliato	abbiano consigliato
Subjunctive	**Imperfect**		**Past Perfect**	
	consigliassi	consigliassimo	avessi consigliato	avessimo consigliato
	consigliassi	consigliaste	avessi consigliato	aveste consigliato
	consigliasse	consigliassero	avesse consigliato	avessero consigliato
	Present Conditional		**Perfect Conditional**	
Conditional	consiglierei	consiglieremmo	avrei consigliato	avremmo consigliato
	consiglieresti	consigliereste	avresti consigliato	avreste consigliato
	consiglierebbe	consiglierebbero	avrebbe consigliato	avrebbero consigliato

Note: Consigliare requires the preposition *di* before an infinitive (see the third example below). As a reflexive verb *consigliarsi* ("to consult" or "to ask for somebody's advice") uses the reflexive pronouns *mi, ti, si, ci, vi, si,* as well as the auxiliary verb *essere,* to form compound tenses (see the last example below).

EXAMPLES

Consiglio sempre questo libro a tutti.	I always recommend this book to everybody.
Non consigliare quel ristorante!	Do not recommend that restaurant!
Vi consiglio di usare il vocabolario.	I advise you to use your dictionary.
Mi sono consigliato con lui.	I consulted him.

consistere
to consist
Auxiliary verb: essere **Past participle:** consistito **Gerund:** consistendo
Imperative: N/A

Mode	Simple Tenses		Compound Tenses	
	Singular	*Plural*	*Singular*	*Plural*
Indicative	**Present**		**Present Perfect**	
	consiste	consistono	è consistito/a	sono consistiti/e
	Imperfect		**Past Perfect**	
	consisteva	consistevano	era consistito/a	erano consistiti/e
	Past Definite		**Past Anterior**	
	consistette (consisté)	consistettero (consisterono)	fu consistito/a	furono consistiti/e
	Future		**Future Perfect**	
	consisterà	consisteranno	sarà consistito/a	saranno consistiti/e
Subjunctive	**Present**		**Present Perfect**	
	consista	consistano	sia consistito/a	siano consistiti/e
	Imperfect		**Past Perfect**	
	consistesse	consistessero	fosse consistito/a	fossero consistiti/e
Conditional	**Present Conditional**		**Perfect Conditional**	
	consisterebbe	consisterebbero	sarebbe consistito/a	sarebbero consistiti/e

Note: *Consistere* is used almost exclusively in the third person. The other forms are omitted. *Consistere* requires the preposition *di* before a noun (see the first and second examples below).

EXAMPLES

La famiglia media consiste di tre persone.	The average family consists of three people.
L'esame consisterà di due parti: una scritta e una orale.	The exam will consist of two parts: a written part and an oral one.
In cosa consiste?	What does it consist of?

contare
to count, to rely on, to expect
Auxiliary verb: avere **Past participle:** contato **Gerund:** contando
Imperative: (tu) conta (non contare); (Lei) conti; (noi) contiamo; (voi)
contate; (Loro) contino

Mode	Simple Tenses		Compound Tenses	
	Singular	*Plural*	*Singular*	*Plural*
	Present		**Present Perfect**	
	conto	contiamo	ho contato	abbiamo contato
	conti	contate	hai contato	avete contato
	conta	contano	ha contato	hanno contato
	Imperfect		**Past Perfect**	
	contavo	contavamo	avevo contato	avevamo contato
	contavi	contavate	avevi contato	avevate contato
	contava	contavano	aveva contato	avevano contato
Indicative	**Past Definite**		**Past Anterior**	
	contai	contammo	ebbi contato	avemmo contato
	contasti	contaste	avesti contato	aveste contato
	contò	contarono	ebbe contato	ebbero contato
	Future		**Future Perfect**	
	conterò	conteremo	avrò contato	avremo contato
	conterai	conterete	avrai contato	avrete contato
	conterà	conteranno	avrà contato	avranno contato
	Present		**Present Perfect**	
	conti	contiamo	abbia contato	abbiamo contato
	conti	contiate	abbia contato	abbiate contato
Subjunctive	conti	contino	abbia contato	abbiano contato
	Imperfect		**Past Perfect**	
	contassi	contassimo	avessi contato	avessimo contato
	contassi	contaste	avessi contato	aveste contato
	contasse	contassero	avesse contato	avessero contato
Conditional	**Present Conditional**		**Perfect Conditional**	
	conterei	conteremmo	avrei contato	avremmo contato
	conteresti	contereste	avresti contato	avreste contato
	conterebbe	conterebbero	avrebbe contato	avrebbero contato

EXAMPLES

Non ha ancora imparato a contare.	He hasn't learned to count yet.
Conta fino a venti.	She counts to 20.
Conterò le ore fino al tuo arrivo.	I'll be counting the hours until you come.
Saremo in cinque senza contare l'autista.	There are five of us not counting the driver.
Conto di esserci.	I expect to be there.
Puoi contare su di me.	You can count on me.

contenere

to contain

Auxiliary verb: avere **Past participle:** contenuto **Gerund:** contenendo
Imperative: (tu) contieni (non contenere); (Lei) contenga; (noi) conte-
niamo; (voi) contenete; (Loro) contengano

Mode	Simple Tenses		Compound Tenses	
	Singular	*Plural*	*Singular*	*Plural*
Indicative	**Present**		**Present Perfect**	
	contengo	conteniamo	ho contenuto	abbiamo contenuto
	contieni	contenete	hai contenuto	avete contenuto
	contiene	contengono	ha contenuto	hanno contenuto
	Imperfect		**Past Perfect**	
	contenevo	contenevamo	avevo contenuto	avevamo contenuto
	contenevi	contenevate	avevi contenuto	avevate contenuto
	conteneva	contenevano	aveva contenuto	avevano contenuto
	Past Definite		**Past Anterior**	
	contenni	contenemmo	ebbi contenuto	avemmo contenuto
	contenesti	conteneste	avesti contenuto	aveste contenuto
	contenne	contennero	ebbe contenuto	ebbero contenuto
	Future		**Future Perfect**	
	conterrò	conterremo	avrò contenuto	avremo contenuto
	conterrai	conterrete	avrai contenuto	avrete contenuto
	conterrà	conterranno	avrà contenuto	avranno contenuto
Subjunctive	**Present**		**Present Perfect**	
	contenga	conteniamo	abbia contenuto	abbiamo contenuto
	contenga	conteniate	abbia contenuto	abbiate contenuto
	contenga	contengano	abbia contenuto	abbiano contenuto
	Imperfect		**Past Perfect**	
	contenessi	contenessimo	avessi contenuto	avessimo contenuto
	contenessi	conteneste	avessi contenuto	aveste contenuto
	contenesse	contenessero	avesse contenuto	avessero contenuto
Conditional	**Present Conditional**		**Perfect Conditional**	
	conterrei	conterremmo	avrei contenuto	avremmo contenuto
	conterresti	conterreste	avresti contenuto	avreste contenuto
	conterrebbe	conterrebbero	avrebbe contenuto	avrebbero contenuto

Note: As a reflexive verb *contenersi* ("to control oneself" or "to contain oneself") uses the
reflexive pronouns *mi, ti, si, ci, vi, si,* as well as the auxiliary verb *essere,* to form compound
tenses (see the last example below).

EXAMPLES

Cosa contiene quella bottiglia?	What does that bottle contain?
Il libro contiene alcuni vecchi articoli.	The book contains some old articles.
Ho dovuto contenere le lacrime.	I had to hold back my tears.
Alla fine non mi sono più contenuto dalla gioia.	At last I could no longer contain myself for joy.

continuare

to continue, to go on, to keep on, to resume

Auxiliary verb: avere **Past participle:** continuato **Gerund:** continuando
Imperative: (tu) continua (non continuare); (Lei) continui; (noi) continuiamo; (voi) continuate; (Loro) continuino

Mode	Simple Tenses		Compound Tenses	
	Singular	*Plural*	*Singular*	*Plural*
Indicative	**Present**		**Present Perfect**	
	continuo	continuiamo	ho continuato	abbiamo continuato
	continui	continuate	hai continuato	avete continuato
	continua	continuano	ha continuato	hanno continuato
	Imperfect		**Past Perfect**	
	continuavo	continuavamo	avevo continuato	avevamo continuato
	continuavi	continuavate	avevi continuato	avevate continuato
	continuava	continuavano	aveva continuato	avevano continuato
	Past Definite		**Past Anterior**	
	continuai	continuammo	ebbi continuato	avemmo continuato
	continuasti	continuaste	avesti continuato	aveste continuato
	continuò	continuarono	ebbe continuato	ebbero continuato
	Future		**Future Perfect**	
	continuerò	continueremo	avrò continuato	avremo continuato
	continuerai	continuerete	avrai continuato	avrete continuato
	continuerà	continueranno	avrà continuato	avranno continuato
Subjunctive	**Present**		**Present Perfect**	
	continui	continuiamo	abbia continuato	abbiamo continuato
	continui	continuiate	abbia continuato	abbiate continuato
	continui	continuino	abbia continuato	abbiano continuato
	Imperfect		**Past Perfect**	
	continuassi	continuassimo	avessi continuato	avessimo continuato
	continuassi	continuaste	avessi continuato	aveste continuato
	continuasse	continuassero	avesse continuato	avessero continuato
Conditional	**Present Conditional**		**Perfect Conditional**	
	continuerei	continueremmo	avrei continuato	avremmo continuato
	continueresti	continuereste	avresti continuato	avreste continuato
	continuerebbe	continuerebbero	avrebbe continuato	avrebbero continuato

Note: *Continuare* requires the preposition *a* before an infinitive (see the fourth and fifth examples below). When the reference is to objects (not people) the auxiliary *essere* may be used (see the last example below).

EXAMPLES

Voglio continuare i miei studi all'estero.	I want to continue my studies abroad.
Dopo una pausa, continuò il suo racconto.	After an interval, he resumed his story.
Ha continuato la tradizione.	He kept up the tradition.
Continua a ripetere le stesse domande.	He keeps on repeating the same questions.
Ha continuato a parlare per ore.	He kept talking for hours.
Il maltempo è (ha) continuato tutta la settimana.	Bad weather went on all week.

contraddire

to contradict

Auxiliary verb: avere **Past participle:** contraddetto **Gerund:** contraddicendo

Imperative: (tu) contraddici (non contraddire); (Lei) contraddica; (noi) contraddiciamo; (voi) contraddite; (Loro) contraddicano

Mode	Simple Tenses		Compound Tenses	
	Singular	*Plural*	*Singular*	*Plural*
Indicative	**Present**		**Present Perfect**	
	contraddico	contraddiciamo	ho contraddetto	abbiamo contraddetto
	contraddici	contraddite	hai contraddetto	avete contraddetto
	contraddice	contraddicono	ha contraddetto	hanno contraddetto
	Imperfect		**Past Perfect**	
	contraddicevo	contraddicevamo	avevo contraddetto	avevamo contraddetto
	contraddicevi	contraddicevate	avevi contraddetto	avevate contraddetto
	contraddiceva	contraddicevano	aveva contraddetto	avevano contraddetto
	Past Definite		**Past Anterior**	
	contraddissi	contraddicemmo	ebbi contraddetto	avemmo contraddetto
	contraddicesti	contraddiceste	avesti contraddetto	aveste contraddetto
	contraddisse	contraddissero	ebbe contraddetto	ebbero contraddetto
	Future		**Future Perfect**	
	contraddirò	contraddiremo	avrò contraddetto	avremo contraddetto
	contraddirai	contraddirete	avrai contraddetto	avrete contraddetto
	contraddirà	contraddiranno	avrà contraddetto	avranno contraddetto
Subjunctive	**Present**		**Present Perfect**	
	contraddica	contraddiciamo	abbia contraddetto	abbiamo contraddetto
	contraddica	contraddiciate	abbia contraddetto	abbiate contraddetto
	contraddica	contraddicano	abbia contraddetto	abbiano contraddetto
	Imperfect		**Past Perfect**	
	contraddicessi	contraddicessimo	avessi contraddetto	avessimo contraddetto
	contraddicessi	contraddiceste	avessi contraddetto	aveste contraddetto
	contraddicesse	contraddicessero	avesse contraddetto	avessero contraddetto
Conditional	**Present Conditional**		**Perfect Conditional**	
	contraddirei	contraddiremmo	avrei contraddetto	avremmo contraddetto
	contraddiresti	contraddireste	avresti contraddetto	avreste contraddetto
	contraddirebbe	contraddirebbero	avrebbe contraddetto	avrebbero contraddetto

Note: *Contraddire* is a verb compound from *dire*. Many verb forms of *contraddire* keep the *dic–* stem according to the Latin infinitive *dicere*. Similar to *contraddire* are *benedire* ("to bless"), *disdire* ("to rescind," "to cancel"), *indire* ("to call"), *interdire* ("to interdict"), *predire* ("to predict"). As a reflexive verb *contraddirsi* ("to contradict oneself" or "to contradict each other") uses the reflexive pronouns *mi, ti, si, ci, vi, si,* as well as the auxiliary verb *essere,* to form compound tenses (see the last example below).

EXAMPLES

Non contraddirmi!	Don't contradict me!
La sua espressione contraddiceva le sue parole.	His expression contradicted his words.
La mia tesi contraddice la sua.	My premise contradicts his.
Si sono contraddetti in tutto quello che hanno dichiarato.	They contradicted each other on everything they said.

contrarre
to contract, to reduce
Auxiliary verb: avere **Past participle:** contratto **Gerund:** contraendo
Imperative: (tu) contrai (non contrarre); (Lei) contragga; (noi) contraiamo; (voi) contraete; (Loro) contraggano

Mode	Simple Tenses		Compound Tenses	
	Singular	*Plural*	*Singular*	*Plural*
Indicative	**Present**		**Present Perfect**	
	contraggo	contraiamo	ho contratto	abbiamo contratto
	contrai	contraete	hai contratto	avete contratto
	contrae	contraggono	ha contratto	hanno contratto
	Imperfect		**Past Perfect**	
	contraevo	contraevamo	avevo contratto	avevamo contratto
	contraevi	contraevate	avevi contratto	avevate contratto
	contraeva	contraevano	aveva contratto	avevano contratto
	Past Definite		**Past Anterior**	
	contrassi	contraemmo	ebbi contratto	avemmo contratto
	contraesti	contraeste	avesti contratto	aveste contratto
	contrasse	contrassero	ebbe contratto	ebbero contratto
	Future		**Future Perfect**	
	contrarrò	contrarremo	avrò contratto	avremo contratto
	contrarrai	contrarrete	avrai contratto	avrete contratto
	contrarrà	contrarranno	avrà contratto	avranno contratto
Subjunctive	**Present**		**Present Perfect**	
	contragga	contraiamo	abbia contratto	abbiamo contratto
	contragga	contraiate	abbia contratto	abbiate contratto
	contragga	contraggano	abbia contratto	abbiano contratto
	Imperfect		**Past Perfect**	
	contraessi	contraessimo	avessi contratto	avessimo contratto
	contraessi	contraeste	avessi contratto	aveste contratto
	contraesse	contraessero	avesse contratto	avessero contratto
Conditional	**Present Conditional**		**Perfect Conditional**	
	contrarrei	contrarremmo	avrei contratto	avremmo contratto
	contrarresti	contrarreste	avresti contratto	avreste contratto
	contrarrebbe	contrarrebbero	avrebbe contratto	avrebbero contratto

Note: *Contrarre* is a verb compound of *trarre*.

EXAMPLES

È necessario contrarre le spese.	It is necessary to reduce expenses.
Ha contratto una grave malattia.	He contracted a serious illness.
Abbiamo contratto un debito.	We contracted a debt.

contribuire

to contribute

Auxiliary verb: avere **Past participle:** contribuito **Gerund:** contribuendo

Imperative: (tu) contribuisci (non contribuire); (Lei) contribuisca; (noi) contribuiamo; (voi) contribuite; (Loro) contribuiscano

Mode	Simple Tenses		Compound Tenses	
	Singular	*Plural*	*Singular*	*Plural*
Indicative	**Present**		**Present Perfect**	
	contribuisco	contribuiamo	ho contribuito	abbiamo contribuito
	contribuisci	contribuite	hai contribuito	avete contribuito
	contribuisce	contribuiscono	ha contribuito	hanno contribuito
	Imperfect		**Past Perfect**	
	contribuivo	contribuivamo	avevo contribuito	avevamo contribuito
	contribuivi	contribuivate	avevi contribuito	avevate contribuito
	contribuiva	contribuivano	aveva contribuito	avevano contribuito
	Past Definite		**Past Anterior**	
	contribuii	contribuimmo	ebbi contribuito	avemmo contribuito
	contribuisti	contribuiste	avesti contribuito	aveste contribuito
	contribuì	contribuirono	ebbe contribuito	ebbero contribuito
	Future		**Future Perfect**	
	contribuirò	contribuiremo	avrò contribuito	avremo contribuito
	contribuirai	contribuirete	avrai contribuito	avrete contribuito
	contribuirà	contribuiranno	avrà contribuito	avranno contribuito
Subjunctive	**Present**		**Present Perfect**	
	contribuisca	contribuiamo	abbia contribuito	abbiamo contribuito
	contribuisca	contribuiate	abbia contribuito	abbiate contribuito
	contribuisca	contribuiscano	abbia contribuito	abbiano contribuito
	Imperfect		**Past Perfect**	
	contribuissi	contribuissimo	avessi contribuito	avessimo contribuito
	contribuissi	contribuiste	avessi contribuito	aveste contribuito
	contribuisse	contribuissero	avesse contribuito	avessero contribuito
Conditional	**Present Conditional**		**Perfect Conditional**	
	contribuirei	contribuiremmo	avrei contribuito	avremmo contribuito
	contribuiresti	contribuireste	avresti contribuito	avreste contribuito
	contribuirebbe	contribuirebbero	avrebbe contribuito	avrebbero contribuito

EXAMPLES

Io contribuisco con 100 euro.	I contribute 100 euro.
Hai contribuito a questa impresa?	Have you contributed to this enterprise?
Vorrei contribuire a diffondere questa idea.	I would like to help to spread this idea.

convenire

to gather, to agree, to suit, to be worth, to be cheap

Auxiliary verb: essere **Past participle:** convenuto **Gerund:** convenendo

Imperative: (tu) convieni (non convenire); (Lei) convenga; (noi) conveniamo; (voi) convenite; (Loro) convengano

Mode	Simple Tenses		Compound Tenses	
	Singular	*Plural*	*Singular*	*Plural*
	Present		**Present Perfect**	
Indicative	convengo	conveniamo	sono convenuto/a	siamo convenuti/e
	convieni	convenite	sei convenuto/a	siete convenuti/e
	conviene	convengono	è convenuto/a	sono convenuti/e
	Imperfect		**Past Perfect**	
	convenivo	convenivamo	ero convenuto/a	eravamo convenuti/e
	convenivi	convenivate	eri convenuto/a	eravate convenuti/e
	conveniva	convenivano	era convenuto/a	erano convenuti/e
	Past Definite		**Past Anterior**	
	convenni	convenimmo	fui convenuto/a	fummo convenuti/e
	convenisti	conveniste	fosti convenuto/a	foste convenuti/e
	convenne	convennero	fu convenuto/a	furono convenuti/e
	Future		**Future Perfect**	
	converrò	converremo	sarò convenuto/a	saremo convenuti/e
	converrai	converrete	sarai convenuto/a	sarete convenuti/e
	converrà	converranno	sarà convenuto/a	saranno convenuti/e
Subjunctive	**Present**		**Present Perfect**	
	convenga	conveniamo	sia convenuto/a	siamo convenuti/e
	convenga	conveniate	sia convenuto/a	siate convenuti/e
	convenga	convengano	sia convenuto/a	siano convenuti/e
	Imperfect		**Past Perfect**	
	convenissi	convenissimo	fossi convenuto/a	fossimo convenuti/e
	convenissi	conveniste	fossi convenuto/a	foste convenuti/e
	convenisse	convenissero	fosse convenuto/a	fossero convenuti/e
Conditional	**Present Conditional**		**Perfect Conditional**	
	converrei	converremmo	sarei convenuto/a	saremmo convenuti/e
	converresti	converreste	saresti convenuto/a	sareste convenuti/e
	converrebbe	converrebbero	sarebbe convenuto/a	sarebbero convenuti/e

Note: In the meaning "to agree," compound tenses use *avere* (see the last example below).

EXAMPLES

Siamo qui convenuti per . . .	We have gathered here for . . . (formal)
in data da convenire	on a date to be agreed upon (formal)
Questa soluzione conviene a tutti.	This solution suits everybody.
La riparazione non conviene.	It's not worth repairing it.
Non conviene vendere ora.	It's not profitable to sell at the moment.
Conviene fare la spesa al mercato?	Is it cheaper to shop at the market?
Abbiamo convenuto sul prezzo.	We agreed on the price.

convincere

to convince, to persuade

Auxiliary verb: avere **Past participle:** convinto **Gerund:** convincendo
Imperative: (tu) convinci (non convincere); (Lei) convinca; (noi) convin-
ciamo; (voi) convincete; (Loro) convincano

Mode	Simple Tenses		Compound Tenses	
	Singular	*Plural*	*Singular*	*Plural*
Indicative	**Present**		**Present Perfect**	
	convinco	convinciamo	ho convinto	abbiamo convinto
	convinci	convincete	hai convinto	avete convinto
	convince	convincono	ha convinto	hanno convinto
	Imperfect		**Past Perfect**	
	convincevo	convincevamo	avevo convinto	avevamo convinto
	convincevi	convincevate	avevi convinto	avevate convinto
	convinceva	convincevano	aveva convinto	avevano convinto
	Past Definite		**Past Anterior**	
	convinsi	convincemmo	ebbi convinto	avemmo convinto
	convincesti	convinceste	avesti convinto	aveste convinto
	convinse	convinsero	ebbe convinto	ebbero convinto
	Future		**Future Perfect**	
	convincerò	convinceremo	avrò convinto	avremo convinto
	convincerai	convincerete	avrai convinto	avrete convinto
	convincerà	convinceranno	avrà convinto	avranno convinto
Subjunctive	**Present**		**Present Perfect**	
	convinca	convinciamo	abbia convinto	abbiamo convinto
	convinca	convinciate	abbia convinto	abbiate convinto
	convinca	convincano	abbia convinto	abbiano convinto
	Imperfect		**Past Perfect**	
	convincessi	convincessimo	avessi convinto	avessimo convinto
	convincessi	convinceste	avessi convinto	aveste convinto
	convincesse	convincessero	avesse convinto	avessero convinto
Conditional	**Present Conditional**		**Perfect Conditional**	
	convincerei	convinceremmo	avrei convinto	avremmo convinto
	convinceresti	convincereste	avresti convinto	avreste convinto
	convincerebbe	convincerebbero	avrebbe convinto	avrebbero convinto

Note: *Convincere* is a compound verb of *vincere*. *Convincere* requires the preposition *a* before
an infinitive (see the fifth example below) and the preposition *di* before a noun (see the
fourth example below). As a reflexive verb *convincersi* ("to convince oneself") uses the reflexive pronouns *mi, ti, si, ci, vi, si,* as well as the auxiliary verb *essere*, to form compound tenses
(see the last example below).

EXAMPLES

Mi ha convinto che era meglio aspettare.	He persuaded me to wait.
un'offerta che non mi convince	an offer that does not convince me
Il suo film non ha convinto il pubblico.	His film didn't convince the audience.
Lo convincerò della mia buona fede.	I will convince him of my good faith.
Ha convinto Guido a comprare una nuova macchina.	He persuaded Guido to buy a new car.
Si sono convinti di avere ragione.	They convinced themselves that they were right.

coprire

to cover

Auxiliary verb: avere **Past participle:** coperto **Gerund:** coprendo
Imperative: (tu) copri (non coprire); (Lei) copra; (noi) copriamo; (voi)
coprite; (Loro) coprano

Mode	Simple Tenses		Compound Tenses	
	Singular	*Plural*	*Singular*	*Plural*
Indicative	**Present**		**Present Perfect**	
	copro	copriamo	ho coperto	abbiamo coperto
	copri	coprite	hai coperto	avete coperto
	copre	coprono	ha coperto	hanno coperto
	Imperfect		**Past Perfect**	
	coprivo	coprivamo	avevo coperto	avevamo coperto
	coprivi	coprivate	avevi coperto	avevate coperto
	copriva	coprivano	aveva coperto	avevano coperto
	Past Definite		**Past Anterior**	
	coprii	coprimmo	ebbi coperto	avemmo coperto
	copristi	copriste	avesti coperto	aveste coperto
	coprì	coprirono	ebbe coperto	ebbero coperto
	Future		**Future Perfect**	
	coprirò	copriremo	avrò coperto	avremo coperto
	coprirai	coprirete	avrai coperto	avrete coperto
	coprirà	copriranno	avrà coperto	avranno coperto
Subjunctive	**Present**		**Present Perfect**	
	copra	copriamo	abbia coperto	abbiamo coperto
	copra	copriate	abbia coperto	abbiate coperto
	copra	coprano	abbia coperto	abbiano coperto
	Imperfect		**Past Perfect**	
	coprissi	coprissimo	avessi coperto	avessimo coperto
	coprissi	copriste	avessi coperto	aveste coperto
	coprisse	coprissero	avesse coperto	avessero coperto
Conditional	**Present Conditional**		**Perfect Conditional**	
	coprirei	copriremmo	avrei coperto	avremmo coperto
	copriresti	coprireste	avresti coperto	avreste coperto
	coprirebbe	coprirebbero	avrebbe coperto	avrebbero coperto

Note: As a reflexive verb *coprirsi* ("to cover oneself," "to wrap oneself up") uses the reflexive pronouns *mi, ti, si, ci, vi, si,* as well as the auxiliary verb *essere*, to form compound tenses (see the first and last examples below).

EXAMPLES

Copriti, fa freddo!	Cover up, it's cold!
Il libro copre il periodo dal 1945 al 2000.	The book covers the period from 1945 to 2000.
L'assicurazione copre contro ogni rischio.	The insurance covers against all risks.
Copro il divano con un lenzuolo.	I cover the sofa with a sheet.
È coperto di tatuaggi.	He is covered with tattoos.
Si è coperto con un asciugamano.	He covered himself with a towel.

correggere
to correct

Auxiliary verb: avere **Past participle:** corretto **Gerund:** correggendo
Imperative: (tu) correggi (non correggere); (Lei) corregga; (noi) correggiamo; (voi) correggete; (Loro) correggano

Mode	Simple Tenses		Compound Tenses	
	Singular	*Plural*	*Singular*	*Plural*
Indicative	**Present**		**Present Perfect**	
	correggo	correggiamo	ho corretto	abbiamo corretto
	correggi	correggete	hai corretto	avete corretto
	corregge	correggono	ha corretto	hanno corretto
	Imperfect		**Past Perfect**	
	correggevo	correggevamo	avevo corretto	avevamo corretto
	correggevi	correggevate	avevi corretto	avevate corretto
	correggeva	correggevano	aveva corretto	avevano corretto
	Past Definite		**Past Anterior**	
	corressi	correggemmo	ebbi corretto	avemmo corretto
	correggesti	correggeste	avesti corretto	aveste corretto
	corresse	corressero	ebbe corretto	ebbero corretto
	Future		**Future Perfect**	
	correggerò	correggeremo	avrò corretto	avremo corretto
	correggerai	correggerete	avrai corretto	avrete corretto
	correggerà	correggeranno	avrà corretto	avranno corretto
Subjunctive	**Present**		**Present Perfect**	
	corregga	correggiamo	abbia corretto	abbiamo corretto
	corregga	correggiate	abbia corretto	abbiate corretto
	corregga	correggano	abbia corretto	abbiano corretto
	Imperfect		**Past Perfect**	
	correggessi	correggessimo	avessi corretto	avessimo corretto
	correggessi	correggeste	avessi corretto	aveste corretto
	correggesse	correggessero	avesse corretto	avessero corretto
Conditional	**Present Conditional**		**Perfect Conditional**	
	correggerei	correggeremmo	avrei corretto	avremmo corretto
	correggeresti	correggereste	avresti corretto	avreste corretto
	correggerebbe	correggerebbero	avrebbe corretto	avrebbero corretto

Note: *Correggere* also means "to spike" or "to lace" with alcohol (see the fourth and fifth examples below). As a reflexive verb *correggersi* ("to correct oneself") uses the reflexive pronouns *mi, ti, si, ci, vi, si,* as well as the auxiliary verb *essere,* to form compound tenses (see the last example below).

EXAMPLES

Adesso correggiamo gli esercizi!	Now let's correct the homework!
L'insegnante ha corretto la pronuncia di una parola.	The teacher corrected the pronunciation of a word.
Correggimi se sbaglio.	Correct me if I am wrong.
Correggere il caffè con il cognac	To lace one's coffee with cognac
Caffè corretto al whisky	Black coffee spiked with whisky
Si è corretto subito.	He corrected himself at once.

correre
to run
Auxiliary verb: avere/essere **Past participle:** corso **Gerund:** correndo
Imperative: (tu) corri (non correre); (Lei) corra; (noi) corriamo; (voi)
correte; (Loro) corrano

Mode	Simple Tenses		Compound Tenses	
	Singular	*Plural*	*Singular*	*Plural*
	Present		**Present Perfect**	
Indicative	corro	corriamo	ho corso	abbiamo corso
	corri	correte	hai corso	avete corso
	corre	corrono	ha corso	hanno corso
	Imperfect		**Past Perfect**	
	correvo	correvamo	avevo corso	avevamo corso
	correvi	correvate	avevi corso	avevate corso
	correva	correvano	aveva corso	avevano corso
	Past Definite		**Past Anterior**	
	corsi	corremmo	ebbi corso	avemmo corso
	corresti	correste	avesti corso	aveste corso
	corse	corsero	ebbe corso	ebbero corso
	Future		**Future Perfect**	
	correrò	correremo	avrò corso	avremo corso
	correrai	correrete	avrai corso	avrete corso
	correrà	correranno	avrà corso	avranno corso
Subjunctive	**Present**		**Present Perfect**	
	corra	corriamo	abbia corso	abbiamo corso
	corra	corriate	abbia corso	abbiate corso
	corra	corrano	abbia corso	abbiano corso
	Imperfect		**Past Perfect**	
	corressi	corressimo	avessi corso	avessimo corso
	corressi	correste	avessi corso	aveste corso
	corresse	corressero	avesse corso	avessero corso
Conditional	**Present Conditional**		**Perfect Conditional**	
	correrei	correremmo	avrei corso	avremmo corso
	correresti	correreste	avresti corso	avreste corso
	correrebbe	correrebbero	avrebbe corso	avrebbero corso

Note: The verb *correre* uses *essere* to form the compound tenses when the destination of the run is specified (see the last example below). *Correre* requires the preposition *a* before an infinitive (see the fourth example below). The following compound verbs of *correre* use *essere* to form compound tenses: *accorrere* "to rush," *decorrere* "to become effective," *intercorrere* "to elapse." *Decorrere* and *intercorrere* are only used in third person forms.

EXAMPLES

Marco corre velocemente.	Marco runs fast.
Corro il rischio di arrivare in ritardo.	I run the risk of arriving late.
Correrò il rischio di perdere il volo.	I will run the risk of missing my flight.
Corro a prendere il pane.	I run and get the bread.
Sono stanco perché ho corso per tre ore.	I am tired because I ran for three hours.
Sono corso a casa.	I run home.

corrispondere

to correspond

Auxiliary verb: avere **Past participle:** corrisposto **Gerund:** corrispondendo

Imperative: (tu) corrispondi (non corrispondere); (Lei) corrisponda; (noi) corrispondiamo; (voi) corrispondete; (Loro) corrispondano

Mode	Simple Tenses		Compound Tenses	
	Singular	*Plural*	*Singular*	*Plural*
Indicative	**Present**		**Present Perfect**	
	corrispondo	corrispondiamo	ho corrisposto	abbiamo corrisposto
	corrispondi	corrispondete	hai corrisposto	avete corrisposto
	corrisponde	corrispondono	ha corrisposto	hanno corrisposto
	Imperfect		**Past Perfect**	
	corrispondevo	corrispondevamo	avevo corrisposto	avevamo corrisposto
	corrispondevi	corrispondevate	avevi corrisposto	avevate corrisposto
	corrispondeva	corrispondevano	aveva corrisposto	avevano corrisposto
	Past Definite		**Past Anterior**	
	corrisposi	corrispondemmo	ebbi corrisposto	avemmo corrisposto
	corrispondesti	corrispondeste	avesti corrisposto	aveste corrisposto
	corrispose	corrisposero	ebbe corrisposto	ebbero corrisposto
	Future		**Future Perfect**	
	corrisponderò	corrisponderemo	avrò corrisposto	avremo corrisposto
	corrisponderai	corrisponderete	avrai corrisposto	avrete corrisposto
	corrisponderà	corrisponderanno	avrà corrisposto	avranno corrisposto
Subjunctive	**Present**		**Present Perfect**	
	corrisponda	corrispondiamo	abbia corrisposto	abbiamo corrisposto
	corrisponda	corrispondiate	abbia corrisposto	abbiate corrisposto
	corrisponda	corrispondano	abbia corrisposto	abbiano corrisposto
	Imperfect		**Past Perfect**	
	corrispondessi	corrispondessimo	avessi corrisposto	avessimo corrisposto
	corrispondessi	corrispondeste	avessi corrisposto	aveste corrisposto
	corrispondesse	corrispondessero	avesse corrisposto	avessero corrisposto
Conditional	**Present Conditional**		**Perfect Conditional**	
	corrisponderei	corrisponderemmo	avrei corrisposto	avremmo corrisposto
	corrisponderesti	corrispondereste	avresti corrisposto	avreste corrisposto
	corrisponderebbe	corrisponderebbero	avrebbe corrisposto	avrebbero corrisposto

EXAMPLES

Non trovo la parola inglese che corrisponde a questa.	I can't think of an English word that corresponds to this one.
Corrispondo con lui.	I correspond with him (by mail).
Le due versioni corrispondono.	The two versions correspond.

corrompere
to corrupt, to bribe
Auxiliary verb: avere **Past participle:** corrotto **Gerund:** corrompendo
Imperative: (tu) corrompi (non corrompere); (Lei) corrompa; (noi) corrompiamo; (voi) corrompete; (Loro) corrompano

Mode	Simple Tenses		Compound Tenses	
	Singular	*Plural*	*Singular*	*Plural*
	Present		**Present Perfect**	
Indicative	corrompo	corrompiamo	ho corrotto	abbiamo corrotto
	corrompi	corrompete	hai corrotto	avete corrotto
	corrompe	corrompono	ha corrotto	hanno corrotto
	Imperfect		**Past Perfect**	
	corrompevo	corrompevamo	avevo corrotto	avevamo corrotto
	corrompevi	corrompevate	avevi corrotto	avevate corrotto
	corrompeva	corrompevano	aveva corrotto	avevano corrotto
	Past Definite		**Past Anterior**	
	corruppi	corrompemmo	ebbi corrotto	avemmo corrotto
	corrompesti	corrompeste	avesti corrotto	aveste corrotto
	corruppe	corruppero	ebbe corrotto	ebbero corrotto
	Future		**Future Perfect**	
	corromperò	corromperemo	avrò corrotto	avremo corrotto
	corromperai	corromperete	avrai corrotto	avrete corrotto
	corromperà	corromperanno	avrà corrotto	avranno corrotto
Subjunctive	**Present**		**Present Perfect**	
	corrompa	corrompiamo	abbia corrotto	abbiamo corrotto
	corrompa	corrompiate	abbia corrotto	abbiate corrotto
	corrompa	corrompano	abbia corrotto	abbiano corrotto
	Imperfect		**Past Perfect**	
	corrompessi	corrompessimo	avessi corrotto	avessimo corrotto
	corrompessi	corrompeste	avessi corrotto	aveste corrotto
	corrompesse	corrompessero	avesse corrotto	avessero corrotto
Conditional	**Present Conditional**		**Perfect Conditional**	
	corromperei	corromperemmo	avrei corrotto	avremmo corrotto
	corromperesti	corrompereste	avresti corrotto	avreste corrotto
	corromperebbe	corromperebbero	avrebbe corrotto	avrebbero corrotto

Note: As a reflexive verb *corrompersi* ("to rot," "to putrefy") uses the reflexive pronouns *mi, ti, si, ci, vi, si,* as well as the auxiliary verb *essere,* to form compound tenses (see the last example below).

EXAMPLES

Ha cercato di corrompermi.	He tried to bribe me.
Si è lasciato corrompere.	He took bribes.
Il cibo si è corrotto a causa del caldo.	The food rotted because of the heat.

costare

to cost

Auxiliary verb: essere **Past participle:** costato **Gerund:** costando
Imperative: (tu) costa (non costare); (Lei) costi; (noi) costiamo; (voi) costate; (Loro) costino

Mode	Simple Tenses		Compound Tenses	
	Singular	*Plural*	*Singular*	*Plural*
Indicative	**Present**		**Present Perfect**	
	costo	costiamo	sono costato/a	siamo costati/e
	costi	costate	sei costato/a	siete costati/e
	costa	costano	è costato/a	sono costati/e
	Imperfect		**Past Perfect**	
	costavo	costavamo	ero costato/a	eravamo costati/e
	costavi	costavate	eri costato/a	eravate costati/e
	costava	costavano	era costato/a	erano costati/e
	Past Definite		**Past Anterior**	
	costai	costammo	fui costato/a	fummo costati/e
	costasti	costaste	fosti costato/a	foste costati/e
	costò	costarono	fu costato/a	furono costati/e
	Future		**Future Perfect**	
	costerò	costeremo	sarò costato/a	saremo costati/e
	costerai	costerete	sarai costato/a	sarete costati/e
	costerà	costeranno	sarà costato/a	saranno costati/e
Subjunctive	**Present**		**Present Perfect**	
	costi	costiamo	sia costato/a	siamo costati/e
	costi	costiate	sia costato/a	siate costati/e
	costi	costino	sia costato/a	siano costati/e
	Imperfect		**Past Perfect**	
	costassi	costassimo	fossi costato/a	fossimo costati/e
	costassi	costaste	fossi costato/a	foste costati/e
	costasse	costassero	fosse costato/a	fossero costati/e
Conditional	**Present Conditional**		**Perfect Conditional**	
	costerei	costeremmo	sarei costato/a	saremmo costati/e
	costeresti	costereste	saresti costato/a	sareste costati/e
	costerebbe	costerebbero	sarebbe costato/a	sarebbero costati/e

Note: Use *costare caro* to mean "to be expensive" and *costare poco* to mean "to be cheap."

EXAMPLES

Quanto costa?	How much does it cost?
In questa città la vita costa.	Life is expensive in this town.
La bicicletta è costata poco.	The bicycle was cheap.
Costi quel che costi.	No matter what it costs.

costringere

to force, to compel

Auxiliary verb: avere **Past participle:** costretto **Gerund:** costringendo
Imperative: (tu) costringi (non costringere); (Lei) costringa; (noi) costringiamo; (voi) costringete; (Loro) costringano

Mode	Simple Tenses		Compound Tenses	
	Singular	*Plural*	*Singular*	*Plural*
	Present		**Present Perfect**	
Indicative	costringo	costringiamo	ho costretto	abbiamo costretto
	costringi	costringete	hai costretto	avete costretto
	costringe	costringono	ha costretto	hanno costretto
	Imperfect		**Past Perfect**	
	costringevo	costringevamo	avevo costretto	avevamo costretto
	costringevi	costringevate	avevi costretto	avevate costretto
	costringeva	costringevano	aveva costretto	avevano costretto
	Past Definite		**Past Anterior**	
	costrinsi	costringemmo	ebbi costretto	avemmo costretto
	costringesti	costringeste	avesti costretto	aveste costretto
	costrinse	costrinsero	ebbe costretto	ebbero costretto
	Future		**Future Perfect**	
	costringerò	costringeremo	avrò costretto	avremo costretto
	costringerai	costringerete	avrai costretto	avrete costretto
	costringerà	costringeranno	avrà costretto	avranno costretto
Subjunctive	**Present**		**Present Perfect**	
	costringa	costringiamo	abbia costretto	abbiamo costretto
	costringa	costringiate	abbia costretto	abbiate costretto
	costringa	costringano	abbia costretto	abbiano costretto
	Imperfect		**Past Perfect**	
	costringessi	costringessimo	avessi costretto	avessimo costretto
	costringessi	costringeste	avessi costretto	aveste costretto
	costringesse	costringessero	avesse costretto	avessero costretto
Conditional	**Present Conditional**		**Perfect Conditional**	
	costringerei	costringeremmo	avrei costretto	avremmo costretto
	costringeresti	costringereste	avresti costretto	avreste costretto
	costringerebbe	costringerebbero	avrebbe costretto	avrebbero costretto

Note: *Costringere* requires the preposition *a* before an infinitive (see the examples below).

EXAMPLES

Mi ha costretto a vendere la casa.	He forced me to sell the house.
Costrinse il ragazzo a seguirlo.	He compelled the boy to follow him.
Lo costringerò ad ammettere la sua colpa.	I'll compel him to admit his guilt.

costruire
to build
Auxiliary verb: avere **Past participle:** costruito **Gerund:** costruendo
Imperative: (tu) costruisci (non costruire); (Lei) costruisca;
(noi) costruiamo; (voi) costruite; (Loro) costruiscano

Mode	Simple Tenses		Compound Tenses	
	Singular	*Plural*	*Singular*	*Plural*
	Present		**Present Perfect**	
	costruisco	costruiamo	ho costruito	abbiamo costruito
	costruisci	costruite	hai costruito	avete costruito
	costruisce	costruiscono	ha costruito	hanno costruito
	Imperfect		**Past Perfect**	
	costruivo	costruivamo	avevo costruito	avevamo costruito
	costruivi	costruivate	avevi costruito	avevate costruito
	costruiva	costruivano	aveva costruito	avevano costruito
Indicative	**Past Definite**		**Past Anterior**	
	costruii	costruimmo	ebbi costruito	avemmo costruito
	costruisti	costruiste	avesti costruito	aveste costruito
	costruì	costruirono	ebbe costruito	ebbero costruito
	Future		**Future Perfect**	
	costruirò	costruiremo	avrò costruito	avremo costruito
	costruirai	costruirete	avrai costruito	avrete costruito
	costruirà	costruiranno	avrà costruito	avranno costruito
	Present		**Present Perfect**	
	costruisca	costruiamo	abbia costruito	abbiamo costruito
	costruisca	costruiate	abbia costruito	abbiate costruito
	costruisca	costruiscano	abbia costruito	abbiano costruito
Subjunctive	**Imperfect**		**Past Perfect**	
	costruissi	costruissimo	avessi costruito	avessimo costruito
	costruissi	costruiste	avessi costruito	aveste costruito
	costruisse	costruissero	avesse costruito	avessero costruito
Conditional	**Present Conditional**		**Perfect Conditional**	
	costruirei	costruiremmo	avrei costruito	avremmo costruito
	costruiresti	costruireste	avresti costruito	avreste costruito
	costruirebbe	costruirebbero	avrebbe costruito	avrebbero costruito

EXAMPLES

Vogliamo costruire la casa qui.	We want to build our house here.
Hanno costruito una bella casa.	They built a nice house.
Si è costruito molto in questa zona.	A lot has been built in this area.
La forma passiva si costruisce con il verbo essere.	The passive form is built with the verb "to be."

credere

to believe; to think

Auxiliary verb: avere **Past participle:** cred**uto** **Gerund:** cred**endo**
Imperative: (tu) cred**i** (non cred**ere**); (Lei) cred**a;** (noi) cred**iamo;** (voi)
cred**ete;** (Loro) cred**ano**

Mode	Simple Tenses		Compound Tenses	
	Singular	*Plural*	*Singular*	*Plural*
Indicative	**Present**		**Present Perfect**	
	credo	cred**iamo**	ho creduto	abbiamo creduto
	cred**i**	cred**ete**	hai creduto	avete creduto
	cred**e**	cred**ono**	ha creduto	hanno creduto
	Imperfect		**Past Perfect**	
	cred**evo**	cred**evamo**	avevo creduto	avevamo creduto
	cred**evi**	cred**evate**	avevi creduto	avevate creduto
	cred**eva**	cred**evano**	aveva creduto	avevano creduto
	Past Definite		**Past Anterior**	
	cred**etti** (cred**ei**)	cred**emmo**	ebbi creduto	avemmo creduto
	cred**esti**	cred**este**	avesti creduto	aveste creduto
	cred**ette** (cred**é**)	cred**ettero** (cred**erono**)	ebbe creduto	ebbero creduto
	Future		**Future Perfect**	
	cred**erò**	cred**eremo**	avrò creduto	avremo creduto
	cred**erai**	cred**erete**	avrai creduto	avrete creduto
	cred**erà**	cred**eranno**	avrà creduto	avranno creduto
Subjunctive	**Present**		**Present Perfect**	
	cred**a**	cred**iamo**	abbia creduto	abbiamo creduto
	cred**a**	cred**iate**	abbia creduto	abbiate creduto
	cred**a**	cred**ano**	abbia creduto	abbiano creduto
	Imperfect		**Past Perfect**	
	cred**essi**	cred**essimo**	avessi creduto	avessimo creduto
	cred**essi**	cred**este**	avessi creduto	aveste creduto
	cred**esse**	cred**essero**	avesse creduto	avessero creduto
Conditional	**Present Conditional**		**Perfect Conditional**	
	cred**erei**	cred**eremmo**	avrei creduto	avremmo creduto
	cred**eresti**	cred**ereste**	avresti creduto	avreste creduto
	cred**erebbe**	cred**erebbero**	avrebbe creduto	avrebbero creduto

Note: *Credere* requires the preposition *di* before an infinitive (see the first example below);
credere che . . . requires the use of subjunctive (see the second example below). As a reflexive
verb *credersi* ("to consider onself") uses the reflexive pronouns *mi, ti, si, ci, vi, si,* as well as
the auxiliary verb *essere*, to form compound tenses (see the last example below).

EXAMPLES

Credo di arrivare presto.	I think I will arrive soon.
Credo che Andrea arrivi presto.	I think that Andrea will arrive soon.
Crede a tutto ciò che gli si dice.	He believes everything he's told.
Non credevo ai miei occhi!	I couldn't believe my eyes!
Non crediamo ai fantasmi.	We don't believe in ghosts.
Credi in Dio?	Do you believe in God?
Non ci posso credere!	I don't believe it!
Credo di sì.	I think so.
Si crede un uomo molto importante.	He thinks he is a very important man.

crescere

to grow, to increase; to bring up

Auxiliary verb: essere/avere   **Past participle:** cresciuto   **Gerund:** crescendo

Imperative: (tu) cresci (non crescere); (Lei) cresca; (noi) cresciamo; (voi) crescete; (Loro) crescano

Mode	Simple Tenses		Compound Tenses	
	Singular	*Plural*	*Singular*	*Plural*
Indicative	**Present**		**Present Perfect**	
	cresco	cresciamo	sono cresciuto/a	siamo cresciuti/e
	cresci	crescete	sei cresciuto/a	siete cresciuti/e
	cresce	crescono	è cresciuto/a	sono cresciuti/e
	Imperfect		**Past Perfect**	
	crescevo	crescevamo	ero cresciuto/a	eravamo cresciuti/e
	crescevi	crescevate	eri cresciuto/a	eravate cresciuti/e
	cresceva	crescevano	era cresciuto/a	erano cresciuti/e
	Past Definite		**Past Anterior**	
	crebbi	crescemmo	fui cresciuto/a	fummo cresciuti/e
	crescesti	cresceste	fosti cresciuto/a	foste cresciuti/e
	crebbe	crebbero	fu cresciuto/a	furono cresciuti/e
	Future		**Future Perfect**	
	crescerò	cresceremo	sarò cresciuto/a	saremo cresciuti/e
	crescerai	crescerete	sarai cresciuto/a	sarete cresciuti/e
	crescerà	cresceranno	sarà cresciuto/a	saranno cresciuti/e
Subjunctive	**Present**		**Present Perfect**	
	cresca	cresciamo	sia cresciuto/a	siamo cresciuti/e
	cresca	cresciate	sia cresciuto/a	siate cresciuti/e
	cresca	crescano	sia cresciuto/a	siano cresciuti/e
	Imperfect		**Past Perfect**	
	crescessi	crescessimo	fossi cresciuto/a	fossimo cresciuti/e
	crescessi	cresceste	fossi cresciuto/a	foste cresciuti/e
	crescesse	crescessero	fosse cresciuto/a	fossero cresciuti/e
Conditional	**Present Conditional**		**Perfect Conditional**	
	crescerei	cresceremmo	sarei cresciuto/a	saremmo cresciuti/e
	cresceresti	crescereste	saresti cresciuto/a	sareste cresciuti/e
	crescerebbe	crescerebbero	sarebbe cresciuto/a	sarebbero cresciuti/e

Note: When *crescere* means "to bring up," *avere* is required to form compound tenses (see the last example below). The following are compound verbs of *crescere*: *accrescere* ("to increase"), *decrescere* ("to decrease"), *rincrescere* ("to be sorry," "to regret"). *Decrescere* is only used in third person forms. *Rincrescere* can be conjugated as *piacere* (refer to the Verb Usage Review).

EXAMPLES

I bambini di Giada crescono bene.	Giada's kids grow well.
Piero è cresciuto in città (in campagna).	Piero grew up in town (in the countryside).
La popolazione è cresciuta.	The population has increased.
Lei ha cresciuto i figli con amore.	She brought up her children with love.

cucinare

to cook

Auxiliary verb: avere **Past participle:** cucinato **Gerund:** cucinando
Imperative: (tu) cucina (non cucinare); (Lei) cucini; (noi) cuciniamo;
(voi) cucinate; (Loro) cucinino

Mode	Simple Tenses		Compound Tenses	
	Singular	*Plural*	*Singular*	*Plural*
Indicative	**Present**		**Present Perfect**	
	cucino	cuciniamo	ho cucinato	abbiamo cucinato
	cucini	cucinate	hai cucinato	avete cucinato
	cucina	cucinano	ha cucinato	hanno cucinato
	Imperfect		**Past Perfect**	
	cucinavo	cucinavamo	avevo cucinato	avevamo cucinato
	cucinavi	cucinavate	avevi cucinato	avevate cucinato
	cucinava	cucinavano	aveva cucinato	avevano cucinato
	Past Definite		**Past Anterior**	
	cucinai	cucinammo	ebbi cucinato	avemmo cucinato
	cucinasti	cucinaste	avesti cucinato	aveste cucinato
	cucinò	cucinarono	ebbe cucinato	ebbero cucinato
	Future		**Future Perfect**	
	cucinerò	cucineremo	avrò cucinato	avremo cucinato
	cucinerai	cucinerete	avrai cucinato	avrete cucinato
	cucinerà	cucineranno	avrà cucinato	avranno cucinato
Subjunctive	**Present**		**Present Perfect**	
	cucini	cuciniamo	abbia cucinato	abbiamo cucinato
	cucini	cuciniate	abbia cucinato	abbiate cucinato
	cucini	cucinino	abbia cucinato	abbiano cucinato
	Imperfect		**Past Perfect**	
	cucinassi	cucinassimo	avessi cucinato	avessimo cucinato
	cucinassi	cucinaste	avessi cucinato	aveste cucinato
	cucinasse	cucinassero	avesse cucinato	avessero cucinato
Conditional	**Present Conditional**		**Perfect Conditional**	
	cucinerei	cucineremmo	avrei cucinato	avremmo cucinato
	cucineresti	cucinereste	avresti cucinato	avreste cucinato
	cucinerebbe	cucinerebbero	avrebbe cucinato	avrebbero cucinato

EXAMPLES

Non mi piace cucinare.	I don't like cooking.
Che cosa cucini di buono?	What are you cooking?
Abbiamo cucinato la carne.	We cooked meat.

cucire

to sew

Auxiliary verb: avere **Past participle:** cucito **Gerund:** cucendo
Imperative: (tu) cuci (non cucire); (Lei) cucia; (noi) cuciamo; (voi)
cucite; (Loro) cuciano

Mode	Simple Tenses		Compound Tenses	
	Singular	*Plural*	*Singular*	*Plural*
Indicative	**Present**		**Present Perfect**	
	cucio	cuciamo	ho cucito	abbiamo cucito
	cuci	cucite	hai cucito	avete cucito
	cuce	cuciono	ha cucito	hanno cucito
	Imperfect		**Past Perfect**	
	cucivo	cucivamo	avevo cucito	avevamo cucito
	cucivi	cucivate	avevi cucito	avevate cucito
	cuciva	cucivano	aveva cucito	avevano cucito
	Past Definite		**Past Anterior**	
	cucii	cucimmo	ebbi cucito	avemmo cucito
	cucisti	cuciste	avesti cucito	aveste cucito
	cucì	cucirono	ebbe cucito	ebbero cucito
	Future		**Future Perfect**	
	cucirò	cuciremo	avrò cucito	avremo cucito
	cucirai	cucirete	avrai cucito	avrete cucito
	cucirà	cuciranno	avrà cucito	avranno cucito
Subjunctive	**Present**		**Present Perfect**	
	cucia	cuciamo	abbia cucito	abbiamo cucito
	cucia	cuciate	abbia cucito	abbiate cucito
	cucia	cuciano	abbia cucito	abbiano cucito
	Imperfect		**Past Perfect**	
	cucissi	cucissimo	avessi cucito	avessimo cucito
	cucissi	cuciste	avessi cucito	aveste cucito
	cucisse	cucissero	avesse cucito	avessero cucito
Cucitional	**Present Conditional**		**Perfect Conditional**	
	cucirei	cuciremmo	avrei cucito	avremmo cucito
	cuciresti	cucireste	avresti cucito	avreste cucito
	cucirebbe	cucirebbero	avrebbe cucito	avrebbero cucito

EXAMPLES

Cucirà un vestito per Luisa.	He will sew a dress for Luisa.
Vorrei imparare a cucire.	I would like to learn how to sew.
Ha cucito la camicia.	He sewed the shirt.
Il sarto cuce con grande precisione.	The tailor sews with great care.

cuocere

to cook, to boil, to bake, to steam, etc.

Auxiliary verb: avere **Past participle:** cotto **Gerund:** c(u)ocendo
Imperative: (tu) cuoci (non cuocere); (Lei) cuocia; (noi) cuociamo; (voi)
c(u)ocete; (Loro) cuociano

Mode	Simple Tenses		Compound Tenses	
	Singular	*Plural*	*Singular*	*Plural*
Indicative	**Present**		**Present Perfect**	
	cuocio	c(u)ociamo	ho cotto	abbiamo cotto
	cuoci	cuocete	hai cotto	avete cotto
	cuoce	cuociono	ha cotto	hanno cotto
	Imperfect		**Past Perfect**	
	c(u)ocevo	c(u)ocevamo	avevo cotto	avevamo cotto
	c(u)ocevi	c(u)ocevate	avevi cotto	avevate cotto
	c(u)oceva	c(u)ocevano	aveva cotto	avevano cotto
	Past Definite		**Past Anterior**	
	cossi	c(u)ocemmo	ebbi cotto	avemmo cotto
	c(u)ocesti	c(u)oceste	avesti cotto	aveste cotto
	cosse	cossero	ebbe cotto	ebbero cotto
	Future		**Future Perfect**	
	c(u)ocerò	c(u)oceremo	avrò cotto	avremo cotto
	c(u)ocerai	c(u)ocerete	avrai cotto	avrete cotto
	c(u)ocerà	c(u)oceranno	avrà cotto	avranno cotto
Subjunctive	**Present**		**Present Perfect**	
	cuocia	cuociamo	abbia cotto	abbiamo cotto
	cuocia	cuociate	abbia cotto	abbiate cotto
	cuocia	cuociano	abbia cotto	abbiano cotto
	Imperfect		**Past Perfect**	
	c(u)ocessi	c(u)ocessimo	avessi cotto	avessimo cotto
	c(u)ocessi	c(u)oceste	avessi cotto	aveste cotto
	c(u)ocesse	c(u)ocessero	avesse cotto	avessero cotto
Conditional	**Present Conditional**		**Perfect Conditional**	
	c(u)ocerei	c(u)oceremmo	avrei cotto	avremmo cotto
	c(u)oceresti	c(u)ocereste	avresti cotto	avreste cotto
	c(u)ocerebbe	c(u)ocerebbero	avrebbe cotto	avrebbero cotto

Note: *Scuocere* (to overcook) is a compound verb of *cuocere*, and it conjugates in the same
way.

EXAMPLES

Devo cuocere le verdure.	I have to cook the vegetables.
Quanto tempo ci mette a cuocere il riso?	How long does it take to cook rice?
Mi piacere cuocere i piatti in forno.	I like baking dishes in the oven.
Mia madre ha cucinato il pollo in umido.	My mother stewed the chicken.
È importante cuocere a fuoco vivo.	It's important to cook at a high heat.
Non cuocere troppo la carne!	Don't overcook the meat!

curarsi

to take care (of oneself), to look after

Auxiliary verb: essere **Past participle:** curato(si) **Gerund:** curando(si)

Imperative: (tu) curati (non curarti); (Lei) si curi; (noi) curiamoci; (voi) curatevi; (Loro) si curino

Mode	Simple Tenses		Compound Tenses	
	Singular	*Plural*	*Singular*	*Plural*
Indicative	**Present**		**Present Perfect**	
	mi curo	ci curiamo	mi sono curato/a	ci siamo curati/e
	ti curi	vi curate	ti sei curato/a	vi siete curati/e
	si cura	si curano	si è curato/a	si sono curati/e
	Imperfect		**Past Perfect**	
	mi curavo	ci curavamo	mi ero curato/a	ci eravamo curati/e
	ti curavi	vi curavate	ti eri curato/a	vi eravate curati/e
	si curava	si curavano	si era curato/a	si erano curati/e
	Past Definite		**Past Anterior**	
	mi curai	ci curammo	mi fui curato/a	ci fummo curati/e
	ti curasti	vi curaste	ti fosti curato/a	vi foste curati/e
	si curò	si curarono	si fu curato/a	si furono curati/e
	Future		**Future Perfect**	
	mi curerò	ci cureremo	mi sarò curato/a	ci saremo curati/e
	ti curerai	vi curerete	ti sarai curato/a	vi sarete curati/e
	si curerà	si cureranno	si sarà curato/a	si saranno curati/e
Subjunctive	**Present**		**Present Perfect**	
	mi curi	ci curiamo	mi sia curato/a	ci siamo curati/e
	ti curi	vi curiate	ti sia curato/a	vi siate curati/e
	si curi	si curino	si sia curato/a	si siano curati/e
	Imperfect		**Past Perfect**	
	mi curassi	ci curassimo	mi fossi curato/a	ci fossimo curati/e
	ti curassi	vi curaste	ti fossi curato/a	vi foste curati/e
	si curasse	si curassero	si fosse curato/a	si fossero curati/e
Conditional	**Present Conditional**		**Perfect Conditional**	
	mi curerei	ci cureremmo	mi sarei curato/a	ci saremmo curati/e
	ti cureresti	vi curereste	ti saresti curato/a	vi sareste curati/e
	si curerebbe	si curerebbero	si sarebbe curato/a	si sarebbero curati/e

Note: The transitive verb *curare* ("to take care," "to treat") uses *avere* for compound tenses (see the last example below).

EXAMPLES

Deve curarsi se vuole guarire.	If he wants to get better, he has to take care of himself.
Ha una brutta tosse; dovrebbe curarsi.	He has a bad cough; he needs to get better.
Lei si cura dei bambini.	She looks after the children.
Abbiamo curato i nostri affari.	We took care of our business.

dare

to give

Auxiliary verb: avere **Past participle:** dato **Gerund:** dando
Imperative: (tu) dai/da' (non dare); (Lei) dia; (noi) diamo; (voi) date;
(Loro) diano

Mode	Simple Tenses		Compound Tenses	
	Singular	*Plural*	*Singular*	*Plural*
Indicative	**Present**		**Present Perfect**	
	do	diamo	ho dato	abbiamo dato
	dai	date	hai dato	avete dato
	dà	danno	ha dato	hanno dato
	Imperfect		**Past Perfect**	
	davo	davamo	avevo dato	avevamo dato
	davi	davate	avevi dato	avevate dato
	dava	davano	aveva dato	avevano dato
	Past Definite		**Past Anterior**	
	diedi (detti)	demmo	ebbi dato	avemmo dato
	desti	deste	avesti dato	aveste dato
	diede (dette)	diedero (dettero)	ebbe dato	ebbero dato
	Future		**Future Perfect**	
	darò	daremo	avrò dato	avremo dato
	darai	darete	avrai dato	avrete dato
	darà	daranno	avrà dato	avranno dato
Subjunctive	**Present**		**Present Perfect**	
	dia	diamo	abbia dato	abbiamo dato
	dia	diate	abbia dato	abbiate dato
	dia	diano	abbia dato	abbiano dato
	Imperfect		**Past Perfect**	
	dessi	dessimo	avessi dato	avessimo dato
	dessi	deste	avessi dato	aveste dato
	desse	dessero	avesse dato	avessero dato
Conditional	**Present Conditional**		**Perfect Conditional**	
	darei	daremmo	avrei dato	avremmo dato
	daresti	dareste	avresti dato	avreste dato
	darebbe	darebbero	avrebbe dato	avrebbero dato

Note: The verb *dare* is commonly used in idiomatic expressions: *dare un esame* ("to take an exam"); *dare fastidio* ("to bother," "to annoy"); *dare in televisione* ("to broadcast"); *dare la mancia* ("to leave a tip"); *dare una mano* ("to lend a hand"); *dare un'occhiata* ("to glance at"); *dare un passaggio* ("to give a lift"); *dare del tu or Lei* ("to address someone in the *tu* or *Lei* form"); *può darsi* ("perhaps," "it is possible"), *dare retta* ("to heed"). As a reflexive verb *darsi* ("to devote oneself up," "to give oneself") uses the reflexive pronouns *mi, ti, si, ci, vi, si,* as well as the auxiliary verb *essere,* to form compound tenses (see the last example below).

EXAMPLES

Mi dai una spiegazione?	Can you give me an explanation?
Paola ha dato la lettera a Mario.	Paola gave the letter to Mario.
Danno un concerto stasera.	They are giving a concert tonight.
Dai!	Come on!
La finestra dà sul cortile.	The window looks onto the garden.
Si è dato allo studio.	He devoted himself to study.

decidere
to decide
Auxiliary verb: avere **Past participle:** deciso **Gerund:** decidendo
Imperative: (tu) decidi (non decidere); (Lei) decida; (noi) decidiamo;
(voi) decidete; (Loro) decidano

Mode	Simple Tenses		Compound Tenses	
	Singular	*Plural*	*Singular*	*Plural*
	Present		**Present Perfect**	
Indicative	decido	decidiamo	ho deciso	abbiamo deciso
	decidi	decidete	hai deciso	avete deciso
	decide	decidono	ha deciso	hanno deciso
	Imperfect		**Past Perfect**	
	decidevo	decidevamo	avevo deciso	avevamo deciso
	decidevi	decidevate	avevi deciso	avevate deciso
	decideva	decidevano	aveva deciso	avevano deciso
	Past Definite		**Past Anterior**	
	decisi	decidemmo	ebbi deciso	avemmo deciso
	decidesti	decideste	avesti deciso	aveste deciso
	decise	decisero	ebbe deciso	ebbero deciso
	Future		**Future Perfect**	
	deciderò	decideremo	avrò deciso	avremo deciso
	deciderai	deciderete	avrai deciso	avrete deciso
	deciderà	decideranno	avrà deciso	avranno deciso
Subjunctive	**Present**		**Present Perfect**	
	decida	decidiamo	abbia deciso	abbiamo deciso
	decida	decidiate	abbia deciso	abbiate deciso
	decida	decidano	abbia deciso	abbiano deciso
	Imperfect		**Past Perfect**	
	decidessi	decidessimo	avessi deciso	avessimo deciso
	decidessi	decideste	avessi deciso	aveste deciso
	decidesse	decidessero	avesse deciso	avessero deciso
Conditional	**Present Conditional**		**Perfect Conditional**	
	deciderei	decideremmo	avrei deciso	avremmo deciso
	decideresti	decidereste	avresti deciso	avreste deciso
	deciderebbe	deciderebbero	avrebbe deciso	avrebbero deciso

Note: *Decidere* requires the preposition *di* before an infinitive (see the second example below). As a reflexive verb *decidersi* ("to make up one's mind," "to decide") uses the reflexive pronouns *mi, ti, si, ci, vi, si,* as well as the auxiliary verb *essere,* to form compound tenses. *Decidersi* requires the preposition *a* before an infinitive (see the last example below).

EXAMPLES

Vuoi decidere sempre tu!	You always want to decide!
Abbiamo deciso di andare al mare.	We have decided to go to the beach.
Quell'avvenimento decise il nostro destino.	That event decided our fate.
Mi sono deciso a partire per la Grecia.	I've made up my mind to leave for Greece.

dedicare

to dedicate

Auxiliary verb: avere **Past participle:** dedicato **Gerund:** dedicando
Imperative: (tu) dedica (non dedicare); (Lei) dedichi; (noi) dedichiamo;
(voi) dedicate; (Loro) dedichino

Mode	Simple Tenses		Compound Tenses	
	Singular	*Plural*	*Singular*	*Plural*
Indicative	**Present**		**Present Perfect**	
	dedico	dedichiamo	ho dedicato	abbiamo dedicato
	dedichi	dedicate	hai dedicato	avete dedicato
	dedica	dedicano	ha dedicato	hanno dedicato
	Imperfect		**Past Perfect**	
	dedicavo	dedicavamo	avevo dedicato	avevamo dedicato
	dedicavi	dedicavate	avevi dedicato	avevate dedicato
	dedicava	dedicavano	aveva dedicato	avevano dedicato
	Past Definite		**Past Anterior**	
	dedicai	dedicammo	ebbi dedicato	avemmo dedicato
	dedicasti	dedicaste	avesti dedicato	aveste dedicato
	dedicò	dedicarono	ebbe dedicato	ebbero dedicato
	Future		**Future Perfect**	
	dedicherò	dedicheremo	avrò dedicato	avremo dedicato
	dedicherai	dedicherete	avrai dedicato	avrete dedicato
	dedicherà	dedicheranno	avrà dedicato	avranno dedicato
Subjunctive	**Present**		**Present Perfect**	
	dedichi	dedichiamo	abbia dedicato	abbiamo dedicato
	dedichi	dedichiate	abbia dedicato	abbiate dedicato
	dedichi	dedichino	abbia dedicato	abbiano dedicato
	Imperfect		**Past Perfect**	
	dedicassi	dedicassimo	avessi dedicato	avessimo dedicato
	dedicassi	dedicaste	avessi dedicato	aveste dedicato
	dedicasse	dedicassero	avesse dedicato	avessero dedicato
Conditional	**Present Conditional**		**Perfect Conditional**	
	dedicherei	dedicheremmo	avrei dedicato	avremmo dedicato
	dedicheresti	dedichereste	avresti dedicato	avreste dedicato
	dedicherebbe	dedicherebbero	avrebbe dedicato	avrebbero dedicato

Note: As a reflexive verb *dedicarsi* ("to dedicate or apply oneself") uses the reflexive pronouns
mi, ti, si, ci, vi, si, as well as the auxiliary verb *essere,* to form compound tenses (see the last
example below).

EXAMPLES

Il monumento fu dedicato alla memoria dei caduti.	The monument was dedicated to the memory of the fallen soldiers.
Leopardi ha dedicato molte poesie a Silvia.	Leopardi dedicated many poems to Silvia.
Egli dedica tutto il suo tempo alla musica.	He devotes all his time to music.
Si è dedicato allo studio.	He dedicated himself to his studies.

degnare

to deign, to deem worthy
Auxiliary verb: avere **Past participle:** degnato **Gerund:** degnando
Imperative: (tu) degna (non degnare); (Lei) degni; (noi) degniamo; (voi) degnate; (Loro) degnino

Mode	Simple Tenses		Compound Tenses	
	Singular	*Plural*	*Singular*	*Plural*
	Present		**Present Perfect**	
Indicative	degno	degniamo	ho degnato	abbiamo degnato
	degni	degnate	hai degnato	avete degnato
	degna	degnano	ha degnato	hanno degnato
	Imperfect		**Past Perfect**	
	degnavo	degnavamo	avevo degnato	avevamo degnato
	degnavi	degnavate	avevi degnato	avevate degnato
	degnava	degnavano	aveva degnato	avevano degnato
	Past Definite		**Past Anterior**	
	degnai	degnammo	ebbi degnato	avemmo degnato
	degnasti	degnaste	avesti degnato	aveste degnato
	degnò	degnarono	ebbe degnato	ebbero degnato
	Future		**Future Perfect**	
	degnerò	degneremo	avrò degnato	avremo degnato
	degnerai	degnerete	avrai degnato	avrete degnato
	degnerà	degneranno	avrà degnato	avranno degnato
Subjunctive	**Present**		**Present Perfect**	
	degni	degniamo	abbia degnato	abbiamo degnato
	degni	degniate	abbia degnato	abbiate degnato
	degni	degnino	abbia degnato	abbiano degnato
	Imperfect		**Past Perfect**	
	degnassi	degnassimo	avessi degnato	avessimo degnato
	degnassi	degnaste	avessi degnato	aveste degnato
	degnasse	degnassero	avesse degnato	avessero degnato
Conditional	**Present Conditional**		**Perfect Conditional**	
	degnerei	degneremmo	avrei degnato	avremmo degnato
	degneresti	degnereste	avresti degnato	avreste degnato
	degnerebbe	degnerebbero	avrebbe degnato	avrebbero degnato

Note: *Degnare* requires the preposition *di* before an infinitive (see the third example below). As a reflexive verb *degnarsi* ("to deign to" or "to be kind enough") uses the reflexive pronouns *mi, ti, si, ci, vi, si,* as well as the auxiliary verb *essere*, to form compound tenses (see the last two examples below).

EXAMPLES

Non mi degnò di uno sguardo.	He did not deign to took at me.
Non lo degnai di una risposta.	I did not deign to give him an answer.
Vuoi degnarti di dare un'occhiata.	Will you deem me worthy of a glance?
Il sindaco si è degnato di venirmi a trovare.	The mayor was kind enough to come and see me.
Degnati di rispondere!	Be so kind as to answer me!

definire

to define

Auxiliary verb: avere **Past participle:** definito **Gerund:** definendo
Imperative: (tu) definisci (non definire); (Lei) definisca; (noi) definiamo;
(voi) definite; (Loro) definiscano

Mode	Simple Tenses		Compound Tenses	
	Singular	*Plural*	*Singular*	*Plural*
	Present		**Present Perfect**	
	definisco	definiamo	ho definito	abbiamo definito
	definisci	definite	hai definito	avete definito
	definisce	definiscono	ha definito	hanno definito
	Imperfect		**Past Perfect**	
	definivo	definivamo	avevo definito	avevamo definito
	definivi	definivate	avevi definito	avevate definito
	definiva	definivano	aveva definito	avevano definito
	Past Definite		**Past Anterior**	
	definii	definimmo	ebbi definito	avemmo definito
	definisti	definiste	avesti definito	aveste definito
	definì	definirono	ebbe definito	ebbero definito
	Future		**Future Perfect**	
	definirò	definiremo	avrò definito	avremo definito
	definirai	definirete	avrai definito	avrete definito
	definirà	definiranno	avrà definito	avranno definito
	Present		**Present Perfect**	
	definisca	definiamo	abbia definito	abbiamo definito
	definisca	definiate	abbia definito	abbiate definito
	definisca	definiscano	abbia definito	abbiano definito
	Imperfect		**Past Perfect**	
	definissi	definissimo	avessi definito	avessimo definito
	definissi	definiste	avessi definito	aveste definito
	definisse	definissero	avesse definito	avessero definito
	Present Conditional		**Perfect Conditional**	
	definirei	definiremmo	avrei definito	avremmo definito
	definiresti	definireste	avresti definito	avreste definito
	definirebbe	definirebbero	avrebbe definito	avrebbero definito

Indicative / Subjunctive / Conditional (mode column)

EXAMPLES

Definisci questa parola.	Define this word.
Dobbiamo definire il confine.	We have to define the border.
Definiamo i dettagli dell'accordo.	Let's define the details of our agreement.

deludere

to disappoint

Auxiliary verb: avere **Past participle:** deluso **Gerund:** deludendo
Imperative: (tu) deludi (non deludere); (Lei) deluda; (noi) deludiamo;
(voi) deludete; (Loro) deludano

Mode	Simple Tenses		Compound Tenses	
	Singular	*Plural*	*Singular*	*Plural*
Indicative	**Present**		**Present Perfect**	
	deludo	deludiamo	ho deluso	abbiamo deluso
	deludi	deludete	hai deluso	avete deluso
	delude	deludono	ha deluso	hanno deluso
	Imperfect		**Past Perfect**	
	deludevo	deludevamo	avevo deluso	avevamo deluso
	deludevi	deludevate	avevi deluso	avevate deluso
	deludeva	deludevano	aveva deluso	avevano deluso
	Past Definite		**Past Anterior**	
	delusi	deludemmo	ebbi deluso	avemmo deluso
	deludesti	deludeste	avesti deluso	aveste deluso
	deluse	delusero	ebbe deluso	ebbero deluso
	Future		**Future Perfect**	
	deluderò	deluderemo	avrò deluso	avremo deluso
	deluderai	deluderete	avrai deluso	avrete deluso
	deluderà	deluderanno	avrà deluso	avranno deluso
Subjunctive	**Present**		**Present Perfect**	
	deluda	deludiamo	abbia deluso	abbiamo deluso
	deluda	deludiate	abbia deluso	abbiate deluso
	deluda	deludano	abbia deluso	abbiano deluso
	Imperfect		**Past Perfect**	
	deludessi	deludessimo	avessi deluso	avessimo deluso
	deludessi	deludeste	avessi deluso	aveste deluso
	deludesse	deludessero	avesse deluso	avessero deluso
Conditional	**Present Conditional**		**Perfect Conditional**	
	deluderei	deluderemmo	avrei deluso	avremmo deluso
	deluderesti	deludereste	avresti deluso	avreste deluso
	deluderebbe	deluderebbero	avrebbe deluso	avrebbero deluso

Note: The English verb "to delude" should not be translated with this verb. "To delude" is *ingannare*.

EXAMPLES

Non voglio deludere le aspettative di Michele.	I don't want to disappoint Michele's expectations.
Mi hai profondamente deluso.	You have disappointed me deeply.
Non mi deludere!	Do not disappoint me!

denuciare

to report, to denounce, to charge

Auxiliary verb: avere **Past participle:** denunciato **Gerund:** denunciando

Imperative: (tu) denuncia (non denunciare); (Lei) denunci; (noi) denunciamo; (voi) denunciate; (Loro) denuncino

Mode	Simple Tenses		Compound Tenses	
	Singular	*Plural*	*Singular*	*Plural*
Indicative	**Present**		**Present Perfect**	
	denuncio	denunciamo	ho denunciato	abbiamo denunciato
	denunci	denunciate	hai denunciato	avete denunciato
	denuncia	denunciano	ha denunciato	hanno denunciato
	Imperfect		**Past Perfect**	
	denunciavo	denunciavamo	avevo denunciato	avevamo denunciato
	denunciavi	denunciavate	avevi denunciato	avevate denunciato
	denunciava	denunciavano	aveva denunciato	avevano denunciato
	Past Definite		**Past Anterior**	
	denunciai	denunciammo	ebbi denunciato	avemmo denunciato
	denunciasti	denunciaste	avesti denunciato	aveste denunciato
	denunciò	denunciarono	ebbe denunciato	ebbero denunciato
	Future		**Future Perfect**	
	denuncerò	denunceremo	avrò denunciato	avremo denunciato
	denuncerai	denuncerete	avrai denunciato	avrete denunciato
	denuncerà	denunceranno	avrà denunciato	avranno denunciato
Subjunctive	**Present**		**Present Perfect**	
	denunci	denunciamo	abbia denunciato	abbiamo denunciato
	denunci	denunciate	abbia denunciato	abbiate denunciato
	denunci	denuncino	abbia denunciato	abbiano denunciato
	Imperfect		**Past Perfect**	
	denunciassi	denunciassimo	avessi denunciato	avessimo denunciato
	denunciassi	denunciaste	avessi denunciato	aveste denunciato
	denunciasse	denunciassero	avesse denunciato	avessero denunciato
Conditional	**Present Conditional**		**Perfect Conditional**	
	denuncerei	denunceremmo	avrei denunciato	avremmo denunciato
	denunceresti	denuncereste	avresti denunciato	avreste denunciato
	denuncerebbe	denuncerebbero	avrebbe denunciato	avrebbero denunciato

Note: *Denunciare* requires the preposition *di* before an infinitive (see the last example below).

EXAMPLES

È stato denunciato per spaccio di droga.

He was charged for drug dealing.

Denunceremo il fatto alla polizia.

We will report the incident to the police.

Ho denunciato il furto alla polizia.

I reported the theft to the police.

Ha denunciato di essere stato aggredito.

He reported he had been attacked.

descrivere
to describe
Auxiliary verb: avere **Past participle:** descritto **Gerund:** descrivendo
Imperative: (tu) descrivi (non descrivere); (Lei) descriva; (noi) descri-
viamo; (voi) descrivete; (Loro) descrivano

Mode	Simple Tenses		Compound Tenses	
	Singular	*Plural*	*Singular*	*Plural*
	Present		**Present Perfect**	
Indicative	descrivo	descriviamo	ho descritto	abbiamo descritto
	descrivi	descrivete	hai descritto	avete descritto
	descrive	descrivono	ha descritto	hanno descritto
	Imperfect		**Past Perfect**	
	descrivevo	descrivevamo	avevo descritto	avevamo descritto
	descrivevi	descrivevate	avevi descritto	avevate descritto
	descriveva	descrivevano	aveva descritto	avevano descritto
	Past Definite		**Past Anterior**	
	descrissi	descrivemmo	ebbi descritto	avemmo descritto
	descrivesti	descriveste	avesti descritto	aveste descritto
	descrisse	descrissero	ebbe descritto	ebbero descritto
	Future		**Future Perfect**	
	descriverò	descriveremo	avrò descritto	avremo descritto
	descriverai	descriverete	avrai descritto	avrete descritto
	descriverà	descriveranno	avrà descritto	avranno descritto
Subjunctive	**Present**		**Present Perfect**	
	descriva	descriviamo	abbia descritto	abbiamo descritto
	descriva	descriviate	abbia descritto	abbiate descritto
	descriva	descrivano	abbia descritto	abbiano descritto
	Imperfect		**Past Perfect**	
	descrivessi	descrivessimo	avessi descritto	avessimo descritto
	descrivessi	descriveste	avessi descritto	aveste descritto
	descrivesse	descrivessero	avesse descritto	avessero descritto
Conditional	**Present Conditional**		**Perfect Conditional**	
	descriverei	descriveremmo	avrei descritto	avremmo descritto
	descriveresti	descrivereste	avresti descritto	avreste descritto
	descriverebbe	descriverebbero	avrebbe descritto	avrebbero descritto

EXAMPLES

Ho descritto con cura quello che avevo visto a Maria.

I described accurately what I had seen to Maria.

Non trovo le parole per descriverlo.

I can't find the words to describe it.

Lo scrittore descrive bene la vita dei pionieri.

The writer describes the life of the pioneers well.

desiderare

to wish, to want; to desire
Auxiliary verb: avere **Past participle:** desiderato **Gerund:** desiderando
Imperative: (tu) desidera (non desiderare); (Lei) desideri; (noi) deside-
riamo; (voi) desiderate; (Loro) desiderino

Mode	Simple Tenses		Compound Tenses	
	Singular	*Plural*	*Singular*	*Plural*
Indicative	**Present**		**Present Perfect**	
	desidero	desideriamo	ho desiderato	abbiamo desiderato
	desideri	desiderate	hai desiderato	avete desiderato
	desidera	desiderano	ha desiderato	hanno desiderato
	Imperfect		**Past Perfect**	
	desideravo	desideravamo	avevo desiderato	avevamo desiderato
	desideravi	desideravate	avevi desiderato	avevate desiderato
	desiderava	desideravano	aveva desiderato	avevano desiderato
	Past Definite		**Past Anterior**	
	desiderai	desiderammo	ebbi desiderato	avemmo desiderato
	desiderasti	desideraste	avesti desiderato	aveste desiderato
	desiderò	desiderarono	ebbe desiderato	ebbero desiderato
	Future		**Future Perfect**	
	desidererò	desidereremo	avrò desiderato	avremo desiderato
	desidererai	desidererete	avrai desiderato	avrete desiderato
	desidererà	desidereranno	avrà desiderato	avranno desiderato
Subjunctive	**Present**		**Present Perfect**	
	desideri	desideriamo	abbia desiderato	abbiamo desiderato
	desideri	desideriate	abbia desiderato	abbiate desiderato
	desideri	desiderino	abbia desiderato	abbiano desiderato
	Imperfect		**Past Perfect**	
	desiderassi	desiderassimo	avessi desiderato	avessimo desiderato
	desiderassi	desideraste	avessi desiderato	aveste desiderato
	desiderasse	desiderassero	avesse desiderato	avessero desiderato
Conditional	**Present Conditional**		**Perfect Conditional**	
	desidererei	desidereremmo	avrei desiderato	avremmo desiderato
	desidereresti	desiderereste	avresti desiderato	avreste desiderato
	desidererebbe	desidererebbero	avrebbe desiderato	avrebbero desiderato

Note: When *desiderare* is followed by an infinitive, the infinite immediately follows *desiderare* (see the last example below). *Desiderare che . . .* requires the use of subjunctive (see the fifth example below).

EXAMPLES

Desideri partire subito?	Do you wish to leave at once?
Desidero un caffè.	I want a coffee.
Non posso desiderare nulla di meglio.	I cannot wish for anything better.
Che cosa desidera (Lei)?	What can I do for you?
Desidero che voi compriate una nuova casa.	I want you to buy a new house.
Desidero comprare una nuova casa.	I want to buy a new house.

detestare
to hate, to abhor, to despise, to loathe
Auxiliary verb: avere **Past participle:** detestato **Gerund:** detestando
Imperative: (tu) detesta (non detestare); (Lei) detesti; (noi) detestiamo;
(voi) detestate; (Loro) detestino

Mode	Simple Tenses		Compound Tenses	
	Singular	*Plural*	*Singular*	*Plural*
Indicative	**Present**		**Present Perfect**	
	detesto	detestiamo	ho detestato	abbiamo detestato
	detesti	detestate	hai detestato	avete detestato
	detesta	detestano	ha detestato	hanno detestato
	Imperfect		**Past Perfect**	
	detestavo	detestavamo	avevo detestato	avevamo detestato
	detestavi	detestavate	avevi detestato	avevate detestato
	detestava	detestavano	aveva detestato	avevano detestato
	Past Definite		**Past Anterior**	
	detestai	detestammo	ebbi detestato	avemmo detestato
	detestasti	detestaste	avesti detestato	aveste detestato
	detestò	detestarono	ebbe detestato	ebbero detestato
	Future		**Future Perfect**	
	detesterò	detesteremo	avrò detestato	avremo detestato
	detesterai	detesterete	avrai detestato	avrete detestato
	detesterà	detesteranno	avrà detestato	avranno detestato
Subjunctive	**Present**		**Present Perfect**	
	detesti	detestiamo	abbia detestato	abbiamo detestato
	detesti	detestiate	abbia detestato	abbiate detestato
	detesti	detestino	abbia detestato	abbiano detestato
	Imperfect		**Past Perfect**	
	detestassi	detestassimo	avessi detestato	avessimo detestato
	detestassi	detestaste	avessi detestato	aveste detestato
	detestasse	detestassero	avesse detestato	avessero detestato
Conditional	**Present Conditional**		**Perfect Conditional**	
	detesterei	detesteremmo	avrei detestato	avremmo detestato
	detesteresti	detestereste	avresti detestato	avreste detestato
	detesterebbe	detesterebbero	avrebbe detestato	avrebbero detestato

Note: If *detestare* is followed by another verb ("to hate waiting"), the sequence *detestare* + infinitive is used. *Detestare* is conjugated, and the second verb is used in the infinitive (see the second, third, sixth examples below). As a reflexive verb *detestarsi* ("to detest oneself" or "to detest each other") uses the reflexive pronouns *mi, ti, si, ci, vi, si,* as well as the auxiliary verb *essere,* to form compound tenses (see the fifth example below). *Detestare che* requires the use of subjunctive (see the last example below).

EXAMPLES

Detesto gli spinaci.	I hate spinach.
Detesto dover aspettare.	I hate having to wait.
Detestava alzarsi presto.	He used to despise getting up early.
Detestiamo il razzismo.	We abhor racism.
Si detestano.	They hate each other.
Detestiamo fare le pulizie.	We hate cleaning.
Detesto che tu faccia questa cosa.	I hate that you do this.

dichiarare

to declare, to state

Auxiliary verb: avere **Past participle:** dichiarato **Gerund:** dichiarando
Imperative: (tu) dichiara (non dichiarare); (Lei) dichiari; (noi) dichia-
riamo; (voi) dichiarate; (Loro) dichiarino

Mode	Simple Tenses		Compound Tenses	
	Singular	*Plural*	*Singular*	*Plural*
Indicative	**Present**		**Present Perfect**	
	dichiaro	dichiariamo	ho dichiarato	abbiamo dichiarato
	dichiari	dichiarate	hai dichiarato	avete dichiarato
	dichiara	dichiarano	ha dichiarato	hanno dichiarato
	Imperfect		**Past Perfect**	
	dichiaravo	dichiaravamo	avevo dichiarato	avevamo dichiarato
	dichiaravi	dichiaravate	avevi dichiarato	avevate dichiarato
	dichiarava	dichiaravano	aveva dichiarato	avevano dichiarato
	Past Definite		**Past Anterior**	
	dichiarai	dichiarammo	ebbi dichiarato	avemmo dichiarato
	dichiarasti	dichiaraste	avesti dichiarato	aveste dichiarato
	dichiarò	dichiararono	ebbe dichiarato	ebbero dichiarato
	Future		**Future Perfect**	
	dichiarerò	dichiareremo	avrò dichiarato	avremo dichiarato
	dichiarerai	dichiarerete	avrai dichiarato	avrete dichiarato
	dichiarerà	dichiareranno	avrà dichiarato	avranno dichiarato
Subjunctive	**Present**		**Present Perfect**	
	dichiari	dichiariamo	abbia dichiarato	abbiamo dichiarato
	dichiari	dichiariate	abbia dichiarato	abbiate dichiarato
	dichiari	dichiarino	abbia dichiarato	abbiano dichiarato
	Imperfect		**Past Perfect**	
	dichiarassi	dichiarassimo	avessi dichiarato	avessimo dichiarato
	dichiarassi	dichiaraste	avessi dichiarato	aveste dichiarato
	dichiarasse	dichiarassero	avesse dichiarato	avessero dichiarato
Conditional	**Present Conditional**		**Perfect Conditional**	
	dichiarerei	dichiareremmo	avrei dichiarato	avremmo dichiarato
	dichiareresti	dichiarereste	avresti dichiarato	avreste dichiarato
	dichiarerebbe	dichiarerebbero	avrebbe dichiarato	avrebbero dichiarato

Note: *Dichiarare* requires the preposition *di* before an infinitive (see the fourth example
below). As a reflexive verb *dichiararsi* ("to declare oneself") uses the reflexive pronouns *mi,
ti, si, ci, vi, si,* as well as the auxiliary verb *essere,* to form compound tenses (see the last
example below).

EXAMPLES

Ogni anno si deve dichiarare il proprio reddito.	Every year one has to declare his income.
Dichiaro vincitore il signor . . .	I declare Mr . . . to be the winner.
Ha dichiarato tutto il suo amore a Paola.	He declared all his love to Paola.
Il governo ha dichiarato di essere contrario alla guerra.	The government declared itself to be against war.
Dichiarai di non averlo mai conosciuto.	I stated that I had never met him.
Si è dichiarato contrario alla proposta.	He has declared himself to be against the proposal.

difendere
to defend, to stand up
Auxiliary verb: avere **Past participle:** difeso **Gerund:** difendendo
Imperative: (tu) difendi (non difendere); (Lei) difenda; (noi) difendiamo;
(voi) difendete; (Loro) difendano

Mode	Simple Tenses		Compound Tenses	
	Singular	*Plural*	*Singular*	*Plural*
Indicative	**Present**		**Present Perfect**	
	difendo	difendiamo	ho difeso	abbiamo difeso
	difendi	difendete	hai difeso	avete difeso
	difende	difendono	ha difeso	hanno difeso
	Imperfect		**Past Perfect**	
	difendevo	difendevamo	avevo difeso	avevamo difeso
	difendevi	difendevate	avevi difeso	avevate difeso
	difendeva	difendevano	aveva difeso	avevano difeso
	Past Definite		**Past Anterior**	
	difesi	difendemmo	ebbi difeso	avemmo difeso
	difendesti	difendeste	avesti difeso	aveste difeso
	difese	difesero	ebbe difeso	ebbero difeso
	Future		**Future Perfect**	
	difenderò	difenderemo	avrò difeso	avremo difeso
	difenderai	difenderete	avrai difeso	avrete difeso
	difenderà	difenderanno	avrà difeso	avranno difeso
Subjunctive	**Present**		**Present Perfect**	
	difenda	difendiamo	abbia difeso	abbiamo difeso
	difenda	difendiate	abbia difeso	abbiate difeso
	difenda	difendano	abbia difeso	abbiano difeso
	Imperfect		**Past Perfect**	
	difendessi	difendessimo	avessi difeso	avessimo difeso
	difendessi	difendeste	avessi difeso	aveste difeso
	difendesse	difendessero	avesse difeso	avessero difeso
Conditional	**Present Conditional**		**Perfect Conditional**	
	difenderei	difenderemmo	avrei difeso	avremmo difeso
	difenderesti	difendereste	avresti difeso	avreste difeso
	difenderebbe	difenderebbero	avrebbe difeso	avrebbero difeso

Note: As a reflexive verb *difendersi* ("to defend oneself") uses the reflexive pronouns *mi, ti, si, ci, vi, si,* as well as the auxiliary verb *essere,* to form compound tenses (see the last example below).

EXAMPLES

È una posizione difficile da difendere.	It is a position difficult to defend.
Ha difeso la sua condotta.	He defended his conduct.
Difende sempre i suoi colleghi.	He always stands up for his colleagues.
Si è difeso dalla accuse.	He defended himself from the charges.

diffondere

to spread, to shed
Auxiliary verb: avere **Past participle:** diffuso **Gerund:** diffondendo
Imperative: (tu) diffondi (non diffondere); (Lei) diffonda; (noi) diffon-
diamo; (voi) diffondete; (Loro) diffondano

Mode	Simple Tenses		Compound Tenses	
	Singular	*Plural*	*Singular*	*Plural*
Indicative	**Present**		**Present Perfect**	
	diffondo	diffondiamo	ho diffuso	abbiamo diffuso
	diffondi	diffondete	hai diffuso	avete diffuso
	diffonde	diffondono	ha diffuso	hanno diffuso
	Imperfect		**Past Perfect**	
	diffondevo	diffondevamo	avevo diffuso	avevamo diffuso
	diffondevi	diffondevate	avevi diffuso	avevate diffuso
	diffondeva	diffondevano	aveva diffuso	avevano diffuso
	Past Definite		**Past Anterior**	
	diffusi	diffondemmo	ebbi diffuso	avemmo diffuso
	diffondesti	diffondeste	avesti diffuso	aveste diffuso
	diffuse	diffusero	ebbe diffuso	ebbero diffuso
	Future		**Future Perfect**	
	diffonderò	diffonderemo	avrò diffuso	avremo diffuso
	diffonderai	diffonderete	avrai diffuso	avrete diffuso
	diffonderà	diffonderanno	avrà diffuso	avranno diffuso
Subjunctive	**Present**		**Present Perfect**	
	diffonda	diffondiamo	abbia diffuso	abbiamo diffuso
	diffonda	diffondiate	abbia diffuso	abbiate diffuso
	diffonda	diffondano	abbia diffuso	abbiano diffuso
	Imperfect		**Past Perfect**	
	diffondessi	diffondessimo	avessi diffuso	avessimo diffuso
	diffondessi	diffondeste	avessi diffuso	aveste diffuso
	diffondesse	diffondessero	avesse diffuso	avessero diffuso
Conditional	**Present Conditional**		**Perfect Conditional**	
	diffonderei	diffonderemmo	avrei diffuso	avremmo diffuso
	diffonderesti	diffondereste	avresti diffuso	avreste diffuso
	diffonderebbe	diffonderebbero	avrebbe diffuso	avrebbero diffuso

Note: Similar to *diffondere* are *fondere, confondere, infondere* "to infuse." As a reflexive verb *diffondersi* ("to spread") uses the reflexive pronouns *mi, ti, si, ci, vi, si,* as well as the auxiliary verb *essere,* to form compound tenses (see the last example below).

EXAMPLES

Non diffondere questa voce.	Do not spread this rumor.
Dobbiamo diffondere la notizia a tutti.	We have to propagate the news to everybody.
La luna diffondeva la sua luce sul prato.	The moon shed its light on the meadow.
L'infezione si è diffusa rapidamente.	The infection spread rapidly.

digerire

to digest

Auxiliary verb: avere   **Past participle:** digerito   **Gerund:** digerendo
Imperative: (tu) digerisci (non digerire); (Lei) digerisca; (noi) digeriamo;
(voi) digerite; (Loro) digeriscano

Mode	Simple Tenses		Compound Tenses	
	Singular	*Plural*	*Singular*	*Plural*
Indicative	**Present**		**Present Perfect**	
	digerisco	digeriamo	ho digerito	abbiamo digerito
	digerisci	digerite	hai digerito	avete digerito
	digerisce	digeriscono	ha digerito	hanno digerito
	Imperfect		**Past Perfect**	
	digerivo	digerivamo	avevo digerito	avevamo digerito
	digerivi	digerivate	avevi digerito	avevate digerito
	digeriva	digerivano	aveva digerito	avevano digerito
	Past Definite		**Past Anterior**	
	digerii	digerimmo	ebbi digerito	avemmo digerito
	digeristi	digeriste	avesti digerito	aveste digerito
	digerì	digerirono	ebbe digerito	ebbero digerito
	Future		**Future Perfect**	
	digerirò	digeriremo	avrò digerito	avremo digerito
	digerirai	digerirete	avrai digerito	avrete digerito
	digerirà	digeriranno	avrà digerito	avranno digerito
Subjunctive	**Present**		**Present Perfect**	
	digerisca	digeriamo	abbia digerito	abbiamo digerito
	digerisca	digeriate	abbia digerito	abbiate digerito
	digerisca	digeriscano	abbia digerito	abbiano digerito
	Imperfect		**Past Perfect**	
	digerissi	digerissimo	avessi digerito	avessimo digerito
	digerissi	digeriste	avessi digerito	aveste digerito
	digerisse	digerissero	avesse digerito	avessero digerito
Conditional	**Present Conditional**		**Perfect Conditional**	
	digerirei	digeriremmo	avrei digerito	avremmo digerito
	digeriresti	digerireste	avresti digerito	avreste digerito
	digerirebbe	digerirebbero	avrebbe digerito	avrebbero digerito

EXAMPLES

Digerisco bene l'aglio.	I digest garlic well.
Ho digerito i peperoni con difficoltà.	I had difficulty digesting the peppers.
Non ho digerito.	I have indigestion.

dimenticare
to forget, to leave
Auxiliary verb: avere **Past participle:** dimenticato **Gerund:** dimenticando
Imperative: (tu) dimentica (non dimenticare); (Lei) dimentichi; (noi)
dimentichiamo; (voi) dimenticate; (Loro) dimentichino

Mode	Simple Tenses		Compound Tenses	
	Singular	*Plural*	*Singular*	*Plural*
	Present		**Present Perfect**	
Indicative	dimentico	dimentichiamo	ho dimenticato	abbiamo dimenticato
	dimentichi	dimenticate	hai dimenticato	avete dimenticato
	dimentica	dimenticano	ha dimenticato	hanno dimenticato
	Imperfect		**Past Perfect**	
	dimenticavo	dimenticavamo	avevo dimenticato	avevamo dimenticato
	dimenticavi	dimenticavate	avevi dimenticato	avevate dimenticato
	dimenticava	dimenticavano	aveva dimenticato	avevano dimenticato
	Past Definite		**Past Anterior**	
	dimenticai	dimenticammo	ebbi dimenticato	avemmo dimenticato
	dimenticasti	dimenticaste	avesti dimenticato	aveste dimenticato
	dimenticò	dimenticarono	ebbe dimenticato	ebbero dimenticato
	Future		**Future Perfect**	
	dimenticherò	dimenticheremo	avrò dimenticato	avremo dimenticato
	dimenticherai	dimenticherete	avrai dimenticato	avrete dimenticato
	dimenticherà	dimenticheranno	avrà dimenticato	avranno dimenticato
Subjunctive	**Present**		**Present Perfect**	
	dimentichi	dimentichiamo	abbia dimenticato	abbiamo dimenticato
	dimentichi	dimentichiate	abbia dimenticato	abbiate dimenticato
	dimentichi	dimentichino	abbia dimenticato	abbiano dimenticato
	Imperfect		**Past Perfect**	
	dimenticassi	dimenticassimo	avessi dimenticato	avessimo dimenticato
	dimenticassi	dimenticaste	avessi dimenticato	aveste dimenticato
	dimenticasse	dimenticassero	avesse dimenticato	avessero dimenticato
Conditional	**Present Conditional**		**Perfect Conditional**	
	dimenticherei	dimenticheremmo	avrei dimenticato	avremmo dimenticato
	dimenticheresti	dimentichereste	avresti dimenticato	avreste dimenticato
	dimenticherebbe	dimenticherebbero	avrebbe dimenticato	avrebbero dimenticato

Note: As a reflexive verb *dimenticarsi* uses the reflexive pronouns *mi, ti, si, ci, vi, si,* as well as
the auxiliary verb *essere*, to form compound tenses (see the last example below). *Dimenticare*
and *dimenticarsi* require the preposition *di* when they are followed by an infinitive (see the
fourth example below). *Dimenticarsi* normally takes the preposition *di* in all cases (see the
last example below).

EXAMPLES

Dimentico tutto.	I forget everything.
Ho dimenticato il tuo nome.	I forgot your name.
Ho dimenticato l'ombrello a casa.	I left my umbrella at home.
Ho dimenticato di pagare le bollette.	I forgot to pay the bills.
Ci siamo dimenticati dell'appuntamento.	We forgot the appointment.

diminuire

to diminish, to decrease, to reduce

Auxiliary verb: essere/avere **Past participle:** diminuito **Gerund:** diminuendo

Imperative: (tu) diminuisci (non diminuire); (Lei) diminuisca; (noi) diminuiamo; (voi) diminuite; (Loro) diminuiscano

Mode	Simple Tenses		Compound Tenses	
	Singular	*Plural*	*Singular*	*Plural*
Indicative	**Present**		**Present Perfect**	
	diminuisco	diminuiamo	sono diminuito/a	siamo diminuiti/e
	diminuisci	diminuite	sei diminuito/a	siete diminuiti/e
	diminuisce	diminuiscono	è diminuito/a	sono diminuiti/e
	Imperfect		**Past Perfect**	
	diminuivo	diminuivamo	ero diminuito/a	eravamo diminuiti/e
	diminuivi	diminuivate	eri diminuito/a	eravate diminuiti/e
	diminuiva	diminuivano	era diminuito/a	erano diminuiti/e
	Past Definite		**Past Anterior**	
	diminuii	diminuimmo	fui diminuito/a	fummo diminuiti/e
	diminuisti	diminuiste	fosti diminuito/a	foste diminuiti/e
	diminuì	diminuirono	fu diminuito/a	furono diminuiti/e
	Future		**Future Perfect**	
	diminuirò	diminuiremo	sarò diminuito/a	saremo diminuiti/e
	diminuirai	diminuirete	sarai diminuito/a	sarete diminuiti/e
	diminuirà	diminuiranno	sarà diminuito/a	saranno diminuiti/e
Subjunctive	**Present**		**Present Perfect**	
	diminuisca	diminuiamo	sia diminuito/a	siamo diminuiti/e
	diminuisca	diminuiate	sia diminuito/a	siate diminuiti/e
	diminuisca	diminuiscano	sia diminuito/a	siano diminuiti/e
	Imperfect		**Past Perfect**	
	diminuissi	diminuissimo	fossi diminuito/a	fossimo diminuiti/e
	diminuissi	diminuiste	fossi diminuito/a	foste diminuiti/e
	diminuisse	diminuissero	fosse diminuito/a	fossero diminuiti/e
Conditional	**Present Conditional**		**Perfect Conditional**	
	diminuirei	diminuiremmo	sarei diminuito/a	saremmo diminuiti/e
	diminuiresti	diminuireste	saresti diminuito/a	sareste diminuiti/e
	diminuirebbe	diminuirebbero	sarebbe diminuito/a	sarebbero diminuiti/e

Note: When *diminuire* is followed by a direct object, to form compound tenses *avere* must be used (see the last example below).

EXAMPLES

I prezzi sono diminuiti.	Prices have decreased.
Le probabilità diminuiscono.	Chances are diminishing.
L'inflazione è diminuita.	Inflation has decreased.
Qui devi diminuire la velocità.	Here you must reduce your speed.
Ho diminuito la velocità.	I reduced the speed.

dimostrare
to show, to demonstrate, to look
Auxiliary verb: avere   **Past participle:** dimostrato   **Gerund:** dimostrando
Imperative: (tu) dimostra (non dimostrare); (Lei) dimostri; (noi) dimostriamo; (voi) dimostrate; (Loro) dimostrino

Mode	Simple Tenses		Compound Tenses	
	Singular	*Plural*	*Singular*	*Plural*
Indicative	**Present**		**Present Perfect**	
	dimostro	dimostriamo	ho dimostrato	abbiamo dimostrato
	dimostri	dimostrate	hai dimostrato	avete dimostrato
	dimostra	dimostrano	ha dimostrato	hanno dimostrato
	Imperfect		**Past Perfect**	
	dimostravo	dimostravamo	avevo dimostrato	avevamo dimostrato
	dimostravi	dimostravate	avevi dimostrato	avevate dimostrato
	dimostrava	dimostravano	aveva dimostrato	avevano dimostrato
	Past Definite		**Past Anterior**	
	dimostrai	dimostrammo	ebbi dimostrato	avemmo dimostrato
	dimostrasti	dimostraste	avesti dimostrato	aveste dimostrato
	dimostrò	dimostrarono	ebbe dimostrato	ebbero dimostrato
	Future		**Future Perfect**	
	dimostrerò	dimostreremo	avrò dimostrato	avremo dimostrato
	dimostrerai	dimostrerete	avrai dimostrato	avrete dimostrato
	dimostrerà	dimostreranno	avrà dimostrato	avranno dimostrato
Subjunctive	**Present**		**Present Perfect**	
	dimostri	dimostriamo	abbia dimostrato	abbiamo dimostrato
	dimostri	dimostriate	abbia dimostrato	abbiate dimostrato
	dimostri	dimostrino	abbia dimostrato	abbiano dimostrato
	Imperfect		**Past Perfect**	
	dimostrassi	dimostrassimo	avessi dimostrato	avessimo dimostrato
	dimostrassi	dimostraste	avessi dimostrato	aveste dimostrato
	dimostrasse	dimostrassero	avesse dimostrato	avessero dimostrato
Conditional	**Present Conditional**		**Perfect Conditional**	
	dimostrerei	dimostreremmo	avrei dimostrato	avremmo dimostrato
	dimostreresti	dimostrereste	avresti dimostrato	avreste dimostrato
	dimostrerebbe	dimostrerebbero	avrebbe dimostrato	avrebbero dimostrato

Note: As a reflexive verb *dimostrarsi* ("to show oneself") uses the reflexive pronouns *mi, ti, si, ci, vi, si,* as well as the auxiliary verb *essere,* to form compound tenses (see the last example below). *Dimostrare* requires the preposition *di* before an infinitive (see the fourth example below).

EXAMPLES

Gli studenti dimostreranno a favore (contro) la riforma della scuola.	Students will demonstrate in favor of (against) the school reform.
Il ragazzo dimostra entusiasmo per la materia.	The boy shows enthusiasm for the subject.
Hai cinquanta anni ma non li dimostri.	You are fifty, but you don't look it.
Devo dimostrare di aver ragione.	I have to prove that I am right.
Si è dimostrato uno sciocco.	He showed himself to be a fool.

dipendere
to depend
Auxiliary verb: essere **Past participle:** dipeso **Gerund:** dipendendo
Imperative: (tu) dipendi (non dipendere); (Lei) dipenda; (noi) dipendiamo; (voi) dipendete; (Loro) dipendano

Mode	Simple Tenses		Compound Tenses	
	Singular	*Plural*	*Singular*	*Plural*
Indicative	**Present**		**Present Perfect**	
	dipendo	dipendiamo	sono dipeso/a	siamo dipesi/e
	dipendi	dipendete	sei dipeso/a	siete dipesi/e
	dipende	dipendono	è dipeso/a	sono dipesi/e
	Imperfect		**Past Perfect**	
	dipendevo	dipendevamo	ero dipeso/a	eravamo dipesi/e
	dipendevi	dipendevate	eri dipeso/a	eravate dipesi/e
	dipendeva	dipendevano	era dipeso/a	erano dipesi/e
	Past Definite		**Past Anterior**	
	dipesi	dipendemmo	fui dipeso/a	fummo dipesi/e
	dipendesti	dipendeste	fosti dipeso/a	foste dipesi/e
	dipese	dipesero	fu dipeso/a	furono dipesi/e
	Future		**Future Perfect**	
	dipenderò	dipenderemo	sarò dipeso/a	saremo dipesi/e
	dipenderai	dipenderete	sarai dipeso/a	sarete dipesi/e
	dipenderà	dipenderanno	sarà dipeso/a	saranno dipesi/e
Subjunctive	**Present**		**Present Perfect**	
	dipenda	dipendiamo	sia dipeso/a	siamo dipesi/e
	dipenda	dipendiate	sia dipeso/a	siate dipesi/e
	dipenda	dipendano	sia dipeso/a	siano dipesi/e
	Imperfect		**Past Perfect**	
	dipendessi	dipendessimo	fossi dipeso/a	fossimo dipesi/e
	dipendessi	dipendeste	fossi dipeso/a	foste dipesi/e
	dipendesse	dipendessero	fosse dipeso/a	fossero dipesi/e
Conditional	**Present Conditional**		**Perfect Conditional**	
	dipenderei	dipenderemmo	sarei dipeso/a	saremmo dipesi/e
	dipenderesti	dipendereste	saresti dipeso/a	sareste dipesi/e
	dipenderebbe	dipenderebbero	sarebbe dipeso/a	sarebbero dipesi/e

Note: *Dipendere* requires the preposition *da* before a noun (see the first three examples below).

EXAMPLES

Dipende solo da te.	It depends entirely on you.
Il valore di un libro non dipende dal peso.	The value of a book doesn't depend on the weight.
Lui dipende dai suoi genitori.	He depends on his parents.
"Vieni o no?" "Mah, dipende."	"Are you coming or not?" "Well, that depends."

dipingere

to paint

Auxiliary verb: avere **Past participle:** dipinto **Gerund:** dipingendo
Imperative: (tu) dipingi (non dipingere); (Lei) dipinga; (noi) dipingiamo;
(voi) dipingete; (Loro) dipingano

Mode	Simple Tenses		Compound Tenses	
	Singular	*Plural*	*Singular*	*Plural*
Indicative	**Present**		**Present Perfect**	
	dipingo	dipingiamo	ho dipinto	abbiamo dipinto
	dipingi	dipingete	hai dipinto	avete dipinto
	dipinge	dipingono	ha dipinto	hanno dipinto
	Imperfect		**Past Perfect**	
	dipingevo	dipingevamo	avevo dipinto	avevamo dipinto
	dipingevi	dipingevate	avevi dipinto	avevate dipinto
	dipingeva	dipingevano	aveva dipinto	avevano dipinto
	Past Definite		**Past Anterior**	
	dipinsi	dipingemmo	ebbi dipinto	avemmo dipinto
	dipingesti	dipingeste	avesti dipinto	aveste dipinto
	dipinse	dipinsero	ebbe dipinto	ebbero dipinto
	Future		**Future Perfect**	
	dipingerò	dipingeremo	avrò dipinto	avremo dipinto
	dipingerai	dipingerete	avrai dipinto	avrete dipinto
	dipingerà	dipingeranno	avrà dipinto	avranno dipinto
Subjunctive	**Present**		**Present Perfect**	
	dipinga	dipingiamo	abbia dipinto	abbiamo dipinto
	dipinga	dipingiate	abbia dipinto	abbiate dipinto
	dipinga	dipingano	abbia dipinto	abbiano dipinto
	Imperfect		**Past Perfect**	
	dipingessi	dipingessimo	avessi dipinto	avessimo dipinto
	dipingessi	dipingeste	avessi dipinto	aveste dipinto
	dipingesse	dipingessero	avesse dipinto	avessero dipinto
Conditional	**Present Conditional**		**Perfect Conditional**	
	dipingerei	dipingeremmo	avrei dipinto	avremmo dipinto
	dipingeresti	dipingereste	avresti dipinto	avreste dipinto
	dipingerebbe	dipingerebbero	avrebbe dipinto	avrebbero dipinto

Note: "To paint a wall" is *pitturare;* "to paint the fence" is *verniciare.*

EXAMPLES

Mi piace dipingere gli animali.	I like painting animals.
Ha dipinto su tela o su tavola?	Did he paint on canvas or on wood?
Botticelli dipinse la Nascita di Venere nel 1484.	Botticelli painted the Birth of Venus in 1484.
Dipinge bene a olio.	He paints well in oils.

diplomarsi

to graduate (from high school)

Auxiliary verb: essere **Past participle:** diplomato (si) **Gerund:** diplomando (si)

Imperative: (tu) diplomati (non diplomarti); (Lei) Si diplomi; (noi) diplomiamoci; (voi) diplomatevi; (Loro) si diplomino

Mode	Simple Tenses		Compound Tenses	
	Singular	*Plural*	*Singular*	*Plural*
Indicative	**Present**		**Present Perfect**	
	mi diplomo	ci diplomiamo	mi sono diplomato/a	ci siamo diplomati/e
	ti diplomi	vi diplomate	ti sei diplomato/a	vi siete diplomati/e
	si diploma	si diplomano	si è diplomato/a	si sono diplomati/e
	Imperfect		**Past Perfect**	
	mi diplomavo	ci diplomavamo	mi ero diplomato/a	ci eravamo diplomati/e
	ti diplomavi	vi diplomavate	ti eri diplomato/a	vi eravate diplomati/e
	si diplomava	si diplomavano	si era diplomato/a	si erano diplomati/e
	Past Definite		**Past Anterior**	
	mi diplomai	ci diplomammo	mi fui diplomato/a	ci fummo diplomati/e
	ti diplomasti	vi diplomaste	ti fosti diplomato/a	vi foste diplomati/e
	si diplomò	si diplomarono	si fu diplomato/a	si furono diplomati/e
	Future		**Future Perfect**	
	mi diplomerò	ci diplomeremo	mi sarò diplomato/a	ci saremo diplomati/e
	ti diplomerai	vi diplomerete	ti sarai diplomato/a	vi sarete diplomati/e
	si diplomerà	si diplomeranno	si sarà diplomato/a	si saranno diplomati/e
Subjunctive	**Present**		**Present Perfect**	
	mi diplomi	ci diplomiamo	mi sia diplomato/a	ci siamo diplomati/e
	ti diplomi	vi diplomiate	ti sia diplomato/a	vi siate diplomati/e
	si diplomi	si diplomino	si sia diplomato/a	si siano diplomati/e
	Imperfect		**Past Perfect**	
	mi diplomassi	ci diplomassimo	mi fossi diplomato/a	ci fossimo diplomati/e
	ti diplomassi	vi diplomaste	ti fossi diplomato/a	vi foste diplomati/e
	si diplomasse	si diplomassero	si fosse diplomato/a	si fossero diplomati/e
Conditional	**Present Conditional**		**Perfect Conditional**	
	mi diplomerei	ci diplomeremmo	mi sarei diplomato/a	ci saremmo diplomati/e
	ti diplomeresti	vi diplomereste	ti saresti diplomato/a	vi sareste diplomati/e
	si diplomerebbe	si diplomerebbero	si sarebbe diplomato/a	si sarebbero diplomati/e

Note: For the meaning "to graduate from university," see the verb *laurearsi*.

EXAMPLES

Mi sono diplomata nel 1985.   I graduated from high school in 1985.

Quando vi diplomate?   When are you graduating?

In Italia ci si diploma a 19 anni.   In Italy one graduates at 19 years old.

dire

to say, to tell

Auxiliary verb: avere **Past participle:** detto **Gerund:** dicendo
Imperative: (tu) di' (non dire); (Lei) dica; (noi) diciamo; (voi) dite; (Loro) dicano

Mode	Simple Tenses		Compound Tenses	
	Singular	*Plural*	*Singular*	*Plural*
Indicative	**Present**		**Present Perfect**	
	dico	diciamo	ho detto	abbiamo detto
	dici	dite	hai detto	avete detto
	dice	dicono	ha detto	hanno detto
	Imperfect		**Past Perfect**	
	dicevo	dicevamo	avevo detto	avevamo detto
	dicevi	dicevate	avevi detto	avevate detto
	diceva	dicevano	aveva detto	avevano detto
	Past Definite		**Past Anterior**	
	dissi	dicemmo	ebbi detto	avemmo detto
	dicesti	diceste	avesti detto	aveste detto
	disse	dissero	ebbe detto	ebbero detto
	Future		**Future Perfect**	
	dirò	diremo	avrò detto	avremo detto
	dirai	direte	avrai detto	avrete detto
	dirà	diranno	avrà detto	avranno detto
Subjunctive	**Present**		**Present Perfect**	
	dica	diciamo	abbia detto	abbiamo detto
	dica	diciate	abbia detto	abbiate detto
	dica	dicano	abbia detto	abbiano detto
	Imperfect		**Past Perfect**	
	dicessi	dicessimo	avessi detto	avessimo detto
	dicessi	diceste	avessi detto	aveste detto
	dicesse	dicessero	avesse detto	avessero detto
Conditional	**Present Conditional**		**Perfect Conditional**	
	direi	diremmo	avrei detto	avremmo detto
	diresti	direste	avresti detto	avreste detto
	direbbe	direbbero	avrebbe detto	avrebbero detto

Note: Many verb forms of *dire* keep the *dic–* stem according to the Latin infinitive *dicere*. *Dire* requires the preposition *di* before an infinitive (see the sixth example below). As a reflexive verb *dirsi* ("to say one is," "to claim") uses the reflexive pronouns *mi, ti, si, ci, vi, si,* as well as the auxiliary verb *essere,* to form compound tenses (see the last example below).

EXAMPLES

Come si dice "thanks" in italiano?	How do you say "thanks" in Italian?
Ho detto una bugia a Maria.	I told a lie to Maria.
Dico sempre la verità.	I always tell the truth.
Puoi dirmi l'ora?	Can you tell me the time?
Mi dica.	How may I help you? (formal)
Ti ho detto di stare zitto.	I told you to be quiet.
Si diceva malato.	He said he was ill.

dirigere

to conduct, to direct; to supervise

Auxiliary verb: avere **Past participle:** diretto **Gerund:** dirigendo
Imperative: (tu) dirigi (non dirigere); (Lei) diriga; (noi) dirigiamo; (voi)
dirigete; (Loro) dirigano

Mode	Simple Tenses		Compound Tenses	
	Singular	*Plural*	*Singular*	*Plural*
Indicative	**Present**		**Present Perfect**	
	dirigo	dirigiamo	ho diretto	abbiamo diretto
	dirigi	dirigete	hai diretto	avete diretto
	dirige	dirigono	ha diretto	hanno diretto
	Imperfect		**Past Perfect**	
	dirigevo	dirigevamo	avevo diretto	avevamo diretto
	dirigevi	dirigevate	avevi diretto	avevate diretto
	dirigeva	dirigevano	aveva diretto	avevano diretto
	Past Definite		**Past Anterior**	
	diressi	dirigemmo	ebbi diretto	avemmo diretto
	dirigesti	dirigeste	avesti diretto	aveste diretto
	diresse	diressero	ebbe diretto	ebbero diretto
	Future		**Future Perfect**	
	dirigerò	dirigeremo	avrò diretto	avremo diretto
	dirigerai	dirigerete	avrai diretto	avrete diretto
	dirigerà	dirigeranno	avrà diretto	avranno diretto
Subjunctive	**Present**		**Present Perfect**	
	diriga	dirigiamo	abbia diretto	abbiamo diretto
	diriga	dirigiate	abbia diretto	abbiate diretto
	diriga	dirigano	abbia diretto	abbiano diretto
	Imperfect		**Past Perfect**	
	dirigessi	dirigessimo	avessi diretto	avessimo diretto
	dirigessi	dirigeste	avessi diretto	aveste diretto
	dirigesse	dirigessero	avesse diretto	avessero diretto
Conditional	**Present Conditional**		**Perfect Conditional**	
	dirigerei	dirigeremmo	avrei diretto	avremmo diretto
	dirigeresti	dirigereste	avresti diretto	avreste diretto
	dirigerebbe	dirigerebbero	avrebbe diretto	avrebbero diretto

Note: As a reflexive verb *dirigersi* ("to be on one's way to," "to head") uses the reflexive pronouns *mi, ti, si, ci, vi, si,* as well as the auxiliary verb *essere,* to form compound tenses (see the last example below).

EXAMPLES

Dirige la società.	He runs the company.
Dirige l'orchestra il maestro Muti.	Maestro Muti is conducting the orchestra.
Chi ha diretto il concerto di ieri?	Who conducted during yesterday's concert?
Il poliziotto dirige il traffico.	The policeman is directing the traffic.
La nave si è diretta verso il porto.	The ship headed for the harbor.

discutere

to discuss, to debate

Auxiliary verb: avere **Past participle:** discusso **Gerund:** discutendo
Imperative: (tu) discuti (non discutere); (Lei) discuta; (noi) discutiamo;
(voi) discutete; (Loro) discutano

Mode	Simple Tenses		Compound Tenses	
	Singular	*Plural*	*Singular*	*Plural*
Indicative	**Present**		**Present Perfect**	
	discuto	discutiamo	ho discusso	abbiamo discusso
	discuti	discutete	hai discusso	avete discusso
	discute	discutono	ha discusso	hanno discusso
	Imperfect		**Past Perfect**	
	discutevo	discutevamo	avevo discusso	avevamo discusso
	discutevi	discutevate	avevi discusso	avevate discusso
	discuteva	discutevano	aveva discusso	avevano discusso
	Past Definite		**Past Anterior**	
	discussi	discutemmo	ebbi discusso	avemmo discusso
	discutesti	discuteste	avesti discusso	aveste discusso
	discusse	discussero	ebbe discusso	ebbero discusso
	Future		**Future Perfect**	
	discuterò	discuteremo	avrò discusso	avremo discusso
	discuterai	discuterete	avrai discusso	avrete discusso
	discuterà	discuteranno	avrà discusso	avranno discusso
Subjunctive	**Present**		**Present Perfect**	
	discuta	discutiamo	abbia discusso	abbiamo discusso
	discuta	discutiate	abbia discusso	abbiate discusso
	discuta	discutano	abbia discusso	abbiano discusso
	Imperfect		**Past Perfect**	
	discutessi	discutessimo	avessi discusso	avessimo discusso
	discutessi	discuteste	avessi discusso	aveste discusso
	discutesse	discutessero	avesse discusso	avessero discusso
Conditional	**Present Conditional**		**Perfect Conditional**	
	discuterei	discuteremmo	avrei discusso	avremmo discusso
	discuteresti	discutereste	avresti discusso	avreste discusso
	discuterebbe	discuterebbero	avrebbe discusso	avrebbero discusso

EXAMPLES

Stiamo discutendo se andare.	We are debating whether to go.
Oggi si discute una legge in parlamento.	Today parliament is going to discuss a bill.
Discutiamo sempre di tutto.	We always discuss everything.
Oggi in classe abbiamo discusso di sport.	Today we discussed sports in class.

disegnare

to draw, to design

Auxiliary verb: avere **Past participle:** disegnato **Gerund:** disegnando

Imperative: (tu) disegna (non disegnare); (Lei) disegni; (noi) disegniamo; (voi) disegnate; (Loro) disegnino

Mode	Simple Tenses		Compound Tenses	
	Singular	*Plural*	*Singular*	*Plural*
Indicative	**Present**		**Present Perfect**	
	disegno	disegniamo	ho disegnato	abbiamo disegnato
	disegni	disegnate	hai disegnato	avete disegnato
	disegna	disegnano	ha disegnato	hanno disegnato
	Imperfect		**Past Perfect**	
	disegnavo	disegnavamo	avevo disegnato	avevamo disegnato
	disegnavi	disegnavate	avevi disegnato	avevate disegnato
	disegnava	disegnavano	aveva disegnato	avevano disegnato
	Past Definite		**Past Anterior**	
	disegnai	disegnammo	ebbi disegnato	avemmo disegnato
	disegnasti	disegnaste	avesti disegnato	aveste disegnato
	disegnò	disegnarono	ebbe disegnato	ebbero disegnato
	Future		**Future Perfect**	
	disegnerò	disegneremo	avrò disegnato	avremo disegnato
	disegnerai	disegnerete	avrai disegnato	avrete disegnato
	disegnerà	disegneranno	avrà disegnato	avranno disegnato
Subjunctive	**Present**		**Present Perfect**	
	disegni	disegniamo	abbia disegnato	abbiamo disegnato
	disegni	disegniate	abbia disegnato	abbiate disegnato
	disegni	disegnino	abbia disegnato	abbiano disegnato
	Imperfect		**Past Perfect**	
	disegnassi	disegnassimo	avessi disegnato	avessimo disegnato
	disegnassi	disegnaste	avessi disegnato	aveste disegnato
	disegnasse	disegnassero	avesse disegnato	avessero disegnato
Conditional	**Present Conditional**		**Perfect Conditional**	
	disegnerei	disegneremmo	avrei disegnato	avremmo disegnato
	disegneresti	disegnereste	avresti disegnato	avreste disegnato
	disegnerebbe	disegnerebbero	avrebbe disegnato	avrebbero disegnato

EXAMPLES

Non disegnare sul muro!	Don't draw on the wall!
Hai disegnato la natura morta a matita o a carboncino?	Did you draw the still life in pencil or in charcoal?
Mi piace disegnare il paesaggio.	I like drawing the landscape.
Si guadagna da vivere disegnando tessuti.	She earns her living by designing fabric.

disperare

to despair, to give up hope

Auxiliary verb: avere **Past participle:** disperato **Gerund:** disperando
Imperative: (tu) dispera (non disperare); (Lei) disperi; (noi) disperiamo;
(voi) disperate; (Loro) disperino

Mode	Simple Tenses		Compound Tenses	
	Singular	*Plural*	*Singular*	*Plural*
	Present		**Present Perfect**	
	dispero	disperiamo	ho disperato	abbiamo disperato
	disperi	disperate	hai disperato	avete disperato
	dispera	disperano	ha disperato	hanno disperato
	Imperfect		**Past Perfect**	
	disperavo	disperavamo	avevo disperato	avevamo disperato
	disperavi	disperavate	avevi disperato	avevate disperato
Indicative	disperava	disperavano	aveva disperato	avevano disperato
	Past Definite		**Past Anterior**	
	disperai	disperammo	ebbi disperato	avemmo disperato
	disperasti	disperaste	avesti disperato	aveste disperato
	disperò	disperarono	ebbe disperato	ebbero disperato
	Future		**Future Perfect**	
	dispererò	dispereremo	avrò disperato	avremo disperato
	dispererai	dispererete	avrai disperato	avrete disperato
	dispererà	dispereranno	avrà disperato	avranno disperato
	Present		**Present Perfect**	
	disperi	disperiamo	abbia disperato	abbiamo disperato
	disperi	disperiate	abbia disperato	abbiate disperato
Subjunctive	disperi	disperino	abbia disperato	abbiano disperato
	Imperfect		**Past Perfect**	
	disperassi	disperassimo	avessi disperato	avessimo disperato
	disperassi	disperaste	avessi disperato	aveste disperato
	disperasse	disperassero	avesse disperato	avessero disperato
	Present Conditional		**Perfect Conditional**	
	dispererei	dispereremmo	avrei disperato	avremmo disperato
Conditional	dispereresti	disperereste	avresti disperato	avreste disperato
	dispererebbe	dispererebbero	avrebbe disperato	avrebbero disperato

Note: *Disperare* requires the preposition *di* before an infinitive (see the first and the fourth examples below). As a reflexive verb *disperarsi* ("to give oneself up to despair") uses the reflexive pronouns *mi, ti, si, ci, vi, si,* as well as the auxiliary verb *essere,* to form compound tenses (see the last example below).

EXAMPLES

Dispero di riuscire.	I despair of succeeding.
Dispero della vittoria.	I have no hope of victory.
Non dobbiamo disperare.	We must not despair.
I soccorritori disperano di trovare altri superstiti.	The helpers are losing hope of finding survivors.
Si dispera per l'amore finito.	He gave himself up to despair for the love that ended.

dispiacere

to be sorry, to mind

Auxiliary verb: essere   **Past participle:** dispiaciuto   **Gerund:** dispiacendo
Imperative: (tu) dispiaci (non dispiacere); (Lei) dispiaccia; (noi) dispia-
ciamo; (voi) dispiacete; (Loro) dispiacciano

Mode	Simple Tenses		Compound Tenses	
	Singular	*Plural*	*Singular*	*Plural*
	Present		**Present Perfect**	
Indicative	dispiaccio	dispiacciamo	sono dispiaciuto/a	siamo dispiaciuti/e
	dispiaci	dispiacete	sei dispiaciuto/a	siete dispiaciuti/e
	dispiace	**dispiacciono**	**è dispiaciuto/a**	**sono dispiaciuti/e**
	Imperfect		**Past Perfect**	
	dispiacevo	dispiacevamo	ero dispiaciuto/a	eravamo dispiaciuti/e
	dispiacevi	dispiacevate	eri dispiaciuto/a	eravate dispiaciuti/e
	dispiaceva	**dispiacevano**	**era dispiaciuto/a**	**erano dispiaciuti/e**
	Past Definite		**Past Anterior**	
	dispiacqui	dispiacemmo	fui dispiaciuto/a	fummo dispiaciuti/e
	dispiacesti	dispiaceste	fosti dispiaciuto/a	foste dispiaciuti/e
	dispiacque	**dispiacquero**	**fu dispiaciuto/a**	**furono dispiaciuti/e**
	Future		**Future Perfect**	
	dispiacerò	dispiaceremo	sarò dispiaciuto/a	saremo dispiaciuti/e
	dispiacerai	dispiacerete	sarai dispiaciuto/a	sarete dispiaciuti/e
	dispiacerà	**dispiaceranno**	**sarà dispiaciuto/a**	**saranno dispiaciuti/e**
Subjunctive	**Present**		**Present Perfect**	
	dispiaccia	dispiacciamo	sia dispiaciuto/a	siamo dispiaciuti/e
	dispiaccia	dispiacciate	sia dispiaciuto/a	siate dispiaciuti/e
	dispiaccia	**dispiacciano**	**sia dispiaciuto/a**	**siano dispiaciuti/e**
	Imperfect		**Past Perfect**	
	dispiacessi	dispiacessimo	fossi dispiaciuto/a	fossimo dispiaciuti/e
	dispiacessi	dispiaceste	fossi dispiaciuto/a	foste dispiaciuti/e
	dispiacesse	**dispiacessero**	**fosse dispiaciuto/a**	**fossero dispiaciuti/e**
Conditional	**Present Conditional**		**Perfect Conditional**	
	dispiacerei	dispiaceremmo	sarei dispiaciuto/a	saremmo dispiaciuti/e
	dispiaceresti	dispiacereste	saresti dispiaciuto/a	sareste dispiaciuti/e
	dispiacerebbe	**dispiacerebbero**	**sarebbe dispiaciuto/a**	**sarebbero dispiaciuti/e**

Note: *Dispiacere* is mainly used in the construction "it is displeasing to me, to you . . ." as
the verb *piacere* (refer to the Introduction and to the examples below). Therefore, for convenience, the third person singular and third person plural forms are highlighted. *Dispiacere*
requires the preposition *di* before an infinitive (see the second example below). *Dispiacere che*
. . . requires the use of subjunctive (see the last example below).

EXAMPLES

Mi dispiace ma non posso venire.	I am sorry, but I cannot come.
Mi dispiace di non venire.	I'm sorry that I'm not coming.
Sei dispiaciuto di quanto è successo ieri?	Are you sorry for what happened yesterday?
Ti dispiace aprire la finestra?	Do you mind opening the window?
Mi dispiace che tu non stia bene.	I am sorry you are not feeling well.

disporre

to arrange, to have
Auxiliary verb: avere   **Past participle:** disposto **Gerund:** disponendo
Imperative: (tu) disponi (non disporre); (Lei) disponga; (noi) disponiamo; (voi) disponete; (Loro) dispongano

Mode	Simple Tenses		Compound Tenses	
	Singular	*Plural*	*Singular*	*Plural*
Indicative	**Present**		**Present Perfect**	
	dispongo	disponiamo	ho disposto	abbiamo disposto
	disponi	disponete	hai disposto	avete disposto
	dispone	dispongono	ha disposto	hanno disposto
	Imperfect		**Past Perfect**	
	disponevo	disponevamo	avevo disposto	avevamo disposto
	disponevi	disponevate	avevi disposto	avevate disposto
	disponeva	disponevano	aveva disposto	avevano disposto
	Past Definite		**Past Anterior**	
	disposi	disponemmo	ebbi disposto	avemmo disposto
	disponesti	disponeste	avesti disposto	aveste disposto
	dispose	disposero	ebbe disposto	ebbero disposto
	Future		**Future Perfect**	
	disporrò	disporremo	avrò disposto	avremo disposto
	disporrai	disporrete	avrai disposto	avrete disposto
	disporrà	disporranno	avrà disposto	avranno disposto
Subjunctive	**Present**		**Present Perfect**	
	disponga	disponiamo	abbia disposto	abbiamo disposto
	disponga	disponiate	abbia disposto	abbiate disposto
	disponga	dispongano	abbia disposto	abbiano disposto
	Imperfect		**Past Perfect**	
	disponessi	disponessimo	avessi disposto	avessimo disposto
	disponessi	disponeste	avessi disposto	aveste disposto
	disponesse	disponessero	avesse disposto	avessero disposto
Conditional	**Present Conditional**		**Perfect Conditional**	
	disporrei	disporremmo	avrei disposto	avremmo disposto
	disporresti	disporreste	avresti disposto	avreste disposto
	disporrebbe	disporrebbero	avrebbe disposto	avrebbero disposto

Note: *Disporre* and all verbs ending in *–porre* come from the original Latin *–ponere*. This is the reason why many of the forms have the *–pon–* root in them. As a reflexive verb *disporsi* ("to arrange oneself," "to place oneself") uses the reflexive pronouns *mi, ti, si, ci, vi, si,* as well as the auxiliary verb *essere*, to form compound tenses (see the last example below).

EXAMPLES

Io ho disposto i libri sullo scaffale.	I arranged the books on the shelf.
Lucia dispone di molti soldi per il viaggio.	Lucia has a lot of money at her disposal for the trip.
Ha già disposto tutto per la partenza.	He has already arranged everything for the departure.
Le squadre si sono disposte sul campo.	The teams have placed themselves on the field.

distinguere
to distinguish, to tell apart
Auxiliary verb: avere **Past participle:** distinto **Gerund:** distinguendo
Imperative: (tu) distingui (non distinguere); (Lei) distingua; (noi) distin-
guiamo; (voi) distinguete; (Loro) distinguano

Mode	Simple Tenses		Compound Tenses	
	Singular	*Plural*	*Singular*	*Plural*
	Present		**Present Perfect**	
Indicative	distinguo	distinguiamo	ho distinto	abbiamo distinto
	distingui	distinguete	hai distinto	avete distinto
	distingue	distinguono	ha distinto	hanno distinto
	Imperfect		**Past Perfect**	
	distinguevo	distinguevamo	avevo distinto	avevamo distinto
	distinguevi	distinguevate	avevi distinto	avevate distinto
	distingueva	distinguevano	aveva distinto	avevano distinto
	Past Definite		**Past Anterior**	
	distinsi	distinguemmo	ebbi distinto	avemmo distinto
	distinguesti	distingueste	avesti distinto	aveste distinto
	distinse	distinsero	ebbe distinto	ebbero distinto
	Future		**Future Perfect**	
	distinguerò	distingueremo	avrò distinto	avremo distinto
	distinguerai	distinguerete	avrai distinto	avrete distinto
	distinguerà	distingueranno	avrà distinto	avranno distinto
Subjunctive	**Present**		**Present Perfect**	
	distingua	distinguiamo	abbia distinto	abbiamo distinto
	distingua	distinguiate	abbia distinto	abbiate distinto
	distingua	distinguano	abbia distinto	abbiano distinto
	Imperfect		**Past Perfect**	
	distinguessi	distinguessimo	avessi distinto	avessimo distinto
	distinguessi	distingueste	avessi distinto	aveste distinto
	distinguesse	distinguessero	avesse distinto	avessero distinto
Conditional	**Present Conditional**		**Perfect Conditional**	
	distinguerei	distingueremmo	avrei distinto	avremmo distinto
	distingueresti	distinguereste	avresti distinto	avreste distinto
	distinguerebbe	distinguerebbero	avrebbe distinto	avrebbero distinto

Note: As a reflexive verb *distinguersi* ("distinguish oneself") uses the reflexive pronouns *mi, ti, si, ci, vi, si,* as well as the auxiliary verb *essere,* to form compound tenses (see the last example below).

EXAMPLES

Non distingue il bene dal male.	He doesn't distinguish between right and wrong.
Distingue male i colori.	He distinguishes colors badly.
Non posso distinguere Fabio da Alberto—sono gemelli.	I can't tell Fabio apart from Alberto—they are twins.
Si è distinto per la sua intelligenza.	He distinguished himself by his intelligence.

distrarsi

to distract, to be distracted, to not pay attention, to take a break
Auxiliary verb: essere **Past participle:** distratto(si) **Gerund:** distraendo(si)
Imperative: (tu) distraiti (non distrarti); (Lei) Si distragga; (noi) ci distraiamo; (voi) vi distraete; (Loro) si distraggano

Mode	Simple Tenses		Compound Tenses	
	Singular	*Plural*	*Singular*	*Plural*
Indicative	**Present**		**Present Perfect**	
	mi distraggo	ci distraiamo	mi sono distratto/a	ci siamo distratti/e
	ti distrai	vi distraete	ti sei distratto/a	vi siete distratti/e
	si distrae	si distraggono	si è distratto/a	si sono distratti/e
	Imperfect		**Past Perfect**	
	mi distraevo	ci distraevamo	mi ero distratto/a	ci eravamo distratti/e
	ti distraevi	vi distraevate	ti eri distratto/a	vi eravate distratti/e
	si distraeva	si distraevano	si era distratto/a	si erano distratti/e
	Past Definite		**Past Anterior**	
	mi distrassi	ci distraemmo	mi fui distratto/a	ci fummo distratti/e
	ti distraesti	vi distraeste	ti fosti distratto/a	vi foste distratti/e
	si distrasse	si distrassero	si fu distratto/a	si furono distratti/e
	Future		**Future Perfect**	
	mi distrarrò	ci distrarremo	mi sarò distratto/a	ci saremo distratti/e
	ti distrarrai	vi distrarrete	ti sarai distratto/a	vi sarete distratti/e
	si distrarrà	si distrarranno	si sarà distratto/a	si saranno distratti/e
Subjunctive	**Present**		**Present Perfect**	
	mi distragga	ci distraiamo	mi sia distratto/a	ci siamo distratti/e
	ti distragga	vi distraiate	ti sia distratto/a	vi siate distratti/e
	si distragga	si distraggano	si sia distratto/a	si siano distratti/e
	Imperfect		**Past Perfect**	
	mi distraessi	ci distraessimo	mi fossi distratto/a	ci fossimo distratti/e
	ti distraessi	vi distraeste	ti fossi distratto/a	vi foste distratti/e
	si distraesse	si distraessero	si fosse distratto/a	si fossero distratti/e
Conditional	**Present Conditional**		**Perfect Conditional**	
	mi distrarrei	ci distrarremmo	mi sarei distratto/a	ci saremmo distratti/e
	ti distrarresti	vi distrarreste	ti saresti distratto/a	vi sareste distratti/e
	si distrarrebbe	si distrarrebbero	si sarebbe distratto/a	si sarebbero distratti/e

Note: *Distrarre* ("to distract") may be used nonreflexively with *avere* as its auxiliary verb to form compound tenses (see the last example below).

EXAMPLES

Il ragazzo si distrae facilmente.	The boy gets easily distracted.
Non distrarti!	Pay attention!
Vado a Parigi per distrarmi un po' dal lavoro.	I am going to Paris for a break from work.
Le voci hanno distratto la sua attenzione.	Voices distracted his attention.

distribuire

to distribute, to deliver

Auxiliary verb: avere **Past participle:** distribuito **Gerund:** distribuendo
Imperative: (tu) distribuisci (non distribuire); (Lei) distribuisca; (noi)
distribuiamo; (voi) distribuite; (Loro) distribuiscano

Mode	Simple Tenses		Compound Tenses	
	Singular	*Plural*	*Singular*	*Plural*
	Present		**Present Perfect**	
Indicative	distribuisco	distribuiamo	ho distribuito	abbiamo distribuito
	distribuisci	distribuite	hai distribuito	avete distribuito
	distribuisce	distribuiscono	ha distribuito	hanno distribuito
	Imperfect		**Past Perfect**	
	distribuivo	distribuivamo	avevo distribuito	avevamo distribuito
	distribuivi	distribuivate	avevi distribuito	avevate distribuito
	distribuiva	distribuivano	aveva distribuito	avevano distribuito
	Past Definite		**Past Anterior**	
	distribuii	distribuimmo	ebbi distribuito	avemmo distribuito
	distribuisti	distribuiste	avesti distribuito	aveste distribuito
	distribuì	distribuirono	ebbe distribuito	ebbero distribuito
	Future		**Future Perfect**	
	distribuirò	distribuiremo	avrò distribuito	avremo distribuito
	distribuirai	distribuirete	avrai distribuito	avrete distribuito
	distribuirà	distribuiranno	avrà distribuito	avranno distribuito
Subjunctive	**Present**		**Present Perfect**	
	distribuisca	distribuiamo	abbia distribuito	abbiamo distribuito
	distribuisca	distribuiate	abbia distribuito	abbiate distribuito
	distribuisca	distribuiscano	abbia distribuito	abbiano distribuito
	Imperfect		**Past Perfect**	
	distribuissi	distribuissimo	avessi distribuito	avessimo distribuito
	distribuissi	distribuiste	avessi distribuito	aveste distribuito
	distribuisse	distribuissero	avesse distribuito	avessero distribuito
Conditional	**Present Conditional**		**Perfect Conditional**	
	distribuirei	distribuiremmo	avrei distribuito	avremmo distribuito
	distribuiresti	distribuireste	avresti distribuito	avreste distribuito
	distribuirebbe	distribuirebbero	avrebbe distribuito	avrebbero distribuito

EXAMPLES

Ho distribuito il volantino tra i passanti.	I have distributed the flyer to the passersby.
Se tu distribuissi meglio il lavoro tra i colleghi, non lavoreresti sempre fino a tardi.	If you distributed the tasks among colleagues, you would not always work until late.
Il postino distribuisce la posta.	The postman delivers the mail.

distruggere

to destroy, to shatter

Auxiliary verb: avere **Past participle:** distrutto **Gerund:** distruggendo

Imperative: (tu) distruggi (non distruggere); (Lei) distrugga; (noi) distruggiamo; (voi) distruggete; (Loro) distruggano

Mode	Simple Tenses		Compound Tenses	
	Singular	*Plural*	*Singular*	*Plural*
Indicative	**Present**		**Present Perfect**	
	distruggo	distruggiamo	ho distrutto	abbiamo distrutto
	distruggi	distruggete	hai distrutto	avete distrutto
	distrugge	distruggono	ha distrutto	hanno distrutto
	Imperfect		**Past Perfect**	
	distruggevo	distruggevamo	avevo distrutto	avevamo distrutto
	distruggevi	distruggevate	avevi distrutto	avevate distrutto
	distruggeva	distruggevano	aveva distrutto	avevano distrutto
	Past Definite		**Past Anterior**	
	distrussi	distruggemmo	ebbi distrutto	avemmo distrutto
	distruggesti	distruggeste	avesti distrutto	aveste distrutto
	distrusse	distrussero	ebbe distrutto	ebbero distrutto
	Future		**Future Perfect**	
	distruggerò	distruggeremo	avrò distrutto	avremo distrutto
	distruggerai	distruggerete	avrai distrutto	avrete distrutto
	distruggerà	distruggeranno	avrà distrutto	avranno distrutto
Subjunctive	**Present**		**Present Perfect**	
	distrugga	distruggiamo	abbia distrutto	abbiamo distrutto
	distrugga	distruggiate	abbia distrutto	abbiate distrutto
	distrugga	distruggano	abbia distrutto	abbiano distrutto
	Imperfect		**Past Perfect**	
	distruggessi	distruggessimo	avessi distrutto	avessimo distrutto
	distruggessi	distruggeste	avessi distrutto	aveste distrutto
	distruggesse	distruggessero	avesse distrutto	avessero distrutto
Conditional	**Present Conditional**		**Perfect Conditional**	
	distruggerei	distruggeremmo	avrei distrutto	avremmo distrutto
	distruggeresti	distruggereste	avresti distrutto	avreste distrutto
	distruggerebbe	distruggerebbero	avrebbe distrutto	avrebbero distrutto

EXAMPLES

Il bambino distrugge i castelli di sabbia.
La grandine ha distrutto i raccolti.
Le sue speranze furono distrutte.

The child destroys the sand castles.
The hail has destroyed the harvest.
His hopes were shattered.

disturbare

to disturb, to trouble, to bother, to annoy

Auxiliary verb: avere **Past participle:** disturbato **Gerund:** disturbando
Imperative: (tu) disturba (non disturbare); (Lei) disturbi; (noi) disturbiamo; (voi) disturbate; (Loro) disturbino

Mode	Simple Tenses		Compound Tenses	
	Singular	*Plural*	*Singular*	*Plural*
Indicative	**Present**		**Present Perfect**	
	disturbo	disturbiamo	ho disturbato	abbiamo disturbato
	disturbi	disturbate	hai disturbato	avete disturbato
	disturba	disturbano	ha disturbato	hanno disturbato
	Imperfect		**Past Perfect**	
	disturbavo	disturbavamo	avevo disturbato	avevamo disturbato
	disturbavi	disturbavate	avevi disturbato	avevate disturbato
	disturbava	disturbavano	aveva disturbato	avevano disturbato
	Past Definite		**Past Anterior**	
	disturbai	disturbammo	ebbi disturbato	avemmo disturbato
	disturbasti	disturbaste	avesti disturbato	aveste disturbato
	disturbò	disturbarono	ebbe disturbato	ebbero disturbato
	Future		**Future Perfect**	
	disturberò	disturberemo	avrò disturbato	avremo disturbato
	disturberai	disturberete	avrai disturbato	avrete disturbato
	disturberà	disturberanno	avrà disturbato	avranno disturbato
Subjunctive	**Present**		**Present Perfect**	
	disturbi	disturbiamo	abbia disturbato	abbiamo disturbato
	disturbi	disturbiate	abbia disturbato	abbiate disturbato
	disturbi	disturbino	abbia disturbato	abbiano disturbato
	Imperfect		**Past Perfect**	
	disturbassi	disturbassimo	avessi disturbato	avessimo disturbato
	disturbassi	disturbaste	avessi disturbato	aveste disturbato
	disturbasse	disturbassero	avesse disturbato	avessero disturbato
Conditional	**Present Conditional**		**Perfect Conditional**	
	disturberei	disturberemmo	avrei disturbato	avremmo disturbato
	disturberesti	disturbereste	avresti disturbato	avreste disturbato
	disturberebbe	disturberebbero	avrebbe disturbato	avrebbero disturbato

EXAMPLES

Si prega di non disturbare.	Please do not disturb.
La disturbo?	Am I disturbing you? (formal)
Ti disturbo?	Am I disturbing you? (informal)
Posso disturbarti un momento?	May I trouble you for a minute?
Scusa se ti disturbo, ma . . .	Sorry to bother you, but . . .

diventare

to become, to turn

Auxiliary verb: essere **Past participle:** diventato **Gerund:** diventando
Imperative: (tu) diventa (non diventare); (Lei) diventi; (noi) diventiamo;
(voi) diventate; (Loro) diventino

Mode	Simple Tenses		Compound Tenses	
	Singular	*Plural*	*Singular*	*Plural*
Indicative	**Present**		**Present Perfect**	
	divento	diventiamo	sono diventato/a	siamo diventati/e
	diventi	diventate	sei diventato/a	siete diventati/e
	diventa	diventano	è diventato/a	sono diventati/e
	Imperfect		**Past Perfect**	
	diventavo	diventavamo	ero diventato/a	eravamo diventati/e
	diventavi	diventavate	eri diventato/a	eravate diventati/e
	diventava	diventavano	era diventato/a	erano diventati/e
	Past Definite		**Past Anterior**	
	diventai	diventammo	fui diventato/a	fummo diventati/e
	diventasti	diventaste	fosti diventato/a	foste diventati/e
	diventò	diventarono	fu diventato/a	furono diventati/e
	Future		**Future Perfect**	
	diventerò	diventeremo	sarò diventato/a	saremo diventati/e
	diventerai	diventerete	sarai diventato/a	sarete diventati/e
	diventerà	diventeranno	sarà diventato/a	saranno diventati/e
Subjunctive	**Present**		**Present Perfect**	
	diventi	diventiamo	sia diventato/a	siamo diventati/e
	diventi	diventiate	sia diventato/a	siate diventati/e
	diventi	diventino	sia diventato/a	siano diventati/e
	Imperfect		**Past Perfect**	
	diventassi	diventassimo	fossi diventato/a	fossimo diventati/e
	diventassi	diventaste	fossi diventato/a	foste diventati/e
	diventasse	diventassero	fosse diventato/a	fossero diventati/e
Conditional	**Present Conditional**		**Perfect Conditional**	
	diventerei	diventeremmo	sarei diventato/a	saremmo diventati/e
	diventeresti	diventereste	saresti diventato/a	sareste diventati/e
	diventerebbe	diventerebbero	sarebbe diventato/a	sarebbero diventati/e

EXAMPLES

È diventato povero.	He became poor.
Siamo diventati amici.	We have become friends.
Le foglie sono diventate rosse.	The leaves have turned red.
Adesso sei diventato un uomo, puoi continuare da solo.	Now that you have grown into a man, you can continue on your own.
C'è da diventare matti.	It is enough to make one crazy.

divertirsi

to have fun, to enjoy oneself

Auxiliary verb: essere **Past participle:** divertito (si) **Gerund:** diplomando (si)

Imperative: (tu) divertiti (non divertirti); (Lei) Si diverta; (noi) divertiamoci; (voi) divertitevi; (Loro) si divertano

Mode	Simple Tenses		Compound Tenses	
	Singular	*Plural*	*Singular*	*Plural*
Indicative	**Present**		**Present Perfect**	
	mi diverto	ci divertiamo	mi sono divertito/a	ci siamo divertiti/e
	ti diverti	vi divertite	ti sei divertito/a	vi siete divertiti/e
	si diverte	si divertano	si è divertito/a	si sono divertiti/e
	Imperfect		**Past Perfect**	
	mi divertivo	ci divertivamo	mi ero divertito/a	ci eravamo divertiti/e
	ti divertivi	vi divertivate	ti eri divertito/a	vi eravate divertiti/e
	si divertiva	si divertivano	si era divertito/a	si erano divertiti/e
	Past Definite		**Past Anterior**	
	mi divertii	ci divertimmo	mi fui divertito/a	ci fummo divertiti/e
	ti divertisti	vi divertiste	ti fosti divertito/a	vi foste divertiti/e
	si divertì	si divertirono	si fu divertito/a	si furono divertiti/e
	Future		**Future Perfect**	
	mi divertirò	ci divertiremo	mi sarò divertito/a	ci saremo divertiti/e
	ti divertirai	vi divertirete	ti sarai divertito/a	vi sarete divertiti/e
	si divertirà	si divertiranno	si sarà divertito/a	si saranno divertiti/e
Subjunctive	**Present**		**Present Perfect**	
	mi diverta	ci divertiamo	mi sia divertito/a	ci siamo divertiti/e
	ti diverta	vi divertiate	ti sia divertito/a	vi siate divertiti/e
	si diverta	si divertano	si sia divertito/a	si siano divertiti/e
	Imperfect		**Past Perfect**	
	mi divertissi	ci divertissimo	mi fossi divertito/a	ci fossimo divertiti/e
	ti divertissi	vi divertiste	ti fossi divertito/a	vi foste divertiti/e
	si divertisse	si divertissero	si fosse divertito/a	si fossero divertiti/e
Conditional	**Present Conditional**		**Perfect Conditional**	
	mi divertirei	ci divertiremmo	mi sarei divertito/a	ci saremmo divertiti/e
	ti divertiresti	vi divertireste	ti saresti divertito/a	sareste divertiti/e
	si divertirebbe	si divertirebbero	si sarebbe divertito/a	sarebbero divertiti/e

Note: *Divertire* ("to amuse") may be used nonreflexively with *avere* as its auxiliary verb to form compound tenses (see the last example below).

EXAMPLES

Ti sei divertito?	Did you enjoy yourself?
Divertiti!	Have fun!
Si diverte a prendere in giro le persone.	He enjoys making fun of people.
Il comico ha divertito il pubblico.	The comic actor has amused the audience.

dividere

to divide, to separate

Auxiliary verb: avere   **Past participle:** diviso **Gerund:** dividendo
Imperative: (tu) dividi (non dividere); (Lei) divida; (noi) dividiamo; (voi)
dividete; (Loro) dividano

Mode	Simple Tenses		Compound Tenses	
	Singular	*Plural*	*Singular*	*Plural*
Indicative	**Present**		**Present Perfect**	
	divido	dividiamo	ho diviso	abbiamo diviso
	dividi	dividete	hai diviso	avete diviso
	divide	dividono	ha diviso	hanno diviso
	Imperfect		**Past Perfect**	
	dividevo	dividevamo	avevo diviso	avevamo diviso
	dividevi	dividevate	avevi diviso	avevate diviso
	divideva	dividevano	aveva diviso	avevano diviso
	Past Definite		**Past Anterior**	
	divisi	dividemmo	ebbi diviso	avemmo diviso
	dividesti	divideste	avesti diviso	aveste diviso
	divise	divisero	ebbe diviso	ebbero diviso
	Future		**Future Perfect**	
	dividerò	divideremo	avrò diviso	avremo diviso
	dividerai	dividerete	avrai diviso	avrete diviso
	dividerà	divideranno	avrà diviso	avranno diviso
Subjunctive	**Present**		**Present Perfect**	
	divida	dividiamo	abbia diviso	abbiamo diviso
	divida	dividiate	abbia diviso	abbiate diviso
	divida	dividano	abbia diviso	abbiano diviso
	Imperfect		**Past Perfect**	
	dividessi	dividessimo	avessi diviso	avessimo diviso
	dividessi	divideste	avessi diviso	aveste diviso
	dividesse	dividessero	avesse diviso	avessero diviso
Conditional	**Present Conditional**		**Perfect Conditional**	
	dividerei	divideremmo	avrei diviso	avremmo diviso
	divideresti	dividereste	avresti diviso	avreste diviso
	dividerebbe	dividerebbero	avrebbe diviso	avrebbero diviso

Note: As a reflexive verb *dividersi* ("to separate," "to divide," or "to break up") uses the reflexive pronouns *mi, ti, si, ci, vi, si,* as well as the auxiliary verb *essere,* to form compound tenses (see the last two examples below).

EXAMPLES

Dividiamo il premio in tre parti.	We divide the prize into three parts.
20 diviso 5 fa 4.	Twenty divided by 5 is 4.
Hanno diviso i genitori dai figli.	They separated the children from the parents.
Ora ci dividiamo in piccoli gruppi.	Let's break up into small groups.
Lei si divide tra il lavoro e la casa.	She divides her time between house and work.

domandare

to ask (a question), to inquire

Auxiliary verb: avere **Past participle:** domandato **Gerund:** domandando

Imperative: (tu) domanda (non domandare); (Lei) domandi; (noi) domandiamo; (voi) domandate; (Loro) domandino

Mode	Simple Tenses		Compound Tenses	
	Singular	*Plural*	*Singular*	*Plural*
Indicative	**Present**		**Present Perfect**	
	domando	domandiamo	ho domandato	abbiamo domandato
	domandi	domandate	hai domandato	avete domandato
	domanda	domandano	ha domandato	hanno domandato
	Imperfect		**Past Perfect**	
	domandavo	domandavamo	avevo domandato	avevamo domandato
	domandavi	domandavate	avevi domandato	avevate domandato
	domandava	domandavano	aveva domandato	avevano domandato
	Past Definite		**Past Anterior**	
	domandai	domandammo	ebbi domandato	avemmo domandato
	domandasti	domandaste	avesti domandato	aveste domandato
	domandò	domandarono	ebbe domandato	ebbero domandato
	Future		**Future Perfect**	
	domanderò	domanderemo	avrò domandato	avremo domandato
	domanderai	domanderete	avrai domandato	avrete domandato
	domanderà	domanderanno	avrà domandato	avranno domandato
Subjunctive	**Present**		**Present Perfect**	
	domandi	domandiamo	abbia domandato	abbiamo domandato
	domandi	domandiate	abbia domandato	abbiate domandato
	domandi	domandino	abbia domandato	abbiano domandato
	Imperfect		**Past Perfect**	
	domandassi	domandassimo	avessi domandato	avessimo domandato
	domandassi	domandaste	avessi domandato	aveste domandato
	domandasse	domandassero	avesse domandato	avessero domandato
Conditional	**Present Conditional**		**Perfect Conditional**	
	domanderei	domanderemmo	avrei domandato	avremmo domandato
	domanderesti	domandereste	avresti domandato	avreste domandato
	domanderebbe	domanderebbero	avrebbe domandato	avrebbero domandato

Note: *Domandare* takes an indirect object while its English equivalent takes a direct object: *Domandare qualcosa a qualcuno* ("to ask somebody something"), as shown in the first example below. As a reflexive verb, *domandarsi* ("to wonder") uses the reflexive pronouns *mi, ti, si, ci, vi, si,* as well as the auxiliary verb *essere,* to form compound tenses (see the last example below).

EXAMPLES

Ho domandato l'indirizzo a Mauro.	I asked Mauro for the address.
Ho domandato di quella lettera ma non è ancora arrivata.	I inquired about that letter but it hasn't arrived yet.
Domandai di tua madre e mi dettero buone notizie.	I asked after your mother and they gave me good news.
Devo domandare il permesso di uscire prima.	I have to ask for permission to leave early.
Mi sono domandato perché.	I wondered why.

dormire

to sleep

Auxiliary verb: avere **Past participle:** dormito **Gerund:** dormendo
Imperative: (tu) dormi (non dormire); (Lei) dorma; (noi) dormiamo;
(voi) dormite; (Loro) dormano

Mode	Simple Tenses		Compound Tenses	
	Singular	*Plural*	*Singular*	*Plural*
Indicative	**Present**		**Present Perfect**	
	dormo	dormiamo	ho dormito	abbiamo dormito
	dormi	dormite	hai dormito	avete dormito
	dorme	dormono	ha dormito	hanno dormito
	Imperfect		**Past Perfect**	
	dormivo	dormivamo	avevo dormito	avevamo dormito
	dormivi	dormivate	avevi dormito	avevate dormito
	dormiva	dormivano	aveva dormito	avevano dormito
	Past Definite		**Past Anterior**	
	dormii	dormimmo	ebbi dormito	avemmo dormito
	dormisti	dormiste	avesti dormito	aveste dormito
	dormì	dormirono	ebbe dormito	ebbero dormito
	Future		**Future Perfect**	
	dormirò	dormiremo	avrò dormito	avremo dormito
	dormirai	dormirete	avrai dormito	avrete dormito
	dormirà	dormiranno	avrà dormito	avranno dormito
Subjunctive	**Present**		**Present Perfect**	
	dorma	dormiamo	abbia dormito	abbiamo dormito
	dorma	dormiate	abbia dormito	abbiate dormito
	dorma	dormano	abbia dormito	abbiano dormito
	Imperfect		**Past Perfect**	
	dormissi	dormissimo	avessi dormito	avessimo dormito
	dormissi	dormiste	avessi dormito	aveste dormito
	dormisse	dormissero	avesse dormito	avessero dormito
Conditional	**Present Conditional**		**Perfect Conditional**	
	dormirei	dormiremmo	avrei dormito	avremmo dormito
	dormiresti	dormireste	avresti dormito	avreste dormito
	dormirebbe	dormirebbero	avrebbe dormito	avrebbero dormito

EXAMPLES

Dorme sonni tranquilli.	He sleeps peacefully.
Dormi bene!	Sleep well!
Francesca ha dormito come un sasso.	Francesca slept like a log (literally, "a stone").
Vado a dormire.	I am going to bed.
Chi dorme non piglia pesci.	The early bird catches the worm (literally, "He who sleeps doesn't catch any fish").

dovere

to have to, must, ought, to need to, supposed to, to owe, should

Auxiliary verb: avere   **Past participle:** dovuto   **Gerund:** dovendo

Imperative: N/A

Mode	Simple Tenses		Compound Tenses	
	Singular	*Plural*	*Singular*	*Plural*
Indicative	**Present**		**Present Perfect**	
	devo (debbo)	dobbiamo	ho dovuto	abbiamo dovuto
	devi	dovete	hai dovuto	avete dovuto
	deve	devono (debbono)	ha dovuto	hanno dovuto
	Imperfect		**Past Perfect**	
	dovevo	dovevamo	avevo dovuto	avevamo dovuto
	dovevi	dovevate	avevi dovuto	avevate dovuto
	doveva	dovevano	aveva dovuto	avevano dovuto
	Past Definite		**Past Anterior**	
	dovetti (dovei)	dovemmo	ebbi dovuto	avemmo dovuto
	dovesti	doveste	avesti dovuto	aveste dovuto
	dovette (dové)	dovettero (doverono)	ebbe dovuto	ebbero dovuto
	Future		**Future Perfect**	
	dovrò	dovremo	avrò dovuto	avremo dovuto
	dovrai	dovrete	avrai dovuto	avrete dovuto
	dovrà	dovranno	avrà dovuto	avranno dovuto
Subjunctive	**Present**		**Present Perfect**	
	debba (deva)	dobbiamo	abbia dovuto	abbiamo dovuto
	debba (deva)	dobbiate	abbia dovuto	abbiate dovuto
	debba (deva)	debbano (devano)	abbia dovuto	abbiano dovuto
	Imperfect		**Past Perfect**	
	dovessi	dovessimo	avessi dovuto	avessimo dovuto
	dovessi	doveste	avessi dovuto	aveste dovuto
	dovesse	dovessero	avesse dovuto	avessero dovuto
Conditional	**Present Conditional**		**Perfect Conditional**	
	dovrei	dovremmo	avrei dovuto	avremmo dovuto
	dovresti	dovreste	avresti dovuto	avreste dovuto
	dovrebbe	dovrebbero	avrebbe dovuto	avrebbero dovuto

Note: Dovere + infinitive indicates a necessity (see the first example below). *Dovere* + direct object means "to owe" (see the second example below). *Dovere* takes *essere* if the following infinitive requires it (see Verb Usage Review). *Dovere* takes on different meanings depending on the tense in which it is used (see Verb Usage Review and the examples below).

EXAMPLES

Devo finire il lavoro entro oggi.	I have to finish the job by today.
Ti devo cinque euro.	I owe you five euro.
Dovevo finire il lavoro.	I was supposed to finish the job.
Ho dovuto finire il lavoro entro oggi.	I was obliged to finish the job.
Dovrò finire il lavoro entro oggi.	I will have to finish the job.
Dovrei finire il lavoro entro oggi.	I should finish the job.
Avrei dovuto finire il lavoro.	I should have finished the job.
Credono che io debba finire il lavoro.	They believe that I must finish the job.

dubitare

to doubt

Auxiliary verb: avere   **Past participle:** dubitato   **Gerund:** dubitando
Imperative: (tu) dubita (non dubitare); (Lei) dubiti; (noi) dubitiamo;
(voi) dubitate; (Loro) dubitino

Mode	Simple Tenses		Compound Tenses	
	Singular	*Plural*	*Singular*	*Plural*
Indicative	**Present**		**Present Perfect**	
	dubito	dubitiamo	ho dubitato	abbiamo dubitato
	dubiti	dubitate	hai dubitato	avete dubitato
	dubita	dubitano	ha dubitato	hanno dubitato
	Imperfect		**Past Perfect**	
	dubitavo	dubitavamo	avevo dubitato	avevamo dubitato
	dubitavi	dubitavate	avevi dubitato	avevate dubitato
	dubitava	dubitavano	aveva dubitato	avevano dubitato
	Past Definite		**Past Anterior**	
	dubitai	dubitammo	ebbi dubitato	avemmo dubitato
	dubitasti	dubitaste	avesti dubitato	aveste dubitato
	dubitò	dubitarono	ebbe dubitato	ebbero dubitato
	Future		**Future Perfect**	
	dubiterò	dubiteremo	avrò dubitato	avremo dubitato
	dubiterai	dubiterete	avrai dubitato	avrete dubitato
	dubiterà	dubiteranno	avrà dubitato	avranno dubitato
Subjunctive	**Present**		**Present Perfect**	
	dubiti	dubitiamo	abbia dubitato	abbiamo dubitato
	dubiti	dubitiate	abbia dubitato	abbiate dubitato
	dubiti	dubitino	abbia dubitato	abbiano dubitato
	Imperfect		**Past Perfect**	
	dubitassi	dubitassimo	avessi dubitato	avessimo dubitato
	dubitassi	dubitaste	avessi dubitato	aveste dubitato
	dubitasse	dubitassero	avesse dubitato	avessero dubitato
Conditional	**Present Conditional**		**Perfect Conditional**	
	dubiterei	dubiteremmo	avrei dubitato	avremmo dubitato
	dubiteresti	dubitereste	avresti dubitato	avreste dubitato
	dubiterebbe	dubiterebbero	avrebbe dubitato	avrebbero dubitato

Note: *Dubitare* requires the preposition *di* before an infinitive or a noun (see the first and third examples below). *Dubitare che* requires the use of subjunctive (see the fourth and fifth examples below).

EXAMPLES

Dubitiamo della verità di questa storia.	We doubt the truth of this story.
Dubiti della mia parola?	Do you doubt my word?
Dubito di arrivare in tempo.	I doubt I'll arrive on time.
Dubito che lui arrivi in tempo.	I doubt that he will arrive on time.
Dubitavo che lui arrivasse in tempo.	I doubted that he would arrive on time.
Ne dubito!	I have my doubts!

durare

to last

Auxiliary verb: essere **Past participle:** durato **Gerund:** durando
Imperative: (tu) dura (non durare); (Lei) duri; (noi) duriamo; (voi)
durate; (Loro) durino

Mode	Simple Tenses		Compound Tenses	
	Singular	*Plural*	*Singular*	*Plural*
Indicative	**Present**		**Present Perfect**	
	duro	duriamo	sono durato/a	siamo durati/e
	duri	durate	sei durato/a	siete durati/e
	dura	durano	è durato/a	sono durati/e
	Imperfect		**Past Perfect**	
	duravo	duravamo	ero durato/a	eravamo durati/e
	duravi	duravate	eri durato/a	eravate durati/e
	durava	duravano	era durato/a	erano durati/e
	Past Definite		**Past Anterior**	
	durai	durammo	fui durato/a	fummo durati/e
	durasti	duraste	fosti durato/a	foste durati/e
	durò	durarono	fu durato/a	furono durati/e
	Future		**Future Perfect**	
	durerò	dureremo	sarò durato/a	saremo durati/e
	durerai	durerete	sarai durato/a	sarete durati/e
	durerà	dureranno	sarà durato/a	saranno durati/e
Subjunctive	**Present**		**Present Perfect**	
	duri	duriamo	sia durato/a	siamo durati/e
	duri	duriate	sia durato/a	siate durati/e
	duri	durino	sia durato/a	siano durati/e
	Imperfect		**Past Perfect**	
	durassi	durassimo	fossi durato/a	fossimo durati/e
	durassi	duraste	fossi durato/a	foste durati/e
	durasse	durassero	fosse durato/a	fossero durati/e
Conditional	**Present Conditional**		**Perfect Conditional**	
	durerei	dureremmo	sarei durato/a	saremmo durati/e
	dureresti	durereste	saresti durato/a	sareste durati/e
	durerebbe	durerebbero	sarebbe durato/a	sarebbero durati/e

Note: *Durare fatica a* + infinitive means "to find it difficult to do something." In this meaning, to form the compound tenses, *avere* is used (see the last example below).

EXAMPLES

Lo spettacolo dura tre ore.	The show lasts three hours.
Questa storia dura da anni.	This matter has gone on for years.
Il rumore è durato tutta la notte.	The noise lasted all night long.
Il matrimonio è durato sei mesi.	The marriage lasted six months.
Il nostro amore durerà in eterno.	Our love will last forever.
Ho durato fatica a imparare la lingua.	I found it difficult to learn the language.

eccellere

to excel, to surpass
Auxiliary verb: avere **Past participle:** eccelso **Gerund:** eccellendo
Imperative: (tu) eccelli (non eccellere); (Lei) eccella; (noi) eccelliamo;
(voi) eccellete; (Loro) eccellano

Mode	Simple Tenses		Compound Tenses	
	Singular	*Plural*	*Singular*	*Plural*
	Present		**Present Perfect**	
Indicative	eccello	eccelliamo	ho eccelso	abbiamo eccelso
	eccelli	eccellete	hai eccelso	avete eccelso
	eccelle	eccellono	ha eccelso	hanno eccelso
	Imperfect		**Past Perfect**	
	eccellevo	eccellevamo	avevo eccelso	avevamo eccelso
	eccellevi	eccellevate	avevi eccelso	avevate eccelso
	eccelleva	eccellevano	aveva eccelso	avevano eccelso
	Past Definite		**Past Anterior**	
	eccelsi	eccellemmo	ebbi eccelso	avemmo eccelso
	eccellesti	eccelleste	avesti eccelso	aveste eccelso
	eccelse	eccelsero	ebbe eccelso	ebbero eccelso
	Future		**Future Perfect**	
	eccellerò	eccelleremo	avrò eccelso	avremo eccelso
	eccellerai	eccellerete	avrai eccelso	avrete eccelso
	eccellerà	eccelleranno	avrà eccelso	avranno eccelso
Subjunctive	**Present**		**Present Perfect**	
	eccella	eccelliamo	abbia eccelso	abbiamo eccelso
	eccella	eccelliate	abbia eccelso	abbiate eccelso
	eccella	eccellano	abbia eccelso	abbiano eccelso
	Imperfect		**Past Perfect**	
	eccellessi	eccellessimo	avessi eccelso	avessimo eccelso
	eccellessi	eccelleste	avessi eccelso	aveste eccelso
	eccellesse	eccellessero	avesse eccelso	avessero eccelso
Conditional	**Present Conditional**		**Perfect Conditional**	
	eccellerei	eccelleremmo	avrei eccelso	avremmo eccelso
	eccelleresti	eccellereste	avresti eccelso	avreste eccelso
	eccellerebbe	eccellerebbero	avrebbe eccelso	avrebbero eccelso

EXAMPLES

Lo studente eccelle in matematica.	The student excels in math.
Giovanni eccelle per la padronanza di sé.	Giovanni excels in self-control.
Penso che il primo candidato eccella sugli altri.	I think the first candidate surpasses all others.

educare

to bring up, to educate, to foster

Auxiliary verb: avere **Past participle:** educato **Gerund:** educando
Imperative: (tu) educa (non educare); (Lei) educhi; (noi) educhiamo;
(voi) educate; (Loro) educhino

Mode	Simple Tenses		Compound Tenses	
	Singular	*Plural*	*Singular*	*Plural*
Indicative	**Present**		**Present Perfect**	
	educo	educhiamo	ho educato	abbiamo educato
	educhi	educate	hai educato	avete educato
	educa	educano	ha educato	hanno educato
	Imperfect		**Past Perfect**	
	educavo	educavamo	avevo educato	avevamo educato
	educavi	educavate	avevi educato	avevate educato
	educava	educavano	aveva educato	avevano educato
	Past Definite		**Past Anterior**	
	educai	educammo	ebbi educato	avemmo educato
	educasti	educaste	avesti educato	aveste educato
	educò	educarono	ebbe educato	ebbero educato
	Future		**Future Perfect**	
	educherò	educheremo	avrò educato	avremo educato
	educherai	educherete	avrai educato	avrete educato
	educherà	educheranno	avrà educato	avranno educato
Subjunctive	**Present**		**Present Perfect**	
	educhi	educhiamo	abbia educato	abbiamo educato
	educhi	educhiate	abbia educato	abbiate educato
	educhi	educhino	abbia educato	abbiano educato
	Imperfect		**Past Perfect**	
	educassi	educassimo	avessi educato	avessimo educato
	educassi	educaste	avessi educato	aveste educato
	educasse	educassero	avesse educato	avessero educato
Conditional	**Present Conditional**		**Perfect Conditional**	
	educherei	educheremmo	avrei educato	avremmo educato
	educheresti	educhereste	avresti educato	avreste educato
	educherebbe	educherebbero	avrebbe educato	avrebbero educato

EXAMPLES

Hanno educato i propri figli al rispetto degli anziani.

They brought up their children to respect the elderly.

È stato educato male.

He has been brought up badly.

È importante educare il proprio gusto musicale fin da piccoli.

It is important to foster one's musical taste when young.

eleggere
to elect
Auxiliary verb: avere **Past participle:** eletto **Gerund:** eleggendo
Imperative: (tu) eleggi (non eleggere); (Lei) elegga; (noi) eleggiamo; (voi) eleggete; (Loro) eleggano

Mode	Simple Tenses		Compound Tenses	
	Singular	*Plural*	*Singular*	*Plural*
Indicative	**Present**		**Present Perfect**	
	eleggo	eleggiamo	ho eletto	abbiamo eletto
	eleggi	eleggete	hai eletto	avete eletto
	elegge	eleggono	ha eletto	hanno eletto
	Imperfect		**Past Perfect**	
	eleggevo	eleggevamo	avevo eletto	avevamo eletto
	eleggevi	eleggevate	avevi eletto	avevate eletto
	eleggeva	eleggevano	aveva eletto	avevano eletto
	Past Definite		**Past Anterior**	
	elessi	eleggemmo	ebbi eletto	avemmo eletto
	eleggesti	eleggeste	avesti eletto	aveste eletto
	elesse	elessero	ebbe eletto	ebbero eletto
	Future		**Future Perfect**	
	eleggerò	eleggeremo	avrò eletto	avremo eletto
	eleggerai	eleggerete	avrai eletto	avrete eletto
	eleggerà	eleggeranno	avrà eletto	avranno eletto
Subjunctive	**Present**		**Present Perfect**	
	elegga	eleggiamo	abbia eletto	abbiamo eletto
	elegga	eleggiate	abbia eletto	abbiate eletto
	elegga	eleggano	abbia eletto	abbiano eletto
	Imperfect		**Past Perfect**	
	eleggessi	eleggessimo	avessi eletto	avessimo eletto
	eleggessi	eleggeste	avessi eletto	aveste eletto
	eleggesse	eleggessero	avesse eletto	avessero eletto
Conditional	**Present Conditional**		**Perfect Conditional**	
	eleggerei	eleggeremmo	avrei eletto	avremmo eletto
	eleggeresti	eleggereste	avresti eletto	avreste eletto
	eleggerebbe	eleggerebbero	avrebbe eletto	avrebbero eletto

Note: *Eleggere* is a compound verb of *leggere*.

EXAMPLES

Abbiamo eletto Paolo presidente della nostra associazione.	We elected Paolo to be president of our association.
In Italia si elegge il Presidente della Repubblica ogni 7 anni.	In Italy, we elect the President of the Republic every seven years.
Il popolo elegge i deputati.	The people elect the congressmen.

eliminare

to eliminate, to remove, to get rid of

Auxiliary verb: avere **Past participle:** eliminato **Gerund:** eliminando
Imperative: (tu) elimina (non eliminare); (Lei) elimini; (noi) eliminiamo;
(voi) eliminate; (Loro) eliminino

Mode	Simple Tenses		Compound Tenses	
	Singular	*Plural*	*Singular*	*Plural*
Indicative	**Present**		**Present Perfect**	
	elimino	eliminiamo	ho eliminato	abbiamo eliminato
	elimini	eliminate	hai eliminato	avete eliminato
	elimina	eliminano	ha eliminato	hanno eliminato
	Imperfect		**Past Perfect**	
	eliminavo	eliminavamo	avevo eliminato	avevamo eliminato
	eliminavi	eliminavate	avevi eliminato	avevate eliminato
	eliminava	eliminavano	aveva eliminato	avevano eliminato
	Past Definite		**Past Anterior**	
	eliminai	eliminammo	ebbi eliminato	avemmo eliminato
	eliminasti	eliminaste	avesti eliminato	aveste eliminato
	eliminò	eliminarono	ebbe eliminato	ebbero eliminato
	Future		**Future Perfect**	
	eliminerò	elimineremo	avrò eliminato	avremo eliminato
	eliminerai	eliminerete	avrai eliminato	avrete eliminato
	eliminerà	elimineranno	avrà eliminato	avranno eliminato
Subjunctive	**Present**		**Present Perfect**	
	elimini	eliminiamo	abbia eliminato	abbiamo eliminato
	elimini	eliminiate	abbia eliminato	abbiate eliminato
	elimini	eliminino	abbia eliminato	abbiano eliminato
	Imperfect		**Past Perfect**	
	eliminassi	eliminassimo	avessi eliminato	avessimo eliminato
	eliminassi	eliminaste	avessi eliminato	aveste eliminato
	eliminasse	eliminassero	avesse eliminato	avessero eliminato
Conditional	**Present Conditional**		**Perfect Conditional**	
	eliminerei	elimineremmo	avrei eliminato	avremmo eliminato
	elimineresti	eliminereste	avresti eliminato	avreste eliminato
	eliminerebbe	eliminerebbero	avrebbe eliminato	avrebbero eliminato

EXAMPLES

Abbiamo eliminato i particolari superflui.	We eliminated unnecessary details.
È necessario eliminare il rischio di una guerra nucleare.	It is important to eliminate the risk of a nuclear war.
Elimino la macchia.	I remove the stain.

emergere

to emerge, to come out
Auxiliary verb: essere **Past participle:** emerso **Gerund:** emergendo
Imperative: (tu) emergi (non emergere); (Lei) emerga; (noi) emergiamo;
(voi) emergete; (Loro) emergano

Mode	Simple Tenses		Compound Tenses	
	Singular	*Plural*	*Singular*	*Plural*
	Present		**Present Perfect**	
Indicative	emergo	emergiamo	sono emerso/a	siamo emersi/e
	emergi	emergete	sei emerso/a	siete emersi/e
	emerge	emergono	è emerso/a	sono emersi/e
	Imperfect		**Past Perfect**	
	emergevo	emergevamo	ero emerso/a	eravamo emersi/e
	emergevi	emergevate	eri emerso/a	eravate emersi/e
	emergeva	emergevano	era emerso/a	erano emersi/e
	Past Definite		**Past Anterior**	
	emersi	emergemmo	fui emerso/a	fummo emersi/e
	emergesti	emergeste	fosti emerso/a	foste emersi/e
	emerse	emersero	fu emerso/a	furono emersi/e
	Future		**Future Perfect**	
	emergerò	emergeremo	sarò emerso/a	saremo emersi/e
	emergerai	emergerete	sarai emerso/a	sarete emersi/e
	emergerà	emergeranno	sarà emerso/a	saranno emersi/e
Subjunctive	**Present**		**Present Perfect**	
	emerga	emergiamo	sia emerso/a	siamo emersi/e
	emerga	emergiate	sia emerso/a	siate emersi/e
	emerga	emergano	sia emerso/a	siano emersi/e
	Imperfect		**Past Perfect**	
	emergessi	emergessimo	fossi emerso/a	fossimo emersi/e
	emergessi	emergeste	fossi emerso/a	foste emersi/e
	emergesse	emergessero	fosse emerso/a	fossero emersi/e
Conditional	**Present Conditional**		**Perfect Conditional**	
	emergerei	emergeremmo	sarei emerso/a	saremmo emersi/e
	emergeresti	emergereste	saresti emerso/a	sareste emersi/e
	emergerebbe	emergerebbero	sarebbe emerso/a	sarebbero emersi/e

Note: In the simple tenses, similar to *emergere* are *sommergere* ("to submerge") and *immergere* ("to immerse"). Both use *avere* to form compound tenses.

EXAMPLES

Il relitto è emerso dopo molto tempo.	The wreckage emerged to the surface after a long time.
Il vero motivo è emerso due ore dopo.	The real motive came out two hours later.
Sono emersi nuovi fatti.	New facts have emerged.

emettere

to emit, to issue

Auxiliary verb: avere **Past participle:** emesso **Gerund:** emettendo
Imperative: (tu) emetti (non emettere); (Lei) emetta; (noi) emettiamo;
(voi) emettete; (Loro) emettano

Mode	Simple Tenses		Compound Tenses	
	Singular	*Plural*	*Singular*	*Plural*
Indicative	**Present**		**Present Perfect**	
	emetto	emettiamo	ho emesso	abbiamo emesso
	emetti	emettete	hai emesso	avete emesso
	emette	emettono	ha emesso	hanno emesso
	Imperfect		**Past Perfect**	
	emettevo	emettevamo	avevo emesso	avevamo emesso
	emettevi	emettevate	avevi emesso	avevate emesso
	emetteva	emettevano	aveva emesso	avevano emesso
	Past Definite		**Past Anterior**	
	emisi	emettemmo	ebbi emesso	avemmo emesso
	emettesti	emetteste	avesti emesso	aveste emesso
	emise	emisero	ebbe emesso	ebbero emesso
	Future		**Future Perfect**	
	emetterò	emetteremo	avrò emesso	avremo emesso
	emetterai	emetterete	avrai emesso	avrete emesso
	emetterà	emetteranno	avrà emesso	avranno emesso
Subjunctive	**Present**		**Present Perfect**	
	emetta	emettiamo	abbia emesso	abbiamo emesso
	emetta	emettiate	abbia emesso	abbiate emesso
	emetta	emettano	abbia emesso	abbiano emesso
	Imperfect		**Past Perfect**	
	emettessi	emettessimo	avessi emesso	avessimo emesso
	emettessi	emetteste	avessi emesso	aveste emesso
	emettesse	emettessero	avesse emesso	avessero emesso
Conditional	**Present Conditional**		**Perfect Conditional**	
	emetterei	emetteremmo	avrei emesso	avremmo emesso
	emetteresti	emettereste	avresti emesso	avreste emesso
	emetterebbe	emetterebbero	avrebbe emesso	avrebbero emesso

Note: *Emettere* is a compound verb of *mettere*.

EXAMPLES

Quella lampada emette fumo.	That lamp emits smoke.
L'agenzia ha emesso i biglietti aerei.	The travel agency has issued the plane tickets.
È stato emesso un mandato di cattura.	A warrant of arrest has been issued.

entrare

to go in, to get in, to enter

Auxiliary verb: essere   **Past participle:** entrato **Gerund:** entrando
Imperative: (tu) entra (non entrare); (Lei) entri; (noi) entriamo; (voi)
entrate; (Loro) entrino

Mode	Simple Tenses		Compound Tenses	
	Singular	*Plural*	*Singular*	*Plural*
Indicative	**Present**		**Present Perfect**	
	entro	entriamo	sono entrato/a	siamo entrati/e
	entri	entrate	sei entrato/a	siete entrati/e
	entra	entrano	è entrato/a	sono entrati/e
	Imperfect		**Past Perfect**	
	entravo	entravamo	ero entrato/a	eravamo entrati/e
	entravi	entravate	eri entrato/a	eravate entrati/e
	entrava	entravano	era entrato/a	erano entrati/e
	Past Definite		**Past Anterior**	
	entrai	entrammo	fui entrato/a	fummo entrati/e
	entrasti	entraste	fosti entrato/a	foste entrati/e
	entrò	entrarono	fu entrato/a	furono entrati/e
	Future		**Future Perfect**	
	entrerò	entreremo	sarò entrato/a	saremo entrati/e
	entrerai	entrerete	sarai entrato/a	sarete entrati/e
	entrerà	entreranno	sarà entrato/a	saranno entrati/e
Subjunctive	**Present**		**Present Perfect**	
	entri	entriamo	sia entrato/a	siamo entrati/e
	entri	entriate	sia entrato/a	siate entrati/e
	entri	entrino	sia entrato/a	siano entrati/e
	Imperfect		**Past Perfect**	
	entrassi	entrassimo	fossi entrato/a	fossimo entrati/e
	entrassi	entraste	fossi entrato/a	foste entrati/e
	entrasse	entrassero	fosse entrato/a	fossero entrati/e
Conditional	**Present Conditional**		**Perfect Conditional**	
	entrerei	entreremmo	sarei entrato/a	saremmo entrati/e
	entreresti	entrereste	saresti entrato/a	sareste entrati/e
	entrerebbe	entrerebbero	sarebbe entrato/a	sarebbero entrati/e

Note: When used with the pronoun *ci, entrare* means "to have something to do with" (see
the seventh example below). *Entrare* requires a preposition after the verb, unlike its English
equivalent (see the eighth example below).

EXAMPLES

Quando entri in casa accendi il frigorifero.	When you go in, turn on the fridge.
Il ladro è entrato dalla finestra.	The burglar entered through the window.
Da dove si entra?	How does one get in?
Se passo l'esame, entro nel secondo anno.	If I pass the exam, I'll enter my second year.
Enrico entra in affari.	Henry is entering into business.
Sono entrati in politica.	They entered into politics.
Non è colpa tua—tu non c'entri.	It's not your fault—you have nothing to do with it.
Il treno è entrato in galleria.	The train entered the tunnel.

esagerare

to exaggerate, to overdo
Auxiliary verb: avere **Past participle:** esagerato **Gerund:** esagerando
Imperative: (tu) esagera (non esagerare); (Lei) esageri; (noi) esageriamo;
(voi) esagerate; (Loro) esagerino

Mode	Simple Tenses		Compound Tenses	
	Singular	*Plural*	*Singular*	*Plural*
Indicative	**Present**		**Present Perfect**	
	esagero	esageriamo	ho esagerato	abbiamo esagerato
	esageri	esagerate	hai esagerato	avete esagerato
	esagera	esagerano	ha esagerato	hanno esagerato
	Imperfect		**Past Perfect**	
	esageravo	esageravamo	avevo esagerato	avevamo esagerato
	esageravi	esageravate	avevi esagerato	avevate esagerato
	esagerava	esageravano	aveva esagerato	avevano esagerato
	Past Definite		**Past Anterior**	
	esagerai	esagerammo	ebbi esagerato	avemmo esagerato
	esagerasti	esageraste	avesti esagerato	aveste esagerato
	esagerò	esagerarono	ebbe esagerato	ebbero esagerato
	Future		**Future Perfect**	
	esagererò	esagereremo	avrò esagerato	avremo esagerato
	esagererai	esagererete	avrai esagerato	avrete esagerato
	esagererà	esagereranno	avrà esagerato	avranno esagerato
Subjunctive	**Present**		**Present Perfect**	
	esageri	esageriamo	abbia esagerato	abbiamo esagerato
	esageri	esageriate	abbia esagerato	abbiate esagerato
	esageri	esagerino	abbia esagerato	abbiano esagerato
	Imperfect		**Past Perfect**	
	esagerassi	esagerassimo	avessi esagerato	avessimo esagerato
	esagerassi	esageraste	avessi esagerato	aveste esagerato
	esagerasse	esagerassero	avesse esagerato	avessero esagerato
Conditional	**Present Conditional**		**Perfect Conditional**	
	esagererei	esagereremmo	avrei esagerato	avremmo esagerato
	esagereresti	esagerereste	avresti esagerato	avreste esagerato
	esagererebbe	esagererebbero	avrebbe esagerato	avrebbero esagerato

EXAMPLES

Ho esagerato l'importanza di quella storia.	I exaggerated the importance of that story.
Non esagero!	I am not exaggerating!
Non esagerare con le lodi.	Don't overdo it with compliments.
Lui esagerava sempre nel mangiare.	He used to overeat.
Penso che tu abbia esagerato con il sale.	I think you overdid the salt.
Non esagerare con il whisky!	Go easy on the whiskey!

escludere
to exclude, to leave out, to rule out
Auxiliary verb: avere **Past participle:** escluso **Gerund:** escludendo
Imperative: (tu) escludi (non escludere); (Lei) escluda; (noi) escludiamo;
(voi) escludete; (Loro) escludano

Mode	Simple Tenses		Compound Tenses	
	Singular	*Plural*	*Singular*	*Plural*
Indicative	**Present**		**Present Perfect**	
	escludo	escludiamo	ho escluso	abbiamo escluso
	escludi	escludete	hai escluso	avete escluso
	esclude	escludono	ha escluso	hanno escluso
	Imperfect		**Past Perfect**	
	escludevo	escludevamo	avevo escluso	avevamo escluso
	escludevi	escludevate	avevi escluso	avevate escluso
	escludeva	escludevano	aveva escluso	avevano escluso
	Past Definite		**Past Anterior**	
	esclusi	escludemmo	ebbi escluso	avemmo escluso
	escludesti	escludeste	avesti escluso	aveste escluso
	escluse	esclusero	ebbe escluso	ebbero escluso
	Future		**Future Perfect**	
	escluderò	escluderemo	avrò escluso	avremo escluso
	escluderai	escluderete	avrai escluso	avrete escluso
	escluderà	escluderanno	avrà escluso	avranno escluso
Subjunctive	**Present**		**Present Perfect**	
	escluda	escludiamo	abbia escluso	abbiamo escluso
	escluda	escludiate	abbia escluso	abbiate escluso
	escluda	escludano	abbia escluso	abbiano escluso
	Imperfect		**Past Perfect**	
	escludessi	escludessimo	avessi escluso	avessimo escluso
	escludessi	escludeste	avessi escluso	aveste escluso
	escludesse	escludessero	avesse escluso	avessero escluso
Conditional	**Present Conditional**		**Perfect Conditional**	
	escluderei	escluderemmo	avrei escluso	avremmo escluso
	escluderesti	escludereste	avresti escluso	avreste escluso
	escluderebbe	escluderebbero	avrebbe escluso	avrebbero escluso

Note: As a reflexive verb *escludersi* ("to annul each other") uses the reflexive pronouns *ci, vi, si,* as well as the auxiliary verb *essere,* to form compound tenses.

EXAMPLES

Escludo la possibilità di un accordo.	I'm ruling out the possibility of an agreement.
Siamo stati esclusi dai negoziati.	We've been excluded from the negotiations.
Escludimi—la cosa non mi interessa.	Leave me out—I'm not interested in it.
Una cosa non esclude l'altra.	One thing does not rule out the other.

eseguire

to execute, to make, to carry out

Auxiliary verb: avere **Past participle:** eseguito **Gerund:** eseguendo
Imperative: (tu) esegui (non eseguire); (Lei) esegua; (noi) eseguiamo;
(voi) eseguite; (Loro) eseguano

Mode	Simple Tenses		Compound Tenses	
	Singular	*Plural*	*Singular*	*Plural*
	Present		**Present Perfect**	
Indicative	eseguo (eseguisco)	eseguiamo	ho eseguito	abbiamo eseguito
	esegui (eseguisci)	eseguite	hai eseguito	avete eseguito
	esegue (eseguisce)	eseguono (eseguiscono)	ha eseguito	hanno eseguito
	Imperfect		**Past Perfect**	
	eseguivo	eseguivamo	avevo eseguito	avevamo eseguito
	eseguivi	eseguivate	avevi eseguito	avevate eseguito
	eseguiva	eseguivano	aveva eseguito	avevano eseguito
	Past Definite		**Past Anterior**	
	eseguii	eseguimmo	ebbi eseguito	avemmo eseguito
	eseguisti	eseguiste	avesti eseguito	aveste eseguito
	eseguì	eseguirono	ebbe eseguito	ebbero eseguito
	Future		**Future Perfect**	
	eseguirò	eseguiremo	avrò eseguito	avremo eseguito
	eseguirai	eseguirete	avrai eseguito	avrete eseguito
	eseguirà	eseguiranno	avrà eseguito	avranno eseguito
Subjunctive	**Present**		**Present Perfect**	
	esegua (eseguisca)	eseguiamo	abbia eseguito	abbiamo eseguito
	esegua (eseguisca)	eseguiate	abbia eseguito	abbiate eseguito
	esegua (eseguisca)	eseguano (-iscano)	abbia eseguito	abbiano eseguito
	Imperfect		**Past Perfect**	
	eseguissi	eseguissimo	avessi eseguito	avessimo eseguito
	eseguissi	eseguiste	avessi eseguito	aveste eseguito
	eseguisse	eseguissero	avesse eseguito	avessero eseguito
Conditional	**Present Conditional**		**Perfect Conditional**	
	eseguirei	eseguiremmo	avrei eseguito	avremmo eseguito
	eseguiresti	eseguireste	avresti eseguito	avreste eseguito
	eseguirebbe	eseguirebbero	avrebbe eseguito	avrebbero eseguito

EXAMPLES

I soldati hanno eseguito gli ordini del comandante.	The soldiers carried out the officer's orders.
L'orchestra ha eseguito il concerto alla perfezione.	The orchestra played the concert to perfection.
È necessario eseguire il pagamento in anticipo.	It is necessary to make the payment in advance.
Si eseguono riparazioni.	Repairs are being made.
L'architetto esegue il progetto.	The architect carries out the plan.

esigere
to demand, to expect, to insist
Auxiliary verb: avere **Past participle:** esatto **Gerund:** esigendo
Imperative: (tu) esigi (non esigere); (Lei) esiga; (noi) esigiamo; (voi) esigete; (Loro) esigano

Mode	Simple Tenses		Compound Tenses	
	Singular	*Plural*	*Singular*	*Plural*
	Present		**Present Perfect**	
Indicative	esigo	esigiamo	ho esatto	abbiamo esatto
	esigi	esigete	hai esatto	avete esatto
	esige	esigono	ha esatto	hanno esatto
	Imperfect		**Past Perfect**	
	esigevo	esigevamo	avevo esatto	avevamo esatto
	esigevi	esigevate	avevi esatto	avevate esatto
	esigeva	esigevano	aveva esatto	avevano esatto
	Past Definite		**Past Anterior**	
	esigei (esigetti)	esigemmo	ebbi esatto	avemmo esatto
	esigesti	esigeste	avesti esatto	aveste esatto
	esigé (esigette)	esigerono (esigettero)	ebbe esatto	ebbero esatto
	Future		**Future Perfect**	
	esigerò	esigeremo	avrò esatto	avremo esatto
	esigerai	esigerete	avrai esatto	avrete esatto
	esigerà	esigeranno	avrà esatto	avranno esatto
Subjunctive	**Present**		**Present Perfect**	
	esiga	esigiamo	abbia esatto	abbiamo esatto
	esiga	esigiate	abbia esatto	abbiate esatto
	esiga	esigano	abbia esatto	abbiano esatto
	Imperfect		**Past Perfect**	
	esigessi	esigessimo	avessi esatto	avessimo esatto
	esigessi	esigeste	avessi esatto	aveste esatto
	esigesse	esigessero	avesse esatto	avessero esatto
Conditional	**Present Conditional**		**Perfect Conditional**	
	esigerei	esigeremmo	avrei esatto	avremmo esatto
	esigeresti	esigereste	avresti esatto	avreste esatto
	esigerebbe	esigerebbero	avrebbe esatto	avrebbero esatto

Note: The compound tenses of *esigere* are used only in bureaucratic Italian. Like *esigere* are *redigere* ("to write," "to edit"; *ho redatto;* past definite: *redassi*) and *transigere* ("to compromise"; compound tenses of *transigere* are not used). *Esigere che* requires the use of the subjunctive (see the second and fourth examples below).

EXAMPLES

Esigo delle scuse.	I demand an apology.
Esigo che ci sia anche tu.	I insist on your being there as well.
Esigeva troppo da sé.	He expected too much of himself.
Esigeva che studiassimo molto.	He insisted that we studied a great deal.

esistere

to exist, to be

Auxiliary verb: essere   **Past participle:** esistito   **Gerund:** esistendo
Imperative: (tu) esisti (non esistere); (Lei) esista; (noi) esistiamo; (voi)
esistete; (Loro) esistano

Mode	Simple Tenses		Compound Tenses	
	Singular	*Plural*	*Singular*	*Plural*
Indicative	**Present**		**Present Perfect**	
	esisto	esistiamo	sono esistito/a	siamo esistiti/e
	esisti	esistete	sei esistito/a	siete esistiti/e
	esiste	esistono	è esistito/a	sono esistiti/e
	Imperfect		**Past Perfect**	
	esistevo	esistevamo	ero esistito/a	eravamo esistiti/e
	esistevi	esistevate	eri esistito/a	eravate esistiti/e
	esisteva	esistevano	era esistito/a	erano esistiti/e
	Past Definite		**Past Anterior**	
	esistetti (esistei)	esistemmo	fui esistito/a	fummo esistiti/e
	esististi	esisteste	fosti esistito/a	foste esistiti/e
	esistette (esisté)	esistettero (esisterono)	fu esistito/a	furono esistiti/e
	Future		**Future Perfect**	
	esisterò	esisteremo	sarò esistito/a	saremo esistiti/e
	esisterai	esisterete	sarai esistito/a	sarete esistiti/e
	esisterà	esisteranno	sarà esistito/a	saranno esistiti/e
Subjunctive	**Present**		**Present Perfect**	
	esista	esistiamo	sia esistito/a	siamo esistiti/e
	esista	esistiate	sia esistito/a	siate esistiti/e
	esista	esistano	sia esistito/a	siano esistiti/e
	Imperfect		**Past Perfect**	
	esistessi	esistessimo	fossi esistito/a	fossimo esistiti/e
	esistessi	esisteste	fossi esistito/a	foste esistiti/e
	esistesse	esistessero	fosse esistito/a	fossero esistiti/e
Conditional	**Present Conditional**		**Perfect Conditional**	
	esisterei	esisteremmo	sarei esistito/a	saremmo esistiti/e
	esisteresti	esistereste	saresti esistito/a	sareste esistiti/e
	esisterebbe	esisterebbero	sarebbe esistito/a	sarebbero esistiti/e

Note: Like *esistere* are *consistere* ("to consist") and *sussistere* ("to exist"). *Consistere* and *sussistere* are mainly used in the third person.

EXAMPLES

Esistono i fantasmi?	Do ghosts really exist?
I fondi necessari esistono già.	The necessary funds already exist.
Per lui esiste solo suo figlio.	Only his son exists to him.
Esistono ancora vecchie superstizioni.	Old superstitions still exist.
Non esiste!	It's ridiculous! (informal)

esitare

to hesitate

Auxiliary verb: avere **Past participle:** esitato **Gerund:** esitando
Imperative: (tu) esita (non esitare); (Lei) esiti; (noi) esitiamo; (voi)
esitate; (Loro) esitino

Mode	Simple Tenses		Compound Tenses	
	Singular	*Plural*	*Singular*	*Plural*
	Present		**Present Perfect**	
Indicative	esito	esitiamo	ho esitato	abbiamo esitato
	esiti	esitate	hai esitato	avete esitato
	esita	esitano	ha esitato	hanno esitato
	Imperfect		**Past Perfect**	
	esitavo	esitavamo	avevo esitato	avevamo esitato
	esitavi	esitavate	avevi esitato	avevate esitato
	esitava	esitavano	aveva esitato	avevano esitato
	Past Definite		**Past Anterior**	
	esitai	esitammo	ebbi esitato	avemmo esitato
	esitasti	esitaste	avesti esitato	aveste esitato
	esitò	esitarono	ebbe esitato	ebbero esitato
	Future		**Future Perfect**	
	esiterò	esiteremo	avrò esitato	avremo esitato
	esiterai	esiterete	avrai esitato	avrete esitato
	esiterà	esiteranno	avrà esitato	avranno esitato
Subjunctive	**Present**		**Present Perfect**	
	esiti	esitiamo	abbia esitato	abbiamo esitato
	esiti	esitiate	abbia esitato	abbiate esitato
	esiti	esitino	abbia esitato	abbiano esitato
	Imperfect		**Past Perfect**	
	esitassi	esitassimo	avessi esitato	avessimo esitato
	esitassi	esitaste	avessi esitato	aveste esitato
	esitasse	esitassero	avesse esitato	avessero esitato
Conditional	**Present Conditional**		**Perfect Conditional**	
	esiterei	esiteremmo	avrei esitato	avremmo esitato
	esiteresti	esitereste	avresti esitato	avreste esitato
	esiterebbe	esiterebbero	avrebbe esitato	avrebbero esitato

Note: *Esitare* requires the preposition *a* before an infinitive (see the second and the fourth
examples below).

EXAMPLES

Ha risposto a tutte le domande senza esitare.	He answered all questions without hesitating.
Non esitare a chiamarmi, se hai bisogno.	Do not hesitate to call me if you need me.
Ha esitato prima di rispondere.	He hesitated before answering.
Se lui fosse sicuro, non esiterebbe a decidere.	If he were sure, he would not hesitate to decide.

espellere

to expel, to eject from the game, to throw out, to deport
Auxiliary verb: avere **Past participle:** espulso **Gerund:** espellendo
Imperative: (tu) espelli (non espellere); (Lei) espella; (noi) espelliamo;
(voi) espellete; (Loro) espellano

Mode	Simple Tenses		Compound Tenses	
	Singular	*Plural*	*Singular*	*Plural*
Indicative	**Present**		**Present Perfect**	
	espello	espelliamo	ho espulso	abbiamo espulso
	espelli	espellete	hai espulso	avete espulso
	espelle	espellono	ha espulso	hanno espulso
	Imperfect		**Past Perfect**	
	espellevo	espellevamo	avevo espulso	avevamo espulso
	espellevi	espellevate	avevi espulso	avevate espulso
	espelleva	espellevano	aveva espulso	avevano espulso
	Past Definite		**Past Anterior**	
	espulsi	espellemmo	ebbi espulso	avemmo espulso
	espellesti	espelleste	avesti espulso	aveste espulso
	espulse	espulsero	ebbe espulso	ebbero espulso
	Future		**Future Perfect**	
	espellerò	espelleremo	avrò espulso	avremo espulso
	espellerai	espellerete	avrai espulso	avrete espulso
	espellerà	espelleranno	avrà espulso	avranno espulso
Subjunctive	**Present**		**Present Perfect**	
	espella	espelliamo	abbia espulso	abbiamo espulso
	espella	espelliate	abbia espulso	abbiate espulso
	espella	espellano	abbia espulso	abbiano espulso
	Imperfect		**Past Perfect**	
	espellessi	espellessimo	avessi espulso	avessimo espulso
	espellessi	espelleste	avessi espulso	aveste espulso
	espellesse	espellessero	avesse espulso	avessero espulso
Conditional	**Present Conditional**		**Perfect Conditional**	
	espellerei	espelleremmo	avrei espulso	avremmo espulso
	espelleresti	espellereste	avresti espulso	avreste espulso
	espellerebbe	espellerebbero	avrebbe espulso	avrebbero espulso

EXAMPLES

Il preside ha espulso il ragazzo dalla scuola.	The dean has expelled the boy from school.
Il governo espellerà gli immigrati clandestini.	The government will deport illegal immigrants.
Fu espulso dal partito democratico.	He was thrown out of the democratic party.
L'arbitro ha espulso il giocatore dopo cinque minuti di gioco.	The referee ejected the player from the game after five minutes of play.

esplodere

to explode, to burst out
Auxiliary verb: essere/avere   **Past participle:** esploso   **Gerund:** esplodendo
Imperative: (tu) esplodi (non esplodere); (Lei) esploda; (noi) esplodiamo; (voi) esplodete; (Loro) esplodano

Mode	Simple Tenses		Compound Tenses	
	Singular	*Plural*	*Singular*	*Plural*
	Present		**Present Perfect**	
Indicative	esplodo	esplodiamo	sono esploso/a	siamo esplosi/e
	esplodi	esplodete	sei esploso/a	siete esplosi/e
	esplode	esplodono	è esploso/a	sono esplosi/e
	Imperfect		**Past Perfect**	
	esplodevo	esplodevamo	ero esploso/a	eravamo esplosi/e
	esplodevi	esplodevate	eri esploso/a	eravate esplosi/e
	esplodeva	esplodevano	era esploso/a	erano esplosi/e
	Past Definite		**Past Anterior**	
	esplosi	esplodemmo	fui esploso/a	fummo esplosi/e
	esplodesti	esplodeste	fosti esploso/a	foste esplosi/e
	esplose	esplosero	fu esploso/a	furono esplosi/e
	Future		**Future Perfect**	
	esploderò	esploderemo	sarò esploso/a	saremo esplosi/e
	esploderai	esploderete	sarai esploso/a	sarete esplosi/e
	esploderà	esploderanno	sarà esploso/a	saranno esplosi/e
Subjunctive	**Present**		**Present Perfect**	
	esploda	esplodiamo	sia esploso/a	siamo esplosi/e
	esploda	esplodiate	sia esploso/a	siate esplosi/e
	esploda	esplodano	sia esploso/a	siano esplosi/e
	Imperfect		**Past Perfect**	
	esplodessi	esplodessimo	fossi esploso/a	fossimo esplosi/e
	esplodessi	esplodeste	fossi esploso/a	foste esplosi/e
	esplodesse	esplodessero	fosse esploso/a	fossero esplosi/e
Conditional	**Present Conditional**		**Perfect Conditional**	
	esploderei	esploderemmo	sarei esploso/a	saremmo esplosi/e
	esploderesti	esplodereste	saresti esploso/a	sareste esplosi/e
	esploderebbe	esploderebbero	sarebbe esploso/a	sarebbero esplosi/e

Note: When used with a direct object, *esplodere* uses *avere* to form compound tenses (see the last example below).

EXAMPLES

La bomba è esplosa a pochi metri dalla casa.	The bomb exploded a few meters from the house.
un gas che esplode facilmente	a gas that explodes easily
"Basta!" esplose.	"Enough of that!" he burst out.
A quelle parole sono esplosa.	I exploded at those words.
Alla fine, siamo tutti esplosi in una risata.	At last, we all exploded into laughter.
Ha esploso un colpo.	He fired a shot.

esporre

to expose, to exhibit, to state, to display

Auxiliary verb: avere **Past participle:** esposto **Gerund:** esponendo
Imperative: (tu) esponi (non esporre); (Lei) esponga; (noi) esponiamo;
(voi) esponete; (Loro) espongano

Mode	Simple Tenses		Compound Tenses	
	Singular	*Plural*	*Singular*	*Plural*
Indicative	**Present**		**Present Perfect**	
	espongo	esponiamo	ho esposto	abbiamo esposto
	esponi	esponete	hai esposto	avete esposto
	espone	espongono	ha esposto	hanno esposto
	Imperfect		**Past Perfect**	
	esponevo	esponevamo	avevo esposto	avevamo esposto
	esponevi	esponevate	avevi esposto	avevate esposto
	esponeva	esponevano	aveva esposto	avevano esposto
	Past Definite		**Past Anterior**	
	esposi	esponemmo	ebbi esposto	avemmo esposto
	esponesti	esponeste	avesti esposto	aveste esposto
	espose	esposero	ebbe esposto	ebbero esposto
	Future		**Future Perfect**	
	esporrò	esporremo	avrò esposto	avremo esposto
	esporrai	esporrete	avrai esposto	avrete esposto
	esporrà	esporranno	avrà esposto	avranno esposto
Subjunctive	**Present**		**Present Perfect**	
	esponga	esponiamo	abbia esposto	abbiamo esposto
	esponga	esponiate	abbia esposto	abbiate esposto
	esponga	espongano	abbia esposto	abbiano esposto
	Imperfect		**Past Perfect**	
	esponessi	esponessimo	avessi esposto	avessimo esposto
	esponessi	esponeste	avessi esposto	aveste esposto
	esponesse	esponessero	avesse esposto	avessero esposto
Conditional	**Present Conditional**		**Perfect Conditional**	
	esporrei	esporremmo	avrei esposto	avremmo esposto
	esporresti	esporreste	avresti esposto	avreste esposto
	esporrebbe	esporrebbero	avrebbe esposto	avrebbero esposto

Note: *Esporre* and all verbs ending in *–porre* come from the original Latin *–ponere*. This is the reason why many of the forms have the *–pon–* root in them. As a reflexive verb *esporsi* ("to expose oneself" or "lay oneself open to") uses the reflexive pronouns *mi, ti, si, ci, vi, si* as well as the auxiliary verb *essere*, to form compound tenses (see the last two examples below).

EXAMPLES

Ho esposto le mie idee alla commissione.	I stated my ideas to the commission.
Abbiamo esposto gli ultimi modelli in vetrina.	We have displayed the latest models in the shop window.
Non vuole esporre la sua famiglia a rischi.	He doesn't want to expose his family to risks.
Esporrò i miei quadri alla Galleria Miró.	I will exhibit my paintings at the Mirò Gallery.
Si sono esposti alle critiche.	They laid themselves open to criticism.
Si espone a un rischio.	He exposes himself to risk.

esprimere

to express

Auxiliary verb: avere   **Past participle:** espresso   **Gerund:** esprimendo
Imperative: (tu) esprimi (non esprimere); (Lei) esprima; (noi) esprimiamo; (voi) esprimete; (Loro) esprimano

Mode	Simple Tenses		Compound Tenses	
	Singular	*Plural*	*Singular*	*Plural*
	Present		**Present Perfect**	
Indicative	esprimo	esprimiamo	ho espresso	abbiamo espresso
	esprimi	esprimete	hai espresso	avete espresso
	esprime	esprimono	ha espresso	hanno espresso
	Imperfect		**Past Perfect**	
	esprimevo	esprimevamo	avevo espresso	avevamo espresso
	esprimevi	esprimevate	avevi espresso	avevate espresso
	esprimeva	esprimevano	aveva espresso	avevano espresso
	Past Definite		**Past Anterior**	
	espressi	esprimemmo	ebbi espresso	avemmo espresso
	esprimesti	esprimeste	avesti espresso	aveste espresso
	espresse	espressero	ebbe espresso	ebbero espresso
	Future		**Future Perfect**	
	esprimerò	esprimeremo	avrò espresso	avremo espresso
	esprimerai	esprimerete	avrai espresso	avrete espresso
	esprimerà	esprimeranno	avrà espresso	avranno espresso
Subjunctive	**Present**		**Present Perfect**	
	esprima	esprimiamo	abbia espresso	abbiamo espresso
	esprima	esprimiate	abbia espresso	abbiate espresso
	esprima	esprimano	abbia espresso	abbiano espresso
	Imperfect		**Past Perfect**	
	esprimessi	esprimessimo	avessi espresso	avessimo espresso
	esprimessi	esprimeste	avessi espresso	aveste espresso
	esprimesse	esprimessero	avesse espresso	avessero espresso
Conditional	**Present Conditional**		**Perfect Conditional**	
	esprimerei	esprimeremmo	avrei espresso	avremmo espresso
	esprimeresti	esprimereste	avresti espresso	avreste espresso
	esprimerebbe	esprimerebbero	avrebbe espresso	avrebbero espresso

Note: As a reflexive verb *esprimersi* ("to express oneself") uses the reflexive pronouns *mi, ti, si, ci, vi, si* as well as the auxiliary verb *essere,* to form compound tenses. See the last two examples below.

EXAMPLES

Vorrei esprimere la mia opinione.	I would like to express my opinion.
Il suo viso esprimeva dolore.	His face expressed sorrow.
Ha espresso quello che sente.	He has expressed what he feels.
Si esprime correttamente in tre lingue.	He expresses himself in three foreign languages.
Non riesco a esprimermi come vorrei.	I can't express myself as well as I would like.
Esprimi un desiderio.	Make a wish.

essere
to be
Auxiliary verb: essere **Past participle:** stato **Gerund:** essendo
Imperative: (tu) sii (non essere); (Lei) sia; (noi) siamo; (voi) siate; (Loro) siano

Mode	Simple Tenses		Compound Tenses	
	Singular	*Plural*	*Singular*	*Plural*
	Present		**Present Perfect**	
Indicative	sono	siamo	sono stato/a	siamo stati/e
	sei	siete	sei stato/a	siete stati/e
	è	sono	è stato/a	sono stati/e
	Imperfect		**Past Perfect**	
	ero	eravamo	ero stato/a	eravamo stati/e
	eri	eravate	eri stato/a	eravate stati/e
	era	erano	era stato/a	erano stati/e
	Past Definite		**Past Anterior**	
	fui	fummo	fui stato/a	fummo stati/e
	fosti	foste	fosti stato/a	foste stati/e
	fu	furono	fu stato/a	furono stati/e
	Future		**Future Perfect**	
	sarò	saremo	sarò stato/a	saremo stati/e
	sarai	sarete	sarai stato/a	sarete stati/e
	sarà	saranno	sarà stato/a	saranno stati/e
Subjunctive	**Present**		**Present Perfect**	
	sia	siamo	sia stato/a	siamo stati/e
	sia	siate	sia stato/a	siate stati/e
	sia	siano	sia stato/a	siano stati/e
	Imperfect		**Past Perfect**	
	fossi	fossimo	fossi stato/a	fossimo stati/e
	fossi	foste	fossi stato/a	foste stati/e
	fosse	fossero	fosse stato/a	fossero stati/e
Conditional	**Present Conditional**		**Perfect Conditional**	
	sarei	saremmo	sarei stato/a	saremmo stati/e
	saresti	sareste	saresti stato/a	sareste stati/e
	sarebbe	sarebbero	sarebbe stato/a	sarebbero stati/e

Note: When used with the pronoun *ci*, *essere* means "to be there," for example *c'è* means "there is" ("*ci sono*" means "there are"). *Essere d'accordo* means "to agree" (see the last example below).

EXAMPLES

Sono un medico.	I am a doctor.
Di dove sei? Sono di Milano.	Where are you from? I am from Milan.
Questa casa è di mio padre.	This house is my father's.
Siamo a Roma in Italia.	We are in Rome, in Italy.
Penso che l'hotel sia al completo.	I think the hotel is full.
Se tu fossi puntuale, ti lascerei le chiavi.	If you were punctual, I would leave the keys with you.
Eravamo a favore della riforma.	We were in favor of the reform.
Mi dispiace, sono in ritardo.	I am sorry, I am late.
Oggi i piloti sono in sciopero.	Today the pilots are on strike.
Siamo d'accordo sul prezzo.	We agree on the price.

estendere

to extend

Auxiliary verb: avere **Past participle:** esteso **Gerund:** estendendo
Imperative: (tu) estendi (non estendere); (Lei) estenda; (noi) estendiamo;
(voi) estendete; (Loro) estendano

Mode	Simple Tenses		Compound Tenses	
	Singular	*Plural*	*Singular*	*Plural*
	Present		**Present Perfect**	
	estendo	estendiamo	ho esteso	abbiamo esteso
	estendi	estendete	hai esteso	avete esteso
	estende	estendono	ha esteso	hanno esteso
	Imperfect		**Past Perfect**	
Indicative	estendevo	estendevamo	avevo esteso	avevamo esteso
	estendevi	estendevate	avevi esteso	avevate esteso
	estendeva	estendevano	aveva esteso	avevano esteso
	Past Definite		**Past Anterior**	
	estesi	estendemmo	ebbi esteso	avemmo esteso
	estendesti	estendeste	avesti esteso	aveste esteso
	estese	estesero	ebbe esteso	ebbero esteso
	Future		**Future Perfect**	
	estenderò	estenderemo	avrò esteso	avremo esteso
	estenderai	estenderete	avrai esteso	avrete esteso
	estenderà	estenderanno	avrà esteso	avranno esteso
	Present		**Present Perfect**	
	estenda	estendiamo	abbia esteso	abbiamo esteso
	estenda	estendiate	abbia esteso	abbiate esteso
Subjunctive	estenda	estendano	abbia esteso	abbiano esteso
	Imperfect		**Past Perfect**	
	estendessi	estendessimo	avessi esteso	avessimo esteso
	estendessi	estendeste	avessi esteso	aveste esteso
	estendesse	estendessero	avesse esteso	avessero esteso
Conditional	**Present Conditional**		**Perfect Conditional**	
	estenderei	estenderemmo	avrei esteso	avremmo esteso
	estenderesti	estendereste	avresti esteso	avreste esteso
	estenderebbe	estenderebbero	avrebbe esteso	avrebbero esteso

Note: As a reflexive verb *estendersi* ("to extend" or "to stretch") uses the reflexive pronouns *mi, ti, si, ci, vi,* as well as the auxiliary verb *essere*, to form compound tenses. See the fifth and sixth examples below.

EXAMPLES

Abbiamo esteso l'invito a tutti.	We extended the invitation to everybody.
La Russia estese il suo dominio sull'Asia.	Russia extended its power into Asia.
estendere i confini	to extend the borders
Il governo ha esteso la cittadinanza agli immigrati.	The government extended/granted citizenship to the immigrants.
L'Italia si estende dalle Alpi alla Sicilia.	Italy extends from the Alps to Sicily.
Il parco si estende fino al fiume.	The park extends as far as the river.

estinguere
to extinguish, to put out, to close
Auxiliary verb: avere **Past participle:** estinto **Gerund:** estinguendo
Imperative: (tu) estingui (non estinguere); (Lei) estingua; (noi) estin-
guiamo; (voi) estinguete; (Loro) estinguano

Mode	Simple Tenses		Compound Tenses	
	Singular	*Plural*	*Singular*	*Plural*
Indicative	**Present**		**Present Perfect**	
	estinguo	estinguiamo	ho estinto	abbiamo estinto
	estingui	estinguete	hai estinto	avete estinto
	estingue	estinguono	ha estinto	hanno estinto
	Imperfect		**Past Perfect**	
	estinguevo	estinguevamo	avevo estinto	avevamo estinto
	estinguevi	estinguevate	avevi estinto	avevate estinto
	estingueva	estinguevano	aveva estinto	avevano estinto
	Past Definite		**Past Anterior**	
	estinsi	estinguemmo	ebbi estinto	avemmo estinto
	estinguesti	estingueste	avesti estinto	aveste estinto
	estinse	estinsero	ebbe estinto	ebbero estinto
	Future		**Future Perfect**	
	estinguerò	estingueremo	avrò estinto	avremo estinto
	estinguerai	estinguerete	avrai estinto	avrete estinto
	estinguerà	estingueranno	avrà estinto	avranno estinto
Subjunctive	**Present**		**Present Perfect**	
	estingua	estinguiamo	abbia estinto	abbiamo estinto
	estingua	estinguiate	abbia estinto	abbiate estinto
	estingua	estinguano	abbia estinto	abbiano estinto
	Imperfect		**Past Perfect**	
	estinguessi	estinguessimo	avessi estinto	avessimo estinto
	estinguessi	estingueste	avessi estinto	aveste estinto
	estinguesse	estinguessero	avesse estinto	avessero estinto
Conditional	**Present Conditional**		**Perfect Conditional**	
	estinguerei	estingueremmo	avrei estinto	avremmo estinto
	estingueresti	estinguereste	avresti estinto	avreste estinto
	estinguerebbe	estinguerebbero	avrebbe estinto	avrebbero estinto

Note: As a reflexive verb *estinguersi* ("to die out," "to become extinct") uses the reflexive pronouns *mi, ti, si, ci, vi, si* as well as the auxiliary verb *essere*, to form compound tenses. See the
last example below.

EXAMPLES

I pompieri hanno estinto l'incendio.	The firemen put out the fire.
Se non estingue il debito, non potrà comprare una casa.	If he doesn't extinguish the debt, he won't be able to buy a house.
Devo estinguere il conto.	I have to close the account.
I dinosauri si sono estinti.	The dinosaurs became extinct.

evadere

to escape, to evade
Auxiliary verb: avere/essere   **Past participle:** evaso   **Gerund:** evadendo
Imperative: (tu) evadi (non evadere); (Lei) evada; (noi) evadiamo; (voi)
evadete; (Loro) evadano

Mode	Simple Tenses		Compound Tenses	
	Singular	*Plural*	*Singular*	*Plural*
	Present		**Present Perfect**	
Indicative	evado	evadiamo	ho evaso	abbiamo evaso
	evadi	evadete	hai evaso	avete evaso
	evade	evadono	ha evaso	hanno evaso
	Imperfect		**Past Perfect**	
	evadevo	evadevamo	avevo evaso	avevamo evaso
	evadevi	evadevate	avevi evaso	avevate evaso
	evadeva	evadevano	aveva evaso	avevano evaso
	Past Definite		**Past Anterior**	
	evasi	evademmo	ebbi evaso	avemmo evaso
	evadesti	evadeste	avesti evaso	aveste evaso
	evase	evasero	ebbe evaso	ebbero evaso
	Future		**Future Perfect**	
	evaderò	evaderemo	avrò evaso	avremo evaso
	evaderai	evaderete	avrai evaso	avrete evaso
	evaderà	evaderanno	avrà evaso	avranno evaso
Subjunctive	**Present**		**Present Perfect**	
	evada	evadiamo	abbia evaso	abbiamo evaso
	evada	evadiate	abbia evaso	abbiate evaso
	evada	evadano	abbia evaso	abbiano evaso
	Imperfect		**Past Perfect**	
	evadessi	evadessimo	avessi evaso	avessimo evaso
	evadessi	evadeste	avessi evaso	aveste evaso
	evadesse	evadessero	avesse evaso	avessero evaso
Conditional	**Present Conditional**		**Perfect Conditional**	
	evaderei	evaderemmo	avrei evaso	avremmo evaso
	evaderesti	evadereste	avresti evaso	avreste evaso
	evaderebbe	evaderebbero	avrebbe evaso	avrebbero evaso

Note: *Evadere* can be used in an intransitive manner and, therefore, it can also use *essere* to
form compound tenses (see the first example below).

EXAMPLES

Il detenuto è evaso di prigione.	The convict escaped from prison.
Hanno evaso le tasse.	They evaded taxes.
Ho molta posta da evadere.	I have to steer clear of the mail.

evitare

to avoid

Auxiliary verb: avere   **Past participle:** evitato   **Gerund:** evitando

Imperative: (tu) evita (non evitare); (Lei) eviti; (noi) evitiamo; (voi) evitate; (Loro) evitino

Mode	Simple Tenses		Compound Tenses	
	Singular	*Plural*	*Singular*	*Plural*
Indicative	**Present**		**Present Perfect**	
	evito	evitiamo	ho evitato	abbiamo evitato
	eviti	evitate	hai evitato	avete evitato
	evita	evitano	ha evitato	hanno evitato
	Imperfect		**Past Perfect**	
	evitavo	evitavamo	avevo evitato	avevamo evitato
	evitavi	evitavate	avevi evitato	avevate evitato
	evitava	evitavano	aveva evitato	avevano evitato
	Past Definite		**Past Anterior**	
	evitai	evitammo	ebbi evitato	avemmo evitato
	evitasti	evitaste	avesti evitato	aveste evitato
	evitò	evitarono	ebbe evitato	ebbero evitato
	Future		**Future Perfect**	
	eviterò	eviteremo	avrò evitato	avremo evitato
	eviterai	eviterete	avrai evitato	avrete evitato
	eviterà	eviteranno	avrà evitato	avranno evitato
Subjunctive	**Present**		**Present Perfect**	
	eviti	evitiamo	abbia evitato	abbiamo evitato
	eviti	evitiate	abbia evitato	abbiate evitato
	eviti	evitino	abbia evitato	abbiano evitato
	Imperfect		**Past Perfect**	
	evitassi	evitassimo	avessi evitato	avessimo evitato
	evitassi	evitaste	avessi evitato	aveste evitato
	evitasse	evitassero	avesse evitato	avessero evitato
Conditional	**Present Conditional**		**Perfect Conditional**	
	eviterei	eviteremmo	avrei evitato	avremmo evitato
	eviteresti	evitereste	avresti evitato	avreste evitato
	eviterebbe	eviterebbero	avrebbe evitato	avrebbero evitato

Note: *Evitare* requires the preposition *di* before an infinitive (see the sixth example below). *Evitare* may also be followed by *che* + subjunctive (see the fifth example below).

EXAMPLES

Ho evitato le conseguenze.	I avoided the consequences.
Evito l'alcol.	I avoid alcohol.
Ha evitato un incidente.	He avoided an accident.
Evitiamo di fare un errore.	Let's avoid making an error.
Evitò che la notizia si diffondesse.	He avoided letting the news spread.
Evita di attraversare il centro.	Avoid crossing the middle of town.

fallire

to fail, to miss

Auxiliary verb: essere/avere **Past participle:** fallito **Gerund:** fallendo
Imperative: (tu) fallisci (non fallire); (Lei) fallisca; (noi) falliamo; (voi)
fallite; (Loro) falliscano

Mode	Simple Tenses		Compound Tenses	
	Singular	*Plural*	*Singular*	*Plural*
Indicative	**Present**		**Present Perfect**	
	fallisco	falliamo	sono fallito/a	siamo falliti/e
	fallisci	fallite	sei fallito/a	siete falliti/e
	fallisce	falliscono	è fallito/a	sono falliti/e
	Imperfect		**Past Perfect**	
	fallivo	fallivamo	ero fallito/a	eravamo falliti/e
	fallivi	fallivate	eri fallito/a	eravate falliti/e
	falliva	fallivano	era fallito/a	erano falliti/e
	Past Definite		**Past Anterior**	
	fallii	fallimmo	fui fallito/a	fummo falliti/e
	fallisti	falliste	fosti fallito/a	foste falliti/e
	fallì	fallirono	fu fallito/a	furono falliti/e
	Future		**Future Perfect**	
	fallirò	falliremo	sarò fallito/a	saremo falliti/e
	fallirai	fallirete	sarai fallito/a	sarete falliti/e
	fallirà	falliranno	sarà fallito/a	saranno falliti/e
Subjunctive	**Present**		**Present Perfect**	
	fallisca	falliamo	sia fallito/a	siamo falliti/e
	fallisca	falliate	sia fallito/a	siate falliti/e
	fallisca	falliscano	sia fallito/a	siano falliti/e
	Imperfect		**Past Perfect**	
	fallissi	fallissimo	fossi fallito/a	fossimo falliti/e
	fallissi	falliste	fossi fallito/a	foste falliti/e
	fallisse	fallissero	fosse fallito/a	fossero falliti/e
Conditional	**Present Conditional**		**Perfect Conditional**	
	fallirei	falliremmo	sarei fallito/a	saremmo falliti/e
	falliresti	fallireste	saresti fallito/a	sareste falliti/e
	fallirebbe	fallirebbero	sarebbe fallito/a	sarebbero falliti/e

Note: When used with a direct object, *fallire* uses *avere* to form compound tenses (see the
third and fourth examples below). For the meaning "to fail an exam," use the verb *non super-*
are un esame.

EXAMPLES

Il suo piano è fallito.	His plan failed.
Le trattative sono fallite.	The talks have failed.
Il giocatore ha fallito il rigore.	The player missed the penalty kick.
Ha fallito il colpo.	He missed the mark.

fare

to do, to make

Auxiliary verb: avere **Past participle:** fatto **Gerund:** facendo

Imperative: (tu) fa'/fai (non fare); (Lei) faccia; (noi) facciamo; (voi) fate; (Loro) facciano

Mode	Simple Tenses		Compound Tenses	
	Singular	*Plural*	*Singular*	*Plural*
Indicative	**Present**		**Present Perfect**	
	faccio	facciamo	ho fatto	abbiamo fatto
	fai	fate	hai fatto	avete fatto
	fa	fanno	ha fatto	hanno fatto
	Imperfect		**Past Perfect**	
	facevo	facevamo	avevo fatto	avevamo fatto
	facevi	facevate	avevi fatto	avevate fatto
	faceva	facevano	aveva fatto	avevano fatto
	Past Definite		**Past Anterior**	
	feci	facemmo	ebbi fatto	avemmo fatto
	facesti	faceste	avesti fatto	aveste fatto
	fece	fecero	ebbe fatto	ebbero fatto
	Future		**Future Perfect**	
	farò	faremo	avrò fatto	avremo fatto
	farai	farete	avrai fatto	avrete fatto
	farà	faranno	avrà fatto	avranno fatto
Subjunctive	**Present**		**Present Perfect**	
	faccia	facciamo	abbia fatto	abbiamo fatto
	faccia	facciate	abbia fatto	abbiate fatto
	faccia	facciano	abbia fatto	abbiano fatto
	Imperfect		**Past Perfect**	
	facessi	facessimo	avessi fatto	avessimo fatto
	facessi	faceste	avessi fatto	aveste fatto
	facesse	facessero	avesse fatto	avessero fatto
Conditional	**Present Conditional**		**Perfect Conditional**	
	farei	faremmo	avrei fatto	avremmo fatto
	faresti	fareste	avresti fatto	avreste fatto
	farebbe	farebbero	avrebbe fatto	avrebbero fatto

Note:. *Fare* is used in many idioms and expressions; find a list in the Appendix of Additional Verbs. As a reflexive verb *farsi* ("to become") uses the reflexive pronouns *mi, ti, si, ci, vi, si,* as well as the auxiliary verb *essere,* to form compound tenses (see the last example below).

EXAMPLES

Che cosa fa? Fa l'insegnante.	What does she do? She is a teacher.
Che tempo fa?	What is the weather like?
Che cosa fai stasera?	What are you doing tonight?
Farò un dolce.	I will make a cake.
Hai fatto il biglietto?	Did you buy the ticket?
Se avessi soldi, farei un viaggio.	If I had money enough, I would take a trip.
Posso fare una domanda?	May I ask a question?
Cosa faresti al mio posto?	What would you do in my place?
Fammi una fotografia!	Take a picture of me!
Si è fatto prete.	He became a priest.

ferire

to injure, to hurt, to wound
Auxiliary verb: avere **Past participle:** ferito **Gerund:** ferendo
Imperative: (tu) ferisci (non ferire); (Lei) ferisca; (noi) feriamo; (voi)
ferite; (Loro) feriscano

Mode	Simple Tenses		Compound Tenses	
	Singular	*Plural*	*Singular*	*Plural*
Indicative	**Present**		**Present Perfect**	
	ferisco	feriamo	ho ferito	abbiamo ferito
	ferisci	ferite	hai ferito	avete ferito
	ferisce	feriscono	ha ferito	hanno ferito
	Imperfect		**Past Perfect**	
	ferivo	ferivamo	avevo ferito	avevamo ferito
	ferivi	ferivate	avevi ferito	avevate ferito
	feriva	ferivano	aveva ferito	avevano ferito
	Past Definite		**Past Anterior**	
	ferii	ferimmo	ebbi ferito	avemmo ferito
	feristi	feriste	avesti ferito	aveste ferito
	ferì	ferirono	ebbe ferito	ebbero ferito
	Future		**Future Perfect**	
	ferirò	feriremo	avrò ferito	avremo ferito
	ferirai	ferirete	avrai ferito	avrete ferito
	ferirà	feriranno	avrà ferito	avranno ferito
Subjunctive	**Present**		**Present Perfect**	
	ferisca	feriamo	abbia ferito	abbiamo ferito
	ferisca	feriate	abbia ferito	abbiate ferito
	ferisca	feriscano	abbia ferito	abbiano ferito
	Imperfect		**Past Perfect**	
	ferissi	ferissimo	avessi ferito	avessimo ferito
	ferissi	feriste	avessi ferito	aveste ferito
	ferisse	ferissero	avesse ferito	avessero ferito
Conditional	**Present Conditional**		**Perfect Conditional**	
	ferirei	feriremmo	avrei ferito	avremmo ferito
	feriresti	ferireste	avresti ferito	avreste ferito
	ferirebbe	ferirebbero	avrebbe ferito	avrebbero ferito

Note: As a reflexive verb *ferirsi* ("to hurt or wound oneself") uses the reflexive pronouns *mi, ti, si, ci, vi, si,* as well as the auxiliary verb *essere,* to form compound tenses (see the last example below).

EXAMPLES

I poliziotti hanno ferito un malvivente.	The policemen shot a criminal.
Feriva il fratello nei sentimenti.	He used to hurt his brother's feelings.
Mi ferisci nell'orgoglio.	You wound my pride.
Si è ferito ad una gamba.	He hurt his leg.

fermarsi

to stop, to stay

Auxiliary verb: essere **Past participle:** fermato(si) **Gerund:** fermando(si)

Imperative: (tu) fermati (non fermarti); (Lei) Si fermi; (noi) fermiamoci; (voi) fermatevi; (Loro) Si fermino

Mode	Simple Tenses		Compound Tenses	
	Singular	*Plural*	*Singular*	*Plural*
Indicative	**Present**		**Present Perfect**	
	mi fermo	ci fermiamo	mi sono fermato/a	ci siamo fermati/e
	ti fermi	vi fermate	ti sei fermato/a	vi siete fermati/e
	si ferma	si fermano	si è fermato/a	si sono fermati/e
	Imperfect		**Past Perfect**	
	mi fermavo	ci fermavamo	mi ero fermato/a	ci eravamo fermati/e
	ti fermavi	vi fermavate	ti eri fermato/a	vi eravate fermati/e
	si fermava	si fermavano	si era fermato/a	si erano fermati/e
	Past Definite		**Past Anterior**	
	mi fermai	ci fermammo	mi fui fermato/a	ci fummo fermati/e
	ti fermasti	vi fermaste	ti fosti fermato/a	vi foste fermati/e
	si fermò	si fermarono	si fu fermato/a	si furono fermati/e
	Future		**Future Perfect**	
	mi fermerò	ci fermeremo	mi sarò fermato/a	ci saremo fermati/e
	ti fermerai	vi fermerete	ti sarai fermato/a	vi sarete fermati/e
	si fermerà	si fermeranno	si sarà fermato/a	si saranno fermati/e
Subjunctive	**Present**		**Present Perfect**	
	mi fermi	ci fermiamo	mi sia fermato/a	ci siamo fermati/e
	ti fermi	vi fermiate	ti sia fermato/a	vi siate fermati/e
	si fermi	si fermino	si sia fermato/a	si siano fermati/e
	Imperfect		**Past Perfect**	
	mi fermassi	ci fermassimo	mi fossi fermato/a	ci fossimo fermati/e
	ti fermassi	vi fermaste	ti fossi fermato/a	vi foste fermati/e
	si fermasse	si fermassero	si fosse fermato/a	si fossero fermati/e
Conditional	**Present Conditional**		**Perfect Conditional**	
	mi fermerei	ci fermeremmo	mi sarei fermato/a	ci saremmo fermati/e
	ti fermeresti	vi fermereste	ti saresti fermato/a	vi sareste fermati/e
	si fermerebbe	si fermerebbero	si sarebbe fermato/a	si sarebbero fermati/e

Note: *Fermarsi* requires the preposition *a* before an infinitive (see the fifth example below). The verb *fermare* ("to fasten," "to stop someone or something") may be used nonreflexively with *avere* as its auxiliary verb (see the last example below). For the meaning "to stop doing something," refer to the verb *smettere*.

EXAMPLES

Perché ti fermi davanti a tutti i negozi?	Why do you stop in front of all the stores?
Il treno (si) ferma in tutte le stazioni.	The train stops at every station.
Il treno si è fermato in galleria.	The train stopped in the tunnel.
Mi sono fermato una settimana a Roma.	I stayed one week in Rome.
Mi fermerò a guardare le foto.	I'll stop to look at the pictures.
Ho fermato l'autobus.	I stopped the bus.

festeggiare

to celebrate

Auxiliary verb: avere **Past participle:** festeggiato **Gerund:** festeggiando
Imperative: (tu) festeggia (non festeggiare); (Lei) festeggi; (noi) festeggiamo; (voi) festeggiate; (Loro) festeggino

Mode	Simple Tenses		Compound Tenses	
	Singular	*Plural*	*Singular*	*Plural*
	Present		**Present Perfect**	
Indicative	festeggio	festeggiamo	ho festeggiato	abbiamo festeggiato
	festeggi	festeggiate	hai festeggiato	avete festeggiato
	festeggia	festeggiano	ha festeggiato	hanno festeggiato
	Imperfect		**Past Perfect**	
	festeggiavo	festeggiavamo	avevo festeggiato	avevamo festeggiato
	festeggiavi	festeggiavate	avevi festeggiato	avevate festeggiato
	festeggiava	festeggiavano	aveva festeggiato	avevano festeggiato
	Past Definite		**Past Anterior**	
	festeggiai	festeggiammo	ebbi festeggiato	avemmo festeggiato
	festeggiasti	festeggiaste	avesti festeggiato	aveste festeggiato
	festeggiò	festeggiarono	ebbe festeggiato	ebbero festeggiato
	Future		**Future Perfect**	
	festeggerò	festeggeremo	avrò festeggiato	avremo festeggiato
	festeggerai	festeggerete	avrai festeggiato	avrete festeggiato
	festeggerà	festeggeranno	avrà festeggiato	avranno festeggiato
Subjunctive	**Present**		**Present Perfect**	
	festeggi	festeggiamo	abbia festeggiato	abbiamo festeggiato
	festeggi	festeggiate	abbia festeggiato	abbiate festeggiato
	festeggi	festeggino	abbia festeggiato	abbiano festeggiato
	Imperfect		**Past Perfect**	
	festeggiassi	festeggiassimo	avessi festeggiato	avessimo festeggiato
	festeggiassi	festeggiaste	avessi festeggiato	aveste festeggiato
	festeggiasse	festeggiassero	avesse festeggiato	avessero festeggiato
Conditional	**Present Conditional**		**Perfect Conditional**	
	festeggerei	festeggeremmo	avrei festeggiato	avremmo festeggiato
	festeggeresti	festeggereste	avresti festeggiato	avreste festeggiato
	festeggerebbe	festeggerebbero	avrebbe festeggiato	avrebbero festeggiato

EXAMPLES

Ieri abbiamo festeggiato il nostro anniversario.
Come festeggerai il tuo compleanno?
Festeggiamo la tua laurea!

Yesterday we celebrated our anniversary.
How will you celebrate your birthday?
Let's celebrate your graduation!

fidanzarsi

to be engaged, to get engaged

Auxiliary verb: essere **Past participle:** fidanzato(si) **Gerund:** fidanzando(si)

Imperative: (tu) fidanzati (non fidanzarti); (Lei) Si fidanzi; (noi) fidanziamoci; (voi) fidanzatevi; (Loro) Si fidanzino

Mode	Simple Tenses		Compound Tenses	
	Singular	*Plural*	*Singular*	*Plural*
	Present		**Present Perfect**	
Indicative	mi fidanzo	ci fidanziamo	mi sono fidanzato/a	ci siamo fidanzati/e
	ti fidanzi	vi fidanzate	ti sei fidanzato/a	vi siete fidanzati/e
	si fidanza	si fidanzano	si è fidanzato/a	si sono fidanzati/e
	Imperfect		**Past Perfect**	
	mi fidanzavo	ci fidanzavamo	mi ero fidanzato/a	ci eravamo fidanzati/e
	ti fidanzavi	vi fidanzavate	ti eri fidanzato/a	vi eravate fidanzati/e
	si fidanzava	si fidanzavano	si era fidanzato/a	si erano fidanzati/e
	Past Definite		**Past Anterior**	
	mi fidanzai	ci fidanzammo	mi fui fidanzato/a	ci fummo fidanzati/e
	ti fidanzasti	vi fidanzaste	ti fosti fidanzato/a	vi foste fidanzati/e
	si fidanzò	si fidanzarono	si fu fidanzato/a	si furono fidanzati/e
	Future		**Future Perfect**	
	mi fidanzerò	ci fidanzeremo	mi sarò fidanzato/a	ci saremo fidanzati/e
	ti fidanzerai	vi fidanzerete	ti sarai fidanzato/a	vi sarete fidanzati/e
	si fidanzerà	si fidanzeranno	si sarà fidanzato/a	si saranno fidanzati/e
Subjunctive	**Present**		**Present Perfect**	
	mi fidanzi	ci fidanziamo	mi sia fidanzato/a	ci siamo fidanzati/e
	ti fidanzi	vi fidanziate	ti sia fidanzato/a	vi siate fidanzati/e
	si fidanzi	si fidanzino	si sia fidanzato/a	si siano fidanzati/e
	Imperfect		**Past Perfect**	
	mi fidanzassi	ci fidanzassimo	mi fossi fidanzato/a	ci fossimo fidanzati/e
	ti fidanzassi	vi fidanzaste	ti fossi fidanzato/a	vi foste fidanzati/e
	si fidanzasse	si fidanzassero	si fosse fidanzato/a	si fossero fidanzati/e
Conditional	**Present Conditional**		**Perfect Conditional**	
	mi fidanzerei	ci fidanzeremmo	mi sarei fidanzato/a	ci saremmo fidanzati/e
	ti fidanzeresti	vi fidanzereste	ti saresti fidanzato/a	vi sareste fidanzati/e
	si fidanzerebbe	si fidanzerebbero	si sarebbe fidanzato/a	si sarebbero fidanzati/e

EXAMPLES

Ci siamo fidanzati ieri.	We got engaged yesterday.
Marco si è fidanzato con Anna.	Marco got engaged to Anna.
Si fidanzeranno ufficialmente domenica prossima.	They will be officially engaged next Sunday.

fidarsi

to trust, to rely on

Auxiliary verb: essere **Past participle:** fidato(si) **Gerund:** fidando(si)
Imperative: (tu) fidati (non fidarti); (Lei) Si fidi; (noi) fidiamoci; (voi)
fidatevi; (Loro) Si fidino

Mode	Simple Tenses		Compound Tenses	
	Singular	*Plural*	*Singular*	*Plural*
Indicative	**Present**		**Present Perfect**	
	mi fido	ci fidiamo	mi sono fidato/a	ci siamo fidati/e
	ti fidi	vi fidate	ti sei fidato/a	vi siete fidati/e
	si fida	si fidano	si è fidato/a	si sono fidati/e
	Imperfect		**Past Perfect**	
	mi fidavo	ci fidavamo	mi ero fidato/a	ci eravamo fidati/e
	ti fidavi	vi fidavate	ti eri fidato/a	vi eravate fidati/e
	si fidava	si fidavano	si era fidato/a	si erano fidati/e
	Past Definite		**Past Anterior**	
	mi fidai	ci fidammo	mi fui fidato/a	ci fummo fidati/e
	ti fidasti	vi fidaste	ti fosti fidato/a	vi foste fidati/e
	si fidò	si fidarono	si fu fidato/a	si furono fidati/e
	Future		**Future Perfect**	
	mi fiderò	ci fideremo	mi sarò fidato/a	ci saremo fidati/e
	ti fiderai	vi fiderete	ti sarai fidato/a	vi sarete fidati/e
	si fiderà	si fideranno	si sarà fidato/a	si saranno fidati/e
Subjunctive	**Present**		**Present Perfect**	
	mi fidi	ci fidiamo	mi sia fidato/a	ci siamo fidati/e
	ti fidi	vi fidiate	ti sia fidato/a	vi siate fidati/e
	si fidi	si fidino	si sia fidato/a	si siano fidati/e
	Imperfect		**Past Perfect**	
	mi fidassi	ci fidassimo	mi fossi fidato/a	ci fossimo fidati/e
	ti fidassi	vi fidaste	ti fossi fidato/a	vi foste fidati/e
	si fidasse	si fidassero	si fosse fidato/a	si fossero fidati/e
Conditional	**Present Conditional**		**Perfect Conditional**	
	mi fiderei	ci fideremmo	mi sarei fidato/a	ci saremmo fidati/e
	ti fideresti	vi fidereste	ti saresti fidato/a	vi sareste fidati/e
	si fiderebbe	si fiderebbero	si sarebbe fidato/a	si sarebbero fidati/e

Note: *Fidarsi* requires the preposition *a* before an infinitive (see the third example below).

EXAMPLES

Mi fido di lui.	I trust him.
Mi fido della tua parola.	I trust your word.
Non mi fido a mangiare questi funghi.	I don't trust these mushrooms enough to eat them.
Non ti puoi fidare di lui.	You can't rely on him.

fingere

to pretend, to feign

Auxiliary verb: avere **Past participle:** finto **Gerund:** fingendo
Imperative: (tu) fingi (non fingere); (Lei) finga; (noi) fingiamo; (voi) fingete; (Loro) fingano

Mode	Simple Tenses		Compound Tenses	
	Singular	*Plural*	*Singular*	*Plural*
Indicative	**Present**		**Present Perfect**	
	fingo	fingiamo	ho finto	abbiamo finto
	fingi	fingete	hai finto	avete finto
	finge	fingono	ha finto	hanno finto
	Imperfect		**Past Perfect**	
	fingevo	fingevamo	avevo finto	avevamo finto
	fingevi	fingevate	avevi finto	avevate finto
	fingeva	fingevano	aveva finto	avevano finto
	Past Definite		**Past Anterior**	
	finsi	fingemmo	ebbi finto	avemmo finto
	fingesti	fingeste	avesti finto	aveste finto
	finse	finsero	ebbe finto	ebbero finto
	Future		**Future Perfect**	
	fingerò	fingeremo	avrò finto	avremo finto
	fingerai	fingerete	avrai finto	avrete finto
	fingerà	fingeranno	avrà finto	avranno finto
Subjunctive	**Present**		**Present Perfect**	
	finga	fingiamo	abbia finto	abbiamo finto
	finga	fingiate	abbia finto	abbiate finto
	finga	fingano	abbia finto	abbiano finto
	Imperfect		**Past Perfect**	
	fingessi	fingessimo	avessi finto	avessimo finto
	fingessi	fingeste	avessi finto	aveste finto
	fingesse	fingessero	avesse finto	avessero finto
Conditional	**Present Conditional**		**Perfect Conditional**	
	fingerei	fingeremmo	avrei finto	avremmo finto
	fingeresti	fingereste	avresti finto	avreste finto
	fingerebbe	fingerebbero	avrebbe finto	avrebbero finto

Note: *Fingere* requires the preposition *di* before an infinitive (see the second and the third examples below). As a reflexive verb *fingersi* ("to pretend," "to feign oneself") uses the reflexive pronouns *mi, ti, si, ci, vi, si,* as well as the auxiliary verb *essere,* to form compound tenses (see the last example below).

EXAMPLES

Lui finge una malattia.	He's pretending to be sick.
Ho finto di dormire.	I pretended to be asleep.
Finsero di non vedermi.	They pretended they hadn't seen me.
Si sono finti morti.	They feigned being dead.

finire

to finish, to complete, to end
Auxiliary verb: avere/essere **Past participle:** fin**ito** **Gerund:** fin**endo**
Imperative: (tu) fin**isci** (non fin**ire**); (Lei) fin**isca**; (noi) fin**iamo**; (voi)
fin**ite**; (Loro) fin**iscano**

Mode	Simple Tenses		Compound Tenses	
	Singular	*Plural*	*Singular*	*Plural*
Indicative	**Present**		**Present Perfect**	
	fin**isco**	fin**iamo**	ho finito	abbiamo finito
	fin**isci**	fin**ite**	hai finito	avete finito
	fin**isce**	fin**iscono**	ha finito	hanno finito
	Imperfect		**Past Perfect**	
	fin**ivo**	fin**ivamo**	avevo finito	avevamo finito
	fin**ivi**	fin**ivate**	avevi finito	avevate finito
	fin**iva**	fin**ivano**	aveva finito	avevano finito
	Past Definite		**Past Anterior**	
	fin**ii**	fin**immo**	ebbi finito	avemmo finito
	fin**isti**	fin**iste**	avesti finito	aveste finito
	fin**ì**	fin**irono**	ebbe finito	ebbero finito
	Future		**Future Perfect**	
	fin**irò**	fin**iremo**	avrò finito	avremo finito
	fin**irai**	fin**irete**	avrai finito	avrete finito
	fin**irà**	fin**iranno**	avrà finito	avranno finito
Subjunctive	**Present**		**Present Perfect**	
	fin**isca**	fin**iamo**	abbia finito	abbiamo finito
	fin**isca**	fin**iate**	abbia finito	abbiate finito
	fin**isca**	fin**iscano**	abbia finito	abbiano finito
	Imperfect		**Past Perfect**	
	fin**issi**	fin**issimo**	avessi finito	avessimo finito
	fin**issi**	fin**iste**	avessi finito	aveste finito
	fin**isse**	fin**issero**	avesse finito	avessero finito
Conditional	**Present Conditional**		**Perfect Conditional**	
	fin**irei**	fin**iremmo**	avrei finito	avremmo finito
	fin**iresti**	fin**ireste**	avresti finito	avreste finito
	fin**irebbe**	fin**irebbero**	avrebbe finito	avrebbero finito

Note: The verb *finire* can also use *essere* in compounds, when it refers to inanimate objects (see the Introduction and the last example below). *Finire* changes meaning depending on the preposition that follows. *Finire di* + infinitive means "to finish doing something" (see the second example below). English uses the –ing form to express the same idea. *Finire con/per* + infinitive means "to end up doing something, to do it eventually," as shown in the third example below.

EXAMPLES

Ho finito gli studi.	I've completed my studies.
Hanno finito di parlare.	They finished talking.
Anna finirà per dire di sì.	Anna will eventually say yes.
Finisco in orario.	I finish on time.
Le parole che finiscono in vocale	Words that end in a vowel
Il film è finito alle 10:00.	The movie ended at 10:00.

firmare

to sign

Auxiliary verb: avere **Past participle:** firmato **Gerund:** firmando
Imperative: (tu) firma (non firmare); (Lei) firmi; (noi) firmiamo; (voi) firmate; (Loro) firmino

Mode	Simple Tenses		Compound Tenses	
	Singular	*Plural*	*Singular*	*Plural*
Indicative	**Present**		**Present Perfect**	
	firmo	firmiamo	ho firmato	abbiamo firmato
	firmi	firmate	hai firmato	avete firmato
	firma	firmano	ha firmato	hanno firmato
	Imperfect		**Past Perfect**	
	firmavo	firmavamo	avevo firmato	avevamo firmato
	firmavi	firmavate	avevi firmato	avevate firmato
	firmava	firmavano	aveva firmato	avevano firmato
	Past Definite		**Past Anterior**	
	firmai	firmammo	ebbi firmato	avemmo firmato
	firmasti	firmaste	avesti firmato	aveste firmato
	firmò	firmarono	ebbe firmato	ebbero firmato
	Future		**Future Perfect**	
	firmerò	firmeremo	avrò firmato	avremo firmato
	firmerai	firmerete	avrai firmato	avrete firmato
	firmerà	firmeranno	avrà firmato	avranno firmato
Subjunctive	**Present**		**Present Perfect**	
	firmi	firmiamo	abbia firmato	abbiamo firmato
	firmi	firmiate	abbia firmato	abbiate firmato
	firmi	firmino	abbia firmato	abbiano firmato
	Imperfect		**Past Perfect**	
	firmassi	firmassimo	avessi firmato	avessimo firmato
	firmassi	firmaste	avessi firmato	aveste firmato
	firmasse	firmassero	avesse firmato	avessero firmato
Conditional	**Present Conditional**		**Perfect Conditional**	
	firmerei	firmeremmo	avrei firmato	avremmo firmato
	firmeresti	firmereste	avresti firmato	avreste firmato
	firmerebbe	firmerebbero	avrebbe firmato	avrebbero firmato

Note: *Firmare in calce* means "to undersign"; *firmare a tergo* means "to endorse."

EXAMPLES

Ho firmato il contratto. — I signed the contract.

Devi firmare con nome e cognome. — You have to sign your full name.

Firmi qui. — Please sign here. (formal)

fissare

to fix, to make, to meet
Auxiliary verb: avere **Past participle:** fissato **Gerund:** fissando
Imperative: (tu) fissa (non fissare); (Lei) fissi; (noi) fissiamo; (voi) fissate;
(Loro) fissino

Mode	Simple Tenses		Compound Tenses	
	Singular	*Plural*	*Singular*	*Plural*
Indicative	**Present**		**Present Perfect**	
	fisso	fissiamo	ho fissato	abbiamo fissato
	fissi	fissate	hai fissato	avete fissato
	fissa	fissano	ha fissato	hanno fissato
	Imperfect		**Past Perfect**	
	fissavo	fissavamo	avevo fissato	avevamo fissato
	fissavi	fissavate	avevi fissato	avevate fissato
	fissava	fissavano	aveva fissato	avevano fissato
	Past Definite		**Past Anterior**	
	fissai	fissammo	ebbi fissato	avemmo fissato
	fissasti	fissaste	avesti fissato	aveste fissato
	fissò	fissarono	ebbe fissato	ebbero fissato
	Future		**Future Perfect**	
	fisserò	fisseremo	avrò fissato	avremo fissato
	fisserai	fisserete	avrai fissato	avrete fissato
	fisserà	fisseranno	avrà fissato	avranno fissato
Subjunctive	**Present**		**Present Perfect**	
	fissi	fissiamo	abbia fissato	abbiamo fissato
	fissi	fissiate	abbia fissato	abbiate fissato
	fissi	fissino	abbia fissato	abbiano fissato
	Imperfect		**Past Perfect**	
	fissassi	fissassimo	avessi fissato	avessimo fissato
	fissassi	fissaste	avessi fissato	aveste fissato
	fissasse	fissassero	avesse fissato	avessero fissato
Conditional	**Present Conditional**		**Perfect Conditional**	
	fisserei	fisseremmo	avrei fissato	avremmo fissato
	fisseresti	fissereste	avresti fissato	avreste fissato
	fisserebbe	fisserebbero	avrebbe fissato	avrebbero fissato

Note: As a reflexive verb *fissarsi* ("to get something into one's head" or "to set one's heart on")
uses the reflexive pronouns *mi, ti, si, ci, vi, si,* as well as the auxiliary verb *essere,* to form
compound tenses (see the last example below).

EXAMPLES

Abbiamo fissato davanti al cinema.	We decided to meet in front of the cinema.
Dove fissiamo?	Where shall we meet?
Fissiamo un appuntamento!	Let's make an appointment!
Fissa gli occhi su questo punto.	Fix your eyes on this point.
Mi sono fissato su quella casa.	I have set my heart on that house.

fondare
to found; to base

Auxiliary verb: avere **Past participle:** fondato **Gerund:** fondando
Imperative: (tu) fonda (non fondare); (Lei) fondi; (noi) fondiamo; (voi) fondate; (Loro) fondino

Mode	Simple Tenses		Compound Tenses	
	Singular	*Plural*	*Singular*	*Plural*
Indicative	**Present**		**Present Perfect**	
	fondo	fondiamo	ho fondato	abbiamo fondato
	fondi	fondate	hai fondato	avete fondato
	fonda	fondano	ha fondato	hanno fondato
	Imperfect		**Past Perfect**	
	fondavo	fondavamo	avevo fondato	avevamo fondato
	fondavi	fondavate	avevi fondato	avevate fondato
	fondava	fondavano	aveva fondato	avevano fondato
	Past Definite		**Past Anterior**	
	fondai	fondammo	ebbi fondato	avemmo fondato
	fondasti	fondaste	avesti fondato	aveste fondato
	fondò	fondarono	ebbe fondato	ebbero fondato
	Future		**Future Perfect**	
	fonderò	fonderemo	avrò fondato	avremo fondato
	fonderai	fonderete	avrai fondato	avrete fondato
	fonderà	fonderanno	avrà fondato	avranno fondato
Subjunctive	**Present**		**Present Perfect**	
	fondi	fondiamo	abbia fondato	abbiamo fondato
	fondi	fondiate	abbia fondato	abbiate fondato
	fondi	fondino	abbia fondato	abbiano fondato
	Imperfect		**Past Perfect**	
	fondassi	fondassimo	avessi fondato	avessimo fondato
	fondassi	fondaste	avessi fondato	aveste fondato
	fondasse	fondassero	avesse fondato	avessero fondato
Conditional	**Present Conditional**		**Perfect Conditional**	
	fonderei	fonderemmo	avrei fondato	avremmo fondato
	fonderesti	fondereste	avresti fondato	avreste fondato
	fonderebbe	fonderebbero	avrebbe fondato	avrebbero fondato

Note: As a reflexive verb *fondarsi* ("to base oneself" or "to rely on") uses the reflexive pronouns *mi, ti, si, ci, vi, si*, as well as the auxiliary verb *essere*, to form compound tenses. See the last example below.

EXAMPLES

Il monastero fu fondato nel 1665.	The monastery was founded in 1665.
Chi fondò Firenze?	Who founded Florence?
L'avvocato ha fondato la difesa sulla mancanza di prove.	The lawyer based his defense on the lack of evidence.
Mi sono fondato sui suoi calcoli.	I based my work on his calculations.

fondere

to melt, to fuse

Auxiliary verb: avere **Past participle:** fuso **Gerund:** fondendo
Imperative: (tu) fondi (non fondere); (Lei) fonda; (noi) fondiamo; (voi)
fondete; (Loro) fondano

Mode	Simple Tenses		Compound Tenses	
	Singular	*Plural*	*Singular*	*Plural*
Indicative	**Present**		**Present Perfect**	
	fondo	fondiamo	ho fuso	abbiamo fuso
	fondi	fondete	hai fuso	avete fuso
	fonde	fondono	ha fuso	hanno fuso
	Imperfect		**Past Perfect**	
	fondevo	fondevamo	avevo fuso	avevamo fuso
	fondevi	fondevate	avevi fuso	avevate fuso
	fondeva	fondevano	aveva fuso	avevano fuso
	Past Definite		**Past Anterior**	
	fusi	fondemmo	ebbi fuso	avemmo fuso
	fondesti	fondeste	avesti fuso	aveste fuso
	fuse	fusero	ebbe fuso	ebbero fuso
	Future		**Future Perfect**	
	fonderò	fonderemo	avrò fuso	avremo fuso
	fonderai	fonderete	avrai fuso	avrete fuso
	fonderà	fonderanno	avrà fuso	avranno fuso
Subjunctive	**Present**		**Present Perfect**	
	fonda	fondiamo	abbia fuso	abbiamo fuso
	fonda	fondiate	abbia fuso	abbiate fuso
	fonda	fondano	abbia fuso	abbiano fuso
	Imperfect		**Past Perfect**	
	fondessi	fondessimo	avessi fuso	avessimo fuso
	fondessi	fondeste	avessi fuso	aveste fuso
	fondesse	fondessero	avesse fuso	avessero fuso
Conditional	**Present Conditional**		**Perfect Conditional**	
	fonderei	fonderemmo	avrei fuso	avremmo fuso
	fonderesti	fondereste	avresti fuso	avreste fuso
	fonderebbe	fonderebbero	avrebbe fuso	avrebbero fuso

Note: As a reflexive verb *fondersi* ("to merge") uses the reflexive pronouns *mi, ti, si, ci, vi, si,*
as well as the auxiliary verb *essere,* to form compound tenses. See the last example below.
Like *fondere* are *confondere* ("to confuse"), *diffondere* ("to spread"), and *infondere* ("to infuse,"
"to inspire").

EXAMPLES

Fondi la cioccolata e poi aggiungi . . .	Melt the chocolate and then add . . .
Lui fonderà i pezzi di metallo.	He will fuse the pieces of metal.
Le due ditte si sono fuse in una grande azienda.	The two firms merged into one big company.

formare

to form

Auxiliary verb: avere **Past participle:** formato **Gerund:** formando
Imperative: (tu) forma (non formare); (Lei) formi; (noi) formiamo; (voi)
formate; (Loro) formino

Mode	Simple Tenses		Compound Tenses	
	Singular	*Plural*	*Singular*	*Plural*
	Present		**Present Perfect**	
Indicative	formo	formiamo	ho formato	abbiamo formato
	formi	formate	hai formato	avete formato
	forma	formano	ha formato	hanno formato
	Imperfect		**Past Perfect**	
	formavo	formavamo	avevo formato	avevamo formato
	formavi	formavate	avevi formato	avevate formato
	formava	formavano	aveva formato	avevano formato
	Past Definite		**Past Anterior**	
	formai	formammo	ebbi formato	avemmo formato
	formasti	formaste	avesti formato	aveste formato
	formò	formarono	ebbe formato	ebbero formato
	Future		**Future Perfect**	
	formerò	formeremo	avrò formato	avremo formato
	formerai	formerete	avrai formato	avrete formato
	formerà	formeranno	avrà formato	avranno formato
Subjunctive	**Present**		**Present Perfect**	
	formi	formiamo	abbia formato	abbiamo formato
	formi	formiate	abbia formato	abbiate formato
	formi	formino	abbia formato	abbiano formato
	Imperfect		**Past Perfect**	
	formassi	formassimo	avessi formato	avessimo formato
	formassi	formaste	avessi formato	aveste formato
	formasse	formassero	avesse formato	avessero formato
Conditional	**Present Conditional**		**Perfect Conditional**	
	formerei	formeremmo	avrei formato	avremmo formato
	formeresti	formereste	avresti formato	avreste formato
	formerebbe	formerebbero	avrebbe formato	avrebbero formato

Note: As a reflexive verb *formarsi* ("to form," "to be trained") uses the reflexive pronouns *mi,
ti, si, ci, vi, si,* as well as the auxiliary verb *essere,* to form compound tenses. See the last two
examples below.

EXAMPLES

Abbiamo formato una compagnia teatrale.	We formed a theatrical company.
I bambini formavano un cerchio.	The children formed a circle.
Quell'esperienza ha formato il suo carattere.	That experience formed his character.
Si è formato del ghiaccio sulla finestra.	Some ice formed on the window.
Penso che loro si siano formati alla scuola di Pisa.	I think they were trained at Pisa.

fornire

to supply, to provide

Auxiliary verb: avere **Past participle:** fornito **Gerund:** fornendo
Imperative: (tu) fornisci (non fornire); (Lei) fornisca; (noi) forniamo;
(voi) fornite; (Loro) forniscano

Mode	Simple Tenses		Compound Tenses	
	Singular	*Plural*	*Singular*	*Plural*
	Present		**Present Perfect**	
Indicative	fornisco	forniamo	ho fornito	abbiamo fornito
	fornisci	fornite	hai fornito	avete fornito
	fornisce	forniscono	ha fornito	hanno fornito
	Imperfect		**Past Perfect**	
	fornivo	fornivamo	avevo fornito	avevamo fornito
	fornivi	fornivate	avevi fornito	avevate fornito
	forniva	fornivano	aveva fornito	avevano fornito
	Past Definite		**Past Anterior**	
	fornii	fornimmo	ebbi fornito	avemmo fornito
	fornisti	forniste	avesti fornito	aveste fornito
	fornì	fornirono	ebbe fornito	ebbero fornito
	Future		**Future Perfect**	
	fornirò	forniremo	avrò fornito	avremo fornito
	fornirai	fornirete	avrai fornito	avrete fornito
	fornirà	forniranno	avrà fornito	avranno fornito
Subjunctive	**Present**		**Present Perfect**	
	fornisca	forniamo	abbia fornito	abbiamo fornito
	fornisca	forniate	abbia fornito	abbiate fornito
	fornisca	forniscano	abbia fornito	abbiano fornito
	Imperfect		**Past Perfect**	
	fornissi	fornissimo	avessi fornito	avessimo fornito
	fornissi	forniste	avessi fornito	aveste fornito
	fornisse	fornissero	avesse fornito	avessero fornito
Conditional	**Present Conditional**		**Perfect Conditional**	
	fornirei	forniremmo	avrei fornito	avremmo fornito
	forniresti	fornireste	avresti fornito	avreste fornito
	fornirebbe	fornirebbero	avrebbe fornito	avrebbero fornito

Note: As a reflexive verb *fornirsi* ("to provide," "to supply," "to buy," or "to equip oneself")
uses the reflexive pronouns *mi, ti, si, ci, vi, si,* as well as the auxiliary verb *essere,* to form
compound tenses. See the last example below.

EXAMPLES

Abbiamo fornito cibo e vestiti ai rifugiati.	We provided the refugees with food and clothes.
Chi ha fornito le informazioni ai giornalisti?	Who provided the journalists with information?
Il testimone fornirà tutti i particolari.	The witness will provide all the details.
La ditta si fornisce direttamente dalla fabbrica.	The company supplies itself directly from the factory.

frequentare

to attend

Auxiliary verb: avere **Past participle:** frequentato **Gerund:** frequentando

Imperative: (tu) frequenta (non frequentare); (Lei) frequenti; (noi) frequentiamo; (voi) frequentate; (Loro) frequentino

Mode	Simple Tenses		Compound Tenses	
	Singular	*Plural*	*Singular*	*Plural*
Indicative	**Present**		**Present Perfect**	
	frequento	frequentiamo	ho frequentato	abbiamo frequentato
	frequenti	frequentate	hai frequentato	avete frequentato
	frequenta	frequentano	ha frequentato	hanno frequentato
	Imperfect		**Past Perfect**	
	frequentavo	frequentavamo	avevo frequentato	avevamo frequentato
	frequentavi	frequentavate	avevi frequentato	avevate frequentato
	frequentava	frequentavano	aveva frequentato	avevano frequentato
	Past Definite		**Past Anterior**	
	frequentai	frequentammo	ebbi frequentato	avemmo frequentato
	frequentasti	frequentaste	avesti frequentato	aveste frequentato
	frequentò	frequentarono	ebbe frequentato	ebbero frequentato
	Future		**Future Perfect**	
	frequenterò	frequenteremo	avrò frequentato	avremo frequentato
	frequenterai	frequenterete	avrai frequentato	avrete frequentato
	frequenterà	frequenteranno	avrà frequentato	avranno frequentato
Subjunctive	**Present**		**Present Perfect**	
	frequenti	frequentiamo	abbia frequentato	abbiamo frequentato
	frequenti	frequentiate	abbia frequentato	abbiate frequentato
	frequenti	frequentino	abbia frequentato	abbiano frequentato
	Imperfect		**Past Perfect**	
	frequentassi	frequentassimo	avessi frequentato	avessimo frequentato
	frequentassi	frequentaste	avessi frequentato	aveste frequentato
	frequentasse	frequentassero	avesse frequentato	avessero frequentato
Conditional	**Present Conditional**		**Perfect Conditional**	
	frequenterei	frequenteremmo	avrei frequentato	avremmo frequentato
	frequenteresti	frequentereste	avresti frequentato	avreste frequentato
	frequenterebbe	frequenterebbero	avrebbe frequentato	avrebbero frequentato

EXAMPLES

Ho frequentato un corso di italiano.	I attended an Italian language course.
Frequento il circolo.	I go to the club.
Frequentiamo le lezioni del prof. Rossi.	We attend Professor Rossi's lectures.
Sta frequentando la terza.	He is in third grade.
Sta frequentando il primo anno.	He is a freshman.
Se avessi tempo, frequenterei un corso di fotografia.	If I had time, I would attend a photography course.

friggere
to fry
Auxiliary verb: avere **Past participle:** fritto **Gerund:** friggendo
Imperative: (tu) friggi (non friggere); (Lei) frigga; (noi) friggiamo; (voi) friggete; (Loro) friggano

Mode	Simple Tenses		Compound Tenses	
	Singular	*Plural*	*Singular*	*Plural*
Indicative	**Present**		**Present Perfect**	
	friggo	friggiamo	ho fritto	abbiamo fritto
	friggi	friggete	hai fritto	avete fritto
	frigge	friggono	ha fritto	hanno fritto
	Imperfect		**Past Perfect**	
	friggevo	friggevamo	avevo fritto	avevamo fritto
	friggevi	friggevate	avevi fritto	avevate fritto
	friggeva	friggevano	aveva fritto	avevano fritto
	Past Definite		**Past Anterior**	
	frissi	friggemmo	ebbi fritto	avemmo fritto
	friggesti	friggeste	avesti fritto	aveste fritto
	frisse	frissero	ebbe fritto	ebbero fritto
	Future		**Future Perfect**	
	friggerò	friggeremo	avrò fritto	avremo fritto
	friggerai	friggerete	avrai fritto	avrete fritto
	friggerà	friggeranno	avrà fritto	avranno fritto
Subjunctive	**Present**		**Present Perfect**	
	frigga	friggiamo	abbia fritto	abbiamo fritto
	frigga	friggiate	abbia fritto	abbiate fritto
	frigga	friggano	abbia fritto	abbiano fritto
	Imperfect		**Past Perfect**	
	friggessi	friggessimo	avessi fritto	avessimo fritto
	friggessi	friggeste	avessi fritto	aveste fritto
	friggesse	friggessero	avesse fritto	avessero fritto
Conditional	**Present Conditional**		**Perfect Conditional**	
	friggerei	friggeremmo	avrei fritto	avremmo fritto
	friggeresti	friggereste	avresti fritto	avreste fritto
	friggerebbe	friggerebbero	avrebbe fritto	avrebbero fritto

EXAMPLES

Le patate stanno friggendo.	The potatoes are frying.
Noi friggiamo nel burro.	We fry with butter.
Ho fritto il pesce.	I fried the fish.
padella per friggere	frying pan

fuggire

to flee, to escape, to run away

Auxiliary verb: essere **Past participle:** fuggito **Gerund:** fuggendo
Imperative: (tu) fuggi (non fuggire); (Lei) fugga; (noi) fuggiamo; (voi)
fuggite; (Loro) fuggano

Mode	Simple Tenses		Compound Tenses	
	Singular	*Plural*	*Singular*	*Plural*
Indicative	**Present**		**Present Perfect**	
	fuggo	fuggiamo	sono fuggito/a	siamo fuggiti/e
	fuggi	fuggite	sei fuggito/a	siete fuggiti/e
	fugge	fuggono	è fuggito/a	sono fuggiti/e
	Imperfect		**Past Perfect**	
	fuggivo	fuggivamo	ero fuggito/a	eravamo fuggiti/e
	fuggivi	fuggivate	eri fuggito/a	eravate fuggiti/e
	fuggiva	fuggivano	era fuggito/a	erano fuggiti/e
	Past Definite		**Past Anterior**	
	fuggii	fuggimmo	fui fuggito/a	fummo fuggiti/e
	fuggisti	fuggiste	fosti fuggito/a	foste fuggiti/e
	fuggì	fuggirono	fu fuggito/a	furono fuggiti/e
	Future		**Future Perfect**	
	fuggirò	fuggiremo	sarò fuggito/a	saremo fuggiti/e
	fuggirai	fuggirete	sarai fuggito/a	sarete fuggiti/e
	fuggirà	fuggiranno	sarà fuggito/a	saranno fuggiti/e
Subjunctive	**Present**		**Present Perfect**	
	fugga	fuggiamo	sia fuggito/a	siamo fuggiti/e
	fugga	fuggiate	sia fuggito/a	siate fuggiti/e
	fugga	fuggano	sia fuggito/a	siano fuggiti/e
	Imperfect		**Past Perfect**	
	fuggissi	fuggissimo	fossi fuggito/a	fossimo fuggiti/e
	fuggissi	fuggiste	fossi fuggito/a	foste fuggiti/e
	fuggisse	fuggissero	fosse fuggito/a	fossero fuggiti/e
Conditional	**Present Conditional**		**Perfect Conditional**	
	fuggirei	fuggiremmo	sarei fuggito/a	saremmo fuggiti/e
	fuggiresti	fuggireste	saresti fuggito/a	sareste fuggiti/e
	fuggirebbe	fuggirebbero	sarebbe fuggito/a	sarebbero fuggiti/e

Note: Like *fuggire* is *sfuggire* ("to avoid"). When used with a direct object *fuggire/sfuggire* use *avere* to form compound tenses (see the last example below).

EXAMPLES

È fuggito dal suo paese due anni fa.	He fled the country two years ago.
È fuggita una tigre dallo zoo.	A tiger escaped from the zoo.
Perché la ragazza è fuggita di casa?	Why did the girl run away from home?
Sono fuggiti nei boschi.	They fled to the woods.
Ha sfuggito tutti i pericoli.	He avoided all dangers.

fumare

to smoke

Auxiliary verb: avere **Past participle:** fumato **Gerund:** fumando
Imperative: (tu) fuma (non fumare); (Lei) fumi; (noi) fumiamo; (voi)
fumate; (Loro) fumino

Mode	Simple Tenses		Compound Tenses	
	Singular	*Plural*	*Singular*	*Plural*
Indicative	**Present**		**Present Perfect**	
	fumo	fumiamo	ho fumato	abbiamo fumato
	fumi	fumate	hai fumato	avete fumato
	fuma	fumano	ha fumato	hanno fumato
	Imperfect		**Past Perfect**	
	fumavo	fumavamo	avevo fumato	avevamo fumato
	fumavi	fumavate	avevi fumato	avevate fumato
	fumava	fumavano	aveva fumato	avevano fumato
	Past Definite		**Past Anterior**	
	fumai	fumammo	ebbi fumato	avemmo fumato
	fumasti	fumaste	avesti fumato	aveste fumato
	fumò	fumarono	ebbe fumato	ebbero fumato
	Future		**Future Perfect**	
	fumerò	fumeremo	avrò fumato	avremo fumato
	fumerai	fumerete	avrai fumato	avrete fumato
	fumerà	fumeranno	avrà fumato	avranno fumato
Subjunctive	**Present**		**Present Perfect**	
	fumi	fumiamo	abbia fumato	abbiamo fumato
	fumi	fumiate	abbia fumato	abbiate fumato
	fumi	fumino	abbia fumato	abbiano fumato
	Imperfect		**Past Perfect**	
	fumassi	fumassimo	avessi fumato	avessimo fumato
	fumassi	fumaste	avessi fumato	aveste fumato
	fumasse	fumassero	avesse fumato	avessero fumato
Conditional	**Present Conditional**		**Perfect Conditional**	
	fumerei	fumeremmo	avrei fumato	avremmo fumato
	fumeresti	fumereste	avresti fumato	avreste fumato
	fumerebbe	fumerebbero	avrebbe fumato	avrebbero fumato

EXAMPLES

Vietato fumare.	No smoking.
Lui fuma come un turco.	He smokes like a chimney (literally, like a Turk).
Gabriella ha smesso di fumare.	Gabriella gave up smoking.
Loro fumavano una sigaretta dietro l'altra.	They used to be chain smokers.
Mi fuma la testa!	I can't think! (literally, "My head is smoking")

funzionare

to work, to function

Auxiliary verb: avere **Past participle:** funzionato **Gerund:** funzionando
Imperative: (tu) funziona (non funzionare); (Lei) funzioni; (noi) funzioniamo; (voi) funzionate; (Loro) funzionino

Mode	Simple Tenses		Compound Tenses	
	Singular	*Plural*	*Singular*	*Plural*
Indicative	**Present**		**Present Perfect**	
	funziono	funzioniamo	ho funzionato	abbiamo funzionato
	funzioni	funzionate	hai funzionato	avete funzionato
	funziona	funzionano	ha funzionato	hanno funzionato
	Imperfect		**Past Perfect**	
	funzionavo	funzionavamo	avevo funzionato	avevamo funzionato
	funzionavi	funzionavate	avevi funzionato	avevate funzionato
	funzionava	funzionavano	aveva funzionato	avevano funzionato
	Past Definite		**Past Anterior**	
	funzionai	funzionammo	ebbi funzionato	avemmo funzionato
	funzionasti	funzionaste	avesti funzionato	aveste funzionato
	funzionò	funzionarono	ebbe funzionato	ebbero funzionato
	Future		**Future Perfect**	
	funzionerò	funzioneremo	avrò funzionato	avremo funzionato
	funzionerai	funzionerete	avrai funzionato	avrete funzionato
	funzionerà	funzioneranno	avrà funzionato	avranno funzionato
Subjunctive	**Present**		**Present Perfect**	
	funzioni	funzioniamo	abbia funzionato	abbiamo funzionato
	funzioni	funzioniate	abbia funzionato	abbiate funzionato
	funzioni	funzionino	abbia funzionato	abbiano funzionato
	Imperfect		**Past Perfect**	
	funzionassi	funzionassimo	avessi funzionato	avessimo funzionato
	funzionassi	funzionaste	avessi funzionato	aveste funzionato
	funzionasse	funzionassero	avesse funzionato	avessero funzionato
Conditional	**Present Conditional**		**Perfect Conditional**	
	funzionerei	funzioneremmo	avrei funzionato	avremmo funzionato
	funzioneresti	funzionereste	avresti funzionato	avreste funzionato
	funzionerebbe	funzionerebbero	avrebbe funzionato	avrebbero funzionato

EXAMPLES

Come funziona?	How does it work?
Perché non funziona?	Why is it not working?
Il telefono non funziona.	The telephone doesn't work.
Funziona bene.	It works well.

garantire

to guarantee, to place under warranty, to assure

Auxiliary verb: avere **Past participle:** garantito **Gerund:** garantendo
Imperative: (tu) garantisci (non garantire); (Lei) garantisca; (noi) garantiamo; (voi) garantite; (Loro) garantiscano

Mode	Simple Tenses		Compound Tenses	
	Singular	*Plural*	*Singular*	*Plural*
Indicative	**Present**		**Present Perfect**	
	garantisco	garantiamo	ho garantito	abbiamo garantito
	garantisci	garantite	hai garantito	avete garantito
	garantisce	garantiscono	ha garantito	hanno garantito
	Imperfect		**Past Perfect**	
	garantivo	garantivamo	avevo garantito	avevamo garantito
	garantivi	garantivate	avevi garantito	avevate garantito
	garantiva	garantivano	aveva garantito	avevano garantito
	Past Definite		**Past Anterior**	
	garantii	garantimmo	ebbi garantito	avemmo garantito
	garantisti	garantiste	avesti garantito	aveste garantito
	garantì	garantirono	ebbe garantito	ebbero garantito
	Future		**Future Perfect**	
	garantirò	garantiremo	avrò garantito	avremo garantito
	garantirai	garantirete	avrai garantito	avrete garantito
	garantirà	garantiranno	avrà garantito	avranno garantito
Subjunctive	**Present**		**Present Perfect**	
	garantisca	garantiamo	abbia garantito	abbiamo garantito
	garantisca	garantiate	abbia garantito	abbiate garantito
	garantisca	garantiscano	abbia garantito	abbiano garantito
	Imperfect		**Past Perfect**	
	garantissi	garantissimo	avessi garantito	avessimo garantito
	garantissi	garantiste	avessi garantito	aveste garantito
	garantisse	garantissero	avesse garantito	avessero garantito
Conditional	**Present Conditional**		**Perfect Conditional**	
	garantirei	garantiremmo	avrei garantito	avremmo garantito
	garantiresti	garantireste	avresti garantito	avreste garantito
	garantirebbe	garantirebbero	avrebbe garantito	avrebbero garantito

Note: As a reflexive verb *garantirsi* ("to secure oneself," "to insure oneself") uses the reflexive pronouns *mi, ti, si, ci, vi, si,* as well as the auxiliary verb *essere,* to form compound tenses (see the last example below).

EXAMPLES

Garantiamo l'arrivo della merce entro la settimana.	We guarantee the arrival of the goods by the end of the week.
Garantiamo l'aiuto ai bisognosi.	We guarantee help for those in need.
La ditta ha garantito la macchina per un anno.	The company has placed the car under warranty for one year.
Ti garantisco che ciò non si ripeterà.	I assure you that it won't happen again.

gestire

to run, to manage, to organize

Auxiliary verb: avere **Past participle:** gestito **Gerund:** gestendo
Imperative: (tu) gestisci (non gestire); (Lei) gestisca; (noi) gestiamo; (voi)
gestite; (Loro) gestiscano

Mode	Simple Tenses		Compound Tenses	
	Singular	*Plural*	*Singular*	*Plural*
	Present		**Present Perfect**	
Indicative	gestisco	gestiamo	ho gestito	abbiamo gestito
	gestisci	gestite	hai gestito	avete gestito
	gestisce	gestiscono	ha gestito	hanno gestito
	Imperfect		**Past Perfect**	
	gestivo	gestivamo	avevo gestito	avevamo gestito
	gestivi	gestivate	avevi gestito	avevate gestito
	gestiva	gestivano	aveva gestito	avevano gestito
	Past Definite		**Past Anterior**	
	gestii	gestimmo	ebbi gestito	avemmo gestito
	gestisti	gestiste	avesti gestito	aveste gestito
	gestì	gestirono	ebbe gestito	ebbero gestito
	Future		**Future Perfect**	
	gestirò	gestiremo	avrò gestito	avremo gestito
	gestirai	gestirete	avrai gestito	avrete gestito
	gestirà	gestiranno	avrà gestito	avranno gestito
Subjunctive	**Present**		**Present Perfect**	
	gestisca	gestiamo	abbia gestito	abbiamo gestito
	gestisca	gestiate	abbia gestito	abbiate gestito
	gestisca	gestiscano	abbia gestito	abbiano gestito
	Imperfect		**Past Perfect**	
	gestissi	gestissimo	avessi gestito	avessimo gestito
	gestissi	gestiste	avessi gestito	aveste gestito
	gestisse	gestissero	avesse gestito	avessero gestito
Conditional	**Present Conditional**		**Perfect Conditional**	
	gestirei	gestiremmo	avrei gestito	avremmo gestito
	gestiresti	gestireste	avresti gestito	avreste gestito
	gestirebbe	gestirebbero	avrebbe gestito	avrebbero gestito

EXAMPLES

Lui gestisce l'azienda.	He runs the business.
Voglio gestire meglio il mio tempo.	I want to organize my time better.
Gestirà lui questo problema.	He will manage this problem.

gettare
to throw, to cast

Auxiliary verb: avere **Past participle:** gettato **Gerund:** gettando
Imperative: (tu) getta (non gettare); (Lei) getti; (noi) gettiamo; (voi) gettate; (Loro) gettino

Mode	Simple Tenses		Compound Tenses	
	Singular	*Plural*	*Singular*	*Plural*
Indicative	**Present**		**Present Perfect**	
	getto	gettiamo	ho gettato	abbiamo gettato
	getti	gettate	hai gettato	avete gettato
	getta	gettano	ha gettato	hanno gettato
	Imperfect		**Past Perfect**	
	gettavo	gettavamo	avevo gettato	avevamo gettato
	gettavi	gettavate	avevi gettato	avevate gettato
	gettava	gettavano	aveva gettato	avevano gettato
	Past Definite		**Past Anterior**	
	gettai	gettammo	ebbi gettato	avemmo gettato
	gettasti	gettaste	avesti gettato	aveste gettato
	gettò	gettarono	ebbe gettato	ebbero gettato
	Future		**Future Perfect**	
	getterò	getteremo	avrò gettato	avremo gettato
	getterai	getterete	avrai gettato	avrete gettato
	getterà	getteranno	avrà gettato	avranno gettato
Subjunctive	**Present**		**Present Perfect**	
	getti	gettiamo	abbia gettato	abbiamo gettato
	getti	gettiate	abbia gettato	abbiate gettato
	getti	gettino	abbia gettato	abbiano gettato
	Imperfect		**Past Perfect**	
	gettassi	gettassimo	avessi gettato	avessimo gettato
	gettassi	gettaste	avessi gettato	aveste gettato
	gettasse	gettassero	avesse gettato	avessero gettato
Conditional	**Present Conditional**		**Perfect Conditional**	
	getterei	getteremmo	avrei gettato	avremmo gettato
	getteresti	gettereste	avresti gettato	avreste gettato
	getterebbe	getterebbero	avrebbe gettato	avrebbero gettato

Note: As a reflexive verb *gettarsi* ("to throw oneself") uses the reflexive pronouns *mi, ti, si, ci, vi, si,* as well as the auxiliary verb *essere*, to form compound tenses (see the last two examples below).

EXAMPLES

Ho gettato le chiavi a Maria.	I threw the keys to Maria.
Ha gettato i soldi dalla finestra.	He threw his money down the drain.
da gettare	throwaway (disposable)
Stiamo gettando le fondamenta.	We are laying the foundations.
I pescatori hanno gettato le reti.	The fishermen cast their nets.
Si è gettato nelle braccia di sua madre.	He threw himself into his mother's arms.
Si è gettata anima e corpo nel progetto.	She threw herself headlong into the project.

giacere

to lie (down)

Auxiliary verb: essere   **Past participle:** giaciuto   **Gerund:** giacendo
Imperative: (tu) giaci (non giacere); (Lei) giaccia; (noi) gia(c)ciamo; (voi) giacete; (Loro) giacciano

Mode	Simple Tenses		Compound Tenses	
	Singular	*Plural*	*Singular*	*Plural*
	Present		**Present Perfect**	
Indicative	giaccio	gia(c)ciamo	sono giaciuto/a	siamo giaciuti/e
	giaci	giacete	sei giaciuto/a	siete giaciuti/e
	giace	giacciono	è giaciuto/a	sono giaciuti/e
	Imperfect		**Past Perfect**	
	giacevo	giacevamo	ero giaciuto/a	eravamo giaciuti/e
	giacevi	giacevate	eri giaciuto/a	eravate giaciuti/e
	giaceva	giacevano	era giaciuto/a	erano giaciuti/e
	Past Definite		**Past Anterior**	
	giacqui	giacemmo	fui giaciuto/a	fummo giaciuti/e
	giacesti	giaceste	fosti giaciuto/a	foste giaciuti/e
	giacque	giacquero	fu giaciuto/a	furono giaciuti/e
	Future		**Future Perfect**	
	giacerò	giaceremo	sarò giaciuto/a	saremo giaciuti/e
	giacerai	giacerete	sarai giaciuto/a	sarete giaciuti/e
	giacerà	giaceranno	sarà giaciuto/a	saranno giaciuti/e
Subjunctive	**Present**		**Present Perfect**	
	giaccia	gia(c)ciamo	sia giaciuto/a	siamo giaciuti/e
	giaccia	giacciate	sia giaciuto/a	siate giaciuti/e
	giaccia	giacciano	sia giaciuto/a	siano giaciuti/e
	Imperfect		**Past Perfect**	
	giacessi	giacessimo	fossi giaciuto/a	fossimo giaciuti/e
	giacessi	giaceste	fossi giaciuto/a	foste giaciuti/e
	giacesse	giacessero	fosse giaciuto/a	fossero giaciuti/e
Conditional	**Present Conditional**		**Perfect Conditional**	
	giacerei	giaceremmo	sarei giaciuto/a	saremmo giaciuti/e
	giaceresti	giacereste	saresti giaciuto/a	sareste giaciuti/e
	giacerebbe	giacerebbero	sarebbe giaciuto/a	sarebbero giaciuti/e

EXAMPLES

Giace a letto malato.	He is lying ill in bed.
Qui giace . . .	Here lies . . .
La città giace tra i colli.	The city lies nestled in the hills.
La merce giace in magazzino.	The goods are lying unsold in the warehouse.

giocare

to play

Auxiliary verb: avere **Past participle:** giocato **Gerund:** giocando
Imperative: (tu) gioca (non giocare); (Lei) giochi; (noi) giochiamo; (voi) giocate; (Loro) giochino

Mode	Simple Tenses		Compound Tenses	
	Singular	*Plural*	*Singular*	*Plural*
Indicative	**Present**		**Present Perfect**	
	gioco	giochiamo	ho giocato	abbiamo giocato
	giochi	giocate	hai giocato	avete giocato
	gioca	giocano	ha giocato	hanno giocato
	Imperfect		**Past Perfect**	
	giocavo	giocavamo	avevo giocato	avevamo giocato
	giocavi	giocavate	avevi giocato	avevate giocato
	giocava	giocavano	aveva giocato	avevano giocato
	Past Definite		**Past Anterior**	
	giocai	giocammo	ebbi giocato	avemmo giocato
	giocasti	giocaste	avesti giocato	aveste giocato
	giocò	giocarono	ebbe giocato	ebbero giocato
	Future		**Future Perfect**	
	giocherò	giocheremo	avrò giocato	avremo giocato
	giocherai	giocherete	avrai giocato	avrete giocato
	giocherà	giocheranno	avrà giocato	avranno giocato
Subjunctive	**Present**		**Present Perfect**	
	giochi	giochiamo	abbia giocato	abbiamo giocato
	giochi	giochiate	abbia giocato	abbiate giocato
	giochi	giochino	abbia giocato	abbiano giocato
	Imperfect		**Past Perfect**	
	giocassi	giocassimo	avessi giocato	avessimo giocato
	giocassi	giocaste	avessi giocato	aveste giocato
	giocasse	giocassero	avesse giocato	avessero giocato
Conditional	**Present Conditional**		**Perfect Conditional**	
	giocherei	giocheremmo	avrei giocato	avremmo giocato
	giocheresti	giochereste	avresti giocato	avreste giocato
	giocherebbe	giocherebbero	avrebbe giocato	avrebbero giocato

Note: As with all verbs ending in –*care* and –*gare*, *giocare* adds an –*h* to the infinite stem in the *tu* and *noi* forms of the present tense, and to all the future and present conditional forms, so that the hard sounds –*c* and –*g* of the stem are retained. *Giocare* means "to play a sport or a game." For the meaning "to play an instrument," refer to the verb *suonare*. For the meaning "to play/act on the stage/in movies," refer to *recitare*.

EXAMPLES

Giochiamo a carte!	Let's play cards!
Lui gioca bene a pallacanestro.	He plays basketball well.
La squadra gioca in casa.	The team is playing at home.
Hanno giocato una bella partita.	They played a good game.

girare
to turn, to shoot, to act
Auxiliary verb: avere **Past participle:** girato **Gerund:** girando
Imperative: (tu) gira (non girare); (Lei) giri; (noi) giriamo; (voi) girate;
(Loro) girino

Mode	Simple Tenses		Compound Tenses	
	Singular	*Plural*	*Singular*	*Plural*
	Present		**Present Perfect**	
	giro	giriamo	ho girato	abbiamo girato
	giri	girate	hai girato	avete girato
	gira	girano	ha girato	hanno girato
	Imperfect		**Past Perfect**	
	giravo	giravamo	avevo girato	avevamo girato
	giravi	giravate	avevi girato	avevate girato
	girava	giravano	aveva girato	avevano girato
Indicative	**Past Definite**		**Past Anterior**	
	girai	girammo	ebbi girato	avemmo girato
	girasti	giraste	avesti girato	aveste girato
	girò	girarono	ebbe girato	ebbero girato
	Future		**Future Perfect**	
	girerò	gireremo	avrò girato	avremo girato
	girerai	girerete	avrai girato	avrete girato
	girerà	gireranno	avrà girato	avranno girato
	Present		**Present Perfect**	
	giri	giriamo	abbia girato	abbiamo girato
	giri	giriate	abbia girato	abbiate girato
	giri	girino	abbia girato	abbiano girato
Subjunctive	**Imperfect**		**Past Perfect**	
	girassi	girassimo	avessi girato	avessimo girato
	girassi	giraste	avessi girato	aveste girato
	girasse	girassero	avesse girato	avessero girato
Conditional	**Present Conditional**		**Perfect Conditional**	
	girerei	gireremmo	avrei girato	avremmo girato
	gireresti	girereste	avresti girato	avreste girato
	girerebbe	girerebbero	avrebbe girato	avrebbero girato

Note: As a reflexive verb *girarsi* ("to turn") uses the reflexive pronouns *mi, ti, si, ci, vi, si,* as well as the auxiliary verb *essere,* to form compound tenses (see the last example below).

EXAMPLES

Vai a diritto e poi gira dopo il bar alla prima a destra.	Go straight and then turn after the café at the first street on your right.
Gira la chiave!	Turn the key!
Il regista ha girato il film in tre settimane.	The director shot the film in three weeks.
L'attore girerà un film di Bertolucci.	The actor will act in a film by Bertolucci.
Deve girare l'assegno.	You have to transfer the check.
Si è girato sorpreso verso di me.	He turned to me in surprise.

giudicare

to judge, to consider

Auxiliary verb: avere **Past participle:** giudicato **Gerund:** giudicando
Imperative: (tu) giudica (non giudicare); (Lei) giudichi; (noi) giudichiamo; (voi) giudicate; (Loro) giudichino

Mode	Simple Tenses		Compound Tenses	
	Singular	*Plural*	*Singular*	*Plural*
Indicative	**Present**		**Present Perfect**	
	giudico	giudichiamo	ho giudicato	abbiamo giudicato
	giudichi	giudicate	hai giudicato	avete giudicato
	giudica	giudicano	ha giudicato	hanno giudicato
	Imperfect		**Past Perfect**	
	giudicavo	giudicavamo	avevo giudicato	avevamo giudicato
	giudicavi	giudicavate	avevi giudicato	avevate giudicato
	giudicava	giudicavano	aveva giudicato	avevano giudicato
	Past Definite		**Past Anterior**	
	giudicai	giudicammo	ebbi giudicato	avemmo giudicato
	giudicasti	giudicaste	avesti giudicato	aveste giudicato
	giudicò	giudicarono	ebbe giudicato	ebbero giudicato
	Future		**Future Perfect**	
	giudicherò	giudicheremo	avrò giudicato	avremo giudicato
	giudicherai	giudicherete	avrai giudicato	avrete giudicato
	giudicherà	giudicheranno	avrà giudicato	avranno giudicato
Subjunctive	**Present**		**Present Perfect**	
	giudichi	giudichiamo	abbia giudicato	abbiamo giudicato
	giudichi	giudichiate	abbia giudicato	abbiate giudicato
	giudichi	giudichino	abbia giudicato	abbiano giudicato
	Imperfect		**Past Perfect**	
	giudicassi	giudicassimo	avessi giudicato	avessimo giudicato
	giudicassi	giudicaste	avessi giudicato	aveste giudicato
	giudicasse	giudicassero	avesse giudicato	avessero giudicato
Conditional	**Present Conditional**		**Perfect Conditional**	
	giudicherei	giudicheremmo	avrei giudicato	avremmo giudicato
	giudicheresti	giudichereste	avresti giudicato	avreste giudicato
	giudicherebbe	giudicherebbero	avrebbe giudicato	avrebbero giudicato

EXAMPLES

Hanno giudicato il candidato inadatto.	They considered the candidate unsuitable.
La critica ha giudicato bene il film.	The critics have judged the movie well.
Il tribunale ha giudicato l'imputato colpevole.	The court judged/found the accused person guilty.
È meglio non giudicare dall'apparenza.	It is better not to judge by appearance.
Giudica da solo.	Judge on your own.
A giudicare dai risultati . . .	Judging by results . . .

giungere

to reach, to arrive, to come

Auxiliary verb: essere **Past participle:** giunto **Gerund:** giungendo
Imperative: (tu) giungi (non giungere); (Lei) giunga; (noi) giungiamo;
(voi) giungete; (Loro) giungano

Mode	Simple Tenses		Compound Tenses	
	Singular	*Plural*	*Singular*	*Plural*
	Present		**Present Perfect**	
Indicative	giungo	giungiamo	sono giunto/a	siamo giunti/e
	giungi	giungete	sei giunto/a	siete giunti/e
	giunge	giungono	è giunto/a	sono giunti/e
	Imperfect		**Past Perfect**	
	giungevo	giungevamo	ero giunto/a	eravamo giunti/e
	giungevi	giungevate	eri giunto/a	eravate giunti/e
	giungeva	giungevano	era giunto/a	erano giunti/e
	Past Definite		**Past Anterior**	
	giunsi	giungemmo	fui giunto/a	fummo giunti/e
	giungesti	giungeste	fosti giunto/a	foste giunti/e
	giunse	giunsero	fu giunto/a	furono giunti/e
	Future		**Future Perfect**	
	giungerò	giungeremo	sarò giunto/a	saremo giunti/e
	giungerai	giungerete	sarai giunto/a	sarete giunti/e
	giungerà	giungeranno	sarà giunto/a	saranno giunti/e
Subjunctive	**Present**		**Present Perfect**	
	giunga	giungiamo	sia giunto/a	siamo giunti/e
	giunga	giungiate	sia giunto/a	siate giunti/e
	giunga	giungano	sia giunto/a	siano giunti/e
	Imperfect		**Past Perfect**	
	giungessi	giungessimo	fossi giunto/a	fossimo giunti/e
	giungessi	giungeste	fossi giunto/a	foste giunti/e
	giungesse	giungessero	fosse giunto/a	fossero giunti/e
Conditional	**Present Conditional**		**Perfect Conditional**	
	giungerei	giungeremmo	sarei giunto/a	saremmo giunti/e
	giungeresti	giungereste	saresti giunto/a	sareste giunti/e
	giungerebbe	giungerebbero	sarebbe giunto/a	sarebbero giunti/e

Note: *Giungere* requires the preposition *a* before an infinitive (see the sixth example below).

EXAMPLES

È giunto a destinazione.	He reached his destination.
Siamo giunti alla stessa conclusione.	We arrived at the same conclusion.
Giunse l'inverno.	Winter came.
Mi giunge nuovo.	It's news to me.
Mi è giunto all'orecchio che . . .	I've heard a rumor that . . .
Sono giunto a prendere questa decisione.	I have come to a decision.

giurare

to swear

Auxiliary verb: avere **Past participle:** giurato **Gerund:** giurando
Imperative: (tu) giura (non giurare); (Lei) giuri; (noi) giuriamo; (voi) giurate; (Loro) giurino

Mode	Simple Tenses		Compound Tenses	
	Singular	*Plural*	*Singular*	*Plural*
	Present		**Present Perfect**	
Indicative	giuro	giuriamo	ho giurato	abbiamo giurato
	giuri	giurate	hai giurato	avete giurato
	giura	giurano	ha giurato	hanno giurato
	Imperfect		**Past Perfect**	
	giuravo	giuravamo	avevo giurato	avevamo giurato
	giuravi	giuravate	avevi giurato	avevate giurato
	giurava	giuravano	aveva giurato	avevano giurato
	Past Definite		**Past Anterior**	
	giurai	giurammo	ebbi giurato	avemmo giurato
	giurasti	giuraste	avesti giurato	aveste giurato
	giurò	giurarono	ebbe giurato	ebbero giurato
	Future		**Future Perfect**	
	giurerò	giureremo	avrò giurato	avremo giurato
	giurerai	giurerete	avrai giurato	avrete giurato
	giurerà	giureranno	avrà giurato	avranno giurato
Subjunctive	**Present**		**Present Perfect**	
	giuri	giuriamo	abbia giurato	abbiamo giurato
	giuri	giuriate	abbia giurato	abbiate giurato
	giuri	giurino	abbia giurato	abbiano giurato
	Imperfect		**Past Perfect**	
	giurassi	giurassimo	avessi giurato	avessimo giurato
	giurassi	giuraste	avessi giurato	aveste giurato
	giurasse	giurassero	avesse giurato	avessero giurato
Conditional	**Present Conditional**		**Perfect Conditional**	
	giurerei	giureremmo	avrei giurato	avremmo giurato
	giureresti	giurereste	avresti giurato	avreste giurato
	giurerebbe	giurerebbero	avrebbe giurato	avrebbero giurato

Note: As a reflexive verb *giurarsi* uses the reflexive pronouns *ci, vi, si,* as well as the auxiliary verb *essere,* to form compound tenses (see the sixth example below). *Giurare* requires the prepositions *di* before an infinitive (see the seventh example below).

EXAMPLES

Hanno giurato fedeltà alla causa.	They swore allegiance to the cause.
Ha giurato davanti a Dio.	He swore before God.
Giuro che l'ho visto.	I swear that I saw him.
Non ci giurerei!	I would not swear by it!
Ci puoi giurare!	You bet!
Si sono giurati amore eterno.	They swore their eternal love to each other.
Giuro di dire la verità.	I swear to tell the truth.

giustificare

to justify, to explain, to account for

Auxiliary verb: avere **Past participle:** giustificato **Gerund:** giustificando
Imperative: (tu) giustifica (non giustificare); (Lei) giustifichi; (noi) giustifichiamo; (voi) giustificate; (Loro) giustifichino

Mode	Simple Tenses		Compound Tenses	
	Singular	*Plural*	*Singular*	*Plural*
Indicative	**Present**		**Present Perfect**	
	giustifico	giustifichiamo	ho giustificato	abbiamo giustificato
	giustifichi	giustificate	hai giustificato	avete giustificato
	giustifica	giustificano	ha giustificato	hanno giustificato
	Imperfect		**Past Perfect**	
	giustificavo	giustificavamo	avevo giustificato	avevamo giustificato
	giustificavi	giustificavate	avevi giustificato	avevate giustificato
	giustificava	giustificavano	aveva giustificato	avevano giustificato
	Past Definite		**Past Anterior**	
	giustificai	giustificammo	ebbi giustificato	avemmo giustificato
	giustificasti	giustificaste	avesti giustificato	aveste giustificato
	giustificò	giustificarono	ebbe giustificato	ebbero giustificato
	Future		**Future Perfect**	
	giustificherò	giustificheremo	avrò giustificato	avremo giustificato
	giustificherai	giustificherete	avrai giustificato	avrete giustificato
	giustificherà	giustificheranno	avrà giustificato	avranno giustificato
Subjunctive	**Present**		**Present Perfect**	
	giustifichi	giustifichiamo	abbia giustificato	abbiamo giustificato
	giustifichi	giustifichiate	abbia giustificato	abbiate giustificato
	giustifichi	giustifichino	abbia giustificato	abbiano giustificato
	Imperfect		**Past Perfect**	
	giustificassi	giustificassimo	avessi giustificato	avessimo giustificato
	giustificassi	giustificaste	avessi giustificato	aveste giustificato
	giustificasse	giustificassero	avesse giustificato	avessero giustificato
Conditional	**Present Conditional**		**Perfect Conditional**	
	giustificherei	giustificheremmo	avrei giustificato	avremmo giustificato
	giustificheresti	giustifichereste	avresti giustificato	avreste giustificato
	giustificherebbe	giustificherebbero	avrebbe giustificato	avrebbero giustificato

Note: As a reflexive verb *giustificarsi* ("to justify" or "to excuse oneself") uses the reflexive pronouns *mi, ti, si, ci, vi, si* as well as the auxiliary verb *essere*, to form compound tenses (see the sixth example below).

EXAMPLES

Il fine non giustifica i mezzi.	The end doesn't justify the means.
L'emergenza giustificava quelle misure.	The emergency justified those measures.
Deve giustificare il suo ritardo.	He has to explain his delay.
Come giustifichi la tua assenza?	How do you account for your absence?
Dobbiamo giustificare le spese.	We have to account for expenses.
Si è giustificato per il ritardo.	He excused himself for being late.

godere

to enjoy

Auxiliary verb: avere **Past participle:** goduto **Gerund:** godendo
Imperative: (tu) godi (non godere); (Lei) goda; (noi) godiamo; (voi)
godete; (Loro) godano

Mode	Simple Tenses		Compound Tenses	
	Singular	*Plural*	*Singular*	*Plural*
Indicative	**Present**		**Present Perfect**	
	godo	godiamo	ho goduto	abbiamo goduto
	godi	godete	hai goduto	avete goduto
	gode	godono	ha goduto	hanno goduto
	Imperfect		**Past Perfect**	
	godevo	godevamo	avevo goduto	avevamo goduto
	godevi	godevate	avevi goduto	avevate goduto
	godeva	godevano	aveva goduto	avevano goduto
	Past Definite		**Past Anterior**	
	godei (godetti)	godemmo	ebbi goduto	avemmo goduto
	godesti	godeste	avesti goduto	aveste goduto
	godé (godette)	goderono (godettero)	ebbe goduto	ebbero goduto
	Future		**Future Perfect**	
	godrò	godremo	avrò goduto	avremo goduto
	godrai	godrete	avrai goduto	avrete goduto
	godrà	godranno	avrà goduto	avranno goduto
Subjunctive	**Present**		**Present Perfect**	
	goda	godiamo	abbia goduto	abbiamo goduto
	goda	godiate	abbia goduto	abbiate goduto
	goda	godano	abbia goduto	abbiano goduto
	Imperfect		**Past Perfect**	
	godessi	godessimo	avessi goduto	avessimo goduto
	godessi	godeste	avessi goduto	aveste goduto
	godesse	godessero	avesse goduto	avessero goduto
Conditional	**Present Conditional**		**Perfect Conditional**	
	godrei	godremmo	avrei goduto	avremmo goduto
	godresti	godreste	avresti goduto	avreste goduto
	godrebbe	godrebbero	avrebbe goduto	avrebbero goduto

Note: *Godere* requires the preposition *di* before a noun (see the first three examples below),
and the preposition *a* before an infinitive (see the fourth example below). The verb "to enjoy"
also translates *piacere*. As a reflexive verb *godersi* uses the reflexive pronouns *mi, ti, si, ci, vi,
si,* as well as the auxiliary verb *essere*, to form compound tenses (see the fifth example below).
Godersi doesn't require the preposition *di* (see the fifth example below).

EXAMPLES

Lui gode di buona salute	He enjoys good health.
Godo della sua fiducia.	He trusts me. (Literally, "I enjoy/have his trust.")
Godiamo di un'ottima rendita.	We enjoy an excellent income.
Godeva a dare cattive notizie.	He would take pleasure in giving bad news.
Mi godo il panorama.	I enjoy the landscape.

gonfiare

to pump up, to blow up, to swell, to inflate

Auxiliary verb: avere **Past participle:** gonfiato **Gerund:** gonfiando
Imperative: (tu) gonfia (non gonfiare); (Lei) gonfi; (noi) gonfiamo; (voi) gonfiate; (Loro) gonfino

Mode	Simple Tenses		Compound Tenses	
	Singular	*Plural*	*Singular*	*Plural*
Indicative	**Present**		**Present Perfect**	
	gonfio	gonfiamo	ho gonfiato	abbiamo gonfiato
	gonfi	gonfiate	hai gonfiato	avete gonfiato
	gonfia	gonfiano	ha gonfiato	hanno gonfiato
	Imperfect		**Past Perfect**	
	gonfiavo	gonfiavamo	avevo gonfiato	avevamo gonfiato
	gonfiavi	gonfiavate	avevi gonfiato	avevate gonfiato
	gonfiava	gonfiavano	aveva gonfiato	avevano gonfiato
	Past Definite		**Past Anterior**	
	gonfiai	gonfiammo	ebbi gonfiato	avemmo gonfiato
	gonfiasti	gonfiaste	avesti gonfiato	aveste gonfiato
	gonfiò	gonfiarono	ebbe gonfiato	ebbero gonfiato
	Future		**Future Perfect**	
	gonfierò	gonfieremo	avrò gonfiato	avremo gonfiato
	gonfierai	gonfierete	avrai gonfiato	avrete gonfiato
	gonfierà	gonfieranno	avrà gonfiato	avranno gonfiato
Subjunctive	**Present**		**Present Perfect**	
	gonfi	gonfiamo	abbia gonfiato	abbiamo gonfiato
	gonfi	gonfiate	abbia gonfiato	abbiate gonfiato
	gonfi	gonfino	abbia gonfiato	abbiano gonfiato
	Imperfect		**Past Perfect**	
	gonfiassi	gonfiassimo	avessi gonfiato	avessimo gonfiato
	gonfiassi	gonfiaste	avessi gonfiato	aveste gonfiato
	gonfiasse	gonfiassero	avesse gonfiato	avessero gonfiato
Conditional	**Present Conditional**		**Perfect Conditional**	
	gonfierei	gonfieremmo	avrei gonfiato	avremmo gonfiato
	gonfieresti	gonfiereste	avresti gonfiato	avreste gonfiato
	gonfierebbe	gonfierebbero	avrebbe gonfiato	avrebbero gonfiato

Note: As a reflexive verb *gonfiarsi* ("to swell up") uses the reflexive pronouns *mi, ti, si, ci, vi, si,* as well as the auxiliary verb *essere,* to form compound tenses (see the fifth example below).

EXAMPLES

Ho gonfiato le gomme.	I pumped up the tires.
Gonfieremo i palloncini per la festa.	We will blow up the balloons for the party.
Il vento gonfiava le vele.	The wind swelled the sails.
Ha gonfiato le cifre.	He inflated the figures.
Il ginocchio si è gonfiato.	The knee swelled up.

gradire

to accept, to like, to appreciate

Auxiliary verb: avere **Past participle:** gradito **Gerund:** gradendo
Imperative: (tu) gradisci (non gradire); (Lei) gradisca; (noi) gradiamo;
(voi) gradite; (Loro) gradiscano

Mode	Simple Tenses		Compound Tenses	
	Singular	*Plural*	*Singular*	*Plural*
Indicative	**Present**		**Present Perfect**	
	gradisco	gradiamo	ho gradito	abbiamo gradito
	gradisci	gradite	hai gradito	avete gradito
	gradisce	gradiscono	ha gradito	hanno gradito
	Imperfect		**Past Perfect**	
	gradivo	gradivamo	avevo gradito	avevamo gradito
	gradivi	gradivate	avevi gradito	avevate gradito
	gradiva	gradivano	aveva gradito	avevano gradito
	Past Definite		**Past Anterior**	
	gradii	gradimmo	ebbi gradito	avemmo gradito
	gradisti	gradiste	avesti gradito	aveste gradito
	gradì	gradirono	ebbe gradito	ebbero gradito
	Future		**Future Perfect**	
	gradirò	gradiremo	avrò gradito	avremo gradito
	gradirai	gradirete	avrai gradito	avrete gradito
	gradirà	gradiranno	avrà gradito	avranno gradito
Subjunctive	**Present**		**Present Perfect**	
	gradisca	gradiamo	abbia gradito	abbiamo gradito
	gradisca	gradiate	abbia gradito	abbiate gradito
	gradisca	gradiscano	abbia gradito	abbiano gradito
	Imperfect		**Past Perfect**	
	gradissi	gradissimo	avessi gradito	avessimo gradito
	gradissi	gradiste	avessi gradito	aveste gradito
	gradisse	gradissero	avesse gradito	avessero gradito
Conditional	**Present Conditional**		**Perfect Conditional**	
	gradirei	gradiremmo	avrei gradito	avremmo gradito
	gradiresti	gradireste	avresti gradito	avreste gradito
	gradirebbe	gradirebbero	avrebbe gradito	avrebbero gradito

Note: *Gradire* doesn't require a preposition before an infinitive: *gradire* + infinitive (see the fifth example below).

EXAMPLES

La preghiamo di gradire questo dono.	We hope you will accept this gift.
Gradirei un tè.	I'd like some tea.
Vuole gradire?	Would you like some? (offering food)
Ho gradito la tua offerta.	I appreciated your offer.
Gradirei ascoltare la tua opinione.	I would like to listen to your opinion.

gridare

to shout, to cry

Auxiliary verb: avere **Past participle:** gridato **Gerund:** gridando

Imperative: (tu) grida (non gridare); (Lei) gridi; (noi) gridiamo; (voi) gridate; (Loro) gridino

Mode	Simple Tenses		Compound Tenses	
	Singular	*Plural*	*Singular*	*Plural*
Indicative	**Present**		**Present Perfect**	
	grido	gridiamo	ho gridato	abbiamo gridato
	gridi	gridate	hai gridato	avete gridato
	grida	gridano	ha gridato	hanno gridato
	Imperfect		**Past Perfect**	
	gridavo	gridavamo	avevo gridato	avevamo gridato
	gridavi	gridavate	avevi gridato	avevate gridato
	gridava	gridavano	aveva gridato	avevano gridato
	Past Definite		**Past Anterior**	
	gridai	gridammo	ebbi gridato	avemmo gridato
	gridasti	gridaste	avesti gridato	aveste gridato
	gridò	gridarono	ebbe gridato	ebbero gridato
	Future		**Future Perfect**	
	griderò	grideremo	avrò gridato	avremo gridato
	griderai	griderete	avrai gridato	avrete gridato
	griderà	grideranno	avrà gridato	avranno gridato
Subjunctive	**Present**		**Present Perfect**	
	gridi	gridiamo	abbia gridato	abbiamo gridato
	gridi	gridiate	abbia gridato	abbiate gridato
	gridi	gridino	abbia gridato	abbiano gridato
	Imperfect		**Past Perfect**	
	gridassi	gridassimo	avessi gridato	avessimo gridato
	gridassi	gridaste	avessi gridato	aveste gridato
	gridasse	gridassero	avesse gridato	avessero gridato
Conditional	**Present Conditional**		**Perfect Conditional**	
	griderei	grideremmo	avrei gridato	avremmo gridato
	grideresti	gridereste	avresti gridato	avreste gridato
	griderebbe	griderebbero	avrebbe gridato	avrebbero gridato

Note: *Gridare* requires the preposition *di* before an infinitive (see the second example below).

EXAMPLES

Non gridare, ci sento benissimo!	Don't shout! I can hear perfectly!
Ho gridato all'uomo di fermarsi.	I shouted at the man to stop.
L'uomo gridò aiuto.	The man shouted for help.

guadagnare

to earn

Auxiliary verb: avere **Past participle:** guadagnato **Gerund:** guadagnando
Imperative: (tu) guadagna (non guadagnare); (Lei) guadagni; (noi) guadagniamo; (voi) guadagnate; (Loro) guadagnino

Mode	Simple Tenses		Compound Tenses	
	Singular	*Plural*	*Singular*	*Plural*
Indicative	**Present**		**Present Perfect**	
	guadagno	guadagniamo	ho guadagnato	abbiamo guadagnato
	guadagni	guadagnate	hai guadagnato	avete guadagnato
	guadagna	guadagnano	ha guadagnato	hanno guadagnato
	Imperfect		**Past Perfect**	
	guadagnavo	guadagnavamo	avevo guadagnato	avevamo guadagnato
	guadagnavi	guadagnavate	avevi guadagnato	avevate guadagnato
	guadagnava	guadagnavano	aveva guadagnato	avevano guadagnato
	Past Definite		**Past Anterior**	
	guadagnai	guadagnammo	ebbi guadagnato	avemmo guadagnato
	guadagnasti	guadagnaste	avesti guadagnato	aveste guadagnato
	guadagnò	guadagnarono	ebbe guadagnato	ebbero guadagnato
	Future		**Future Perfect**	
	guadagnerò	guadagneremo	avrò guadagnato	avremo guadagnato
	guadagnerai	guadagnerete	avrai guadagnato	avrete guadagnato
	guadagnerà	guadagneranno	avrà guadagnato	avranno guadagnato
Subjunctive	**Present**		**Present Perfect**	
	guadagni	guadagniamo	abbia guadagnato	abbiamo guadagnato
	guadagni	guadagniate	abbia guadagnato	abbiate guadagnato
	guadagni	guadagnino	abbia guadagnato	abbiano guadagnato
	Imperfect		**Past Perfect**	
	guadagnassi	guadagnassimo	avessi guadagnato	avessimo guadagnato
	guadagnassi	guadagnaste	avessi guadagnato	aveste guadagnato
	guadagnasse	guadagnassero	avesse guadagnato	avessero guadagnato
Conditional	**Present Conditional**		**Perfect Conditional**	
	guadagnerei	guadagneremmo	avrei guadagnato	avremmo guadagnato
	guadagneresti	guadagnereste	avresti guadagnato	avreste guadagnato
	guadagnerebbe	guadagnerebbero	avrebbe guadagnato	avrebbero guadagnato

EXAMPLES

Guadagno bene.	I make good money.
Guadagniamo entrambi un buono stipendio.	We both earn a good salary.
Quanto guadagni?	How much do you earn?
Ha guadagnato l'amicizia di tutti i colleghi.	He earned his colleagues' friendship.
Guadagna il 10% sulle vendite.	He earns a 10% profit on sales.

guardare
to look, to watch
Auxiliary verb: avere **Past participle:** guardato **Gerund:** guardando
Imperative: (tu) guarda (non guardare); (Lei) guardi; (noi) guardiamo;
(voi) guardate; (Loro) guardino

Mode	Simple Tenses		Compound Tenses	
	Singular	*Plural*	*Singular*	*Plural*
Indicative	**Present**		**Present Perfect**	
	guardo	guardiamo	ho guardato	abbiamo guardato
	guardi	guardate	hai guardato	avete guardato
	guarda	guardano	ha guardato	hanno guardato
	Imperfect		**Past Perfect**	
	guardavo	guardavamo	avevo guardato	avevamo guardato
	guardavi	guardavate	avevi guardato	avevate guardato
	guardava	guardavano	aveva guardato	avevano guardato
	Past Definite		**Past Anterior**	
	guardai	guardammo	ebbi guardato	avemmo guardato
	guardasti	guardaste	avesti guardato	aveste guardato
	guardò	guardarono	ebbe guardato	ebbero guardato
	Future		**Future Perfect**	
	guarderò	guarderemo	avrò guardato	avremo guardato
	guarderai	guarderete	avrai guardato	avrete guardato
	guarderà	guarderanno	avrà guardato	avranno guardato
Subjunctive	**Present**		**Present Perfect**	
	guardi	guardiamo	abbia guardato	abbiamo guardato
	guardi	guardiate	abbia guardato	abbiate guardato
	guardi	guardino	abbia guardato	abbiano guardato
	Imperfect		**Past Perfect**	
	guardassi	guardassimo	avessi guardato	avessimo guardato
	guardassi	guardaste	avessi guardato	aveste guardato
	guardasse	guardassero	avesse guardato	avessero guardato
Conditional	**Present Conditional**		**Perfect Conditional**	
	guarderei	guarderemmo	avrei guardato	avremmo guardato
	guarderesti	guardereste	avresti guardato	avreste guardato
	guarderebbe	guarderebbero	avrebbe guardato	avrebbero guardato

Note: *Guardare fisso* means "to stare at." The verb *guardare* is followed directly by the infinitive (see the fifth example below). *Guardare* doesn't require a preposition after the verb as "to look at" (see the sixth example below). As a reflexive verb *guardarsi* ("to look at oneself," "to beware," "to look at each other") uses the reflexive pronouns *mi, ti, si, ci, vi, si*, as well as the auxiliary verb *essere*, to form compound tenses (see the last example below).

EXAMPLES

Guarda la televisione.	He watches television.
Che cosa guardi?	What are you looking at?
Guardami!	Look at me!
Ho guardato attentamente il disegno.	I looked carefully at the drawing.
Guardo passare il treno.	I watch the train go by.
Guardo un quadro.	I'm looking at a painting.
Ci siamo guardati negli occhi.	We looked into each other's eyes.

guarire

to recover, to cure, to heal
Auxiliary verb: essere **Past participle:** guarito **Gerund:** guarendo
Imperative: (tu) guarisci (non guarire); (Lei) guarisca; (noi) guariamo;
(voi) guarite; (Loro) guariscano

Mode	Simple Tenses		Compound Tenses	
	Singular	*Plural*	*Singular*	*Plural*
Indicative	**Present**		**Present Perfect**	
	guarisco	guariamo	sono guarito/a	siamo guariti/e
	guarisci	guarite	sei guarito/a	siete guariti/e
	guarisce	guariscono	è guarito/a	sono guariti/e
	Imperfect		**Past Perfect**	
	guarivo	guarivamo	ero guarito/a	eravamo guariti/e
	guarivi	guarivate	eri guarito/a	eravate guariti/e
	guariva	guarivano	era guarito/a	erano guariti/e
	Past Definite		**Past Anterior**	
	guarii	guarimmo	fui guarito/a	fummo guariti/e
	guaristi	guariste	fosti guarito/a	foste guariti/e
	guarì	guarirono	fu guarito/a	furono guariti/e
	Future		**Future Perfect**	
	guarirò	guariremo	sarò guarito/a	saremo guariti/e
	guarirai	guarirete	sarai guarito/a	sarete guariti/e
	guarirà	guariranno	sarà guarito/a	saranno guariti/e
Subjunctive	**Present**		**Present Perfect**	
	guarisca	guariamo	sia guarito/a	siamo guariti/e
	guarisca	guariate	sia guarito/a	siate guariti/e
	guarisca	guariscano	sia guarito/a	siano guariti/e
	Imperfect		**Past Perfect**	
	guarissi	guarissimo	fossi guarito/a	fossimo guariti/e
	guarissi	guariste	fossi guarito/a	foste guariti/e
	guarisse	guarissero	fosse guarito/a	fossero guariti/e
Conditional	**Present Conditional**		**Perfect Conditional**	
	guarirei	guariremmo	sarei guarito/a	saremmo guariti/e
	guariresti	guarireste	saresti guarito/a	sareste guariti/e
	guarirebbe	guarirebbero	sarebbe guarito/a	sarebbero guariti/e

Note: Guarire means "to recover" in the sense "to regain one's health" or "to get well." For the meaning "to recover," "to get back," " to make up for," refer to the verb *recuperare*. When *guarire* is followed by a direct object, it means "to cure" and it uses *avere* to form compound tenses (see the last example below).

EXAMPLES

Ho avuto la bronchite ma ora sono guarito.	I had bronchitis, but I've recovered from it.
La ferita sta guarendo.	The wound is healing.
Ti auguro di guarire presto.	I hope you'll get well soon.
È guarito dalla febbre.	He recovered from his fever.
Il dottore ha guarito il paziente dall'influenza.	The doctor cured the patient's flu.

guidare
to drive, to lead
Auxiliary verb: avere **Past participle:** guidato **Gerund:** guidando
Imperative: (tu) guida (non guidare); (Lei) guidi; (noi) guidiamo; (voi) guidate; (Loro) guidino

Mode	Simple Tenses		Compound Tenses	
	Singular	*Plural*	*Singular*	*Plural*
Indicative	**Present**		**Present Perfect**	
	guido	guidiamo	ho guidato	abbiamo guidato
	guidi	guidate	hai guidato	avete guidato
	guida	guidano	ha guidato	hanno guidato
	Imperfect		**Past Perfect**	
	guidavo	guidavamo	avevo guidato	avevamo guidato
	guidavi	guidavate	avevi guidato	avevate guidato
	guidava	guidavano	aveva guidato	avevano guidato
	Past Definite		**Past Anterior**	
	guidai	guidammo	ebbi guidato	avemmo guidato
	guidasti	guidaste	avesti guidato	aveste guidato
	guidò	guidarono	ebbe guidato	ebbero guidato
	Future		**Future Perfect**	
	guiderò	guideremo	avrò guidato	avremo guidato
	guiderai	guiderete	avrai guidato	avrete guidato
	guiderà	guideranno	avrà guidato	avranno guidato
Subjunctive	**Present**		**Present Perfect**	
	guidi	guidiamo	abbia guidato	abbiamo guidato
	guidi	guidiate	abbia guidato	abbiate guidato
	guidi	guidino	abbia guidato	abbiano guidato
	Imperfect		**Past Perfect**	
	guidassi	guidassimo	avessi guidato	avessimo guidato
	guidassi	guidaste	avessi guidato	aveste guidato
	guidasse	guidassero	avesse guidato	avessero guidato
Conditional	**Present Conditional**		**Perfect Conditional**	
	guiderei	guideremmo	avrei guidato	avremmo guidato
	guideresti	guidereste	avresti guidato	avreste guidato
	guiderebbe	guiderebbero	avrebbe guidato	avrebbero guidato

Note: "To drive somebody" translates *portare* qualcuno *in macchina* (*Puoi portarmi in ufficio in macchina?* [Can you drive me to the office?]). "To drive" can also translate as *andare in macchina* (*Andiamo a piedi o in macchina?* [Shall we drive or walk?]).

EXAMPLES

Ha guidato la spedizione.	He led the expedition.
Lui guida l'azienda.	He runs the company.
Guida bene la macchina.	He drives well.
Attilio guida una moto rossa.	Attilio rides a red motorcycle.
Non so guidare.	I cannot drive.

identificare

to identify, to determine

Auxiliary verb: avere **Past participle:** identificato **Gerund:** identificando
Imperative: (tu) identifica (non identificare); (Lei) identifichi; (noi) identifichiamo; (voi) identificate; (Loro) identifichino

Mode	Simple Tenses		Compound Tenses	
	Singular	*Plural*	*Singular*	*Plural*
Indicative	**Present**		**Present Perfect**	
	identifico	identifichiamo	ho identificato	abbiamo identificato
	identifichi	identificate	hai identificato	avete identificato
	identifica	identificano	ha identificato	hanno identificato
	Imperfect		**Past Perfect**	
	identificavo	identificavamo	avevo identificato	avevamo identificato
	identificavi	identificavate	avevi identificato	avevate identificato
	identificava	identificavano	aveva identificato	avevano identificato
	Past Definite		**Past Anterior**	
	identificai	identificammo	ebbi identificato	avemmo identificato
	identificasti	identificaste	avesti identificato	aveste identificato
	identificò	identificarono	ebbe identificato	ebbero identificato
	Future		**Future Perfect**	
	identificherò	identificheremo	avrò identificato	avremo identificato
	identificherai	identificherete	avrai identificato	avrete identificato
	identificherà	identificheranno	avrà identificato	avranno identificato
Subjunctive	**Present**		**Present Perfect**	
	identifichi	identifichiamo	abbia identificato	abbiamo identificato
	identifichi	identifichiate	abbia identificato	abbiate identificato
	identifichi	identifichino	abbia identificato	abbiano identificato
	Imperfect		**Past Perfect**	
	identificassi	identificassimo	avessi identificato	avessimo identificato
	identificassi	identificaste	avessi identificato	aveste identificato
	identificasse	identificassero	avesse identificato	avessero identificato
Conditional	**Present Conditional**		**Perfect Conditional**	
	identificherei	identificheremmo	avrei identificato	avremmo identificato
	identificheresti	identifichereste	avresti identificato	avreste identificato
	identificherebbe	identificherebbero	avrebbe identificato	avrebbero identificato

Note: As a reflexive verb *identificarsi* ("to identify with" or "to empathize") uses the reflexive pronouns *mi, ti, si, ci, vi, si*, as well as the auxiliary verb *essere*, to form compound tenses (see the last example below).

EXAMPLES

La polizia ha identificato il criminale.	The police have identified the criminal.
Devono identificare il cadavere.	They have to identify the corpse.
È necessario identificare le cause del danno.	It is necessary to determine the causes of the damage.
Si identifica con sua madre.	She identifies with her mother.

ignorare
to be unaware of, to not know, to ignore
Auxiliary verb: avere **Past participle:** ignorato **Gerund:** ignorando
Imperative: (tu) ignora (non ignorare); (Lei) ignori; (noi) ignoriamo;
(voi) ignorate; (Loro) ignorino

Mode	Simple Tenses		Compound Tenses	
	Singular	*Plural*	*Singular*	*Plural*
	Present		**Present Perfect**	
Indicative	ignoro	ignoriamo	ho ignorato	abbiamo ignorato
	ignori	ignorate	hai ignorato	avete ignorato
	ignora	ignorano	ha ignorato	hanno ignorato
	Imperfect		**Past Perfect**	
	ignoravo	ignoravamo	avevo ignorato	avevamo ignorato
	ignoravi	ignoravate	avevi ignorato	avevate ignorato
	ignorava	ignoravano	aveva ignorato	avevano ignorato
	Past Definite		**Past Anterior**	
	ignorai	ignorammo	ebbi ignorato	avemmo ignorato
	ignorasti	ignoraste	avesti ignorato	aveste ignorato
	ignorò	ignorarono	ebbe ignorato	ebbero ignorato
	Future		**Future Perfect**	
	ignorerò	ignoreremo	avrò ignorato	avremo ignorato
	ignorerai	ignorerete	avrai ignorato	avrete ignorato
	ignorerà	ignoreranno	avrà ignorato	avranno ignorato
Subjunctive	**Present**		**Present Perfect**	
	ignori	ignoriamo	abbia ignorato	abbiamo ignorato
	ignori	ignoriate	abbia ignorato	abbiate ignorato
	ignori	ignorino	abbia ignorato	abbiano ignorato
	Imperfect		**Past Perfect**	
	ignorassi	ignorassimo	avessi ignorato	avessimo ignorato
	ignorassi	ignoraste	avessi ignorato	aveste ignorato
	ignorasse	ignorassero	avesse ignorato	avessero ignorato
Conditional	**Present Conditional**		**Perfect Conditional**	
	ignorerei	ignoreremmo	avrei ignorato	avremmo ignorato
	ignoreresti	ignorereste	avresti ignorato	avreste ignorato
	ignorerebbe	ignorerebbero	avrebbe ignorato	avrebbero ignorato

Note: *Ignorare* requires the preposition *di* before an infinitive (see the third example below).
Ignorare may also be followed by *che* + subjunctive (see the fifth example below).

EXAMPLES

Ha ignorato la mia domanda.	He ignored my question.
Ignoravo la sua situazione.	I was not aware of his situation.
Ignora di essere malato.	He doesn't know he is ill.
Ignoralo!	Ignore him!
Ignoravo che lavorasse da voi.	I wasn't aware he worked for you.

illuminare
to light

Auxiliary verb: avere **Past participle:** illuminato **Gerund:** illuminando
Imperative: (tu) illumina (non illuminare); (Lei) illumini; (noi) illuminiamo; (voi) illuminate; (Loro) illuminino

Mode	Simple Tenses		Compound Tenses	
	Singular	*Plural*	*Singular*	*Plural*
Indicative	**Present**		**Present Perfect**	
	illumino	illuminiamo	ho illuminato	abbiamo illuminato
	illumini	illuminate	hai illuminato	avete illuminato
	illumina	illuminano	ha illuminato	hanno illuminato
	Imperfect		**Past Perfect**	
	illuminavo	illuminavamo	avevo illuminato	avevamo illuminato
	illuminavi	illuminavate	avevi illuminato	avevate illuminato
	illuminava	illuminavano	aveva illuminato	avevano illuminato
	Past Definite		**Past Anterior**	
	illuminai	illuminammo	ebbi illuminato	avemmo illuminato
	illuminasti	illuminaste	avesti illuminato	aveste illuminato
	illuminò	illuminarono	ebbe illuminato	ebbero illuminato
	Future		**Future Perfect**	
	illuminerò	illumineremo	avrò illuminato	avremo illuminato
	illuminerai	illuminerete	avrai illuminato	avrete illuminato
	illuminerà	illumineranno	avrà illuminato	avranno illuminato
Subjunctive	**Present**		**Present Perfect**	
	illumini	illuminiamo	abbia illuminato	abbiamo illuminato
	illumini	illuminiate	abbia illuminato	abbiate illuminato
	illumini	illuminino	abbia illuminato	abbiano illuminato
	Imperfect		**Past Perfect**	
	illuminassi	illuminassimo	avessi illuminato	avessimo illuminato
	illuminassi	illuminaste	avessi illuminato	aveste illuminato
	illuminasse	illuminassero	avesse illuminato	avessero illuminato
Conditional	**Present Conditional**		**Perfect Conditional**	
	illuminerei	illumineremmo	avrei illuminato	avremmo illuminato
	illumineresti	illuminereste	avresti illuminato	avreste illuminato
	illuminerebbe	illuminerebbero	avrebbe illuminato	avrebbero illuminato

Note: As a reflexive verb *illuminarsi* ("to light up") uses the reflexive pronouns *mi, ti, si, ci, vi, si,* as well as the auxiliary verb *essere,* to form compound tenses (see the last example below). For the meaning "to light a cigarette," see the verb *accendere.*

EXAMPLES

I fanali illuminano le strade.	The streetlamps light the streets.
Il faretto dovrebbe illuminare quei quadri.	The spotlight should light up those paintings.
Un sorriso illuminò il suo viso.	A smile lit up his face.
Si illuminò di gioia.	She lit up with joy.

imbrogliare

to cheat, to take in

Auxiliary verb: avere **Past participle:** imbrogliato **Gerund:** imbrogliando
Imperative: (tu) imbroglia (non imbrogliare); (Lei) imbrogli; (noi)
imbrogliamo; (voi) imbrogliate; (Loro) imbroglino

Mode	Simple Tenses		Compound Tenses	
	Singular	*Plural*	*Singular*	*Plural*
	Present		**Present Perfect**	
Indicative	imbroglio	imbrogliamo	ho imbrogliato	abbiamo imbrogliato
	imbrogli	imbrogliate	hai imbrogliato	avete imbrogliato
	imbroglia	imbrogliano	ha imbrogliato	hanno imbrogliato
	Imperfect		**Past Perfect**	
	imbrogliavo	imbrogliavamo	avevo imbrogliato	avevamo imbrogliato
	imbrogliavi	imbrogliavate	avevi imbrogliato	avevate imbrogliato
	imbrogliava	imbrogliavano	aveva imbrogliato	avevano imbrogliato
	Past Definite		**Past Anterior**	
	imbrogliai	imbrogliammo	ebbi imbrogliato	avemmo imbrogliato
	imbrogliasti	imbrogliaste	avesti imbrogliato	aveste imbrogliato
	imbrogliò	imbrogliarono	ebbe imbrogliato	ebbero imbrogliato
	Future		**Future Perfect**	
	imbroglierò	imbroglieremo	avrò imbrogliato	avremo imbrogliato
	imbroglierai	imbroglierete	avrai imbrogliato	avrete imbrogliato
	imbroglierà	imbroglieranno	avrà imbrogliato	avranno imbrogliato
Subjunctive	**Present**		**Present Perfect**	
	imbrogli	imbrogliamo	abbia imbrogliato	abbiamo imbrogliato
	imbrogli	imbrogliate	abbia imbrogliato	abbiate imbrogliato
	imbrogli	imbroglino	abbia imbrogliato	abbiano imbrogliato
	Imperfect		**Past Perfect**	
	imbrogliassi	imbrogliassimo	avessi imbrogliato	avessimo imbrogliato
	imbrogliassi	imbrogliaste	avessi imbrogliato	aveste imbrogliato
	imbrogliasse	imbrogliassero	avesse imbrogliato	avessero imbrogliato
Conditional	**Present Conditional**		**Perfect Conditional**	
	imbroglierei	imbroglieremmo	avrei imbrogliato	avremmo imbrogliato
	imbroglieresti	imbrogliereste	avresti imbrogliato	avreste imbrogliato
	imbroglierebbe	imbroglierebbero	avrebbe imbrogliato	avrebbero imbrogliato

Note: For the meaning "to cheat on somebody," refer to the Italian verb *tradire*. As a reflexive
verb *imbrogliarsi* ("to get confused" or "to get complicated") uses the reflexive pronouns *mi,
ti, si, ci, vi, si*, as well as the auxiliary verb *essere*, to form compound tenses (see the last two
examples below).

EXAMPLES

Lo hanno imbrogliato.	They cheated him.
Non è facile imbrogliarlo.	He is not easily taken in.
Non imbrogliare sul peso!	Do not cheat about your weight!
Mi sono imbrogliato nella risposta.	I gave a garbled answer.
La faccenda s'imbroglia.	The whole thing is getting complicated.

immaginare

to imagine

Auxiliary verb: avere **Past participle:** immaginato **Gerund:** immaginando
Imperative: (tu) immagina (non immaginare); (Lei) immagini; (noi)
immaginiamo; (voi) immaginate; (Loro) imaginino

Mode	Simple Tenses		Compound Tenses	
	Singular	*Plural*	*Singular*	*Plural*
Indicative	**Present**		**Present Perfect**	
	immagino	immaginiamo	ho immaginato	abbiamo immaginato
	immagini	immaginate	hai immaginato	avete immaginato
	immagina	immaginano	ha immaginato	hanno immaginato
	Imperfect		**Past Perfect**	
	immaginavo	immaginavamo	avevo immaginato	avevamo immaginato
	immaginavi	immaginavate	avevi immaginato	avevate immaginato
	immaginava	immaginavano	aveva immaginato	avevano immaginato
	Past Definite		**Past Anterior**	
	immaginai	immaginammo	ebbi immaginato	avemmo immaginato
	immaginasti	immaginaste	avesti immaginato	aveste immaginato
	immaginò	immaginarono	ebbe immaginato	ebbero immaginato
	Future		**Future Perfect**	
	immaginerò	immagineremo	avrò immaginato	avremo immaginato
	immaginerai	immaginerete	avrai immaginato	avrete immaginato
	immaginerà	immagineranno	avrà immaginato	avranno immaginato
Subjunctive	**Present**		**Present Perfect**	
	immagini	immaginiamo	abbia immaginato	abbiamo immaginato
	immagini	immaginiate	abbia immaginato	abbiate immaginato
	immagini	immaginino	abbia immaginato	abbiano immaginato
	Imperfect		**Past Perfect**	
	immaginassi	immaginassimo	avessi immaginato	avessimo immaginato
	immaginassi	immaginaste	avessi immaginato	aveste immaginato
	immaginasse	immaginassero	avesse immaginato	avessero immaginato
Conditional	**Present Conditional**		**Perfect Conditional**	
	immaginerei	immagineremmo	avrei immaginato	avremmo immaginato
	immagineresti	immaginereste	avresti immaginato	avreste immaginato
	immaginerebbe	immaginerebbero	avrebbe immaginato	avrebbero immaginato

Note: *Immaginare* requires the preposition *di* before an infinitive (see the second example below).
Immaginare may also be followed by *che* + subjunctive or future (see the third and fifth examples
below). As a reflexive verb *immaginarsi* uses the reflexive pronouns *mi, ti, si, ci, vi, si*, as well as
the auxiliary verb *essere*, to form compound tenses (see the sixth example below).

EXAMPLES

Immagina la trama del romanzo.	Imagine the plot of the novel.
Immagina di aver vinto un milione di euro.	Imagine you have won one million euro.
Immagino che non accetterai.	I imagine you won't accept.
Immagino di sì.	I imagine so.
Immagino che loro abbiano superato l'esame.	I imagine they have passed the exam.
Mi immagino che tu non venga.	I imagine you are not coming.

imparare

to learn

Auxiliary verb: avere **Past participle:** imparato **Gerund:** imparando

Imperative: (tu) impara (non imparare); (Lei) impari; (noi) impariamo; (voi) imparate; (Loro) imparino

Mode	Simple Tenses		Compound Tenses	
	Singular	*Plural*	*Singular*	*Plural*
	Present		**Present Perfect**	
Indicative	imparo	impariamo	ho imparato	abbiamo imparato
	impari	imparate	hai imparato	avete imparato
	impara	imparano	ha imparato	hanno imparato
	Imperfect		**Past Perfect**	
	imparavo	imparavamo	avevo imparato	avevamo imparato
	imparavi	imparavate	avevi imparato	avevate imparato
	imparava	imparavano	aveva imparato	avevano imparato
	Past Definite		**Past Anterior**	
	imparai	imparammo	ebbi imparato	avemmo imparato
	imparasti	imparaste	avesti imparato	aveste imparato
	imparò	impararono	ebbe imparato	ebbero imparato
	Future		**Future Perfect**	
	imparerò	impareremo	avrò imparato	avremo imparato
	imparerai	imparerete	avrai imparato	avrete imparato
	imparerà	impareranno	avrà imparato	avranno imparato
Subjunctive	**Present**		**Present Perfect**	
	impari	impariamo	abbia imparato	abbiamo imparato
	impari	impariate	abbia imparato	abbiate imparato
	impari	imparino	abbia imparato	abbiano imparato
	Imperfect		**Past Perfect**	
	imparassi	imparassimo	avessi imparato	avessimo imparato
	imparassi	imparaste	avessi imparato	aveste imparato
	imparasse	imparassero	avesse imparato	avessero imparato
Conditional	**Present Conditional**		**Perfect Conditional**	
	imparerei	impareremmo	avrei imparato	avremmo imparato
	impareresti	imparereste	avresti imparato	avreste imparato
	imparerebbe	imparerebbero	avrebbe imparato	avrebbero imparato

Note: *Imparare* requires the preposition *a* before an infinitive, "to learn (how) to" (see the first example below).

EXAMPLES

Sta imparando a guidare il camion.	He is learning how to drive a truck.
Ho imparato a memoria *La Divina Commedia*.	I learned by heart *The Divine Comedy*.
Il ragazzo impara benissimo.	The boy is learning very well.
Non si finisce mai d'imparare.	You live and learn. (Literally, "One never stops learning.")
Sbagliando s'impara.	You learn from your mistakes. (proverb)
Impara l'arte e mettila da parte.	He that learns a trade, hath a purchase made. (proverb)

impaurire

to scare, to frighten

Auxiliary verb: avere **Past participle:** impaurito **Gerund:** impaurendo
Imperative: (tu) impaurisci (non impaurire); (Lei) impaurisca; (noi)
impauriamo; (voi) impaurite; (Loro) impauriscano

Mode	Simple Tenses		Compound Tenses	
	Singular	*Plural*	*Singular*	*Plural*
Indicative	**Present**		**Present Perfect**	
	impaurisco	impauriamo	ho impaurito	abbiamo impaurito
	impaurisci	impaurite	hai impaurito	avete impaurito
	impaurisce	impauriscono	ha impaurito	hanno impaurito
	Imperfect		**Past Perfect**	
	impaurivo	impaurivamo	avevo impaurito	avevamo impaurito
	impaurivi	impaurivate	avevi impaurito	avevate impaurito
	impauriva	impaurivano	aveva impaurito	avevano impaurito
	Past Definite		**Past Anterior**	
	impaurii	impaurimmo	ebbi impaurito	avemmo impaurito
	impauristi	impauriste	avesti impaurito	aveste impaurito
	impaurì	impaurirono	ebbe impaurito	ebbero impaurito
	Future		**Future Perfect**	
	impaurirò	impauriremo	avrò impaurito	avremo impaurito
	impaurirai	impaurirete	avrai impaurito	avrete impaurito
	impaurirà	impauriranno	avrà impaurito	avranno impaurito
Subjunctive	**Present**		**Present Perfect**	
	impaurisca	impauriamo	abbia impaurito	abbiamo impaurito
	impaurisca	impauriate	abbia impaurito	abbiate impaurito
	impaurisca	impauriscano	abbia impaurito	abbiano impaurito
	Imperfect		**Past Perfect**	
	impaurissi	impaurissimo	avessi impaurito	avessimo impaurito
	impaurissi	impauriste	avessi impaurito	aveste impaurito
	impaurisse	impaurissero	avesse impaurito	avessero impaurito
Conditional	**Present Conditional**		**Perfect Conditional**	
	impaurirei	impauriremmo	avrei impaurito	avremmo impaurito
	impauriresti	impaurireste	avresti impaurito	avreste impaurito
	impaurirebbe	impaurirebbero	avrebbe impaurito	avrebbero impaurito

Note: As a reflexive verb *impaurirsi* ("to be frightened") uses the reflexive pronouns *mi, ti, si, ci, vi, si*, as well as the auxiliary verb *essere*, to form compound tenses (see the third example below).

EXAMPLES

Il cane ha impaurito il bambino.	The dog frightened the boy.
Mi hai impaurito a morte!	You scared me to death!
Si è impaurito per il rumore.	He was frightened by the noise.

impazzire

to go mad, to go crazy, to be mad

Auxiliary verb: essere **Past participle:** impazzito **Gerund:** impazzendo
Imperative: (tu) impazzisci (non impazzire); (Lei) impazzisca; (noi)
impazziamo; (voi) impazzite; (Loro) impazziscano

Mode	Simple Tenses		Compound Tenses	
	Singular	*Plural*	*Singular*	*Plural*
	Present		**Present Perfect**	
	impazzisco	impazziamo	sono impazzito/a	siamo impazziti/e
	impazzisci	impazzite	sei impazzito/a	siete impazziti/e
	impazzisce	impazziscono	è impazzito/a	sono impazziti/e
	Imperfect		**Past Perfect**	
	impazzivo	impazzivamo	ero impazzito/a	eravamo impazziti/e
	impazzivi	impazzivate	eri impazzito/a	eravate impazziti/e
	impazziva	impazzivano	era impazzito/a	erano impazziti/e
	Past Definite		**Past Anterior**	
	impazzii	impazzimmo	fui impazzito/a	fummo impazziti/e
	impazzisti	impazziste	fosti impazzito/a	foste impazziti/e
	impazzì	impazzirono	fu impazzito/a	furono impazziti/e
	Future		**Future Perfect**	
	impazzirò	impazziremo	sarò impazzito/a	saremo impazziti/e
	impazzirai	impazzirete	sarai impazzito/a	sarete impazziti/e
	impazzirà	impazziranno	sarà impazzito/a	saranno impazziti/e
	Present		**Present Perfect**	
	impazzisca	impazziamo	sia impazzito/a	siamo impazziti/e
	impazzisca	impazziate	sia impazzito/a	siate impazziti/e
	impazzisca	impazziscano	sia impazzito/a	siano impazziti/e
	Imperfect		**Past Perfect**	
	impazzissi	impazzissimo	fossi impazzito/a	fossimo impazziti/e
	impazzissi	impazziste	fossi impazzito/a	foste impazziti/e
	impazzisse	impazzissero	fosse impazzito/a	fossero impazziti/e
	Present Conditional		**Perfect Conditional**	
	impazzirei	impazziremmo	sarei impazzito/a	saremmo impazziti/e
	impazziresti	impazzireste	saresti impazzito/a	sareste impazziti/e
	impazzirebbe	impazzirebbero	sarebbe impazzito/a	sarebbero impazziti/e

Mode columns (vertical labels): Indicative, Subjunctive, Conditional

Note: *Fare impazzire qualcuno* means "to drive somebody crazy" (see the fourth example below). *Impazzire per* means "to be crazy about" (see the sixth example below).

EXAMPLES

Sei impazzito?	Are you crazy? (Literally, Have you gone mad?)
Se resto qui impazzisco.	I'll go crazy if I stay here any longer.
Sto impazzendo con questi conti.	These bills are driving me crazy.
Impazzivo dalla voglia di fare quel viaggio.	I was dying to go on that journey. (idiom)
Mi fai impazzire.	You drive me crazy.
Impazzisce per le moto.	He is crazy about motorcycles.

impedire

to prevent, to stop, to keep from, to forbid

Auxiliary verb: avere **Past participle:** impedito **Gerund:** impedendo
Imperative: (tu) impedisci (non impedire); (Lei) impedisca; (noi) impediamo; (voi) impedite; (Loro) impediscano

Mode	Simple Tenses		Compound Tenses	
	Singular	*Plural*	*Singular*	*Plural*
Indicative	**Present**		**Present Perfect**	
	impedisco	impediamo	ho impedito	abbiamo impedito
	impedisci	impedite	hai impedito	avete impedito
	impedisce	impediscono	ha impedito	hanno impedito
	Imperfect		**Past Perfect**	
	impedivo	impedivamo	avevo impedito	avevamo impedito
	impedivi	impedivate	avevi impedito	avevate impedito
	impediva	impedivano	aveva impedito	avevano impedito
	Past Definite		**Past Anterior**	
	impedii	impedimmo	ebbi impedito	avemmo impedito
	impedisti	impediste	avesti impedito	aveste impedito
	impedì	impedirono	ebbe impedito	ebbero impedito
	Future		**Future Perfect**	
	impedirò	impediremo	avrò impedito	avremo impedito
	impedirai	impedirete	avrai impedito	avrete impedito
	impedirà	impediranno	avrà impedito	avranno impedito
Subjunctive	**Present**		**Present Perfect**	
	impedisca	impediamo	abbia impedito	abbiamo impedito
	impedisca	impediate	abbia impedito	abbiate impedito
	impedisca	impediscano	abbia impedito	abbiano impedito
	Imperfect		**Past Perfect**	
	impedissi	impedissimo	avessi impedito	avessimo impedito
	impedissi	impediste	avessi impedito	aveste impedito
	impedisse	impedissero	avesse impedito	avessero impedito
Conditional	**Present Conditional**		**Perfect Conditional**	
	impedirei	impediremmo	avrei impedito	avremmo impedito
	impediresti	impedireste	avresti impedito	avreste impedito
	impedirebbe	impedirebbero	avrebbe impedito	avrebbero impedito

Note: *Impedire* requires the preposition *di* before an infinitive and it takes an indirect object: *impedire a qualcuno di* + infinitive ("to keep/prevent/stop somebody from . . ."; see the sixth example below). *Impedire* may also be followed by *che* + subjunctive (see the fifth example below).

EXAMPLES

Che cosa ti ha impedito di venire?	What prevented you from coming?
Hanno impedito a Maria di entrare.	They prevented Maria from entering.
Ha impedito lo svolgimento della cerimonia.	He stopped the ceremony from going on.
Te lo impedisco!	I forbid you (from doing that)!
Impediva che lei telefonasse a Marco.	He kept her from calling Marco.
Ho impedito a Mario di fare un errore.	I kept Mario from making a mistake.

impegnare
to pawn, to bind, to keep busy
Auxiliary verb: avere **Past participle:** impegnato **Gerund:** impegnando
Imperative: (tu) impegna (non impegnare); (Lei) impegni; (noi) impeg-
niamo; (voi) impegnate; (Loro) impegnino

Mode	Simple Tenses		Compound Tenses	
	Singular	*Plural*	*Singular*	*Plural*
Indicative	**Present**		**Present Perfect**	
	impegno	impegniamo	ho impegnato	abbiamo impegnato
	impegni	impegnate	hai impegnato	avete impegnato
	impegna	impegnano	ha impegnato	hanno impegnato
	Imperfect		**Past Perfect**	
	impegnavo	impegnavamo	avevo impegnato	avevamo impegnato
	impegnavi	impegnavate	avevi impegnato	avevate impegnato
	impegnava	impegnavano	aveva impegnato	avevano impegnato
	Past Definite		**Past Anterior**	
	impegnai	impegnammo	ebbi impegnato	avemmo impegnato
	impegnasti	impegnaste	avesti impegnato	aveste impegnato
	impegnò	impegnarono	ebbe impegnato	ebbero impegnato
	Future		**Future Perfect**	
	impegnerò	impegneremo	avrò impegnato	avremo impegnato
	impegnerai	impegnerete	avrai impegnato	avrete impegnato
	impegnerà	impegneranno	avrà impegnato	avranno impegnato
Subjunctive	**Present**		**Present Perfect**	
	impegni	impegniamo	abbia impegnato	abbiamo impegnato
	impegni	impegniate	abbia impegnato	abbiate impegnato
	impegni	impegnino	abbia impegnato	abbiano impegnato
	Imperfect		**Past Perfect**	
	impegnassi	impegnassimo	avessi impegnato	avessimo impegnato
	impegnassi	impegnaste	avessi impegnato	aveste impegnato
	impegnasse	impegnassero	avesse impegnato	avessero impegnato
Conditional	**Present Conditional**		**Perfect Conditional**	
	impegnerei	impegneremmo	avrei impegnato	avremmo impegnato
	impegneresti	impegnereste	avresti impegnato	avreste impegnato
	impegnerebbe	impegnerebbero	avrebbe impegnato	avrebbero impegnato

Note: *Impegnare* requires the preposition *a* before an infinitive (see the fourth example below). As a reflexive verb *impegnarsi* ("to bind/commit oneself") uses the reflexive pronouns *mi, ti, si, ci, vi, si,* as well as the auxiliary verb *essere,* to form compound tenses (see the fourth example below).

EXAMPLES

Ha dovuto impegnare l'orologio.	He had to pawn his watch.
Questo contratto non ti impegna affatto.	This contract doesn't bind you in any way.
È un lavoro che mi impegna tutto il giorno.	It is a job that keeps me busy for the whole day.
Si è impegnato a pagare tutte le spese.	He bound himself to pay all the expenses.

importare

to be important, to matter, to care, to import
Auxiliary verb: avere **Past participle:** importato **Gerund:** importando
Imperative: (tu) importa (non importare); (Lei) importi; (noi) importiamo; (voi) importate; (Loro) importino

Mode	Simple Tenses		Compound Tenses	
	Singular	*Plural*	*Singular*	*Plural*
	Present		**Present Perfect**	
Indicative	importo	importiamo	ho importato	abbiamo importato
	importi	importate	hai importato	avete importato
	importa	**importano**	ha importato	hanno importato
	Imperfect		**Past Perfect**	
	importavo	importavamo	avevo importato	avevamo importato
	importavi	importavate	avevi importato	avevate importato
	importava	**importavano**	aveva importato	avevano importato
	Past Definite		**Past Anterior**	
	importai	importammo	ebbi importato	avemmo importato
	importasti	importaste	avesti importato	aveste importato
	importò	**importarono**	ebbe importato	ebbero importato
	Future		**Future Perfect**	
	importerò	importeremo	avrò importato	avremo importato
	importerai	importerete	avrai importato	avrete importato
	importerà	**importeranno**	avrà importato	avranno importato
Subjunctive	**Present**		**Present Perfect**	
	importi	importiamo	abbia importato	abbiamo importato
	importi	importiate	abbia importato	abbiate importato
	importi	**importino**	abbia importato	abbiano importato
	Imperfect		**Past Perfect**	
	importassi	importassimo	avessi importato	avessimo importato
	importassi	importaste	avessi importato	aveste importato
	importasse	**importassero**	avesse importato	avessero importato
Conditional	**Present Conditional**		**Perfect Conditional**	
	importerei	importeremmo	avrei importato	avremmo importato
	importeresti	importereste	avresti importato	avreste importato
	importerebbe	**importerebbero**	avrebbe importato	avrebbero importato

Note: This verb has two conjugations. It can be conjugated as a regular verb ("to import") as above. It can also be conjugated as *piacere*, in which case it means "to matter" or "to care"; it is used in the third-person singular and plural (bold) with the indirect pronouns *mi, ti, gli/le, ci, vi* or *a* + noun (for example, *mi importa[no], mi importava[no]; mi importerebbe[ro]*). Refer to the Verb Usage Review, and the second and fourth examples below.

EXAMPLES

Importo grano dal Canada.	I import corn from Canada.
Non mi importa affatto.	I don't care at all.
Non importa.	It's not important.
A Carlo importa solo il suo lavoro.	The only thing Carlo cares about is work.

includere
to include, to enclose
Auxiliary verb: avere **Past participle:** incluso **Gerund:** includendo
Imperative: (tu) includi (non includere); (Lei) includa; (noi) includiamo;
(voi) includete; (Loro) includano

Mode	Simple Tenses		Compound Tenses	
	Singular	*Plural*	*Singular*	*Plural*
	Present		**Present Perfect**	
Indicative	includo	includiamo	ho incluso	abbiamo incluso
	includi	includete	hai incluso	avete incluso
	include	includono	ha incluso	hanno incluso
	Imperfect		**Past Perfect**	
	includevo	includevamo	avevo incluso	avevamo incluso
	includevi	includevate	avevi incluso	avevate incluso
	includeva	includevano	aveva incluso	avevano incluso
	Past Definite		**Past Anterior**	
	inclusi	includemmo	ebbi incluso	avemmo incluso
	includesti	includeste	avesti incluso	aveste incluso
	incluse	inclusero	ebbe incluso	ebbero incluso
	Future		**Future Perfect**	
	includerò	includeremo	avrò incluso	avremo incluso
	includerai	includerete	avrai incluso	avrete incluso
	includerà	includeranno	avrà incluso	avranno incluso
Subjunctive	**Present**		**Present Perfect**	
	includa	includiamo	abbia incluso	abbiamo incluso
	includa	includiate	abbia incluso	abbiate incluso
	includa	includano	abbia incluso	abbiano incluso
	Imperfect		**Past Perfect**	
	includessi	includessimo	avessi incluso	avessimo incluso
	includessi	includeste	avessi incluso	aveste incluso
	includesse	includessero	avesse incluso	avessero incluso
Conditional	**Present Conditional**		**Perfect Conditional**	
	includerei	includeremmo	avrei incluso	avremmo incluso
	includeresti	includereste	avresti incluso	avreste incluso
	includerebbe	includerebbero	avrebbe incluso	avrebbero incluso

EXAMPLES

Ho incluso il documento nella lettera. I enclosed the document in the letter.
Abbiamo incluso tutti gli invitati nella lista. We included all guests on the list.
Il suo nome è stato incluso nella lista. His name has been included on the list.
Nel prezzo non è inclusa l'IVA. The price doesn't include tax.

incontrare

to meet, to run into

Auxiliary verb: avere **Past participle:** incontrato **Gerund:** incontrando
Imperative: (tu) incontra (non incontrare); (Lei) incontri; (noi) incontriamo; (voi) incontrate; (Loro) incontrino

Mode	Simple Tenses		Compound Tenses	
	Singular	*Plural*	*Singular*	*Plural*
Indicative	**Present**		**Present Perfect**	
	incontro	incontriamo	ho incontrato	abbiamo incontrato
	incontri	incontrate	hai incontrato	avete incontrato
	incontra	incontrano	ha incontrato	hanno incontrato
	Imperfect		**Past Perfect**	
	incontravo	incontravamo	avevo incontrato	avevamo incontrato
	incontravi	incontravate	avevi incontrato	avevate incontrato
	incontrava	incontravano	aveva incontrato	avevano incontrato
	Past Definite		**Past Anterior**	
	incontrai	incontrammo	ebbi incontrato	avemmo incontrato
	incontrasti	incontraste	avesti incontrato	aveste incontrato
	incontrò	incontrarono	ebbe incontrato	ebbero incontrato
	Future		**Future Perfect**	
	incontrerò	incontreremo	avrò incontrato	avremo incontrato
	incontrerai	incontrerete	avrai incontrato	avrete incontrato
	incontrerà	incontreranno	avrà incontrato	avranno incontrato
Subjunctive	**Present**		**Present Perfect**	
	incontri	incontriamo	abbia incontrato	abbiamo incontrato
	incontri	incontriate	abbia incontrato	abbiate incontrato
	incontri	incontrino	abbia incontrato	abbiano incontrato
	Imperfect		**Past Perfect**	
	incontrassi	incontrassimo	avessi incontrato	avessimo incontrato
	incontrassi	incontraste	avessi incontrato	aveste incontrato
	incontrasse	incontrassero	avesse incontrato	avessero incontrato
Conditional	**Present Conditional**		**Perfect Conditional**	
	incontrerei	incontreremmo	avrei incontrato	avremmo incontrato
	incontreresti	incontrereste	avresti incontrato	avreste incontrato
	incontrerebbe	incontrerebbero	avrebbe incontrato	avrebbero incontrato

Note: As a reflexive verb *incontrarsi* uses the reflexive pronouns *ci, vi, si,* as well as the auxiliary verb *essere,* to form compound tenses (see the fifth, sixth, and seventh examples below).

EXAMPLES

Tutte le mattine incontro Marco alla fermata dell'autobus.	Every morning I meet Marco at the bus stop.
Indovina chi ho incontrato ieri al supermercato.	You'll never guess whom I ran into at the supermarket yesterday.
Ha incontrato molte difficoltà.	He ran into many difficulties.
Stiamo incontrando molte spese.	We are met with many expenses.
Dove ci incontriamo?	Where shall we meet?
Incontriamoci davanti a scuola alle 10.00. Ti va bene?	Let's meet in front of the school at 10:00. Is that okay with you?
Ci siamo incontrati da Betty.	We met at Betty's.

incoraggiare

to encourage

Auxiliary verb: avere **Past participle:** incoraggiato **Gerund:** incoraggiando
Imperative: (tu) incoraggia (non incoraggiare); (Lei) incoraggi; (noi)
incoraggiamo; (voi) incoraggiate; (Loro) incoraggino

Mode	Simple Tenses		Compound Tenses	
	Singular	*Plural*	*Singular*	*Plural*
Indicative	**Present**		**Present Perfect**	
	incoraggio	incoraggiamo	ho incoraggiato	abbiamo incoraggiato
	incoraggi	incoraggiate	hai incoraggiato	avete incoraggiato
	incoraggia	incoraggiano	ha incoraggiato	hanno incoraggiato
	Imperfect		**Past Perfect**	
	incoraggiavo	incoraggiavamo	avevo incoraggiato	avevamo incoraggiato
	incoraggiavi	incoraggiavate	avevi incoraggiato	avevate incoraggiato
	incoraggiava	incoraggiavano	aveva incoraggiato	avevano incoraggiato
	Past Definite		**Past Anterior**	
	incoraggiai	incoraggiammo	ebbi incoraggiato	avemmo incoraggiato
	incoraggiasti	incoraggiaste	avesti incoraggiato	aveste incoraggiato
	incoraggiò	incoraggiarono	ebbe incoraggiato	ebbero incoraggiato
	Future		**Future Perfect**	
	incoraggerò	incoraggeremo	avrò incoraggiato	avremo incoraggiato
	incoraggerai	incoraggerete	avrai incoraggiato	avrete incoraggiato
	incoraggerà	incoraggeranno	avrà incoraggiato	avranno incoraggiato
Subjunctive	**Present**		**Present Perfect**	
	incoraggi	incoraggiamo	abbia incoraggiato	abbiamo incoraggiato
	incoraggi	incoraggiate	abbia incoraggiato	abbiate incoraggiato
	incoraggi	incoraggino	abbia incoraggiato	abbiano incoraggiato
	Imperfect		**Past Perfect**	
	incoraggiassi	incoraggiassimo	avessi incoraggiato	avessimo incoraggiato
	incoraggiassi	incoraggiaste	avessi incoraggiato	aveste incoraggiato
	incoraggiasse	incoraggiassero	avesse incoraggiato	avessero incoraggiato
Conditional	**Present Conditional**		**Perfect Conditional**	
	incoraggerei	incoraggeremmo	avrei incoraggiato	avremmo incoraggiato
	incoraggeresti	incoraggereste	avresti incoraggiato	avreste incoraggiato
	incoraggerebbe	incoraggerebbero	avrebbe incoraggiato	avrebbero incoraggiato

Note: *Incoraggiare* requires the preposition *a* before an infinitive (see the first example below). As a reflexive verb form *incoraggiarsi* ("to encourage oneself," "to encourage each other") uses the reflexive pronouns *mi, ti, si, ci, vi, si,* as well as the auxiliary verb *essere*, to form compound tenses (see the last example below).

EXAMPLES

Ho incoraggiato gli studenti a proseguire gli studi.

I encouraged the students to persevere in their studies.

Napoleone incoraggiò le truppe.

Napoleon encouraged the troops.

Stanno incoraggiando la ripresa economica.

They're encouraging economic recovery.

Si sono incoraggiati.

They encouraged each other.

indicare

to point, to indicate, to show, to recommend
Auxiliary verb: avere **Past participle:** indicato **Gerund:** indicando
Imperative: (tu) indica (non indicare); (Lei) indichi; (noi) indichiamo;
(voi) indicate; (Loro) indichino

Mode	Simple Tenses		Compound Tenses	
	Singular	*Plural*	*Singular*	*Plural*
	Present		**Present Perfect**	
Indicative	indico	indichiamo	ho indicato	abbiamo indicato
	indichi	indicate	hai indicato	avete indicato
	indica	indicano	ha indicato	hanno indicato
	Imperfect		**Past Perfect**	
	indicavo	indicavamo	avevo indicato	avevamo indicato
	indicavi	indicavate	avevi indicato	avevate indicato
	indicava	indicavano	aveva indicato	avevano indicato
	Past Definite		**Past Anterior**	
	indicai	indicammo	ebbi indicato	avemmo indicato
	indicasti	indicaste	avesti indicato	aveste indicato
	indicò	indicarono	ebbe indicato	ebbero indicato
	Future		**Future Perfect**	
	indicherò	indicheremo	avrò indicato	avremo indicato
	indicherai	indicherete	avrai indicato	avrete indicato
	indicherà	indicheranno	avrà indicato	avranno indicato
Subjunctive	**Present**		**Present Perfect**	
	indichi	indichiamo	abbia indicato	abbiamo indicato
	indichi	indichiate	abbia indicato	abbiate indicato
	indichi	indichino	abbia indicato	abbiano indicato
	Imperfect		**Past Perfect**	
	indicassi	indicassimo	avessi indicato	avessimo indicato
	indicassi	indicaste	avessi indicato	aveste indicato
	indicasse	indicassero	avesse indicato	avessero indicato
Conditional	**Present Conditional**		**Perfect Conditional**	
	indicherei	indicheremmo	avrei indicato	avremmo indicato
	indicheresti	indichereste	avresti indicato	avreste indicato
	indicherebbe	indicherebbero	avrebbe indicato	avrebbero indicato

EXAMPLES

Mi ha indicato l'uomo che cercavo.	He pointed out the man I was looking for.
Ha indicato la finestra.	He pointed to the window.
Scusi, mi può indicare la strada per la stazione?	Excuse me, can you show me the way to the station?
La bussola indica il nord.	The compass shows north.
Indicate la vostra preferenza.	Indicate your preference.
Mi sai indicare un buon ristorante?	Can you recommend a good restaurant?

influire

to influence, to affect

Auxiliary verb: avere   **Past participle:** influito   **Gerund:** influendo
Imperative: (tu) influisci (non influire); (Lei) influisca; (noi) influiamo;
(voi) influite; (Loro) influiscano

Mode	Simple Tenses		Compound Tenses	
	Singular	*Plural*	*Singular*	*Plural*
Indicative	**Present**		**Present Perfect**	
	influisco	influiamo	ho influito	abbiamo influito
	influisci	influite	hai influito	avete influito
	influisce	influiscono	ha influito	hanno influito
	Imperfect		**Past Perfect**	
	influivo	influivamo	avevo influito	avevamo influito
	influivi	influivate	avevi influito	avevate influito
	influiva	influivano	aveva influito	avevano influito
	Past Definite		**Past Anterior**	
	influii	influimmo	ebbi influito	avemmo influito
	influisti	influiste	avesti influito	aveste influito
	influì	influirono	ebbe influito	ebbero influito
	Future		**Future Perfect**	
	influirò	influiremo	avrò influito	avremo influito
	influirai	influirete	avrai influito	avrete influito
	influirà	influiranno	avrà influito	avranno influito
Subjunctive	**Present**		**Present Perfect**	
	influisca	influiamo	abbia influito	abbiamo influito
	influisca	influiate	abbia influito	abbiate influito
	influisca	influiscano	abbia influito	abbiano influito
	Imperfect		**Past Perfect**	
	influissi	influissimo	avessi influito	avessimo influito
	influissi	influiste	avessi influito	aveste influito
	influisse	influissero	avesse influito	avessero influito
Conditional	**Present Conditional**		**Perfect Conditional**	
	influirei	influiremmo	avrei influito	avremmo influito
	influiresti	influireste	avresti influito	avreste influito
	influirebbe	influirebbero	avrebbe influito	avrebbero influito

Note: *Influire* requires the preposition *su* before a noun object (see the first three examples below). *Lasciarsi influire* means "to let oneself be influenced" (see the fourth example below).

EXAMPLES

Non voglio influire sulla tua decisione.	I don't want to influence your decision.
Considerazioni elettorali possono influire sulla politica del governo.	Electoral considerations may influence the government's policy.
La stanchezza ha influito sul risultato.	Exhaustion affected the result.
Si è lasciato influire.	He let himself be influenced.

informare

to inform, to inquire
Auxiliary verb: avere **Past participle:** informato **Gerund:** informando
Imperative: (tu) informa (non informare); (Lei) informi; (noi)
informiamo; (voi) informate; (Loro) informino

Mode	Simple Tenses		Compound Tenses	
	Singular	*Plural*	*Singular*	*Plural*
	Present		**Present Perfect**	
Indicative	informo	informiamo	ho informato	abbiamo informato
	informi	informate	hai informato	avete informato
	informa	informano	ha informato	hanno informato
	Imperfect		**Past Perfect**	
	informavo	informavamo	avevo informato	avevamo informato
	informavi	informavate	avevi informato	avevate informato
	informava	informavano	aveva informato	avevano informato
	Past Definite		**Past Anterior**	
	informai	informammo	ebbi informato	avemmo informato
	informasti	informaste	avesti informato	aveste informato
	informò	informarono	ebbe informato	ebbero informato
	Future		**Future Perfect**	
	informerò	informeremo	avrò informato	avremo informato
	informerai	informerete	avrai informato	avrete informato
	informerà	informeranno	avrà informato	avranno informato
Subjunctive	**Present**		**Present Perfect**	
	informi	informiamo	abbia informato	abbiamo informato
	informi	informiate	abbia informato	abbiate informato
	informi	informino	abbia informato	abbiano informato
	Imperfect		**Past Perfect**	
	informassi	informassimo	avessi informato	avessimo informato
	informassi	informaste	avessi informato	aveste informato
	informasse	informassero	avesse informato	avessero informato
Conditional	**Present Conditional**		**Perfect Conditional**	
	informerei	informeremmo	avrei informato	avremmo informato
	informeresti	informereste	avresti informato	avreste informato
	informerebbe	informerebbero	avrebbe informato	avrebbero informato

Note: *Informare* doesn't require an object after the verb, as does its English equivalent (see the fourth example below). *Informare* requires the preposition *di* before a noun (see the first two examples). As a reflexive verb *informarsi su/di* ("to get information" or "to inquire") uses the reflexive pronouns *mi, ti, si, ci, vi, si*, as well as the auxiliary verb *essere*, to form compound tenses (see the last two examples below).

EXAMPLES

Ho informato gli studenti dell'evento.	I informed the students of the event.
Sono stato informato del vostro arrivo solo un'ora fa.	I was infor␣ ␣ of your arrival only one hour ago.
Ti hanno informato male.	You've been misin␣␣rmed.
Informiamo che il treno delle 9:14 è stato soppresso.	We inform (you) that the train scheduled to depart at 9:14 has been cancelled.
Non mi sono ancora informato sui voli per Londra.	I haven't inquired yet about the flights to London.
Ti sei informato sulla salute di Susan?	Did you inquire after Susan's health?

ingannare
to deceive, to be deceptive, to cheat, to while away
Auxiliary verb: avere **Past participle:** ingannato **Gerund:** ingannando
Imperative: (tu) inganna (non ingannare); (Lei) inganni; (noi) ingan-
niamo; (voi) ingannate; (Loro) ingannino

Mode	Simple Tenses		Compound Tenses	
	Singular	*Plural*	*Singular*	*Plural*
	Present		**Present Perfect**	
Indicative	inganno	inganniamo	ho ingannato	abbiamo ingannato
	inganni	ingannate	hai ingannato	avete ingannato
	inganna	ingannano	ha ingannato	hanno ingannato
	Imperfect		**Past Perfect**	
	ingannavo	ingannavamo	avevo ingannato	avevamo ingannato
	ingannavi	ingannavate	avevi ingannato	avevate ingannato
	ingannava	ingannavano	aveva ingannato	avevano ingannato
	Past Definite		**Past Anterior**	
	ingannai	ingannammo	ebbi ingannato	avemmo ingannato
	ingannasti	ingannaste	avesti ingannato	aveste ingannato
	ingannò	ingannarono	ebbe ingannato	ebbero ingannato
	Future		**Future Perfect**	
	ingannerò	ingenneremo	avrò ingannato	avremo ingannato
	ingannerai	ingannerete	avrai ingannato	avrete ingannato
	ingannerà	inganneranno	avrà ingannato	avranno ingannato
Subjunctive	**Present**		**Present Perfect**	
	inganni	inganniamo	abbia ingannato	abbiamo ingannato
	inganni	inganniate	abbia ingannato	abbiate ingannato
	inganni	ingannino	abbia ingannato	abbiano ingannato
	Imperfect		**Past Perfect**	
	ingannassi	ingannassimo	avessi ingannato	avessimo ingannato
	ingannassi	ingannaste	avessi ingannato	aveste ingannato
	ingannasse	ingannassero	avesse ingannato	avessero ingannato
Conditional	**Present Conditional**		**Perfect Conditional**	
	ingannerei	inganneremmo	avrei ingannato	avremmo ingannato
	inganneresti	ingannereste	avresti ingannato	avreste ingannato
	ingannerebbe	ingannerebbero	avrebbe ingannato	avrebbero ingannato

Note: As a reflexive verb *ingannarsi* ("to be mistaken" or "to be wrong") uses the reflexive
pronouns *mi, ti, si, ci, vi, si*, as well as the auxiliary verb *essere*, to form compound tenses (see
the last example below).

EXAMPLES

Le apparenze ingannano.	Appearances are deceptive.
Ingannarono il nemico con un falso attacco.	They deceived the enemy by a false attack.
Stiamo chiacchierando per ingannare il tempo.	We are chatting to while away the time.
Mi sono ingannato su di lui.	I was wrong about him.

iniziare

to begin, to start

Auxiliary verb: avere/essere **Past participle:** iniziato **Gerund:** iniziando
Imperative: (tu) inizia (non iniziare); (Lei) inizi; (noi) iniziamo; (voi) iniziate; (Loro) inizino

Mode	Simple Tenses		Compound Tenses	
	Singular	*Plural*	*Singular*	*Plural*
Indicative	**Present**		**Present Perfect**	
	inizio	iniziamo	ho iniziato	abbiamo iniziato
	inizi	iniziate	hai iniziato	avete iniziato
	inizia	iniziano	ha iniziato	hanno iniziato
	Imperfect		**Past Perfect**	
	iniziavo	iniziavamo	avevo iniziato	avevamo iniziato
	iniziavi	iniziavate	avevi iniziato	avevate iniziato
	iniziava	iniziavano	aveva iniziato	avevano iniziato
	Past Definite		**Past Anterior**	
	iniziai	iniziammo	ebbi iniziato	avemmo iniziato
	iniziasti	iniziaste	avesti iniziato	aveste iniziato
	iniziò	iniziarono	ebbe iniziato	ebbero iniziato
	Future		**Future Perfect**	
	inizierò	inizieremo	avrò iniziato	avremo iniziato
	inizierai	inizierete	avrai iniziato	avrete iniziato
	inizierà	inizieranno	avrà iniziato	avranno iniziato
Subjunctive	**Present**		**Present Perfect**	
	inizi	iniziamo	abbia iniziato	abbiamo iniziato
	inizi	iniziate	abbia iniziato	abbiate iniziato
	inizi	inizino	abbia iniziato	abbiano iniziato
	Imperfect		**Past Perfect**	
	iniziassi	iniziassimo	avessi iniziato	avessimo iniziato
	iniziassi	iniziaste	avessi iniziato	aveste iniziato
	iniziasse	iniziassero	avesse iniziato	avessero iniziato
Conditional	**Present Conditional**		**Perfect Conditional**	
	inizierei	inizieremmo	avrei iniziato	avremmo iniziato
	inizieresti	iniziereste	avresti iniziato	avreste iniziato
	inizierebbe	inizierebbero	avrebbe iniziato	avrebbero iniziato

Note: *Iniziare* requires the preposition *a* before an infinitive (see the fourth example below). The verb *iniziare* can also use *essere* in compounds when it refers to inanimate objects (see the Introduction as well as the fifth example below).

EXAMPLES

Inizio una nuova attività commerciale.	I'll start a new business.
Ha iniziato un nuovo lavoro.	He started on a new job.
Il sindacato ha iniziato le trattative con il governo.	The labor union began negotiations with the government.
Ho iniziato a studiare alle tre.	I started studying at three o'clock.
Il film è iniziato alle tre.	The film started at three o'clock.

innamorarsi

to fall in love

Auxiliary verb: essere **Past participle:** innamorato (si) **Gerund:** innamorando (si)

Imperative: (tu) innamorati (non innamorarti); (Lei) si innamori; (noi) innamoriamoci; (voi) innamoratevi; (Loro) si innamorino

Mode	Simple Tenses		Compound Tenses	
	Singular	*Plural*	*Singular*	*Plural*
	Present		**Present Perfect**	
Indicative	mi innamoro ti innamori si innamora	ci innamoriamo vi innamorate si innamorano	mi sono innamorato/a ti sei innamorato/a si è innamorato/a	ci siamo innamorati/e vi siete innamorati/e si sono innamorati/e
	Imperfect		**Past Perfect**	
	mi innamoravo ti innamoravi si innamorava	ci innamoravamo vi innamoravate si innamoravano	mi ero innamorato/a ti eri innamorato/a si era innamorato/a	ci eravamo innamorati/e vi eravate innamorati/e si erano innamorati/e
	Past Definite		**Past Anterior**	
	mi innamorai ti innamorasti si innamorò	ci innamorammo vi innamoraste si innamorarono	mi fui innamorato/a ti fosti innamorato/a si fu innamorato/a	ci fummo innamorati/e vi foste innamorati/e si furono innamorati/e
	Future		**Future Perfect**	
	mi innamorerò ti innamorerai si innamorerà	ci innameremo vi innamorerete si innamoreranno	mi sarò innamorato/a ti sarai innamorato/a si sarà innamorato/a	ci saremo innamorati/e vi sarete innamorati/e si saranno innamorati/e
Subjunctive	**Present**		**Present Perfect**	
	mi innamori ti innamori si innamori	ci innamoriamo vi innamoriate si innamorino	mi sia innamorato/a ti sia innamorato/a si sia innamorato/a	ci siamo innamorati/e vi siate innamorati/e si siano innamorati/e
	Imperfect		**Past Perfect**	
	mi innamorassi ti innamorassi si innamorasse	ci innamorassimo vi innamoraste si innamorassero	mi fossi innamorato/a ti fossi innamorato/a si fosse innamorato/a	ci fossimo innamorati/e vi foste innamorati/e si fossero innamorati/e
Conditional	**Present Conditional**		**Perfect Conditional**	
	mi innamorerei ti innamoreresti si innamorerebbe	ci innamoreremmo vi innamorereste si innamorerebbero	mi sarei innamorato/a ti saresti innamorato/a si sarebbe innamorato/a	ci saremmo innamorati/e vi sareste innamorati/e si sarebbero innamorati/e

Note: *Innamorarsi* requires the preposition *di* (see the first and third examples below).

EXAMPLES

Carlo si è innamorato di Giulia a prima vista.　　Carlo fell in love with Giulia at first sight.
Si sono innamorati subito.　　They fell in love at once.
Mi sono innamorato di quella casa.　　I fell in love with that house.

insegnare
to teach
Auxiliary verb: avere **Past participle:** insegnato **Gerund:** insegnando
Imperative: (tu) insegna (non insegnare); (Lei) insegni; (noi) insegniamo;
(voi) insegnate; (Loro) insegnino

Mode	Simple Tenses		Compound Tenses	
	Singular	*Plural*	*Singular*	*Plural*
Indicative	**Present**		**Present Perfect**	
	insegno	insegniamo	ho insegnato	abbiamo insegnato
	insegni	insegnate	hai insegnato	avete insegnato
	insegna	insegnano	ha insegnato	hanno insegnato
	Imperfect		**Past Perfect**	
	insegnavo	insegnavamo	avevo insegnato	avevamo insegnato
	insegnavi	insegnavate	avevi insegnato	avevate insegnato
	insegnava	insegnavano	aveva insegnato	avevano insegnato
	Past Definite		**Past Anterior**	
	insegnai	insegnammo	ebbi insegnato	avemmo insegnato
	insegnasti	insegnaste	avesti insegnato	aveste insegnato
	insegnò	insegnarono	ebbe insegnato	ebbero insegnato
	Future		**Future Perfect**	
	insegnerò	insegneremo	avrò insegnato	avremo insegnato
	insegnerai	insegnerete	avrai insegnato	avrete insegnato
	insegnerà	insegneranno	avrà insegnato	avranno insegnato
Subjunctive	**Present**		**Present Perfect**	
	insegni	insegniamo	abbia insegnato	abbiamo insegnato
	insegni	insegniate	abbia insegnato	abbiate insegnato
	insegni	insegnino	abbia insegnato	abbiano insegnato
	Imperfect		**Past Perfect**	
	insegnassi	insegnassimo	avessi insegnato	avessimo insegnato
	insegnassi	insegnaste	avessi insegnato	aveste insegnato
	insegnasse	insegnassero	avesse insegnato	avessero insegnato
Conditional	**Present Conditional**		**Perfect Conditional**	
	insegnerei	insegneremmo	avrei insegnato	avremmo insegnato
	insegneresti	insegnereste	avresti insegnato	avreste insegnato
	insegnerebbe	insegnerebbero	avrebbe insegnato	avrebbero insegnato

Note: *Insegnare* requires the preposition *a* before an infinitive, and it takes an indirect object:
insegnare + *a* + infinitive + *a qualcuno* ("to teach somebody to do something"; see the sixth
example below).

EXAMPLES

Lui insegna bene.	He teaches well.
Lui insegna musica.	He teaches music.
Chi ti ha insegnato a cucinare?	Who taught you how to cook?
Oggi insegno dalle nove all'una.	Today I teach from nine to one.
Insegnami come si fa.	Teach me how to do it.
Insegno a Luisa a leggere.	I teach Luisa how to read.

insistere

to insist, to keep, to persist, to stress

Auxiliary verb: avere **Past participle:** insistito **Gerund:** insistendo

Imperative: (tu) insisti (non insistere); (Lei) insista; (noi) insistiamo; (voi) insistete; (Loro) insistano

Mode	Simple Tenses		Compound Tenses	
	Singular	*Plural*	*Singular*	*Plural*
	Present		**Present Perfect**	
Indicative	insisto	insistiamo	ho insistito	abbiamo insistito
	insisti	insistete	hai insistito	avete insistito
	insiste	insistono	ha insistito	hanno insistito
	Imperfect		**Past Perfect**	
	insistevo	insistevamo	avevo insistito	avevamo insistito
	insistevi	insistevate	avevi insistito	avevate insistito
	insisteva	insistevano	aveva insistito	avevano insistito
	Past Definite		**Past Anterior**	
	insistei (insistetti)	insistemmo	ebbi insistito	avemmo insistito
	insistesti	insisteste	avesti insistito	aveste insistito
	insisté (insistette)	insisterono (-ettero)	ebbe insistito	ebbero insistito
	Future		**Future Perfect**	
	insisterò	insisteremo	avrò insistito	avremo insistito
	insisterai	insisterete	avrai insistito	avrete insistito
	insisterà	insisteranno	avrà insistito	avranno insistito
Subjunctive	**Present**		**Present Perfect**	
	insista	insistiamo	abbia insistito	abbiamo insistito
	insista	insistiate	abbia insistito	abbiate insistito
	insista	insistano	abbia insistito	abbiano insistito
	Imperfect		**Past Perfect**	
	insistessi	insistessimo	avessi insistito	avessimo insistito
	insistessi	insisteste	avessi insistito	aveste insistito
	insistesse	insistessero	avesse insistito	avessero insistito
Conditional	**Present Conditional**		**Perfect Conditional**	
	insisterei	insisteremmo	avrei insistito	avremmo insistito
	insisteresti	insistereste	avresti insistito	avreste insistito
	insisterebbe	insisterebbero	avrebbe insistito	avrebbero insistito

Note: *Insistere* may also be followed by *che* + subjunctive (see the fourth example below).

EXAMPLES

Insiste nelle proprie richieste.	He keeps on asking.
L'insegnante insiste su un argomento.	The teacher stresses a point.
Ha insistito nel chiedere un favore.	He persisted in asking for a favor.
Insistette che io restassi.	He insisted on my staying.
D'accordo, non insisto.	All right, I won't insist.
Se proprio insisti.	If you really insist.

intendere
to mean, to understand, to intend
Auxiliary verb: avere **Past participle:** inteso **Gerund:** intendendo
Imperative: (tu) intendi (non intendere); (Lei) intenda; (noi) intendiamo;
(voi) intendete; (Loro) intendano

Mode	Simple Tenses		Compound Tenses	
	Singular	*Plural*	*Singular*	*Plural*
	Present		**Present Perfect**	
Indicative	intendo	intendiamo	ho inteso	abbiamo inteso
	intendi	intendete	hai inteso	avete inteso
	intende	intendono	ha inteso	hanno inteso
	Imperfect		**Past Perfect**	
	intendevo	intendevamo	avevo inteso	avevamo inteso
	intendevi	intendevate	avevi inteso	avevate inteso
	intendeva	intendevano	aveva inteso	avevano inteso
	Past Definite		**Past Anterior**	
	intesi	intendemmo	ebbi inteso	avemmo inteso
	intendesti	intendeste	avesti inteso	aveste inteso
	intese	intesero	ebbe inteso	ebbero inteso
	Future		**Future Perfect**	
	intenderò	intenderemo	avrò inteso	avremo inteso
	intenderai	intenderete	avrai inteso	avrete inteso
	intenderà	intenderanno	avrà inteso	avranno inteso
Subjunctive	**Present**		**Present Perfect**	
	intenda	intendiamo	abbia inteso	abbiamo inteso
	intenda	intendiate	abbia inteso	abbiate inteso
	intenda	intendano	abbia inteso	abbiano inteso
	Imperfect		**Past Perfect**	
	intendessi	intendessimo	avessi inteso	avessimo inteso
	intendessi	intendeste	avessi inteso	aveste inteso
	intendesse	intendessero	avesse inteso	avessero inteso
Conditional	**Present Conditional**		**Perfect Conditional**	
	intenderei	intenderemmo	avrei inteso	avremmo inteso
	intenderesti	intendereste	avresti inteso	avreste inteso
	intenderebbe	intenderebbero	avrebbe inteso	avrebbero inteso

Note: As a reflexive verb *intendersi* uses the reflexive pronouns *mi, ti, si, ci, vi, si*, as well as the auxiliary verb *essere*, to form compound tenses. *Intendersi* means "to understand each other" (see the sixth example below); "to know a lot" (in which case it requires the preposition *di* before a noun; see the seventh and eighth examples below).

EXAMPLES

Che cosa intendi per "novità"?	What do you mean by "novelty"?
Non intendevo questo.	That is not what I meant.
Non intendeva offendere.	He meant no offense.
Intendo fermarmi almeno cinque giorni.	I intend to stay at least five days.
Ho inteso bene il significato della lettera.	I understood well the meaning of the letter.
Ci siamo intesi subito bene.	We understood each other at once.
Si intende di giardinaggio.	He knows a lot about gardening.
Io non mi intendo molto di musica.	I don't know much about music.

interessare

to concern, to interest

Auxiliary verb: avere **Past participle:** interessato **Gerund:** interessando
Imperative: (tu) interessa (non interessare); (Lei) interessi; (noi) interessiamo; (voi) interessate; (Loro) interessino

Mode	Simple Tenses		Compound Tenses	
	Singular	*Plural*	*Singular*	*Plural*
Indicative	**Present**		**Present Perfect**	
	interesso	interessiamo	ho interessato	abbiamo interessato
	interessi	interessate	hai interessato	avete interessato
	interessa	interessano	ha interessato	hanno interessato
	Imperfect		**Past Perfect**	
	interessavo	interessavamo	avevo interessato	avevamo interessato
	interessavi	interessavate	avevi interessato	avevate interessato
	interessava	interessavano	aveva interessato	avevano interessato
	Past Definite		**Past Anterior**	
	interessai	interessammo	ebbi interessato	avemmo interessato
	interessasti	interessaste	avesti interessato	aveste interessato
	interessò	interessarono	ebbe interessato	ebbero interessato
	Future		**Future Perfect**	
	interesserò	interesseremo	avrò interessato	avremo interessato
	interesserai	interesserete	avrai interessato	avrete interessato
	interesserà	interesseranno	avrà interessato	avranno interessato
Subjunctive	**Present**		**Present Perfect**	
	interessi	interessiamo	abbia interessato	abbiamo interessato
	interessi	interessiate	abbia interessato	abbiate interessato
	interessi	interessino	abbia interessato	abbiano interessato
	Imperfect		**Past Perfect**	
	interessassi	interessassimo	avessi interessato	avessimo interessato
	interessassi	interessaste	avessi interessato	aveste interessato
	interessasse	interessassero	avesse interessato	avessero interessato
Conditional	**Present Conditional**		**Perfect Conditional**	
	interesserei	interesseremmo	avrei interessato	avremmo interessato
	interesseresti	interessereste	avresti interessato	avreste interessato
	interesserebbe	interesserebbero	avrebbe interessato	avrebbero interessato

Note: This verb has two conjugations. It can be conjugated as a regular verb as above. It can also be conjugated as *piacere,* in which case it means "to interest" or "to find interesting" and it is used in the third-person singular and plural with the indirect pronouns *mi, ti, gli/le, ci, vi.* Refer to the Verb Usage Review, as well as the second, third, and fourth examples below. As a reflexive verb *interessarsi* ("to be interested," "to work in") uses the reflexive pronouns *mi, ti, si, ci, vi, si,* as well as the auxiliary verb *essere,* to form compound tenses (see the last example below).

EXAMPLES

La questione interessa la polizia e la compagnia d'assicurazione.	The matter concerns the police and the insurance company.
Scegli un argomento che ti interessa.	Choose a subject that interests you.
Vieni alla conferenza—ti interesserà.	Come to the lecture—you'll find it interesting.
C'è un articolo che mi interessa sul giornale.	There is an article in the paper that interests me.
Mi interesso di politica.	I am interested in politics.

introdurre

to insert, to introduce

Auxiliary verb: avere   **Past participle:** introdotto   **Gerund:** introducendo

Imperative: (tu) introduci (non introdurre); (Lei) introduca; (noi) introduciamo; (voi) introducete; (Loro) introducano

Mode	Simple Tenses		Compound Tenses	
	Singular	*Plural*	*Singular*	*Plural*
Indicative	**Present**		**Present Perfect**	
	introduco	introduciamo	ho introdotto	abbiamo introdotto
	introduci	introducete	hai introdotto	avete introdotto
	introduce	introducono	ha introdotto	hanno introdotto
	Imperfect		**Past Perfect**	
	introducevo	introducevamo	avevo introdotto	avevamo introdotto
	introducevi	introducevate	avevi introdotto	avevate introdotto
	introduceva	introducevano	aveva introdotto	avevano introdotto
	Past Definite		**Past Anterior**	
	introdussi	introducemmo	ebbi introdotto	avemmo introdotto
	introducesti	introduceste	avesti introdotto	aveste introdotto
	introdusse	introdussero	ebbe introdotto	ebbero introdotto
	Future		**Future Perfect**	
	introdurrò	introdurremo	avrò introdotto	avremo introdotto
	introdurrai	introdurrete	avrai introdotto	avrete introdotto
	introdurrà	introdurranno	avrà introdotto	avranno introdotto
Subjunctive	**Present**		**Present Perfect**	
	introduca	introduciamo	abbia introdotto	abbiamo introdotto
	introduca	introduciate	abbia introdotto	abbiate introdotto
	introduca	introducano	abbia introdotto	abbiano introdotto
	Imperfect		**Past Perfect**	
	introducessi	introducessimo	avessi introdotto	avessimo introdotto
	introducessi	introduceste	avessi introdotto	aveste introdotto
	introducesse	introducessero	avesse introdotto	avessero introdotto
Conditional	**Present Conditional**		**Perfect Conditional**	
	introdurrei	introdurremmo	avrei introdotto	avremmo introdotto
	introdurresti	introdurreste	avresti introdotto	avreste introdotto
	introdurrebbe	introdurrebbero	avrebbe introdotto	avrebbero introdotto

Note: The old Latin root of verbs ending in –*urre* is -*ucere*, thus the –*uc* that appears in many forms of the conjugation. As a reflexive verb *introdursi* ("to insert oneself") uses the reflexive pronouns *mi, ti, si, ci, vi, si*, as well as the auxiliary verb *essere*, to form compound tenses (see the fourth example below). For the verb "to introduce oneself," refer to *presentarsi*.

EXAMPLES

Introdurre solo monete.	Insert only coins.
Ho introdotto la chiave nella toppa.	I inserted the key into the keyhole.
L'insegnante ha introdotto una nuova regola grammaticale.	The teacher introduced a new grammar rule.
Si è introdotto bene nel mondo del lavoro.	He inserted himself well in the working world.

invadere

to invade

Auxiliary verb: avere **Past participle:** invaso **Gerund:** invadendo
Imperative: (tu) invadi (non invadere); (Lei) invada; (noi) invadiamo;
(voi) invadete; (Loro) invadano

Mode	Simple Tenses		Compound Tenses	
	Singular	*Plural*	*Singular*	*Plural*
	Present		**Present Perfect**	
Indicative	invado	invadiamo	ho invaso	abbiamo invaso
	invadi	invadete	hai invaso	avete invaso
	invade	invadono	ha invaso	hanno invaso
	Imperfect		**Past Perfect**	
	invadevo	invadevamo	avevo invaso	avevamo invaso
	invadevi	invadevate	avevi invaso	avevate invaso
	invadeva	invadevano	aveva invaso	avevano invaso
	Past Definite		**Past Anterior**	
	invasi	invademmo	ebbi invaso	avemmo invaso
	invadesti	invadeste	avesti invaso	aveste invaso
	invase	invasero	ebbe invaso	ebbero invaso
	Future		**Future Perfect**	
	invaderò	invaderemo	avrò invaso	avremo invaso
	invaderai	invaderete	avrai invaso	avrete invaso
	invaderà	invaderanno	avrà invaso	avranno invaso
Subjunctive	**Present**		**Present Perfect**	
	invada	invadiamo	abbia invaso	abbiamo invaso
	invada	invadiate	abbia invaso	abbiate invaso
	invada	invadano	abbia invaso	abbiano invaso
	Imperfect		**Past Perfect**	
	invadessi	invadessimo	avessi invaso	avessimo invaso
	invadessi	invadeste	avessi invaso	aveste invaso
	invadesse	invadessero	avesse invaso	avessero invaso
Conditional	**Present Conditional**		**Perfect Conditional**	
	invaderei	invaderemmo	avrei invaso	avremmo invaso
	invaderesti	invadereste	avresti invaso	avreste invaso
	invaderebbe	invaderebbero	avrebbe invaso	avrebbero invaso

EXAMPLES

Il nemico invase il nostro territorio.	The enemy invaded our territory.
D'estate la città è invasa dai turisti.	In the summer, the city is invaded by tourists.
La stanza fu invasa dalle mosche.	The room was invaded by flies.
I tifosi invasero il campo.	The fans charged the field.

invecchiare

to grow old, to get old, to age, to make look older
Auxiliary verb: essere **Past participle:** invecchiato **Gerund:** invecchiando
Imperative: (tu) invecchia (non invecchiare); (Lei) invecchi; (noi) invecchiamo; (voi) invecchiate; (Loro) invecchino

Mode	Simple Tenses		Compound Tenses	
	Singular	*Plural*	*Singular*	*Plural*
Indicative	**Present**		**Present Perfect**	
	invecchio	invecchiamo	sono invecchiato/a	siamo invecchiati/e
	invecchi	invecchiate	sei invecchiato/a	siete invecchiati/e
	invecchia	invecchiano	è invecchiato/a	sono invecchiati/e
	Imperfect		**Past Perfect**	
	invecchiavo	invecchiavamo	ero invecchiato/a	eravamo invecchiati/e
	invecchiavi	invecchiavate	eri invecchiato/a	eravate invecchiati/e
	invecchiava	invecchiavano	era invecchiato/a	erano invecchiati/e
	Past Definite		**Past Anterior**	
	invecchiai	invecchiammo	fui invecchiato/a	fummo invecchiati/e
	invecchiasti	invecchiaste	fosti invecchiato/a	foste invecchiati/e
	invecchiò	invecchiarono	fu invecchiato/a	furono invecchiati/e
	Future		**Future Perfect**	
	invecchierò	invecchieremo	sarò invecchiato/a	saremo invecchiati/e
	invecchierai	invecchierete	sarai invecchiato/a	sarete invecchiati/e
	invecchierà	invecchieranno	sarà invecchiato/a	saranno invecchiati/e
Subjunctive	**Present**		**Present Perfect**	
	invecchi	invecchiamo	sia invecchiato/a	siamo invecchiati/e
	invecchi	invecchiate	sia invecchiato/a	siate invecchiati/e
	invecchi	invecchino	sia invecchiato/a	siano invecchiati/e
	Imperfect		**Past Perfect**	
	invecchiassi	invecchiassimo	fossi invecchiato/a	fossimo invecchiati/e
	invecchiassi	invecchiaste	fossi invecchiato/a	foste invecchiati/e
	invecchiasse	invecchiassero	fosse invecchiato/a	fossero invecchiati/e
Conditional	**Present Conditional**		**Perfect Conditional**	
	invecchierei	invecchieremmo	sarei invecchiato/a	saremmo invecchiati/e
	invecchieresti	invecchiereste	saresti invecchiato/a	sareste invecchiati/e
	invecchierebbe	invecchierebbero	sarebbe invecchiato/a	sarebbero invecchiati/e

Note: When *invecchiare* is used with a direct object ("to age a wine"), use the auxiliary verb *avere* to form compound tenses.

EXAMPLES

Mio nonno è invecchiato bene.	My grandfather grew old gracefully.
Non sei invecchiato per niente!	You don't look a day older.
È un vino che invecchia bene.	It's a wine that ages well.
La barba lo invecchia.	His beard makes him look older.

inviare

to send

Auxiliary verb: avere **Past participle:** inviato **Gerund:** inviando
Imperative: (tu) invia (non inviare); (Lei) invii; (noi) inviamo; (voi) inviate; (Loro) inviino

Mode	Simple Tenses		Compound Tenses	
	Singular	*Plural*	*Singular*	*Plural*
Indicative	**Present**		**Present Perfect**	
	invio	inviamo	ho inviato	abbiamo inviato
	invii	inviate	hai inviato	avete inviato
	invia	inviano	ha inviato	hanno inviato
	Imperfect		**Past Perfect**	
	inviavo	inviavamo	avevo inviato	avevamo inviato
	inviavi	inviavate	avevi inviato	avevate inviato
	inviava	inviavano	aveva inviato	avevano inviato
	Past Definite		**Past Anterior**	
	inviai	inviammo	ebbi inviato	avemmo inviato
	inviasti	inviaste	avesti inviato	aveste inviato
	inviò	inviarono	ebbe inviato	ebbero inviato
	Future		**Future Perfect**	
	invierò	invieremo	avrò inviato	avremo inviato
	invierai	invierete	avrai inviato	avrete inviato
	invierà	invieranno	avrà inviato	avranno inviato
Subjunctive	**Present**		**Present Perfect**	
	invii	inviamo	abbia inviato	abbiamo inviato
	invii	inviate	abbia inviato	abbiate inviato
	invii	inviino	abbia inviato	abbiano inviato
	Imperfect		**Past Perfect**	
	inviassi	inviassimo	avessi inviato	avessimo inviato
	inviassi	inviaste	avessi inviato	aveste inviato
	inviasse	inviassero	avesse inviato	avessero inviato
Conditional	**Present Conditional**		**Perfect Conditional**	
	invierei	invieremmo	avrei inviato	avremmo inviato
	invieresti	inviereste	avresti inviato	avreste inviato
	invierebbe	invierebbero	avrebbe inviato	avrebbero inviato

Note: *Inviare* drops the *–i* in the *noi* form of the present tense, and in the *noi* and *voi* forms of the present subjunctive.

EXAMPLES

Ha inviato il denaro a Bruno.	He sent the money to Bruno.
Devo inviare un telegramma.	I have to send a telegram.
Dobbiamo inviare i documenti per fax o per posta?	Do we have to send the documents by fax or by post?
Invieranno soccorsi al più presto.	They will send aid as soon as possible.
Potresti inviargli le fotografie per posta elettronica?	Could you e-mail him the pictures?

invitare
to invite, to ask
Auxiliary verb: avere **Past participle:** invitato **Gerund:** invitando
Imperative: (tu) invita (non invitare); (Lei) inviti; (noi) invitiamo; (voi) invitate; (Loro) invitino

Mode	Simple Tenses		Compound Tenses	
	Singular	*Plural*	*Singular*	*Plural*
Indicative	**Present**		**Present Perfect**	
	invito	invitiamo	ho invitato	abbiamo invitato
	inviti	invitate	hai invitato	avete invitato
	invita	invitano	ha invitato	hanno invitato
	Imperfect		**Past Perfect**	
	invitavo	invitavamo	avevo invitato	avevamo invitato
	invitavi	invitavate	avevi invitato	avevate invitato
	invitava	invitavano	aveva invitato	avevano invitato
	Past Definite		**Past Anterior**	
	invitai	invitammo	ebbi invitato	avemmo invitato
	invitasti	invitaste	avesti invitato	aveste invitato
	invitò	invitarono	ebbe invitato	ebbero invitato
	Future		**Future Perfect**	
	inviterò	inviteremo	avrò invitato	avremo invitato
	inviterai	inviterete	avrai invitato	avrete invitato
	inviterà	inviteranno	avrà invitato	avranno invitato
Subjunctive	**Present**		**Present Perfect**	
	inviti	invitiamo	abbia invitato	abbiamo invitato
	inviti	invitiate	abbia invitato	abbiate invitato
	inviti	invitino	abbia invitato	abbiano invitato
	Imperfect		**Past Perfect**	
	invitassi	invitassimo	avessi invitato	avessimo invitato
	invitassi	invitaste	avessi invitato	aveste invitato
	invitasse	invitassero	avesse invitato	avessero invitato
Conditional	**Present Conditional**		**Perfect Conditional**	
	inviterei	inviteremmo	avrei invitato	avremmo invitato
	inviteresti	invitereste	avresti invitato	avreste invitato
	inviterebbe	inviterebbero	avrebbe invitato	avrebbero invitato

Note: *Invitare* requires the preposition *a* before an infinitive (see the last example below). As a reflexive verb *invitarsi* ("to invite oneself," "to invite each other," "to come uninvited") uses the reflexive pronouns *mi, ti, si, ci, vi, si*, as well as the auxiliary verb *essere*, to form compound tenses (see the fourth example below).

EXAMPLES

Ho invitato Marta a cena.	I invited Marta to dinner.
Quante persone inviterai al tuo matrimonio?	How many people are you going to invite to your wedding?
Siamo invitati da Barbara.	We are invited to Barbara's.
Si è invitato da solo.	He came uninvited.
I passeggeri sono invitati a rimanere seduti.	Passengers are kindly requested to remain seated.

iscriversi

to enroll, to join, to register

Auxiliary verb: essere **Past participle:** iscritto (si) **Gerund:** iscrivendo (si)

Imperative: (tu) iscriviti (non iscriverti); (Lei) si iscriva; (noi) iscriviamoci; (voi) iscrivetevi; (Loro) si iscrivano

Mode	Simple Tenses		Compound Tenses	
	Singular	*Plural*	*Singular*	*Plural*
Indicative	**Present**		**Present Perfect**	
	mi iscrivo	ci iscriviamo	mi sono iscritto/a	ci siamo iscritti/e
	ti iscrivi	vi iscrivete	ti sei iscritto/a	vi siete iscritti/e
	si iscrive	si iscrivono	si è iscritto/a	si sono iscritti/e
	Imperfect		**Past Perfect**	
	mi iscrivevo	ci iscrivevamo	mi ero iscritto/a	ci eravamo iscritti/e
	ti iscrivevi	vi iscrivevate	ti eri iscritto/a	vi eravate iscritti/e
	si iscriveva	si iscrivevano	si era iscritto/a	si erano iscritti/e
	Past Definite		**Past Anterior**	
	mi iscrissi	ci iscrivemmo	mi fui iscritto/a	ci fummo iscritti/e
	ti iscrivesti	vi iscriveste	ti fosti iscritto/a	vi foste iscritti/e
	si iscrisse	si iscrissero	si fu iscritto/a	si furono iscritti/e
	Future		**Future Perfect**	
	mi iscriverò	ci iscriveremo	mi sarò iscritto/a	ci saremo iscritti/e
	ti iscriverai	vi iscriverete	ti sarai iscritto/a	vi sarete iscritti/e
	si iscriverà	si iscriveranno	si sarà iscritto/a	si saranno iscritti/e
Subjunctive	**Present**		**Present Perfect**	
	mi iscriva	ci iscriviamo	mi sia iscritto/a	ci siamo iscritti/e
	ti iscriva	vi iscriviate	ti sia iscritto/a	vi siate iscritti/e
	si iscriva	si iscrivano	si sia iscritto/a	si siano iscritti/e
	Imperfect		**Past Perfect**	
	mi iscrivessi	ci iscrivessimo	mi fossi iscritto/a	ci fossimo iscritti/e
	ti iscrivessi	vi iscriveste	ti fossi iscritto/a	vi foste iscritti/e
	si iscrivesse	si iscrivessero	si fosse iscritto/a	si fossero iscritti/e
Conditional	**Present Conditional**		**Perfect Conditional**	
	mi iscriverei	ci iscriveremmo	mi sarei iscritto/a	ci saremmo iscritti/e
	ti iscriveresti	vi iscrivereste	ti saresti iscritto/a	vi sareste iscritti/e
	si iscriverebbe	si iscriverebbero	si sarebbe iscritto/a	si sarebbero iscritti/e

Note: *Iscrivere* ("to enter" or "to enroll") may be used nonreflexively with *avere* as its auxiliary verb to form compound tenses (see the fourth and fifth examples below).

EXAMPLES

Quanto ti iscrivi all'università?	When are you registering at the university?
Voglio iscrivermi a un corso di pittura.	I want to enroll in a painting course.
Si è iscritto ad un'associazione.	He joined an organization.
Ha iscritto il cavallo per la corsa.	He entered the horse for the race.
Ho iscritto Teresa al corso.	I enrolled Teresa in the course.

lamentarsi

to complain

Auxiliary verb: essere **Past participle:** lamentato (si) **Gerund:** lamentando (si)
Imperative: (tu) lamentati (non lamentarti); (Lei) si lamenti; (noi) lamentiamoci; (voi) lamentatevi; (Loro) si lamentino

Mode	Simple Tenses		Compound Tenses	
	Singular	*Plural*	*Singular*	*Plural*
Indicative	**Present**		**Present Perfect**	
	mi lamento	ci lamentiamo	mi sono lamentato/a	ci siamo lamentati/e
	ti lamenti	vi lamentate	ti sei lamentato/a	vi siete lamentati/e
	si lamenta	si lamentano	si è lamentato/a	si sono lamentati/e
	Imperfect		**Past Perfect**	
	mi lamentavo	ci lamentavamo	mi ero lamentato/a	ci eravamo lamentati/e
	ti lamentavi	vi lamentavate	ti eri lamentato/a	vi eravate lamentati/e
	si lamentava	si lamentavano	si era lamentato/a	si erano lamentati/e
	Past Definite		**Past Anterior**	
	mi lamentai	ci lamentammo	mi fui lamentato/a	ci fummo lamentati/e
	ti lamentasti	vi lamentaste	ti fosti lamentato/a	vi foste lamentati/e
	si lamentò	si lamentarono	si fu lamentato/a	si furono lamentati/e
	Future		**Future Perfect**	
	mi lamenterò	ci lamenteremo	mi sarò lamentato/a	ci saremo lamentati/e
	ti lamenterai	vi lamenterete	ti sarai lamentato/a	vi sarete lamentati/e
	si lamenterà	si lamenteranno	si sarà lamentato/a	si saranno lamentati/e
Subjunctive	**Present**		**Present Perfect**	
	mi lamenti	ci lamentiamo	mi sia lamentato/a	ci siamo lamentati/e
	ti lamenti	vi lamentiate	ti sia lamentato/a	vi siate lamentati/e
	si lamenti	si lamentino	si sia lamentato/a	si siano lamentati/e
	Imperfect		**Past Perfect**	
	mi lamentassi	ci lamentassimo	mi fossi lamentato/a	ci fossimo lamentati/e
	ti lamentassi	vi lamentaste	ti fossi lamentato/a	vi foste lamentati/e
	si lamentasse	si lamentassero	si fosse lamentato/a	si fossero lamentati/e
Conditional	**Present Conditional**		**Perfect Conditional**	
	mi lamenterei	ci lamenteremmo	mi sarei lamentato/a	ci saremmo lamentati/e
	ti lamenteresti	vi lamentereste	ti saresti lamentato/a	vi sareste lamentati/e
	si lamenterebbe	si lamenterebbero	si sarebbe lamentato/a	si sarebbero lamentati/e

Note: *Lamentare* ("to mourn") may be used nonreflexively with *avere* as its auxiliary verb (see the fourth example below). *Lamentarsi* requires the preposition *di* before an infinitive or a noun (see the second and the third examples below).

EXAMPLES

Il ferito si lamentava.	The wounded man was moaning.
Mi lamenterò del rumore con il direttore.	I'm going to complain about the noise to the manager.
Di che ti lamenti?	What are you complaining about?
Lamentiamo la prematura scomparsa di un amico.	We mourn the untimely death of a friend.

lanciare

to throw, to launch

Auxiliary verb: avere **Past participle:** lanciato **Gerund:** lanciando
Imperative: (tu) lancia (non lanciare); (Lei) lanci; (noi) lanciamo; (voi)
lanciate; (Loro) lancino

Mode	Simple Tenses		Compound Tenses	
	Singular	*Plural*	*Singular*	*Plural*
Indicative	**Present**		**Present Perfect**	
	lancio	lanciamo	ho lanciato	abbiamo lanciato
	lanci	lanciate	hai lanciato	avete lanciato
	lancia	lanciano	ha lanciato	hanno lanciato
	Imperfect		**Past Perfect**	
	lanciavo	lanciavamo	avevo lanciato	avevamo lanciato
	lanciavi	lanciavate	avevi lanciato	avevate lanciato
	lanciava	lanciavano	aveva lanciato	avevano lanciato
	Past Definite		**Past Anterior**	
	lanciai	lanciammo	ebbi lanciato	avemmo lanciato
	lanciasti	lanciaste	avesti lanciato	aveste lanciato
	lanciò	lanciarono	ebbe lanciato	ebbero lanciato
	Future		**Future Perfect**	
	lancerò	lanceremo	avrò lanciato	avremo lanciato
	lancerai	lancerete	avrai lanciato	avrete lanciato
	lancerà	lanceranno	avrà lanciato	avranno lanciato
Subjunctive	**Present**		**Present Perfect**	
	lanci	lanciamo	abbia lanciato	abbiamo lanciato
	lanci	lanciate	abbia lanciato	abbiate lanciato
	lanci	lancino	abbia lanciato	abbiano lanciato
	Imperfect		**Past Perfect**	
	lanciassi	lanciassimo	avessi lanciato	avessimo lanciato
	lanciassi	lanciaste	avessi lanciato	aveste lanciato
	lanciasse	lanciassero	avesse lanciato	avessero lanciato
Conditional	**Present Conditional**		**Perfect Conditional**	
	lancerei	lanceremmo	avrei lanciato	avremmo lanciato
	lanceresti	lancereste	avresti lanciato	avreste lanciato
	lancerebbe	lancerebbero	avrebbe lanciato	avrebbero lanciato

Note: As a reflexive verb *lanciarsi* ("to throw oneself") uses the reflexive pronouns *mi, ti, si, ci, vi, si,* as well as the auxiliary verb *essere,* to form compound tenses (see the last example below).

EXAMPLES

Ha lanciato sassi contro la macchina.

L'azienda lancerà un nuovo prodotto.

Il pompiere si è lanciato tra le fiamme.

He threw stones at the car.

The company will launch a new product.

The fireman threw himself into the flames.

lasciare
to leave, to allow
Auxiliary verb: avere **Past participle:** lasciato **Gerund:** lasciando
Imperative: (tu) lascia (non lasciare); (Lei) lasci; (noi) lasciamo; (voi) lasciate; (Loro) lascino

Mode	Simple Tenses		Compound Tenses	
	Singular	*Plural*	*Singular*	*Plural*
Indicative	**Present**		**Present Perfect**	
	lascio	lasciamo	ho lasciato	abbiamo lasciato
	lasci	lasciate	hai lasciato	avete lasciato
	lascia	lasciano	ha lasciato	hanno lasciato
	Imperfect		**Past Perfect**	
	lasciavo	lasciavamo	avevo lasciato	avevamo lasciato
	lasciavi	lasciavate	avevi lasciato	avevate lasciato
	lasciava	lasciavano	aveva lasciato	avevano lasciato
	Past Definite		**Past Anterior**	
	lasciai	lasciammo	ebbi lasciato	avemmo lasciato
	lasciasti	lasciaste	avesti lasciato	aveste lasciato
	lasciò	lasciarono	ebbe lasciato	ebbero lasciato
	Future		**Future Perfect**	
	lascerò	lasceremo	avrò lasciato	avremo lasciato
	lascerai	lascerete	avrai lasciato	avrete lasciato
	lascerà	lasceranno	avrà lasciato	avranno lasciato
Subjunctive	**Present**		**Present Perfect**	
	lasci	lasciamo	abbia lasciato	abbiamo lasciato
	lasci	lasciate	abbia lasciato	abbiate lasciato
	lasci	lascino	abbia lasciato	abbiano lasciato
	Imperfect		**Past Perfect**	
	lasciassi	lasciassimo	avessi lasciato	avessimo lasciato
	lasciassi	lasciaste	avessi lasciato	aveste lasciato
	lasciasse	lasciassero	avesse lasciato	avessero lasciato
Conditional	**Present Conditional**		**Perfect Conditional**	
	lascerei	lasceremmo	avrei lasciato	avremmo lasciato
	lasceresti	lascereste	avresti lasciato	avreste lasciato
	lascerebbe	lascerebbero	avrebbe lasciato	avrebbero lasciato

Note: *Lasciare* + infinitive means "to allow" or "to let something be done" (see the last three examples below). *Lasciare* may also be followed by *che* + subjunctive (see the fifth example below). As a reflexive verb *lasciarsi* ("to separate" or "to break up") uses the reflexive pronouns *mi, ti, si, ci, vi, si,* as well as the auxiliary verb *essere,* to form compound tenses (see the fourth example below).

EXAMPLES

Dobbiamo lasciare un deposito.	We have to leave a deposit.
Lascio sempre le chiavi in macchina!	I always leave the keys in the car!
La moglie l'ha lasciato dopo dieci anni.	His wife left him after ten years.
Si sono lasciati.	They broke up.
Lasciate che io dica una cosa!	Let me say one thing.
Lasciala cantare!	Let her sing!
Lascio il gatto andare fuori.	I let the cat go out.

laurearsi

to graduate (from college)

Auxiliary verb: essere **Past participle:** laureato (si) **Gerund:** laureando (si)
Imperative: (tu) laureati (non laurearti); (Lei) si laurei; (noi) laureia-
moci; (voi) laureatevi; (Loro) si laureino

Mode	Simple Tenses		Compound Tenses	
	Singular	*Plural*	*Singular*	*Plural*
	Present		**Present Perfect**	
Indicative	mi laureo	ci laureiamo	mi sono laureato/a	ci siamo laureati/e
	ti laurei	vi laureate	ti sei laureato/a	vi siete laureati/e
	si laurea	si laureano	si è laureato/a	si sono laureati/e
	Imperfect		**Past Perfect**	
	mi laureavo	ci laureavamo	mi ero laureato/a	ci eravamo laureati/e
	ti laureavi	vi laureavate	ti eri laureato/a	vi eravate laureati/e
	si laureava	si laureavano	si era laureato/a	si erano laureati/e
	Past Definite		**Past Anterior**	
	mi laureai	ci laureammo	mi fui laureato/a	ci fummo laureati/e
	ti laureasti	vi laureaste	ti fosti laureato/a	vi foste laureati/e
	si laureò	si laurearono	si fu laureato/a	si furono laureati/e
	Future		**Future Perfect**	
	mi laureerò	ci laureeremo	mi sarò laureato/a	ci saremo laureati/e
	ti laureerai	vi laureerete	ti sarai laureato/a	vi sarete laureati/e
	si laureerà	si laureeranno	si sarà laureato/a	si saranno laureati/e
Subjunctive	**Present**		**Present Perfect**	
	mi laurei	ci laureiamo	mi sia laureato/a	ci siamo laureati/e
	ti laurei	vi laureiate	ti sia laureato/a	vi siate laureati/e
	si laurei	si laureino	si sia laureato/a	si siano laureati/e
	Imperfect		**Past Perfect**	
	mi laureassi	ci laureassimo	mi fossi laureato/a	ci fossimo laureati/e
	ti laureassi	vi laureaste	ti fossi laureato/a	vi foste laureati/e
	si laureasse	si laureassero	si fosse laureato/a	si fossero laureati/e
Conditional	**Present Conditional**		**Perfect Conditional**	
	mi laureerei	ci laureeremmo	mi sarei laureato/a	ci saremmo laureati/e
	ti laureeresti	vi laureereste	ti saresti laureato/a	vi sareste laureati/e
	si laureerebbe	si laureerebbero	si sarebbe laureato/a	si sarebbero laureati/e

Note: For the meaning "to get a diploma from high school," see the verb *diplomarsi*.

EXAMPLES

Si laurea a Oxford.	He graduates from Oxford.
Si è laureato a pieni voti.	He graduated with honors.
Mi laureo in fisica.	I'm graduating with a degree in physics.
Si è laureato da poco.	He has just graduated.
Quando ti laurei?	When are you going to graduate?

lavare

to wash, to rinse

Auxiliary verb: avere **Past participle:** lavato **Gerund:** lavando
Imperative: (tu) lava (non lavare); (Lei) lavi; (noi) laviamo; (voi) lavate;
(Loro) lavino

Mode	Simple Tenses		Compound Tenses	
	Singular	*Plural*	*Singular*	*Plural*
Indicative	**Present**		**Present Perfect**	
	lavo	laviamo	ho lavato	abbiamo lavato
	lavi	lavate	hai lavato	avete lavato
	lava	lavano	ha lavato	hanno lavato
	Imperfect		**Past Perfect**	
	lavavo	lavavamo	avevo lavato	avevamo lavato
	lavavi	lavavate	avevi lavato	avevate lavato
	lavava	lavavano	aveva lavato	avevano lavato
	Past Definite		**Past Anterior**	
	lavai	lavammo	ebbi lavato	avemmo lavato
	lavasti	lavaste	avesti lavato	aveste lavato
	lavò	lavarono	ebbe lavato	ebbero lavato
	Future		**Future Perfect**	
	laverò	laveremo	avrò lavato	avremo lavato
	laverai	laverete	avrai lavato	avrete lavato
	laverà	laveranno	avrà lavato	avranno lavato
Subjunctive	**Present**		**Present Perfect**	
	lavi	laviamo	abbia lavato	abbiamo lavato
	lavi	laviate	abbia lavato	abbiate lavato
	lavi	lavino	abbia lavato	abbiano lavato
	Imperfect		**Past Perfect**	
	lavassi	lavassimo	avessi lavato	avessimo lavato
	lavassi	lavaste	avessi lavato	aveste lavato
	lavasse	lavassero	avesse lavato	avessero lavato
Conditional	**Present Conditional**		**Perfect Conditional**	
	laverei	laveremmo	avrei lavato	avremmo lavato
	laveresti	lavereste	avresti lavato	avreste lavato
	laverebbe	laverebbero	avrebbe lavato	avrebbero lavato

EXAMPLES

Devo lavare la macchina.	I have to wash my car.
Questa stoffa si lava facilmente.	This material washes easily.
Lava bene l'insalata!	Rinse the lettuce well!
Non mi piace lavare i piatti.	I don't like to wash the dishes.
Devo lavare e stirare.	I have to do the washing and ironing.
I miei nuovi pantaloni non possono essere lavati a mano, devono essere lavati a secco.	My new trousers cannot be handwashed, they must be dry-cleaned.

lavarsi

to wash, to brush

Auxiliary verb: essere **Past participle:** lavato (si) **Gerund:** lavando (si)
Imperative: (tu) lavati (non lavarti); (Lei) si lavi; (noi) laviamoci; (voi)
lavatevi; (Loro) si lavino

Mode	Simple Tenses		Compound Tenses	
	Singular	*Plural*	*Singular*	*Plural*
Indicative	**Present**		**Present Perfect**	
	mi lavo	ci laviamo	mi sono lavato/a	ci siamo lavati/e
	ti lavi	vi lavate	ti sei lavato/a	vi siete lavati/e
	si lava	si lavano	si è lavato/a	si sono lavati/e
	Imperfect		**Past Perfect**	
	mi lavavo	ci lavavamo	mi ero lavato/a	ci eravamo lavati/e
	ti lavavi	vi lavavate	ti eri lavato/a	vi eravate lavati/e
	si lavava	si lavavano	si era lavato/a	si erano lavati/e
	Past Definite		**Past Anterior**	
	mi lavai	ci lavammo	mi fui lavato/a	ci fummo lavati/e
	ti lavasti	vi lavaste	ti fosti lavato/a	vi foste lavati/e
	si lavò	si lavarono	si fu lavato/a	si furono lavati/e
	Future		**Future Perfect**	
	mi laverò	ci laveremo	mi sarò lavato/a	ci saremo lavati/e
	ti laverai	vi laverete	ti sarai lavato/a	vi sarete lavati/e
	si laverà	si laveranno	si sarà lavato/a	si saranno lavati/e
Subjunctive	**Present**		**Present Perfect**	
	mi lavi	ci laviamo	mi sia lavato/a	ci siamo lavati/e
	ti lavi	vi laviate	ti sia lavato/a	vi siate lavati/e
	si lavi	si lavino	si sia lavato/a	si siano lavati/e
	Imperfect		**Past Perfect**	
	mi lavassi	ci lavassimo	mi fossi lavato/a	ci fossimo lavati/e
	ti lavassi	vi lavaste	ti fossi lavato/a	vi foste lavati/e
	si lavasse	si lavassero	si fosse lavato/a	si fossero lavati/e
Conditional	**Present Conditional**		**Perfect Conditional**	
	mi laverei	ci laveremmo	mi sarei lavato/a	ci saremmo lavati/e
	ti laveresti	vi lavereste	ti saresti lavato/a	vi sareste lavati/e
	si laverebbe	si laverebbero	si sarebbe lavato/a	si sarebbero lavati/e

Note: When the action refers back to "part of oneself," the reflexive meaning is expressed in English by a possessive adjective. In Italian sentences, the reflexive verb is used without a possessive adjective (see the fifth and sixth examples below).

EXAMPLES

Lavati le mani!	Wash your hands!
Si lava i capelli tutti i giorni.	He washes his hair every day.
Si lava poco.	He doesn't wash up often.
Mi devo lavare e vestire.	I have to wash up and get dressed.
Mi sono lavato i capelli.	I washed my hair.
Ti sei lavato i denti?	Did you brush your teeth?

lavorare

to work

Auxiliary verb: avere **Past participle:** lavorato **Gerund:** lavorando
Imperative: (tu) lavora (non lavorare); (Lei) lavori; (noi) lavoriamo; (voi) lavorate; (Loro) lavorino

Mode	Simple Tenses		Compound Tenses	
	Singular	*Plural*	*Singular*	*Plural*
Indicative	**Present**		**Present Perfect**	
	lavoro	lavoriamo	ho lavorato	abbiamo lavorato
	lavori	lavorate	hai lavorato	avete lavorato
	lavora	lavorano	ha lavorato	hanno lavorato
	Imperfect		**Past Perfect**	
	lavoravo	lavoravamo	avevo lavorato	avevamo lavorato
	lavoravi	lavoravate	avevi lavorato	avevate lavorato
	lavorava	lavoravano	aveva lavorato	avevano lavorato
	Past Definite		**Past Anterior**	
	lavorai	lavorammo	ebbi lavorato	avemmo lavorato
	lavorasti	lavoraste	avesti lavorato	aveste lavorato
	lavorò	lavorarono	ebbe lavorato	ebbero lavorato
	Future		**Future Perfect**	
	lavorerò	lavoreremo	avrò lavorato	avremo lavorato
	lavorerai	lavorerete	avrai lavorato	avrete lavorato
	lavorerà	lavoreranno	avrà lavorato	avranno lavorato
Subjunctive	**Present**		**Present Perfect**	
	lavori	lavoriamo	abbia lavorato	abbiamo lavorato
	lavori	lavoriate	abbia lavorato	abbiate lavorato
	lavori	lavorino	abbia lavorato	abbiano lavorato
	Imperfect		**Past Perfect**	
	lavorassi	lavorassimo	avessi lavorato	avessimo lavorato
	lavorassi	lavoraste	avessi lavorato	aveste lavorato
	lavorasse	lavorassero	avesse lavorato	avessero lavorato
Conditional	**Present Conditional**		**Perfect Conditional**	
	lavorerei	lavoreremmo	avrei lavorato	avremmo lavorato
	lavoreresti	lavorereste	avresti lavorato	avreste lavorato
	lavorerebbe	lavorerebbero	avrebbe lavorato	avrebbero lavorato

Note: For the meaning "to work" (the opposite of being broken, when referring to machines, systems, and so on), refer to the verb *funzionare*.

EXAMPLES

Lavorava come commesso.	He used to work as a clerk.
Lavoro da un anno a tempo pieno presso un albergo.	I have been working full-time for a year at a hotel.
Non vogliamo lavorare al nero.	We don't want to work illegally.
Ha lavorato molto.	He worked hard.
Penso che lui lavori troppo.	I think he works too much.
Sta lavorando alla sua tesi.	She is working on her dissertation.

legare
to tie

Auxiliary verb: avere **Past participle:** legato **Gerund:** legando
Imperative: (tu) lega (non legare); (Lei) leghi; (noi) leghiamo; (voi) legate; (Loro) leghino

Mode	Simple Tenses		Compound Tenses	
	Singular	*Plural*	*Singular*	*Plural*
Indicative	**Present**		**Present Perfect**	
	lego	leghiamo	ho legato	abbiamo legato
	leghi	legate	hai legato	avete legato
	lega	legano	ha legato	hanno legato
	Imperfect		**Past Perfect**	
	legavo	legavamo	avevo legato	avevamo legato
	legavi	legavate	avevi legato	avevate legato
	legava	legavano	aveva legato	avevano legato
	Past Definite		**Past Anterior**	
	legai	legammo	ebbi legato	avemmo legato
	legasti	legaste	avesti legato	aveste legato
	legò	legarono	ebbe legato	ebbero legato
	Future		**Future Perfect**	
	legherò	legheremo	avrò legato	avremo legato
	legherai	legherete	avrai legato	avrete legato
	legherà	legheranno	avrà legato	avranno legato
Subjunctive	**Present**		**Present Perfect**	
	leghi	leghiamo	abbia legato	abbiamo legato
	leghi	leghiate	abbia legato	abbiate legato
	leghi	leghino	abbia legato	abbiano legato
	Imperfect		**Past Perfect**	
	legassi	legassimo	avessi legato	avessimo legato
	legassi	legaste	avessi legato	aveste legato
	legasse	legassero	avesse legato	avessero legato
Conditional	**Present Conditional**		**Perfect Conditional**	
	legherei	legheremmo	avrei legato	avremmo legato
	legheresti	leghereste	avresti legato	avreste legato
	legherebbe	legherebbero	avrebbe legato	avrebbero legato

Note: As a reflexive verb *legarsi* ("to tie" or "to bind") uses the reflexive pronouns *mi, ti, si, ci, vi, si*, as well as the auxiliary verb *essere*, to form compound tenses (see the sixth example below).

EXAMPLES

I ladri hanno legato l'uomo mani e piedi.	The thieves tied the man hand and foot.
Prima lego l'arrosto.	First I tie up the roast.
Non riesco a legare con i colleghi.	I don't get along well with my colleagues.
Paolo e Chiara hanno legato subito.	Paolo and Chiara hit it off immediately.
Questo vino lega bene con gli spaghetti.	This wine goes well with the spaghetti.
Mi lego i capelli.	I tie back my hair.

leggere
to read
Auxiliary verb: avere **Past participle:** letto   **Gerund:** leggendo
Imperative: (tu) leggi (non leggere); (Lei) legga; (noi) leggiamo; (voi) leggete; (Loro) leggano

Mode	Simple Tenses		Compound Tenses	
	Singular	*Plural*	*Singular*	*Plural*
Indicative	**Present**		**Present Perfect**	
	leggo	leggiamo	ho letto	abbiamo letto
	leggi	leggete	hai letto	avete letto
	legge	leggono	ha letto	hanno letto
	Imperfect		**Past Perfect**	
	leggevo	leggevamo	avevo letto	avevamo letto
	leggevi	leggevate	avevi letto	avevate letto
	leggeva	leggevano	aveva letto	avevano letto
	Past Definite		**Past Anterior**	
	lessi	leggemmo	ebbi letto	avemmo letto
	leggesti	leggeste	avesti letto	aveste letto
	lesse	lessero	ebbe letto	ebbero letto
	Future		**Future Perfect**	
	leggerò	leggeremo	avrò letto	avremo letto
	leggerai	leggerete	avrai letto	avrete letto
	leggerà	leggeranno	avrà letto	avranno letto
Subjunctive	**Present**		**Present Perfect**	
	legga	leggiamo	abbia letto	abbiamo letto
	legga	leggiate	abbia letto	abbiate letto
	legga	leggano	abbia letto	abbiano letto
	Imperfect		**Past Perfect**	
	leggessi	leggessimo	avessi letto	avessimo letto
	leggessi	leggeste	avessi letto	aveste letto
	leggesse	leggessero	avesse letto	avessero letto
Conditional	**Present Conditional**		**Perfect Conditional**	
	leggerei	leggeremmo	avrei letto	avremmo letto
	leggeresti	leggereste	avresti letto	avreste letto
	leggerebbe	leggerebbero	avrebbe letto	avrebbero letto

EXAMPLES

Ho imparato a leggere molto presto.	I learned to read very early on.
Lui legge romanzi gialli.	He reads crime novels.
Da giovane leggevo romanzi rosa.	When I was young, I used to read romance novels.
Hai letto il libro che ti ho prestato?	Have you read the book I loaned you?
Ho letto la fiaba al bambino.	I read the fairy tale to the boy.
Stiamo leggendo *La Divina Commedia*.	We are reading *The Divine Comedy*.
Leggi il brano ad alta voce.	Read the passage aloud.

levarsi

to rise

Auxiliary verb: essere **Past participle:** levato (si) **Gerund:** levando (si)
Imperative: (tu) levati (non levarti); (Lei) si levi; (noi) leviamoci; (voi)
levatevi; (Loro) si levino

Mode	Simple Tenses		Compound Tenses	
	Singular	*Plural*	*Singular*	*Plural*
Indicative	**Present**		**Present Perfect**	
	mi levo	ci leviamo	mi sono levato/a	ci siamo levati/e
	ti levi	vi levate	ti sei levato/a	vi siete levati/e
	si leva	si levano	si è levato/a	si sono levati/e
	Imperfect		**Past Perfect**	
	mi levavo	ci levavamo	mi ero levato/a	ci eravamo levati/e
	ti levavi	vi levavate	ti eri levato/a	vi eravate levati/e
	si levava	si levavano	si era levato/a	si erano levati/e
	Past Definite		**Past Anterior**	
	mi levai	ci levammo	mi fui levato/a	ci fummo levati/e
	ti levasti	vi levaste	ti fosti levato/a	vi foste levati/e
	si levò	si levarono	si fu levato/a	si furono levati/e
	Future		**Future Perfect**	
	mi leverò	ci leveremo	mi sarò levato/a	ci saremo levati/e
	ti leverai	vi leverete	ti sarai levato/a	vi sarete levati/e
	si leverà	si leveranno	si sarà levato/a	si saranno levati/e
Subjunctive	**Present**		**Present Perfect**	
	mi levi	ci leviamo	mi sia levato/a	ci siamo levati/e
	ti levi	vi leviate	ti sia levato/a	vi siate levati/e
	si levi	si levino	si sia levato/a	si siano levati/e
	Imperfect		**Past Perfect**	
	mi levassi	ci levassimo	mi fossi levato/a	ci fossimo levati/e
	ti levassi	vi levaste	ti fossi levato/a	vi foste levati/e
	si levasse	si levassero	si fosse levato/a	si fossero levati/e
Conditional	**Present Conditional**		**Perfect Conditional**	
	mi leverei	ci leveremmo	mi sarei levato/a	ci saremmo levati/e
	ti leveresti	vi levereste	ti saresti levato/a	vi sareste levati/e
	si leverebbe	si leverebbero	si sarebbe levato/a	si sarebbero levati/e

Note: *Levare* ("to raise") may be used nonreflexively with *avere* as its auxiliary verb (see the
fifth example below). *Levarsi di torno* is used informally to mean "to get out of the way" (see
the sixth example below).

EXAMPLES

Il popolo si levò contro il tiranno.	The people rose up agaist the tyrant.
Il sole si leva alle cinque.	The sun rises at five.
Un urlo si è levato dalla folla.	A shout rose from the crowd.
S'è levato un gelido vento.	An icy wind has risen.
I lavoratori hanno levato la protesta.	The employees raised the protest.
Levati di lì!	Get out of the way!

licenziare
to fire

Auxiliary verb: avere **Past participle:** licenziato **Gerund:** licenziando
Imperative: (tu) licenzia (non licenziare); (Lei) licenzi; (noi) licenziamo;
(voi) licenziate; (Loro) licenzino

Mode	Simple Tenses		Compound Tenses	
	Singular	*Plural*	*Singular*	*Plural*
Indicative	**Present**		**Present Perfect**	
	licenzio	licenziamo	ho licenziato	abbiamo licenziato
	licenzi	licenziate	hai licenziato	avete licenziato
	licenzia	licenziano	ha licenziato	hanno licenziato
	Imperfect		**Past Perfect**	
	licenziavo	licenziavamo	avevo licenziato	avevamo licenziato
	licenziavi	licenziavate	avevi licenziato	avevate licenziato
	licenziava	licenziavano	aveva licenziato	avevano licenziato
	Past Definite		**Past Anterior**	
	licenziai	licenziammo	ebbi licenziato	avemmo licenziato
	licenziasti	licenziaste	avesti licenziato	aveste licenziato
	licenziò	licenziarono	ebbe licenziato	ebbero licenziato
	Future		**Future Perfect**	
	licenzierò	licenzieremo	avrò licenziato	avremo licenziato
	licenzierai	licenzierete	avrai licenziato	avrete licenziato
	licenzierà	licenzieranno	avrà licenziato	avranno licenziato
Subjunctive	**Present**		**Present Perfect**	
	licenzi	licenziamo	abbia licenziato	abbiamo licenziato
	licenzi	licenziate	abbia licenziato	abbiate licenziato
	licenzi	licenzino	abbia licenziato	abbiano licenziato
	Imperfect		**Past Perfect**	
	licenziassi	licenziassimo	avessi licenziato	avessimo licenziato
	licenziassi	licenziaste	avessi licenziato	aveste licenziato
	licenziasse	licenziassero	avesse licenziato	avessero licenziato
Conditional	**Present Conditional**		**Perfect Conditional**	
	licenzierei	licenzieremmo	avrei licenziato	avremmo licenziato
	licenzieresti	licenziereste	avresti licenziato	avreste licenziato
	licenzierebbe	licenzierebbero	avrebbe licenziato	avrebbero licenziato

Note: As a reflexive verb *licenziarsi* ("to leave one's job" or "to quit") uses the reflexive pronouns *mi, ti, si, ci, vi, si*, as well as the auxiliary verb *essere*, to form compound tenses (see the fourth example below).

EXAMPLES

Il direttore ha licenziato il dipendente in tronco.	The manager fired the employee on the spot.
il diritto di assumere e licenziare	the right to hire and fire
Sono stato licenziato senza preavviso.	I was fired without notice.
Si è licenziato due settimane fa.	He quit two weeks ago.

litigare

to argue, to fight, to quarrel

Auxiliary verb: avere **Past participle:** litigato **Gerund:** litigando
Imperative: (tu) litiga (non litigare); (Lei) litighi; (noi) litighiamo; (voi)
litigate; (Loro) litighino

Mode	Simple Tenses		Compound Tenses	
	Singular	*Plural*	*Singular*	*Plural*
Indicative	**Present**		**Present Perfect**	
	litigo	litighiamo	ho litigato	abbiamo litigato
	litighi	litigate	hai litigato	avete litigato
	litiga	litigano	ha litigato	hanno litigato
	Imperfect		**Past Perfect**	
	litigavo	litigavamo	avevo litigato	avevamo litigato
	litigavi	litigavate	avevi litigato	avevate litigato
	litigava	litigavano	aveva litigato	avevano litigato
	Past Definite		**Past Anterior**	
	litigai	litigammo	ebbi litigato	avemmo litigato
	litigasti	litigaste	avesti litigato	aveste litigato
	litigò	litigarono	ebbe litigato	ebbero litigato
	Future		**Future Perfect**	
	litigherò	litigheremo	avrò litigato	avremo litigato
	litigherai	litigherete	avrai litigato	avrete litigato
	litigherà	litigheranno	avrà litigato	avranno litigato
Subjunctive	**Present**		**Present Perfect**	
	litighi	litighiamo	abbia litigato	abbiamo litigato
	litighi	litighiate	abbia litigato	abbiate litigato
	litighi	litighino	abbia litigato	abbiano litigato
	Imperfect		**Past Perfect**	
	litigassi	litigassimo	avessi litigato	avessimo litigato
	litigassi	litigaste	avessi litigato	aveste litigato
	litigasse	litigassero	avesse litigato	avessero litigato
Conditional	**Present Conditional**		**Perfect Conditional**	
	litigherei	litigheremmo	avrei litigato	avremmo litigato
	litigheresti	litighereste	avresti litigato	avreste litigato
	litigherebbe	litigherebbero	avrebbe litigato	avrebbero litigato

Note: As a reflexive verb *litigarsi* ("to wrangle about," "to contend") uses the reflexive pronouns *ci, vi, si,* as well as the auxiliary verb *essere,* to form compound tenses (see the last example below).

EXAMPLES

Hanno litigato per questioni di denaro.	They argued about money.
Da piccola litigavo sempre con mia sorella.	When I was a child, I used to quarrel with my sister.
È un tipo che litiga con tutti.	He argues with everyone.
Smettete di litigare!	Stop fighting!
Si litigano (per) l'automobile.	They are wrangling about the car.

macchiare

to stain, to spot, to dirty

Auxiliary verb: avere **Past participle:** macchiato **Gerund:** macchiando
Imperative: (tu) macchia (non macchiare); (Lei) macchi; (noi) macchiamo; (voi) macchiate; (Loro) macchino

Mode	Simple Tenses		Compound Tenses	
	Singular	*Plural*	*Singular*	*Plural*
Indicative	**Present**		**Present Perfect**	
	macchio	macchiamo	ho macchiato	abbiamo macchiato
	macchi	macchiate	hai macchiato	avete macchiato
	macchia	macchiano	ha macchiato	hanno macchiato
	Imperfect		**Past Perfect**	
	macchiavo	macchiavamo	avevo macchiato	avevamo macchiato
	macchiavi	macchiavate	avevi macchiato	avevate macchiato
	macchiava	macchiavano	aveva macchiato	avevano macchiato
	Past Definite		**Past Anterior**	
	macchiai	macchiammo	ebbi macchiato	avemmo macchiato
	macchiasti	macchiaste	avesti macchiato	aveste macchiato
	macchiò	macchiarono	ebbe macchiato	ebbero macchiato
	Future		**Future Perfect**	
	macchierò	macchieremo	avrò macchiato	avremo macchiato
	macchierai	macchierete	avrai macchiato	avrete macchiato
	macchierà	macchieranno	avrà macchiato	avranno macchiato
Subjunctive	**Present**		**Present Perfect**	
	macchi	macchiamo	abbia macchiato	abbiamo macchiato
	macchi	macchiate	abbia macchiato	abbiate macchiato
	macchi	macchino	abbia macchiato	abbiano macchiato
	Imperfect		**Past Perfect**	
	macchiassi	macchiassimo	avessi macchiato	avessimo macchiato
	macchiassi	macchiaste	avessi macchiato	aveste macchiato
	macchiasse	macchiassero	avesse macchiato	avessero macchiato
Conditional	**Present Conditional**		**Perfect Conditional**	
	macchierei	macchieremmo	avrei macchiato	avremmo macchiato
	macchieresti	macchiereste	avresti macchiato	avreste macchiato
	macchierebbe	macchierebbero	avrebbe macchiato	avrebbero macchiato

Note: As a reflexive verb *macchiarsi* ("to get a stain," "to be stained," or "to get dirty") uses the reflexive pronouns *mi, ti, si, ci, vi, si,* as well as the auxiliary verb *essere,* to form compound tenses (see the second, third, and fourth examples below). When the action refers back to oneself or to "part of oneself," the reflexive meaning is expressed in English by a possessive adjective. In Italian sentences, the reflexive verb is used without a possessive adjective (see the second example below).

EXAMPLES

Ho macchiato la tovaglia di vino.	I have stained the tablecloth with wine.
Mi sono macchiato la cravatta.	I've stained my tie.
Ti sei macchiato di sugo.	You've got a sauce stain.
Si è macchiato il divano.	The sofa has been stained.
Hai macchiato tutto il vestito.	You have gotten your dress dirty.
Mi macchia il caffè per favore?	Can you add a dash of milk to my coffee?

maledire

to curse

Auxiliary verb: avere **Past participle:** maledetto **Gerund:** maledicendo
Imperative: (tu) maledici (non maledire); (Lei) maledica; (noi) maledi-
ciamo; (voi) maledite; (Loro) maledicano

Mode	Simple Tenses		Compound Tenses	
	Singular	*Plural*	*Singular*	*Plural*
Indicative	**Present**		**Present Perfect**	
	maledico	malediciamo	ho maledetto	abbiamo maledetto
	maledici	maledite	hai maledetto	avete maledetto
	maledice	maledicono	ha maledetto	hanno maledetto
	Imperfect		**Past Perfect**	
	maledicevo	maledicevamo	avevo maledetto	avevamo maledetto
	maledicevi	maledicevate	avevi maledetto	avevate maledetto
	malediceva	maledicevano	aveva maledetto	avevano maledetto
	Past Definite		**Past Anterior**	
	maledissi	maledicemmo	ebbi maledetto	avemmo maledetto
	maledicesti	maprotediceste	avesti maledetto	aveste maledetto
	maledisse	maledissero	ebbe maledetto	ebbero maledetto
	Future		**Future Perfect**	
	maledirò	malediremo	avrò maledetto	avremo maledetto
	maledirai	maledirete	avrai maledetto	avrete maledetto
	maledirà	malediranno	avrà maledetto	avranno maledetto
Subjunctive	**Present**		**Present Perfect**	
	maledica	malediciamo	abbia maledetto	abbiamo maledetto
	maledica	malediciate	abbia maledetto	abbiate maledetto
	maledica	maledicano	abbia maledetto	abbiano maledetto
	Imperfect		**Past Perfect**	
	maledicessi	maledicessimo	avessi maledetto	avessimo maledetto
	maledicessi	malediceste	avessi maledetto	aveste maledetto
	maledicesse	maledicessero	avesse maledetto	avessero maledetto
Conditional	**Present Conditional**		**Perfect Conditional**	
	maledirei	malediremmo	avrei maledetto	avremmo maledetto
	malediresti	maledireste	avresti maledetto	avreste maledetto
	maledirebbe	maledirebbero	avrebbe maledetto	avrebbero maledetto

Note: *Maledire* is a compound verb of *dire*. It conjugates like *dire* except for the imperative.
Popular forms of the imperfect are also *maledivo* and *maledivi;* popular forms of the past
definite are *maledii* and *maledisti.*

EXAMPLES

La strega maledisse il cavaliere.	The witch cursed the knight.
Ho maledetto il giorno in cui l'ho incontrato!	I cursed the day I met him!
Malediceva il proprio destino.	He used to curse his fate.

mancare

to miss, to lack, to be missing
Auxiliary verb: avere **Past participle:** mancato **Gerund:** mancando
Imperative: (tu) manca (non mancare); (Lei) manchi; (noi) manchiamo;
(voi) mancate; (Loro) manchino

Mode	Simple Tenses		Compound Tenses	
	Singular	*Plural*	*Singular*	*Plural*
Indicative	**Present**		**Present Perfect**	
	manco	manchiamo	ho mancato	abbiamo mancato
	manchi	mancate	hai mancato	avete mancato
	manca	**mancano**	ha mancato	hanno mancato
	Imperfect		**Past Perfect**	
	mancavo	mancavamo	avevo mancato	avevamo mancato
	mancavi	mancavate	avevi mancato	avevate mancato
	mancava	**mancavano**	aveva mancato	avevano mancato
	Past Definite		**Past Anterior**	
	mancai	mancammo	ebbi mancato	avemmo mancato
	mancasti	mancaste	avesti mancato	aveste mancato
	mancò	**mancarono**	ebbe mancato	ebbero mancato
	Future		**Future Perfect**	
	mancherò	mancheremo	avrò mancato	avremo mancato
	mancherai	mancherete	avrai mancato	avrete mancato
	mancherà	**mancheranno**	avrà mancato	avranno mancato
Subjunctive	**Present**		**Present Perfect**	
	manchi	manchiamo	abbia mancato	abbiamo mancato
	manchi	manchiate	abbia mancato	abbiate mancato
	manchi	**manchino**	abbia mancato	abbiano mancato
	Imperfect		**Past Perfect**	
	mancassi	mancassimo	avessi mancato	avessimo mancato
	mancassi	mancaste	avessi mancato	aveste mancato
	mancasse	**mancassero**	avesse mancato	avessero mancato
Conditional	**Present Conditional**		**Perfect Conditional**	
	mancherei	mancheremmo	avrei mancato	avremmo mancato
	mancheresti	manchereste	avresti mancato	avreste mancato
	mancherebbe	**mancherebbero**	avrebbe mancato	avrebbero mancato

Note: This verb has two conjugations. It can be conjugated as a regular verb as above. Or it can be conjugated as *piacere*, in which case it means "to miss" or "to lack" and is used in the third-person singular and plural (bold) with the indirect pronouns *mi, ti, gli/le, ci, vi* (for example, *mi manca[no], mi è mancato/a, mi sono mancati/e, mi mancava[no], mi mancherebbe[ro]*). Refer to the Verb Usage Review and the last three examples below.

EXAMPLES

Manchi di saggezza.	You lack wisdom.
Mancano due pagine.	Two pages are missing.
Mi manca Marco.	I miss Marco.
Ti mancano i bambini.	You miss the children.
Gli manca la sua ragazza.	He misses his girlfriend.

mandare

to send, to give off

Auxiliary verb: avere **Past participle:** mandato **Gerund:** mandando

Imperative: (tu) manda (non mandare); (Lei) mandi; (noi) mandiamo; (voi) mandate; (Loro) mandino

Mode	Simple Tenses		Compound Tenses	
	Singular	*Plural*	*Singular*	*Plural*
	Present		**Present Perfect**	
Indicative	mando	mandiamo	ho mandato	abbiamo mandato
	mandi	mandate	hai mandato	avete mandato
	manda	mandano	ha mandato	hanno mandato
	Imperfect		**Past Perfect**	
	mandavo	mandavamo	avevo mandato	avevamo mandato
	mandavi	mandavate	avevi mandato	avevate mandato
	mandava	mandavano	aveva mandato	avevano mandato
	Past Definite		**Past Anterior**	
	mandai	mandammo	ebbi mandato	avemmo mandato
	mandasti	mandaste	avesti mandato	aveste mandato
	mandò	mandarono	ebbe mandato	ebbero mandato
	Future		**Future Perfect**	
	manderò	manderemo	avrò mandato	avremo mandato
	manderai	manderete	avrai mandato	avrete mandato
	manderà	manderanno	avrà mandato	avranno mandato
Subjunctive	**Present**		**Present Perfect**	
	mandi	mandiamo	abbia mandato	abbiamo mandato
	mandi	mandiate	abbia mandato	abbiate mandato
	mandi	mandino	abbia mandato	abbiano mandato
	Imperfect		**Past Perfect**	
	mandassi	mandassimo	avessi mandato	avessimo mandato
	mandassi	mandaste	avessi mandato	aveste mandato
	mandasse	mandassero	avesse mandato	avessero mandato
Conditional	**Present Conditional**		**Perfect Conditional**	
	manderei	manderemmo	avrei mandato	avremmo mandato
	manderesti	mandereste	avresti mandato	avreste mandato
	manderebbe	manderebbero	avrebbe mandato	avrebbero mandato

Note: *Mandare* takes an indirect object (see the first example below). *Mandare* requires the preposition *a* before an infinitive (see the second and third examples below).

EXAMPLES

Mando il telegramma a loro.	I'm sending them the telegram.
Hanno mandato il bambino a prendere il latte.	They sent the boy to get the milk.
Manderò a chiamare Simona.	I'll send for Simona.
Il tubo manda cattivo odore.	The tube is giving off a bad smell.
Piove che Dio la manda.	It's pouring rain.

mangiare

to eat

Auxiliary verb: avere **Past participle:** mangiato **Gerund:** mangiando
Imperative: (tu) mangia (non mangiare); (Lei) mangi; (noi) mangiamo;
(voi) mangiate; (Loro) mangino

Mode	Simple Tenses		Compound Tenses	
	Singular	*Plural*	*Singular*	*Plural*
	Present		**Present Perfect**	
Indicative	mangio	mangiamo	ho mangiato	abbiamo mangiato
	mangi	mangiate	hai mangiato	avete mangiato
	mangia	mangiano	ha mangiato	hanno mangiato
	Imperfect		**Past Perfect**	
	mangiavo	mangiavamo	avevo mangiato	avevamo mangiato
	mangiavi	mangiavate	avevi mangiato	avevate mangiato
	mangiava	mangiavano	aveva mangiato	avevano mangiato
	Past Definite		**Past Anterior**	
	mangiai	mangiammo	ebbi mangiato	avemmo mangiato
	mangiasti	mangiaste	avesti mangiato	aveste mangiato
	mangiò	mangiarono	ebbe mangiato	ebbero mangiato
	Future		**Future Perfect**	
	mangerò	mangeremo	avrò mangiato	avremo mangiato
	mangerai	mangerete	avrai mangiato	avrete mangiato
	mangerà	mangeranno	avrà mangiato	avranno mangiato
Subjunctive	**Present**		**Present Perfect**	
	mangi	mangiamo	abbia mangiato	abbiamo mangiato
	mangi	mangiate	abbia mangiato	abbiate mangiato
	mangi	mangino	abbia mangiato	abbiano mangiato
	Imperfect		**Past Perfect**	
	mangiassi	mangiassimo	avessi mangiato	avessimo mangiato
	mangiassi	mangiaste	avessi mangiato	aveste mangiato
	mangiasse	mangiassero	avesse mangiato	avessero mangiato
Conditional	**Present Conditional**		**Perfect Conditional**	
	mangerei	mangeremmo	avrei mangiato	avremmo mangiato
	mangeresti	mangereste	avresti mangiato	avreste mangiato
	mangerebbe	mangerebbero	avrebbe mangiato	avrebbero mangiato

Note: Like *mangiare*, all verbs ending in *–ciate* and *–giare* keep the *–i* when the ending starts with *–a* or *–o*. They drop the *-i* when the ending starts with *-e* or *-i*. For the meaning "to eat breakfast," use *fare colazione;* for the meaning "to eat lunch," use *pranzare;* for the meaning "to eat dinner," use *cenare.*

EXAMPLES

Lui mangia come un lupo.	He eats like a horse.
Ieri ho mangiato fuori al ristorante.	Yesterday I ate out at the restaurant.
I bambini mangiavano di tutto.	The kids used to eat anything.
Dopo mangiato	After a meal (after lunch, after dinner)
Che cosa stai mangiando?	What are you eating?

manifestare

to demonstrate, to show

Auxiliary verb: avere **Past participle:** manifestato **Gerund:** manifestando

Imperative: (tu) manifesta (non manifestare); (Lei) manifesti; (noi) manifestiamo; (voi) manifestate; (Loro) manifestino

Mode	Simple Tenses		Compound Tenses	
	Singular	*Plural*	*Singular*	*Plural*
Indicative	**Present**		**Present Perfect**	
	manifesto	manifestiamo	ho manifestato	abbiamo manifestato
	manifesti	manifestate	hai manifestato	avete manifestato
	manifesta	manifestano	ha manifestato	hanno manifestato
	Imperfect		**Past Perfect**	
	manifestavo	manifestavamo	avevo manifestato	avevamo manifestato
	manifestavi	manifestavate	avevi manifestato	avevate manifestato
	manifestava	manifestavano	aveva manifestato	avevano manifestato
	Past Definite		**Past Anterior**	
	manifestai	manifestammo	ebbi manifestato	avemmo manifestato
	manifestasti	manifestaste	avesti manifestato	aveste manifestato
	manifestò	manifestarono	ebbe manifestato	ebbero manifestato
	Future		**Future Perfect**	
	manifesterò	manifesteremo	avrò manifestato	avremo manifestato
	manifesterai	manifesterete	avrai manifestato	avrete manifestato
	manifesterà	manifesteranno	avrà manifestato	avranno manifestato
Subjunctive	**Present**		**Present Perfect**	
	manifesti	manifestiamo	abbia manifestato	abbiamo manifestato
	manifesti	manifestiate	abbia manifestato	abbiate manifestato
	manifesti	manifestino	abbia manifestato	abbiano manifestato
	Imperfect		**Past Perfect**	
	manifestassi	manifestassimo	avessi manifestato	avessimo manifestato
	manifestassi	manifestaste	avessi manifestato	aveste manifestato
	manifestasse	manifestassero	avesse manifestato	avessero manifestato
Conditional	**Present Conditional**		**Perfect Conditional**	
	manifesterei	manifesteremmo	avrei manifestato	avremmo manifestato
	manifesteresti	manifestereste	avresti manifestato	avreste manifestato
	manifesterebbe	manifesterebbero	avrebbe manifestato	avrebbero manifestato

Note: As a reflexive verb *manifestarsi* ("to show oneself" or "to manifest") uses the reflexive pronouns *mi, ti, si, ci, vi, si*, as well as the auxiliary verb *essere*, to form compound tenses (see the first and third examples below).

EXAMPLES

Si è manifestato per quello che è.	He showed himself for what he is.
Ho manifestato i miei dubbi.	I showed my doubts.
Il disturbo si manifesta in età adulta.	The complaint does not manifest itself until adulthood.
Manifestava la sua ansia.	He used to show his anxiety.
Gli studenti hanno manifestato in favore della riforma scolastica.	The students demonstrated in favor of the school reform.

mantenere
to maintain, to keep
Auxiliary verb: avere **Past participle:** mantenuto **Gerund:** mantenendo
Imperative: (tu) mantieni (non mantenere); (Lei) mantenga; (noi) mante-
niamo; (voi) mantenete; (Loro) mantengano

Mode	Simple Tenses		Compound Tenses	
	Singular	*Plural*	*Singular*	*Plural*
Indicative	**Present**		**Present Perfect**	
	mantengo	manteniamo	ho mantenuto	abbiamo mantenuto
	mantieni	mantenete	hai mantenuto	avete mantenuto
	mantiene	mantengono	ha mantenuto	hanno mantenuto
	Imperfect		**Past Perfect**	
	mantenevo	mantenevamo	avevo mantenuto	avevamo mantenuto
	mantenevi	mantenevate	avevi mantenuto	avevate mantenuto
	manteneva	mantenevano	aveva mantenuto	avevano mantenuto
	Past Definite		**Past Anterior**	
	mantenni	mantenemmo	ebbi mantenuto	avemmo mantenuto
	mantenesti	manteneste	avesti mantenuto	aveste mantenuto
	mantenne	mantennero	ebbe mantenuto	ebbero mantenuto
	Future		**Future Perfect**	
	manterrò	manterremo	avrò mantenuto	avremo mantenuto
	manterrai	manterrete	avrai mantenuto	avrete mantenuto
	manterrà	manterranno	avrà mantenuto	avranno mantenuto
Subjunctive	**Present**		**Present Perfect**	
	mantenga	manteniamo	abbia mantenuto	abbiamo mantenuto
	mantenga	manteniate	abbia mantenuto	abbiate mantenuto
	mantenga	mantengano	abbia mantenuto	abbiano mantenuto
	Imperfect		**Past Perfect**	
	mantenessi	mantenessimo	avessi mantenuto	avessimo mantenuto
	mantenessi	manteneste	avessi mantenuto	aveste mantenuto
	mantenesse	mantenessero	avesse mantenuto	avessero mantenuto
Conditional	**Present Conditional**		**Perfect Conditional**	
	manterrei	manterremmo	avrei mantenuto	avremmo mantenuto
	manterresti	manterreste	avresti mantenuto	avreste mantenuto
	manterrebbe	manterrebbero	avrebbe mantenuto	avrebbero mantenuto

Note: *Mantenere* is a compound verb of *tenere*. The reflexive *mantenersi* ("to keep," "to stay" or "to support") uses the reflexive pronouns *mi, ti, si, ci, vi, si,* as well as the auxiliary verb *essere,* to form compound tenses (see the first example below).

EXAMPLES

La riunione si è mantenuta calma.	The meeting stayed calm.
Ha mantenuto la promessa di arrivare puntuale.	He kept his promise to arrive on time.
Manterrò la mia parola.	I will keep my word.
Mi piace mantenere i contatti con gli amici.	I like to keep in touch with my friends.
Stanno mantenendo la donna in vita.	They are keeping the woman alive.

maturare

to ripen, to mature, to develop

Auxiliary verb: essere/avere **Past participle:** maturato **Gerund:** maturando
Imperative: (tu) matura (non maturare); (Lei) maturi; (noi) maturiamo; (voi) maturate; (Loro) maturino

Mode	Simple Tenses		Compound Tenses	
	Singular	*Plural*	*Singular*	*Plural*
Indicative	**Present**		**Present Perfect**	
	maturo	maturiamo	sono maturato/a	siamo maturati/e
	maturi	maturate	sei maturato/a	siete maturati/e
	matura	maturano	è maturato/a	sono maturati/e
	Imperfect		**Past Perfect**	
	maturavo	maturavamo	ero maturato/a	eravamo maturati/e
	maturavi	maturavate	eri maturato/a	eravate maturati/e
	maturava	maturavano	era maturato/a	erano maturati/e
	Past Definite		**Past Anterior**	
	maturai	maturammo	fui maturato/a	fummo maturati/e
	maturasti	maturaste	fosti maturato/a	foste maturati/e
	maturò	maturarono	fu maturato/a	furono maturati/e
	Future		**Future Perfect**	
	maturerò	matureremo	sarò maturato/a	saremo maturati/e
	maturerai	maturerete	sarai maturato/a	sarete maturati/e
	maturerà	matureranno	sarà maturato/a	saranno maturati/e
Subjunctive	**Present**		**Present Perfect**	
	maturi	maturiamo	sia maturato/a	siamo maturati/e
	maturi	maturiate	sia maturato/a	siate maturati/e
	maturi	maturino	sia maturato/a	siano maturati/e
	Imperfect		**Past Perfect**	
	maturassi	maturassimo	fossi maturato/a	fossimo maturati/e
	maturassi	maturaste	fossi maturato/a	foste maturati/e
	maturasse	maturassero	fosse maturato/a	fossero maturati/e
Conditional	**Present Conditional**		**Perfect Conditional**	
	maturerei	matureremmo	sarei maturato/a	saremmo maturati/e
	matureresti	maturereste	saresti maturato/a	sareste maturati/e
	maturerebbe	maturerebbero	sarebbe maturato/a	sarebbero maturati/e

Note: When followed by a direct object *maturare* takes *avere* in compound tenses (see the last example below). The reflexive *maturarsi* ("to become ripe") uses the reflexive pronouns *mi, ti, si, ci, vi, si*, as well as the auxiliary verb *essere*, to form compound tenses (see the third example below).

EXAMPLES

Il ragazzo è molto maturato quest'anno.	The boy has matured a lot this year.
Le banane sono già maturate.	The bananas have already ripened.
Le banane si sono maturate.	The bananas became ripe.
Sto maturando una decisione.	I am pondering a decision.
Ha maturato una notevole esperienza.	He has developed considerable expertise.

mentire
to lie

Auxiliary verb: avere **Past participle:** mentito **Gerund:** mentendo
Imperative: (tu) menti (non mentire); (Lei) menta; (noi) mentiamo; (voi)
mentite; (Loro) mentano

Mode	Simple Tenses		Compound Tenses	
	Singular	*Plural*	*Singular*	*Plural*
Indicative	**Present**		**Present Perfect**	
	mento (mentisco)	mentiamo	ho mentito	abbiamo mentito
	menti (mentisci)	mentite	hai mentito	avete mentito
	mente (mentisce)	mentono (mentiscono)	ha mentito	hanno mentito
	Imperfect		**Past Perfect**	
	mentivo	mentivamo	avevo mentito	avevamo mentito
	mentivi	mentivate	avevi mentito	avevate mentito
	mentiva	mentivano	aveva mentito	avevano mentito
	Past Definite		**Past Anterior**	
	mentii	mentimmo	ebbi mentito	avemmo mentito
	mentisti	mentiste	avesti mentito	aveste mentito
	mentì	mentirono	ebbe mentito	ebbero mentito
	Future		**Future Perfect**	
	mentirò	mentiremo	avrò mentito	avremo mentito
	mentirai	mentirete	avrai mentito	avrete mentito
	mentirà	mentiranno	avrà mentito	avranno mentito
Subjunctive	**Present**		**Present Perfect**	
	menta (mentisca)	mentiamo	abbia mentito	abbiamo mentito
	menta (mentisca)	mentiate	abbia mentito	abbiate mentito
	menta (mentisca)	mentano (mentiscano)	abbia mentito	abbiano mentito
	Imperfect		**Past Perfect**	
	mentissi	mentissimo	avessi mentito	avessimo mentito
	mentissi	mentiste	avessi mentito	aveste mentito
	mentisse	mentissero	avesse mentito	avessero mentito
Conditional	**Present Conditional**		**Perfect Conditional**	
	mentirei	mentiremmo	avrei mentito	avremmo mentito
	mentiresti	mentireste	avresti mentito	avreste mentito
	mentirebbe	mentirebbero	avrebbe mentito	avrebbero mentito

EXAMPLES

Pinocchio mentiva a tutti.	Pinocchio lied to everyone.
Tu menti spudoratamente.	You are lying blatantly.
Paolo non riesce a mentire.	Paolo can't lie.
Non mentire!	Don't lie to me!
È difficile credere che Paolo menta.	It is difficult to believe that Paolo might be lying.
È evidente che sta mentendo.	It's clear that he is lying.

meravigliarsi

to be surprised, to surprise

Auxiliary verb: essere **Past participle:** meravigliato (si) **Gerund:** meravigliando (si)

Imperative: (tu) meravigliati (non meravigliarti); (Lei) si meravigli; (noi) meravigliamoci; (voi) meravigliatevi; (Loro) si meraviglino

Mode	Simple Tenses		Compound Tenses	
	Singular	*Plural*	*Singular*	*Plural*
Indicative	**Present**		**Present Perfect**	
	mi meraviglio	ci meravigliamo	mi sono meravigliato/a	ci siamo meravigliati/e
	ti meravigli	vi meravigliate	ti sei meravigliato/a	vi siete meravigliati/e
	si meraviglia	si meravigliano	si è meravigliato/a	si sono meravigliati/e
	Imperfect		**Past Perfect**	
	mi meravigliavo	ci meravigliavamo	mi ero meravigliato/a	ci eravamo meravigliati/e
	ti meravigliavi	vi meravigliavate	ti eri meravigliato/a	vi eravate meravigliati/e
	si meravigliava	si meravigliavano	si era meravigliato/a	si erano meravigliati/e
	Past Definite		**Past Anterior**	
	mi meravigliai	ci meravigliammo	mi fui meravigliato/a	ci fummo meravigliati/e
	ti meravigliasti	vi meravigliaste	ti fosti meravigliato/a	vi foste meravigliati/e
	si meravigliò	si meravigliarono	si fu meravigliato/a	si furono meravigliati/e
	Future		**Future Perfect**	
	mi meraviglierò	ci meraviglieremo	mi sarò meravigliato/a	ci saremo meravigliati/e
	ti meraviglierai	vi meraviglierete	ti sarai meravigliato/a	vi sarete meravigliati/e
	si meraviglierà	si meraviglieranno	si sarà meravigliato/a	si saranno meravigliati/e
Subjunctive	**Present**		**Present Perfect**	
	mi meravigli	ci meravigliamo	mi sia meravigliato/a	ci siamo meravigliati/e
	ti meravigli	vi meravigliate	ti sia meravigliato/a	vi siate meravigliati/e
	si meravigli	si meraviglino	si sia meravigliato/a	si siano meravigliati/e
	Imperfect		**Past Perfect**	
	mi meravigliassi	ci meravigliassimo	mi fossi meravigliato/a	ci fossimo meravigliati/e
	ti meravigliassi	vi meravigliaste	ti fossi meravigliato/a	vi foste meravigliati/e
	si meravigliasse	si meravigliassero	si fosse meravigliato/a	si fossero meravigliati/e
Conditional	**Present Conditional**		**Perfect Conditional**	
	mi meraviglierei	ci meraviglieremmo	mi sarei meravigliato/a	ci saremmo meravigliati/e
	ti meraviglieresti	vi meravigliereste	ti saresti meravigliato/a	vi sareste meravigliati/e
	si meraviglierebbe	si meraviglierebbero	si sarebbe meravigliato/a	si sarebbero meravigliati/e

Note: *Meravigliarsi* requires the preposition *di* before a noun (see the first example below). It may also be followed by *che* + subjunctive (see the fourth example below). *Meravigliare* may be used nonreflexively with *avere* as its auxiliary verb to form compound tenses (see last example below). Like *cambiare*, all verbs ending in *–iare*, when the *–i* is not stressed, drop the *–i* in *tu* and *noi* forms of present indicative and in the present subjunctive.

EXAMPLES

Mi meraviglio di lui.	I am surprised at him.
Si è meravigliato di vederci alla stazione.	He was surprised to see us at the station.
Ci meraviglierebbe vederlo qui.	We would be surprised to see him here.
Mi meravigliava che lui non avesse capito.	I was surprised that he didn't understand.
Ha meravigliato tutti con il suo comportamento.	He surprised everybody with his behavior.

meritare

to deserve, to merit, to be worth
Auxiliary verb: avere **Past participle:** meritato **Gerund:** meritando
Imperative: (tu) merita (non meritare); (Lei) meriti; (noi) meritiamo;
(voi) meritate; (Loro) meritino

Mode	Simple Tenses		Compound Tenses	
	Singular	*Plural*	*Singular*	*Plural*
Indicative	**Present**		**Present Perfect**	
	merito	meritiamo	ho meritato	abbiamo meritato
	meriti	meritate	hai meritato	avete meritato
	merita	meritano	ha meritato	hanno meritato
	Imperfect		**Past Perfect**	
	meritavo	meritavamo	avevo meritato	avevamo meritato
	meritavi	meritavate	avevi meritato	avevate meritato
	meritava	meritavano	aveva meritato	avevano meritato
	Past Definite		**Past Anterior**	
	meritai	meritammo	ebbi meritato	avemmo meritato
	meritasti	meritaste	avesti meritato	aveste meritato
	meritò	meritarono	ebbe meritato	ebbero meritato
	Future		**Future Perfect**	
	meriterò	meriteremo	avrò meritato	avremo meritato
	meriterai	meriterete	avrai meritato	avrete meritato
	meriterà	meriteranno	avrà meritato	avranno meritato
Subjunctive	**Present**		**Present Perfect**	
	meriti	meritiamo	abbia meritato	abbiamo meritato
	meriti	meritiate	abbia meritato	abbiate meritato
	meriti	meritino	abbia meritato	abbiano meritato
	Imperfect		**Past Perfect**	
	meritassi	meritassimo	avessi meritato	avessimo meritato
	meritassi	meritaste	avessi meritato	aveste meritato
	meritasse	meritassero	avesse meritato	avessero meritato
Conditional	**Present Conditional**		**Perfect Conditional**	
	meriterei	meriteremmo	avrei meritato	avremmo meritato
	meriteresti	meritereste	avresti meritato	avreste meritato
	meriterebbe	meriterebbero	avrebbe meritato	avrebbero meritato

Note: *Meritare* requires the preposition *di* before an infinitive (see the third example below). As a reflexive verb *meritarsi* uses the reflexive pronouns *mi, ti, si, ci, vi, si,* as well as the auxiliary verb *essere,* to form compound tenses (see the first example below).

EXAMPLES

Mi sono meritato una lunga vacanza.	I deserved a long vacation.
Lo studente merita un bel voto.	The student deserves a good grade.
Merito di vincere il premio.	I deserve to win the prize.
Un'idea che merita attenzione.	An idea that merits attention.
Il film merita.	The movie is worth seeing.
Non merita che se ne parli.	It is not worth mentioning it.

mescolare
to mix, to blend, to stir
Auxiliary verb: avere **Past participle:** mescolato **Gerund:** mescolando
Imperative: (tu) mescola (non mescolare); (Lei) mescoli; (noi) mescoliamo; (voi) mescolate; (Loro) mescolino

Mode	Simple Tenses		Compound Tenses	
	Singular	*Plural*	*Singular*	*Plural*
Indicative	**Present**		**Present Perfect**	
	mescolo	mescoliamo	ho mescolato	abbiamo mescolato
	mescoli	mescolate	hai mescolato	avete mescolato
	mescola	mescolano	ha mescolato	hanno mescolato
	Imperfect		**Past Perfect**	
	mescolavo	mescolavamo	avevo mescolato	avevamo mescolato
	mescolavi	mescolavate	avevi mescolato	avevate mescolato
	mescolava	mescolavano	aveva mescolato	avevano mescolato
	Past Definite		**Past Anterior**	
	mescolai	mescolammo	ebbi mescolato	avemmo mescolato
	mescolasti	mescolaste	avesti mescolato	aveste mescolato
	mescolò	mescolarono	ebbe mescolato	ebbero mescolato
	Future		**Future Perfect**	
	mescolerò	mescoleremo	avrò mescolato	avremo mescolato
	mescolerai	mescolerete	avrai mescolato	avrete mescolato
	mescolerà	mescoleranno	avrà mescolato	avranno mescolato
Subjunctive	**Present**		**Present Perfect**	
	mescoli	mescoliamo	abbia mescolato	abbiamo mescolato
	mescoli	mescoliate	abbia mescolato	abbiate mescolato
	mescoli	mescolino	abbia mescolato	abbiano mescolato
	Imperfect		**Past Perfect**	
	mescolassi	mescolassimo	avessi mescolato	avessimo mescolato
	mescolassi	mescolaste	avessi mescolato	aveste mescolato
	mescolasse	mescolassero	avesse mescolato	avessero mescolato
Conditional	**Present Conditional**		**Perfect Conditional**	
	mescolerei	mescoleremmo	avrei mescolato	avremmo mescolato
	mescoleresti	mescolereste	avresti mescolato	avreste mescolato
	mescolerebbe	mescolerebbero	avrebbe mescolato	avrebbero mescolato

Note: As a reflexive verb *mescolarsi* ("to get mixed up," "to blend") uses the reflexive pronouns *mi, ti, si, ci, vi, si,* as well as the auxiliary verb *essere,* to form compound tenses (see the last example below).

EXAMPLES

Mescolare lo zucchero alle uova.	Mix the sugar with the eggs.
Mescoliamo gli ingredienti e facciamo una torta!	Let's mix the ingredients and make a cake!
In camera mescoleremo i colori.	In the bedroom, we will mix the colors.
Ho mescolato la crema.	I stirred the cream.
Questi due colori si mescolano bene.	These two colors blend well.

mettere

to put, to take (plus time expressions)
Auxiliary verb: avere **Past participle:** messo **Gerund:** mettendo
Imperative: (tu) metti (non mettere); (Lei) metta; (noi) mettiamo; (voi)
mettete; (Loro) mettano

Mode	Simple Tenses		Compound Tenses	
	Singular	*Plural*	*Singular*	*Plural*
	Present		**Present Perfect**	
	metto	mettiamo	ho messo	abbiamo messo
	metti	mettete	hai messo	avete messo
	mette	mettono	ha messo	hanno messo
Indicative	**Imperfect**		**Past Perfect**	
	mettevo	mettevamo	avevo messo	avevamo messo
	mettevi	mettevate	avevi messo	avevate messo
	metteva	mettevano	aveva messo	avevano messo
	Past Definite		**Past Anterior**	
	misi	mettemmo	ebbi messo	avemmo messo
	mettesti	metteste	avesti messo	aveste messo
	mise	misero	ebbe messo	ebbero messo
	Future		**Future Perfect**	
	metterò	metteremo	avrò messo	avremo messo
	metterai	metterete	avrai messo	avrete messo
	metterà	metteranno	avrà messo	avranno messo
Subjunctive	**Present**		**Present Perfect**	
	metta	mettiamo	abbia messo	abbiamo messo
	metta	mettiate	abbia messo	abbiate messo
	metta	mettano	abbia messo	abbiano messo
	Imperfect		**Past Perfect**	
	mettessi	mettessimo	avessi messo	avessimo messo
	mettessi	metteste	avessi messo	aveste messo
	mettesse	mettessero	avesse messo	avessero messo
Conditional	**Present Conditional**		**Perfect Conditional**	
	metterei	metteremmo	avrei messo	avremmo messo
	metteresti	mettereste	avresti messo	avreste messo
	metterebbe	metterebbero	avrebbe messo	avrebbero messo

Note: As a reflexive verb *mettersi* ("to put oneself," "to put on clothes," "to start") uses the reflexive pronouns *mi, ti, si, ci, vi, si,* as well as the auxiliary verb *essere,* to form compound tenses (see the last two examples below). When used with the pronoun *ci, mettere* means "to take time" (see the fourth, fifth, and sixth examples below). *Volerci* and *metterci* both mean "to take time." *Metterci* is used when the subject is expressed (for example, "I take").

EXAMPLES

Metterò i libri sul tavolo.	I'll put the books on the table.
Metti la firma sul documento.	Put your signature on the document.
Ho messo i bambini a letto.	I put the children to bed.
Ci ha messo tre ore per scrivere la relazione.	He took three hours to write the paper.
Io ci metterei un'ora per pulire questa casa.	I would take an hour to clean this house.
Ci metteremo due mesi per finire la casa.	We will take two months to finish the house.
Che cosa ti metti?	What will you put on?
Mi sono messo a studiare.	I started studying.

migliorare
to improve, to make better, to get better
Auxiliary verb: essere/avere **Past participle:** migliorato **Gerund:** migliorando
Imperative: (tu) migliora (non migliorare); (Lei) migliori; (noi) miglioriamo; (voi) migliorate; (Loro) migliorino

Mode	Simple Tenses		Compound Tenses	
	Singular	*Plural*	*Singular*	*Plural*
Indicative	**Present**		**Present Perfect**	
	miglioro	miglioriamo	sono migliorato/a	siamo migliorati/e
	migliori	migliorate	sei migliorato/a	siete migliorati/e
	migliora	migliorano	è migliorato/a	sono migliorati/e
	Imperfect		**Past Perfect**	
	miglioravo	miglioravamo	ero migliorato/a	eravamo migliorati/e
	miglioravi	miglioravate	eri migliorato/a	eravate migliorati/e
	migliorava	miglioravano	era migliorato/a	erano migliorati/e
	Past Definite		**Past Anterior**	
	migliorai	migliorammo	fui migliorato/a	fummo migliorati/e
	migliorasti	miglioraste	fosti migliorato/a	foste migliorati/e
	migliorò	migliorarono	fu migliorato/a	furono migliorati/e
	Future		**Future Perfect**	
	migliorerò	miglioreremo	sarò migliorato/a	saremo migliorati/e
	migliorerai	migliorerete	sarai migliorato/a	sarete migliorati/e
	migliorerà	miglioreranno	sarà migliorato/a	saranno migliorati/e
Subjunctive	**Present**		**Present Perfect**	
	migliori	miglioriamo	sia migliorato/a	siamo migliorati/e
	migliori	miglioriate	sia migliorato/a	siate migliorati/e
	migliori	migliorino	sia migliorato/a	siano migliorati/e
	Imperfect		**Past Perfect**	
	migliorassi	migliorassimo	fossi migliorato/a	fossimo migliorati/e
	migliorassi	miglioraste	fossi migliorato/a	foste migliorati/e
	migliorasse	migliorassero	fosse migliorato/a	fossero migliorati/e
Conditional	**Present Conditional**		**Perfect Conditional**	
	migliorerei	miglioreremmo	sarei migliorato/a	saremmo migliorati/e
	miglioreresti	migliorereste	saresti migliorato/a	sareste migliorati/e
	migliorerebbe	migliorerebbero	sarebbe migliorato/a	sarebbero migliorati/e

Note: When followed by a direct object, *migliorare* takes *avere* in compound tenses. See the last example below. As a reflexive verb *migliorarsi* ("to improve oneself," "to better oneself") uses the reflexive pronouns *mi, ti, si, ci, vi, si,* as well as the auxiliary verb *essere,* to form compound tenses (see the fifth example below).

EXAMPLES

Quel ragazzo è migliorato.	That boy has improved.
Il malato migliora.	The patient is getting better.
Se il tempo non migliora non parto.	If the weather does not improve, I'm not leaving.
I nostri rapporti sono migliorati.	Our relations have improved.
Devi cercare di migliorarti.	You have to try to better yourself.
Ho migliorato il mio italiano.	I improved my Italian.

minacciare

to threaten, to pose a risk

Auxiliary verb: avere **Past participle:** minacciato **Gerund:** minacciando
Imperative: (tu) minaccia (non minacciare); (Lei) minacci; (noi) minacciamo; (voi) minacciate; (Loro) minaccino

Mode	Simple Tenses		Compound Tenses	
	Singular	*Plural*	*Singular*	*Plural*
Indicative	**Present**		**Present Perfect**	
	minaccio	minacciamo	ho minacciato	abbiamo minacciato
	minacci	minacciate	hai minacciato	avete minacciato
	minaccia	minacciano	ha minacciato	hanno minacciato
	Imperfect		**Past Perfect**	
	minacciavo	minacciavamo	avevo minacciato	avevamo minacciato
	minacciavi	minacciavate	avevi minacciato	avevate minacciato
	minacciava	minacciavano	aveva minacciato	avevano minacciato
	Past Definite		**Past Anterior**	
	minacciai	minacciammo	ebbi minacciato	avemmo minacciato
	minacciasti	minacciaste	avesti minacciato	aveste minacciato
	minacciò	minacciarono	ebbe minacciato	ebbero minacciato
	Future		**Future Perfect**	
	minaccerò	minacceremo	avrò minacciato	avremo minacciato
	minaccerai	minaccerete	avrai minacciato	avrete minacciato
	minaccerà	minacceranno	avrà minacciato	avranno minacciato
Subjunctive	**Present**		**Present Perfect**	
	minacci	minacciamo	abbia minacciato	abbiamo minacciato
	minacci	minacciate	abbia minacciato	abbiate minacciato
	minacci	minaccino	abbia minacciato	abbiano minacciato
	Imperfect		**Past Perfect**	
	minacciassi	minacciassimo	avessi minacciato	avessimo minacciato
	minacciassi	minacciaste	avessi minacciato	aveste minacciato
	minacciasse	minacciassero	avesse minacciato	avessero minacciato
Conditional	**Present Conditional**		**Perfect Conditional**	
	minaccerei	minacceremmo	avrei minacciato	avremmo minacciato
	minacceresti	minaccereste	avresti minacciato	avreste minacciato
	minaccerebbe	minaccerebbero	avrebbe minacciato	avrebbero minacciato

Note: *Minacciare* requires the preposition *di* before an infinitive (see the first, third, and fourth examples below).

EXAMPLES

Ha minacciato di uccidere l'ostaggio.	He threatened to kill the hostage.
Minacciò il cassiere con una pistola.	He threatened the cashier with a gun.
L'infiammazione minaccia di estendersi.	There is a risk the inflammation will spread.
Minaccia di piovere.	It looks like rain.
La pioggia battente minaccia di allagare la città.	The driving rain poses a risk of flooding the city.

misurare

to measure, to estimate

Auxiliary verb: avere **Past participle:** misurato **Gerund:** misurando
Imperative: (tu) misura (non misurare); (Lei) misuri; (noi) misuriamo;
(voi) misurate; (Loro) misurino

Mode	Simple Tenses		Compound Tenses	
	Singular	*Plural*	*Singular*	*Plural*
	Present		**Present Perfect**	
	misuro	misuriamo	ho misurato	abbiamo misurato
	misuri	misurate	hai misurato	avete misurato
	misura	misurano	ha misurato	hanno misurato
	Imperfect		**Past Perfect**	
Indicative	misuravo	misuravamo	avevo misurato	avevamo misurato
	misuravi	misuravate	avevi misurato	avevate misurato
	misurava	misuravano	aveva misurato	avevano misurato
	Past Definite		**Past Anterior**	
	misurai	misurammo	ebbi misurato	avemmo misurato
	misurasti	misuraste	avesti misurato	aveste misurato
	misurò	misurarono	ebbe misurato	ebbero misurato
	Future		**Future Perfect**	
	misurerò	misureremo	avrò misurato	avremo misurato
	misurerai	misurerete	avrai misurato	avrete misurato
	misurerà	misureranno	avrà misurato	avranno misurato
	Present		**Present Perfect**	
	misuri	misuriamo	abbia misurato	abbiamo misurato
	misuri	misuriate	abbia misurato	abbiate misurato
Subjunctive	misuri	misurino	abbia misurato	abbiano misurato
	Imperfect		**Past Perfect**	
	misurassi	misurassimo	avessi misurato	avessimo misurato
	misurassi	misuraste	avessi misurato	aveste misurato
	misurasse	misurassero	avesse misurato	avessero misurato
	Present Conditional		**Perfect Conditional**	
Conditional	misurerei	misureremmo	avrei misurato	avremmo misurato
	misureresti	misurereste	avresti misurato	avreste misurato
	misurerebbe	misurerebbero	avrebbe misurato	avrebbero misurato

Note: As a reflexive verb *misurarsi* ("to fit somebody for something") uses the reflexive pronouns *mi, ti, si, ci, vi, si,* as well as the auxiliary verb *essere,* to form compound tenses (see the last example below).

EXAMPLES

Abbiamo misurato la lunghezza e la larghezza del terreno.	We measured the length and width of the lot.
La stanza misura 4 metri per 6. Misura 6 metri di lunghezza.	The room measures 4 meters by 6. It's 6 meters long.
Dobbiamo misurare bene le difficoltà.	We have to estimate the difficulties accurately.
Vado dal sarto per misurarmi il vestito.	I am going to the tailor to have myself fitted for the dress.

mordere
to bite

Auxiliary verb: avere **Past participle:** morso   **Gerund:** mordendo
Imperative: (tu) mordi (non mordere); (Lei) morda; (noi) mordiamo;
(voi) mordete; (Loro) mordano

Mode	Simple Tenses		Compound Tenses	
	Singular	*Plural*	*Singular*	*Plural*
Indicative	**Present**		**Present Perfect**	
	mordo	mordiamo	ho morso	abbiamo morso
	mordi	mordete	hai morso	avete morso
	morde	mordono	ha morso	hanno morso
	Imperfect		**Past Perfect**	
	mordevo	mordevamo	avevo morso	avevamo morso
	mordevi	mordevate	avevi morso	avevate morso
	mordeva	mordevano	aveva morso	avevano morso
	Past Definite		**Past Anterior**	
	morsi	mordemmo	ebbi morso	avemmo morso
	mordesti	mordeste	avesti morso	aveste morso
	morse	morsero	ebbe morso	ebbero morso
	Future		**Future Perfect**	
	morderò	morderemo	avrò morso	avremo morso
	morderai	morderete	avrai morso	avrete morso
	morderà	morderanno	avrà morso	avranno morso
Subjunctive	**Present**		**Present Perfect**	
	morda	mordiamo	abbia morso	abbiamo morso
	morda	mordiate	abbia morso	abbiate morso
	morda	mordano	abbia morso	abbiano morso
	Imperfect		**Past Perfect**	
	mordessi	mordessimo	avessi morso	avessimo morso
	mordessi	mordeste	avessi morso	aveste morso
	mordesse	mordessero	avesse morso	avessero morso
Conditional	**Present Conditional**		**Perfect Conditional**	
	morderei	morderemmo	avrei morso	avremmo morso
	morderesti	mordereste	avresti morso	avreste morso
	morderebbe	morderebbero	avrebbe morso	avrebbero morso

Note: As a reflexive verb *mordersi* uses the reflexive pronouns *mi, ti, si, ci, vi, si,* as well as the auxiliary verb *essere,* to form compound tenses. See the last example below.

EXAMPLES

Il tuo cane morde?	Does your dog bite?
Can che abbaia non morde.	Barking dogs seldom bite.
Il gatto mi ha morso il dito.	The cat bit my finger.
Non mordo mica!	I don't bite!
Mi sono morso la lingua.	I bit my tongue.

morire

to die

Auxiliary verb: essere **Past participle:** morto **Gerund:** morendo
Imperative: (tu) muori (non morire); (Lei) muoia; (noi) moriamo; (voi) morite; (Loro) muoiano

Mode	Simple Tenses		Compound Tenses	
	Singular	*Plural*	*Singular*	*Plural*
Indicative	**Present**		**Present Perfect**	
	muoio	moriamo	sono morto/a	siamo morti/e
	muori	morite	sei morto/a	siete morti/e
	muore	muoiono	è morto/a	sono morti/e
	Imperfect		**Past Perfect**	
	morivo	morivamo	ero morto/a	eravamo morti/e
	morivi	morivate	eri morto/a	eravate morti/e
	moriva	morivano	era morto/a	erano morti/e
	Past Definite		**Past Anterior**	
	morii	morimmo	fui morto/a	fummo morti/e
	moristi	moriste	fosti morto/a	foste morti/e
	morì	morirono	fu morto/a	furono morti/e
	Future		**Future Perfect**	
	morirò (morrò)	moriremo (morremo)	sarò morto/a	saremo morti/e
	morirai (morrai)	morirete (morrete)	sarai morto/a	sarete morti/e
	morirà (morrà)	moriranno (morranno)	sarà morto/a	saranno morti/e
Subjunctive	**Present**		**Present Perfect**	
	muoia	moriamo	sia morto/a	siamo morti/e
	muoia	moriate	sia morto/a	siate morti/e
	muoia	muoiano	sia morto/a	siano morti/e
	Imperfect		**Past Perfect**	
	morissi	morissimo	fossi morto/a	fossimo morti/e
	morissi	moriste	fossi morto/a	foste morti/e
	morisse	morissero	fosse morto/a	fossero morti/e
Conditional	**Present Conditional**		**Perfect Conditional**	
	morirei (morrei)	moriremmo (morremmo)	sarei morto/a	saremmo morti/e
	moriresti (morresti)	morireste (morreste)	saresti morto/a	sareste morti/e
	morirebbe (morrebbe)	morirebbero (morrebbero)	sarebbe morto/a	sarebbero morti/e

Note: *Morire dalla voglia di* + noun/infinitive means "to be dying for something (to do something)" (see the last two examples below).

EXAMPLES

Dante Alighieri morì nel 1321 a Ravenna.	Dante Alighieri died in 1321 in Ravenna.
Credevo di morire.	I thought I was going to die.
Di che cosa è morto?	What did he die of?
È morto di cancro un mese fa.	He died of cancer a month ago.
Siamo morti dal ridere.	We were in hysterics.
Morivamo dal sonno.	We were asleep on our feet.
Muoio dalla voglia di gelato.	I am dying for ice cream.
Muoio dalla voglia di andare al mare.	I am dying to go to the beach.

mostrare
to show, to reveal
Auxiliary verb: avere **Past participle:** mostrato **Gerund:** mostrando
Imperative: (tu) mostra (non mostrare); (Lei) mostri; (noi) mostriamo;
(voi) mostrate; (Loro) mostrino

Mode	Simple Tenses		Compound Tenses	
	Singular	*Plural*	*Singular*	*Plural*
Indicative	**Present**		**Present Perfect**	
	mostro	mostriamo	ho mostrato	abbiamo mostrato
	mostri	mostrate	hai mostrato	avete mostrato
	mostra	mostrano	ha mostrato	hanno mostrato
	Imperfect		**Past Perfect**	
	mostravo	mostravamo	avevo mostrato	avevamo mostrato
	mostravi	mostravate	avevi mostrato	avevate mostrato
	mostrava	mostravano	aveva mostrato	avevano mostrato
	Past Definite		**Past Anterior**	
	mostrai	mostrammo	ebbi mostrato	avemmo mostrato
	mostrasti	mostraste	avesti mostrato	aveste mostrato
	mostrò	mostrarono	ebbe mostrato	ebbero mostrato
	Future		**Future Perfect**	
	mostrerò	mostreremo	avrò mostrato	avremo mostrato
	mostrerai	mostrerete	avrai mostrato	avrete mostrato
	mostrerà	mostreranno	avrà mostrato	avranno mostrato
Subjunctive	**Present**		**Present Perfect**	
	mostri	mostriamo	abbia mostrato	abbiamo mostrato
	mostri	mostriate	abbia mostrato	abbiate mostrato
	mostri	mostrino	abbia mostrato	abbiano mostrato
	Imperfect		**Past Perfect**	
	mostrassi	mostrassimo	avessi mostrato	avessimo mostrato
	mostrassi	mostraste	avessi mostrato	aveste mostrato
	mostrasse	mostrassero	avesse mostrato	avessero mostrato
Conditional	**Present Conditional**		**Perfect Conditional**	
	mostrerei	mostreremmo	avrei mostrato	avremmo mostrato
	mostreresti	mostrereste	avresti mostrato	avreste mostrato
	mostrerebbe	mostrerebbero	avrebbe mostrato	avrebbero mostrato

Note: As a reflexive verb *mostrarsi* ("to show oneself") uses the reflexive pronouns *mi, ti, si, ci, vi, si,* as well as the auxiliary verb *essere,* to form compound tenses (see the fifth example below). The verb *mostrare* is commonly substituted with the phrase *fare vedere* (see the last example below). *Mostrare* takes a direct and an indirect object ("to show somebody something"), as in the first example below. *Mostrare* requires the preposition *di* before an infinitive (see the third example below).

EXAMPLES

Mostrai la strada al turista.	I showed the tourist the way.
Mi mostrò il mio posto.	He showed me my seat.
Hanno mostrato di aver capito.	They showed they had understood.
Mostra le proprie intenzioni.	He is revealing his intentions.
Si è mostrato in pubblico.	He showed his face.
Mi mostri le foto? = Mi fai vedere le foto?	Will you show me the pictures?

muovere

to move, to bring

Auxiliary verb: avere **Past participle:** mosso **Gerund:** m(u)ovendo
Imperative: (tu) muovi (non muovere); (Lei) muova; (noi) m(u)oviamo;
(voi) m(u)ovete; (Loro) muovano

Mode	Simple Tenses		Compound Tenses	
	Singular	*Plural*	*Singular*	*Plural*
	Present		**Present Perfect**	
Indicative	muovo	m(u)oviamo	ho mosso	abbiamo mosso
	muovi	m(u)ovete	hai mosso	avete mosso
	muove	muovono	ha mosso	hanno mosso
	Imperfect		**Past Perfect**	
	m(u)ovevo	m(u)ovevamo	avevo mosso	avevamo mosso
	m(u)ovevi	m(u)ovevate	avevi mosso	avevate mosso
	m(u)oveva	m(u)ovevano	aveva mosso	avevano mosso
	Past Definite		**Past Anterior**	
	mossi	m(u)ovemmo	ebbi mosso	avemmo mosso
	m(u)ovesti	m(u)oveste	avesti mosso	aveste mosso
	mosse	mossero	ebbe mosso	ebbero mosso
	Future		**Future Perfect**	
	m(u)overò	m(u)overemo	avrò mosso	avremo mosso
	m(u)overai	m(u)overete	avrai mosso	avrete mosso
	m(u)overà	m(u)overanno	avrà mosso	avranno mosso
Subjunctive	**Present**		**Present Perfect**	
	muova	m(u)oviamo	abbia mosso	abbiamo mosso
	muova	m(u)oviate	abbia mosso	abbiate mosso
	muova	muovano	abbia mosso	abbiano mosso
	Imperfect		**Past Perfect**	
	m(u)ovessi	m(u)ovessimo	avessi mosso	avessimo mosso
	m(u)ovessi	m(u)oveste	avessi mosso	aveste mosso
	m(u)ovesse	m(u)ovessero	avesse mosso	avessero mosso
Conditional	**Present Conditional**		**Perfect Conditional**	
	m(u)overei	m(u)overemmo	avrei mosso	avremmo mosso
	m(u)overesti	m(u)overeste	avresti mosso	avreste mosso
	m(u)overebbe	m(u)overebbero	avrebbe mosso	avrebbero mosso

Note: As a reflexive verb *muoversi* ("to move oneself," "to move about," "to hurry up," or "to stir") uses the reflexive pronouns *mi, ti, si, ci, vi, si,* as well as the auxiliary verb *essere,* to form compound tenses (see the fourth, fifth, and sixth examples below).

EXAMPLES

Adesso non muovere le gambe.	Now don't move your legs.
Non muove un dito per cambiare la sua condizione.	He doesn't lift a finger to change his situation.
L'avvocato ha mosso un'accusa pesante contro l'indiziato.	The lawyer brought a heavy charge against the suspect.
Non muoverti!	Don't move!
Muoviti: è tardi!	Hurry up! (Literally, "Move it: it's late!")
Non si muoveva una foglia.	Not a leaf stirred.

narrare

to tell, to narrate

Auxiliary verb: avere **Past participle:** narrato **Gerund:** narrando
Imperative: (tu) narra (non narrare); (Lei) narri; (noi) narriamo; (voi)
narrate; (Loro) narrino

Mode	Simple Tenses		Compound Tenses	
	Singular	*Plural*	*Singular*	*Plural*
Indicative	**Present**		**Present Perfect**	
	narro	narriamo	ho narrato	abbiamo narrato
	narri	narrate	hai narrato	avete narrato
	narra	narrano	ha narrato	hanno narrato
	Imperfect		**Past Perfect**	
	narravo	narravamo	avevo narrato	avevamo narrato
	narravi	narravate	avevi narrato	avevate narrato
	narrava	narravano	aveva narrato	avevano narrato
	Past Definite		**Past Anterior**	
	narrai	narrammo	ebbi narrato	avemmo narrato
	narrasti	narraste	avesti narrato	aveste narrato
	narrò	narrarono	ebbe narrato	ebbero narrato
	Future		**Future Perfect**	
	narrerò	narreremo	avrò narrato	avremo narrato
	narrerai	narrerete	avrai narrato	avrete narrato
	narrerà	narreranno	avrà narrato	avranno narrato
Subjunctive	**Present**		**Present Perfect**	
	narri	narriamo	abbia narrato	abbiamo narrato
	narri	narriate	abbia narrato	abbiate narrato
	narri	narrino	abbia narrato	abbiano narrato
	Imperfect		**Past Perfect**	
	narrassi	narrassimo	avessi narrato	avessimo narrato
	narrassi	narraste	avessi narrato	aveste narrato
	narrasse	narrassero	avesse narrato	avessero narrato
Conditional	**Present Conditional**		**Perfect Conditional**	
	narrerei	narreremmo	avrei narrato	avremmo narrato
	narreresti	narrereste	avresti narrato	avreste narrato
	narrerebbe	narrerebbero	avrebbe narrato	avrebbero narrato

EXAMPLES

Mi narrò di sé.	He told me about himself.
Il libro narra le vicende di . . .	The book narrates the story of . . .
Narra la leggenda che . . .	Legend has it that . . .

nascere

to be born

Auxiliary verb: essere **Past participle:** nato **Gerund:** nascendo

Imperative: (tu) nasci (non nascere); (Lei) nasca; (noi) nasciamo; (voi) nascete; (Loro) nascano

Mode	Simple Tenses		Compound Tenses	
	Singular	*Plural*	*Singular*	*Plural*
Indicative	**Present**		**Present Perfect**	
	nasco	nasciamo	sono nato/a	siamo nati/e
	nasci	nascete	sei nato/a	siete nati/e
	nasce	nascono	è nato/a	sono nati/e
	Imperfect		**Past Perfect**	
	nascevo	nascevamo	ero nato/a	eravamo nati/e
	nascevi	nascevate	eri nato/a	eravate nati/e
	nasceva	nascevano	era nato/a	erano nati/e
	Past Definite		**Past Anterior**	
	nacqui	nascemmo	fui nato/a	fummo nati/e
	nascesti	nasceste	fosti nato/a	foste nati/e
	nacque	nacquero	fu nato/a	furono nati/e
	Future		**Future Perfect**	
	nascerò	nasceremo	sarò nato/a	saremo nati/e
	nascerai	nascerete	sarai nato/a	sarete nati/e
	nascerà	nasceranno	sarà nato/a	saranno nati/e
Subjunctive	**Present**		**Present Perfect**	
	nasca	nasciamo	sia nato/a	siamo nati/e
	nasca	nasciate	sia nato/a	siate nati/e
	nasca	nascano	sia nato/a	siano nati/e
	Imperfect		**Past Perfect**	
	nascessi	nascessimo	fossi nato/a	fossimo nati/e
	nascessi	nasceste	fossi nato/a	foste nati/e
	nascesse	nascessero	fosse nato/a	fossero nati/e
Conditional	**Present Conditional**		**Perfect Conditional**	
	nascerei	nasceremmo	sarei nato/a	saremmo nati/e
	nasceresti	nascereste	saresti nato/a	sareste nati/e
	nascerebbe	nascerebbero	sarebbe nato/a	sarebbero nati/e

EXAMPLES

Sono nato in Italia a Roma il 30 giugno 1960.	I was born In Italy in Rome on June 30, 1960.
I gemelli sono nati sani.	The twins were born healthy.
Ieri sono nati sei gattini.	Yesterday six kittens were born.
Dante Alighieri nacque nel 1265.	Dante Alighieri was born in 1265.
Quando sei nato?	When were you born?
L'ho visto nascere.	I was there when he was born.
È nato prima l'uovo o la gallina?	Which came first, the chicken or the egg?

nascondere
to hide, to conceal
Auxiliary verb: avere **Past participle:** nascosto **Gerund:** nascondendo
Imperative: (tu) nascondi (non nascondere); (Lei) nasconda; (noi) nascondiamo; (voi) nascondete; (Loro) nascondano

Mode	Simple Tenses		Compound Tenses	
	Singular	*Plural*	*Singular*	*Plural*
Indicative	**Present**		**Present Perfect**	
	nascondo	nascondiamo	ho nascosto	abbiamo nascosto
	nascondi	nascondete	hai nascosto	avete nascosto
	nasconde	nascondono	ha nascosto	hanno nascosto
	Imperfect		**Past Perfect**	
	nascondevo	nascondevamo	avevo nascosto	avevamo nascosto
	nascondevi	nascondevate	avevi nascosto	avevate nascosto
	nascondeva	nascondevano	aveva nascosto	avevano nascosto
	Past Definite		**Past Anterior**	
	nascosi	nascondemmo	ebbi nascosto	avemmo nascosto
	nascondesti	nascondeste	avesti nascosto	aveste nascosto
	nascose	nascosero	ebbe nascosto	ebbero nascosto
	Future		**Future Perfect**	
	nasconderò	nasconderemo	avrò nascosto	avremo nascosto
	nasconderai	nasconderete	avrai nascosto	avrete nascosto
	nasconderà	nasconderanno	avrà nascosto	avranno nascosto
Subjunctive	**Present**		**Present Perfect**	
	nasconda	nascondiamo	abbia nascosto	abbiamo nascosto
	nasconda	nascondiate	abbia nascosto	abbiate nascosto
	nasconda	nascondano	abbia nascosto	abbiano nascosto
	Imperfect		**Past Perfect**	
	nascondessi	nascondessimo	avessi nascosto	avessimo nascosto
	nascondessi	nascondeste	avessi nascosto	aveste nascosto
	nascondesse	nascondessero	avesse nascosto	avessero nascosto
Conditional	**Present Conditional**		**Perfect Conditional**	
	nasconderei	nasconderemmo	avrei nascosto	avremmo nascosto
	nasconderesti	nascondereste	avresti nascosto	avreste nascosto
	nasconderebbe	nasconderebbero	avrebbe nascosto	avrebbero nascosto

Note: As a reflexive verb *nascondersi* ("to hide oneself") uses the reflexive pronouns *mi, ti, si, ci, vi, si*, as well as the auxiliary verb *essere*, to form compound tenses (see the fourth and fifth examples below).

EXAMPLES

Ha nascosto il denaro in tasca.	He hid the money in his pocket.
Nasconde la propria identità.	He's concealing his identity.
Nascondevano le proprie intenzioni a tutti.	They were concealing their intentions from everybody.
Presto, nasconditi!	Quick, hide yourself!
Dove ti eri nascosto?	Where were you hiding?

navigare
to sail, to be at sea
Auxiliary verb: avere **Past participle:** navigato **Gerund:** navigando
Imperative: (tu) naviga (non navigare); (Lei) navighi; (noi) navighiamo;
(voi) navigate; (Loro) navighino

Mode	Simple Tenses		Compound Tenses	
	Singular	*Plural*	*Singular*	*Plural*
	Present		**Present Perfect**	
	navigo	navighiamo	ho navigato	abbiamo navigato
	navighi	navigate	hai navigato	avete navigato
	naviga	navigano	ha navigato	hanno navigato
	Imperfect		**Past Perfect**	
	navigavo	navigavamo	avevo navigato	avevamo navigato
	navigavi	navigavate	avevi navigato	avevate navigato
	navigava	navigavano	aveva navigato	avevano navigato
Indicative	**Past Definite**		**Past Anterior**	
	navigai	navigammo	ebbi navigato	avemmo navigato
	navigasti	navigaste	avesti navigato	aveste navigato
	navigò	navigarono	ebbe navigato	ebbero navigato
	Future		**Future Perfect**	
	navigherò	navigheremo	avrò navigato	avremo navigato
	navigherai	navigherete	avrai navigato	avrete navigato
	navigherà	navigheranno	avrà navigato	avranno navigato
	Present		**Present Perfect**	
	navighi	navighiamo	abbia navigato	abbiamo navigato
	navighi	navighiate	abbia navigato	abbiate navigato
Subjunctive	navighi	navighino	abbia navigato	abbiano navigato
	Imperfect		**Past Perfect**	
	navigassi	navigassimo	avessi navigato	avessimo navigato
	navigassi	navigaste	avessi navigato	aveste navigato
	navigasse	navigassero	avesse navigato	avessero navigato
Conditional	**Present Conditional**		**Perfect Conditional**	
	navigherei	navigheremmo	avrei navigato	avremmo navigato
	navigheresti	navighereste	avresti navigato	avreste navigato
	navigherebbe	navigherebbero	avrebbe navigato	avrebbero navigato

EXAMPLES

Stiamo navigando controvento.	We are sailing against the wind.
Naviga da venti anni.	He has been at sea for twenty years.
Abbiamo navigato i mari.	We sailed the seas.
Ho trovato questo sito navigando su internet.	I found this site surfing the Net.
Penso che Luca navighi in cattive acque.	I think Luca is in deep water.

negare
to deny, to refuse
Auxiliary verb: avere **Past participle:** negato **Gerund:** negando
Imperative: (tu) nega (non negare); (Lei) neghi; (noi) neghiamo; (voi) negate; (Loro) neghino

Mode	Simple Tenses		Compound Tenses	
	Singular	*Plural*	*Singular*	*Plural*
Indicative	**Present**		**Present Perfect**	
	nego	neghiamo	ho negato	abbiamo negato
	neghi	negate	hai negato	avete negato
	nega	negano	ha negato	hanno negato
	Imperfect		**Past Perfect**	
	negavo	negavamo	avevo negato	avevamo negato
	negavi	negavate	avevi negato	avevate negato
	negava	negavano	aveva negato	avevano negato
	Past Definite		**Past Anterior**	
	negai	negammo	ebbi negato	avemmo negato
	negasti	negaste	avesti negato	aveste negato
	negò	negarono	ebbe negato	ebbero negato
	Future		**Future Perfect**	
	negherò	negheremo	avrò negato	avremo negato
	negherai	negherete	avrai negato	avrete negato
	negherà	negheranno	avrà negato	avranno negato
Subjunctive	**Present**		**Present Perfect**	
	neghi	neghiamo	abbia negato	abbiamo negato
	neghi	neghiate	abbia negato	abbiate negato
	neghi	neghino	abbia negato	abbiano negato
	Imperfect		**Past Perfect**	
	negassi	negassimo	avessi negato	avessimo negato
	negassi	negaste	avessi negato	aveste negato
	negasse	negassero	avesse negato	avessero negato
Conditional	**Present Conditional**		**Perfect Conditional**	
	negherei	negheremmo	avrei negato	avremmo negato
	negheresti	neghereste	avresti negato	avreste negato
	negherebbe	negherebbero	avrebbe negato	avrebbero negato

Note: *Negare* requires the preposition *di* before an infinitive (see the second example below). *Negare* may also be followed by *che* + subjunctive (see the last example below).

EXAMPLES

Nega l'accusa.	He denies the charges.
Negarono di esserci stati.	They denied having been there.
Non si può negare che . . .	It can't be denied that . . .
La polizia ha negato l'accesso alle macchine.	The police denied the cars access.
Mi fu negata l'autorizzazione.	I was refused authorization.
Non nego che ci siano dei problemi.	I don't deny there are some problems.

nevicare

to snow

Auxiliary verb: avere **Past participle:** nevicato **Gerund:** nevicando
Imperative: che (non) nevichi!

Mode	Simple Tenses		Compound Tenses	
	Singular	*Plural*	*Singular*	*Plural*
Indicative	**Present**		**Present Perfect**	
	nevica		ha nevicato/ è nevicato	
	Imperfect		**Past Perfect**	
	nevicava		aveva nevicato/ era nevicato	
	Past Definite		**Past Anterior**	
	nevicò		ebbe nevicato/ fu nevicato	
	Future		**Future Perfect**	
	nevicherà		avrà nevicato/ sarà nevicato	
Subjunctive	**Present**		**Present Perfect**	
	nevichi		abbia nevicato/ sia nevicato	
	Imperfect		**Past Perfect**	
	nevicasse		avesse nevicato/ fosse nevicato	
Conditional	**Present Conditional**		**Perfect Conditional**	
	nevicherebbe		avrebbe nevicato/ sarebbe nevicato	

Note: This verb is only conjugated in the third-person singular in all tenses. To form compound tenses, either *avere* or *essere* may be used.

EXAMPLES

Sta nevicando!	It is snowing!
Nevicava fitto.	It was snowing heavily.
Nevica da due giorni.	It has been snowing for two days.
Ha (È) nevicato tutto il giorno.	It snowed all day long.

noleggiare

to rent

Auxiliary verb: avere **Past participle:** noleggiato **Gerund:** noleggiando
Imperative: (tu) noleggia (non noleggiare); (Lei) noleggi; (noi) noleggiamo; (voi) noleggiate; (Loro) noleggino

Mode	Simple Tenses		Compound Tenses	
	Singular	*Plural*	*Singular*	*Plural*
Indicative	**Present**		**Present Perfect**	
	noleggio	noleggiamo	ho noleggiato	abbiamo noleggiato
	noleggi	noleggiate	hai noleggiato	avete noleggiato
	noleggia	noleggiano	ha noleggiato	hanno noleggiato
	Imperfect		**Past Perfect**	
	noleggiavo	noleggiavamo	avevo noleggiato	avevamo noleggiato
	noleggiavi	noleggiavate	avevi noleggiato	avevate noleggiato
	noleggiava	noleggiavano	aveva noleggiato	avevano noleggiato
	Past Definite		**Past Anterior**	
	noleggiai	noleggiammo	ebbi noleggiato	avemmo noleggiato
	noleggiasti	noleggiaste	avesti noleggiato	aveste noleggiato
	noleggiò	noleggiarono	ebbe noleggiato	ebbero noleggiato
	Future		**Future Perfect**	
	noleggerò	noleggeremo	avrò noleggiato	avremo noleggiato
	noleggerai	noleggerete	avrai noleggiato	avrete noleggiato
	noleggerà	noleggeranno	avrà noleggiato	avranno noleggiato
Subjunctive	**Present**		**Present Perfect**	
	noleggi	noleggiamo	abbia noleggiato	abbiamo noleggiato
	noleggi	noleggiate	abbia noleggiato	abbiate noleggiato
	noleggi	noleggino	abbia noleggiato	abbiano noleggiato
	Imperfect		**Past Perfect**	
	noleggiassi	noleggiassimo	avessi noleggiato	avessimo noleggiato
	noleggiassi	noleggiaste	avessi noleggiato	aveste noleggiato
	noleggiasse	noleggiassero	avesse noleggiato	avessero noleggiato
Conditional	**Present Conditional**		**Perfect Conditional**	
	noleggerei	noleggeremmo	avrei noleggiato	avremmo noleggiato
	noleggeresti	noleggereste	avresti noleggiato	avreste noleggiato
	noleggerebbe	noleggerebbero	avrebbe noleggiato	avrebbero noleggiato

Note: For the verb "to rent a house," refer to *affittare*. *Affittare* often means "to rent something (long-term)," whereas *noleggiare* means "to rent something (for the short term)."

EXAMPLES

Noleggeremo un'auto per una settimana.	We will rent a car for one week.
Ieri sera ho noleggiato un film.	Yesterday I rented a movie.
Mi piacerebbe noleggiare una bicicletta.	I would like to rent a bike.

nominare

to mention, to appoint, to designate

Auxiliary verb: avere **Past participle:** nominato **Gerund:** nominando
Imperative: (tu) nomina (non nominare); (Lei) nomini; (noi) nominiamo;
(voi) nominate; (Loro) nominino

Mode	Simple Tenses		Compound Tenses	
	Singular	*Plural*	*Singular*	*Plural*
Indicative	**Present**		**Present Perfect**	
	nomino	nominiamo	ho nominato	abbiamo nominato
	nomini	nominate	hai nominato	avete nominato
	nomina	nominano	ha nominato	hanno nominato
	Imperfect		**Past Perfect**	
	nominavo	nominavamo	avevo nominato	avevamo nominato
	nominavi	nominavate	avevi nominato	avevate nominato
	nominava	nominavano	aveva nominato	avevano nominato
	Past Definite		**Past Anterior**	
	nominai	nominammo	ebbi nominato	avemmo nominato
	nominasti	nominaste	avesti nominato	aveste nominato
	nominò	nominarono	ebbe nominato	ebbero nominato
	Future		**Future Perfect**	
	nominerò	nomineremo	avrò nominato	avremo nominato
	nominerai	nominerete	avrai nominato	avrete nominato
	nominerà	nomineranno	avrà nominato	avranno nominato
Subjunctive	**Present**		**Present Perfect**	
	nomini	nominiamo	abbia nominato	abbiamo nominato
	nomini	nominiate	abbia nominato	abbiate nominato
	nomini	nominino	abbia nominato	abbiano nominato
	Imperfect		**Past Perfect**	
	nominassi	nominassimo	avessi nominato	avessimo nominato
	nominassi	nominaste	avessi nominato	aveste nominato
	nominasse	nominassero	avesse nominato	avessero nominato
Conditional	**Present Conditional**		**Perfect Conditional**	
	nominerei	nomineremmo	avrei nominato	avremmo nominato
	nomineresti	nominereste	avresti nominato	avreste nominato
	nominerebbe	nominerebbero	avrebbe nominato	avrebbero nominato

EXAMPLES

Non nominare il genero davanti a lei!	Don't mention her son-in-law's name in front of her!
È stato nominato direttore generale.	He has been appointed general manager.
Ha nominato erede il nipote.	He designated his nephew as heir.
Mai sentito nominare!	Never heard of it! (idiom; literally, I've never heard it brought up.)

notare

to note, to notice, to observe
Auxiliary verb: avere **Past participle:** notato **Gerund:** notando
Imperative: (tu) nota (non notare); (Lei) noti; (noi) notiamo; (voi) notate;
(Loro) notino

Mode	Simple Tenses		Compound Tenses	
	Singular	*Plural*	*Singular*	*Plural*
Indicative	**Present**		**Present Perfect**	
	noto	notiamo	ho notato	abbiamo notato
	noti	notate	hai notato	avete notato
	nota	notano	ha notato	hanno notato
	Imperfect		**Past Perfect**	
	notavo	notavamo	avevo notato	avevamo notato
	notavi	notavate	avevi notato	avevate notato
	notava	notavano	aveva notato	avevano notato
	Past Definite		**Past Anterior**	
	notai	notammo	ebbi notato	avemmo notato
	notasti	notaste	avesti notato	aveste notato
	notò	notarono	ebbe notato	ebbero notato
	Future		**Future Perfect**	
	noterò	noteremo	avrò notato	avremo notato
	noterai	noterete	avrai notato	avrete notato
	noterà	noteranno	avrà notato	avranno notato
Subjunctive	**Present**		**Present Perfect**	
	noti	notiamo	abbia notato	abbiamo notato
	noti	notiate	abbia notato	abbiate notato
	noti	notino	abbia notato	abbiano notato
	Imperfect		**Past Perfect**	
	notassi	notassimo	avessi notato	avessimo notato
	notassi	notaste	avessi notato	aveste notato
	notasse	notassero	avesse notato	avessero notato
Conditional	**Present Conditional**		**Perfect Conditional**	
	noterei	noteremmo	avrei notato	avremmo notato
	noteresti	notereste	avresti notato	avreste notato
	noterebbe	noterebbero	avrebbe notato	avrebbero notato

EXAMPLES

Hai notato come la guardava?	Did you notice how he was looking at her?
È da notare che . . .	It should be noted that . . .
Notammo dell'ironia nella sua voce.	We detected a hint of irony in his voice.
La sua assenza non fu notata.	His absence went unnoticed.

nuocere

to damage; to harm, to be bad for, to hurt

Auxiliary verb: avere **Past participle:** n(u)ociuto **Gerund:** n(u)ocendo
Imperative: (tu) nuoci (non nuocere); (Lei) n(u)occia; (noi) nuociamo;
(voi) n(u)ocete; (Loro) n(u)occiano

Mode	Simple Tenses		Compound Tenses	
	Singular	*Plural*	*Singular*	*Plural*
	Present		**Present Perfect**	
Indicative	n(u)occio	n(u)ociamo	ho n(u)ociuto	abbiamo n(u)ociuto
	nuoci	n(u)ocete	hai n(u)ociuto	avete n(u)ociuto
	nuoce	n(u)occiono	ha n(u)ociuto	hanno n(u)ociuto
	Imperfect		**Past Perfect**	
	n(u)ocevo	n(u)ocevamo	avevo n(u)ociuto	avevamo n(u)ociuto
	n(u)ocevi	n(u)ocevate	avevi n(u)ociuto	avevate n(u)ociuto
	n(u)oceva	n(u)ocevano	aveva n(u)ociuto	avevano n(u)ociuto
	Past Definite		**Past Anterior**	
	nocqui	n(u)ocemmo	ebbi n(u)ociuto	avemmo n(u)ociuto
	n(u)ocesti	n(u)oceste	avesti n(u)ociuto	aveste n(u)ociuto
	nocque	nocquero	ebbe n(u)ociuto	ebbero n(u)ociuto
	Future		**Future Perfect**	
	n(u)ocerò	n(u)oceremo	avrò n(u)ociuto	avremo n(u)ociuto
	n(u)ocerai	n(u)ocerete	avrai n(u)ociuto	avrete n(u)ociuto
	n(u)ocerà	n(u)oceranno	avrà n(u)ociuto	avranno n(u)ociuto
Subjunctive	**Present**		**Present Perfect**	
	n(u)occia	n(u)ociamo	abbia n(u)ociuto	abbiamo n(u)ociuto
	n(u)occia	n(u)ociate	abbia n(u)ociuto	abbiate n(u)ociuto
	n(u)occia	n(u)occiano	abbia n(u)ociuto	abbiano n(u)ociuto
	Imperfect		**Past Perfect**	
	n(u)ocessi	n(u)ocessimo	avessi n(u)ociuto	avessimo n(u)ociuto
	n(u)ocessi	n(u)oceste	avessi n(u)ociuto	aveste n(u)ociuto
	n(u)ocesse	n(u)ocessero	avesse n(u)ociuto	avessero n(u)ociuto
Conditional	**Present Conditional**		**Perfect Conditional**	
	n(u)ocerei	n(u)oceremmo	avrei n(u)ociuto	avremmo n(u)ociuto
	n(u)oceresti	n(u)ocereste	avresti n(u)ociuto	avreste n(u)ociuto
	n(u)ocerebbe	n(u)ocerebbero	avrebbe n(u)ociuto	avrebbero n(u)ociuto

Note: *Nuocere* requires the preposition *a* before a noun (see the first two examples below).
The meaning "to harm" is also conveyed by *fare male*.

EXAMPLES

Nuoce gravemente alla salute.	It seriously damages your health.
Quel farmaco nuoce allo stomaco.	That medicine is bad for the stomach.
Non volevo nuocergli.	I didn't mean to hurt him.

nuotare

to swim

Auxiliary verb: avere **Past participle:** nuotato **Gerund:** nuotando
Imperative: (tu) nuota (non nuotare); (Lei) nuoti; (noi) nuotiamo; (voi) nuotate; (Loro) nuotino

Mode	Simple Tenses		Compound Tenses	
	Singular	*Plural*	*Singular*	*Plural*
Indicative	**Present**		**Present Perfect**	
	nuoto	nuotiamo	ho nuotato	abbiamo nuotato
	nuoti	nuotate	hai nuotato	avete nuotato
	nuota	nuotano	ha nuotato	hanno nuotato
	Imperfect		**Past Perfect**	
	nuotavo	nuotavamo	avevo nuotato	avevamo nuotato
	nuotavi	nuotavate	avevi nuotato	avevate nuotato
	nuotava	nuotavano	aveva nuotato	avevano nuotato
	Past Definite		**Past Anterior**	
	nuotai	nuotammo	ebbi nuotato	avemmo nuotato
	nuotasti	nuotaste	avesti nuotato	aveste nuotato
	nuotò	nuotarono	ebbe nuotato	ebbero nuotato
	Future		**Future Perfect**	
	nuoterò	nuoteremo	avrò nuotato	avremo nuotato
	nuoterai	nuoterete	avrai nuotato	avrete nuotato
	nuoterà	nuoteranno	avrà nuotato	avranno nuotato
Subjunctive	**Present**		**Present Perfect**	
	nuoti	nuotiamo	abbia nuotato	abbiamo nuotato
	nuoti	nuotiate	abbia nuotato	abbiate nuotato
	nuoti	nuotino	abbia nuotato	abbiano nuotato
	Imperfect		**Past Perfect**	
	nuotassi	nuotassimo	avessi nuotato	avessimo nuotato
	nuotassi	nuotaste	avessi nuotato	aveste nuotato
	nuotasse	nuotassero	avesse nuotato	avessero nuotato
Conditional	**Present Conditional**		**Perfect Conditional**	
	nuoterei	nuoteremmo	avrei nuotato	avremmo nuotato
	nuoteresti	nuotereste	avresti nuotato	avreste nuotato
	nuoterebbe	nuoterebbero	avrebbe nuotato	avrebbero nuotato

Note: Nuotare a dorso (a farfalla, a rana) translates "to do the backstroke (the butterfly stroke, the breast stroke)."

EXAMPLES

Oggi abbiamo nuotato per due ore.	Today we swam for two hours.
Preferisce nuotare a stile libero.	He prefers to swim freestyle.
Vado a nuotare il sabato.	I go swimming on Saturdays.
Il bambino nuota bene.	The child is a good swimmer.
La sua famiglia nuota nell'oro.	His family is rolling in money. (idiom)

nutrire
to feed, to nourish, to bear, to have
Auxiliary verb: avere **Past participle:** nutrito **Gerund:** nutrendo
Imperative: (tu) nutri (non nutrire); (Lei) nutra; (noi) nutriamo; (voi)
nutrite; (Loro) nutrano

Mode	Simple Tenses		Compound Tenses	
	Singular	*Plural*	*Singular*	*Plural*
Indicative	**Present**		**Present Perfect**	
	nutro (nutrisco)	nutriamo	ho nutrito	abbiamo nutrito
	nutri (nutrisci)	nutrite	hai nutrito	avete nutrito
	nutre (nutrisce)	nutrono (nutriscono)	ha nutrito	hanno nutrito
	Imperfect		**Past Perfect**	
	nutrivo	nutrivamo	avevo nutrito	avevamo nutrito
	nutrivi	nutrivate	avevi nutrito	avevate nutrito
	nutriva	nutrivano	aveva nutrito	avevano nutrito
	Past Definite		**Past Anterior**	
	nutrii	nutrimmo	ebbi nutrito	avemmo nutrito
	nutristi	nutriste	avesti nutrito	aveste nutrito
	nutrì	nutrirono	ebbe nutrito	ebbero nutrito
	Future		**Future Perfect**	
	nutrirò	nutriremo	avrò nutrito	avremo nutrito
	nutrirai	nutrirete	avrai nutrito	avrete nutrito
	nutrirà	nutriranno	avrà nutrito	avranno nutrito
Subjunctive	**Present**		**Present Perfect**	
	nutra (nutrisca)	nutriamo	abbia nutrito	abbiamo nutrito
	nutra (nutrisca)	nutriate	abbia nutrito	abbiate nutrito
	nutra (nutrisca)	nutrano (nutriscano)	abbia nutrito	abbiano nutrito
	Imperfect		**Past Perfect**	
	nutrissi	nutrissimo	avessi nutrito	avessimo nutrito
	nutrissi	nutriste	avessi nutrito	aveste nutrito
	nutrisse	nutrissero	avesse nutrito	avessero nutrito
Conditional	**Present Conditional**		**Perfect Conditional**	
	nutrirei	nutriremmo	avrei nutrito	avremmo nutrito
	nutriresti	nutrireste	avresti nutrito	avreste nutrito
	nutrirebbe	nutrirebbero	avrebbe nutrito	avrebbero nutrito

Note: The meaning "to feed" is also expressed with *dare da mangiare*. As a reflexive verb
nutrirsi + di ("to feed on" or "to nourish oneself with," even in a metaphorical sense) uses the
reflexive pronouns *mi, ti, si, ci, vi, si,* as well as the auxiliary verb *essere,* to form compound
tenses (see the seventh example below).

EXAMPLES

Come nutri il tuo cane?	What do you feed your dog?
Il latte nutre molto.	Milk is very nourishing.
Nutro affetto per voi tutti.	I feel affection for you all.
Ha nutrito rancore contro suo padre per molti anni.	He bore a grudge against his father for many years.
Nutriamo simpatia per Anna.	We have a liking for Anna.
Nutrivamo una speranza.	We had hope.
Si nutre di proteine.	He feeds on protein.
Nutro delle speranze di andare in Francia.	I'm nourished by the hopes of going to France.

obbligare

to oblige, to force, to compel

Auxiliary verb: avere **Past participle:** obbligato **Gerund:** obbligando
Imperative: (tu) obbliga (non obbligare); (Lei) obblighi; (noi) obbli-
ghiamo; (voi) obbligate; (Loro) obblighino

Mode	Simple Tenses		Compound Tenses	
	Singular	*Plural*	*Singular*	*Plural*
Indicative	**Present**		**Present Perfect**	
	obbligo	obblighiamo	ho obbligato	abbiamo obbligato
	obblighi	obbligate	hai obbligato	avete obbligato
	obbliga	obbligano	ha obbligato	hanno obbligato
	Imperfect		**Past Perfect**	
	obbligavo	obbligavamo	avevo obbligato	avevamo obbligato
	obbligavi	obbligavate	avevi obbligato	avevate obbligato
	obbligava	obbligavano	aveva obbligato	avevano obbligato
	Past Definite		**Past Anterior**	
	obbligai	obbligammo	ebbi obbligato	avemmo obbligato
	obbligasti	obbligaste	avesti obbligato	aveste obbligato
	obbligò	obbligarono	ebbe obbligato	ebbero obbligato
	Future		**Future Perfect**	
	obbligherò	obbligheremo	avrò obbligato	avremo obbligato
	obbligherai	obbligherete	avrai obbligato	avrete obbligato
	obbligherà	obbligheranno	avrà obbligato	avranno obbligato
Subjunctive	**Present**		**Present Perfect**	
	obblighi	obblighiamo	abbia obbligato	abbiamo obbligato
	obblighi	obblighiate	abbia obbligato	abbiate obbligato
	obblighi	obblighino	abbia obbligato	abbiano obbligato
	Imperfect		**Past Perfect**	
	obbligassi	obbligassimo	avessi obbligato	avessimo obbligato
	obbligassi	obbligaste	avessi obbligato	aveste obbligato
	obbligasse	obbligassero	avesse obbligato	avessero obbligato
Conditional	**Present Conditional**		**Perfect Conditional**	
	obbligherei	obbligheremmo	avrei obbligato	avremmo obbligato
	obbligheresti	obblighereste	avresti obbligato	avreste obbligato
	obbligherebbe	obbligherebbero	avrebbe obbligato	avrebbero obbligato

Note: *Obbligare* requires the preposition *a* before an infinitive (see the first four examples below).

EXAMPLES

Nessuno lo obbliga a restare.	No one is forcing him to stay.
Lo obbligarono a dire la verità.	They made him tell the truth.
Mi hanno obbligato a firmare il contratto.	They obliged me to sign the contract.
Posso obbligarci ad obbedire?	Can they compel obedience from us?
La malattia lo obbligava a letto.	His sickness confined him to his bed.

occorrere

to be necessary, to need

Auxiliary verb: essere **Past participle:** occorso **Gerund:** occorrendo
Imperative: N/A

Mode	Simple Tenses		Compound Tenses	
	Singular	*Plural*	*Singular*	*Plural*
Indicative	**Present**		**Present Perfect**	
	occorre	occorrono	è occorso/a	sono occorsi/e
	Imperfect		**Past Perfect**	
	occorreva	occorrevano	era occorso/a	erano occorsi/e
	Past Definite		**Past Anterior**	
	occorse	occorsero	fu occorso/a	furono occorsi/e
	Future		**Future Perfect**	
	occorrerà	occorreranno	sarà occorso/a	saranno occorsi/e
Subjunctive	**Present**		**Present Perfect**	
	occorra	occorrano	sia occorso/a	siano occorsi/e
	Imperfect		**Past Perfect**	
	occorresse	occorressero	fosse occorso/a	fossero occorsi/e
Conditional	**Present Conditional**		**Perfect Conditional**	
	occorrerebbe	occorrerebbero	sarebbe occorso/a	fossero occorsi/e

Note: This verb is usually used only in the third-person singular and plural forms. It may be followed immediately by an infinitive (see the first example below), or by *che* + subjunctive (see the last example below). This verb can also be conjugated as *piacere,* in which case it means "to need" and is used in the third-person singular and plural with the indirect pronouns *mi, ti, gli/le, ci, vi* (for example, *mi occorre [occorrono], mi è occorso/a, mi sono occorsi/e, mi occorreva[no], mi occorrerebbe[ro]).* Refer to the Verb Usage Review and the third example below.

EXAMPLES

Occorre prendere provvedimenti.	It is necessary to take the proper measures.
Occorrono tre giorni per avere i documenti.	It takes three days to get the documents.
Mi occorreva del denaro.	I needed some money.
Occorre che tu parta subito.	It's necessary to leave at once.

occuparsi
to take care, to deal with, to look after, to work
Auxiliary verb: essere **Past participle:** occupato (si) **Gerund:** occupando(si)
Imperative: (tu) occupati (non occuparti); (Lei) si occupi; (noi) occupiamoci; (voi) occupatevi; (Loro) si occupino

Mode	Simple Tenses		Compound Tenses	
	Singular	*Plural*	*Singular*	*Plural*
	Present		**Present Perfect**	
Indicative	mi occupo ti occupi si occupa	ci occupiamo vi occupate si occupano	mi sono occupato/a ti sei occupato/a si è occupato/a	ci siamo occupati/e vi siete occupati/e si sono occupati/e
	Imperfect		**Past Perfect**	
	mi occupavo ti occupavi si occupava	ci occupavamo vi occupavate si occupavano	mi ero occupato/a ti eri occupato/a si era occupato/a	ci eravamo occupati/e vi eravate occupati/e si erano occupati/e
	Past Definite		**Past Anterior**	
	mi occupai ti occupasti si occupò	ci occupammo vi occupaste si occuparono	mi fui occupato/a ti fosti occupato/a si fu occupato/a	ci fummo occupati/e vi foste occupati/e si furono occupati/e
	Future		**Future Perfect**	
	mi occuperò ti occuperai si occuperà	ci occuperemo vi occuperete si occuperanno	mi sarò occupato/a ti sarai occupato/a si sarà occupato/a	ci saremo occupati/e vi sarete occupati/e si saranno occupati/e
Subjunctive	**Present**		**Present Perfect**	
	mi occupi ti occupi si occupi	ci occupiamo vi occupiate si occupino	mi sia occupato/a ti sia occupato/a si sia occupato/a	ci siamo occupati/e vi siate occupati/e si siano occupati/e
	Imperfect		**Past Perfect**	
	mi occupassi ti occupassi si occupasse	ci occupassimo vi occupaste si occupassero	mi fossi occupato/a ti fossi occupato/a si fosse occupato/a	ci fossimo occupati/e vi foste occupati/e si fossero occupati/e
Conditional	**Present Conditional**		**Perfect Conditional**	
	mi occuperei ti occuperesti si occuperebbe	ci occuperemmo vi occupereste si occuperebbero	mi sarei occupato/a ti saresti occupato/a si sarebbe occupato/a	ci saremmo occupati/e vi sareste occupati/e si sarebbero occupati/e

Note: *Occuparsi* requires the preposition *di* before a noun (see the first four examples below). *Occupare* ("to occupy") may be used nonreflexively with *avere* as its auxiliary verb to form compound tenses.

EXAMPLES

Marco si occupa di moda.	Marco works in fashion.
Lei di che cosa si occupa?	What do you do?
Lucia si occupava del giardino.	Lucia used to take care of the garden.
Chi si occuperà dei bambini?	Who is going to take care of the children?
L'autobus occupava l'intera corsia.	The bus occupied the whole lane.

odiare
to hate, to detest, to despise
Auxiliary verb: avere **Past participle:** odiato **Gerund:** odiando
Imperative: (tu) odia (non odiare); (Lei) odi; (noi) odiamo; (voi) odiate;
(Loro) odino

Mode	Simple Tenses		Compound Tenses	
	Singular	*Plural*	*Singular*	*Plural*
Indicative	**Present**		**Present Perfect**	
	odio	odiamo	ho odiato	abbiamo odiato
	odi	odiate	hai odiato	avete odiato
	odia	odiano	ha odiato	hanno odiato
	Imperfect		**Past Perfect**	
	odiavo	odiavamo	avevo odiato	avevamo odiato
	odiavi	odiavate	avevi odiato	avevate odiato
	odiava	odiavano	aveva odiato	avevano odiato
	Past Definite		**Past Anterior**	
	odiai	odiammo	ebbi odiato	avemmo odiato
	odiasti	odiaste	avesti odiato	aveste odiato
	odiò	odiarono	ebbe odiato	ebbero odiato
	Future		**Future Perfect**	
	odierò	odieremo	avrò odiato	avremo odiato
	odierai	odierete	avrai odiato	avrete odiato
	odierà	odieranno	avrà odiato	avranno odiato
Subjunctive	**Present**		**Present Perfect**	
	odi	odiamo	abbia odiato	abbiamo odiato
	odi	odiate	abbia odiato	abbiate odiato
	odi	odino	abbia odiato	abbiano odiato
	Imperfect		**Past Perfect**	
	odiassi	odiassimo	avessi odiato	avessimo odiato
	odiassi	odiaste	avessi odiato	aveste odiato
	odiasse	odiassero	avesse odiato	avessero odiato
Conditional	**Present Conditional**		**Perfect Conditional**	
	odierei	odieremmo	avrei odiato	avremmo odiato
	odieresti	odiereste	avresti odiato	avreste odiato
	odierebbe	odierebbero	avrebbe odiato	avrebbero odiato

Note: *Odiare* may be followed immediately by an infinitive (see the third example below) or by *che* + subjunctive (see the fourth example below). As a reflexive verb *odiarsi* ("to hate oneself"; "to hate each other") uses the reflexive pronouns *mi, ti, si, ci, vi, si,* as well as the auxiliary verb *essere,* to form compound tenses (see the last example below).

EXAMPLES

Odio la cipolla.	I hate onions.
Marco odia i ritardi.	Marco detests delays.
Marco odia essere in ritardo.	Marco hates being late.
Marco odia che io sia sempre in ritardo.	Marco hates that I am always late.
È odiato da tutte le segretarie.	He is despised by all the secretaries.
Si odiano.	They hate each other.

offendere

to offend, to hurt

Auxiliary verb: avere **Past participle:** offeso **Gerund:** offendendo
Imperative: (tu) offendi (non offendere); (Lei) offenda; (noi) offendiamo;
(voi) offendete; (Loro) offendano

Mode	Simple Tenses		Compound Tenses	
	Singular	*Plural*	*Singular*	*Plural*
	Present		**Present Perfect**	
Indicative	offendo	offendiamo	ho offeso	abbiamo offeso
	offendi	offendete	hai offeso	avete offeso
	offende	offendono	ha offeso	hanno offeso
	Imperfect		**Past Perfect**	
	offendevo	offendevamo	avevo offeso	avevamo offeso
	offendevi	offendevate	avevi offeso	avevate offeso
	offendeva	offendevano	aveva offeso	avevano offeso
	Past Definite		**Past Anterior**	
	offesi	offendemmo	ebbi offeso	avemmo offeso
	offendesti	offendeste	avesti offeso	aveste offeso
	offese	offesero	ebbe offeso	ebbero offeso
	Future		**Future Perfect**	
	offenderò	offenderemo	avrò offeso	avremo offeso
	offenderai	offenderete	avrai offeso	avrete offeso
	offenderà	offenderanno	avrà offeso	avranno offeso
Subjunctive	**Present**		**Present Perfect**	
	offenda	offendiamo	abbia offeso	abbiamo offeso
	offenda	offendiate	abbia offeso	abbiate offeso
	offenda	offendano	abbia offeso	abbiano offeso
	Imperfect		**Past Perfect**	
	offendessi	offendessimo	avessi offeso	avessimo offeso
	offendessi	offendeste	avessi offeso	aveste offeso
	offendesse	offendessero	avesse offeso	avessero offeso
Conditional	**Present Conditional**		**Perfect Conditional**	
	offenderei	offenderemmo	avrei offeso	avremmo offeso
	offenderesti	offendereste	avresti offeso	avreste offeso
	offenderebbe	offenderebbero	avrebbe offeso	avrebbero offeso

Note: As a reflexive verb *offendersi* ("to be offended," "to be hurt," or "to offend each other")
uses the reflexive pronouns *mi, ti, si, ci, vi, si,* as well as the auxiliary verb *essere,* to form
compound tenses (see the fourth, fifth, and sixth examples below).

EXAMPLES

Non avevo intenzione di offendere i tuoi sentimenti.	I didn't mean to hurt your feelings.
Il suo comportamento offende il buonsenso.	His behavior offends common sense.
Mi dispiace averlo offeso.	I am sorry I offended him.
Si è offeso per le mie affermazioni.	He was offended by my remarks.
Non ti sei offeso, vero?	You aren't offended, are you?
Non offenderti, ma devo proprio andare.	Don't be offended, but I really have to go.

offrire

to offer, to treat

Auxiliary verb: avere **Past participle:** offerto **Gerund:** offrendo
Imperative: (tu) offri (non offrire); (Lei) offra; (noi) offriamo; (voi) offrite; (Loro) offrano

Mode	Simple Tenses		Compound Tenses	
	Singular	*Plural*	*Singular*	*Plural*
Indicative	**Present**		**Present Perfect**	
	offro	offriamo	ho offerto	abbiamo offerto
	offri	offrite	hai offerto	avete offerto
	offre	offrono	ha offerto	hanno offerto
	Imperfect		**Past Perfect**	
	offrivo	offrivamo	avevo offerto	avevamo offerto
	offrivi	offrivate	avevi offerto	avevate offerto
	offriva	offrivano	aveva offerto	avevano offerto
	Past Definite		**Past Anterior**	
	offrii (offersi)	offrimmo	ebbi offerto	avemmo offerto
	offristi	offriste	avesti offerto	aveste offerto
	offrì (offerse)	offrirono (offersero)	ebbe offerto	ebbero offerto
	Future		**Future Perfect**	
	offrirò	offriremo	avrò offerto	avremo offerto
	offrirai	offrirete	avrai offerto	avrete offerto
	offrirà	offriranno	avrà offerto	avranno offerto
Subjunctive	**Present**		**Present Perfect**	
	offra	offriamo	abbia offerto	abbiamo offerto
	offra	offriate	abbia offerto	abbiate offerto
	offra	offrano	abbia offerto	abbiano offerto
	Imperfect		**Past Perfect**	
	offrissi	offrissimo	avessi offerto	avessimo offerto
	offrissi	offriste	avessi offerto	aveste offerto
	offrisse	offrissero	avesse offerto	avessero offerto
Conditional	**Present Conditional**		**Perfect Conditional**	
	offrirei	offriremmo	avrei offerto	avremmo offerto
	offriresti	offrireste	avresti offerto	avreste offerto
	offrirebbe	offrirebbero	avrebbe offerto	avrebbero offerto

Note: *Offrire* requires the preposition *di* before an infinitive (see the sixth example below).

EXAMPLES

Ho offerto centomila euro per la casa.	I offered 100,000 euro for the house.
Posso offrirti qualcosa da bere?	Can I offer you something to drink?
Offro io!	It's my treat.
Questa soluzione offre molti vantaggi.	This solution offers many advantages.
Questa laurea offre molte opportunità di lavoro.	This degree offers many job opportunities.
Mi ha offerto di rimanere.	He offered for me to stay.

operare

to operate

Auxiliary verb: avere **Past participle:** operato **Gerund:** operando
Imperative: (tu) opera (non operare); (Lei) operi; (noi) operiamo; (voi)
operate; (Loro) operino

Mode	Simple Tenses		Compound Tenses	
	Singular	*Plural*	*Singular*	*Plural*
Indicative	**Present**		**Present Perfect**	
	opero	operiamo	ho operato	abbiamo operato
	operi	operate	hai operato	avete operato
	opera	operano	ha operato	hanno operato
	Imperfect		**Past Perfect**	
	operavo	operavamo	avevo operato	avevamo operato
	operavi	operavate	avevi operato	avevate operato
	operava	operavano	aveva operato	avevano operato
	Past Definite		**Past Anterior**	
	operai	operammo	ebbi operato	avemmo operato
	operasti	operaste	avesti operato	aveste operato
	operò	operarono	ebbe operato	ebbero operato
	Future		**Future Perfect**	
	opererò	opereremo	avrò operato	avremo operato
	opererai	opererete	avrai operato	avrete operato
	opererà	opereranno	avrà operato	avranno operato
Subjunctive	**Present**		**Present Perfect**	
	operi	operiamo	abbia operato	abbiamo operato
	operi	operiate	abbia operato	abbiate operato
	operi	operino	abbia operato	abbiano operato
	Imperfect		**Past Perfect**	
	operassi	operassimo	avessi operato	avessimo operato
	operassi	operaste	avessi operato	aveste operato
	operasse	operassero	avesse operato	avessero operato
Conditional	**Present Conditional**		**Perfect Conditional**	
	opererei	opereremmo	avrei operato	avremmo operato
	opereresti	operereste	avresti operato	avreste operato
	opererebbe	opererebbero	avrebbe operato	avrebbero operato

Note: As a reflexive verb *operarsi* ("to have an operation") uses the reflexive pronouns *mi, ti, si, ci, vi, si,* as well as the auxiliary verb *essere,* to form compound tenses (see the last example below).

EXAMPLES

Hanno operato mio nonno al fegato. — They operated on my grandfather's liver.
Mi devo fare operare di appendicite. — I have to get an operation on my appendix.
Il chirurgo sta operando. — The surgeon is operating.
Leonardo da Vinci operò a Milano. — Leonardo da Vinci worked in Milan.
Quando ti operi? — When are you going to have your operation?

opporre

to oppose, to object

Auxiliary verb: avere **Past participle:** opposto **Gerund:** opponendo
Imperative: (tu) opponi (non opporre); (Lei) opponga; (noi) opponiamo;
(voi) opponete; (Loro) oppongano

Mode	Simple Tenses		Compound Tenses	
	Singular	*Plural*	*Singular*	*Plural*
Indicative	**Present**		**Present Perfect**	
	oppongo	opponiamo	ho opposto	abbiamo opposto
	opponi	opponete	hai opposto	avete opposto
	oppone	oppongono	ha opposto	hanno opposto
	Imperfect		**Past Perfect**	
	opponevo	opponevamo	avevo opposto	avevamo opposto
	opponevi	opponevate	avevi opposto	avevate opposto
	opponeva	opponevano	aveva opposto	avevano opposto
	Past Definite		**Past Anterior**	
	opposi	opponemmo	ebbi opposto	avemmo opposto
	opponesti	opponeste	avesti opposto	aveste opposto
	oppose	opposero	ebbe opposto	ebbero opposto
	Future		**Future Perfect**	
	opporrò	opporremo	avrò opposto	avremo opposto
	opporrai	opporrete	avrai opposto	avrete opposto
	opporrà	opporranno	avrà opposto	avranno opposto
Subjunctive	**Present**		**Present Perfect**	
	opponga	opponiamo	abbia opposto	abbiamo opposto
	opponga	opponiate	abbia opposto	abbiate opposto
	opponga	oppongano	abbia opposto	abbiano opposto
	Imperfect		**Past Perfect**	
	opponessi	opponessimo	avessi opposto	avessimo opposto
	opponessi	opponeste	avessi opposto	aveste opposto
	opponesse	opponessero	avesse opposto	avessero opposto
Conditional	**Present Conditional**		**Perfect Conditional**	
	opporrei	opporremmo	avrei opposto	avremmo opposto
	opporresti	opporreste	avresti opposto	avreste opposto
	opporrebbe	opporrebbero	avrebbe opposto	avrebbero opposto

Note: As a reflexive verb, *opporsi* ("to oppose," "to set oneself against," or "to object") uses the reflexive pronouns *mi, ti, si, ci, vi, si,* as well as the auxiliary verb *essere,* to form compound tenses (see the last two examples below).

EXAMPLES

Lui oppose la sua volontà alla mia.	He opposed his will against mine.
Si può opporre che . . .	One can object that . . .
Non ho nulla da opporre.	I have no reason to object.
Si è opposto al dittatore con tutte le sue forze.	He opposed the dictator with all his strength.
Mi oppongo.	I object.

ordinare

to order

Auxiliary verb: avere **Past participle:** ordinato **Gerund:** ordinando
Imperative: (tu) ordina (non ordinare); (Lei) ordini; (noi) ordiniamo;
(voi) ordinate; (Loro) ordinino

Mode	Simple Tenses		Compound Tenses	
	Singular	*Plural*	*Singular*	*Plural*
Indicative	**Present**		**Present Perfect**	
	ordino	ordiniamo	ho ordinato	abbiamo ordinato
	ordini	ordinate	hai ordinato	avete ordinato
	ordina	ordinano	ha ordinato	hanno ordinato
	Imperfect		**Past Perfect**	
	ordinavo	ordinavamo	avevo ordinato	avevamo ordinato
	ordinavi	ordinavate	avevi ordinato	avevate ordinato
	ordinava	ordinavano	aveva ordinato	avevano ordinato
	Past Definite		**Past Anterior**	
	ordinai	ordinammo	ebbi ordinato	avemmo ordinato
	ordinasti	ordinaste	avesti ordinato	aveste ordinato
	ordinò	ordinarono	ebbe ordinato	ebbero ordinato
	Future		**Future Perfect**	
	ordinerò	ordineremo	avrò ordinato	avremo ordinato
	ordinerai	ordinerete	avrai ordinato	avrete ordinato
	ordinerà	ordineranno	avrà ordinato	avranno ordinato
Subjunctive	**Present**		**Present Perfect**	
	ordini	ordiniamo	abbia ordinato	abbiamo ordinato
	ordini	ordiniate	abbia ordinato	abbiate ordinato
	ordini	ordinino	abbia ordinato	abbiano ordinato
	Imperfect		**Past Perfect**	
	ordinassi	ordinassimo	avessi ordinato	avessimo ordinato
	ordinassi	ordinaste	avessi ordinato	aveste ordinato
	ordinasse	ordinassero	avesse ordinato	avessero ordinato
Conditional	**Present Conditional**		**Perfect Conditional**	
	ordinerei	ordineremmo	avrei ordinato	avremmo ordinato
	ordineresti	ordinereste	avresti ordinato	avreste ordinato
	ordinerebbe	ordinerebbero	avrebbe ordinato	avrebbero ordinato

Note: *Ordinare* requires the preposition *di* before an infinitive (see the fourth example below). *Ordinare* may also be followed by *che* + subjunctive (see the seventh example below). *Ordinare* takes an indirect object: *ordinare + qualcosa + a qualcuno* ("to order somebody something"; see the fourth example below).

EXAMPLES

Avete già ordinato?	Have you ordered?
Io vorrei ordinare una birra.	I would like to order a beer.
Desiderano ordinare?	May I take your orders?
Ordinai al soldato di andare via.	I ordered the soldier to go away.
Ho ordinato i libri per autore.	I ordered the books by author.
Ordineremo la merce alla ditta Martini.	We will order the goods from the Martini company.
Ha ordinato che lo seguissi.	He ordered that I follow him.

organizzare

to organize, to arrange, to get in order

Auxiliary verb: avere **Past participle:** organizzato **Gerund:** organizzando
Imperative: (tu) organizza (non organizzare); (Lei) organizzi; (noi) organizziamo; (voi) organizzate; (Loro) organizzino

Mode	Simple Tenses		Compound Tenses	
	Singular	*Plural*	*Singular*	*Plural*
Indicative	**Present**		**Present Perfect**	
	organizzo	organizziamo	ho organizzato	abbiamo organizzato
	organizzi	organizzate	hai organizzato	avete organizzato
	organizza	organizzano	ha organizzato	hanno organizzato
	Imperfect		**Past Perfect**	
	organizzavo	organizzavamo	avevo organizzato	avevamo organizzato
	organizzavi	organizzavate	avevi organizzato	avevate organizzato
	organizzava	organizzavano	aveva organizzato	avevano organizzato
	Past Definite		**Past Anterior**	
	organizzai	organizzammo	ebbi organizzato	avemmo organizzato
	organizzasti	organizzaste	avesti organizzato	aveste organizzato
	organizzò	organizzarono	ebbe organizzato	ebbero organizzato
	Future		**Future Perfect**	
	organizzerò	organizzeremo	avrò organizzato	avremo organizzato
	organizzerai	organizzerete	avrai organizzato	avrete organizzato
	organizzerà	organizzeranno	avrà organizzato	avranno organizzato
Subjunctive	**Present**		**Present Perfect**	
	organizzi	organizziamo	abbia organizzato	abbiamo organizzato
	organizzi	organizziate	abbia organizzato	abbiate organizzato
	organizzi	organizzino	abbia organizzato	abbiano organizzato
	Imperfect		**Past Perfect**	
	organizzassi	organizzassimo	avessi organizzato	avessimo organizzato
	organizzassi	organizzaste	avessi organizzato	aveste organizzato
	organizzasse	organizzassero	avesse organizzato	avessero organizzato
Conditional	**Present Conditional**		**Perfect Conditional**	
	organizzerei	organizzeremmo	avrei organizzato	avremmo organizzato
	organizzeresti	organizzereste	avresti organizzato	avreste organizzato
	organizzerebbe	organizzerebbero	avrebbe organizzato	avrebbero organizzato

Note: As a reflexive verb *organizzarsi* ("to plan" or "to get organized") uses the reflexive pronouns *mi, ti, si, ci, vi, si,* as well as the auxiliary verb *essere,* to form compound tenses (see the fourth and fifth examples below).

EXAMPLES

Chi organizza la festa?	Who is going to organize the party?
Hai organizzato le idee per la presentazione orale?	Did you get your ideas in order for the oral presentation?
Dobbiamo organizzare i trasporti.	We have to arrange for transport.
Adesso mi organizzo la giornata.	Right now I'm planning my day.
Ti sei organizzato per la partenza?	Did you get everything in order for your departure?

orientarsi

to get oriented, to orientate oneself, to get one's bearings
Auxiliary verb: essere **Past participle:** orientato(si) **Gerund:** orientando(si)
Imperative: (tu) orientati (non orientarti); (Lei) si orienti; (noi) orientiamoci; (voi) orientatevi; (Loro) si orientino

Mode	Simple Tenses		Compound Tenses	
	Singular	*Plural*	*Singular*	*Plural*
Indicative	**Present**		**Present Perfect**	
	mi oriento	ci orientiamo	mi sono orientato/a	ci siamo orientati/e
	ti orienti	vi orientate	ti sei orientato/a	vi siete orientati/e
	si orienta	si orientano	si è orientato/a	si sono orientati/e
	Imperfect		**Past Perfect**	
	mi orientavo	ci orientavamo	mi ero orientato/a	ci eravamo orientati/e
	ti orientavi	vi orientavate	ti eri orientato/a	vi eravate orientati/e
	si orientava	si orientavano	si era orientato/a	si erano orientati/e
	Past Definite		**Past Anterior**	
	mi orientai	ci orientammo	mi fui orientato/a	ci fummo orientati/e
	ti orientasti	vi orientaste	ti fosti orientato/a	vi foste orientati/e
	si orientò	si orientarono	si fu orientato/a	si furono orientati/e
	Future		**Future Perfect**	
	mi orienterò	ci orienteremo	mi sarò orientato/a	ci saremo orientati/e
	ti orienterai	vi orienterete	ti sarai orientato/a	vi sarete orientati/e
	si orienterà	si orienteranno	si sarà orientato/a	si saranno orientati/e
Subjunctive	**Present**		**Present Perfect**	
	mi orienti	ci orientiamo	mi sia orientato/a	ci siamo orientati/e
	ti orienti	vi orientiate	ti sia orientato/a	vi siate orientati/e
	si orienti	si orientino	si sia orientato/a	si siano orientati/e
	Imperfect		**Past Perfect**	
	mi orientassi	ci orientassimo	mi fossi orientato/a	ci fossimo orientati/e
	ti orientassi	vi orientaste	ti fossi orientato/a	vi foste orientati/e
	si orientasse	si orientassero	si fosse orientato/a	si fossero orientati/e
Conditional	**Present Conditional**		**Perfect Conditional**	
	mi orienterei	ci orienteremmo	mi sarei orientato/a	ci saremmo orientati/e
	ti orienteresti	vi orientereste	ti saresti orientato/a	vi sareste orientati/e
	si orienterebbe	si orienterebbero	si sarebbe orientato/a	si sarebbero orientati/e

Note: *Orientare* ("to orient" or "to orientate") may be used nonreflexively with *avere* as its auxiliary verb to form compound tenses (see the second example below).

EXAMPLES

Mi devo orientare.	I have to orient myself.
Gli antichi Romani orientavano i templi.	The ancient Romans used to orientate the temples.
Si è orientato subito nel suo nuovo lavoro.	He got oriented at his new job.

osare

to dare

Auxiliary verb: avere **Past participle:** osato **Gerund:** osando

Imperative: (tu) osa (non osare); (Lei) osi; (noi) osiamo; (voi) osate; (Loro) osino

Mode	Simple Tenses		Compound Tenses	
	Singular	*Plural*	*Singular*	*Plural*
Indicative	**Present**		**Present Perfect**	
	oso	osiamo	ho osato	abbiamo osato
	osi	osate	hai osato	avete osato
	osa	osano	ha osato	hanno osato
	Imperfect		**Past Perfect**	
	osavo	osavamo	avevo osato	avevamo osato
	osavi	osavate	avevi osato	avevate osato
	osava	osavano	aveva osato	avevano osato
	Past Definite		**Past Anterior**	
	osai	osammo	ebbi osato	avemmo osato
	osasti	osaste	avesti osato	aveste osato
	osò	osarono	ebbe osato	ebbero osato
	Future		**Future Perfect**	
	oserò	oseremo	avrò osato	avremo osato
	oserai	oserete	avrai osato	avrete osato
	oserà	oseranno	avrà osato	avranno osato
Subjunctive	**Present**		**Present Perfect**	
	osi	osiamo	abbia osato	abbiamo osato
	osi	osiate	abbia osato	abbiate osato
	osi	osino	abbia osato	abbiano osato
	Imperfect		**Past Perfect**	
	osassi	osassimo	avessi osato	avessimo osato
	osassi	osaste	avessi osato	aveste osato
	osasse	osassero	avesse osato	avessero osato
Conditional	**Present Conditional**		**Perfect Conditional**	
	oserei	oseremmo	avrei osato	avremmo osato
	oseresti	osereste	avresti osato	avreste osato
	oserebbe	oserebbero	avrebbe osato	avrebbero osato

Note: *Osare* requires no preposition before an infinitive (see the first, second, third, fourth, and sixth examples below).

EXAMPLES

Come osi dire una cosa simile?	How dare you say such a thing?
Non osò andarci.	He didn't dare go.
Non ho mai osato fargli questa domanda.	I never dared to ask him.
Nessuno ha osato rispondere.	No one dared to answer.
Guai a te se osi!	Don't you dare!
Oso dire che . . .	I dare say that . . .

ospitare
to give hospitality, to have as a guest, to host
Auxiliary verb: avere **Past participle:** ospitato **Gerund:** ospitando
Imperative: (tu) ospita (non ospitare); (Lei) ospiti; (noi) ospitiamo; (voi) ospitate; (Loro) ospitino

Mode	Simple Tenses		Compound Tenses	
	Singular	*Plural*	*Singular*	*Plural*
Indicative	**Present**		**Present Perfect**	
	ospito	ospitiamo	ho ospitato	abbiamo ospitato
	ospiti	ospitate	hai ospitato	avete ospitato
	ospita	ospitano	ha ospitato	hanno ospitato
	Imperfect		**Past Perfect**	
	ospitavo	ospitavamo	avevo ospitato	avevamo ospitato
	ospitavi	ospitavate	avevi ospitato	avevate ospitato
	ospitava	ospitavano	aveva ospitato	avevano ospitato
	Past Definite		**Past Anterior**	
	ospitai	ospitammo	ebbi ospitato	avemmo ospitato
	ospitasti	ospitaste	avesti ospitato	aveste ospitato
	ospitò	ospitarono	ebbe ospitato	ebbero ospitato
	Future		**Future Perfect**	
	ospiterò	ospiteremo	avrò ospitato	avremo ospitato
	ospiterai	ospiterete	avrai ospitato	avrete ospitato
	ospiterà	ospiteranno	avrà ospitato	avranno ospitato
Subjunctive	**Present**		**Present Perfect**	
	ospiti	ospitiamo	abbia ospitato	abbiamo ospitato
	ospiti	ospitiate	abbia ospitato	abbiate ospitato
	ospiti	ospitino	abbia ospitato	abbiano ospitato
	Imperfect		**Past Perfect**	
	ospitassi	ospitassimo	avessi ospitato	avessimo ospitato
	ospitassi	ospitaste	avessi ospitato	aveste ospitato
	ospitasse	ospitassero	avesse ospitato	avessero ospitato
Conditional	**Present Conditional**		**Perfect Conditional**	
	ospiterei	ospiteremmo	avrei ospitato	avremmo ospitato
	ospiteresti	ospitereste	avresti ospitato	avreste ospitato
	ospiterebbe	ospiterebbero	avrebbe ospitato	avrebbero ospitato

EXAMPLES

Siamo felici di ospitare la tua amica.

We look forward to having your friend as a guest.

Mi ospita un amico.

I am staying with a friend.

Ospitiamo tre studenti.

We host three students.

Sydney ha ospitato le Olimpiadi del 2000.

Sydney hosted the 2000 Olympics.

osservare

to observe, to look at, to note, to point out

Auxiliary verb: avere **Past participle:** osservato **Gerund:** osservando
Imperative: (tu) osserva (non osservare); (Lei) osservi; (noi) osserviamo;
(voi) osservate; (Loro) osservino

Mode	Simple Tenses		Compound Tenses	
	Singular	*Plural*	*Singular*	*Plural*
Indicative	**Present**		**Present Perfect**	
	osservo	osserviamo	ho osservato	abbiamo osservato
	osservi	osservate	hai osservato	avete osservato
	osserva	osservano	ha osservato	hanno osservato
	Imperfect		**Past Perfect**	
	osservavo	osservavamo	avevo osservato	avevamo osservato
	osservavi	osservavate	avevi osservato	avevate osservato
	osservava	osservavano	aveva osservato	avevano osservato
	Past Definite		**Past Anterior**	
	osservai	osservammo	ebbi osservato	avemmo osservato
	osservasti	osservaste	avesti osservato	aveste osservato
	osservò	osservarono	ebbe osservato	ebbero osservato
	Future		**Future Perfect**	
	osserverò	osserveremo	avrò osservato	avremo osservato
	osserverai	osserverete	avrai osservato	avrete osservato
	osserverà	osserveranno	avrà osservato	avranno osservato
Subjunctive	**Present**		**Present Perfect**	
	osservi	osserviamo	abbia osservato	abbiamo osservato
	osservi	osserviate	abbia osservato	abbiate osservato
	osservi	osservino	abbia osservato	abbiano osservato
	Imperfect		**Past Perfect**	
	osservassi	osservassimo	avessi osservato	avessimo osservato
	osservassi	osservaste	avessi osservato	aveste osservato
	osservasse	osservassero	avesse osservato	avessero osservato
Conditional	**Present Conditional**		**Perfect Conditional**	
	osserverei	osserveremmo	avrei osservato	avremmo osservato
	osserveresti	osservereste	avresti osservato	avreste osservato
	osserverebbe	osserverebbero	avrebbe osservato	avrebbero osservato

EXAMPLES

Abbiamo osservato il suo comportamento.	We observed his behavior.
Osservate bene questo graffio.	Look closely at this scratch.
Osservò che il vestito mi donava.	He noted that the dress suited me well.
Ha osservato che mancavano tre giorni alla scadenza.	He pointed out that the deadline was three days away.
Occorre osservare che . . .	It is necessary to note that . . .

ostinarsi

to persist, to persevere
Auxiliary verb: essere **Past participle:** ostinato (si) **Gerund:**
ostinando (si)
Imperative: (tu) ostinati (non ostinarti); (Lei) si ostini; (noi) ostiniamoci;
(voi) ostinatevi; (Loro) si ostinino

Mode	Simple Tenses		Compound Tenses	
	Singular	*Plural*	*Singular*	*Plural*
Indicative	**Present**		**Present Perfect**	
	mi ostino	ci ostiniamo	mi sono ostinato/a	ci siamo ostinati/e
	ti ostini	vi ostinate	ti sei ostinato/a	vi siete ostinati/e
	si ostina	si ostinano	si è ostinato/a	si sono ostinati/e
	Imperfect		**Past Perfect**	
	mi ostinavo	ci ostinavamo	mi ero ostinato/a	ci eravamo ostinati/e
	ti ostinavi	vi ostinavate	ti eri ostinato/a	vi eravate ostinati/e
	si ostinava	si ostinavano	si era ostinato/a	si erano ostinati/e
	Past Definite		**Past Anterior**	
	mi ostinai	ci ostinammo	mi fui ostinato/a	ci fummo ostinati/e
	ti ostinasti	vi ostinaste	ti fosti ostinato/a	vi foste ostinati/e
	si ostinò	si ostinarono	si fu ostinato/a	si furono ostinati/e
	Future		**Future Perfect**	
	mi ostinerò	ci ostineremo	mi sarò ostinato/a	ci saremo ostinati/e
	ti ostinerai	vi ostinerete	ti sarai ostinato/a	vi sarete ostinati/e
	si ostinerà	si ostineranno	si sarà ostinato/a	si saranno ostinati/e
Subjunctive	**Present**		**Present Perfect**	
	mi ostini	ci ostiniamo	mi sia ostinato/a	ci siamo ostinati/e
	ti ostini	vi ostiniate	ti sia ostinato/a	vi siate ostinati/e
	si ostini	si ostinino	si sia ostinato/a	si siano ostinati/e
	Imperfect		**Past Perfect**	
	mi ostinassi	ci ostinassimo	mi fossi ostinato/a	ci fossimo ostinati/e
	ti ostinassi	vi ostinaste	ti fossi ostinato/a	vi foste ostinati/e
	si ostinasse	si ostinassero	si fosse ostinato/a	si fossero ostinati/e
Conditional	**Present Conditional**		**Perfect Conditional**	
	mi ostinerei	ci ostineremmo	mi sarei ostinato/a	ci saremmo ostinati/e
	ti ostineresti	vi ostinereste	ti saresti ostinato/a	vi sareste ostinati/e
	si ostinerebbe	si ostinerebbero	si sarebbe ostinato/a	si sarebbero ostinati/e

Note: *Ostinarsi* requires the preposition *a* before an infinitive (see the first, second, and fifth examples below).

EXAMPLES

Si ostina a volere l'ultima parola.	He insists on having the last word.
Si ostinò a voler fare a modo suo.	He insisted on doing things his way.
Perché ti ostini nell'errore?	Why are you persisting in this error?
È inutile ostinarsi.	It's pointless to persist.
Si ostina a indossare quella vecchia camicia.	He persists in wearing that old shirt.

ottenere

to obtain, to get; to achieve

Auxiliary verb: avere **Past participle:** ottenuto **Gerund:** ottenendo

Imperative: (tu) ottieni (non ottenere); (Lei) ottenga; (noi) otteniamo; (voi) ottenete; (Loro) ottengano

Mode	Simple Tenses		Compound Tenses	
	Singular	*Plural*	*Singular*	*Plural*
Indicative	**Present**		**Present Perfect**	
	ottengo	otteniamo	ho ottenuto	abbiamo ottenuto
	ottieni	ottenete	hai ottenuto	avete ottenuto
	ottiene	ottengono	ha ottenuto	hanno ottenuto
	Imperfect		**Past Perfect**	
	ottenevo	ottenevamo	avevo ottenuto	avevamo ottenuto
	ottenevi	ottenevate	avevi ottenuto	avevate ottenuto
	otteneva	ottenevano	aveva ottenuto	avevano ottenuto
	Past Definite		**Past Anterior**	
	ottenni	ottenemmo	ebbi ottenuto	avemmo ottenuto
	ottenesti	otteneste	avesti ottenuto	aveste ottenuto
	ottenne	ottennero	ebbe ottenuto	ebbero ottenuto
	Future		**Future Perfect**	
	otterrò	otterremo	avrò ottenuto	avremo ottenuto
	otterrai	otterrete	avrai ottenuto	avrete ottenuto
	otterrà	otterranno	avrà ottenuto	avranno ottenuto
Subjunctive	**Present**		**Present Perfect**	
	ottenga	otteniamo	abbia ottenuto	abbiamo ottenuto
	ottenga	otteniate	abbia ottenuto	abbiate ottenuto
	ottenga	ottengano	abbia ottenuto	abbiano ottenuto
	Imperfect		**Past Perfect**	
	ottenessi	ottenessimo	avessi ottenuto	avessimo ottenuto
	ottenessi	otteneste	avessi ottenuto	aveste ottenuto
	ottenesse	ottenessero	avesse ottenuto	avessero ottenuto
Conditional	**Present Conditional**		**Perfect Conditional**	
	otterrei	otterremmo	avrei ottenuto	avremmo ottenuto
	otterresti	otterreste	avresti ottenuto	avreste ottenuto
	otterrebbe	otterrebbero	avrebbe ottenuto	avrebbero ottenuto

EXAMPLES

Otterrà presto il divorzio.	He will soon get a divorce.
Ho ottenuto il permesso di uscire prima.	I obtained permission to leave early.
Ottenne quello che voleva.	He got what he wanted.
L'olio si può ottenere dai semi di molte piante.	Oil can be obtained from the seeds of several plants.
Hanno ottenuto un buon risultato.	They obtained a good result.

pagare

to pay

Auxiliary verb: avere **Past participle:** pagato **Gerund:** pagando
Imperative: (tu) paga (non pagare); (Lei) paghi; (noi) paghiamo; (voi) pagate; (Loro) paghino

Mode	Simple Tenses		Compound Tenses	
	Singular	*Plural*	*Singular*	*Plural*
Indicative	**Present**		**Present Perfect**	
	pago	paghiamo	ho pagato	abbiamo pagato
	paghi	pagate	hai pagato	avete pagato
	paga	pagano	ha pagato	hanno pagato
	Imperfect		**Past Perfect**	
	pagavo	pagavamo	avevo pagato	avevamo pagato
	pagavi	pagavate	avevi pagato	avevate pagato
	pagava	pagavano	aveva pagato	avevano pagato
	Past Definite		**Past Anterior**	
	pagai	pagammo	ebbi pagato	avemmo pagato
	pagasti	pagaste	avesti pagato	aveste pagato
	pagò	pagarono	ebbe pagato	ebbero pagato
	Future		**Future Perfect**	
	pagherò	pagheremo	avrò pagato	avremo pagato
	pagherai	pagherete	avrai pagato	avrete pagato
	pagherà	pagheranno	avrà pagato	avranno pagato
Subjunctive	**Present**		**Present Perfect**	
	paghi	paghiamo	abbia pagato	abbiamo pagato
	paghi	paghiate	abbia pagato	abbiate pagato
	paghi	paghino	abbia pagato	abbiano pagato
	Imperfect		**Past Perfect**	
	pagassi	pagassimo	avessi pagato	avessimo pagato
	pagassi	pagaste	avessi pagato	aveste pagato
	pagasse	pagassero	avesse pagato	avessero pagato
Conditional	**Present Conditional**		**Perfect Conditional**	
	pagherei	pagheremmo	avrei pagato	avremmo pagato
	pagheresti	paghereste	avresti pagato	avreste pagato
	pagherebbe	pagherebbero	avrebbe pagato	avrebbero pagato

Note: As all verbs ending in *–gare*, *pagare* adds an *–h* to the infinitive stem in the *tu* and *noi* forms of the present tense, and to all the future and present conditional forms, so that the hard sound *–g* of the stem is retained. *Pagare* does not require a preposition after the verb as its English equivalent does ("to pay for"); see the first example below.

EXAMPLES

Quanto hai pagato la macchina?	How much did you pay for the car?
Posso pagare con la carta di credito?	May I pay by credit card?
Pagherà la cena a tutti.	He will pay for dinner for everyone.
Ho pagato quel viaggio un occhio della testa.	I paid an arm and a leg for that journey. (idiom; literally, I paid an eye from my head)
Devi pagare alla consegna.	You have to pay cash on delivery.

parcheggiare
to park
Auxiliary verb: avere **Past participle:** parcheggiato **Gerund:** parcheggiando
Imperative: (tu) parcheggia (non parcheggiare); (Lei) parcheggi; (noi) parcheggiamo; (voi) parcheggiate; (Loro) parcheggino

Mode	Simple Tenses		Compound Tenses	
	Singular	*Plural*	*Singular*	*Plural*
	Present		**Present Perfect**	
Indicative	parcheggio	parcheggiamo	ho parcheggiato	abbiamo parcheggiato
	parcheggi	parcheggiate	hai parcheggiato	avete parcheggiato
	parcheggia	parcheggiano	ha parcheggiato	hanno parcheggiato
	Imperfect		**Past Perfect**	
	parcheggiavo	parcheggiavamo	avevo parcheggiato	avevamo parcheggiato
	parcheggiavi	parcheggiavate	avevi parcheggiato	avevate parcheggiato
	parcheggiava	parcheggiavano	aveva parcheggiato	avevano parcheggiato
	Past Definite		**Past Anterior**	
	parcheggiai	parcheggiammo	ebbi parcheggiato	avemmo parcheggiato
	parcheggiasti	parcheggiaste	avesti parcheggiato	aveste parcheggiato
	parcheggiò	parcheggiarono	ebbe parcheggiato	ebbero parcheggiato
	Future		**Future Perfect**	
	parcheggerò	parcheggeremo	avrò parcheggiato	avremo parcheggiato
	parcheggerai	parcheggerete	avrai parcheggiato	avrete parcheggiato
	parcheggerà	parcheggeranno	avrà parcheggiato	avranno parcheggiato
Subjunctive	**Present**		**Present Perfect**	
	parcheggi	parcheggiamo	abbia parcheggiato	abbiamo parcheggiato
	parcheggi	parcheggiate	abbia parcheggiato	abbiate parcheggiato
	parcheggi	parcheggino	abbia parcheggiato	abbiano parcheggiato
	Imperfect		**Past Perfect**	
	parcheggiassi	parcheggiassimo	avessi parcheggiato	avessimo parcheggiato
	parcheggiassi	parcheggiaste	avessi parcheggiato	aveste parcheggiato
	parcheggiasse	parcheggiassero	avesse parcheggiato	avessero parcheggiato
Conditional	**Present Conditional**		**Perfect Conditional**	
	parcheggerei	parcheggeremmo	avrei parcheggiato	avremmo parcheggiato
	parcheggeresti	parcheggereste	avresti parcheggiato	avreste parcheggiato
	parcheggerebbe	parcheggerebbero	avrebbe parcheggiato	avrebbero parcheggiato

EXAMPLES

Ho parcheggiato la macchina in garage.	I parked the car in the garage.
Non ho trovato da parcheggiare.	I couldn't find anywhere to park.
Sei bravo a parcheggiare?	Are you good at parking?
Dove parcheggi la macchina?	Where are you going to park the car?
Ha parcheggiato la figlia dai nonni.	She parked her daughter at her grandparents'.

parere

to seem, to look, to appear, to think
Auxiliary verb: essere **Past participle:** parso **Gerund:** parendo
Imperative: N/A

Mode	Simple Tenses		Compound Tenses	
	Singular	*Plural*	*Singular*	*Plural*
	Present		**Present Perfect**	
	paio	paiamo/pariamo	sono parso/a	siamo parsi/e
	pari	parete	sei parso/a	siete parsi/e
	pare	**paiono**	**è parso/a**	**sono parsi/e**
	Imperfect		**Past Perfect**	
	parevo	parevamo	ero parso/a	eravamo parsi/e
Indicative	parevi	parevate	eri parso/a	eravate parsi/e
	pareva	**parevano**	**era parso/a**	**erano parsi/e**
	Past Definite		**Past Anterior**	
	parvi	paremmo	fui parso/a	fummo parsi/e
	paresti	pareste	fosti parso/a	foste parsi/e
	parve	**parvero**	**fu parso/a**	**furono parsi/e**
	Future		**Future Perfect**	
	parrò	parremo	sarò parso/a	saremo parsi/e
	parrai	parrete	sarai parso/a	sarete parsi/e
	parrà	**parranno**	**sarà parso/a**	**saranno parsi/e**
	Present		**Present Perfect**	
	paia	paiamo	sia parso/a	siamo parsi/e
	paia	paiate	sia parso/a	siate parsi/e
Subjunctive	**paia**	**paiano**	**sia parso/a**	**siano parsi/e**
	Imperfect		**Past Perfect**	
	paressi	paressimo	fossi parso/a	fossimo parsi/e
	paressi	pareste	fossi parso/a	foste parsi/e
	paresse	**paressero**	**fosse parso/a**	**fossero parsi/e**
	Present Conditional		**Perfect Conditional**	
Conditional	parrei	parremmo	sarei parso/a	saremmo parsi/e
	parresti	parreste	saresti parso/a	sareste parsi/e
	parrebbe	**parrebbero**	**sarebbe parso/a**	**sarebbero parsi/e**

Note: *Parere* may be used as a personal verb (see the first and third examples below) and as an impersonal verb (see the last three examples). It may also be conjugated as *piacere*, in which case it means "to think," and is used in the third-person singular and plural (forms in bold) with the indirect pronouns *mi, ti, gli/le, ci, vi*. Refer to the Verb Usage Review and the second example below. *Parere* requires the preposition *di* before an infinitive (see the second example below). *Parere* may also be followed by *che* + subjunctive or future (see the fourth and fifth examples below).

EXAMPLES

Carlo pare una brava persona.	Carlo seems to be a good man.
Mi pare di conoscerlo.	I think I know him.
Pareva un po' deluso.	He appeared to be a bit disappointed.
Pare che verrà anche lui.	It seems that he will come, too.
Pare che voglia piovere.	It looks like it's going to rain.
Pare di sì.	It seems so.

parlare

to speak, to talk

Auxiliary verb: avere **Past participle:** parlato **Gerund:** parlando
Imperative: (tu) parla (non parlare); (Lei) parli; (noi) parliamo; (voi) parlate; (Loro) parlino

Mode	Simple Tenses		Compound Tenses	
	Singular	*Plural*	*Singular*	*Plural*
	Present		**Present Perfect**	
Indicative	parlo	parliamo	ho parlato	abbiamo parlato
	parli	parlate	hai parlato	avete parlato
	parla	parlano	ha parlato	hanno parlato
	Imperfect		**Past Perfect**	
	parlavo	parlavamo	avevo parlato	avevamo parlato
	parlavi	parlavate	avevi parlato	avevate parlato
	parlava	parlavano	aveva parlato	avevano parlato
	Past Definite		**Past Anterior**	
	parlai	parlammo	ebbi parlato	avemmo parlato
	parlasti	parlaste	avesti parlato	aveste parlato
	parlò	parlarono	ebbe parlato	ebbero parlato
	Future		**Future Perfect**	
	parlerò	parleremo	avrò parlato	avremo parlato
	parlerai	parlerete	avrai parlato	avrete parlato
	parlerà	parleranno	avrà parlato	avranno parlato
Subjunctive	**Present**		**Present Perfect**	
	parli	parliamo	abbia parlato	abbiamo parlato
	parli	parliate	abbia parlato	abbiate parlato
	parli	parlino	abbia parlato	abbiano parlato
	Imperfect		**Past Perfect**	
	parlassi	parlassimo	avessi parlato	avessimo parlato
	parlassi	parlaste	avessi parlato	aveste parlato
	parlasse	parlassero	avesse parlato	avessero parlato
Conditional	**Present Conditional**		**Perfect Conditional**	
	parlerei	parleremmo	avrei parlato	avremmo parlato
	parleresti	parlereste	avresti parlato	avreste parlato
	parlerebbe	parlerebbero	avrebbe parlato	avrebbero parlato

Note: As a reflexive verb *parlarsi* ("to speak to each other") uses the reflexive pronouns *mi, ti, si, ci, vi, si*, as well as the auxiliary verb *essere*, to form compound tenses (see the last example below).

EXAMPLES

Parli italiano?	Do you speak Italian?
Vorrei parlare con Fabrizio.	I would like to speak with Fabrizio.
Con chi parlo? Parlo con . . . ?	With whom am I speaking? Am I speaking with . . . ?
Oggi parliamo di sport.	Today we're talking about sports.
Il piccolo ha già cominciato a parlare.	The baby has already started to talk.
Non mi ha parlato per tutta la sera.	He didn't speak to me for the whole evening.
Non si parlano.	They don't speak to each other.

partecipare

to attend, to take part, to participate

Auxiliary verb: avere **Past participle:** partecipato **Gerund:** partecipando
Imperative: (tu) partecipa (non partecipare); (Lei) partecipi; (noi) parte-
cipiamo; (voi) partecipate; (Loro) partecipino

Mode	Simple Tenses		Compound Tenses	
	Singular	*Plural*	*Singular*	*Plural*
	Present		**Present Perfect**	
Indicative	partecipo	partecipiamo	ho partecipato	abbiamo partecipato
	partecipi	partecipate	hai partecipato	avete partecipato
	partecipa	partecipano	ha partecipato	hanno partecipato
	Imperfect		**Past Perfect**	
	partecipavo	partecipavamo	avevo partecipato	avevamo partecipato
	partecipavi	partecipavate	avevi partecipato	avevate partecipato
	partecipava	partecipavano	aveva partecipato	avevano partecipato
	Past Definite		**Past Anterior**	
	partecipai	partecipammo	ebbi partecipato	avemmo partecipato
	partecipasti	partecipaste	avesti partecipato	aveste partecipato
	partecipò	parteciparono	ebbe partecipato	ebbero partecipato
	Future		**Future Perfect**	
	parteciperò	parteciperemo	avrò partecipato	avremo partecipato
	parteciperai	parteciperete	avrai partecipato	avrete partecipato
	parteciperà	parteciperanno	avrà partecipato	avranno partecipato
Subjunctive	**Present**		**Present Perfect**	
	partecipi	partecipiamo	abbia partecipato	abbiamo partecipato
	partecipi	partecipiate	abbia partecipato	abbiate partecipato
	partecipi	partecipino	abbia partecipato	abbiano partecipato
	Imperfect		**Past Perfect**	
	partecipassi	partecipassimo	avessi partecipato	avessimo partecipato
	partecipassi	partecipaste	avessi partecipato	aveste partecipato
	partecipasse	partecipassero	avesse partecipato	avessero partecipato
Conditional	**Present Conditional**		**Perfect Conditional**	
	parteciperei	parteciperemmo	avrei partecipato	avremmo partecipato
	parteciperesti	partecipereste	avresti partecipato	avreste partecipato
	parteciperebbe	parteciperebbero	avrebbe partecipato	avrebbero partecipato

Note: *Partecipare* requires the preposition *a* before a noun (see all three examples below).

EXAMPLES

Hai partecipato alla conferenza?	Did you attend the conference?
Partecipo a una campagna antifumo.	I'm participating in a campaign against smoking.
Vorrei partecipare alle spese.	I would like to contribute to expenses.

partire
to leave, to go away, to depart
Auxiliary verb: essere   **Past participle:** partito   **Gerund:** partendo
Imperative: (tu) parti (non partire); (Lei) parta; (noi) partiamo; (voi) partite; (Loro) partano

Mode	Simple Tenses		Compound Tenses	
	Singular	*Plural*	*Singular*	*Plural*
Indicative	**Present**		**Present Perfect**	
	parto	partiamo	sono partito/a	siamo partiti/e
	parti	partite	sei partito/a	siete partiti/e
	parte	partono	è partito/a	sono partiti/e
	Imperfect		**Past Perfect**	
	partivo	partivamo	ero partito/a	eravamo partiti/e
	partivi	partivate	eri partito/a	eravate partiti/e
	partiva	partivano	era partito/a	erano partiti/e
	Past Definite		**Past Anterior**	
	partii	partimmo	fui partito/a	fummo partiti/e
	partisti	partiste	fosti partito/a	foste partiti/e
	partì	partirono	fu partito/a	furono partiti/e
	Future		**Future Perfect**	
	partirò	partiremo	sarò partito/a	saremo partiti/e
	partirai	partirete	sarai partito/a	sarete partiti/e
	partirà	partiranno	sarà partito/a	saranno partiti/e
Subjunctive	**Present**		**Present Perfect**	
	parta	partiamo	sia partito/a	siamo partiti/e
	parta	partiate	sia partito/a	siate partiti/e
	parta	partano	sia partito/a	siano partiti/e
	Imperfect		**Past Perfect**	
	partissi	partissimo	fossi partito/a	fossimo partiti/e
	partissi	partiste	fossi partito/a	foste partiti/e
	partisse	partissero	fosse partito/a	fossero partiti/e
Conditional	**Present Conditional**		**Perfect Conditional**	
	partirei	partiremmo	sarei partito/a	saremmo partiti/e
	partiresti	partireste	saresti partito/a	sareste partiti/e
	partirebbe	partirebbero	sarebbe partito/a	sarebbero partiti/e

Note: For the verb "to leave something/someone behind," refer to the verb *lasciare*. For the meaning "to leave/exit," refer to the verb *uscire*.

EXAMPLES

Parto per le vacanze lunedì.	I'm leaving for my vacation on Monday.
Il treno sta partendo.	The train is leaving.
L'aereo parte da Milano alle 8:50.	The plane leaves from Milan at 8:50.
Partite per Parigi in treno o in aereo?	Are you leaving for Paris by train or by plane?
Siamo partiti in orario.	We departed on time.
Se potessi, partirei anche io.	If I could, I would leave too.

passare

to stop by, to pass, to spend (time)
Auxiliary verb: essere/avere **Past participle:** passato **Gerund:** passando
Imperative: (tu) passa (non passare); (Lei) passi; (noi) passiamo; (voi) passate; (Loro) passino

Mode	Simple Tenses		Compound Tenses	
	Singular	*Plural*	*Singular*	*Plural*
	Present		**Present Perfect**	
Indicative	passo	passiamo	sono passato/a	siamo passati/e
	passi	passate	sei passato/a	siete passati/e
	passa	passano	è passato/a	sono passati/e
	Imperfect		**Past Perfect**	
	passavo	passavamo	ero passato/a	eravamo passati/e
	passavi	passavate	eri passato/a	eravate passati/e
	passava	passavano	era passato/a	erano passati/e
	Past Definite		**Past Anterior**	
	passai	passammo	fui passato/a	fummo passati/e
	passasti	passaste	fosti passato/a	foste passati/e
	passò	passarono	fu passato/a	furono passati/e
	Future		**Future Perfect**	
	passerò	passeremo	sarò passato/a	saremo passati/e
	passerai	passerete	sarai passato/a	sarete passati/e
	passerà	passeranno	sarà passato/a	saranno passati/e
Subjunctive	**Present**		**Present Perfect**	
	passi	passiamo	sia passato/a	siamo passati/e
	passi	passiate	sia passato/a	siate passati/e
	passi	passino	sia passato/a	siano passati/e
	Imperfect		**Past Perfect**	
	passassi	passassimo	fossi passato/a	fossimo passati/e
	passassi	passaste	fossi passato/a	foste passati/e
	passasse	passassero	fosse passato/a	fossero passati/e
Conditional	**Present Conditional**		**Perfect Conditional**	
	passerei	passeremmo	sarei passato/a	saremmo passati/e
	passeresti	passereste	saresti passato/a	sareste passati/e
	passerebbe	passerebbero	sarebbe passato/a	sarebbero passati/e

Note: When used with a direct object, *passare* uses *avere* to form compound tenses (*ho passato, hai passato . . .*) and it means "to spend (time)" or "to pass" (see the sixth and seventh examples below). *Passare* requires the preposition *a* before an infinitive (see the fourth example below).

EXAMPLES

L'autobus per la stazione è appena passato.	The bus for the station has just passed by.
Sono passati dieci anni.	Ten years have passed.
Passerò in banca prima di tornare a casa.	I'll stop by the bank before coming home.
Passa a trovarmi quando puoi.	Stop by to see me when you can.
Ciao, mi passi Laura per favore?	Hi, can you pass me Laura? (telephone)
Dove hai passato le vacanze?	Where did you spend your vacation?
Ho passato l'esame.	I passed the exam.

pensare
to think
Auxiliary verb: avere **Past participle:** pensato **Gerund:** pensando
Imperative: (tu) pensa (non pensare); (Lei) pensi; (noi) pensiamo; (voi)
pensate; (Loro) pensino

Mode	Simple Tenses		Compound Tenses	
	Singular	*Plural*	*Singular*	*Plural*
	Present		**Present Perfect**	
Indicative	penso	pensiamo	ho pensato	abbiamo pensato
	pensi	pensate	hai pensato	avete pensato
	pensa	pensano	ha pensato	hanno pensato
	Imperfect		**Past Perfect**	
	pensavo	pensavamo	avevo pensato	avevamo pensato
	pensavi	pensavate	avevi pensato	avevate pensato
	pensava	pensavano	aveva pensato	avevano pensato
	Past Definite		**Past Anterior**	
	pensai	pensammo	ebbi pensato	avemmo pensato
	pensasti	pensaste	avesti pensato	aveste pensato
	pensò	pensarono	ebbe pensato	ebbero pensato
	Future		**Future Perfect**	
	penserò	penseremo	avrò pensato	avremo pensato
	penserai	penserete	avrai pensato	avrete pensato
	penserà	penseranno	avrà pensato	avranno pensato
Subjunctive	**Present**		**Present Perfect**	
	pensi	pensiamo	abbia pensato	abbiamo pensato
	pensi	pensiate	abbia pensato	abbiate pensato
	pensi	pensino	abbia pensato	abbiano pensato
	Imperfect		**Past Perfect**	
	pensassi	pensassimo	avessi pensato	avessimo pensato
	pensassi	pensaste	avessi pensato	aveste pensato
	pensasse	pensassero	avesse pensato	avessero pensato
Conditional	**Present Conditional**		**Perfect Conditional**	
	penserei	penseremmo	avrei pensato	avremmo pensato
	penseresti	pensereste	avresti pensato	avreste pensato
	penserebbe	penserebbero	avrebbe pensato	avrebbero pensato

Note: *Pensare* changes meaning depending on the preposition that follows. *Pensare a* + noun
means "to think of or about someone or something" (see the first and third examples below)
or "to take care or look after" (see the second example below). *Pensare di* + noun means "to
have an opinion about" (see the fourth and seventh examples below). *Pensare di* + infinitive
means "to plan to do something" (see the fifth example below). *Pensare* may also be followed
by *che* + subjunctive or future (see the sixth example below).

EXAMPLES

Pensate agli esami?	Are you thinking about your exams?
Anna pensa a tutto.	Anna takes care of everything.
Penso a Mauro—ci penso spesso.	I think about Mauro—I think about him often.
Che cosa pensate del presidente?	What do you think of the president?
Penso di partire alle tre.	I'm planning on leaving at three.
Penso che lui parta alle tre.	I think he is leaving at three.
Cosa ne pensi?	What is your opinion about it? (Literally, "What do you think about it?")

pentirsi

to repent, to regret

Auxiliary verb: essere **Past participle:** pentito(si) **Gerund:** pentendo(si)
Imperative: (tu) pentiti (non pentirti); (Lei) si penta; (noi) pentiamoci;
(voi) pentitevi; (Loro) si pentano

Mode	Simple Tenses		Compound Tenses	
	Singular	*Plural*	*Singular*	*Plural*
	Present		**Present Perfect**	
Indicative	mi pento ti penti si pente	ci pentiamo vi pentite si pentono	mi sono pentito/a ti sei pentito/a si è pentito/a	ci siamo pentiti/e vi siete pentiti/e si sono pentiti/e
	Imperfect		**Past Perfect**	
	mi pentivo ti pentivi si pentiva	ci pentivamo vi pentivate si pentivano	mi ero pentito/a ti eri pentito/a si era pentito/a	ci eravamo pentiti/e vi eravate pentiti/e si erano pentiti/e
	Past Definite		**Past Anterior**	
	mi pentii ti pentisti si pentì	ci pentimmo vi pentiste si pentirono	mi fui pentito/a ti fosti pentito/a si fu pentito/a	ci fummo pentiti/e vi foste pentiti/e si furono pentiti/e
	Future		**Future Perfect**	
	mi pentirò ti pentirai si pentirà	ci pentiremo vi pentirete si pentiranno	mi sarò pentito/a ti sarai pentito/a si sarà pentito/a	ci saremo pentiti/e vi sarete pentiti/e si saranno pentiti/e
Subjunctive	**Present**		**Present Perfect**	
	mi penta ti penta si penta	ci pentiamo vi pentiate si pentano	mi sia pentito/a ti sia pentito/a si sia pentito/a	ci siamo pentiti/e vi siate pentiti/e si siano pentiti/e
	Imperfect		**Past Perfect**	
	mi pentissi ti pentissi si pentisse	ci pentissimo vi pentiste si pentissero	mi fossi pentito/a ti fossi pentito/a si fosse pentito/a	ci fossimo pentiti/e vi foste pentiti/e si fossero pentiti/e
Conditional	**Present Conditional**		**Perfect Conditional**	
	mi pentirei ti pentiresti si pentirebbe	ci pentiremmo vi pentireste si pentirebbero	mi sarei pentito/a ti saresti pentito/a si sarebbe pentito/a	ci saremmo pentiti/e vi sareste pentiti/e si sarebbero pentiti/e

Note: *Pentirsi* requires the preposition *di* before an infinitive (see the second and fourth examples below) or a noun (see the first example below).

EXAMPLES

Mi sono pentito della decisione presa. — I regretted the decision.
Si è pentito di non aver partecipato. — He regretted not having participated.
Non hai nulla di cui pentirti. — You have nothing to repent for.
Mi pento di non averlo fatto prima. — I regret not having done it sooner.
Te ne pentirai! — You'll regret this!

perdere

to lose, to miss

Auxiliary verb: avere **Past participle:** perso/perduto **Gerund:** perdendo
Imperative: (tu) perdi (non perdere); (Lei) perda; (noi) perdiamo; (voi)
perdete; (Loro) perdano

Mode	Simple Tenses		Compound Tenses	
	Singular	*Plural*	*Singular*	*Plural*
Indicative	**Present**		**Present Perfect**	
	perdo	perdiamo	ho perso	abbiamo perso
	perdi	perdete	hai perso	avete perso
	perde	perdono	ha perso	hanno perso
	Imperfect		**Past Perfect**	
	perdevo	perdevamo	avevo perso	avevamo perso
	perdevi	perdevate	avevi perso	avevate perso
	perdeva	perdevano	aveva perso	avevano perso
	Past Definite		**Past Anterior**	
	persi	perdemmo	ebbi perso	avemmo perso
	perdesti	perdeste	avesti perso	aveste perso
	perse	persero	ebbe perso	ebbero perso
	Future		**Future Perfect**	
	perderò	perderemo	avrò perso	avremo perso
	perderai	perderete	avrai perso	avrete perso
	perderà	perderanno	avrà perso	avranno perso
Subjunctive	**Present**		**Present Perfect**	
	perda	perdiamo	abbia perso	abbiamo perso
	perda	perdiate	abbia perso	abbiate perso
	perda	perdano	abbia perso	abbiano perso
	Imperfect		**Past Perfect**	
	perdessi	perdessimo	avessi perso	avessimo perso
	perdessi	perdeste	avessi perso	aveste perso
	perdesse	perdessero	avesse perso	avessero perso
Conditional	**Present Conditional**		**Perfect Conditional**	
	perderei	perderemmo	avrei perso	avremmo perso
	perderesti	perdereste	avresti perso	avreste perso
	perderebbe	perderebbero	avrebbe perso	avrebbero perso

Note: *Perdere* means "to miss" in the sense of missing an event, or something that occurs at a specific time (a show, a bus, a train); for other senses of the verb "to miss," use the verb *mancare*. As a reflexive verb *perdersi* ("to lose oneself" or "to get lost") uses the reflexive pronouns *mi, ti, si, ci, vi, si,* as well as the auxiliary verb *essere,* to form compound tenses (see the last example below).

EXAMPLES

Ho perso l'ombrello.	I lost my umbrella.
Abbiamo perso per 4 a 2.	We lost 4 to 2.
Non voglio perdere lo spettacolo.	I don't want to miss the show.
Sbrigati o perdiamo il treno!	Hurry up, or we'll miss the train.
Si perde in un bicchiere d'acqua. (idiom)	He is fazed by the simplest of problems. (Literally, "He loses himself in a glass of water.")
Si sono persi per Roma.	They got lost in Rome.

perdonare

to forgive

Auxiliary verb: avere **Past participle:** perdonato **Gerund:** perdonando
Imperative: (tu) perdona (non perdonare); (Lei) perdoni; (noi) perdo-
niamo; (voi) perdonate; (Loro) perdonino

Mode	Simple Tenses		Compound Tenses	
	Singular	*Plural*	*Singular*	*Plural*
Indicative	**Present**		**Present Perfect**	
	perdono	perdoniamo	ho perdonato	abbiamo perdonato
	perdoni	perdonate	hai perdonato	avete perdonato
	perdona	perdonano	ha perdonato	hanno perdonato
	Imperfect		**Past Perfect**	
	perdonavo	perdonavamo	avevo perdonato	avevamo perdonato
	perdonavi	perdonavate	avevi perdonato	avevate perdonato
	perdonava	perdonavano	aveva perdonato	avevano perdonato
	Past Definite		**Past Anterior**	
	perdonai	perdonammo	ebbi perdonato	avemmo perdonato
	perdonasti	perdonaste	avesti perdonato	aveste perdonato
	perdonò	perdonarono	ebbe perdonato	ebbero perdonato
	Future		**Future Perfect**	
	perdonerò	perdoneremo	avrò perdonato	avremo perdonato
	perdonerai	perdonerete	avrai perdonato	avrete perdonato
	perdonerà	perdoneranno	avrà perdonato	avranno perdonato
Subjunctive	**Present**		**Present Perfect**	
	perdoni	perdoniamo	abbia perdonato	abbiamo perdonato
	perdoni	perdoniate	abbia perdonato	abbiate perdonato
	perdoni	perdonino	abbia perdonato	abbiano perdonato
	Imperfect		**Past Perfect**	
	perdonassi	perdonassimo	avessi perdonato	avessimo perdonato
	perdonassi	perdonaste	avessi perdonato	aveste perdonato
	perdonasse	perdonassero	avesse perdonato	avessero perdonato
Conditional	**Present Conditional**		**Perfect Conditional**	
	perdonerei	perdoneremmo	avrei perdonato	avremmo perdonato
	perdoneresti	perdonereste	avresti perdonato	avreste perdonato
	perdonerebbe	perdonerebbero	avrebbe perdonato	avrebbero perdonato

Note: *Perdonare* requires the preposition *di* before an infinitive (see the fourth example below). *Perdonare* takes a direct and an indirect object: *perdonare qualcosa a qualcuno,* "to forgive someone for something" (see the third example below). As a reflexive verb *perdonarsi* ("to forgive each other") uses the reflexive pronouns *ci, vi, si,* as well as the auxiliary verb *essere,* to form compound tenses (see the last example below).

EXAMPLES

Perdonami!	Forgive me!
Potrai mai perdonarmi?	Can you ever forgive me?
Perdonò l'offesa al figlio.	He forgave his son for the offense.
Non ha perdonato alla figlia di essere andata via.	He has not forgiven his daughter for leaving.
Si sono perdonati.	They forgave each other.

permettere

to allow, to let, to permit

Auxiliary verb: avere **Past participle:** permesso **Gerund:** permettendo
Imperative: (tu) permetti (non permettere); (Lei) permetta; (noi) permet-
tiamo; (voi) permettete; (Loro) permettano

Mode	Simple Tenses		Compound Tenses	
	Singular	*Plural*	*Singular*	*Plural*
Indicative	**Present**		**Present Perfect**	
	permetto	permettiamo	ho permesso	abbiamo permesso
	permetti	permettete	hai permesso	avete permesso
	permette	permettono	ha permesso	hanno permesso
	Imperfect		**Past Perfect**	
	permettevo	permettevamo	avevo permesso	avevamo permesso
	permettevi	permettevate	avevi permesso	avevate permesso
	permetteva	permettevano	aveva permesso	avevano permesso
	Past Definite		**Past Anterior**	
	permisi	permettemmo	ebbi permesso	avemmo permesso
	permettesti	permetteste	avesti permesso	aveste permesso
	permise	permisero	ebbe permesso	ebbero permesso
	Future		**Future Perfect**	
	permetterò	permetteremo	avrò permesso	avremo permesso
	permetterai	permetterete	avrai permesso	avrete permesso
	permetterà	permetteranno	avrà permesso	avranno permesso
Subjunctive	**Present**		**Present Perfect**	
	permetta	permettiamo	abbia permesso	abbiamo permesso
	permetta	permettiate	abbia permesso	abbiate permesso
	permetta	permettano	abbia permesso	abbiano permesso
	Imperfect		**Past Perfect**	
	permettessi	permettessimo	avessi permesso	avessimo permesso
	permettessi	permetteste	avessi permesso	aveste permesso
	permettesse	permettessero	avesse permesso	avessero permesso
Conditional	**Present Conditional**		**Perfect Conditional**	
	permetterei	permetteremmo	avrei permesso	avremmo permesso
	permetteresti	permettereste	avresti permesso	avreste permesso
	permetterebbe	permetterebbero	avrebbe permesso	avrebbero permesso

Note: *Permettere* requires the preposition *di* before an infinitive, and it takes an indirect object (see the first example below). *Permettere* may also be followed by *che* + subjunctive (see the third example below). As a reflexive verb *permettersi* ("to allow oneself" or "to afford") uses the reflexive pronouns *mi, ti, si, ci, vi, si,* as well as the auxiliary verb *essere,* to form compound tenses (see the fifth example below).

EXAMPLES

Non ha permesso a Giorgio di uscire.	He didn't let Giorgio go out.
Un radar interno permette al pipistrello di volare al buio.	An internal radar allows bats to fly in the dark.
Permettete che io dica una cosa!	Let me say one thing!
Non permetto questo comportamento qui!	I will not permit this kind of behavior here!
Non posso permettermi una vacanza all'estero.	I can't afford a vacation abroad.

persuadere

to persuade, to convince

Auxiliary verb: avere **Past participle:** persuaso **Gerund:** persuadendo
Imperative: (tu) persuadi (non persuadere); (Lei) persuada; (noi) persuadiamo; (voi) persuadete; (Loro) persuadano

Mode	Simple Tenses		Compound Tenses	
	Singular	*Plural*	*Singular*	*Plural*
Indicative	**Present**		**Present Perfect**	
	persuado	persuadiamo	ho persuaso	abbiamo persuaso
	persuadi	persuadete	hai persuaso	avete persuaso
	persuade	persuadono	ha persuaso	hanno persuaso
	Imperfect		**Past Perfect**	
	persuadevo	persuadevamo	avevo persuaso	avevamo persuaso
	persuadevi	persuadevate	avevi persuaso	avevate persuaso
	persuadeva	persuadevano	aveva persuaso	avevano persuaso
	Past Definite		**Past Anterior**	
	persuasi	persuademmo	ebbi persuaso	avemmo persuaso
	persuadesti	persuadeste	avesti persuaso	aveste persuaso
	persuase	persuasero	ebbe persuaso	ebbero persuaso
	Future		**Future Perfect**	
	persuaderò	persuaderemo	avrò persuaso	avremo persuaso
	persuaderai	persuaderete	avrai persuaso	avrete persuaso
	persuaderà	persuaderanno	avrà persuaso	avranno persuaso
Subjunctive	**Present**		**Present Perfect**	
	persuada	persuadiamo	abbia persuaso	abbiamo persuaso
	persuada	persuadiate	abbia persuaso	abbiate persuaso
	persuada	persuadano	abbia persuaso	abbiano persuaso
	Imperfect		**Past Perfect**	
	persuadessi	persuadessimo	avessi persuaso	avessimo persuaso
	persuadessi	persuadeste	avessi persuaso	aveste persuaso
	persuadesse	persuadessero	avesse persuaso	avessero persuaso
Conditional	**Present Conditional**		**Perfect Conditional**	
	persuaderei	persuaderemmo	avrei persuaso	avremmo persuaso
	persuaderesti	persuadereste	avresti persuaso	avreste persuaso
	persuaderebbe	persuaderebbero	avrebbe persuaso	avrebbero persuaso

Note: *Persuadere* requires the preposition *a* before an infinitive (see the first and second examples below). As a reflexive verb *persuadersi* ("to convince oneself" or "to become convinced") uses the reflexive pronouns *mi, ti, si, ci, vi, si*, as well as the auxiliary verb *essere*, to form compound tenses (see the fifth example below).

EXAMPLES

Lo persuasi a partire.	I persuaded him to leave.
Ho persuaso Lucia a non vendere la casa.	I persuaded Lucia not to sell the house.
Lo persuasi che aveva torto.	I convinced him that he was wrong.
Mi persuase delle sua innocenza.	He convinced me of his innocence.
Alla fine mi sono persuaso di aver sognato tutto.	In the end, I became convinced I had dreamed the whole thing.

pesare
to weigh
Auxiliary verb: avere **Past participle:** pesato **Gerund:** pesando
Imperative: (tu) pesa (non pesare); (Lei) pesi; (noi) pesiamo; (voi) pesate;
(Loro) pesino

Mode	Simple Tenses		Compound Tenses	
	Singular	*Plural*	*Singular*	*Plural*
Indicative	**Present**		**Present Perfect**	
	peso	pesiamo	ho pesato	abbiamo pesato
	pesi	pesate	hai pesato	avete pesato
	pesa	pesano	ha pesato	hanno pesato
	Imperfect		**Past Perfect**	
	pesavo	pesavamo	avevo pesato	avevamo pesato
	pesavi	pesavate	avevi pesato	avevate pesato
	pesava	pesavano	aveva pesato	avevano pesato
	Past Definite		**Past Anterior**	
	pesai	pesammo	ebbi pesato	avemmo pesato
	pesasti	pesaste	avesti pesato	aveste pesato
	pesò	pesarono	ebbe pesato	ebbero pesato
	Future		**Future Perfect**	
	peserò	peseremo	avrò pesato	avremo pesato
	peserai	peserete	avrai pesato	avrete pesato
	peserà	peseranno	avrà pesato	avranno pesato
Subjunctive	**Present**		**Present Perfect**	
	pesi	pesiamo	abbia pesato	abbiamo pesato
	pesi	pesiate	abbia pesato	abbiate pesato
	pesi	pesino	abbia pesato	abbiano pesato
	Imperfect		**Past Perfect**	
	pesassi	pesassimo	avessi pesato	avessimo pesato
	pesassi	pesaste	avessi pesato	aveste pesato
	pesasse	pesassero	avesse pesato	avessero pesato
Conditional	**Present Conditional**		**Perfect Conditional**	
	peserei	peseremmo	avrei pesato	avremmo pesato
	peseresti	pesereste	avresti pesato	avreste pesato
	peserebbe	peserebbero	avrebbe pesato	avrebbero pesato

Note: As a reflexive verb *pesarsi* ("to weigh oneself") uses the reflexive pronouns *mi, ti, si, ci, vi,* and *si,* as well as the auxiliary verb *essere,* to form compound tenses (see the sixth example below).

EXAMPLES

Ho pesato il pacco prima di portarlo alla posta.	I weighed the parcel before taking it to the post office.
Quanto pesi?	How much do you weigh?
Devo pesare le parole con attenzione.	I have to weigh my words carefully.
Le nuove responsabilità gli pesavano.	His new responsabilities weighed upon him.
La sua opinione non pesa molto.	His opinion carries little weight.
Ti sei pesato?	Did you weigh yourself?

pescare

to fish, to catch, to pick up, to draw

Auxiliary verb: avere **Past participle:** pescato **Gerund:** pescando
Imperative: (tu) pesca (non pescare); (Lei) peschi; (noi) peschiamo; (voi) pescate; (Loro) peschino

Mode	Simple Tenses		Compound Tenses	
	Singular	*Plural*	*Singular*	*Plural*
Indicative	**Present**		**Present Perfect**	
	pesco	peschiamo	ho pescato	abbiamo pescato
	peschi	pescate	hai pescato	avete pescato
	pesca	pescano	ha pescato	hanno pescato
	Imperfect		**Past Perfect**	
	pescavo	pescavamo	avevo pescato	avevamo pescato
	pescavi	pescavate	avevi pescato	avevate pescato
	pescava	pescavano	aveva pescato	avevano pescato
	Past Definite		**Past Anterior**	
	pescai	pescammo	ebbi pescato	avemmo pescato
	pescasti	pescaste	avesti pescato	aveste pescato
	pescò	pescarono	ebbe pescato	ebbero pescato
	Future		**Future Perfect**	
	pescherò	pescheremo	avrò pescato	avremo pescato
	pescherai	pescherete	avrai pescato	avrete pescato
	pescherà	pescheranno	avrà pescato	avranno pescato
Subjunctive	**Present**		**Present Perfect**	
	peschi	peschiamo	abbia pescato	abbiamo pescato
	peschi	peschiate	abbia pescato	abbiate pescato
	peschi	peschino	abbia pescato	abbiano pescato
	Imperfect		**Past Perfect**	
	pescassi	pescassimo	avessi pescato	avessimo pescato
	pescassi	pescaste	avessi pescato	aveste pescato
	pescasse	pescassero	avesse pescato	avessero pescato
Conditional	**Present Conditional**		**Perfect Conditional**	
	pescherei	pescheremmo	avrei pescato	avremmo pescato
	pescheresti	peschereste	avresti pescato	avreste pescato
	pescherebbe	pescherebbero	avrebbe pescato	avrebbero pescato

EXAMPLES

Vado a pescare il fine settimana.	I go fishing on weekends.
Oggi andiamo a pescare le trote.	Today we're going to fish for trout.
Luca pesca a mosca.	Luca fishes with a fly.
Ho pescato un salmone.	I caught a salmon.
Dove hai pescato queste informazioni?	Where did you pick up this information?
Pesca una carta!	Draw a card!

pettinarsi

to comb, to dress (as in hair)

Auxiliary verb: essere **Past participle:** pettinato(si) **Gerund:** pettinando(si)

Imperative: (tu) pettinati (non pettinarti); (Lei) si pettini; (noi) pettiniamoci; (voi) pettinatevi; (Loro) si pettinino

Mode	Simple Tenses		Compound Tenses	
	Singular	*Plural*	*Singular*	*Plural*
Indicative	**Present**		**Present Perfect**	
	mi pettino ti pettini si pettina	ci pettiniamo vi pettinate si pettinano	mi sono pettinato/a ti sei pettinato/a si è pettinato/a	ci siamo pettinati/e vi siete pettinati/e si sono pettinati/e
	Imperfect		**Past Perfect**	
	mi pettinavo ti pettinavi si pettinava	ci pettinavamo vi pettinavate si pettinavano	mi ero pettinato/a ti eri pettinato/a si era pettinato/a	ci eravamo pettinati/e vi eravate pettinati/e si erano pettinati/e
	Past Definite		**Past Anterior**	
	mi pettinai ti pettinasti si pettinò	ci pettinammo vi pettinaste si pettinarono	mi fui pettinato/a ti fosti pettinato/a si fu pettinato/a	ci fummo pettinati/e vi foste pettinati/e si furono pettinati/e
	Future		**Future Perfect**	
	mi pettinerò ti pettinerai si pettinerà	ci pettineremo vi pettinerete si pettineranno	mi sarò pettinato/a ti sarai pettinato/a si sarà pettinato/a	ci saremo pettinati/e vi sarete pettinati/e si saranno pettinati/e
Subjunctive	**Present**		**Present Perfect**	
	mi pettini ti pettini si pettini	ci pettiniamo vi pettiniate si pettinino	mi sia pettinato/a ti sia pettinato/a si sia pettinato/a	ci siamo pettinati/e vi siate pettinati/e si siano pettinati/e
	Imperfect		**Past Perfect**	
	mi pettinassi ti pettinassi si pettinasse	ci pettinassimo vi pettinaste si pettinassero	mi fossi pettinato/a ti fossi pettinato/a si fosse pettinato/a	ci fossimo pettinati/e vi foste pettinati/e si fossero pettinati/e
Conditional	**Present Conditional**		**Perfect Conditional**	
	mi pettinerei ti pettineresti si pettinerebbe	ci pettineremmo vi pettinereste si pettinerebbero	mi sarei pettinato/a ti saresti pettinato/a si sarebbe pettinato/a	ci saremmo pettinati/e vi sareste pettinati/e si sarebbero pettinati/e

Note: *Pettinare* may be used nonreflexively with *avere* as its auxiliary verb to form compound tenses (see the fifth example below).

EXAMPLES

Come ti pettini? How are you going to comb your hair?

lana pettinata combed wool

Stamani non mi sono pettinato. This morning I didn't comb my hair.

Si pettina prima di andare a letto. She combs her hair before going to bed.

Ho pettinato il bambino. I combed the child's hair.

piacere

to like, to appeal, to be pleasing

Auxiliary verb: essere **Past participle:** piaciuto **Gerund:** piacendo
Imperative: (tu) piaci (non piacere); (Lei) piaccia; (noi) piacciamo; (voi)
piacete; (Loro) piacciano

Mode	Simple Tenses		Compound Tenses	
	Singular	*Plural*	*Singular*	*Plural*
Indicative	**Present**		**Present Perfect**	
	piaccio	piacciamo	sono piaciuto/a	siamo piaciuti/e
	piaci	piacete	sei piaciuto/a	siete piaciuti/e
	piace	**piacciono**	**è piaciuto/a**	**sono piaciuti/e**
	Imperfect		**Past Perfect**	
	piacevo	piacevamo	ero piaciuto/a	eravamo piaciuti/e
	piacevi	piacevate	eri piaciuto/a	eravate piaciuti/e
	piaceva	**piacevano**	**era piaciuto/a**	**erano piaciuti/e**
	Past Definite		**Past Anterior**	
	piacqui	piacemmo	fui piaciuto/a	fummo piaciuti/e
	piacesti	piaceste	fosti piaciuto/a	foste piaciuti/e
	piacque	**piacquero**	**fu piaciuto/a**	**furono piaciuti/e**
	Future		**Future Perfect**	
	piacerò	piaceremo	sarò piaciuto/a	saremo piaciuti/e
	piacerai	piacerete	sarai piaciuto/a	sarete piaciuti/e
	piacerà	**piaceranno**	**sarà piaciuto/a**	**saranno piaciuti/e**
Subjunctive	**Present**		**Present Perfect**	
	piaccia	piacciamo	sia piaciuto/a	siamo piaciuti/e
	piaccia	piacciate	sia piaciuto/a	siate piaciuti/e
	piaccia	**piacciano**	**sia piaciuto/a**	**siano piaciuti/e**
	Imperfect		**Past Perfect**	
	piacessi	piacessimo	fossi piaciuto/a	fossimo piaciuti/e
	piacessi	piaceste	fossi piaciuto/a	foste piaciuti/e
	piacesse	**piacessero**	**fosse piaciuto/a**	**fossero piaciuti/e**
Conditional	**Present Conditional**		**Perfect Conditional**	
	piacerei	piaceremmo	sarei piaciuto/a	saremmo piaciuti/e
	piaceresti	piacereste	saresti piaciuto/a	sareste piaciuti/e
	piacerebbe	**piacerebbero**	**sarebbe piaciuto/a**	**sarebbero piaciuti/e**

Note: This verb has a special construction. The thing or person that is "liked" is the subject
of the sentence; the person who likes it is the indirect object, as in the English verb "to appeal
to." The verb *piacere* agrees with the subject; consequently, it is often used in the third-person
singular and plural (forms in bold) with the indirect pronouns *mi, ti, gli/le, ci , vi*, or *a* + noun
(see the fourth example below). In this special construction, the personal pronouns are never
used. Refer to the Verb Usage Review.

EXAMPLES

Mi sono piaciute molto le fotografie.	I liked the pictures a lot.
Sono sicuro che le piacerà il film.	I am sure she will like the movie.
Ti piacerebbe vedere la mostra?	Would you like to see the exhibition?
A Marco piacciono gli orologi antichi.	Marco likes antique watches.
Mi piaci molto.	I like you a lot.

piangere

to cry, to weep

Auxiliary verb: avere **Past participle:** pianto **Gerund:** piangendo
Imperative: (tu) piangi (non piangere); (Lei) pianga; (noi) piangiamo;
(voi) piangete; (Loro) piangano

Mode	Simple Tenses		Compound Tenses	
	Singular	*Plural*	*Singular*	*Plural*
	Present		**Present Perfect**	
	piango	piangiamo	ho pianto	abbiamo pianto
	piangi	piangete	hai pianto	avete pianto
	piange	piangono	ha pianto	hanno pianto
	Imperfect		**Past Perfect**	
	piangevo	piangevamo	avevo pianto	avevamo pianto
	piangevi	piangevate	avevi pianto	avevate pianto
	piangeva	piangevano	aveva pianto	avevano pianto
Indicative	**Past Definite**		**Past Anterior**	
	piansi	piangemmo	ebbi pianto	avemmo pianto
	piangesti	piangeste	avesti pianto	aveste pianto
	pianse	piansero	ebbe pianto	ebbero pianto
	Future		**Future Perfect**	
	piangerò	piangeremo	avrò pianto	avremo pianto
	piangerai	piangerete	avrai pianto	avrete pianto
	piangerà	piangeranno	avrà pianto	avranno pianto
	Present		**Present Perfect**	
	pianga	piangiamo	abbia pianto	abbiamo pianto
	pianga	piangiate	abbia pianto	abbiate pianto
Subjunctive	pianga	piangano	abbia pianto	abbiano pianto
	Imperfect		**Past Perfect**	
	piangessi	piangessimo	avessi pianto	avessimo pianto
	piangessi	piangeste	avessi pianto	aveste pianto
	piangesse	piangessero	avesse pianto	avessero pianto
Conditional	**Present Conditional**		**Perfect Conditional**	
	piangerei	piangeremmo	avrei pianto	avremmo pianto
	piangeresti	piangereste	avresti pianto	avreste pianto
	piangerebbe	piangerebbero	avrebbe pianto	avrebbero pianto

EXAMPLES

Il bambino ha pianto tutta la notte.	The child cried all night.
Piange di dolore.	He cries out in pain.
Ha fatto piangere il bambino.	He made the child cry.
Adesso non ti mettere a piangere!	Now don't you start crying!
È inutile piangere sul latte versato.	It is useless to cry over spilled milk.
Sto piangendo di gioia.	I'm weeping for joy.

piantare

to plant, to stop

Auxiliary verb: avere **Past participle:** piantato **Gerund:** piantando
Imperative: (tu) pianta (non piantare); (Lei) pianti; (noi) piantiamo; (voi)
piantate; (Loro) piantino

Mode	Simple Tenses		Compound Tenses	
	Singular	*Plural*	*Singular*	*Plural*
	Present		**Present Perfect**	
Indicative	pianto	piantiamo	ho piantato	abbiamo piantato
	pianti	piantate	hai piantato	avete piantato
	pianta	piantano	ha piantato	hanno piantato
	Imperfect		**Past Perfect**	
	piantavo	piantavamo	avevo piantato	avevamo piantato
	piantavi	piantavate	avevi piantato	avevate piantato
	piantava	piantavano	aveva piantato	avevano piantato
	Past Definite		**Past Anterior**	
	piantai	piantammo	ebbi piantato	avemmo piantato
	piantasti	piantaste	avesti piantato	aveste piantato
	piantò	piantarono	ebbe piantato	ebbero piantato
	Future		**Future Perfect**	
	pianterò	pianteremo	avrò piantato	avremo piantato
	pianterai	pianterete	avrai piantato	avrete piantato
	pianterà	pianteranno	avrà piantato	avranno piantato
Subjunctive	**Present**		**Present Perfect**	
	pianti	piantiamo	abbia piantato	abbiamo piantato
	pianti	piantiate	abbia piantato	abbiate piantato
	pianti	piantino	abbia piantato	abbiano piantato
	Imperfect		**Past Perfect**	
	piantassi	piantassimo	avessi piantato	avessimo piantato
	piantassi	piantaste	avessi piantato	aveste piantato
	piantasse	piantassero	avesse piantato	avessero piantato
Conditional	**Present Conditional**		**Perfect Conditional**	
	pianterei	pianteremmo	avrei piantato	avremmo piantato
	pianteresti	piantereste	avresti piantato	avreste piantato
	pianterebbe	pianterebbero	avrebbe piantato	avrebbero piantato

Note: As a reflexive verb *piantarsi* ("to plant oneself") uses the reflexive pronouns *mi, ti, si, ci, vi, si,* as well as the auxiliary verb *essere,* to form compound tenses (see the sixth example below).

EXAMPLES

Ho piantato i fiori.	I planted the flowers.
Deve piantare un chiodo nel muro.	He has to drive a nail into the wall.
Ha piantato la moglie.	He left his wife.
Piantala!	Stop it! (idiom)
Piantala di piangere!	Stop crying!
Si è piantato sull'uscio di casa.	He planted himself at their doorstep.

piegare
to fold, to bend
Auxiliary verb: avere **Past participle:** piegato **Gerund:** piegando
Imperative: (tu) piega (non piegare); (Lei) pieghi; (noi) pieghiamo; (voi)
piegate; (Loro) pieghino

Mode	Simple Tenses		Compound Tenses	
	Singular	*Plural*	*Singular*	*Plural*
Indicative	**Present**		**Present Perfect**	
	piego	pieghiamo	ho piegato	abbiamo piegato
	pieghi	piegate	hai piegato	avete piegato
	piega	piegano	ha piegato	hanno piegato
	Imperfect		**Past Perfect**	
	piegavo	piegavamo	avevo piegato	avevamo piegato
	piegavi	piegavate	avevi piegato	avevate piegato
	piegava	piegavano	aveva piegato	avevano piegato
	Past Definite		**Past Anterior**	
	piegai	piegammo	ebbi piegato	avemmo piegato
	piegasti	piegaste	avesti piegato	aveste piegato
	piegò	piegarono	ebbe piegato	ebbero piegato
	Future		**Future Perfect**	
	piegherò	piegheremo	avrò piegato	avremo piegato
	piegherai	piegherete	avrai piegato	avrete piegato
	piegherà	piegheranno	avrà piegato	avranno piegato
Subjunctive	**Present**		**Present Perfect**	
	pieghi	pieghiamo	abbia piegato	abbiamo piegato
	pieghi	pieghiate	abbia piegato	abbiate piegato
	pieghi	pieghino	abbia piegato	abbiano piegato
	Imperfect		**Past Perfect**	
	piegassi	piegassimo	avessi piegato	avessimo piegato
	piegassi	piegaste	avessi piegato	aveste piegato
	piegasse	piegassero	avesse piegato	avessero piegato
Conditional	**Present Conditional**		**Perfect Conditional**	
	piegherei	piegheremmo	avrei piegato	avremmo piegato
	piegheresti	pieghereste	avresti piegato	avreste piegato
	piegherebbe	piegherebbero	avrebbe piegato	avrebbero piegato

Note: As a reflexive verb *piegarsi* ("to bend" or "to yield") uses the reflexive pronouns *mi, ti, si, ci, vi, si*, as well as the auxiliary verb *essere*, to form compound tenses (see the fourth example below).

EXAMPLES

Non riesco a piegare il ginocchio.	I can't bend my knee.
Hai piegato le lenzuola?	Did you fold the sheets?
Piegare il foglio di carta in due.	Fold the sheet of paper in half.
Si è piegato al volere del tiranno.	He bent to the tyrant's will.

piovere

to rain, to pour

Auxiliary verb: avere/essere **Past participle:** piovuto **Gerund:** piovendo
Imperative: N/A

Mode	Simple Tenses		Compound Tenses	
	Singular	*Plural*	*Singular*	*Plural*
Indicative	**Present**		**Present Perfect**	
	piove	piovono	ha piovuto/ è piovuto	sono piovuti/e
	Imperfect		**Past Perfect**	
	pioveva	piovevano	aveva piovuto/ era piovuto	erano piovuti/e
	Past Definite		**Past Anterior**	
	piovve	piovvero	ebbe piovuto/ fu piovuto	furono piovuti/e
	Future		**Future Perfect**	
	pioverà	pioveranno	avrà piovuto/ sarà piovuto	saranno piovuti/e
Subjunctive	**Present**		**Present Perfect**	
	piova	piovano	abbia piovuto/ sia piovuto	siano piovuti/e
	Imperfect		**Past Perfect**	
	piovesse	piovessero	avesse piovuto/ fosse piovuto	fossero piovuti/e
Conditional	**Present Conditional**		**Perfect Conditional**	
	pioverebbe	pioverebbero	avrebbe piovuto/ sarebbe piovuto	sarebbero piovuti/e

Note: To form compound tenses either *avere* or *essere* may be used (only *essere* for the meaning "to pour" in the seventh example below). Normally *piovere* is used in the third-person singular. It can be used in the other persons in a figurative sense (see the seventh example below). Like *piovere* is *spiovere* ("to stop raining"), only used third-person singular (see the eighth example below).

EXAMPLES

Piove a dirotto!	It's raining cats and dogs! (It's pouring!)
Che tempo faceva? Pioveva.	What was the weather like? It was raining.
Piove da due giorni.	It has been raining for two days.
Ha (È) piovuto tutto il giorno.	It rained all day long.
Ha appena smesso di piovere.	It just stopped raining.
Sta per piovere.	It's going to rain.
Sono piovute lettere di protesta.	Letters of protest poured in.
Aspetta che spiova.	Wait until it stops raining.

porgere
to hand, to offer
Auxiliary verb: avere **Past participle:** porto **Gerund:** porgendo
Imperative: (tu) porgi (non porgere); (Lei) porga; (noi) porgiamo; (voi)
porgete; (Loro) porgano

Mode	Simple Tenses		Compound Tenses	
	Singular	*Plural*	*Singular*	*Plural*
Indicative	**Present**		**Present Perfect**	
	porgo	porgiamo	ho porto	abbiamo porto
	porgi	porgete	hai porto	avete porto
	porge	porgono	ha porto	hanno porto
	Imperfect		**Past Perfect**	
	porgevo	porgevamo	avevo porto	avevamo porto
	porgevi	porgevate	avevi porto	avevate porto
	porgeva	porgevano	aveva porto	avevano porto
	Past Definite		**Past Anterior**	
	porsi	porgemmo	ebbi porto	avemmo porto
	porgesti	porgeste	avesti porto	aveste porto
	porse	porsero	ebbe porto	ebbero porto
	Future		**Future Perfect**	
	porgerò	porgeremo	avrò porto	avremo porto
	porgerai	porgerete	avrai porto	avrete porto
	porgerà	porgeranno	avrà porto	avranno porto
Subjunctive	**Present**		**Present Perfect**	
	porga	porgiamo	abbia porto	abbiamo porto
	porga	porgiate	abbia porto	abbiate porto
	porga	porgano	abbia porto	abbiano porto
	Imperfect		**Past Perfect**	
	porgessi	porgessimo	avessi porto	avessimo porto
	porgessi	porgeste	avessi porto	aveste porto
	porgesse	porgessero	avesse porto	avessero porto
Conditional	**Present Conditional**		**Perfect Conditional**	
	porgerei	porgeremmo	avrei porto	avremmo porto
	porgeresti	porgereste	avresti porto	avreste porto
	porgerebbe	porgerebbero	avrebbe porto	avrebbero porto

EXAMPLES

Mi porse la lettera. / He handed me the letter.

Porgo le mie scuse. / I offer my apologies.

Le porgo i miei più cordiali saluti. / Yours sincerely. (formal closing of a letter)

Porgere l'altra guancia. / To turn the other cheek.

porre

to put, to lay down, to pose

Auxiliary verb: avere **Past participle:** posto **Gerund:** ponendo
Imperative: (tu) poni (non porre); (Lei) ponga; (noi) poniamo; (voi)
ponete; (Loro) pongano

Mode	Simple Tenses		Compound Tenses	
	Singular	*Plural*	*Singular*	*Plural*
Indicative	**Present**		**Present Perfect**	
	pongo	poniamo	ho posto	abbiamo posto
	poni	ponete	hai posto	avete posto
	pone	pongono	ha posto	hanno posto
	Imperfect		**Past Perfect**	
	ponevo	ponevamo	avevo posto	avevamo posto
	ponevi	ponevate	avevi posto	avevate posto
	poneva	ponevano	aveva posto	avevano posto
	Past Definite		**Past Anterior**	
	posi	ponemmo	ebbi posto	avemmo posto
	ponesti	poneste	avesti posto	aveste posto
	pose	posero	ebbe posto	ebbero posto
	Future		**Future Perfect**	
	porrò	porremo	avrò posto	avremo posto
	porrai	porrete	avrai posto	avrete posto
	porrà	porranno	avrà posto	avranno posto
Subjunctive	**Present**		**Present Perfect**	
	ponga	poniamo	abbia posto	abbiamo posto
	ponga	poniate	abbia posto	abbiate posto
	ponga	pongano	abbia posto	abbiano posto
	Imperfect		**Past Perfect**	
	ponessi	ponessimo	avessi posto	avessimo posto
	ponessi	poneste	avessi posto	aveste posto
	ponesse	ponessero	avesse posto	avessero posto
Conditional	**Present Conditional**		**Perfect Conditional**	
	porrei	porremmo	avrei posto	avremmo posto
	porresti	porreste	avresti posto	avreste posto
	porrebbe	porrebbero	avrebbe posto	avrebbero posto

Note: *Porre* and its compound verbs come from the original Latin *"ponere."* This is the reason
why the gerund is *"ponendo,"* and so many of the forms have the *"-pon-"* root in them. As a
reflexive verb *porsi* ("to pose") uses the reflexive pronouns *mi, ti, si, ci, vi, si,* as well as the
auxiliary verb *essere,* to form compound tenses (see the fourth example below).

EXAMPLES

Dobbiamo porre un limite alle spese.	We must put a limit on expenses.
Ha posto le seguenti condizioni.	He laid down the following conditions.
Poneva sempre domande interessanti all'insegnante.	He would always pose interesting questions to the teacher.
Lui si è posto il problema.	He posed the problem.

portare

to bring, to take, to carry, to wear

Auxiliary verb: avere **Past participle:** portato **Gerund:** portando

Imperative: (tu) porta (non portare); (Lei) porti; (noi) portiamo; (voi) portate; (Loro) portino

Mode	Simple Tenses		Compound Tenses	
	Singular	*Plural*	*Singular*	*Plural*
	Present		**Present Perfect**	
Indicative	porto	portiamo	ho portato	abbiamo portato
	porti	portate	hai portato	avete portato
	porta	portano	ha portato	hanno portato
	Imperfect		**Past Perfect**	
	portavo	portavamo	avevo portato	avevamo portato
	portavi	portavate	avevi portato	avevate portato
	portava	portavano	aveva portato	avevano portato
	Past Definite		**Past Anterior**	
	portai	portammo	ebbi portato	avemmo portato
	portasti	portaste	avesti portato	aveste portato
	portò	portarono	ebbe portato	ebbero portato
	Future		**Future Perfect**	
	porterò	porteremo	avrò portato	avremo portato
	porterai	porterete	avrai portato	avrete portato
	porterà	porteranno	avrà portato	avranno portato
Subjunctive	**Present**		**Present Perfect**	
	porti	portiamo	abbia portato	abbiamo portato
	porti	portiate	abbia portato	abbiate portato
	porti	portino	abbia portato	abbiano portato
	Imperfect		**Past Perfect**	
	portassi	portassimo	avessi portato	avessimo portato
	portassi	portaste	avessi portato	aveste portato
	portasse	portassero	avesse portato	avessero portato
Conditional	**Present Conditional**		**Perfect Conditional**	
	porterei	porteremmo	avrei portato	avremmo portato
	porteresti	portereste	avresti portato	avreste portato
	porterebbe	porterebbero	avrebbe portato	avrebbero portato

EXAMPLES

Hanno portato le bibite alla festa.	They brought drinks to the party.
Mi porteresti un bicchiere, per favore?	Could you bring me a glass, please?
Porto la spesa in cucina?	Should I take the groceries to the kitchen?
Porta questi fiori a tua sorella.	Take these flowers to your sister.
Ho portato Sandra all'università in macchina.	I took Sandra to the university in my car.
Gli portai il cappotto dall'ingresso.	I brought him his coat from the hall.
Porto sempre con me il libretto degli assegni.	I always carry my checkbook with me.
Lo mangia qui o porta via?	Will you eat it here or take it away?
Che taglia porti?	What size do you wear?
Portava un abito nuovo.	She was wearing a new dress.

possedere

to have, to own

Auxiliary verb: avere **Past participle:** posseduto **Gerund:** possedendo
Imperative: (tu) possiedi (non possedere); (Lei) possieda/possegga; (noi)
possediamo; (voi) possedete; (Loro) possiedano/posseggano

Mode	Simple Tenses		Compound Tenses	
	Singular	*Plural*	*Singular*	*Plural*
Indicative	**Present**		**Present Perfect**	
	possiedo (posseggo) possiedi possiede	possediamo possedete possiedono (posseggono)	ho posseduto hai posseduto ha posseduto	abbiamo posseduto avete posseduto hanno posseduto
	Imperfect		**Past Perfect**	
	possedevo possedevi possedeva	possedevamo possedevate possedevano	avevo posseduto avevi posseduto aveva posseduto	avevamo posseduto avevate posseduto avevano posseduto
	Past Definite		**Past Anterior**	
	possedetti (possedei) possedesti possedette (possedé)	possedemmo possedeste possedettero (possederono)	ebbi posseduto avesti posseduto ebbe posseduto	avemmo posseduto aveste posseduto ebbero posseduto
	Future		**Future Perfect**	
	poss(i)ederò poss(i)ederai poss(i)ederà	poss(i)ederemo poss(i)ederete poss(i)ederanno	avrò posseduto avrai posseduto avrà posseduto	avremo posseduto avrete posseduto avranno posseduto
Subjunctive	**Present**		**Present Perfect**	
	possieda (possegga) possieda (possegga) possieda (possegga)	possediamo possediate possiedano (posseggano)	abbia posseduto abbia posseduto abbia posseduto	abbiamo posseduto abbiate posseduto abbiano posseduto
	Imperfect		**Past Perfect**	
	possedessi possedessi possedesse	possedessimo possedeste possedessero	avessi posseduto avessi posseduto avesse posseduto	avessimo posseduto aveste posseduto avessero posseduto
Conditional	**Present Conditional**		**Perfect Conditional**	
	poss(i)ederei poss(i)ederesti poss(i)ederebbe	poss(i)ederemmo poss(i)edereste poss(i)ederebbero	avrei posseduto avresti posseduto avrebbe posseduto	avremmo posseduto avreste posseduto avrebbero posseduto

EXAMPLES

Possiede molte qualità.	He has many qualities.
Quanti ristoranti possiedi?	How many restaurants do you own?
Dovette vendere tutto ciò che possedeva.	He had to sell all he had.

potere
to be able to, can, may
Auxiliary verb: avere **Past participle:** potuto **Gerund:** potendo
Imperative: N/A

Mode	Simple Tenses		Compound Tenses	
	Singular	*Plural*	*Singular*	*Plural*
Indicative	**Present**		**Present Perfect**	
	posso	possiamo	ho potuto	abbiamo potuto
	puoi	potete	hai potuto	avete potuto
	può	possono	ha potuto	hanno potuto
	Imperfect		**Past Perfect**	
	potevo	potevamo	avevo potuto	avevamo potuto
	potevi	potevate	avevi potuto	avevate potuto
	poteva	potevano	aveva potuto	avevano potuto
	Past Definite		**Past Anterior**	
	potei (potetti)	potemmo	ebbi potuto	avemmo potuto
	potesti	poteste	avesti potuto	aveste potuto
	poté (potette)	poterono (potettero)	ebbe potuto	ebbero potuto
	Future		**Future Perfect**	
	potrò	potremo	avrò potuto	avremo potuto
	potrai	potrete	avrai potuto	avrete potuto
	potrà	potranno	avrà potuto	avranno potuto
Subjunctive	**Present**		**Present Perfect**	
	possa	possiamo	abbia potuto	abbiamo potuto
	possa	possiate	abbia potuto	abbiate potuto
	possa	possano	abbia potuto	abbiano potuto
	Imperfect		**Past Perfect**	
	potessi	potessimo	avessi potuto	avessimo potuto
	potessi	poteste	avessi potuto	aveste potuto
	potesse	potessero	avesse potuto	avessero potuto
Conditional	**Present Conditional**		**Perfect Conditional**	
	potrei	potremmo	avrei potuto	avremmo potuto
	potresti	potreste	avresti potuto	avreste potuto
	potrebbe	potrebbero	avrebbe potuto	avrebbero potuto

Note: No distinction is made between *can* and *may* in Italian. In compound tenses, *potere* takes *essere* if the following infinitive requires it. *Potere* takes on different meanings depending on the tense in which it is used; refer to the Verb Usage Review.

EXAMPLES

Dove posso trovare un buon ristorante?	Where can I find a good restaurant?
Luisa non poteva sopportare il silenzio.	Luisa couldn't stand silence.
Non hanno potuto studiare.	They couldn't study.
Potrai venire domani?	Will you be able to come tomorrow?
Potrebbe dirmi che ore sono?	Could you tell me what time it is?
Avrei potuto aspettare più a lungo.	I could have waited longer.
Dubito che lui possa aiutarti.	I doubt that he can help you.
Speravano che io potessi venire.	They hoped that I could come.

preferire

to prefer, to like better/best

Auxiliary verb: avere **Past participle:** preferito **Gerund:** preferendo
Imperative: (tu) preferisci (non preferire); (Lei) preferisca; (noi) preferiamo; (voi) preferite; (Loro) preferiscano

Mode	Simple Tenses		Compound Tenses	
	Singular	*Plural*	*Singular*	*Plural*
	Present		**Present Perfect**	
Indicative	preferisco	preferiamo	ho preferito	abbiamo preferito
	preferisci	preferite	hai preferito	avete preferito
	preferisce	preferiscono	ha preferito	hanno preferito
	Imperfect		**Past Perfect**	
	preferivo	preferivamo	avevo preferito	avevamo preferito
	preferivi	preferivate	avevi preferito	avevate preferito
	preferiva	preferivano	aveva preferito	avevano preferito
	Past Definite		**Past Anterior**	
	preferii	preferimmo	ebbi preferito	avemmo preferito
	preferisti	preferiste	avesti preferito	aveste preferito
	preferì	preferirono	ebbe preferito	ebbero preferito
	Future		**Future Perfect**	
	preferirò	preferiremo	avrò preferito	avremo preferito
	preferirai	preferirete	avrai preferito	avrete preferito
	preferirà	preferiranno	avrà preferito	avranno preferito
	Present		**Present Perfect**	
Subjunctive	preferisca	preferiamo	abbia preferito	abbiamo preferito
	preferisca	preferiate	abbia preferito	abbiate preferito
	preferisca	preferiscano	abbia preferito	abbiano preferito
	Imperfect		**Past Perfect**	
	preferissi	preferissimo	avessi preferito	avessimo preferito
	preferissi	preferiste	avessi preferito	aveste preferito
	preferisse	preferissero	avesse preferito	avessero preferito
Conditional	**Present Conditional**		**Perfect Conditional**	
	preferirei	preferiremmo	avrei preferito	avremmo preferito
	preferiresti	preferireste	avresti preferito	avreste preferito
	preferirebbe	preferirebbero	avrebbe preferito	avrebbero preferito

Note: If *preferire* is followed by another verb ("to prefer going"), the sequence *preferire* + infinitive is used. *Preferire* is conjugated, and the second verb is used in the infinitive (see the first example below). *Preferire* may also be followed by *che* + subjunctive (see the last example below).

EXAMPLES

Preferiamo leggere che guardare la TV.	We prefer reading to watching TV.
Il colore che preferisco è il verde.	Green is the color I like most.
Cosa preferisci, tè o caffè?	Which would you prefer, tea or coffee?
Preferirei non andare.	I would rather not go.
Preferisci restare?	Would you rather stay?
Preferisco che lui venga con noi.	I would prefer that he come with us.

pregare

to pray, to beg, to ask

Auxiliary verb: avere **Past participle:** pregato **Gerund:** pregando
Imperative: (tu) prega (non pregare); (Lei) preghi; (noi) preghiamo; (voi) pregate; (Loro) preghino

Mode	Simple Tenses		Compound Tenses	
	Singular	*Plural*	*Singular*	*Plural*
	Present		**Present Perfect**	
	prego	preghiamo	ho pregato	abbiamo pregato
	preghi	pregate	hai pregato	avete pregato
	prega	pregano	ha pregato	hanno pregato
	Imperfect		**Past Perfect**	
	pregavo	pregavamo	avevo pregato	avevamo pregato
	pregavi	pregavate	avevi pregato	avevate pregato
	pregava	pregavano	aveva pregato	avevano pregato
	Past Definite		**Past Anterior**	
	pregai	pregammo	ebbi pregato	avemmo pregato
	pregasti	pregaste	avesti pregato	aveste pregato
	pregò	pregarono	ebbe pregato	ebbero pregato
	Future		**Future Perfect**	
	pregherò	pregheremo	avrò pregato	avremo pregato
	pregherai	pregherete	avrai pregato	avrete pregato
	pregherà	pregheranno	avrà pregato	avranno pregato
	Present		**Present Perfect**	
	preghi	preghiamo	abbia pregato	abbiamo pregato
	preghi	preghiate	abbia pregato	abbiate pregato
	preghi	preghino	abbia pregato	abbiano pregato
	Imperfect		**Past Perfect**	
	pregassi	pregassimo	avessi pregato	avessimo pregato
	pregassi	pregaste	avessi pregato	aveste pregato
	pregasse	pregassero	avesse pregato	avessero pregato
	Present Conditional		**Perfect Conditional**	
	pregherei	pregheremmo	avrei pregato	avremmo pregato
	pregheresti	preghereste	avresti pregato	avreste pregato
	pregherebbe	pregherebbero	avrebbe pregato	avrebbero pregato

Mode column (vertical): Indicative, Subjunctive, Conditional

Note: *Pregare* requires the preposition *di* before an infinitive (see the third, fourth, and fifth examples below). *Pregare* may also be followed by *che* + subjunctive (see the sixth example below).

EXAMPLES

Prego Dio.	I pray to God.
Preghiamo per i nostri cari.	We pray for our dear ones.
Ti prego di ripensarci.	I beg you to reconsider.
Pregalo di entrare.	Ask him in.
I clienti sono pregati di non toccare la merce.	Customers are kindly asked not to touch the goods.
Prego che tutti si possano salvare.	I pray that everybody will survive.

premere

to press, to matter, to be important
Auxiliary verb: avere **Past participle:** premuto **Gerund:** premendo
Imperative: (tu) premi (non premere); (Lei) prema; (noi) premiamo;
(voi) premete; (Loro) premano

Mode	Simple Tenses		Compound Tenses	
	Singular	*Plural*	*Singular*	*Plural*
Indicative	**Present**		**Present Perfect**	
	premo	premiamo	ho premuto	abbiamo premuto
	premi	premete	hai premuto	avete premuto
	preme	premono	ha premuto	hanno premuto
	Imperfect		**Past Perfect**	
	premevo	premevamo	avevo premuto	avevamo premuto
	premevi	premevate	avevi premuto	avevate premuto
	premeva	premevano	aveva premuto	avevano premuto
	Past Definite		**Past Anterior**	
	premei (premetti)	prememmo	ebbi premuto	avemmo premuto
	premesti	premeste	avesti premuto	aveste premuto
	premé (premette)	premerono (premettero)	ebbe premuto	ebbero premuto
	Future		**Future Perfect**	
	premerò	premeremo	avrò premuto	avremo premuto
	premerai	premerete	avrai premuto	avrete premuto
	premerà	premeranno	avrà premuto	avranno premuto
Subjunctive	**Present**		**Present Perfect**	
	prema	premiamo	abbia premuto	abbiamo premuto
	prema	premiate	abbia premuto	abbiate premuto
	prema	premano	abbia premuto	abbiano premuto
	Imperfect		**Past Perfect**	
	premessi	premessimo	avessi premuto	avessimo premuto
	premessi	premeste	avessi premuto	aveste premuto
	premesse	premessero	avesse premuto	avessero premuto
Conditional	**Present Conditional**		**Perfect Conditional**	
	premerei	premeremmo	avrei premuto	avremmo premuto
	premeresti	premereste	avresti premuto	avreste premuto
	premerebbe	premerebbero	avrebbe premuto	avrebbero premuto

Note: Similar to *premere* is *spremere* ("to squeeze"). The following compound verbs are irregular in the past participle and past definite: *comprimere (compresso, compressi . . .); deprimere (depresso, depressi . . .); opprimere (oppresso, oppressi . . .); reprimere (represso, repressi. . .), sopprimere (soppresso, soppressi . . .).*

EXAMPLES

Premere il bottone.	Press the button.
Mi premono per una risposta.	They are pressing me for an answer.
Questo problema preme a molti.	This issue is important to many people.

prendere
to take
Auxiliary verb: avere **Past participle:** preso **Gerund:** prendendo
Imperative: (tu) prendi (non prendere); (Lei) prenda; (noi) prendiamo;
(voi) prendete; (Loro) prendano

Mode	Simple Tenses		Compound Tenses	
	Singular	*Plural*	*Singular*	*Plural*
Indicative	**Present**		**Present Perfect**	
	prendo	prendiamo	ho preso	abbiamo preso
	prendi	prendete	hai preso	avete preso
	prende	prendono	ha preso	hanno preso
	Imperfect		**Past Perfect**	
	prendevo	prendevamo	avevo preso	avevamo preso
	prendevi	prendevate	avevi preso	avevate preso
	prendeva	prendevano	aveva preso	avevano preso
	Past Definite		**Past Anterior**	
	presi	prendemmo	ebbi preso	avemmo preso
	prendesti	prendeste	avesti preso	aveste preso
	prese	presero	ebbe preso	ebbero preso
	Future		**Future Perfect**	
	prenderò	prenderemo	avrò preso	avremo preso
	prenderai	prenderete	avrai preso	avrete preso
	prenderà	prenderanno	avrà preso	avranno preso
Subjunctive	**Present**		**Present Perfect**	
	prenda	prendiamo	abbia preso	abbiamo preso
	prenda	prendiate	abbia preso	abbiate preso
	prenda	prendano	abbia preso	abbiano preso
	Imperfect		**Past Perfect**	
	prendessi	prendessimo	avessi preso	avessimo preso
	prendessi	prendeste	avessi preso	aveste preso
	prendesse	prendessero	avesse preso	avessero preso
Conditional	**Present Conditional**		**Perfect Conditional**	
	prenderei	prenderemmo	avrei preso	avremmo preso
	prenderesti	prendereste	avresti preso	avreste preso
	prenderebbe	prenderebbero	avrebbe preso	avrebbero preso

Note: *Prendere* also has idiomatic usage such as *prendere un caffè* ("to have a coffee"), *prendere il sole* ("to sunbathe"), *prendere una decisione* ("to make a decision"; see the third example below), *prendere in giro* ("to tease/make fun of"), *prendere il raffreddore* ("to catch a cold"), and *andare/venire a prendere* ("to pick up"; see the fourth example below). The verb *prendere* is not used to mean "to take somebody or something somewhere"; instead, the verb *portare* is used.

EXAMPLES

Ho preso l'autobus.	I took the bus.
Maria ha preso i soldi dalla borsa.	Maria took the money from her purse.
Dobbiamo prendere una decisione.	We have to make a decision.
A che ora ti vengo a prendere?	What time shall I pick you up?
Prendo il diploma a giugno.	I'll get my diploma in June.

prenotare

to reserve, to make a reservation

Auxiliary verb: avere **Past participle:** prenotato **Gerund:** prenotando
Imperative: (tu) prenota (non prenotare); (Lei) prenoti; (noi) prenotiamo; (voi) prenotate; (Loro) prenotino

Mode	Simple Tenses		Compound Tenses	
	Singular	*Plural*	*Singular*	*Plural*
Indicative	**Present**		**Present Perfect**	
	prenoto	prenotiamo	ho prenotato	abbiamo prenotato
	prenoti	prenotate	hai prenotato	avete prenotato
	prenota	prenotano	ha prenotato	hanno prenotato
	Imperfect		**Past Perfect**	
	prenotavo	prenotavamo	avevo prenotato	avevamo prenotato
	prenotavi	prenotavate	avevi prenotato	avevate prenotato
	prenotava	prenotavano	aveva prenotato	avevano prenotato
	Past Definite		**Past Anterior**	
	prenotai	prenotammo	ebbi prenotato	avemmo prenotato
	prenotasti	prenotaste	avesti prenotato	aveste prenotato
	prenotò	prenotarono	ebbe prenotato	ebbero prenotato
	Future		**Future Perfect**	
	prenoterò	prenoteremo	avrò prenotato	avremo prenotato
	prenoterai	prenoterete	avrai prenotato	avrete prenotato
	prenoterà	prenoteranno	avrà prenotato	avranno prenotato
Subjunctive	**Present**		**Present Perfect**	
	prenoti	prenotiamo	abbia prenotato	abbiamo prenotato
	prenoti	prenotiate	abbia prenotato	abbiate prenotato
	prenoti	prenotino	abbia prenotato	abbiano prenotato
	Imperfect		**Past Perfect**	
	prenotassi	prenotassimo	avessi prenotato	avessimo prenotato
	prenotassi	prenotaste	avessi prenotato	aveste prenotato
	prenotasse	prenotassero	avesse prenotato	avessero prenotato
Conditional	**Present Conditional**		**Perfect Conditional**	
	prenoterei	prenoteremmo	avrei prenotato	avremmo prenotato
	prenoteresti	prenotereste	avresti prenotato	avreste prenotato
	prenoterebbe	prenoterebbero	avrebbe prenotato	avrebbero prenotato

Note: As a reflexive verb *prenotarsi* ("to book," "to sign up") uses the reflexive pronouns *mi, ti, si, ci, vi, si,* as well as the auxiliary verb *essere,* to form compound tenses (see the last example below).

EXAMPLES

Vorrei prenotare un tavolo per due alle 8:00.	I would like to reserve a table for two at 8:00.
Ho prenotato quattro posti sul treno per Roma.	I reserved four seats on the train to Rome.
Prenotiamo una camera in un albergo!	Let's reserve a room at a hotel!
Buonasera, posso prenotare?	Good evening, may I make a reservation?
Ci siamo prenotati per la visita al museo.	We signed up for the visit to the museum.

preoccuparsi

to worry, to be worried

Auxiliary verb: essere **Past participle:** preoccupato(si) **Gerund:** preoccupando(si)

Imperative: (tu) preoccupati (non preoccuparti); (Lei) si preoccupi; (noi) preoccupiamoci; (voi) preoccupatevi; (Loro) si preoccupino

Mode	Simple Tenses		Compound Tenses	
	Singular	*Plural*	*Singular*	*Plural*
Indicative	**Present**		**Present Perfect**	
	mi preoccupo ti preoccupi si preoccupa	ci preoccupiamo vi preoccupate si preoccupano	mi sono preoccupato/a ti sei preoccupato/a si è preoccupato/a	ci siamo preoccupati/e vi siete preoccupati/e si sono preoccupati/e
	Imperfect		**Past Perfect**	
	mi preoccupavo ti preoccupavi si preoccupava	ci preoccupavamo vi preoccupavate si preoccupavano	mi ero preoccupato/a ti eri preoccupato/a si era preoccupato/a	ci eravamo preoccupati/e vi eravate preoccupati/e si erano preoccupati/e
	Past Definite		**Past Anterior**	
	mi preoccupai ti preoccupasti si preoccupò	ci preoccupammo vi preoccupaste si preoccuparono	mi fui preoccupato/a ti fosti preoccupato/a si fu preoccupato/a	ci fummo preoccupati/e vi foste preoccupati/e si furono preoccupati/e
	Future		**Future Perfect**	
	mi preoccuperò ti preoccuperai si preoccuperà	ci preoccuperemo vi preoccuperete si preoccuperanno	mi sarò preoccupato/a ti sarai preoccupato/a si sarà preoccupato/a	ci saremo preoccupati/e vi sarete preoccupati/e si saranno preoccupati/e
Subjunctive	**Present**		**Present Perfect**	
	mi preoccupi ti preoccupi si preoccupi	ci preoccupiamo vi preoccupiate si preoccupino	mi sia preoccupato/a ti sia preoccupato/a si sia preoccupato/a	ci siamo preoccupati/e vi siate preoccupati/e si siano preoccupati/e
	Imperfect		**Past Perfect**	
	mi preoccupassi ti preoccupassi si preoccupasse	ci preoccupassimo vi preoccupaste si preoccupassero	mi fossi preoccupato/a ti fossi preoccupato/a si fosse preoccupato/a	ci fossimo preoccupati/e vi foste preoccupati/e si fossero preoccupati/e
Conditional	**Present Conditional**		**Perfect Conditional**	
	mi preoccuperei ti preoccuperesti si preoccuperebbe	ci preoccuperemmo vi preoccupereste si preoccuperebbero	mi sarei preoccupato/a ti saresti preoccupato/a si sarebbe preoccupato/a	ci saremmo preoccupati/e vi sareste preoccupati/e si sarebbero preoccupati/e

Note: *Preoccupare* may be used nonreflexively with *avere* as its auxiliary verb to form compound tenses (see the last example below). *Preoccuparsi* requires the prepositions *di* or *per* before a noun (see the first example below).

EXAMPLES

Si preoccupa sempre per me.	He is always worrying about me.
Non ti preoccupare, andrà tutto bene!	Don't worry, everything will be fine!
Che cosa ti preoccupa?	What are you worried about?
Mi preoccupa che Luca non abbia ancora telefonato.	It worries me that Luca hasn't called yet.
La sua assenza preoccupava i suoi genitori.	His absence worried his parents.

preparare

to prepare, to make

Auxiliary verb: avere **Past participle:** preparato **Gerund:** preparando
Imperative: (tu) prepara (non preparare); (Lei) prepari; (noi) prepariamo; (voi) preparate; (Loro) preparino

Mode	Simple Tenses		Compound Tenses	
	Singular	*Plural*	*Singular*	*Plural*
Indicative	**Present**		**Present Perfect**	
	preparo	prepariamo	ho preparato	abbiamo preparato
	prepari	preparate	hai preparato	avete preparato
	prepara	preparano	ha preparato	hanno preparato
	Imperfect		**Past Perfect**	
	preparavo	preparavamo	avevo preparato	avevamo preparato
	preparavi	preparavate	avevi preparato	avevate preparato
	preparava	preparavano	aveva preparato	avevano preparato
	Past Definite		**Past Anterior**	
	preparai	preparammo	ebbi preparato	avemmo preparato
	preparasti	preparaste	avesti preparato	aveste preparato
	preparò	prepararono	ebbe preparato	ebbero preparato
	Future		**Future Perfect**	
	preparerò	prepareremo	avrò preparato	avremo preparato
	preparerai	preparerete	avrai preparato	avrete preparato
	preparerà	prepareranno	avrà preparato	avranno preparato
Subjunctive	**Present**		**Present Perfect**	
	prepari	prepariamo	abbia preparato	abbiamo preparato
	prepari	prepariate	abbia preparato	abbiate preparato
	prepari	preparino	abbia preparato	abbiano preparato
	Imperfect		**Past Perfect**	
	preparassi	preparassimo	avessi preparato	avessimo preparato
	preparassi	preparaste	avessi preparato	aveste preparato
	preparasse	preparassero	avesse preparato	avessero preparato
Conditional	**Present Conditional**		**Perfect Conditional**	
	preparerei	prepareremmo	avrei preparato	avremmo preparato
	prepareresti	preparereste	avresti preparato	avreste preparato
	preparerebbe	preparerebbero	avrebbe preparato	avrebbero preparato

Note: As a reflexive verb *prepararsi* ("to prepare oneself" or "to get ready") uses the reflexive pronouns *mi, ti, si, ci, vi, si,* as well as the auxiliary verb *essere,* to form compound tenses (see the fifth example below).

EXAMPLES

Ho preparato l'esame in un mese.	I prepared for the exam in a month.
Dobbiamo preparare la cena.	We have to make dinner.
Quell'insegnante prepara bene i suoi studenti.	That teacher prepares his students well.
Ha preparato colazione per il marito.	She made breakfast for her husband.
Ti sei preparato per uscire?	Did you get ready to go out?

presentare

to present, to introduce

Auxiliary verb: avere   **Past participle:** presentato **Gerund:** presentando
Imperative: (tu) presenta (non presentare); (Lei) presenti; (noi) presentiamo; (voi) presentate; (Loro) presentino

Mode	Simple Tenses		Compound Tenses	
	Singular	*Plural*	*Singular*	*Plural*
Indicative	**Present**		**Present Perfect**	
	presento	presentiamo	ho presentato	abbiamo presentato
	presenti	presentate	hai presentato	avete presentato
	presenta	presentano	ha presentato	hanno presentato
	Imperfect		**Past Perfect**	
	presentavo	presentavamo	avevo presentato	avevamo presentato
	presentavi	presentavate	avevi presentato	avevate presentato
	presentava	presentavano	aveva presentato	avevano presentato
	Past Definite		**Past Anterior**	
	presentai	presentammo	ebbi presentato	avemmo presentato
	presentasti	presentaste	avesti presentato	aveste presentato
	presentò	presentarono	ebbe presentato	ebbero presentato
	Future		**Future Perfect**	
	presenterò	presenteremo	avrò presentato	avremo presentato
	presenterai	presenterete	avrai presentato	avrete presentato
	presenterà	presenteranno	avrà presentato	avranno presentato
Subjunctive	**Present**		**Present Perfect**	
	presenti	presentiamo	abbia presentato	abbiamo presentato
	presenti	presentiate	abbia presentato	abbiate presentato
	presenti	presentino	abbia presentato	abbiano presentato
	Imperfect		**Past Perfect**	
	presentassi	presentassimo	avessi presentato	avessimo presentato
	presentassi	presentaste	avessi presentato	aveste presentato
	presentasse	presentassero	avesse presentato	avessero presentato
Conditional	**Present Conditional**		**Perfect Conditional**	
	presenterei	presenteremmo	avrei presentato	avremmo presentato
	presenteresti	presentereste	avresti presentato	avreste presentato
	presenterebbe	presenterebbero	avrebbe presentato	avrebbero presentato

Note: As a reflexive verb *presentarsi* ("to introduce oneself," "to arise," "to occur") uses the reflexive pronouns *mi, ti, si, ci, vi, si,* as well as the auxiliary verb *essere*, to form compound tenses (see the fifth and sixth examples below).

EXAMPLES

Ha presentato la sua proposta all'assemblea.	He presented his proposal at the meeting.
La questione presenta molte difficoltà.	The issue presents many difficulties.
Posso presentarle mio marito?	May I introduce my husband to you?
Ti presento Beatrice.	Let me introduce you to Beatrice.
Permette che mi presenti?	May I introduce myself?
Se si presenta l'occasione.	If the opportunity arises/presents itself.

prestare

to lend, to loan, to borrow

Auxiliary verb: avere **Past participle:** prestato **Gerund:** prestando
Imperative: (tu) presta (non prestare); (Lei) presti; (noi) prestiamo; (voi) prestate; (Loro) prestino

Mode	Simple Tenses		Compound Tenses	
	Singular	*Plural*	*Singular*	*Plural*
Indicative	**Present**		**Present Perfect**	
	presto	prestiamo	ho prestato	abbiamo prestato
	presti	prestate	hai prestato	avete prestato
	presta	prestano	ha prestato	hanno prestato
	Imperfect		**Past Perfect**	
	prestavo	prestavamo	avevo prestato	avevamo prestato
	prestavi	prestavate	avevi prestato	avevate prestato
	prestava	prestavano	aveva prestato	avevano prestato
	Past Definite		**Past Anterior**	
	prestai	prestammo	ebbi prestato	avemmo prestato
	prestasti	prestaste	avesti prestato	aveste prestato
	prestò	prestarono	ebbe prestato	ebbero prestato
	Future		**Future Perfect**	
	presterò	presteremo	avrò prestato	avremo prestato
	presterai	presterete	avrai prestato	avrete prestato
	presterà	presteranno	avrà prestato	avranno prestato
Subjunctive	**Present**		**Present Perfect**	
	presti	prestiamo	abbia prestato	abbiamo prestato
	presti	prestiate	abbia prestato	abbiate prestato
	presti	prestino	abbia prestato	abbiano prestato
	Imperfect		**Past Perfect**	
	prestassi	prestassimo	avessi prestato	avessimo prestato
	prestassi	prestaste	avessi prestato	aveste prestato
	prestasse	prestassero	avesse prestato	avessero prestato
Conditional	**Present Conditional**		**Perfect Conditional**	
	presterei	presteremmo	avrei prestato	avremmo prestato
	presteresti	prestereste	avresti prestato	avreste prestato
	presterebbe	presterebbero	avrebbe prestato	avrebbero prestato

Note: For the meaning "to borrow" uses also *prendere in prestito*, for example *Ho preso in prestito la bici di John* (I have borrowed John's bicycle).

EXAMPLES

Ho prestato il libro a un amico.	I loaned the book to a friend.
Mi presti la tua penna un attimo?	Can I borrow your pen for a minute? (Can you lend me your pen?)
Presta attenzione a quello che fai!	Pay attention to what you are doing! (Literally, "Lend your attention.")

pretendere
to expect, to demand, to claim, to ask

Auxiliary verb: avere **Past participle:** preteso **Gerund:** pretendendo
Imperative: (tu) pretendi (non pretendere); (Lei) pretenda; (noi) pretendiamo; (voi) pretendete; (Loro) pretendano

Mode	Simple Tenses		Compound Tenses	
	Singular	*Plural*	*Singular*	*Plural*
	Present		**Present Perfect**	
Indicative	pretendo	pretendiamo	ho preteso	abbiamo preteso
	pretendi	pretendete	hai preteso	avete preteso
	pretende	pretendono	ha preteso	hanno preteso
	Imperfect		**Past Perfect**	
	pretendevo	pretendevamo	avevo preteso	avevamo preteso
	pretendevi	pretendevate	avevi preteso	avevate preteso
	pretendeva	pretendevano	aveva preteso	avevano preteso
	Past Definite		**Past Anterior**	
	pretesi	pretendemmo	ebbi preteso	avemmo preteso
	pretendesti	pretendeste	avesti preteso	aveste preteso
	pretese	pretesero	ebbe preteso	ebbero preteso
	Future		**Future Perfect**	
	pretenderò	pretenderemo	avrò preteso	avremo preteso
	pretenderai	pretenderete	avrai preteso	avrete preteso
	pretenderà	pretenderanno	avrà preteso	avranno preteso
Subjunctive	**Present**		**Present Perfect**	
	pretenda	pretendiamo	abbia preteso	abbiamo preteso
	pretenda	pretendiate	abbia preteso	abbiate preteso
	pretenda	pretendano	abbia preteso	abbiano preteso
	Imperfect		**Past Perfect**	
	pretendessi	pretendessimo	avessi preteso	avessimo preteso
	pretendessi	pretendeste	avessi preteso	aveste preteso
	pretendesse	pretendessero	avesse preteso	avessero preteso
Conditional	**Present Conditional**		**Perfect Conditional**	
	pretenderei	pretenderemmo	avrei preteso	avremmo preteso
	pretenderesti	pretendereste	avresti preteso	avreste preteso
	pretenderebbe	pretenderebbero	avrebbe preteso	avrebbero preteso

Note: For the meaning "to pretend," refer to the Italian verb *fingere*.

EXAMPLES

Lui pretende la massima puntualità dai dipendenti.

He expects the utmost punctuality from his employes.

Pretendo delle scuse.

I demand an apology.

Pretesi ciò che mi spettava.

I claimed what was due to me.

Pretendeva una cifra assurda.

He was asking a ludicrously high price.

prevedere

to foretell, to forecast, to predict, to suppose
Auxiliary verb: avere **Past participle:** previsto **Gerund:** prevedendo
Imperative: (tu) prevedi (non prevedere); (Lei) preveda; (noi) preve-
diamo; (voi) prevedete; (Loro) prevedano

Mode	Simple Tenses		Compound Tenses	
	Singular	*Plural*	*Singular*	*Plural*
Indicative	**Present**		**Present Perfect**	
	prevedo	prevediamo	ho previsto	abbiamo previsto
	prevedi	prevedete	hai previsto	avete previsto
	prevede	prevedono	ha previsto	hanno previsto
	Imperfect		**Past Perfect**	
	prevedevo	prevedevamo	avevo previsto	avevamo previsto
	prevedevi	prevedevate	avevi previsto	avevate previsto
	prevedeva	prevedevano	aveva previsto	avevano previsto
	Past Definite		**Past Anterior**	
	previdi	prevedemmo	ebbi previsto	avemmo previsto
	prevedesti	prevedeste	avesti previsto	aveste previsto
	previde	previdero	ebbe previsto	ebbero previsto
	Future		**Future Perfect**	
	prevedrò	prevedremo	avrò previsto	avremo previsto
	prevedrai	prevedrete	avrai previsto	avrete previsto
	prevedrà	prevedranno	avrà previsto	avranno previsto
Subjunctive	**Present**		**Present Perfect**	
	preveda	prevediamo	abbia previsto	abbiamo previsto
	preveda	prevediate	abbia previsto	abbiate previsto
	preveda	prevedano	abbia previsto	abbiano previsto
	Imperfect		**Past Perfect**	
	prevedessi	prevedessimo	avessi previsto	avessimo previsto
	prevedessi	prevedeste	avessi previsto	aveste previsto
	prevedesse	prevedessero	avesse previsto	avessero previsto
Conditional	**Present Conditional**		**Perfect Conditional**	
	prevedrei	prevedremmo	avrei previsto	avremmo previsto
	prevedresti	prevedreste	avresti previsto	avreste previsto
	prevedrebbe	prevedrebbero	avrebbe previsto	avrebbero previsto

Note: The future and present conditional have also the regular forms (*prevederò . . . , pre-
vederei . . .*). Similar to *prevedere* are *intravedere* ("to glimpse") and *stravedere* ("to be crazy
about"). *Prevedere* may be followed by *che* + subjunctive or future (see the fifth and sixth
examples below).

EXAMPLES

L'astrologa prevede il futuro.	The astrologer foretells the future.
Quest'anno si prevede un buon raccolto.	This year they're predicting a good harvest.
Il metereologo prevede bel tempo.	The metereologist forecasts good weather.
Per domani si prevede pioggia e vento.	Tomorrow is expected to be wet and windy.
Prevedo che si possa copiare.	I suppose it will be possible to copy.
Si prevede che i prezzi diminuiranno.	We expect that the prices will go down.
Prevedeva che non saresti venuto.	He didn't expect I would come.

provvedere

to provide, to arrange, to prepare

Auxiliary verb: avere **Past participle:** provvisto/provveduto **Gerund:** provvedendo

Imperative: (tu) provvedi (non provvedere); (Lei) provveda; (noi) provvediamo; (voi) provvedete; (Loro) provvedano

Mode	Simple Tenses		Compound Tenses	
	Singular	*Plural*	*Singular*	*Plural*
Indicative	**Present**		**Present Perfect**	
	provvedo	provvediamo	ho provvisto	abbiamo provvisto
	provvedi	provvedete	hai provvisto	avete provvisto
	provvede	provvedono	ha provvisto	hanno provvisto
	Imperfect		**Past Perfect**	
	provvedevo	provvedevamo	avevo provvisto	avevamo provvisto
	provvedevi	provvedevate	avevi provvisto	avevate provvisto
	provvedeva	provvedevano	aveva provvisto	avevano provvisto
	Past Definite		**Past Anterior**	
	provvidi	provvedemmo	ebbi provvisto	avemmo provvisto
	provvedesti	provvedeste	avesti provvisto	aveste provvisto
	provvide	provvidero	ebbe provvisto	ebbero provvisto
	Future		**Future Perfect**	
	provvederò	provvederemo	avrò provvisto	avremo provvisto
	provvederai	provvederete	avrai provvisto	avrete provvisto
	provvederà	provvederanno	avrà provvisto	avranno provvisto
Subjunctive	**Present**		**Present Perfect**	
	provveda	provvediamo	abbia provvisto	abbiamo provvisto
	provveda	provvediate	abbia provvisto	abbiate provvisto
	provveda	provvedano	abbia provvisto	abbiano provvisto
	Imperfect		**Past Perfect**	
	provvedessi	provvedessimo	avessi provvisto	avessimo provvisto
	provvedessi	provvedeste	avessi provvisto	aveste provvisto
	provvedesse	provvedessero	avesse provvisto	avessero provvisto
Conditional	**Present Conditional**		**Perfect Conditional**	
	provvederei	provvederemmo	avrei provvisto	avremmo provvisto
	provvederesti	provvedereste	avresti provvisto	avreste provvisto
	provvederebbe	provvederebbero	avrebbe provvisto	avrebbero provvisto

Note: As a reflexive *provvedersi* ("to provide oneself") uses the reflexive pronouns *mi, ti, si, ci, vi, si*, as well as the auxiliary verb *essere* and the past participle *provvisto*, to form compound tenses (see the second example below).

EXAMPLES

Provvederò io a tutto.	I'll arrange for everything.
Ti sei provvisto di scarponi?	Did you provide yourself with boots?
Ha provveduto ai bisogni della propria famiglia.	He provided for his family.

produrre

to produce, to make, to generate

Auxiliary verb: avere **Past participle:** prodotto **Gerund:** producendo
Imperative: (tu) produci (non produrre); (Lei) produca; (noi) produciamo; (voi) producete; (Loro) producano

Mode	Simple Tenses		Compound Tenses	
	Singular	*Plural*	*Singular*	*Plural*
Indicative	**Present**		**Present Perfect**	
	produco	produciamo	ho prodotto	abbiamo prodotto
	produci	producete	hai prodotto	avete prodotto
	produce	producono	ha prodotto	hanno prodotto
	Imperfect		**Past Perfect**	
	producevo	producevamo	avevo prodotto	avevamo prodotto
	producevi	producevate	avevi prodotto	avevate prodotto
	produceva	producevano	aveva prodotto	avevano prodotto
	Past Definite		**Past Anterior**	
	produssi	producemmo	ebbi prodotto	avemmo prodotto
	producesti	produceste	avesti prodotto	aveste prodotto
	produsse	produssero	ebbe prodotto	ebbero prodotto
	Future		**Future Perfect**	
	produrrò	produrremo	avrò prodotto	avremo prodotto
	produrrai	produrrete	avrai prodotto	avrete prodotto
	produrrà	produrranno	avrà prodotto	avranno prodotto
Subjunctive	**Present**		**Present Perfect**	
	produca	produciamo	abbia prodotto	abbiamo prodotto
	produca	produciate	abbia prodotto	abbiate prodotto
	produca	producano	abbia prodotto	abbiano prodotto
	Imperfect		**Past Perfect**	
	producessi	producessimo	avessi prodotto	avessimo prodotto
	producessi	produceste	avessi prodotto	aveste prodotto
	producesse	producessero	avesse prodotto	avessero prodotto
Conditional	**Present Conditional**		**Perfect Conditional**	
	produrrei	produrremmo	avrei prodotto	avremmo prodotto
	produrresti	produrreste	avresti prodotto	avreste prodotto
	produrrebbe	produrrebbero	avrebbe prodotto	avrebbero prodotto

Note: The old Latin root of verbs ending in *–urre* is *–ucere (producere)*, thus the *–uc* that appears in many forms of the conjugation. As a reflexive *prodursi* ("to appear" or "to occur") uses the reflexive pronouns *mi, ti, si, ci, vi, si*, as well as the auxiliary verb *essere*, to form compound tenses (see the fifth example below).

EXAMPLES

Qui produciamo olio e vino.

Prodotto in Italia.

Il movimento ha prodotto energia.

Penso che producano per l'esportazione.

Sul muro si è prodotta una crepa.

We produce oil and wine.

Made in Italy.

The movement generated heat.

I think they produce with exports in mind.

A crack has appeared in the wall.

proibire
to prohibit, to forbid, to be against the law
Auxiliary verb: avere **Past participle:** proibito **Gerund:** proibendo
Imperative: (tu) proibisci (non proibire); (Lei) proibisca; (noi) proi-
biamo; (voi) proibite; (Loro) proibiscano

Mode	Simple Tenses		Compound Tenses	
	Singular	*Plural*	*Singular*	*Plural*
Indicative	**Present**		**Present Perfect**	
	proibisco	proibiamo	ho proibito	abbiamo proibito
	proibisci	proibite	hai proibito	avete proibito
	proibisce	proibiscono	ha proibito	hanno proibito
	Imperfect		**Past Perfect**	
	proibivo	proibivamo	avevo proibito	avevamo proibito
	proibivi	proibivate	avevi proibito	avevate proibito
	proibiva	proibivano	aveva proibito	avevano proibito
	Past Definite		**Past Anterior**	
	proibii	proibimmo	ebbi proibito	avemmo proibito
	proibisti	proibiste	avesti proibito	aveste proibito
	proibì	proibirono	ebbe proibito	ebbero proibito
	Future		**Future Perfect**	
	proibirò	proibiremo	avrò proibito	avremo proibito
	proibirai	proibirete	avrai proibito	avrete proibito
	proibirà	proibiranno	avrà proibito	avranno proibito
Subjunctive	**Present**		**Present Perfect**	
	proibisca	proibiamo	abbia proibito	abbiamo proibito
	proibisca	proibiate	abbia proibito	abbiate proibito
	proibisca	proibiscano	abbia proibito	abbiano proibito
	Imperfect		**Past Perfect**	
	proibissi	proibissimo	avessi proibito	avessimo proibito
	proibissi	proibiste	avessi proibito	aveste proibito
	proibisse	proibissero	avesse proibito	avessero proibito
Conditional	**Present Conditional**		**Perfect Conditional**	
	proibirei	proibiremmo	avrei proibito	avremmo proibito
	proibiresti	proibireste	avresti proibito	avreste proibito
	proibirebbe	proibirebbero	avrebbe proibito	avrebbero proibito

Note: *Proibire* requires the preposition *di* before an infinitive (see the second, third, and fifth examples). *Proibire* may also be followed by *che* + subjunctive (see the sixth example below).

EXAMPLES

La legge proibisce la vendita di stupefacenti.	The law prohibits the sale of drugs.
Il dottore mi ha proibito di bere il vino.	The doctor has forbidden me to drink wine.
Ti proibisco di fumare.	I forbid you to smoke.
È proibito superare il limite di 50 km orari.	It is against the law to drive faster than 50 kilometers per hour.
L'orgoglio gli impedì di chiedere aiuto.	His pride forbade him to ask for help.
Proibì che gli ospiti fumassero.	He forbade the guests from smoking.

promettere
to promise

Auxiliary verb: avere **Past participle:** promesso **Gerund:** promettendo
Imperative: (tu) prometti (non promettere); (Lei) prometta; (noi) promettiamo; (voi) promettete; (Loro) promettano

Mode	Simple Tenses		Compound Tenses	
	Singular	*Plural*	*Singular*	*Plural*
	Present		**Present Perfect**	
Indicative	prometto	promettiamo	ho promesso	abbiamo promesso
	prometti	promettete	hai promesso	avete promesso
	promette	promettono	ha promesso	hanno promesso
	Imperfect		**Past Perfect**	
	promettevo	promettevamo	avevo promesso	avevamo promesso
	promettevi	promettevate	avevi promesso	avevate promesso
	prometteva	promettevano	aveva promesso	avevano promesso
	Past Definite		**Past Anterior**	
	promisi	promettemmo	ebbi promesso	avemmo promesso
	promettesti	prometteste	avesti promesso	aveste promesso
	promise	promisero	ebbe promesso	ebbero promesso
	Future		**Future Perfect**	
	prometterò	prometteremo	avrò promesso	avremo promesso
	prometterai	prometterete	avrai promesso	avrete promesso
	prometterà	prometteranno	avrà promesso	avranno promesso
Subjunctive	**Present**		**Present Perfect**	
	prometta	promettiamo	abbia promesso	abbiamo promesso
	prometta	promettiate	abbia promesso	abbiate promesso
	prometta	promettano	abbia promesso	abbiano promesso
	Imperfect		**Past Perfect**	
	promettessi	promettessimo	avessi promesso	avessimo promesso
	promettessi	prometteste	avessi promesso	aveste promesso
	promettesse	promettessero	avesse promesso	avessero promesso
Conditional	**Present Conditional**		**Perfect Conditional**	
	prometterei	prometteremmo	avrei promesso	avremmo promesso
	prometteresti	promettereste	avresti promesso	avreste promesso
	prometterebbe	prometterebbero	avrebbe promesso	avrebbero promesso

Note: *Promettere* requires the preposition *di* before an infinitive (see the first, second, and fourth examples below).

EXAMPLES

Ha promesso ai genitori di studiare.	He promised his parents to study.
Prometto di arrivare prima delle quattro.	I promise to arrive before four o'clock.
Promise a suo figlio che sarebbe arrivato prima delle quattro.	He promised his son that he would arrive before four o'clock.
Mi prometti di portarmi con te?	Do you promise to take me with you?
Promettimi che telefonerai appena arrivi.	Promise me you'll call as soon as you arrive.
Domani promette di fare bel tempo.	It shows promise for being a fine day tomorrow.

promuovere

to promote, to initiate

Auxiliary verb: avere **Past participle:** promosso **Gerund:** prom(u)ovendo

Imperative: (tu) promuovi (non promuovere); (Lei) promuova; (noi) prom(u)oviamo; (voi) prom(u)ovete; (Loro) promuovano

Mode	Simple Tenses		Compound Tenses	
	Singular	*Plural*	*Singular*	*Plural*
Indicative	**Present**		**Present Perfect**	
	promuovo	prom(u)oviamo	ho promosso	abbiamo promosso
	promuovi	prom(u)ovete	hai promosso	avete promosso
	promuove	promuovono	ha promosso	hanno promosso
	Imperfect		**Past Perfect**	
	prom(u)ovevo	prom(u)ovevamo	avevo promosso	avevamo promosso
	prom(u)ovevi	prom(u)ovevate	avevi promosso	avevate promosso
	prom(u)oveva	prom(u)ovevano	aveva promosso	avevano promosso
	Past Definite		**Past Anterior**	
	promossi	prom(u)ovemmo	ebbi promosso	avemmo promosso
	prom(u)ovesti	prom(u)oveste	avesti promosso	aveste promosso
	promosse	promossero	ebbe promosso	ebbero promosso
	Future		**Future Perfect**	
	prom(u)overò	prom(u)overemo	avrò promosso	avremo promosso
	prom(u)overai	prom(u)overete	avrai promosso	avrete promosso
	prom(u)overà	prom(u)overanno	avrà promosso	avranno promosso
Subjunctive	**Present**		**Present Perfect**	
	promuova	prom(u)oviamo	abbia promosso	abbiamo promosso
	promuova	prom(u)oviate	abbia promosso	abbiate promosso
	promuova	promuovano	abbia promosso	abbiano promosso
	Imperfect		**Past Perfect**	
	prom(u)ovessi	prom(u)ovessimo	avessi promosso	avessimo promosso
	prom(u)ovessi	prom(u)oveste	avessi promosso	aveste promosso
	prom(u)ovesse	prom(u)ovessero	avesse promosso	avessero promosso
Conditional	**Present Conditional**		**Perfect Conditional**	
	prom(u)overei	prom(u)overemmo	avrei promosso	avremmo promosso
	prom(u)overesti	prom(u)overeste	avresti promosso	avreste promosso
	prom(u)overebbe	prom(u)overebbero	avrebbe promosso	avrebbero promosso

EXAMPLES

L'associazione promuove la cultura. — The association promotes culture.

Il governo ha promosso un disegno di legge. — The government promoted a bill.

È necessario promuovere delle riforme. — It is necessary to initiate reforms.

È stato promosso capo del personale. — He has been promoted to staff manager.

Lo studente è stato promosso in terza. — The student is going into third grade.

pronunciare

to pronounce

Auxiliary verb: avere **Past participle:** pronunciato **Gerund:** pronunciando

Imperative: (tu) pronuncia (non pronunciare); (Lei) pronunci; (noi) pronunciamo; (voi) pronunciate; (Loro) pronuncino

Mode	Simple Tenses		Compound Tenses	
	Singular	*Plural*	*Singular*	*Plural*
	Present		**Present Perfect**	
Indicative	pronuncio	pronunciamo	ho pronunciato	abbiamo pronunciato
	pronunci	pronunciate	hai pronunciato	avete pronunciato
	pronuncia	pronunciano	ha pronunciato	hanno pronunciato
	Imperfect		**Past Perfect**	
	pronunciavo	pronunciavamo	avevo pronunciato	avevamo pronunciato
	pronunciavi	pronunciavate	avevi pronunciato	avevate pronunciato
	pronunciava	pronunciavano	aveva pronunciato	avevano pronunciato
	Past Definite		**Past Anterior**	
	pronunciai	pronunciammo	ebbi pronunciato	avemmo pronunciato
	pronunciasti	pronunciaste	avesti pronunciato	aveste pronunciato
	pronunciò	pronunciarono	ebbe pronunciato	ebbero pronunciato
	Future		**Future Perfect**	
	pronuncerò	pronunceremo	avrò pronunciato	avremo pronunciato
	pronuncerai	pronuncerete	avrai pronunciato	avrete pronunciato
	pronuncerà	pronunceranno	avrà pronunciato	avranno pronunciato
Subjunctive	**Present**		**Present Perfect**	
	pronunci	pronunciamo	abbia pronunciato	abbiamo pronunciato
	pronunci	pronunciate	abbia pronunciato	abbiate pronunciato
	pronunci	pronuncino	abbia pronunciato	abbiano pronunciato
	Imperfect		**Past Perfect**	
	pronunciassi	pronunciassimo	avessi pronunciato	avessimo pronunciato
	pronunciassi	pronunciaste	avessi pronunciato	aveste pronunciato
	pronunciasse	pronunciassero	avesse pronunciato	avessero pronunciato
Conditional	**Present Conditional**		**Perfect Conditional**	
	pronuncerei	pronunceremmo	avrei pronunciato	avremmo pronunciato
	pronunceresti	pronuncereste	avresti pronunciato	avreste pronunciato
	pronuncerebbe	pronuncerebbero	avrebbe pronunciato	avrebbero pronunciato

Note: As a reflexive verb *pronunciarsi* ("to declare oneself" or "to give one's opinion") uses the reflexive pronouns *mi, ti, si, ci, vi, si,* as well as the auxiliary verb *essere,* to form compound tenses (see the fourth and fifth examples below).

EXAMPLES

Come si pronuncia "ch"?	How do you pronounce "ch"?
Tu pronunci bene l'italiano.	You pronounce Italian well.
Ha pronunciato male il nome e io non ho capito.	He pronounced the name incorrectly, and I didn't understand.
Il ministro si è pronunciato contro il referendum.	The minister declared himself against the referendum.
Il ministro non si è pronunciato.	The minister didn't give his opinion.

proporre

to propose, to suggest

Auxiliary verb: avere **Past participle:** proposto **Gerund:** proponendo
Imperative: (tu) proponi (non proporre); (Lei) proponga; (noi) proponiamo; (voi) proponete; (Loro) propongano

Mode	Simple Tenses		Compound Tenses	
	Singular	*Plural*	*Singular*	*Plural*
Indicative	**Present**		**Present Perfect**	
	propongo	proponiamo	ho proposto	abbiamo proposto
	proponi	proponete	hai proposto	avete proposto
	propone	propongono	ha proposto	hanno proposto
	Imperfect		**Past Perfect**	
	proponevo	proponevamo	avevo proposto	avevamo proposto
	proponevi	proponevate	avevi proposto	avevate proposto
	proponeva	proponevano	aveva proposto	avevano proposto
	Past Definite		**Past Anterior**	
	proposi	proponemmo	ebbi proposto	avemmo proposto
	proponesti	proponeste	avesti proposto	aveste proposto
	propose	proposero	ebbe proposto	ebbero proposto
	Future		**Future Perfect**	
	proporrò	proporremo	avrò proposto	avremo proposto
	proporrai	proporrete	avrai proposto	avrete proposto
	proporrà	proporranno	avrà proposto	avranno proposto
Subjunctive	**Present**		**Present Perfect**	
	proponga	proponiamo	abbia proposto	abbiamo proposto
	proponga	proponiate	abbia proposto	abbiate proposto
	proponga	propongano	abbia proposto	abbiano proposto
	Imperfect		**Past Perfect**	
	proponessi	proponessimo	avessi proposto	avessimo proposto
	proponessi	proponeste	avessi proposto	aveste proposto
	proponesse	proponessero	avesse proposto	avessero proposto
Conditional	**Present Conditional**		**Perfect Conditional**	
	proporrei	proporremmo	avrei proposto	avremmo proposto
	proporresti	proporreste	avresti proposto	avreste proposto
	proporrebbe	proporrebbero	avrebbe proposto	avrebbero proposto

Note: *Proporre* and all verbs ending in *–porre* come from the original Latin *–ponere*. This is the reason why so many of the forms have the *–pon-* root in them. *Proporre* requires the preposition *di* before an infinitive (see the fifth example below). *Proporre* may also be followed by *che* + subjunctive (see the second example). As a reflexive verb *proporsi* ("to propose oneself," "to resolve," or "to intend") uses the reflexive pronouns *mi, ti, si, ci, vi, si,* as well as the auxiliary verb *essere,* to form compound tenses (see the fourth example below).

EXAMPLES

Ha proposto un argomento di discussione.	He proposed a subject for discussion.
Propongo che tu parta con l'ultimo treno.	I suggest that you leave with the last train.
Tu che cosa proponi?	What do you propose?
Mi sono proposto di dimagrire.	I resolved to lose weight.
Propongo di partire subito.	I suggest leaving at once.

proseguire

to continue, to go on

Auxiliary verb: avere/essere **Past participle:** proseguito **Gerund:** proseguendo
Imperative: (tu) prosegui (non proseguire); (Lei) prosegua; (noi) proseguiamo; (voi) proseguite; (Loro) proseguano

Mode	Simple Tenses		Compound Tenses	
	Singular	*Plural*	*Singular*	*Plural*
Indicative	**Present**		**Present Perfect**	
	proseguo	proseguiamo	ho proseguito	abbiamo proseguito
	prosegui	proseguite	hai proseguito	avete proseguito
	prosegue	proseguono	ha proseguito	hanno proseguito
	Imperfect		**Past Perfect**	
	proseguivo	proseguivamo	avevo proseguito	avevamo proseguito
	proseguivi	proseguivate	avevi proseguito	avevate proseguito
	proseguiva	proseguivano	aveva proseguito	avevano proseguito
	Past Definite		**Past Anterior**	
	proseguii	proseguimmo	ebbi proseguito	avemmo proseguito
	proseguisti	proseguiste	avesti proseguito	aveste proseguito
	proseguì	proseguirono	ebbe proseguito	ebbero proseguito
	Future		**Future Perfect**	
	proseguirò	proseguiremo	avrò proseguito	avremo proseguito
	proseguirai	proseguirete	avrai proseguito	avrete proseguito
	proseguirà	proseguiranno	avrà proseguito	avranno proseguito
Subjunctive	**Present**		**Present Perfect**	
	prosegua	proseguiamo	abbia proseguito	abbiamo proseguito
	prosegua	proseguiate	abbia proseguito	abbiate proseguito
	prosegua	proseguano	abbia proseguito	abbiano proseguito
	Imperfect		**Past Perfect**	
	proseguissi	proseguissimo	avessi proseguito	avessimo proseguito
	proseguissi	proseguiste	avessi proseguito	aveste proseguito
	proseguisse	proseguissero	avesse proseguito	avessero proseguito
Conditional	**Present Conditional**		**Perfect Conditional**	
	proseguirei	proseguiremmo	avrei proseguito	avremmo proseguito
	proseguiresti	proseguireste	avresti proseguito	avreste proseguito
	proseguirebbe	proseguirebbero	avrebbe proseguito	avrebbero proseguito

Note: The verb *proseguire* can also use *essere* in compounds when it refers to inanimate objects (see the fifth example below). *Proseguire* requires the preposition *a* before an infinitive (see the third example below).

EXAMPLES

Loro si sono fermati. Noi abbiamo proseguito.	They stopped. We continued on our way.
Il treno prosegue fino a Napoli.	The train goes as far as Naples.
Lui proseguì a parlare.	He went on speaking.
Voglio proseguire lo studio del francese.	I want to continue my studies in French.
Le ricerche sono proseguite.	The search went on.

proteggere

to protect, to promote

Auxiliary verb: avere **Past participle:** protetto   **Gerund:** proteggendo
Imperative: (tu) proteggi (non proteggere); (Lei) protegga; (noi) proteggiamo; (voi) proteggete; (Loro) proteggano

Mode	Simple Tenses		Compound Tenses	
	Singular	*Plural*	*Singular*	*Plural*
	Present		**Present Perfect**	
Indicative	proteggo	proteggiamo	ho protetto	abbiamo protetto
	proteggi	proteggete	hai protetto	avete protetto
	protegge	proteggono	ha protetto	hanno protetto
	Imperfect		**Past Perfect**	
	proteggevo	proteggevamo	avevo protetto	avevamo protetto
	proteggevi	proteggevate	avevi protetto	avevate protetto
	proteggeva	proteggevano	aveva protetto	avevano protetto
	Past Definite		**Past Anterior**	
	protessi	proteggemmo	ebbi protetto	avemmo protetto
	proteggesti	proteggeste	avesti protetto	aveste protetto
	protesse	protessero	ebbe protetto	ebbero protetto
	Future		**Future Perfect**	
	proteggerò	proteggeremo	avrò protetto	avremo protetto
	proteggerai	proteggerete	avrai protetto	avrete protetto
	proteggerà	proteggeranno	avrà protetto	avranno protetto
Subjunctive	**Present**		**Present Perfect**	
	protegga	proteggiamo	abbia protetto	abbiamo protetto
	protegga	proteggiate	abbia protetto	abbiate protetto
	protegga	proteggano	abbia protetto	abbiano protetto
	Imperfect		**Past Perfect**	
	proteggessi	proteggessimo	avessi protetto	avessimo protetto
	proteggessi	proteggeste	avessi protetto	aveste protetto
	proteggesse	proteggessero	avesse protetto	avessero protetto
Conditional	**Present Conditional**		**Perfect Conditional**	
	proteggerei	proteggeremmo	avrei protetto	avremmo protetto
	proteggeresti	proteggereste	avresti protetto	avreste protetto
	proteggerebbe	proteggerebbero	avrebbe protetto	avrebbero protetto

Note: As a reflexive verb *proteggersi* ("to protect oneself") uses the reflexive pronouns *mi, ti, si, ci, vi, si,* as well as the auxiliary verb *essere*, to form compound tenses (see the fifth example below).

EXAMPLES

Proteggiamo il nostro pianeta dall'inquinamento!	Let's protect our planet from pollution!
I sindacati proteggono i diritti dei lavoratori.	The labor unions protect workers' rights.
Ha protetto le arti per tutta la sua vita.	He promoted the arts all his life.
Dio lo protegga!	God protect him!
Devo proteggermi la testa dal sole.	I have to protect my head from the sun.

provare

to try (on), to prove, to test; to attempt

Auxiliary verb: avere **Past participle:** provato **Gerund:** provando
Imperative: (tu) prova (non provare); (Lei) provi; (noi) proviamo; (voi)
provate; (Loro) provino

Mode	Simple Tenses		Compound Tenses	
	Singular	*Plural*	*Singular*	*Plural*
Indicative	**Present**		**Present Perfect**	
	provo	proviamo	ho provato	abbiamo provato
	provi	provate	hai provato	avete provato
	prova	provano	ha provato	hanno provato
	Imperfect		**Past Perfect**	
	provavo	provavamo	avevo provato	avevamo provato
	provavi	provavate	avevi provato	avevate provato
	provava	provavano	aveva provato	avevano provato
	Past Definite		**Past Anterior**	
	provai	provammo	ebbi provato	avemmo provato
	provasti	provaste	avesti provato	aveste provato
	provò	provarono	ebbe provato	ebbero provato
	Future		**Future Perfect**	
	proverò	proveremo	avrò provato	avremo provato
	proverai	proverete	avrai provato	avrete provato
	proverà	proveranno	avrà provato	avranno provato
Subjunctive	**Present**		**Present Perfect**	
	provi	proviamo	abbia provato	abbiamo provato
	provi	proviate	abbia provato	abbiate provato
	provi	provino	abbia provato	abbiano provato
	Imperfect		**Past Perfect**	
	provassi	provassimo	avessi provato	avessimo provato
	provassi	provaste	avessi provato	aveste provato
	provasse	provassero	avesse provato	avessero provato
Conditional	**Present Conditional**		**Perfect Conditional**	
	proverei	proveremmo	avrei provato	avremmo provato
	proveresti	provereste	avresti provato	avreste provato
	proverebbe	proverebbero	avrebbe provato	avrebbero provato

Note: As a reflexive verb *provarsi* ("to try on") uses the reflexive pronouns *mi, ti, si, ci, vi, si*, as well as the auxiliary verb *essere*, to form compound tenses (see the fifth and sixth examples below). *Provare* requires the preposition *a* before an infinitive (see the first example below).

EXAMPLES

Ho provato a fare l'esercizio ma era difficile.	I tried to make the exercise but it was hard.
Hai provato le fettuccine?	Have you tried the fettuccine?
Provò un profondo dolore.	He felt a deep despair.
Stiamo provando la stampante per vedere se funziona.	We are testing the printer to see if it works.
Mi sono provato un paio di scarpe.	I tried on a pair of shoes.
Mi vorrei provare il vestito blu in vetrina.	I would like to try on the blue dress in the shop window.

pulire
to clean, to polish, to brush
Auxiliary verb: avere **Past participle:** pulito **Gerund:** pulendo
Imperative: (tu) pulisci (non pulire); (Lei) pulisca; (noi) puliamo; (voi) pulite; (Loro) puliscano

Mode	Simple Tenses		Compound Tenses	
	Singular	*Plural*	*Singular*	*Plural*
	Present		**Present Perfect**	
	pulisco	puliamo	ho pulito	abbiamo pulito
	pulisci	pulite	hai pulito	avete pulito
	pulisce	puliscono	ha pulito	hanno pulito
	Imperfect		**Past Perfect**	
	pulivo	pulivamo	avevo pulito	avevamo pulito
	pulivi	pulivate	avevi pulito	avevate pulito
	puliva	pulivano	aveva pulito	avevano pulito
Indicative	**Past Definite**		**Past Anterior**	
	pulii	pulimmo	ebbi pulito	avemmo pulito
	pulisti	puliste	avesti pulito	aveste pulito
	pulì	pulirono	ebbe pulito	ebbero pulito
	Future		**Future Perfect**	
	pulirò	puliremo	avrò pulito	avremo pulito
	pulirai	pulirete	avrai pulito	avrete pulito
	pulirà	puliranno	avrà pulito	avranno pulito
	Present		**Present Perfect**	
	pulisca	puliamo	abbia pulito	abbiamo pulito
	pulisca	puliate	abbia pulito	abbiate pulito
Subjunctive	pulisca	puliscano	abbia pulito	abbiano pulito
	Imperfect		**Past Perfect**	
	pulissi	pulissimo	avessi pulito	avessimo pulito
	pulissi	puliste	avessi pulito	aveste pulito
	pulisse	pulissero	avesse pulito	avessero pulito
Conditional	**Present Conditional**		**Perfect Conditional**	
	pulirei	puliremmo	avrei pulito	avremmo pulito
	puliresti	pulireste	avresti pulito	avreste pulito
	pulirebbe	pulirebbero	avrebbe pulito	avrebbero pulito

Note: As a reflexive verb *pulirsi* ("to clean oneself or part of oneself") uses the reflexive pronouns *mi, ti, si, ci, vi, si,* as well as the auxiliary verb *essere,* to form compound tenses (see the sixth example below). For the meaning "to brush one's teeth," see the verb *lavarsi.*

EXAMPLES

Abbiamo pulito la casa a fondo.	We cleaned the house thoroughly.
Odio pulire il pesce.	I hate cleaning the fish.
I pavimenti di ceramica si puliscono bene.	Tile floors are easy to clean.
Non pulisce i vetri da mesi.	He hasn't cleaned the windows for months.
Pulimmo tutta l'argenteria.	We polished the silverware.
Mi sono pulito le scarpe.	I brushed my shoes.

pungere
to sting, to prick
Auxiliary verb: avere **Past participle:** punto **Gerund:** pungendo
Imperative: (tu) pungi (non pungere); (Lei) punga; (noi) pungiamo; (voi) pungete; (Loro) pungano

Mode	Simple Tenses		Compound Tenses	
	Singular	*Plural*	*Singular*	*Plural*
Indicative	**Present**		**Present Perfect**	
	pungo	pungiamo	ho punto	abbiamo punto
	pungi	pungete	hai punto	avete punto
	punge	pungono	ha punto	hanno punto
	Imperfect		**Past Perfect**	
	pungevo	pungevamo	avevo punto	avevamo punto
	pungevi	pungevate	avevi punto	avevate punto
	pungeva	pungevano	aveva punto	avevano punto
	Past Definite		**Past Anterior**	
	punsi	pungemmo	ebbi punto	avemmo punto
	pungesti	pungeste	avesti punto	aveste punto
	punse	punsero	ebbe punto	ebbero punto
	Future		**Future Perfect**	
	pungerò	pungeremo	avrò punto	avremo punto
	pungerai	pungerete	avrai punto	avrete punto
	pungerà	pungeranno	avrà punto	avranno punto
Subjunctive	**Present**		**Present Perfect**	
	punga	pungiamo	abbia punto	abbiamo punto
	punga	pungiate	abbia punto	abbiate punto
	punga	pungano	abbia punto	abbiano punto
	Imperfect		**Past Perfect**	
	pungessi	pungessimo	avessi punto	avessimo punto
	pungessi	pungeste	avessi punto	aveste punto
	pungesse	pungessero	avesse punto	avessero punto
Conditional	**Present Conditional**		**Perfect Conditional**	
	pungerei	pungeremmo	avrei punto	avremmo punto
	pungeresti	pungereste	avresti punto	avreste punto
	pungerebbe	pungerebbero	avrebbe punto	avrebbero punto

Note: As a reflexive verb *pungersi* ("to sting oneself," "to prick oneself") uses the reflexive pronouns *mi, ti, si, ci, vi, si,* as well as the auxiliary verb *essere,* to form compound tenses (see the second and third examples below).

EXAMPLES

L'ortica punge.	Nettles sting.
Mi sono punto con l'ortica.	I was stung by nettles.
Si è punto il dito con uno spillo.	He pricked his finger with a pin.
Sono stato punto da una vespa.	I've been stung by a wasp.
Mi sentii pungere.	I felt a sting.
Le mie parole lo punsero.	My words stung him.

puzzare

to smell bad, to stink

Auxiliary verb: avere **Past participle:** puzzato **Gerund:** puzzando
Imperative: (tu) puzza (non puzzare); (Lei) puzzi; (noi) puzziamo; (voi)
puzzate; (Loro) puzzino

Mode	Simple Tenses		Compound Tenses	
	Singular	*Plural*	*Singular*	*Plural*
Indicative	**Present**		**Present Perfect**	
	puzzo	puzziamo	ho puzzato	abbiamo puzzato
	puzzi	puzzate	hai puzzato	avete puzzato
	puzza	puzzano	ha puzzato	hanno puzzato
	Imperfect		**Past Perfect**	
	puzzavo	puzzavamo	avevo puzzato	avevamo puzzato
	puzzavi	puzzavate	avevi puzzato	avevate puzzato
	puzzava	puzzavano	aveva puzzato	avevano puzzato
	Past Definite		**Past Anterior**	
	puzzai	puzzammo	ebbi puzzato	avemmo puzzato
	puzzasti	puzzaste	avesti puzzato	aveste puzzato
	puzzò	puzzarono	ebbe puzzato	ebbero puzzato
	Future		**Future Perfect**	
	puzzerò	puzzeremo	avrò puzzato	avremo puzzato
	puzzerai	puzzerete	avrai puzzato	avrete puzzato
	puzzerà	puzzeranno	avrà puzzato	avranno puzzato
Subjunctive	**Present**		**Present Perfect**	
	puzzi	puzziamo	abbia puzzato	abbiamo puzzato
	puzzi	puzziate	abbia puzzato	abbiate puzzato
	puzzi	puzzino	abbia puzzato	abbiano puzzato
	Imperfect		**Past Perfect**	
	puzzassi	puzzassimo	avessi puzzato	avessimo puzzato
	puzzassi	puzzaste	avessi puzzato	aveste puzzato
	puzzasse	puzzassero	avesse puzzato	avessero puzzato
Conditional	**Present Conditional**		**Perfect Conditional**	
	puzzerei	puzzeremmo	avrei puzzato	avremmo puzzato
	puzzeresti	puzzereste	avresti puzzato	avreste puzzato
	puzzerebbe	puzzerebbero	avrebbe puzzato	avrebbero puzzato

Note: This verb can also be conjugated in the same manner as *piacere*, in which case it means "to smell" or "to be fishy" and is used in the third-person singular and plural with the indirect pronouns *mi, ti, gli/le, ci, vi*. Refer to Verb Usage Review, and to the fourth and fifth examples below.

EXAMPLES

La stanza puzza di chiuso.	The room smells musty.
La cucina puzzava d'aglio.	The kitchen smelled of garlic.
Questo pesce puzza!	This fish stinks!
Gli puzzano i piedi.	His feet smell.
La cosa mi puzza.	There is something fishy about it.

raccogliere

to pick up, to gather, to collect

Auxiliary verb: avere **Past participle:** raccolto **Gerund:** raccogliendo
Imperative: (tu) raccogli (non raccogliere); (Lei) raccolga; (noi) raccogliamo; (voi) raccogliete; (Loro) raccolgano

Mode	Simple Tenses		Compound Tenses	
	Singular	*Plural*	*Singular*	*Plural*
Indicative	**Present**		**Present Perfect**	
	raccolgo	raccogliamo	ho raccolto	abbiamo raccolto
	raccogli	raccogliete	hai raccolto	avete raccolto
	raccoglie	raccolgono	ha raccolto	hanno raccolto
	Imperfect		**Past Perfect**	
	raccoglievo	raccoglievamo	avevo raccolto	avevamo raccolto
	raccoglievi	raccoglievate	avevi raccolto	avevate raccolto
	raccoglieva	raccoglievano	aveva raccolto	avevano raccolto
	Past Definite		**Past Anterior**	
	raccolsi	raccogliemmo	ebbi raccolto	avemmo raccolto
	raccogliesti	raccoglieste	avesti raccolto	aveste raccolto
	raccolse	raccolsero	ebbe raccolto	ebbero raccolto
	Future		**Future Perfect**	
	raccoglierò	raccoglieremo	avrò raccolto	avremo raccolto
	raccoglierai	raccoglierete	avrai raccolto	avrete raccolto
	raccoglierà	raccoglieranno	avrà raccolto	avranno raccolto
Subjunctive	**Present**		**Present Perfect**	
	raccolga	raccogliamo	abbia raccolto	abbiamo raccolto
	raccolga	raccogliate	abbia raccolto	abbiate raccolto
	raccolga	raccolgano	abbia raccolto	abbiano raccolto
	Imperfect		**Past Perfect**	
	raccogliessi	raccogliessimo	avessi raccolto	avessimo raccolto
	raccogliessi	raccoglieste	avessi raccolto	aveste raccolto
	raccogliesse	raccogliessero	avesse raccolto	avessero raccolto
Conditional	**Present Conditional**		**Perfect Conditional**	
	raccoglierei	raccoglieremmo	avrei raccolto	avremmo raccolto
	raccoglieresti	raccogliereste	avresti raccolto	avreste raccolto
	raccoglierebbe	raccoglierebbero	avrebbe raccolto	avrebbero raccolto

Note: *Raccogliere* is a compound verb of *cogliere*. As a reflexive verb *raccogliersi* ("to gather," "to be immersed") uses the reflexive pronouns *mi, ti, si, ci, vi, si,* as well as the auxiliary verb *essere*, to form compound tenses with *essere* (see the sixth example below).

EXAMPLES

Sto raccogliendo le informazioni.	I'm gathering the information.
Vado a raccogliere la legna.	I'm going (out) to gather some wood.
Raccolse la moneta.	He picked up the coin.
Raccolgo francobolli.	I collect stamps.
Hai raccolto le idee?	Did you collect your thoughts?
I monaci si sono raccolti in preghiera.	The monks have gathered in prayer.

raccomandare

to recommend, to advise

Auxiliary verb: avere **Past participle:** raccomandato **Gerund:** raccomandando

Imperative: (tu) raccomanda (non raccomandare); (Lei) raccomandi; (noi) raccomandiamo; (voi) raccomandate; (Loro) raccomandino

Mode	Simple Tenses		Compound Tenses	
	Singular	*Plural*	*Singular*	*Plural*
Indicative	**Present**		**Present Perfect**	
	raccomando	raccomandiamo	ho raccomandato	abbiamo raccomandato
	raccomandi	raccomandate	hai raccomandato	avete raccomandato
	raccomanda	raccomandano	ha raccomandato	hanno raccomandato
	Imperfect		**Past Perfect**	
	raccomandavo	raccomandavamo	avevo raccomandato	avevamo raccomandato
	raccomandavi	raccomandavate	avevi raccomandato	avevate raccomandato
	raccomandava	raccomandavano	aveva raccomandato	avevano raccomandato
	Past Definite		**Past Anterior**	
	raccomandai	raccomandammo	ebbi raccomandato	avemmo raccomandato
	raccomandasti	raccomandaste	avesti raccomandato	aveste raccomandato
	raccomandò	raccomandarono	ebbe raccomandato	ebbero raccomandato
	Future		**Future Perfect**	
	raccomanderò	raccomanderemo	avrò raccomandato	avremo raccomandato
	raccomanderai	raccomanderete	avrai raccomandato	avrete raccomandato
	raccomanderà	raccomanderanno	avrà raccomandato	avranno raccomandato
Subjunctive	**Present**		**Present Perfect**	
	raccomandi	raccomandiamo	abbia raccomandato	abbiamo raccomandato
	raccomandi	raccomandiate	abbia raccomandato	abbiate raccomandato
	raccomandi	raccomandino	abbia raccomandato	abbiano raccomandato
	Imperfect		**Past Perfect**	
	raccomandassi	raccomandassimo	avessi raccomandato	avessimo raccomandato
	raccomandassi	raccomandaste	avessi raccomandato	aveste raccomandato
	raccomandasse	raccomandassero	avesse raccomandato	avessero raccomandato
Conditional	**Present Conditional**		**Perfect Conditional**	
	raccomanderei	raccomanderemmo	avrei raccomandato	avremmo raccomandato
	raccomanderesti	raccomandereste	avresti raccomandato	avreste raccomandato
	raccomanderebbe	raccomanderebbero	avrebbe raccomandato	avrebbero raccomandato

Note: *Raccomandare* takes a direct and an indirect object, *raccomandare + qualcuno/qualcosa + a qualcuno* ("to recommend something/somebody to somebody) (see the first and second examples below). As a reflexive verb *raccomandarsi* ("to mind") uses the reflexive pronouns *mi, ti, si, ci, vi, si*, as well as the auxiliary verb *essere*, to form compound tenses (see the fourth example below). *Raccomandare* requires the preposition *di* before an infinitive (see the third example below).

EXAMPLES

Raccomando Carlo per la promozione.	I'm recommending Carlo for (the) promotion.
Il dottore mi ha raccomandato il riposo.	The doctor has recommended that I rest.
Ho raccomandato a Paolo di non andare.	I advised Paolo not to go.
Telefona appena arrivi, mi raccomando!	(Don't forget) to call as soon as you arrive.

raccontare

to tell, to narrate

Auxiliary verb: avere **Past participle:** raccontato **Gerund:** raccontando
Imperative: (tu) racconta (non raccontare); (Lei) racconti; (noi) raccontiamo; (voi) raccontate; (Loro) raccontino

Mode	Simple Tenses		Compound Tenses	
	Singular	*Plural*	*Singular*	*Plural*
Indicative	**Present**		**Present Perfect**	
	racconto	raccontiamo	ho raccontato	abbiamo raccontato
	racconti	raccontate	hai raccontato	avete raccontato
	racconta	raccontano	ha raccontato	hanno raccontato
	Imperfect		**Past Perfect**	
	raccontavo	raccontavamo	avevo raccontato	avevamo raccontato
	raccontavi	raccontavate	avevi raccontato	avevate raccontato
	raccontava	raccontavano	aveva raccontato	avevano raccontato
	Past Definite		**Past Anterior**	
	raccontai	raccontammo	ebbi raccontato	avemmo raccontato
	raccontasti	raccontaste	avesti raccontato	aveste raccontato
	raccontò	raccontarono	ebbe raccontato	ebbero raccontato
	Future		**Future Perfect**	
	racconterò	racconteremo	avrò raccontato	avremo raccontato
	racconterai	racconterete	avrai raccontato	avrete raccontato
	racconterà	racconteranno	avrà raccontato	avranno raccontato
Subjunctive	**Present**		**Present Perfect**	
	racconti	raccontiamo	abbia raccontato	abbiamo raccontato
	racconti	raccontiate	abbia raccontato	abbiate raccontato
	racconti	raccontino	abbia raccontato	abbiano raccontato
	Imperfect		**Past Perfect**	
	raccontassi	raccontassimo	avessi raccontato	avessimo raccontato
	raccontassi	raccontaste	avessi raccontato	aveste raccontato
	raccontasse	raccontassero	avesse raccontato	avessero raccontato
Conditional	**Present Conditional**		**Perfect Conditional**	
	racconterei	racconteremmo	avrei raccontato	avremmo raccontato
	racconteresti	raccontereste	avresti raccontato	avreste raccontato
	racconterebbe	racconterebbero	avrebbe raccontato	avrebbero raccontato

Note: *Raccontare* takes a direct object and an indirect object: *raccontare+ qualcosa + a qualcuno* ("to tell something to somebody").

EXAMPLES

Ha raccontato la storia a Simona per filo e per segno.	He told Simona the story in great detail.
Raccontami tutto!	Tell me all about it!
Penso che abbia raccontato una bugia.	I think he told a lie.
Si racconta che . . .	The story goes that . . .
Gli avrei raccontato la storia, se avessi avuto fiducia in lui.	I would have told him the story, if I'd trusted him.

radersi

to shave

Auxiliary verb: essere **Past participle:** raso(si) **Gerund:** radendo(si)
Imperative: (tu) raditi (non raderti); (Lei) si rada; (noi) radiamoci; (voi)
radetevi; (Loro) si radano

Mode	Simple Tenses		Compound Tenses	
	Singular	*Plural*	*Singular*	*Plural*
Indicative	**Present**		**Present Perfect**	
	mi rado	ci radiamo	mi sono raso/a	ci siamo rasi/e
	ti radi	vi radete	ti sei raso/a	vi siete rasi/e
	si rade	si radono	si è raso/a	si sono rasi/e
	Imperfect		**Past Perfect**	
	mi radevo	ci radevamo	mi ero raso/a	ci eravamo rasi/e
	ti radevi	vi radevate	ti eri raso/a	vi eravate rasi/e
	si radeva	si radevano	si era raso/a	si erano rasi/e
	Past Definite		**Past Anterior**	
	mi rasi	ci rademmo	mi fui raso/a	ci fummo rasi/e
	ti radesti	vi radeste	ti fosti raso/a	vi foste rasi/e
	si rase	si rasero	si fu raso/a	si furono rasi/e
	Future		**Future Perfect**	
	mi raderò	ci raderemo	mi sarò raso/a	ci saremo rasi/e
	ti raderai	vi raderete	ti sarai raso/a	vi sarete rasi/e
	si raderà	si raderanno	si sarà raso/a	si saranno rasi/e
Subjunctive	**Present**		**Present Perfect**	
	mi rada	ci radiamo	mi sia raso/a	ci siamo rasi/e
	ti rada	vi radiate	ti sia raso/a	vi siate rasi/e
	si rada	si radano	si sia raso/a	si siano rasi/e
	Imperfect		**Past Perfect**	
	mi radessi	ci radessimo	mi fossi raso/a	ci fossimo rasi/e
	ti radessi	vi radeste	ti fossi raso/a	vi foste rasi/e
	si radesse	si radessero	si fosse raso/a	si fossero rasi/e
Conditional	**Present Conditional**		**Perfect Conditional**	
	mi raderei	ci raderemmo	mi sarei raso/a	ci saremmo rasi/e
	ti raderesti	vi radereste	ti saresti raso/a	vi sareste rasi/e
	si raderebbe	si raderebbero	si sarebbe raso/a	si sarebbero rasi/e

Note: *Radere* ("to raze") may be used nonreflexively with *avere* as its auxiliary verb; see the
first example below.

EXAMPLES

Il terremoto ha raso al suolo la città.	The earthquake razed the city to the ground.
Si rade tutte le mattine.	He shaves every morning.
Mi sono raso i capelli a zero.	I shaved my head. (Literally, I shaved my hair to zero.)
Dovresti raderti tutti i giorni.	You should shave every day.
Stamani mi sono fatto radere dal barbiere.	This morning the barber gave me a shave/ shaved me.

raggiungere

to reach, to join, to catch up with

Auxiliary verb: avere **Past participle:** raggiunto **Gerund:** raggiungendo
Imperative: (tu) raggiungi (non raggiungere); (Lei) raggiunga; (noi) raggiungiamo; (voi) raggiungete; (Loro) raggiungano

Mode	Simple Tenses		Compound Tenses	
	Singular	*Plural*	*Singular*	*Plural*
Indicative	**Present**		**Present Perfect**	
	raggiungo	raggiungiamo	ho raggiunto	abbiamo raggiunto
	raggiungi	raggiungete	hai raggiunto	avete raggiunto
	raggiunge	raggiungono	ha raggiunto	hanno raggiunto
	Imperfect		**Past Perfect**	
	raggiungevo	raggiungevamo	avevo raggiunto	avevamo raggiunto
	raggiungevi	raggiungevate	avevi raggiunto	avevate raggiunto
	raggiungeva	raggiungevano	aveva raggiunto	avevano raggiunto
	Past Definite		**Past Anterior**	
	raggiunsi	raggiungemmo	ebbi raggiunto	avemmo raggiunto
	raggiungesti	raggiungeste	avesti raggiunto	aveste raggiunto
	raggiunse	raggiunsero	ebbe raggiunto	ebbero raggiunto
	Future		**Future Perfect**	
	raggiungerò	raggiungeremo	avrò raggiunto	avremo raggiunto
	raggiungerai	raggiungerete	avrai raggiunto	avrete raggiunto
	raggiungerà	raggiungeranno	avrà raggiunto	avranno raggiunto
Subjunctive	**Present**		**Present Perfect**	
	raggiunga	raggiungiamo	abbia raggiunto	abbiamo raggiunto
	raggiunga	raggiungiate	abbia raggiunto	abbiate raggiunto
	raggiunga	raggiungano	abbia raggiunto	abbiano raggiunto
	Imperfect		**Past Perfect**	
	raggiungessi	raggiungessimo	avessi raggiunto	avessimo raggiunto
	raggiungessi	raggiungeste	avessi raggiunto	aveste raggiunto
	raggiungesse	raggiungessero	avesse raggiunto	avessero raggiunto
Conditional	**Present Conditional**		**Perfect Conditional**	
	raggiungerei	raggiungeremmo	avrei raggiunto	avremmo raggiunto
	raggiungeresti	raggiungereste	avresti raggiunto	avreste raggiunto
	raggiungerebbe	raggiungerebbero	avrebbe raggiunto	avrebbero raggiunto

Note: *Raggiungere* is a compound verb of *giungere*.

EXAMPLES

Abbiamo raggiunto la vetta della montagna.	We reached the top of the mountain.
Vi raggiungerò in giardino.	I will join you in the garden.
Va avanti, ti raggiungo tra qualche minuto.	Go ahead, I'll catch up to you in a few minutes.
Raggiunse il suo scopo.	He reached/achieved his goal.
Non hanno raggiunto un accordo.	They didn't reach an agreement.
Pensavo che loro ci avrebbero raggiunto.	I thought they would join us.

ragionare

to reason, to discuss, to argue

Auxiliary verb: avere **Past participle:** ragionato **Gerund:** ragionando
Imperative: (tu) ragiona (non ragionare); (Lei) ragioni; (noi) ragioniamo;
(voi) ragionate; (Loro) ragionino

Mode	Simple Tenses		Compound Tenses	
	Singular	*Plural*	*Singular*	*Plural*
Indicative	**Present**		**Present Perfect**	
	ragiono	ragioniamo	ho ragionato	abbiamo ragionato
	ragioni	ragionate	hai ragionato	avete ragionato
	ragiona	ragionano	ha ragionato	hanno ragionato
	Imperfect		**Past Perfect**	
	ragionavo	ragionavamo	avevo ragionato	avevamo ragionato
	ragionavi	ragionavate	avevi ragionato	avevate ragionato
	ragionava	ragionavano	aveva ragionato	avevano ragionato
	Past Definite		**Past Anterior**	
	ragionai	ragionammo	ebbi ragionato	avemmo ragionato
	ragionasti	ragionaste	avesti ragionato	aveste ragionato
	ragionò	ragionarono	ebbe ragionato	ebbero ragionato
	Future		**Future Perfect**	
	ragionerò	ragioneremo	avrò ragionato	avremo ragionato
	ragionerai	ragionerete	avrai ragionato	avrete ragionato
	ragionerà	ragioneranno	avrà ragionato	avranno ragionato
Subjunctive	**Present**		**Present Perfect**	
	ragioni	ragioniamo	abbia ragionato	abbiamo ragionato
	ragioni	ragioniate	abbia ragionato	abbiate ragionato
	ragioni	ragionino	abbia ragionato	abbiano ragionato
	Imperfect		**Past Perfect**	
	ragionassi	ragionassimo	avessi ragionato	avessimo ragionato
	ragionassi	ragionaste	avessi ragionato	aveste ragionato
	ragionasse	ragionassero	avesse ragionato	avessero ragionato
Conditional	**Present Conditional**		**Perfect Conditional**	
	ragionerei	ragioneremmo	avrei ragionato	avremmo ragionato
	ragioneresti	ragionereste	avresti ragionato	avreste ragionato
	ragionerebbe	ragionerebbero	avrebbe ragionato	avrebbero ragionato

EXAMPLES

Non è facile ragionare con lui.

It's not easy to argue with him.

Per tutta la notte Andrea ragionò con Giuseppe di quell'affare.

Andrea discussed the deal with Giuseppe all night.

È innamorato—non sa più ragionare.

He's in love—he can't think straight anymore.

Non c'è verso di farlo ragionare.

There's no way to get him to use his head. (idiom)

Ragionano sempre di politica.

They always discuss politics.

rallentare

to slow, to slow down, to reduce, to slacken
Auxiliary verb: avere **Past participle:** rallentato **Gerund:** rallentando
Imperative: (tu) rallenta (non rallentare); (Lei) rallenti; (noi) rallentiamo;
(voi) rallentate; (Loro) rallentino

Mode	Simple Tenses		Compound Tenses	
	Singular	*Plural*	*Singular*	*Plural*
	Present		**Present Perfect**	
Indicative	rallento	rallentiamo	ho rallentato	abbiamo rallentato
	rallenti	rallentate	hai rallentato	avete rallentato
	rallenta	rallentano	ha rallentato	hanno rallentato
	Imperfect		**Past Perfect**	
	rallentavo	rallentavamo	avevo rallentato	avevamo rallentato
	rallentavi	rallentavate	avevi rallentato	avevate rallentato
	rallentava	rallentavano	aveva rallentato	avevano rallentato
	Past Definite		**Past Anterior**	
	rallentai	rallentammo	ebbi rallentato	avemmo rallentato
	rallentasti	rallentaste	avesti rallentato	aveste rallentato
	rallentò	rallentarono	ebbe rallentato	ebbero rallentato
	Future		**Future Perfect**	
	rallenterò	rallenteremo	avrò rallentato	avremo rallentato
	rallenterai	rallenterete	avrai rallentato	avrete rallentato
	rallenterà	rallenteranno	avrà rallentato	avranno rallentato
Subjunctive	**Present**		**Present Perfect**	
	rallenti	rallentiamo	abbia rallentato	abbiamo rallentato
	rallenti	rallentiate	abbia rallentato	abbiate rallentato
	rallenti	rallentino	abbia rallentato	abbiano rallentato
	Imperfect		**Past Perfect**	
	rallentassi	rallentassimo	avessi rallentato	avessimo rallentato
	rallentassi	rallentaste	avessi rallentato	aveste rallentato
	rallentasse	rallentassero	avesse rallentato	avessero rallentato
Conditional	**Present Conditional**		**Perfect Conditional**	
	rallenterei	rallenteremmo	avrei rallentato	avremmo rallentato
	rallenteresti	rallentereste	avresti rallentato	avreste rallentato
	rallenterebbe	rallenterebbero	avrebbe rallentato	avrebbero rallentato

EXAMPLES

Rallenta!	Slow down!
Qui ho rallentato la velocità.	I slowed down here.
Il treno rallentò.	The train slowed down.
Dovresti rallentare il passo.	You should slacken your pace.
Avrebbe dovuto rallentare all'incrocio.	He should have slowed down at the intersection.
Se avessi rallentato, avresti fatto in tempo a frenare.	If you had slowed down, you would have had time to stop the car.

rappresentare

to represent, to depict, to symbolize, to stage

Auxiliary verb: avere **Past participle:** rappresentato

Gerund: rappresentando

Imperative: (tu) rappresenta (non rappresentare); (Lei) rappresenti; (noi) rappresentiamo; (voi) rappresentate; (Loro) rappresentino

Mode	Simple Tenses		Compound Tenses	
	Singular	*Plural*	*Singular*	*Plural*
	Present		**Present Perfect**	
Indicative	rappresento	rappresentiamo	ho rappresentato	abbiamo rappresentato
	rappresenti	rappresentate	hai rappresentato	avete rappresentato
	rappresenta	rappresentano	ha rappresentato	hanno rappresentato
	Imperfect		**Past Perfect**	
	rappresentavo	rappresentavamo	avevo rappresentato	avevamo rappresentato
	rappresentavi	rappresentavate	avevi rappresentato	avevate rappresentato
	rappresentava	rappresentavano	aveva rappresentato	avevano rappresentato
	Past Definite		**Past Anterior**	
	rappresentai	rappresentammo	ebbi rappresentato	avemmo rappresentato
	rappresentasti	rappresentaste	avesti rappresentato	aveste rappresentato
	rappresentò	rappresentarono	ebbe rappresentato	ebbero rappresentato
	Future		**Future Perfect**	
	rappresenterò	rappresenteremo	avrò rappresentato	avremo rappresentato
	rappresenterai	rappresenterete	avrai rappresentato	avrete rappresentato
	rappresenterà	rappresenteranno	avrà rappresentato	avranno rappresentato
Subjunctive	**Present**		**Present Perfect**	
	rappresenti	rappresentiamo	abbia rappresentato	abbiamo rappresentato
	rappresenti	rappresentiate	abbia rappresentato	abbiate rappresentato
	rappresenti	rappresentino	abbia rappresentato	abbiano rappresentato
	Imperfect		**Past Perfect**	
	rappresentassi	rappresentassimo	avessi rappresentato	avessimo rappresentato
	rappresentassi	rappresentaste	avessi rappresentato	aveste rappresentato
	rappresentasse	rappresentassero	avesse rappresentato	avessero rappresentato
Conditional	**Present Conditional**		**Perfect Conditional**	
	rappresenterei	rappresenteremmo	avrei rappresentato	avremmo rappresentato
	rappresenteresti	rappresentereste	avresti rappresentato	avreste rappresentato
	rappresenterebbe	rappresenterebbero	avrebbe rappresentato	avrebbero rappresentato

EXAMPLES

Questo quadro rappresenta la nascita di Venere.	This painting represents the birth of Venus.
Alla cerimonia erano rappresentati tutti i partiti politici.	At the ceremony, all of the political parties were represented.
Moravia ha rappresentato nei suoi racconti la vita a Roma nel dopo guerra.	Moravia depicted life in post-war Rome in his short stories.
Il verde rappresenta la speranza.	The color green symbolizes hope.
Il teatro rappresenterà una commedia del Goldoni.	The theater will stage a play by Goldoni.

rassegnarsi

to resign (oneself), to submit, to accept (without complaint), to get used to the idea

Auxiliary verb: essere **Past participle:** rassegnato(si) **Gerund:** rassegnando(si)

Imperative: (tu) rassegnati (non rassegnarti); (Lei) si rassegni; (noi) rassegniamoci; (voi) rassegnatevi; (Loro) si rassegnino

Mode	Simple Tenses		Compound Tenses	
	Singular	*Plural*	*Singular*	*Plural*
Indicative	**Present**		**Present Perfect**	
	mi rassegno ti rassegni si rassegna	ci rassegniamo vi rassegnate si rassegnano	mi sono rassegnato/a ti sei rassegnato/a si è rassegnato/a	ci siamo rassegnati/e vi siete rassegnati/e si sono rassegnati/e
	Imperfect		**Past Perfect**	
	mi rassegnavo ti rassegnavi si rassegnava	ci rassegnavamo vi rassegnavate si rassegnavano	mi ero rassegnato/a ti eri rassegnato/a si era rassegnato/a	ci eravamo rassegnati/e vi eravate rassegnati/e si erano rassegnati/e
	Past Definite		**Past Anterior**	
	mi rassegnai ti rassegnasti si rassegnò	ci rassegnammo vi rassegnaste si rassegnarono	mi fui rassegnato/a ti fosti rassegnato/a si fu rassegnato/a	ci fummo rassegnati/e vi foste rassegnati/e si furono rassegnati/e
	Future		**Future Perfect**	
	mi rassegnerò ti rassegnerai si rassegnerà	ci rassegneremo vi rassegnerete si rassegneranno	mi sarò rassegnato/a ti sarai rassegnato/a si sarà rassegnato/a	ci saremo rassegnati/e vi sarete rassegnati/e si saranno rassegnati/e
Subjunctive	**Present**		**Present Perfect**	
	mi rassegni ti rassegni si rassegni	ci rassegniamo vi rassegniate si rassegnino	mi sia rassegnato/a ti sia rassegnato/a si sia rassegnato/a	ci siamo rassegnati/e vi siate rassegnati/e si siano rassegnati/e
	Imperfect		**Past Perfect**	
	mi rassegnassi ti rassegnassi si rassegnasse	ci rassegnassimo vi rassegnaste si rassegnassero	mi fossi rassegnato/a ti fossi rassegnato/a si fosse rassegnato/a	ci fossimo rassegnati/e vi foste rassegnati/e si fossero rassegnati/e
Conditional	**Present Conditional**		**Perfect Conditional**	
	mi rassegnerei ti rassegneresti si rassegnerebbe	ci rassegneremmo vi rassegnereste si rassegnerebbero	mi sarei rassegnato/a ti saresti rassegnato/a si sarebbe rassegnato/a	ci saremmo rassegnati/e vi sareste rassegnati/e si sarebbero rassegnati/e

Note: *Rassegnare* ("to resign") may be used nonreflexively with *avere* as its auxiliary verb (see the fifth example below). *Rassegnarsi* requires the preposition *a* before an infinitive (see the first example below) or a noun (see the fourth example below).

EXAMPLES

Devi rassegnarti a farne a meno.	You must get used to the idea of living without it.
Non mi rassegnerò mai a restare separato da lei.	I will never accept being separated from her.
Non c'è che rassegnarsi.	You have to accept things the way they are.
Si è rassegnato al suo destino.	He resigned himself to his fate.
Ho rassegnato le mie dimissioni.	I resigned. / I submitted my resignation.

reagire

to react, to protest, to respond
Auxiliary verb: avere **Past participle:** reagito **Gerund:** reagendo
Imperative: (tu) reagisci (non reagire); (Lei) reagisca; (noi) reagiamo;
(voi) reagite; (Loro) reagiscano

Mode	Simple Tenses		Compound Tenses	
	Singular	*Plural*	*Singular*	*Plural*
	Present		**Present Perfect**	
Indicative	reagisco	reagiamo	ho reagito	abbiamo reagito
	reagisci	reagite	hai reagito	avete reagito
	reagisce	reagiscono	ha reagito	hanno reagito
	Imperfect		**Past Perfect**	
	reagivo	reagivamo	avevo reagito	avevamo reagito
	reagivi	reagivate	avevi reagito	avevate reagito
	reagiva	reagivano	aveva reagito	avevano reagito
	Past Definite		**Past Anterior**	
	reagii	reagimmo	ebbi reagito	avemmo reagito
	reagisti	reagiste	avesti reagito	aveste reagito
	reagì	reagirono	ebbe reagito	ebbero reagito
	Future		**Future Perfect**	
	reagirò	reagiremo	avrò reagito	avremo reagito
	reagirai	reagirete	avrai reagito	avrete reagito
	reagirà	reagiranno	avrà reagito	avranno reagito
Subjunctive	**Present**		**Present Perfect**	
	reagisca	reagiamo	abbia reagito	abbiamo reagito
	reagisca	reagiate	abbia reagito	abbiate reagito
	reagisca	reagiscano	abbia reagito	abbiano reagito
	Imperfect		**Past Perfect**	
	reagissi	reagissimo	avessi reagito	avessimo reagito
	reagissi	reagiste	avessi reagito	aveste reagito
	reagisse	reagissero	avesse reagito	avessero reagito
Conditional	**Present Conditional**		**Perfect Conditional**	
	reagirei	reagiremmo	avrei reagito	avremmo reagito
	reagiresti	reagireste	avresti reagito	avreste reagito
	reagirebbe	reagirebbero	avrebbe reagito	avrebbero reagito

Note: *Reagire* requires the preposition *a* before a noun (see the first and fourth examples below).

EXAMPLES

Ha reagito alla provocazione.	He reacted to the provocation.
Sopportarono senza reagire.	They put up with it without protesting.
Devi reagire!	You've got to do something about it!
Il paziente sta reagendo bene alla cura.	The patient is responding well to the treatment.

realizzare

to make, to fulfill, to realize, to score
Auxiliary verb: avere **Past participle:** realizzato **Gerund:** realizzando
Imperative: (tu) realizza (non realizzare); (Lei) realizzi; (noi) realizziamo; (voi) realizzate; (Loro) realizzino

Mode	Simple Tenses		Compound Tenses	
	Singular	*Plural*	*Singular*	*Plural*
Indicative	**Present**		**Present Perfect**	
	realizzo	realizziamo	ho realizzato	abbiamo realizzato
	realizzi	realizzate	hai realizzato	avete realizzato
	realizza	realizzano	ha realizzato	hanno realizzato
	Imperfect		**Past Perfect**	
	realizzavo	realizzavamo	avevo realizzato	avevamo realizzato
	realizzavi	realizzavate	avevi realizzato	avevate realizzato
	realizzava	realizzavano	aveva realizzato	avevano realizzato
	Past Definite		**Past Anterior**	
	realizzai	realizzammo	ebbi realizzato	avemmo realizzato
	realizzasti	realizzaste	avesti realizzato	aveste realizzato
	realizzò	realizzarono	ebbe realizzato	ebbero realizzato
	Future		**Future Perfect**	
	realizzerò	realizzeremo	avrò realizzato	avremo realizzato
	realizzerai	realizzerete	avrai realizzato	avrete realizzato
	realizzerà	realizzeranno	avrà realizzato	avranno realizzato
Subjunctive	**Present**		**Present Perfect**	
	realizzi	realizziamo	abbia realizzato	abbiamo realizzato
	realizzi	realizziate	abbia realizzato	abbiate realizzato
	realizzi	realizzino	abbia realizzato	abbiano realizzato
	Imperfect		**Past Perfect**	
	realizzassi	realizzassimo	avessi realizzato	avessimo realizzato
	realizzassi	realizzaste	avessi realizzato	aveste realizzato
	realizzasse	realizzassero	avesse realizzato	avessero realizzato
Conditional	**Present Conditional**		**Perfect Conditional**	
	realizzerei	realizzeremmo	avrei realizzato	avremmo realizzato
	realizzeresti	realizzereste	avresti realizzato	avreste realizzato
	realizzerebbe	realizzerebbero	avrebbe realizzato	avrebbero realizzato

Note: As a reflexive verb *realizzarsi* ("to fulfill oneself," "to find fulfillment") uses the reflexive pronouns *mi, ti, si, ci, vi, si,* as well as the auxiliary verb *essere,* to form compound tenses (see the fifth example below). "To realize" in the sense of "to notice" or "to take account for" is better translated *rendersi conto di* or *accorgersi.*

EXAMPLES

Realizzarono il film con costi molto bassi.	They made the film on a very low budget.
Realizzerò grossi guadagni.	I will make large profits.
Realizzerebbe il suo sogno, se avesse più fiducia in se stesso.	He would fulfill/realize his dream, if he had more self-confidence.
Quel calciatore ha realizzato dieci goal.	That player scored ten goals.
Si è realizzato nel lavoro.	She has found fulfillment in her job.

recitare

to act, to play, to recite, to state

Auxiliary verb: avere **Past participle:** recitato **Gerund:** recitando

Imperative: (tu) recita (non recitare); (Lei) reciti; (noi) recitiamo; (voi) recitate; (Loro) recitino

Mode	Simple Tenses		Compound Tenses	
	Singular	*Plural*	*Singular*	*Plural*
	Present		**Present Perfect**	
	recito	recitiamo	ho recitato	abbiamo recitato
	reciti	recitate	hai recitato	avete recitato
	recita	recitano	ha recitato	hanno recitato
Indicative	**Imperfect**		**Past Perfect**	
	recitavo	recitavamo	avevo recitato	avevamo recitato
	recitavi	recitavate	avevi recitato	avevate recitato
	recitava	recitavano	aveva recitato	avevano recitato
	Past Definite		**Past Anterior**	
	recitai	recitammo	ebbi recitato	avemmo recitato
	recitasti	recitaste	avesti recitato	aveste recitato
	recitò	recitarono	ebbe recitato	ebbero recitato
	Future		**Future Perfect**	
	reciterò	reciteremo	avrò recitato	avremo recitato
	reciterai	reciterete	avrai recitato	avrete recitato
	reciterà	reciteranno	avrà recitato	avranno recitato
Subjunctive	**Present**		**Present Perfect**	
	reciti	recitiamo	abbia recitato	abbiamo recitato
	reciti	recitiate	abbia recitato	abbiate recitato
	reciti	recitino	abbia recitato	abbiano recitato
	Imperfect		**Past Perfect**	
	recitassi	recitassimo	avessi recitato	avessimo recitato
	recitassi	recitaste	avessi recitato	aveste recitato
	recitasse	recitassero	avesse recitato	avessero recitato
Conditional	**Present Conditional**		**Perfect Conditional**	
	reciterei	reciteremmo	avrei recitato	avremmo recitato
	reciteresti	recitereste	avresti recitato	avreste recitato
	reciterebbe	reciterebbero	avrebbe recitato	avrebbero recitato

EXAMPLES

Recito la parte di Amleto.

Quell'attore recita bene.

Non sa recitare.

Mi reciti la poesia?

L'articolo 4 recita . . .

I'm playing the role of Hamlet.

That actor acts well. / He is a good actor.

He can't act.

Will you recite the poem to me?

Article 4 states . . .

regalare

to give as a present, to give away
Auxiliary verb: avere **Past participle:** regalato **Gerund:** regalando
Imperative: (tu) regala (non regalare); (Lei) regali; (noi) regaliamo; (voi)
regalate; (Loro) regalino

Mode	Simple Tenses		Compound Tenses	
	Singular	*Plural*	*Singular*	*Plural*
	Present		**Present Perfect**	
	regalo	regaliamo	ho regalato	abbiamo regalato
	regali	regalate	hai regalato	avete regalato
	regala	regalano	ha regalato	hanno regalato
	Imperfect		**Past Perfect**	
	regalavo	regalavamo	avevo regalato	avevamo regalato
	regalavi	regalavate	avevi regalato	avevate regalato
	regalava	regalavano	aveva regalato	avevano regalato
	Past Definite		**Past Anterior**	
Indicative	regalai	regalammo	ebbi regalato	avemmo regalato
	regalasti	regalaste	avesti regalato	aveste regalato
	regalò	regalarono	ebbe regalato	ebbero regalato
	Future		**Future Perfect**	
	regalerò	regaleremo	avrò regalato	avremo regalato
	regalerai	regalerete	avrai regalato	avrete regalato
	regalerà	regaleranno	avrà regalato	avranno regalato
	Present		**Present Perfect**	
	regali	regaliamo	abbia regalato	abbiamo regalato
	regali	regaliate	abbia regalato	abbiate regalato
	regali	regalino	abbia regalato	abbiano regalato
Subjunctive	**Imperfect**		**Past Perfect**	
	regalassi	regalassimo	avessi regalato	avessimo regalato
	regalassi	regalaste	avessi regalato	aveste regalato
	regalasse	regalassero	avesse regalato	avessero regalato
	Present Conditional		**Perfect Conditional**	
Conditional	regalerei	regaleremmo	avrei regalato	avremmo regalato
	regaleresti	regalereste	avresti regalato	avreste regalato
	regalerebbe	regalerebbero	avrebbe regalato	avrebbero regalato

Note: *Regalare* takes a direct object and an indirect object: *regalare + qualcosa + a qualcuno*
("to give something as a present to somebody").

EXAMPLES

Che cosa regali a Martino?	What will you give Martino as a present?
Regalerò una penna a mia cugina.	I will give a pen as a present to my cousin.
Me l'hanno regalato per il mio matrimonio.	They gave it to me as a wedding present.
Te lo regalo.	You can have it. / It's yours to keep.
Qui la roba la regalano!	They're giving away their stuff here!
Me l'hanno praticamente regalato.	They practically gave it away to me.
Cosa vorresti che io ti regalassi per il tuo compleanno?	What would you like me to give you as a present for your birthday?

reggere
to hold, to support, to stand
Auxiliary verb: avere **Past participle:** retto **Gerund:** reggendo
Imperative: (tu) reggi (non reggere); (Lei) regga; (noi) reggiamo; (voi)
reggete; (Loro) reggano

Mode	Simple Tenses		Compound Tenses	
	Singular	*Plural*	*Singular*	*Plural*
	Present		**Present Perfect**	
	reggo	reggiamo	ho retto	abbiamo retto
	reggi	reggete	hai retto	avete retto
	regge	reggono	ha retto	hanno retto
	Imperfect		**Past Perfect**	
	reggevo	reggevamo	avevo retto	avevamo retto
	reggevi	reggevate	avevi retto	avevate retto
	reggeva	reggevano	aveva retto	avevano retto
Indicative	**Past Definite**		**Past Anterior**	
	ressi	reggemmo	ebbi retto	avemmo retto
	reggesti	reggeste	avesti retto	aveste retto
	resse	ressero	ebbe retto	ebbero retto
	Future		**Future Perfect**	
	reggerò	reggeremo	avrò retto	avremo retto
	reggerai	reggerete	avrai retto	avrete retto
	reggerà	reggeranno	avrà retto	avranno retto
	Present		**Present Perfect**	
	regga	reggiamo	abbia retto	abbiamo retto
	regga	reggiate	abbia retto	abbiate retto
	regga	reggano	abbia retto	abbiano retto
Subjunctive	**Imperfect**		**Past Perfect**	
	reggessi	reggessimo	avessi retto	avessimo retto
	reggessi	reggeste	avessi retto	aveste retto
	reggesse	reggessero	avesse retto	avessero retto
Conditional	**Present Conditional**		**Perfect Conditional**	
	reggerei	reggeremmo	avrei retto	avremmo retto
	reggeresti	reggereste	avresti retto	avreste retto
	reggerebbe	reggerebbero	avrebbe retto	avrebbero retto

Note: As a reflexive verb *reggersi* ("to keep oneself standing") uses the reflexive pronouns *mi, ti, si, ci, vi, si,* as well as the auxiliary verb *essere,* to form compound tenses (see the seventh example below).

EXAMPLES

Mi reggi la scala?	Can you hold the ladder steady for me?
Quel ramo non ti reggerà.	That branch won't hold/support you.
Lui non regge mia madre.	He can't stand my mother.
Questo verbo regge il congiuntivo.	This verb takes the subjunctive.
Il paese è retto da un governo di sinistra.	The country is governed by a left-wing government.
Reggerà alla prova?	Will it stand the test?
È così ubriaco che non si regge in piedi.	He's so drunk that he can't stand on his feet.

rendere

to return, to give back, to bear, to yield

Auxiliary verb: avere **Past participle:** reso **Gerund:** rendendo
Imperative: (tu) rendi (non rendere); (Lei) renda; (noi) rendiamo; (voi) rendete; (Loro) rendano

Mode	Simple Tenses		Compound Tenses	
	Singular	*Plural*	*Singular*	*Plural*
Indicative	**Present**		**Present Perfect**	
	rendo	rendiamo	ho reso	abbiamo reso
	rendi	rendete	hai reso	avete reso
	rende	rendono	ha reso	hanno reso
	Imperfect		**Past Perfect**	
	rendevo	rendevamo	avevo reso	avevamo reso
	rendevi	rendevate	avevi reso	avevate reso
	rendeva	rendevano	aveva reso	avevano reso
	Past Definite		**Past Anterior**	
	resi	rendemmo	ebbi reso	avemmo reso
	rendesti	rendeste	avesti reso	aveste reso
	rese	resero	ebbe reso	ebbero reso
	Future		**Future Perfect**	
	renderò	renderemo	avrò reso	avremo reso
	renderai	renderete	avrai reso	avrete reso
	renderà	renderanno	avrà reso	avranno reso
Subjunctive	**Present**		**Present Perfect**	
	renda	rendiamo	abbia reso	abbiamo reso
	renda	rendiate	abbia reso	abbiate reso
	renda	rendano	abbia reso	abbiano reso
	Imperfect		**Past Perfect**	
	rendessi	rendessimo	avessi reso	avessimo reso
	rendessi	rendeste	avessi reso	aveste reso
	rendesse	rendessero	avesse reso	avessero reso
Conditional	**Present Conditional**		**Perfect Conditional**	
	renderei	renderemmo	avrei reso	avremmo reso
	renderesti	rendereste	avresti reso	avreste reso
	renderebbe	renderebbero	avrebbe reso	avrebbero reso

Note: *Rendere* takes a direct object and an indirect object: *rendere + qualcosa + a qualcuno* ("to return something to somebody"). As a reflexive verb *rendersi* ("to become," "to make") uses the reflexive pronouns *mi, ti, si, ci, vi, si,* as well as the auxiliary verb *essere,* to form compound tenses (see the sixth example below). *Rendersi conto di* means "to realize" (see the seventh example below).

EXAMPLES

Devo rendere un libro alla biblioteca.	I have to return a book to the library.
Gli ho reso tutti i soldi.	I paid him back in full.
Il conto bancario rende un interesse del 5%.	The bank account yields 5% in interest.
Quanto ti rende il tuo investimento?	How much does your investment yield?
Un affare che renderà molto.	A deal that will bring (in) a lot of money.
Si è reso ridicolo.	He made a fool of himself.
Si è reso conto di aver sbagliato.	He realized he was wrong.

resistere
to resist, to bear, to endure, to withstand
Auxiliary verb: avere **Past participle:** resistito **Gerund:** resistendo
Imperative: (tu) resisti (non resistere); (Lei) resista; (noi) resistiamo;
(voi) resistete; (Loro) resistano

Mode	Simple Tenses		Compound Tenses	
	Singular	*Plural*	*Singular*	*Plural*
Indicative	**Present**		**Present Perfect**	
	resisto	resistiamo	ho resistito	abbiamo resistito
	resisti	resistete	hai resistito	avete resistito
	resiste	resistono	ha resistito	hanno resistito
	Imperfect		**Past Perfect**	
	resistevo	resistevamo	avevo resistito	avevamo resistito
	resistevi	resistevate	avevi resistito	avevate resistito
	resisteva	resistevano	aveva resistito	avevano resistito
	Past Definite		**Past Anterior**	
	resistetti/ei	resistemmo	ebbi resistito	avemmo resistito
	resistesti	resisteste	avesti resistito	aveste resistito
	resistette/è	resistettero/erono	ebbe resistito	ebbero resistito
	Future		**Future Perfect**	
	resisterò	resisteremo	avrò resistito	avremo resistito
	resisterai	resisterete	avrai resistito	avrete resistito
	resisterà	resisteranno	avrà resistito	avranno resistito
Subjunctive	**Present**		**Present Perfect**	
	resista	resistiamo	abbia resistito	abbiamo resistito
	resista	resistiate	abbia resistito	abbiate resistito
	resista	resistano	abbia resistito	abbiano resistito
	Imperfect		**Past Perfect**	
	resistessi	resistessimo	avessi resistito	avessimo resistito
	resistessi	resisteste	avessi resistito	aveste resistito
	resistesse	resistessero	avesse resistito	avessero resistito
Conditional	**Present Conditional**		**Perfect Conditional**	
	resisterei	resisteremmo	avrei resistito	avremmo resistito
	resisteresti	resistereste	avresti resistito	avreste resistito
	resisterebbe	resisterebbero	avrebbe resistito	avrebbero resistito

Note: *Resistere* requires the preposition *a* before an infinitive (see the sixth example below) or a noun (see the first, fourth, and fifth examples below).

EXAMPLES

Il delinquente ha resistito all'arresto.	The criminal resisted arrest.
Cerca di resistere ancora un po'.	Try to hold on/endure a little bit longer.
Queste piante resistono ai climi rigidi.	These plants can withstand cold climates.
Non resistettero al dolore (alla fame).	They could not endure/bear the pain (hunger).
La città resistette all'assedio.	The town withstood the siege.
Non ci resisto a vederla soffrire così.	I can't bear to see her suffer so much.

respingere

to drive back, to reject, to return
Auxiliary verb: avere **Past participle:** respinto **Gerund:** respingendo
Imperative: (tu) respingi (non respingere); (Lei) respinga; (noi) respingiamo; (voi) respingete; (Loro) respingano

Mode	Simple Tenses		Compound Tenses	
	Singular	*Plural*	*Singular*	*Plural*
Indicative	**Present**		**Present Perfect**	
	respingo	respingiamo	ho respinto	abbiamo respinto
	respingi	respingete	hai respinto	avete respinto
	respinge	respingono	ha respinto	hanno respinto
	Imperfect		**Past Perfect**	
	respingevo	respingevamo	avevo respinto	avevamo respinto
	respingevi	respingevate	avevi respinto	avevate respinto
	respingeva	respingevano	aveva respinto	avevano respinto
	Past Definite		**Past Anterior**	
	respinsi	respingemmo	ebbi respinto	avemmo respinto
	respingesti	respingeste	avesti respinto	aveste respinto
	respinse	respinsero	ebbe respinto	ebbero respinto
	Future		**Future Perfect**	
	respingerò	respingeremo	avrò respinto	avremo respinto
	respingerai	respingerete	avrai respinto	avrete respinto
	respingerà	respingeranno	avrà respinto	avranno respinto
Subjunctive	**Present**		**Present Perfect**	
	respinga	respingiamo	abbia respinto	abbiamo respinto
	respinga	respingiate	abbia respinto	abbiate respinto
	respinga	respingano	abbia respinto	abbiano respinto
	Imperfect		**Past Perfect**	
	respingessi	respingessimo	avessi respinto	avessimo respinto
	respingessi	respingeste	avessi respinto	aveste respinto
	respingesse	respingessero	avesse respinto	avessero respinto
Conditional	**Present Conditional**		**Perfect Conditional**	
	respingerei	respingeremmo	avrei respinto	avremmo respinto
	respingeresti	respingereste	avresti respinto	avreste respinto
	respingerebbe	respingerebbero	avrebbe respinto	avrebbero respinto

EXAMPLES

La polizia ha respinto i dimostranti.	The police drove back the demonstrators.
Penso che la commissione respingerà la proposta.	I think the committee will reject/turn down the proposal.
Respinto al mittente.	Return to sender.
Lo hanno respinto in/a latino.	He was failed (literally, they failed him) in Latin.

respirare
to breathe
Auxiliary verb: avere **Past participle:** respirato **Gerund:** respirando
Imperative: (tu) respira (non respirare); (Lei) respiri; (noi) respiriamo;
(voi) respirate; (Loro) respirino

Mode	Simple Tenses		Compound Tenses	
	Singular	*Plural*	*Singular*	*Plural*
Indicative	**Present**		**Present Perfect**	
	respiro	respiriamo	ho respirato	abbiamo respirato
	respiri	respirate	hai respirato	avete respirato
	respira	respirano	ha respirato	hanno respirato
	Imperfect		**Past Perfect**	
	respiravo	respiravamo	avevo respirato	avevamo respirato
	respiravi	respiravate	avevi respirato	avevate respirato
	respirava	respiravano	aveva respirato	avevano respirato
	Past Definite		**Past Anterior**	
	respirai	respirammo	ebbi respirato	avemmo respirato
	respirasti	respiraste	avesti respirato	aveste respirato
	respirò	respirarono	ebbe respirato	ebbero respirato
	Future		**Future Perfect**	
	respirerò	respireremo	avrò respirato	avremo respirato
	respirerai	respirerete	avrai respirato	avrete respirato
	respirerà	respireranno	avrà respirato	avranno respirato
Subjunctive	**Present**		**Present Perfect**	
	respiri	respiriamo	abbia respirato	abbiamo respirato
	respiri	respiriate	abbia respirato	abbiate respirato
	respiri	respirino	abbia respirato	abbiano respirato
	Imperfect		**Past Perfect**	
	respirassi	respirassimo	avessi respirato	avessimo respirato
	respirassi	respiraste	avessi respirato	aveste respirato
	respirasse	respirassero	avesse respirato	avessero respirato
Conditional	**Present Conditional**		**Perfect Conditional**	
	respirerei	respireremmo	avrei respirato	avremmo respirato
	respireresti	respirereste	avresti respirato	avreste respirato
	respirerebbe	respirerebbero	avrebbe respirato	avrebbero respirato

EXAMPLES

. . . e adesso respirate profondamente.	. . . and now take a deep breath.
Dovresti respirare con il naso.	You should breathe through your nose.
Non respira più.	He has stopped breathing.
È rimasto sott'acqua due minuti senza respirare.	He was under water for two minutes without taking a breath.
In questo periodo non ho tempo di respirare.	These days I don't have time to breathe.
Non respira bene.	He's having trouble breathing. / He has respiratory problems.

restare

to stay, to remain, to be (left)
Auxiliary verb: essere **Past participle:** restato **Gerund:** restando
Imperative: (tu) resta (non restare); (Lei) resti; (noi) restiamo; (voi) restate; (Loro) restino

Mode	Simple Tenses		Compound Tenses	
	Singular	*Plural*	*Singular*	*Plural*
	Present		**Present Perfect**	
Indicative	resto	restiamo	sono restato/a	siamo restati/e
	resti	restate	sei restato/a	siete restati/e
	resta	restano	è restato/a	sono restati/e
	Imperfect		**Past Perfect**	
	restavo	restavamo	ero restato/a	eravamo restati/e
	restavi	restavate	eri restato/a	eravate restati/e
	restava	restavano	era restato/a	erano restati/e
	Past Definite		**Past Anterior**	
	restai	restammo	fui restato/a	fummo restati/e
	restasti	restaste	fosti restato/a	foste restati/e
	restò	restarono	fu restato/a	furono restati/e
	Future		**Future Perfect**	
	resterò	resteremo	sarò restato/a	saremo restati/e
	resterai	resterete	sarai restato/a	sarete restati/e
	resterà	resteranno	sarà restato/a	saranno restati/e
Subjunctive	**Present**		**Present Perfect**	
	resti	restiamo	sia restato/a	siamo restati/e
	resti	restiate	sia restato/a	siate restati/e
	resti	restino	sia restato/a	siano restati/e
	Imperfect		**Past Perfect**	
	restassi	restassimo	fossi restato/a	fossimo restati/e
	restassi	restaste	fossi restato/a	foste restati/e
	restasse	restassero	fosse restato/a	fossero restati/e
Conditional	**Present Conditional**		**Perfect Conditional**	
	resterei	resteremmo	sarei restato/a	saremmo restati/e
	resteresti	restereste	saresti restato/a	sareste restati/e
	resterebbe	resterebbero	sarebbe restato/a	sarebbero restati/e

Note: *Restare* can also be conjugated as *piacere* in which case it means "to be left"; it is used in the third-person singular and plural with the indirect pronouns *mi, ti, gli/le, ci, vi*—for example, *mi resta(no), mi è restato/a.* . . . (Refer to Verb Usage Review and the fifth example below).

EXAMPLES

Questa estate restiamo in città.	This summer we will stay in town.
Ieri sera sono restato a casa.	Yesterday night I stayed at home.
Vuoi restare a cena?	Would you like to stay for dinner? / Do you want to stay for dinner?
Restano pochi minuti.	There are only a few minutes left.
Mi restano solo dieci euro.	I only have ten euro left.
Ci sono restato per tre giorni.	I stayed there for three days.
Resterei volentieri a letto.	I would rather stay in bed.

restituire

to return (something), to give back

Auxiliary verb: avere **Past participle:** restituito **Gerund:** restituendo
Imperative: (tu) restituisci (non restituire); (Lei) restituisca; (noi) restituiamo; (voi) restituite; (Loro) restituiscano

Mode	Simple Tenses		Compound Tenses	
	Singular	*Plural*	*Singular*	*Plural*
Indicative	**Present**		**Present Perfect**	
	restituisco	restituiamo	ho restituito	abbiamo restituito
	restituisci	restituite	hai restituito	avete restituito
	restituisce	restituiscono	ha restituito	hanno restituito
	Imperfect		**Past Perfect**	
	restituivo	restituivamo	avevo restituito	avevamo restituito
	restituivi	restituivate	avevi restituito	avevate restituito
	restituiva	restituivano	aveva restituito	avevano restituito
	Past Definite		**Past Anterior**	
	restituii	restituimmo	ebbi restituito	avemmo restituito
	restituisti	restituiste	avesti restituito	aveste restituito
	restituì	restituirono	ebbe restituito	ebbero restituito
	Future		**Future Perfect**	
	restituirò	restituiremo	avrò restituito	avremo restituito
	restituirai	restituirete	avrai restituito	avrete restituito
	restituirà	restituiranno	avrà restituito	avranno restituito
Subjunctive	**Present**		**Present Perfect**	
	restituisca	restituiamo	abbia restituito	abbiamo restituito
	restituisca	restituiate	abbia restituito	abbiate restituito
	restituisca	restituiscano	abbia restituito	abbiano restituito
	Imperfect		**Past Perfect**	
	restituissi	restituissimo	avessi restituito	avessimo restituito
	restituissi	restituiste	avessi restituito	aveste restituito
	restituisse	restituissero	avesse restituito	avessero restituito
Conditional	**Present Conditional**		**Perfect Conditional**	
	restituirei	restituiremmo	avrei restituito	avremmo restituito
	restituiresti	restituireste	avresti restituito	avreste restituito
	restituirebbe	restituirebbero	avrebbe restituito	avrebbero restituito

Note: *Restituire* takes a direct object and an indirect object: *Restituire + qualcosa + a qualcuno* ("to return something to somebody").

EXAMPLES

Devo restituire un libro alla biblioteca.	I have to return a book to the library.
Il libro deve essere restituito tra un mese.	The book must be returned in a month's time.
Hai restituito il denaro preso in prestito?	Did you repay the loan?
Restituiranno il colore originario all'affresco.	They will restore the fresco to its original color.
Restituisco volentieri il favore.	I'll return the favor with pleasure.

riassumere

to summarize, to sum up

Auxiliary verb: avere **Past participle:** riassunto **Gerund:** riassumendo
Imperative: (tu) riassumi (non riassumere); (Lei) riassuma; (noi) riassumiamo; (voi) riassumete; (Loro) riassumano

Mode	Simple Tenses		Compound Tenses	
	Singular	*Plural*	*Singular*	*Plural*
	Present		**Present Perfect**	
	riassumo	riassumiamo	ho riassunto	abbiamo riassunto
	riassumi	riassumete	hai riassunto	avete riassunto
	riassume	riassumono	ha riassunto	hanno riassunto
	Imperfect		**Past Perfect**	
	riassumevo	riassumevamo	avevo riassunto	avevamo riassunto
	riassumevi	riassumevate	avevi riassunto	avevate riassunto
	riassumeva	riassumevano	aveva riassunto	avevano riassunto
Indicative	**Past Definite**		**Past Anterior**	
	riassunsi	riassumemmo	ebbi riassunto	avemmo riassunto
	riassumesti	riassumeste	avesti riassunto	aveste riassunto
	riassunse	riassunsero	ebbe riassunto	ebbero riassunto
	Future		**Future Perfect**	
	riassumerò	riassumeremo	avrò riassunto	avremo riassunto
	riassumerai	riassumerete	avrai riassunto	avrete riassunto
	riassumerà	riassumeranno	avrà riassunto	avranno riassunto
	Present		**Present Perfect**	
	riassuma	riassumiamo	abbia riassunto	abbiamo riassunto
	riassuma	riassumiate	abbia riassunto	abbiate riassunto
Subjunctive	riassuma	riassumano	abbia riassunto	abbiano riassunto
	Imperfect		**Past Perfect**	
	riassumessi	riassumessimo	avessi riassunto	avessimo riassunto
	riassumessi	riassumeste	avessi riassunto	aveste riassunto
	riassumesse	riassumessero	avesse riassunto	avessero riassunto
Conditional	**Present Conditional**		**Perfect Conditional**	
	riassumerei	riassumeremmo	avrei riassunto	avremmo riassunto
	riassumeresti	riassumereste	avresti riassunto	avreste riassunto
	riassumerebbe	riassumerebbero	avrebbe riassunto	avrebbero riassunto

EXAMPLES

Devo riassumere il libro per la lezione di domani.

I have to summarize the book for class tomorrow.

Il sindaco riassumerà la carica.

The mayor will take office again.

Riassumete in poche parole l'articolo di giornale.

Sum up the article in brief.

Per riassumere . . .

In brief . . . (To sum up . . .)

ribellarsi

to rebel, to rise up; to revolt

Auxiliary verb: essere **Past participle:** ribellato(si) **Gerund:** ribellando(si)

Imperative: (tu) ribellati (non ribellarti); (Lei) si ribelli; (noi) ribelliamoci; (voi) ribellatevi; (Loro) si ribellino

Mode	Simple Tenses		Compound Tenses	
	Singular	*Plural*	*Singular*	*Plural*
Indicative	**Present**		**Present Perfect**	
	mi ribello ti ribelli si ribella	ci ribelliamo vi ribellate si ribellano	mi sono ribellato/a ti sei ribellato/a si è ribellato/a	ci siamo ribellati/e vi siete ribellati/e si sono ribellati/e
	Imperfect		**Past Perfect**	
	mi ribellavo ti ribellavi si ribellava	ci ribellavamo vi ribellavate si ribellavano	mi ero ribellato/a ti eri ribellato/a si era ribellato/a	ci eravamo ribellati/e vi eravate ribellati/e si erano ribellati/e
	Past Definite		**Past Anterior**	
	mi ribellai ti ribellasti si ribellò	ci ribellammo vi ribellaste si ribellarono	mi fui ribellato/a ti fosti ribellato/a si fu ribellato/a	ci fummo ribellati/e vi foste ribellati/e si furono ribellati/e
	Future		**Future Perfect**	
	mi ribellerò ti ribellerai si ribellerà	ci ribelleremo vi ribellerete si ribelleranno	mi sarò ribellato/a ti sarai ribellato/a si sarà ribellato/a	ci saremo ribellati/e vi sarete ribellati/e si saranno ribellati/e
Subjunctive	**Present**		**Present Perfect**	
	mi ribelli ti ribelli si ribelli	ci ribelliamo vi ribelliate si ribellino	mi sia ribellato/a ti sia ribellato/a si sia ribellato/a	ci siamo ribellati/e vi siate ribellati/e si siano ribellati/e
	Imperfect		**Past Perfect**	
	mi ribellassi ti ribellassi si ribellasse	ci ribellassimo vi ribellaste si ribellassero	mi fossi ribellato/a ti fossi ribellato/a si fosse ribellato/a	ci fossimo ribellati/e vi foste ribellati/e si fossero ribellati/e
Conditional	**Present Conditional**		**Perfect Conditional**	
	mi ribellerei ti ribelleresti si ribellerebbe	ci ribelleremmo vi ribellereste si ribellerebbero	mi sarei ribellato/a ti saresti ribellato/a si sarebbe ribellato/a	ci saremmo ribellati/e vi sareste ribellati/e si sarebbero ribellati/e

Note: *Ribellarsi* requires the preposition *a* after a noun (see the last three examples below).

EXAMPLES

Il popolo si ribellò.	The people revolted.
Si è ribellato ai genitori.	He rebelled against his parents.
Ribelliamoci all'ingiustizia!	Let's protest against the injustice!
I negozianti si sono ribellati alle nuove disposizioni.	The storekeepers are protesting against the new regulations.

ricercare

to research, to seek, to pursue, to look into
Auxiliary verb: avere **Past participle:** ricercato **Gerund:** ricercando
Imperative: (tu) ricerca (non ricercare); (Lei) ricerchi; (noi) ricerchiamo;
(voi) ricercate; (Loro) ricerchino

Mode	Simple Tenses		Compound Tenses	
	Singular	*Plural*	*Singular*	*Plural*
Indicative	**Present**		**Present Perfect**	
	ricerco	ricerchiamo	ho ricercato	abbiamo ricercato
	ricerchi	ricercate	hai ricercato	avete ricercato
	ricerca	ricercano	ha ricercato	hanno ricercato
	Imperfect		**Past Perfect**	
	ricercavo	ricercavamo	avevo ricercato	avevamo ricercato
	ricercavi	ricercavate	avevi ricercato	avevate ricercato
	ricercava	ricercavano	aveva ricercato	avevano ricercato
	Past Definite		**Past Anterior**	
	ricercai	ricercammo	ebbi ricercato	avemmo ricercato
	ricercasti	ricercaste	avesti ricercato	aveste ricercato
	ricercò	ricercarono	ebbe ricercato	ebbero ricercato
	Future		**Future Perfect**	
	ricercherò	ricercheremo	avrò ricercato	avremo ricercato
	ricercherai	ricercherete	avrai ricercato	avrete ricercato
	ricercherà	ricercheranno	avrà ricercato	avranno ricercato
Subjunctive	**Present**		**Present Perfect**	
	ricerchi	ricerchiamo	abbia ricercato	abbiamo ricercato
	ricerchi	ricerchiate	abbia ricercato	abbiate ricercato
	ricerchi	ricerchino	abbia ricercato	abbiano ricercato
	Imperfect		**Past Perfect**	
	ricercassi	ricercassimo	avessi ricercato	avessimo ricercato
	ricercassi	ricercaste	avessi ricercato	aveste ricercato
	ricercasse	ricercassero	avesse ricercato	avessero ricercato
Conditional	**Present Conditional**		**Perfect Conditional**	
	ricercherei	ricercheremmo	avrei ricercato	avremmo ricercato
	ricercheresti	ricerchereste	avresti ricercato	avreste ricercato
	ricercherebbe	ricercherebbero	avrebbe ricercato	avrebbero ricercato

Note: *Ricercare* doesn't require a preposition after the verb as does "to search" or "to look for" (see the first example below).

EXAMPLES

Ho cercato e ricercato l'anello senza trovarlo.	I looked/searched for the ring again and again everywhere without finding it.
Quel pittore ha ricercato la perfezione.	That painter sought perfection.
Ricerco la felicità.	I pursue happiness.
Ricerchiamo un ideale.	We are pursuing an ideal.
È ricercato dalla polizia.	He is wanted by the police.
Stanno ricercando la possibilità di vita su Marte.	They are looking into the possibility of life on Mars.

ricevere

to receive, to welcome, to get

Auxiliary verb: avere **Past participle:** ricevuto **Gerund:** ricevendo
Imperative: (tu) ricevi (non ricevere); (Lei) riceva; (noi) riceviamo; (voi) ricevete; (Loro) ricevano

Mode	Simple Tenses		Compound Tenses	
	Singular	*Plural*	*Singular*	*Plural*
Indicative	**Present**		**Present Perfect**	
	ricevo	riceviamo	ho ricevuto	abbiamo ricevuto
	ricevi	ricevete	hai ricevuto	avete ricevuto
	riceve	ricevono	ha ricevuto	hanno ricevuto
	Imperfect		**Past Perfect**	
	ricevevo	ricevevamo	avevo ricevuto	avevamo ricevuto
	ricevevi	ricevevate	avevi ricevuto	avevate ricevuto
	riceveva	ricevevano	aveva ricevuto	avevano ricevuto
	Past Definite		**Past Anterior**	
	ricevetti/ei	ricevemmo	ebbi ricevuto	avemmo ricevuto
	ricevesti	riceveste	avesti ricevuto	aveste ricevuto
	ricevette/è	ricevettero/erono	ebbe ricevuto	ebbero ricevuto
	Future		**Future Perfect**	
	riceverò	riceveremo	avrò ricevuto	avremo ricevuto
	riceverai	riceverete	avrai ricevuto	avrete ricevuto
	riceverà	riceveranno	avrà ricevuto	avranno ricevuto
Subjunctive	**Present**		**Present Perfect**	
	riceva	riceviamo	abbia ricevuto	abbiamo ricevuto
	riceva	riceviate	abbia ricevuto	abbiate ricevuto
	riceva	ricevano	abbia ricevuto	abbiano ricevuto
	Imperfect		**Past Perfect**	
	ricevessi	ricevessimo	avessi ricevuto	avessimo ricevuto
	ricevessi	riceveste	avessi ricevuto	aveste ricevuto
	ricevesse	ricevessero	avesse ricevuto	avessero ricevuto
Conditional	**Present Conditional**		**Perfect Conditional**	
	riceverei	riceveremmo	avrei ricevuto	avremmo ricevuto
	riceveresti	ricevereste	avresti ricevuto	avreste ricevuto
	riceverebbe	riceverebbero	avrebbe ricevuto	avrebbero ricevuto

EXAMPLES

Abbiamo ricevuto la lettera oggi.	We have received the letter today.
Hai ricevuto il pacco?	Did you receive/get the parcel?
Non ricevo notizie da Carol da lunedì.	I haven't heard from Carol since Monday.
Non può ricevere telefonate.	He cannot receive phone calls.
Dove riceverete gli ospiti?	Where are you going to receive/welcome the guests?
Lo hanno ricevuto a braccia aperte.	They welcomed him with open arms.
L'avvocato riceve i clienti dalle 9 alle 11.	The lawyer receives clients from 9 to 11.
Si riceve solo su appuntamento.	Visits are by appointment only.

richiamare

to call again, to call back, to catch, to draw, to call off
Auxiliary verb: avere **Past participle:** richiamato **Gerund:** richiamando
Imperative: (tu) richiama (non richiamare); (Lei) richiami; (noi) richiamiamo; (voi) richiamate; (Loro) richiamino

Mode	Simple Tenses		Compound Tenses	
	Singular	*Plural*	*Singular*	*Plural*
	Present		**Present Perfect**	
Indicative	richiamo	richiamiamo	ho richiamato	abbiamo richiamato
	richiami	richiamate	hai richiamato	avete richiamato
	richiama	richiamano	ha richiamato	hanno richiamato
	Imperfect		**Past Perfect**	
	richiamavo	richiamavamo	avevo richiamato	avevamo richiamato
	richiamavi	richiamavate	avevi richiamato	avevate richiamato
	richiamava	richiamavano	aveva richiamato	avevano richiamato
	Past Definite		**Past Anterior**	
	richiamai	richiamammo	ebbi richiamato	avemmo richiamato
	richiamasti	richiamaste	avesti richiamato	aveste richiamato
	richiamò	richiamarono	ebbe richiamato	ebbero richiamato
	Future		**Future Perfect**	
	richiamerò	richiameremo	avrò richiamato	avremo richiamato
	richiamerai	richiamerete	avrai richiamato	avrete richiamato
	richiamerà	richiameranno	avrà richiamato	avranno richiamato
Subjunctive	**Present**		**Present Perfect**	
	richiami	richiamiamo	abbia richiamato	abbiamo richiamato
	richiami	richiamiate	abbia richiamato	abbiate richiamato
	richiami	richiamino	abbia richiamato	abbiano richiamato
	Imperfect		**Past Perfect**	
	richiamassi	richiamassimo	avessi richiamato	avessimo richiamato
	richiamassi	richiamaste	avessi richiamato	aveste richiamato
	richiamasse	richiamassero	avesse richiamato	avessero richiamato
Conditional	**Present Conditional**		**Perfect Conditional**	
	richiamerei	richiameremmo	avrei richiamato	avremmo richiamato
	richiameresti	richiamereste	avresti richiamato	avreste richiamato
	richiamerebbe	richiamerebbero	avrebbe richiamato	avrebbero richiamato

EXAMPLES

Ti richiamo domani.
I'll call you back tomorrow.

L'Italia ha richiamato l'ambasciatore.
Italy has recalled the ambassador.

Richiama i cani!
Call off the dogs!

Quel cartellone richiamò la mia attenzione.
That poster caught my eye.

Richiamo la vostra attenzione sul terzo comma.
I want to call/draw your attention to the third paragraph.

La mostra sta richiamando un pubblico enorme.
The exhibition is drawing a large audience.

richiedere

to require, to ask for again, to ask back, to demand
Auxiliary verb: avere **Past participle:** richiesto **Gerund:** richiedendo
Imperative: (tu) richiedi (non richiedere); (Lei) richieda; (noi) richiediamo; (voi) richiedete; (Loro) richiedano

Mode	Simple Tenses		Compound Tenses	
	Singular	*Plural*	*Singular*	*Plural*
	Present		**Present Perfect**	
Indicative	richiedo	richiediamo	ho richiesto	abbiamo richiesto
	richiedi	richiedete	hai richiesto	avete richiesto
	richiede	richiedono	ha richiesto	hanno richiesto
	Imperfect		**Past Perfect**	
	richiedevo	richiedevamo	avevo richiesto	avevamo richiesto
	richiedevi	richiedevate	avevi richiesto	avevate richiesto
	richiedeva	richiedevano	aveva richiesto	avevano richiesto
	Past Definite		**Past Anterior**	
	richiesi	richiedemmo	ebbi richiesto	avemmo richiesto
	richiedesti	richiedeste	avesti richiesto	aveste richiesto
	richiese	richiesero	ebbe richiesto	ebbero richiesto
	Future		**Future Perfect**	
	richiederò	richiederemo	avrò richiesto	avremo richiesto
	richiederai	richiederete	avrai richiesto	avrete richiesto
	richiederà	richiederanno	avrà richiesto	avranno richiesto
Subjunctive	**Present**		**Present Perfect**	
	richieda	richiediamo	abbia richiesto	abbiamo richiesto
	richieda	richiediate	abbia richiesto	abbiate richiesto
	richieda	richiedano	abbia richiesto	abbiano richiesto
	Imperfect		**Past Perfect**	
	richiedessi	richiedessimo	avessi richiesto	avessimo richiesto
	richiedessi	richiedeste	avessi richiesto	aveste richiesto
	richiedesse	richiedessero	avesse richiesto	avessero richiesto
Conditional	**Present Conditional**		**Perfect Conditional**	
	richiederei	richiederemmo	avrei richiesto	avremmo richiesto
	richiederesti	richiedereste	avresti richiesto	avreste richiesto
	richiederebbe	richiederebbero	avrebbe richiesto	avrebbero richiesto

Note: *Richiedere* takes a direct object and an indirect object: *richiedere+ qualcosa + a qualcuno* ("to ask somebody again for something").

EXAMPLES

Mi ha richiesto l'indirizzo.	He asked for my address again.
Gli richiesi i soldi.	I asked him for my money back.
Richiediamo la collaborazione di tutti.	We're asking for everybody's collaboration.
Richiederò la mia parte di eredità.	I will ask for my part of the inheritance.
Questo modello è molto richiesto.	This model is in great demand.
Si richiede la conoscenza di due lingue.	Knowledge of two languages is required.
Questo lavoro richiede concentrazione.	This job requires concentration.

riconoscere

to recognize, to know, to tell, to acknowledge
Auxiliary verb: avere **Past participle:** riconosciuto **Gerund:** riconoscendo
Imperative: (tu) riconosci (non riconoscere); (Lei) riconosca; (noi) riconosciamo; (voi) riconoscete; (Loro) riconoscano

Mode	Simple Tenses		Compound Tenses	
	Singular	*Plural*	*Singular*	*Plural*
Indicative	**Present**		**Present Perfect**	
	riconosco	riconosciamo	ho riconosciuto	abbiamo riconosciuto
	riconosci	riconoscete	hai riconosciuto	avete riconosciuto
	riconosce	riconoscono	ha riconosciuto	hanno riconosciuto
	Imperfect		**Past Perfect**	
	riconoscevo	riconoscevamo	avevo riconosciuto	avevamo riconosciuto
	riconoscevi	riconoscevate	avevi riconosciuto	avevate riconosciuto
	riconosceva	riconoscevano	aveva riconosciuto	avevano riconosciuto
	Past Definite		**Past Anterior**	
	riconobbi	riconoscemmo	ebbi riconosciuto	avemmo riconosciuto
	riconoscesti	riconosceste	avesti riconosciuto	aveste riconosciuto
	riconobbe	riconobbero	ebbe riconosciuto	ebbero riconosciuto
	Future		**Future Perfect**	
	riconoscerò	riconosceremo	avrò riconosciuto	avremo riconosciuto
	riconoscerai	riconoscerete	avrai riconosciuto	avrete riconosciuto
	riconoscerà	riconosceranno	avrà riconosciuto	avranno riconosciuto
Subjunctive	**Present**		**Present Perfect**	
	riconosca	riconosciamo	abbia riconosciuto	abbiamo riconosciuto
	riconosca	riconosciate	abbia riconosciuto	abbiate riconosciuto
	riconosca	riconoscano	abbia riconosciuto	abbiano riconosciuto
	Imperfect		**Past Perfect**	
	riconoscessi	riconoscessimo	avessi riconosciuto	avessimo riconosciuto
	riconoscessi	riconosceste	avessi riconosciuto	aveste riconosciuto
	riconoscesse	riconoscessero	avesse riconosciuto	avessero riconosciuto
Conditional	**Present Conditional**		**Perfect Conditional**	
	riconoscerei	riconosceremmo	avrei riconosciuto	avremmo riconosciuto
	riconosceresti	riconoscereste	avresti riconosciuto	avreste riconosciuto
	riconoscerebbe	riconoscerebbero	avrebbe riconosciuto	avrebbero riconosciuto

Note: As a reflexive verb *riconoscersi* ("to recognize oneself or each other") uses the reflexive pronouns *mi, ti, si, ci, vi, si*, as well as the auxiliary verb *essere*, to form compound tenses (see the sixth example below).

EXAMPLES

Ha riconosciuto subito tuo fratello.	He recognized your brother immediately.
Riconosci questo motivo musicale?	Do you recognize this tune?
Puoi riconoscere un Van Gogh vero da uno falso?	Can you tell the difference between a real Van Gogh and a fake one?
Non ha riconosciuto il figlio.	He didn't recognize/acknowledge him as his son.
È riconosciuto come il più grande compositore vivente.	He is recognized as the world's greatest living composer.
Si sono riconosciuti subito.	They recognized each other at once.

ricordare

to remember, to remind

Auxiliary verb: avere **Past participle:** ricordato **Gerund:** ricordando

Imperative: (tu) ricorda (non ricordare); (Lei) ricordi; (noi) ricordiamo; (voi) ricordate; (Loro) ricordino

Mode	Simple Tenses		Compound Tenses	
	Singular	*Plural*	*Singular*	*Plural*
Indicative	**Present**		**Present Perfect**	
	ricordo	ricordiamo	ho ricordato	abbiamo ricordato
	ricordi	ricordate	hai ricordato	avete ricordato
	ricorda	ricordano	ha ricordato	hanno ricordato
	Imperfect		**Past Perfect**	
	ricordavo	ricordavamo	avevo ricordato	avevamo ricordato
	ricordavi	ricordavate	avevi ricordato	avevate ricordato
	ricordava	ricordavano	aveva ricordato	avevano ricordato
	Past Definite		**Past Anterior**	
	ricordai	ricordammo	ebbi ricordato	avemmo ricordato
	ricordasti	ricordaste	avesti ricordato	aveste ricordato
	ricordò	ricordarono	ebbe ricordato	ebbero ricordato
	Future		**Future Perfect**	
	ricorderò	ricorderemo	avrò ricordato	avremo ricordato
	ricorderai	ricorderete	avrai ricordato	avrete ricordato
	ricorderà	ricorderanno	avrà ricordato	avranno ricordato
Subjunctive	**Present**		**Present Perfect**	
	ricordi	ricordiamo	abbia ricordato	abbiamo ricordato
	ricordi	ricordiate	abbia ricordato	abbiate ricordato
	ricordi	ricordino	abbia ricordato	abbiano ricordato
	Imperfect		**Past Perfect**	
	ricordassi	ricordassimo	avessi ricordato	avessimo ricordato
	ricordassi	ricordaste	avessi ricordato	aveste ricordato
	ricordasse	ricordassero	avesse ricordato	avessero ricordato
Conditional	**Present Conditional**		**Perfect Conditional**	
	ricorderei	ricorderemmo	avrei ricordato	avremmo ricordato
	ricorderesti	ricordereste	avresti ricordato	avreste ricordato
	ricorderebbe	ricorderebbero	avrebbe ricordato	avrebbero ricordato

Note: As a reflexive verb *ricordarsi* uses the reflexive pronouns *mi, ti, si, ci, vi, si*, as well as the auxiliary verb *essere*, to form compound tenses (see the second example below). *Ricordare* and *ricordarsi* are used interchangeably when followed by a noun (see the first example below). *Ricordarsi* requires the preposition *di* before an infinitive (see the second example below).

EXAMPLES

(Ti) ricordi quella vacanza?	Do you remember that vacation?
Ti sei ricordato di pagare il conto?	Did you remember to pay the bill?
Ho ricordato a Giorgio la sua promessa.	I reminded Giorgio of his promise.
Vuoi ricordare a Maria di comprare il pane?	Will you remind Maria to buy bread?
Me ne ricordo benissimo.	I remember it very well.

ricorrere

to recur, to seek, to appeal, to turn to
Auxiliary verb: essere **Past participle:** ricorso **Gerund:** ricorrendo
Imperative: (tu) ricorri (non ricorrere); (Lei) ricorra; (noi) ricorriamo;
(voi) ricorrete; (Loro) ricorrano

Mode	Simple Tenses		Compound Tenses	
	Singular	*Plural*	*Singular*	*Plural*
	Present		**Present Perfect**	
Indicative	ricorro	ricorriamo	sono ricorso/a	siamo ricorsi/e
	ricorri	ricorrete	sei ricorso/a	siete ricorsi/e
	ricorre	ricorrono	è ricorso/a	sono ricorsi/e
	Imperfect		**Past Perfect**	
	ricorrevo	ricorrevamo	ero ricorso/a	eravamo ricorsi/e
	ricorrevi	ricorrevate	eri ricorso/a	eravate ricorsi/e
	ricorreva	ricorrevano	era ricorso/a	erano ricorsi/e
	Past Definite		**Past Anterior**	
	ricorsi	ricorremmo	fui ricorso/a	fummo ricorsi/e
	ricorresti	ricorreste	fosti ricorso/a	foste ricorsi/e
	ricorse	ricorsero	fu ricorso/a	furono ricorsi/e
	Future		**Future Perfect**	
	ricorrerò	ricorreremo	sarò ricorso/a	saremo ricorsi/e
	ricorrerai	ricorrerete	sarai ricorso/a	sarete ricorsi/e
	ricorrerà	ricorreranno	sarà ricorso/a	saranno ricorsi/e
Subjunctive	**Present**		**Present Perfect**	
	ricorra	ricorriamo	sia ricorso/a	siamo ricorsi/e
	ricorra	ricorriate	sia ricorso/a	siate ricorsi/e
	ricorra	ricorrano	sia ricorso/a	siano ricorsi/e
	Imperfect		**Past Perfect**	
	ricorressi	ricorressimo	fossi ricorso/a	fossimo ricorsi/e
	ricorressi	ricorreste	fossi ricorso/a	foste ricorsi/e
	ricorresse	ricorressero	fosse ricorso/a	fossero ricorsi/e
Conditional	**Present Conditional**		**Perfect Conditional**	
	ricorrerei	ricorreremmo	sarei ricorso/a	saremmo ricorsi/e
	ricorreresti	ricorrereste	saresti ricorso/a	sareste ricorsi/e
	ricorrerebbe	ricorrerebbero	sarebbe ricorso/a	sarebbero ricorsi/e

EXAMPLES

È un fenomeno che ricorre spesso.	It's a phenomenon that recurs frequently.
Sono parole che ricorrono nei suoi scritti.	These are words that recur in his writings.
Ricorrerò a un avvocato.	I'll seek the help of a lawyer.
È dovuto ricorrere alle autorità competenti.	He had to turn to the proper authorities.
Ricorreremo in appello.	We will appeal (the decision of the judge).
Ricorreremo in Cassazione.	We will appeal to the Supreme Court.
Sono ricorso al dizionario.	I consulted a dictionary.
Penso che oggi ricorra l'anniversario.	I think that today is the day on which the anniversary falls.

ridere
to laugh
Auxiliary verb: avere **Past participle:** riso **Gerund:** ridendo
Imperative: (tu) ridi (non ridere); (Lei) rida; (noi) ridiamo; (voi) ridete;
(Loro) ridano

Mode	Simple Tenses		Compound Tenses	
	Singular	*Plural*	*Singular*	*Plural*
Indicative	**Present**		**Present Perfect**	
	rido	ridiamo	ho riso	abbiamo riso
	ridi	ridete	hai riso	avete riso
	ride	ridono	ha riso	hanno riso
	Imperfect		**Past Perfect**	
	ridevo	ridevamo	avevo riso	avevamo riso
	ridevi	ridevate	avevi riso	avevate riso
	rideva	ridevano	aveva riso	avevano riso
	Past Definite		**Past Anterior**	
	risi	ridemmo	ebbi riso	avemmo riso
	ridesti	rideste	avesti riso	aveste riso
	rise	risero	ebbe riso	ebbero riso
	Future		**Future Perfect**	
	riderò	rideremo	avrò riso	avremo riso
	riderai	riderete	avrai riso	avrete riso
	riderà	rideranno	avrà riso	avranno riso
Subjunctive	**Present**		**Present Perfect**	
	rida	ridiamo	abbia riso	abbiamo riso
	rida	ridiate	abbia riso	abbiate riso
	rida	ridano	abbia riso	abbiano riso
	Imperfect		**Past Perfect**	
	ridessi	ridessimo	avessi riso	avessimo riso
	ridessi	rideste	avessi riso	aveste riso
	ridesse	ridessero	avesse riso	avessero riso
Conditional	**Present Conditional**		**Perfect Conditional**	
	riderei	rideremmo	avrei riso	avremmo riso
	rideresti	ridereste	avresti riso	avreste riso
	riderebbe	riderebbero	avrebbe riso	avrebbero riso

Note: Like *ridere* is *sorridere* ("to smile"). Note that *ridere* requires the preposition *di* + somebody while "to laugh" requires the preposition at somebody (see the first example below).

EXAMPLES

Tutti ridono di lui.	They are all laughing at him.
Hanno riso di cuore.	They laughed heartily.
Risi fino alle lacrime.	I laughed until I cried.
Non ho voglia di ridere.	I don't feel like laughing.
Siamo scoppiati a ridere.	We burst out laughing.
Ridevano a crepapelle.	They were laughing hysterically.
Ride bene chi ride ultimo.	He who laughs last laughs best. (proverb)

ridurre

to reduce, to cut down, to lower
Auxiliary verb: avere **Past participle:** ridotto **Gerund:** riducendo
Imperative: (tu) riduci (non ridurre); (Lei) riduca; (noi) riduciamo; (voi)
riducete; (Loro) riducano

Mode	Simple Tenses		Compound Tenses	
	Singular	*Plural*	*Singular*	*Plural*
Indicative	**Present**		**Present Perfect**	
	riduco	riduciamo	ho ridotto	abbiamo ridotto
	riduci	riducete	hai ridotto	avete ridotto
	riduce	riducono	ha ridotto	hanno ridotto
	Imperfect		**Past Perfect**	
	riducevo	riducevamo	avevo ridotto	avevamo ridotto
	riducevi	riducevate	avevi ridotto	avevate ridotto
	riduceva	riducevano	aveva ridotto	avevano ridotto
	Past Definite		**Past Anterior**	
	ridussi	riducemmo	ebbi ridotto	avemmo ridotto
	riducesti	riduceste	avesti ridotto	aveste ridotto
	ridusse	ridussero	ebbe ridotto	ebbero ridotto
	Future		**Future Perfect**	
	ridurrò	ridurremo	avrò ridotto	avremo ridotto
	ridurrai	ridurrete	avrai ridotto	avrete ridotto
	ridurrà	ridurranno	avrà ridotto	avranno ridotto
Subjunctive	**Present**		**Present Perfect**	
	riduca	riduciamo	abbia ridotto	abbiamo ridotto
	riduca	riduciate	abbia ridotto	abbiate ridotto
	riduca	riducano	abbia ridotto	abbiano ridotto
	Imperfect		**Past Perfect**	
	riducessi	riducessimo	avessi ridotto	avessimo ridotto
	riducessi	riduceste	avessi ridotto	aveste ridotto
	riducesse	riducessero	avesse ridotto	avessero ridotto
Conditional	**Present Conditional**		**Perfect Conditional**	
	ridurrei	ridurremmo	avrei ridotto	avremmo ridotto
	ridurresti	ridurreste	avresti ridotto	avreste ridotto
	ridurrebbe	ridurrebbero	avrebbe ridotto	avrebbero ridotto

Note: As a reflexive verb *ridursi* ("to be reduced," "to end up") uses the reflexive pronouns
mi, ti, si, ci, vi, si, as well as the auxiliary verb *essere,* to form compound tenses (see the sixth
and fifth examples below). *Ridursi* requires the preposition *a* before an infinitive (see the last
example below).

EXAMPLES

Abbiamo ridotto i prezzi.	We reduced our prices.
Il governo ridurrà le tasse.	The government will lower taxes.
Dovremmo ridurre il consumo di carburante.	We should cut down on fuel consumption.
Se tu riducessi la durata del tuo discorso, potrei parlare anche io.	If you shortened (the length of) your speech, I could also give mine.
Bollire finché il sugo si è ridotto a metà.	Boil until the sauce has reduced to half its original volume.
Si è ridotto a mendicare.	He is reduced to begging.

riempire
to fill

Auxiliary verb: avere **Past participle:** riempito **Gerund:** riempiendo
Imperative: (tu) riempi (non riempire); (Lei) riempia; (noi) riempiamo;
(voi) riempite; (Loro) riempiano

Mode	Simple Tenses		Compound Tenses	
	Singular	*Plural*	*Singular*	*Plural*
	Present		**Present Perfect**	
Indicative	riempio	riempiamo	ho riempito	abbiamo riempito
	riempi	riempite	hai riempito	avete riempito
	riempie	riempiono	ha riempito	hanno riempito
	Imperfect		**Past Perfect**	
	riempivo	riempivamo	avevo riempito	avevamo riempito
	riempivi	riempivate	avevi riempito	avevate riempito
	riempiva	riempivano	aveva riempito	avevano riempito
	Past Definite		**Past Anterior**	
	riempii	riempimmo	ebbi riempito	avemmo riempito
	riempisti	riempiste	avesti riempito	aveste riempito
	riempì	riempirono	ebbe riempito	ebbero riempito
	Future		**Future Perfect**	
	riempirò	riempiremo	avrò riempito	avremo riempito
	riempirai	riempirete	avrai riempito	avrete riempito
	riempirà	riempiranno	avrà riempito	avranno riempito
Subjunctive	**Present**		**Present Perfect**	
	riempia	riempiamo	abbia riempito	abbiamo riempito
	riempia	riempiate	abbia riempito	abbiate riempito
	riempia	riempiano	abbia riempito	abbiano riempito
	Imperfect		**Past Perfect**	
	riempissi	riempissimo	avessi riempito	avessimo riempito
	riempissi	riempiste	avessi riempito	aveste riempito
	riempisse	riempissero	avesse riempito	avessero riempito
Conditional	**Present Conditional**		**Perfect Conditional**	
	riempirei	riempiremmo	avrei riempito	avremmo riempito
	riempiresti	riempireste	avresti riempito	avreste riempito
	riempirebbe	riempirebbero	avrebbe riempito	avrebbero riempito

Note: As a reflexive verb *riempirsi* ("to fill," "to be filled with," "to stuff oneself") uses the reflexive pronouns *mi, ti, si, ci, vi, si,* as well as the auxiliary verb *essere,* to form compound tenses (see the fourth and fifth examples below). *Riempire* requires the preposition *di* while "to fill" requires the preposition "with" (see the first and fourth examples below).

EXAMPLES

Ho riempito la bottiglia d'acqua.	I filled the bottle with water.
Devi riempire il modulo.	You have to fill out the form.
Penso che l'abbiano riempito di botte.	I think they have beaten him up. (Literally "filled him with hits")
La sala si riempì di gente.	The room was/became filled (up) with people.
Si è riempita di biscotti.	She stuffed herself with cookies.

rifare
to do again, to make again
Auxiliary verb: avere **Past participle:** rifatto **Gerund:** rifacendo
Imperative: (tu) rifai (non rifare); (Lei) rifaccia; (noi) rifacciamo; (voi)
rifate; (Loro) rifacciano

Mode	Simple Tenses		Compound Tenses	
	Singular	*Plural*	*Singular*	*Plural*
Indicative	**Present**		**Present Perfect**	
	rifaccio	rifacciamo	ho rifatto	abbiamo rifatto
	rifai	rifate	hai rifatto	avete rifatto
	rifà	rifanno	ha rifatto	hanno rifatto
	Imperfect		**Past Perfect**	
	rifacevo	rifacevamo	avevo rifatto	avevamo rifatto
	rifacevi	rifacevate	avevi rifatto	avevate rifatto
	rifaceva	rifacevano	aveva rifatto	avevano rifatto
	Past Definite		**Past Anterior**	
	rifeci	rifacemmo	ebbi rifatto	avemmo rifatto
	rifacesti	rifaceste	avesti rifatto	aveste rifatto
	rifece	rifecero	ebbe rifatto	ebbero rifatto
	Future		**Future Perfect**	
	rifarò	rifaremo	avrò rifatto	avremo rifatto
	rifarai	rifarete	avrai rifatto	avrete rifatto
	rifarà	rifaranno	avrà rifatto	avranno rifatto
Subjunctive	**Present**		**Present Perfect**	
	rifaccia	rifacciamo	abbia rifatto	abbiamo rifatto
	rifaccia	rifacciate	abbia rifatto	abbiate rifatto
	rifaccia	rifacciano	abbia rifatto	abbiano rifatto
	Imperfect		**Past Perfect**	
	rifacessi	rifacessimo	avessi rifatto	avessimo rifatto
	rifacessi	rifaceste	avessi rifatto	aveste rifatto
	rifacesse	rifacessero	avesse rifatto	avessero rifatto
Conditional	**Present Conditional**		**Perfect Conditional**	
	rifarei	rifaremmo	avrei rifatto	avremmo rifatto
	rifaresti	rifareste	avresti rifatto	avreste rifatto
	rifarebbe	rifarebbero	avrebbe rifatto	avrebbero rifatto

Note: Similar to *rifare* are: *contraffare* ("to imitate"), *liquefare* ("to liquefy"), *sopraffare* ("to overwhelm"), *strafare* ("to overdo"), *stupefare* ("to stupefy"). As a reflexive verb *rifarsi* ("to make up," "to start again") uses the reflexive pronouns *mi, ti, si, ci, vi, si*, as well as the auxiliary verb *essere*, to form compound tenses (see the third and fourth examples below).

EXAMPLES

È tutto da rifare.	It has to be done again.
Devi ancora rifare il letto!	You still have to remake your bed!
Si sono rifatti del tempo perduto.	They made up for lost time.
Si rifà da zero.	He will start again from scratch.
Rifarei tutto come ho fatto.	I would do it all again the way I did.

riferire

to report, to tell

Auxiliary verb: avere **Past participle:** riferito **Gerund:** riferendo

Imperative: (tu) riferisci (non riferire); (Lei) riferisca; (noi) riferiamo; (voi) riferite; (Loro) riferiscano

Mode	Simple Tenses		Compound Tenses	
	Singular	*Plural*	*Singular*	*Plural*
Indicative	**Present**		**Present Perfect**	
	riferisco	riferiamo	ho riferito	abbiamo riferito
	riferisci	riferite	hai riferito	avete riferito
	riferisce	riferiscono	ha riferito	hanno riferito
	Imperfect		**Past Perfect**	
	riferivo	riferivamo	avevo riferito	avevamo riferito
	riferivi	riferivate	avevi riferito	avevate riferito
	riferiva	riferivano	aveva riferito	avevano riferito
	Past Definite		**Past Anterior**	
	riferii	riferimmo	ebbi riferito	avemmo riferito
	riferisti	riferiste	avesti riferito	aveste riferito
	riferì	riferirono	ebbe riferito	ebbero riferito
	Future		**Future Perfect**	
	riferirò	riferiremo	avrò riferito	avremo riferito
	riferirai	riferirete	avrai riferito	avrete riferito
	riferirà	riferiranno	avrà riferito	avranno riferito
Subjunctive	**Present**		**Present Perfect**	
	riferisca	riferiamo	abbia riferito	abbiamo riferito
	riferisca	riferiate	abbia riferito	abbiate riferito
	riferisca	riferiscano	abbia riferito	abbiano riferito
	Imperfect		**Past Perfect**	
	riferissi	riferissimo	avessi riferito	avessimo riferito
	riferissi	riferiste	avessi riferito	aveste riferito
	riferisse	riferissero	avesse riferito	avessero riferito
Conditional	**Present Conditional**		**Perfect Conditional**	
	riferirei	riferiremmo	avrei riferito	avremmo riferito
	riferiresti	riferireste	avresti riferito	avreste riferito
	riferirebbe	riferirebbero	avrebbe riferito	avrebbero riferito

Note: As a reflexive verb *riferirsi* ("to refer," "to make reference [to]") uses the reflexive pronouns *mi, ti, si, ci, vi, si,* as well as the auxiliary verb *essere,* to form compound tenses (see the last three examples below).

EXAMPLES

Riferirò la cosa ai miei superiori.	I'll report this to my superiors.
Mi ha riferito le loro precise parole.	He told me their exact words.
Non mi riferivo a voi.	I wasn't referring to you.
Queste cifre si riferiscono al primo quadrimestre.	These figures refer to the first quarter.
L'aggettivo concorda con il nome a cui si riferisce.	Adjectives agree with the noun they refer to.

rifiutare

to refuse, to decline, to reject, to turn down

Auxiliary verb: avere **Past participle:** rifiutato **Gerund:** rifiutando
Imperative: (tu) rifiuta (non rifiutare); (Lei) rifiuti; (noi) rifiutiamo; (voi) rifiutate; (Loro) rifiutino

Mode	Simple Tenses		Compound Tenses	
	Singular	*Plural*	*Singular*	*Plural*
Indicative	**Present**		**Present Perfect**	
	rifiuto	rifiutiamo	ho rifiutato	abbiamo rifiutato
	rifiuti	rifiutate	hai rifiutato	avete rifiutato
	rifiuta	rifiutano	ha rifiutato	hanno rifiutato
	Imperfect		**Past Perfect**	
	rifiutavo	rifiutavamo	avevo rifiutato	avevamo rifiutato
	rifiutavi	rifiutavate	avevi rifiutato	avevate rifiutato
	rifiutava	rifiutavano	aveva rifiutato	avevano rifiutato
	Past Definite		**Past Anterior**	
	rifiutai	rifiutammo	ebbi rifiutato	avemmo rifiutato
	rifiutasti	rifiutaste	avesti rifiutato	aveste rifiutato
	rifiutò	rifiutarono	ebbe rifiutato	ebbero rifiutato
	Future		**Future Perfect**	
	rifiuterò	rifiuteremo	avrò rifiutato	avremo rifiutato
	rifiuterai	rifiuterete	avrai rifiutato	avrete rifiutato
	rifiuterà	rifiuteranno	avrà rifiutato	avranno rifiutato
Subjunctive	**Present**		**Present Perfect**	
	rifiuti	rifiutiamo	abbia rifiutato	abbiamo rifiutato
	rifiuti	rifiutiate	abbia rifiutato	abbiate rifiutato
	rifiuti	rifiutino	abbia rifiutato	abbiano rifiutato
	Imperfect		**Past Perfect**	
	rifiutassi	rifiutassimo	avessi rifiutato	avessimo rifiutato
	rifiutassi	rifiutaste	avessi rifiutato	aveste rifiutato
	rifiutasse	rifiutassero	avesse rifiutato	avessero rifiutato
Conditional	**Present Conditional**		**Perfect Conditional**	
	rifiuterei	rifiuteremmo	avrei rifiutato	avremmo rifiutato
	rifiuteresti	rifiutereste	avresti rifiutato	avreste rifiutato
	rifiuterebbe	rifiuterebbero	avrebbe rifiutato	avrebbero rifiutato

Note: As a reflexive verb *rifiutarsi* ("to refuse") uses the reflexive pronouns *mi, ti, si, ci, vi, si*, as well as the auxiliary verb *essere*, to form compound tenses (see the fifth example below). *Rifiutare/rifiutarsi* requires the preposition *di* before an infinitive (see the fourth and fifth examples below).

EXAMPLES

Ha rifiutato la carica.	He refused the office.
Rifiuterò l'invito.	I'll decline/turn down the invitation.
Rifiuteresti quel lavoro?	You would turn down that job offer?
Rifiutò di unirsi a noi.	He refused to join us.
Si è rifiutato di commentare.	He refused/declined to comment.

riflettere
to reflect, to think over, to ponder
Auxiliary verb: avere **Past participle:** riflesso/riflettuto **Gerund:** riflettendo
Imperative: (tu) rifletti (non riflettere); (Lei) rifletta; (noi) riflettiamo; (voi) riflettete; (Loro) riflettano

Mode	Simple Tenses		Compound Tenses	
	Singular	*Plural*	*Singular*	*Plural*
	Present		**Present Perfect**	
Indicative	rifletto	riflettiamo	ho riflettuto (riflesso)	abbiamo riflettuto (riflesso)
	rifletti	riflettete	hai riflettuto (riflesso)	avete riflettuto (riflesso)
	riflette	riflettono	ha riflettuto (riflesso)	hanno riflettuto (riflesso)
	Imperfect		**Past Perfect**	
	riflettevo	riflettevamo	avevo riflettuto (riflesso)	avevamo riflettuto (riflesso)
	riflettevi	riflettevate	avevi riflettuto (riflesso)	avevate riflettuto (riflesso)
	rifletteva	riflettevano	aveva riflettuto (riflesso)	avevano riflettuto (riflesso)
	Past Definite		**Past Anterior**	
	riflettei (riflessi)	riflettemmo	ebbi riflettuto (riflesso)	avemmo riflettuto (riflesso)
	riflettesti	rifletteste	avesti riflettuto (riflesso)	aveste riflettuto (riflesso)
	rifletté (riflesse)	rifletterono (riflessero)	ebbe riflettuto (riflesso)	ebbero riflettuto (riflesso)
	Future		**Future Perfect**	
	rifletterò	rifletteremo	avrò riflettuto (riflesso)	avremo riflettuto (riflesso)
	rifletterai	rifletterete	avrai riflettuto (riflesso)	avrete riflettuto (riflesso)
	rifletterà	rifletteranno	avrà riflettuto (riflesso)	avranno riflettuto (riflesso)
Subjunctive	**Present**		**Present Perfect**	
	rifletta	riflettiamo	abbia riflettuto (riflesso)	abbiamo riflettuto (riflesso)
	rifletta	riflettiate	abbia riflettuto (riflesso)	abbiate riflettuto (riflesso)
	rifletta	riflettano	abbia riflettuto (riflesso)	abbiano riflettuto (riflesso)
	Imperfect		**Past Perfect**	
	riflettessi	riflettessimo	avessi riflettuto (riflesso)	avessimo riflettuto (riflesso)
	riflettessi	rifletteste	avessi riflettuto (riflesso)	aveste riflettuto (riflesso)
	riflettesse	riflettessero	avesse riflettuto (riflesso)	avessero riflettuto (riflesso)
Conditional	**Present Conditional**		**Perfect Conditional**	
	rifletterei	rifletteremmo	avrei riflettuto (riflesso)	avremmo riflettuto (riflesso)
	rifletteresti	riflettereste	avresti riflettuto (riflesso)	avreste riflettuto (riflesso)
	rifletterebbe	rifletterebbero	avrebbe riflettuto (riflesso)	avrebbero riflettuto (riflesso)

Note: *Riflettere* has two meanings: (1) In the meaning "to think over," or "to ponder" the past participle and the past definite are regular. (2) In the meaning "to reflect light/image," the past participle and past definite can be both regular and irregular. As a reflexive verb *riflettersi* ("to be reflected/mirrored," "to affect") uses the reflexive pronouns *mi, ti, si, ci, vi, si,* as well as the auxiliary verb *essere,* to form compound tenses (see the fourth example below). *Riflettere* ("to think over," "to ponder") and *riflettersi* require the preposition *su* (see the last three examples below).

EXAMPLES

L'acqua del lago rifletteva le montagne.	The water of the lake reflected the mountains.
Ho riflettuto bene su quella possibilità.	I pondered over that possibility.
Ci devo riflettere su.	I need to think it over.
Le decisioni del governo si sono riflesse sul mercato.	The government's decision affected the market.

riguardare

to examine, to look over, to check, to concern, to look at again
Auxiliary verb: avere **Past participle:** riguardato **Gerund:** riguardando
Imperative: (tu) riguarda (non riguardare); (Lei) riguardi; (noi) riguardiamo; (voi) riguardate; (Loro) riguardino

Mode	Simple Tenses		Compound Tenses	
	Singular	*Plural*	*Singular*	*Plural*
	Present		**Present Perfect**	
Indicative	riguardo	riguardiamo	ho riguardato	abbiamo riguardato
	riguardi	riguardate	hai riguardato	avete riguardato
	riguarda	riguardano	ha riguardato	hanno riguardato
	Imperfect		**Past Perfect**	
	riguardavo	riguardavamo	avevo riguardato	avevamo riguardato
	riguardavi	riguardavate	avevi riguardato	avevate riguardato
	riguardava	riguardavano	aveva riguardato	avevano riguardato
	Past Definite		**Past Anterior**	
	riguardai	riguardammo	ebbi riguardato	avemmo riguardato
	riguardasti	riguardaste	avesti riguardato	aveste riguardato
	riguardò	riguardarono	ebbe riguardato	ebbero riguardato
	Future		**Future Perfect**	
	riguarderò	riguarderemo	avrò riguardato	avremo riguardato
	riguarderai	riguarderete	avrai riguardato	avrete riguardato
	riguarderà	riguarderanno	avrà riguardato	avranno riguardato
Subjunctive	**Present**		**Present Perfect**	
	riguardi	riguardiamo	abbia riguardato	abbiamo riguardato
	riguardi	riguardiate	abbia riguardato	abbiate riguardato
	riguardi	riguardino	abbia riguardato	abbiano riguardato
	Imperfect		**Past Perfect**	
	riguardassi	riguardassimo	avessi riguardato	avessimo riguardato
	riguardassi	riguardaste	avessi riguardato	aveste riguardato
	riguardasse	riguardassero	avesse riguardato	avessero riguardato
Conditional	**Present Conditional**		**Perfect Conditional**	
	riguarderei	riguarderemmo	avrei riguardato	avremmo riguardato
	riguarderesti	riguardereste	avresti riguardato	avreste riguardato
	riguarderebbe	riguarderebbero	avrebbe riguardato	avrebbero riguardato

Note: As a reflexive verb *riguardarsi* ("to take care") uses the reflexive pronouns *mi, ti, si, ci, vi, si,* as well as the auxiliary verb *essere,* to form compound tenses (see the sixth example below).

EXAMPLES

Quando riguardi le spese di casa?	When are you going to look over our household expenses?
Ho riguardato il tuo articolo e mi sembra buono.	I've had another look at your article, and I think it's good.
Questo non mi riguarda.	This does not concern me.
Per quanto riguarda . . .	Regarding . . . / As regards . . .
Per quel che mi riguarda . . .	As far as I'm concerned . . .
Dopo la malattia si riguardò bene.	After his illness, he took good care of himself.

rilassarsi
to relax
Auxiliary verb: essere **Past participle:** rilassato(si) **Gerund:** rilassando(si)
Imperative: (tu) rilassati (non rilassarti); (Lei) si rilassi; (noi) rilassiamoci; (voi) rilassatevi; (Loro) si rilassino

Mode	Simple Tenses		Compound Tenses	
	Singular	*Plural*	*Singular*	*Plural*
Indicative	**Present**		**Present Perfect**	
	mi rilasso	ci rilassiamo	mi sono rilassato/a	ci siamo rilassati/e
	ti rilassi	vi rilassate	ti sei rilassato/a	vi siete rilassati/e
	si rilassa	si rilassano	si è rilassato/a	si sono rilassati/e
	Imperfect		**Past Perfect**	
	mi rilassavo	ci rilassavamo	mi ero rilassato/a	ci eravamo rilassati/e
	ti rilassavi	vi rilassavate	ti eri rilassato/a	vi eravate rilassati/e
	si rilassava	si rilassavano	si era rilassato/a	si erano rilassati/e
	Past Definite		**Past Anterior**	
	mi rilassai	ci rilassammo	mi fui rilassato/a	ci fummo rilassati/e
	ti rilassasti	vi rilassaste	ti fosti rilassato/a	vi foste rilassati/e
	si rilassò	si rilassarono	si fu rilassato/a	si furono rilassati/e
	Future		**Future Perfect**	
	mi rilasserò	ci rilasseremo	mi sarò rilassato/a	ci saremo rilassati/e
	ti rilasserai	vi rilasserete	ti sarai rilassato/a	vi sarete rilassati/e
	si rilasserà	si rilasseranno	si sarà rilassato/a	si saranno rilassati/e
Subjunctive	**Present**		**Present Perfect**	
	mi rilassi	ci rilassiamo	mi sia rilassato/a	ci siamo rilassati/e
	ti rilassi	vi rilassiate	ti sia rilassato/a	vi siate rilassati/e
	si rilassi	si rilassino	si sia rilassato/a	si siano rilassati/e
	Imperfect		**Past Perfect**	
	mi rilassassi	ci rilassassimo	mi fossi rilassato/a	ci fossimo rilassati/e
	ti rilassassi	vi rilassaste	ti fossi rilassato/a	vi foste rilassati/e
	si rilassasse	si rilassassero	si fosse rilassato/a	si fossero rilassati/e
Conditional	**Present Conditional**		**Perfect Conditional**	
	mi rilasserei	ci rilasseremmo	mi sarei rilassato/a	ci saremmo rilassati/e
	ti rilasseresti	vi rilassereste	ti saresti rilassato/a	vi sareste rilassati/e
	si rilasserebbe	si rilasserebbero	si sarebbe rilassato/a	si sarebbero rilassati/e

Note: The transitive verb *rilassare* (compound tenses with *avere*) can be used with a direct object (see the fifth example below).

EXAMPLES

Si è rilassato durante le vacanze.	During the holiday, he relaxed.
Mi rilassa ascolare musica.	It relaxes me to listen to music.
Cerca di rilassarti.	Try to relax.
I muscoli del paziente si sono rilassati.	The patient's muscles relaxed.
Rilassate le braccia.	Let your arms relax/rest.

rimandare
to postpone, to delay, to send back, to send again
Auxiliary verb: avere **Past participle:** rimandato **Gerund:** rimandando
Imperative: (tu) rimanda (non rimandare); (Lei) rimandi; (noi) rimandiamo; (voi) rimandate; (Loro) rimandino

Mode	Simple Tenses		Compound Tenses	
	Singular	*Plural*	*Singular*	*Plural*
Indicative	**Present**		**Present Perfect**	
	rimando	rimandiamo	ho rimandato	abbiamo rimandato
	rimandi	rimandate	hai rimandato	avete rimandato
	rimanda	rimandano	ha rimandato	hanno rimandato
	Imperfect		**Past Perfect**	
	rimandavo	rimandavamo	avevo rimandato	avevamo rimandato
	rimandavi	rimandavate	avevi rimandato	avevate rimandato
	rimandava	rimandavano	aveva rimandato	avevano rimandato
	Past Definite		**Past Anterior**	
	rimandai	rimandammo	ebbi rimandato	avemmo rimandato
	rimandasti	rimandaste	avesti rimandato	aveste rimandato
	rimandò	rimandarono	ebbe rimandato	ebbero rimandato
	Future		**Future Perfect**	
	rimanderò	rimanderemo	avrò rimandato	avremo rimandato
	rimanderai	rimanderete	avrai rimandato	avrete rimandato
	rimanderà	rimanderanno	avrà rimandato	avranno rimandato
Subjunctive	**Present**		**Present Perfect**	
	rimandi	rimandiamo	abbia rimandato	abbiamo rimandato
	rimandi	rimandiate	abbia rimandato	abbiate rimandato
	rimandi	rimandino	abbia rimandato	abbiano rimandato
	Imperfect		**Past Perfect**	
	rimandassi	rimandassimo	avessi rimandato	avessimo rimandato
	rimandassi	rimandaste	avessi rimandato	aveste rimandato
	rimandasse	rimandassero	avesse rimandato	avessero rimandato
Conditional	**Present Conditional**		**Perfect Conditional**	
	rimanderei	rimanderemmo	avrei rimandato	avremmo rimandato
	rimanderesti	rimandereste	avresti rimandato	avreste rimandato
	rimanderebbe	rimanderebbero	avrebbe rimandato	avrebbero rimandato

EXAMPLES

Ho rimandato mio figlio a scuola. — I sent my son back to school.

Dovrò rimandare la riunione. — I'll have to postpone the meeting.

Perché avete rimandato la partenza? — Why did you delay your departure?

Rimandiamo tutto a domani. — Let's postpone everything until tomorrow.

Se tu rimandassi a lunedì, potrei venire anch'io. — If you postponed until Monday, I could come, too.

rimanere

to stay, to remain, to agree, to be left

Auxiliary verb: essere **Past participle:** rimasto **Gerund:** rimanendo

Imperative: (tu) rimani (non rimanere); (Lei) rimanga; (noi) rimaniamo; (voi) rimanete; (Loro) rimangano

Mode	Simple Tenses		Compound Tenses	
	Singular	*Plural*	*Singular*	*Plural*
Indicative	**Present**		**Present Perfect**	
	rimango	rimaniamo	sono rimasto/a	siamo rimasti/e
	rimani	rimanete	sei rimasto/a	siete rimasti/e
	rimane	rimangono	è rimasto/a	sono rimasti/e
	Imperfect		**Past Perfect**	
	rimanevo	rimanevamo	ero rimasto/a	eravamo rimasti/e
	rimanevi	rimanevate	eri rimasto/a	eravate rimasti/e
	rimaneva	rimanevano	era rimasto/a	erano rimasti/e
	Past Definite		**Past Anterior**	
	rimasi	rimanemmo	fui rimasto/a	fummo rimasti/e
	rimanesti	rimaneste	fosti rimasto/a	foste rimasti/e
	rimase	rimasero	fu rimasto/a	furono rimasti/e
	Future		**Future Perfect**	
	rimarrò	rimarremo	sarò rimasto/a	saremo rimasti/e
	rimarrai	rimarrete	sarai rimasto/a	sarete rimasti/e
	rimarrà	rimarranno	sarà rimasto/a	saranno rimasti/e
Subjunctive	**Present**		**Present Perfect**	
	rimanga	rimaniamo	sia rimasto/a	siamo rimasti/e
	rimanga	rimaniate	sia rimasto/a	siate rimasti/e
	rimanga	rimangano	sia rimasto/a	siano rimasti/e
	Imperfect		**Past Perfect**	
	rimanessi	rimanessimo	fossi rimasto/a	fossimo rimasti/e
	rimanessi	rimaneste	fossi rimasto/a	foste rimasti/e
	rimanesse	rimanessero	fosse rimasto/a	fossero rimasti/e
Conditional	**Present Conditional**		**Perfect Conditional**	
	rimarrei	rimarremmo	sarei rimasto/a	saremmo rimasti/e
	rimarresti	rimarreste	saresti rimasto/a	sareste rimasti/e
	rimarrebbe	rimarrebbero	sarebbe rimasto/a	sarebbero rimasti/e

Note: *Rimanere* can also have a special construction as *piacere*, in which case it means "to be left." It is used in the third-person singular and plural with the indirect pronouns *mi, ti, gli/le, ci, vi.* In this special construction, the personal pronouns are never used (for example, *mi rimane/rimangono, mi è rimasto/a . . .*). Refer to Verb Usage Review and the third example below.

EXAMPLES

Ieri sera sono rimasto a casa.	Yesterday evening I stayed home.
Quanto tempo rimani a Firenze?	How long will you stay in Florence?
Mi sono rimasti 10 euro.	I have ten euro left.
Rimango a pranzo da Lucia.	I'll stay for lunch at Lucia's.
Se tu rimanessi, mi renderesti felice.	If you were to stay it would make me happy.

ringraziare

to thank

Auxiliary verb: avere **Past participle:** ringraziato **Gerund:** ringraziando

Imperative: (tu) ringrazia (non ringraziare); (Lei) ringrazi; (noi) ringraziamo; (voi) ringraziate; (Loro) ringrazino

Mode	Simple Tenses		Compound Tenses	
	Singular	*Plural*	*Singular*	*Plural*
Indicative	**Present**		**Present Perfect**	
	ringrazio	ringraziamo	ho ringraziato	abbiamo ringraziato
	ringrazi	ringraziate	hai ringraziato	avete ringraziato
	ringrazia	ringraziano	ha ringraziato	hanno ringraziato
	Imperfect		**Past Perfect**	
	ringraziavo	ringraziavamo	avevo ringraziato	avevamo ringraziato
	ringraziavi	ringraziavate	avevi ringraziato	avevate ringraziato
	ringraziava	ringraziavano	aveva ringraziato	avevano ringraziato
	Past Definite		**Past Anterior**	
	ringraziai	ringraziammo	ebbi ringraziato	avemmo ringraziato
	ringraziasti	ringraziaste	avesti ringraziato	aveste ringraziato
	ringraziò	ringraziarono	ebbe ringraziato	ebbero ringraziato
	Future		**Future Perfect**	
	ringrazierò	ringrazieremo	avrò ringraziato	avremo ringraziato
	ringrazierai	ringrazierete	avrai ringraziato	avrete ringraziato
	ringrazierà	ringrazieranno	avrà ringraziato	avranno ringraziato
Subjunctive	**Present**		**Present Perfect**	
	ringrazi	ringraziamo	abbia ringraziato	abbiamo ringraziato
	ringrazi	ringraziate	abbia ringraziato	abbiate ringraziato
	ringrazi	ringrazino	abbia ringraziato	abbiano ringraziato
	Imperfect		**Past Perfect**	
	ringraziassi	ringraziassimo	avessi ringraziato	avessimo ringraziato
	ringraziassi	ringraziaste	avessi ringraziato	aveste ringraziato
	ringraziasse	ringraziassero	avesse ringraziato	avessero ringraziato
Conditional	**Present Conditional**		**Perfect Conditional**	
	ringrazierei	ringrazieremmo	avrei ringraziato	avremmo ringraziato
	ringrazieresti	ringraziereste	avresti ringraziato	avreste ringraziato
	ringrazierebbe	ringrazierebbero	avrebbe ringraziato	avrebbero ringraziato

Note: *Ringraziare* is always followed by the past infinitive (see the fourth example below). *Ringraziare* requires the preposition *di* ("to thank for") (see the third and fourth examples below).

EXAMPLES

Ti ringrazio.	Thank you.
Vi ringrazio infinitamente.	Thank you very much indeed.
Ha ringraziato Carlo del regalo.	He thanked Carlo for the present.
Vi ringrazio di essere venuti.	I thank you for coming.
Non c'è bisogno di ringraziarmi.	There is no need to thank me.
Non hai che ringraziare te stesso.	You have only yourself to thank.

rinnovare

to renew

Auxiliary verb: avere **Past participle:** rinnovato **Gerund:** rinnovando
Imperative: (tu) rinnova (non rinnovare); (Lei) rinnovi; (noi) rinnoviamo;
(voi) rinnovate; (Loro) rinnovino

Mode	Simple Tenses		Compound Tenses	
	Singular	*Plural*	*Singular*	*Plural*
	Present		**Present Perfect**	
Indicative	rinnovo	rinnoviamo	ho rinnovato	abbiamo rinnovato
	rinnovi	rinnovate	hai rinnovato	avete rinnovato
	rinnova	rinnovano	ha rinnovato	hanno rinnovato
	Imperfect		**Past Perfect**	
	rinnovavo	rinnovavamo	avevo rinnovato	avevamo rinnovato
	rinnovavi	rinnovavate	avevi rinnovato	avevate rinnovato
	rinnovava	rinnovavano	aveva rinnovato	avevano rinnovato
	Past Definite		**Past Anterior**	
	rinnovai	rinnovammo	ebbi rinnovato	avemmo rinnovato
	rinnovasti	rinnovaste	avesti rinnovato	aveste rinnovato
	rinnovò	rinnovarono	ebbe rinnovato	ebbero rinnovato
	Future		**Future Perfect**	
	rinnoverò	rinnoveremo	avrò rinnovato	avremo rinnovato
	rinnoverai	rinnoverete	avrai rinnovato	avrete rinnovato
	rinnoverà	rinnoveranno	avrà rinnovato	avranno rinnovato
Subjunctive	**Present**		**Present Perfect**	
	rinnovi	rinnoviamo	abbia rinnovato	abbiamo rinnovato
	rinnovi	rinnoviate	abbia rinnovato	abbiate rinnovato
	rinnovi	rinnovino	abbia rinnovato	abbiano rinnovato
	Imperfect		**Past Perfect**	
	rinnovassi	rinnovassimo	avessi rinnovato	avessimo rinnovato
	rinnovassi	rinnovaste	avessi rinnovato	aveste rinnovato
	rinnovasse	rinnovassero	avesse rinnovato	avessero rinnovato
Conditional	**Present Conditional**		**Perfect Conditional**	
	rinnoverei	rinnoveremmo	avrei rinnovato	avremmo rinnovato
	rinnoveresti	rinnovereste	avresti rinnovato	avreste rinnovato
	rinnoverebbe	rinnoverebbero	avrebbe rinnovato	avrebbero rinnovato

EXAMPLES

Voglio rinnovare l'abbonamento al giornale.	I want to renew my subscription to this newspaper.
Hai rinnovato il passaporto?	Have you renewed your passport?
Rinnoveremo la richiesta.	We will make our request again.
Rinnoviamo i ringraziamenti.	We again extend our thanks.
Rinnoverebbe l'abbonamento, se costasse meno.	He would renew his subscription if it cost less.

rinunciare

to renounce, to give up (on)

Auxiliary verb: avere **Past participle:** rinunciato **Gerund:** rinunciando
Imperative: (tu) rinuncia (non rinunciare); (Lei) rinunci; (noi) rinunciamo; (voi) rinunciate; (Loro) rinuncino

Mode	Simple Tenses		Compound Tenses	
	Singular	*Plural*	*Singular*	*Plural*
Indicative	**Present**		**Present Perfect**	
	rinuncio	rinunciamo	ho rinunciato	abbiamo rinunciato
	rinunci	rinunciate	hai rinunciato	avete rinunciato
	rinuncia	rinunciano	ha rinunciato	hanno rinunciato
	Imperfect		**Past Perfect**	
	rinunciavo	rinunciavamo	avevo rinunciato	avevamo rinunciato
	rinunciavi	rinunciavate	avevi rinunciato	avevate rinunciato
	rinunciava	rinunciavano	aveva rinunciato	avevano rinunciato
	Past Definite		**Past Anterior**	
	rinunciai	rinunciammo	ebbi rinunciato	avemmo rinunciato
	rinunciasti	rinunciaste	avesti rinunciato	aveste rinunciato
	rinunciò	rinunciarono	ebbe rinunciato	ebbero rinunciato
	Future		**Future Perfect**	
	rinuncerò	rinunceremo	avrò rinunciato	avremo rinunciato
	rinuncerai	rinuncerete	avrai rinunciato	avrete rinunciato
	rinuncerà	rinunceranno	avrà rinunciato	avranno rinunciato
Subjunctive	**Present**		**Present Perfect**	
	rinunci	rinunciamo	abbia rinunciato	abbiamo rinunciato
	rinunci	rinunciate	abbia rinunciato	abbiate rinunciato
	rinunci	rinuncino	abbia rinunciato	abbiano rinunciato
	Imperfect		**Past Perfect**	
	rinunciassi	rinunciassimo	avessi rinunciato	avessimo rinunciato
	rinunciassi	rinunciaste	avessi rinunciato	aveste rinunciato
	rinunciasse	rinunciassero	avesse rinunciato	avessero rinunciato
Conditional	**Present Conditional**		**Perfect Conditional**	
	rinuncerei	rinunceremmo	avrei rinunciato	avremmo rinunciato
	rinunceresti	rinuncereste	avresti rinunciato	avreste rinunciato
	rinuncerebbe	rinuncerebbero	avrebbe rinunciato	avrebbero rinunciato

Note: *Rinunciare* requires the preposition *a* before an infinitive or a noun (see the last four examples below).

EXAMPLES

Non rinuncio alla carriera.	I am not giving up my career.
Il principe rinunciò al trono.	The prince renounced the claim to the throne.
Hai rinunciato a partire?	Have you given up the idea of leaving?
Rinuncerà a partecipare alla gara.	He will give up on entering the competition.
Ci rinuncio!	I give up!

riparare
to protect, to shelter, to remedy, to repair
Auxiliary verb: avere **Past participle:** riparato **Gerund:** riparando
Imperative: (tu) ripara (non riparare); (Lei) ripari; (noi) ripariamo; (voi)
riparate; (Loro) riparino

Mode	Simple Tenses		Compound Tenses	
	Singular	*Plural*	*Singular*	*Plural*
Indicative	**Present**		**Present Perfect**	
	riparo	ripariamo	ho riparato	abbiamo riparato
	ripari	riparate	hai riparato	avete riparato
	ripara	riparano	ha riparato	hanno riparato
	Imperfect		**Past Perfect**	
	riparavo	riparavamo	avevo riparato	avevamo riparato
	riparavi	riparavate	avevi riparato	avevate riparato
	riparava	riparavano	aveva riparato	avevano riparato
	Past Definite		**Past Anterior**	
	riparai	riparammo	ebbi riparato	avemmo riparato
	riparasti	riparaste	avesti riparato	aveste riparato
	riparò	ripararono	ebbe riparato	ebbero riparato
	Future		**Future Perfect**	
	riparerò	ripareremo	avrò riparato	avremo riparato
	riparerai	riparerete	avrai riparato	avrete riparato
	riparerà	ripareranno	avrà riparato	avranno riparato
Subjunctive	**Present**		**Present Perfect**	
	ripari	ripariamo	abbia riparato	abbiamo riparato
	ripari	ripariate	abbia riparato	abbiate riparato
	ripari	riparino	abbia riparato	abbiano riparato
	Imperfect		**Past Perfect**	
	riparassi	riparassimo	avessi riparato	avessimo riparato
	riparassi	riparaste	avessi riparato	aveste riparato
	riparasse	riparassero	avesse riparato	avessero riparato
Conditional	**Present Conditional**		**Perfect Conditional**	
	riparerei	ripareremmo	avrei riparato	avremmo riparato
	ripareresti	riparereste	avresti riparato	avreste riparato
	riparerebbe	riparerebbero	avrebbe riparato	avrebbero riparato

Note: As a reflexive verb *ripararsi* ("to shelter oneself," "to take shelter") uses the reflexive pronouns *mi, ti, si, ci, vi, si,* as well as the auxiliary verb *essere,* to form compound tenses (see the fourth example below).

EXAMPLES

Ho riparato la pianta dal freddo.	I protected the plant from the cold.
Dobbiamo riparare all'errore.	We have to remedy the mistake.
Hai riparato quelle scarpe?	Did you repair those shoes?
Ci siamo riparati dal temporale in un negozio.	We sheltered ourselves/took shelter from the storm inside a store.
Voglio far riparare la bicicletta.	I want to get my bicycle repaired.

ripetere

to repeat, to do again

Auxiliary verb: avere **Past participle:** ripetuto **Gerund:** ripetendo
Imperative: (tu) ripeti (non ripetere); (Lei) ripeta; (noi) ripetiamo; (voi) ripetete; (Loro) ripetano

Mode	Simple Tenses		Compound Tenses	
	Singular	*Plural*	*Singular*	*Plural*
Indicative	**Present**		**Present Perfect**	
	ripeto	ripetiamo	ho ripetuto	abbiamo ripetuto
	ripeti	ripetete	hai ripetuto	avete ripetuto
	ripete	ripetono	ha ripetuto	hanno ripetuto
	Imperfect		**Past Perfect**	
	ripetevo	ripetevamo	avevo ripetuto	avevamo ripetuto
	ripetevi	ripetevate	avevi ripetuto	avevate ripetuto
	ripeteva	ripetevano	aveva ripetuto	avevano ripetuto
	Past Definite		**Past Anterior**	
	ripetei (ripetetti)	ripetemmo	ebbi ripetuto	avemmo ripetuto
	ripetesti	ripeteste	avesti ripetuto	aveste ripetuto
	ripeté (ripetette)	ripeterono (ripetettero)	ebbe ripetuto	ebbero ripetuto
	Future		**Future Perfect**	
	ripeterò	ripeteremo	avrò ripetuto	avremo ripetuto
	ripeterai	ripeterete	avrai ripetuto	avrete ripetuto
	ripeterà	ripeteranno	avrà ripetuto	avranno ripetuto
Subjunctive	**Present**		**Present Perfect**	
	ripeta	ripetiamo	abbia ripetuto	abbiamo ripetuto
	ripeta	ripetiate	abbia ripetuto	abbiate ripetuto
	ripeta	ripetano	abbia ripetuto	abbiano ripetuto
	Imperfect		**Past Perfect**	
	ripetessi	ripetessimo	avessi ripetuto	avessimo ripetuto
	ripetessi	ripeteste	avessi ripetuto	aveste ripetuto
	ripetesse	ripetessero	avesse ripetuto	avessero ripetuto
Conditional	**Present Conditional**		**Perfect Conditional**	
	ripeterei	ripeteremmo	avrei ripetuto	avremmo ripetuto
	ripeteresti	ripetereste	avresti ripetuto	avreste ripetuto
	ripeterebbe	ripeterebbero	avrebbe ripetuto	avrebbero ripetuto

Note: As a reflexive verb *ripetersi* ("to repeat oneself," "to recur," "to happen again") uses the reflexive pronouns *mi, ti, si, ci, vi, si,* as well as the auxiliary verb *essere,* to form compound tenses (see the sixth example below). *Ripetere* takes a direct and an indirect object: *ripetere + qualcosa + a qualcuno* ("to tell something to somebody") (see the second example below).

EXAMPLES

Puoi ripetere per favore parola per parola? — Can you repeat it word by word please?

Ho ripetuto l'orario a Giulio. — I've repeated the schedule to Giulio.

Ripete sempre tutto a pappagallo. — He repeats everything as a parrot. (He parrots everything he hears.)

Il programma sarà ripetuto martedì. — The program will be repeated on Tuesday.

Non se lo fece ripetere due volte. — He didn't need to repeat twice.

Questo fatto si sta ripetendo troppo spesso. — This event has repeated itself too often.

riposare

to rest, to sleep, to take a rest

Auxiliary verb: avere **Past participle:** riposato **Gerund:** riposando

Imperative: (tu) riposa (non riposare); (Lei) riposi; (noi) riposiamo; (voi) riposate; (Loro) riposino

Mode	Simple Tenses		Compound Tenses	
	Singular	*Plural*	*Singular*	*Plural*
Indicative	**Present**		**Present Perfect**	
	riposo	riposiamo	ho riposato	abbiamo riposato
	riposi	riposate	hai riposato	avete riposato
	riposa	riposano	ha riposato	hanno riposato
	Imperfect		**Past Perfect**	
	riposavo	riposavamo	avevo riposato	avevamo riposato
	riposavi	riposavate	avevi riposato	avevate riposato
	riposava	riposavano	aveva riposato	avevano riposato
	Past Definite		**Past Anterior**	
	riposai	riposammo	ebbi riposato	avemmo riposato
	riposasti	riposaste	avesti riposato	aveste riposato
	riposò	riposarono	ebbe riposato	ebbero riposato
	Future		**Future Perfect**	
	riposerò	riposeremo	avrò riposato	avremo riposato
	riposerai	riposerete	avrai riposato	avrete riposato
	riposerà	riposeranno	avrà riposato	avranno riposato
Subjunctive	**Present**		**Present Perfect**	
	riposi	riposiamo	abbia riposato	abbiamo riposato
	riposi	riposiate	abbia riposato	abbiate riposato
	riposi	riposino	abbia riposato	abbiano riposato
	Imperfect		**Past Perfect**	
	riposassi	riposassimo	avessi riposato	avessimo riposato
	riposassi	riposaste	avessi riposato	aveste riposato
	riposasse	riposassero	avesse riposato	avessero riposato
Conditional	**Present Conditional**		**Perfect Conditional**	
	riposerei	riposeremmo	avrei riposato	avremmo riposato
	riposeresti	riposereste	avresti riposato	avreste riposato
	riposerebbe	riposerebbero	avrebbe riposato	avrebbero riposato

Note: As a reflexive verb *riposarsi* ("to rest," "to take a rest") uses the reflexive pronouns *mi, ti, si, ci, vi, si,* as well as the auxiliary verb *essere,* to form compound tenses (see the fourth and fifth examples below).

EXAMPLES

Voglio riposare un'oretta prima di partire.	I want to rest for an hour before leaving.
Non ha riposato bene stanotte.	He didn't sleep well/get much rest last night.
Qui riposa . . .	Here lies . . .
Ho bisogno di riposarmi.	I need to take a rest.
Si è riposato per un'ora.	He took an hour-long rest. / He took a rest for an hour.

riprendere

to resume, to go back, to take again
Auxiliary verb: avere **Past participle:** ripreso **Gerund:** riprendendo
Imperative: (tu) riprendi (non riprendere); (Lei) riprenda; (noi) riprendiamo; (voi) riprendete; (Loro) riprendano

Mode	Simple Tenses		Compound Tenses	
	Singular	*Plural*	*Singular*	*Plural*
Indicative	**Present**		**Present Perfect**	
	riprendo	riprendiamo	ho ripreso	abbiamo ripreso
	riprendi	riprendete	hai ripreso	avete ripreso
	riprende	riprendono	ha ripreso	hanno ripreso
	Imperfect		**Past Perfect**	
	riprendevo	riprendevamo	avevo ripreso	avevamo ripreso
	riprendevi	riprendevate	avevi ripreso	avevate ripreso
	riprendeva	riprendevano	aveva ripreso	avevano ripreso
	Past Definite		**Past Anterior**	
	ripresi	riprendemmo	ebbi ripreso	avemmo ripreso
	riprendesti	riprendeste	avesti ripreso	aveste ripreso
	riprese	ripresero	ebbe ripreso	ebbero ripreso
	Future		**Future Perfect**	
	riprenderò	riprenderemo	avrò ripreso	avremo ripreso
	riprenderai	riprenderete	avrai ripreso	avrete ripreso
	riprenderà	riprenderanno	avrà ripreso	avranno ripreso
Subjunctive	**Present**		**Present Perfect**	
	riprenda	riprendiamo	abbia ripreso	abbiamo ripreso
	riprenda	riprendiate	abbia ripreso	abbiate ripreso
	riprenda	riprendano	abbia ripreso	abbiano ripreso
	Imperfect		**Past Perfect**	
	riprendessi	riprendessimo	avessi ripreso	avessimo ripreso
	riprendessi	riprendeste	avessi ripreso	aveste ripreso
	riprendesse	riprendessero	avesse ripreso	avessero ripreso
Conditional	**Present Conditional**		**Perfect Conditional**	
	riprenderei	riprenderemmo	avrei ripreso	avremmo ripreso
	riprenderesti	riprendereste	avresti ripreso	avreste ripreso
	riprenderebbe	riprenderebbero	avrebbe ripreso	avrebbero ripreso

Note: *Riprendere* requires the preposition *a* before an infinitive (see the third example below). As a reflexive verb *riprendersi* ("to recover") uses the reflexive pronouns *mi, ti, si, ci, vi, si*, as well as the auxiliary verb *essere*, to form compound tenses (see the last example below).

EXAMPLES

Riprese il proprio posto.	He resumed his place.
Le lezioni sono riprese lunedì scorso.	Classes resumed last Monday.
Riprenderà a insegnare.	He will go back to teaching.
Mi riprendo il libro.	I'm taking my book back.
Tasso riprende questa similitudine da Dante.	Tasso borrows this simile from Dante.
Il paziente si è ripreso completamente.	The patient recovered completely.

riscaldare

to warm up, to heat up, to stir up

Auxiliary verb: avere **Past participle:** riscaldato **Gerund:** riscaldando
Imperative: (tu) riscalda (non riscaldare); (Lei) riscaldi; (noi) riscaldiamo; (voi) riscaldate; (Loro) riscaldino

Mode	Simple Tenses		Compound Tenses	
	Singular	*Plural*	*Singular*	*Plural*
Indicative	**Present**		**Present Perfect**	
	riscaldo	riscaldiamo	ho riscaldato	abbiamo riscaldato
	riscaldi	riscaldate	hai riscaldato	avete riscaldato
	riscalda	riscaldano	ha riscaldato	hanno riscaldato
	Imperfect		**Past Perfect**	
	riscaldavo	riscaldavamo	avevo riscaldato	avevamo riscaldato
	riscaldavi	riscaldavate	avevi riscaldato	avevate riscaldato
	riscaldava	riscaldavano	aveva riscaldato	avevano riscaldato
	Past Definite		**Past Anterior**	
	riscaldai	riscaldammo	ebbi riscaldato	avemmo riscaldato
	riscaldasti	riscaldaste	avesti riscaldato	aveste riscaldato
	riscaldò	riscaldarono	ebbe riscaldato	ebbero riscaldato
	Future		**Future Perfect**	
	riscalderò	riscalderemo	avrò riscaldato	avremo riscaldato
	riscalderai	riscalderete	avrai riscaldato	avrete riscaldato
	riscalderà	riscalderanno	avrà riscaldato	avranno riscaldato
Subjunctive	**Present**		**Present Perfect**	
	riscaldi	riscaldiamo	abbia riscaldato	abbiamo riscaldato
	riscaldi	riscaldiate	abbia riscaldato	abbiate riscaldato
	riscaldi	riscaldino	abbia riscaldato	abbiano riscaldato
	Imperfect		**Past Perfect**	
	riscaldassi	riscaldassimo	avessi riscaldato	avessimo riscaldato
	riscaldassi	riscaldaste	avessi riscaldato	aveste riscaldato
	riscaldasse	riscaldassero	avesse riscaldato	avessero riscaldato
Conditional	**Present Conditional**		**Perfect Conditional**	
	riscalderei	riscalderemmo	avrei riscaldato	avremmo riscaldato
	riscalderesti	riscaldereste	avresti riscaldato	avreste riscaldato
	riscalderebbe	riscalderebbero	avrebbe riscaldato	avrebbero riscaldato

Note: As a reflexive verb *riscaldarsi* ("to warm oneself," "to warm up," "to become heated") uses the reflexive pronouns *mi, ti, si, ci, vi, si*, as well as the auxiliary verb *essere*, to form compound tenses (see the last three examples below).

EXAMPLES

Hai riscaldato la zuppa?	Did you warm/heat up the soup?
È necessario riscaldare di più questa stanza.	It is necessary to heat this room up more.
Il discorso riscaldò l'assemblea.	The speech heated up the assembly.
La discussione si è riscaldata.	The discussion became heated.
La camera di Andrea si riscalda facilmente.	Andrea's room warms up easily.
I giocatori si stanno riscaldando.	The players are warming up.

rischiare

to risk, to run the risk, take chances/risks, to hazard
Auxiliary verb: avere **Past participle:** rischiato **Gerund:** rischiando
Imperative: (tu) rischia (non rischiare); (Lei) rischi; (noi) rischiamo;
(voi) rischiate; (Loro) rischino

Mode	Simple Tenses		Compound Tenses	
	Singular	*Plural*	*Singular*	*Plural*
	Present		**Present Perfect**	
Indicative	rischio	rischiamo	ho rischiato	abbiamo rischiato
	rischi	rischiate	hai rischiato	avete rischiato
	rischia	rischiano	ha rischiato	hanno rischiato
	Imperfect		**Past Perfect**	
	rischiavo	rischiavamo	avevo rischiato	avevamo rischiato
	rischiavi	rischiavate	avevi rischiato	avevate rischiato
	rischiava	rischiavano	aveva rischiato	avevano rischiato
	Past Definite		**Past Anterior**	
	rischiai	rischiammo	ebbi rischiato	avemmo rischiato
	rischiasti	rischiaste	avesti rischiato	aveste rischiato
	rischiò	rischiarono	ebbe rischiato	ebbero rischiato
	Future		**Future Perfect**	
	rischierò	rischieremo	avrò rischiato	avremo rischiato
	rischierai	rischierete	avrai rischiato	avrete rischiato
	rischierà	rischieranno	avrà rischiato	avranno rischiato
Subjunctive	**Present**		**Present Perfect**	
	rischi	rischiamo	abbia rischiato	abbiamo rischiato
	rischi	rischiate	abbia rischiato	abbiate rischiato
	rischi	rischino	abbia rischiato	abbiano rischiato
	Imperfect		**Past Perfect**	
	rischiassi	rischiassimo	avessi rischiato	avessimo rischiato
	rischiassi	rischiaste	avessi rischiato	aveste rischiato
	rischiasse	rischiassero	avesse rischiato	avessero rischiato
Conditional	**Present Conditional**		**Perfect Conditional**	
	rischierei	rischieremmo	avrei rischiato	avremmo rischiato
	rischieresti	rischiereste	avresti rischiato	avreste rischiato
	rischierebbe	rischierebbero	avrebbe rischiato	avrebbero rischiato

Note: *Rischiare* requires the preposition *di* before an infinitive (see the first example below).

EXAMPLES

Rischia di fallire.	He runs the risk of going bankrupt.
Qualche volta gli scalatori rischiano la vita.	Rock-climbers sometimes hazard their lives.
Non voglio rischiare.	I don't want to take chances.
Gli piace rischiare.	He likes taking risks.
Rischierò in prima persona.	I'll take the risk personally.

risolvere

to solve, to resolve

Auxiliary verb: avere **Past participle:** risolto **Gerund:** risolvendo
Imperative: (tu) risolvi (non risolvere); (Lei) risolva; (noi) risolviamo;
(voi) risolvete; (Loro) risolvano

Mode	Simple Tenses		Compound Tenses	
	Singular	*Plural*	*Singular*	*Plural*
	Present		**Present Perfect**	
Indicative	risolvo	risolviamo	ho risolto	abbiamo risolto
	risolvi	risolvete	hai risolto	avete risolto
	risolve	risolvono	ha risolto	hanno risolto
	Imperfect		**Past Perfect**	
	risolvevo	risolvevamo	avevo risolto	avevamo risolto
	risolvevi	risolvevate	avevi risolto	avevate risolto
	risolveva	risolvevano	aveva risolto	avevano risolto
	Past Definite		**Past Anterior**	
	risolsi	risolvemmo	ebbi risolto	avemmo risolto
	risolvesti	risolveste	avesti risolto	aveste risolto
	risolse	risolsero	ebbe risolto	ebbero risolto
	Future		**Future Perfect**	
	risolverò	risolveremo	avrò risolto	avremo risolto
	risolverai	risolverete	avrai risolto	avrete risolto
	risolverà	risolveranno	avrà risolto	avranno risolto
	Present		**Present Perfect**	
Subjunctive	risolva	risolviamo	abbia risolto	abbiamo risolto
	risolva	risolviate	abbia risolto	abbiate risolto
	risolva	risolvano	abbia risolto	abbiano risolto
	Imperfect		**Past Perfect**	
	risolvessi	risolvessimo	avessi risolto	avessimo risolto
	risolvessi	risolveste	avessi risolto	aveste risolto
	risolvesse	risolvessero	avesse risolto	avessero risolto
Conditional	**Present Conditional**		**Perfect Conditional**	
	risolverei	risolveremmo	avrei risolto	avremmo risolto
	risolveresti	risolvereste	avresti risolto	avreste risolto
	risolverebbe	risolverebbero	avrebbe risolto	avrebbero risolto

Note: Like *risolvere* is *assolvere* "to release," "to acquit." As a reflexive verb *risolversi* ("to clear up," "to resolve") uses the reflexive pronouns *mi, ti, si, ci, vi, si*, as well as the auxiliary verb *essere*, to form compound tenses (see the fourth example below).

EXAMPLES

Hai risolto il problema?	Have you (re)solved the problem?
La tua risposta non risolve il nostro dubbio.	Your answer doesn't resolve our doubt.
La polizia ha risolto il caso velocemente.	The police solved the case fast.
L'eczema si risolverà in pochi giorni.	The rash will clear up in a few days.
Se avessi un giorno di tempo, risolverei tutto.	If I had one day, I would resolve everything.

risparmiare

to save

Auxiliary verb: avere **Past participle:** risparmiato **Gerund:** risparmiando
Imperative: (tu) risparmia (non risparmiare); (Lei) risparmi; (noi) risparmiamo; (voi) risparmiate; (Loro) risparmino

Mode	Simple Tenses		Compound Tenses	
	Singular	*Plural*	*Singular*	*Plural*
Indicative	**Present**		**Present Perfect**	
	risparmio	risparmiamo	ho risparmiato	abbiamo risparmiato
	risparmi	risparmiate	hai risparmiato	avete risparmiato
	risparmia	risparmiano	ha risparmiato	hanno risparmiato
	Imperfect		**Past Perfect**	
	risparmiavo	risparmiavamo	avevo risparmiato	avevamo risparmiato
	risparmiavi	risparmiavate	avevi risparmiato	avevate risparmiato
	risparmiava	risparmiavano	aveva risparmiato	avevano risparmiato
	Past Definite		**Past Anterior**	
	risparmiai	risparmiammo	ebbi risparmiato	avemmo risparmiato
	risparmiasti	risparmiaste	avesti risparmiato	aveste risparmiato
	risparmiò	risparmiarono	ebbe risparmiato	ebbero risparmiato
	Future		**Future Perfect**	
	risparmierò	risparmieremo	avrò risparmiato	avremo risparmiato
	risparmierai	risparmierete	avrai risparmiato	avrete risparmiato
	risparmierà	risparmieranno	avrà risparmiato	avranno risparmiato
Subjunctive	**Present**		**Present Perfect**	
	risparmi	risparmiamo	abbia risparmiato	abbiamo risparmiato
	risparmi	risparmiate	abbia risparmiato	abbiate risparmiato
	risparmi	risparmino	abbia risparmiato	abbiano risparmiato
	Imperfect		**Past Perfect**	
	risparmiassi	risparmiassimo	avessi risparmiato	avessimo risparmiato
	risparmiassi	risparmiaste	avessi risparmiato	aveste risparmiato
	risparmiasse	risparmiassero	avesse risparmiato	avessero risparmiato
Conditional	**Present Conditional**		**Perfect Conditional**	
	risparmierei	risparmieremmo	avrei risparmiato	avremmo risparmiato
	risparmieresti	risparmiereste	avresti risparmiato	avreste risparmiato
	risparmierebbe	risparmierebbero	avrebbe risparmiato	avrebbero risparmiato

Note: As a reflexive verb *risparmiarsi* ("to spare oneself") uses the reflexive pronouns *mi, ti, si, ci, vi, si*, as well as the auxiliary verb *essere*, to form compound tenses (see the last example below).

EXAMPLES

Risparmia il fiato!	Save your breath!
Sto risparmiando soldi.	I'm saving money.
È un metodo che fa risparmiare tempo.	It's a time-saving method.
Hanno risparmiato per sposarsi.	They saved up to get married.
Se risparmiasse, potrebbe comprare la casa.	If he saved some money, he could buy the house.
È uno che non si risparmia.	He doesn't spare himself.

rispondere

to answer, to respond, to reply

Auxiliary verb: avere **Past participle:** risposto **Gerund:** rispondendo
Imperative: (tu) rispondi (non rispondere); (Lei) risponda; (noi) rispondiamo; (voi) rispondete; (Loro) rispondano

Mode	Simple Tenses		Compound Tenses	
	Singular	*Plural*	*Singular*	*Plural*
Indicative	**Present**		**Present Perfect**	
	rispondo	rispondiamo	ho risposto	abbiamo risposto
	rispondi	rispondete	hai risposto	avete risposto
	risponde	rispondono	ha risposto	hanno risposto
	Imperfect		**Past Perfect**	
	rispondevo	rispondevamo	avevo risposto	avevamo risposto
	rispondevi	rispondevate	avevi risposto	avevate risposto
	rispondeva	rispondevano	aveva risposto	avevano risposto
	Past Definite		**Past Anterior**	
	risposi	rispondemmo	ebbi risposto	avemmo risposto
	rispondesti	rispondeste	avesti risposto	aveste risposto
	rispose	risposero	ebbe risposto	ebbero risposto
	Future		**Future Perfect**	
	risponderò	risponderemo	avrò risposto	avremo risposto
	risponderai	risponderete	avrai risposto	avrete risposto
	risponderà	risponderanno	avrà risposto	avranno risposto
Subjunctive	**Present**		**Present Perfect**	
	risponda	rispondiamo	abbia risposto	abbiamo risposto
	risponda	rispondiate	abbia risposto	abbiate risposto
	risponda	rispondano	abbia risposto	abbiano risposto
	Imperfect		**Past Perfect**	
	rispondessi	rispondessimo	avessi risposto	avessimo risposto
	rispondessi	rispondeste	avessi risposto	aveste risposto
	rispondesse	rispondessero	avesse risposto	avessero risposto
Conditional	**Present Conditional**		**Perfect Conditional**	
	risponderei	risponderemmo	avrei risposto	avremmo risposto
	risponderesti	rispondereste	avresti risposto	avreste risposto
	risponderebbe	risponderebbero	avrebbe risposto	avrebbero risposto

Note: *Rispondere* takes an indirect object (see the first example below).

EXAMPLES

Ho risposto a tutte le domande.	I answered all questions.
Puoi rispondere al telefono?	Can you answer the phone?
Rispose bene.	He gave the right answer.
Rispondo io?	Shall I answer?
Penso che abbiano risposto di sì.	I think they answered yes.
Mi guardava senza rispondere.	He looked at me without responding.

ritenere

to think, to believe, to consider, to regard
Auxiliary verb: avere **Past participle:** ritenuto **Gerund:** ritenendo
Imperative: (tu) ritieni (non ritenere); (Lei) ritenga; (noi) riteniamo; (voi) ritenete; (Loro) ritengano

Mode	Simple Tenses		Compound Tenses	
	Singular	*Plural*	*Singular*	*Plural*
Indicative	**Present**		**Present Perfect**	
	ritengo	riteniamo	ho ritenuto	abbiamo ritenuto
	ritieni	ritenete	hai ritenuto	avete ritenuto
	ritiene	ritengono	ha ritenuto	hanno ritenuto
	Imperfect		**Past Perfect**	
	ritenevo	ritenevamo	avevo ritenuto	avevamo ritenuto
	ritenevi	ritenevate	avevi ritenuto	avevate ritenuto
	riteneva	ritenevano	aveva ritenuto	avevano ritenuto
	Past Definite		**Past Anterior**	
	ritenni	ritenemmo	ebbi ritenuto	avemmo ritenuto
	ritenesti	riteneste	avesti ritenuto	aveste ritenuto
	ritenne	ritennero	ebbe ritenuto	ebbero ritenuto
	Future		**Future Perfect**	
	riterrò	riterremo	avrò ritenuto	avremo ritenuto
	riterrai	riterrete	avrai ritenuto	avrete ritenuto
	riterrà	riterranno	avrà ritenuto	avranno ritenuto
Subjunctive	**Present**		**Present Perfect**	
	ritenga	riteniamo	abbia ritenuto	abbiamo ritenuto
	ritenga	riteniate	abbia ritenuto	abbiate ritenuto
	ritenga	ritengano	abbia ritenuto	abbiano ritenuto
	Imperfect		**Past Perfect**	
	ritenessi	ritenessimo	avessi ritenuto	avessimo ritenuto
	ritenessi	riteneste	avessi ritenuto	aveste ritenuto
	ritenesse	ritenessero	avesse ritenuto	avessero ritenuto
Conditional	**Present Conditional**		**Perfect Conditional**	
	riterrei	riterremmo	avrei ritenuto	avremmo ritenuto
	riterresti	riterreste	avresti ritenuto	avreste ritenuto
	riterrebbe	riterrebbero	avrebbe ritenuto	avrebbero ritenuto

Note: *Ritenere* requires the preposition *di* before an infinitive (see the second example below). *Ritenere* may be followed by *che* + subjunctive (see the third and fifth examples below). As a reflexive verb *ritenersi* ("to consider oneself") uses the reflexive pronouns *mi, ti, si, ci, vi, si*, as well as the auxiliary verb *essere*, to form compound tenses (see the fourth example below).

EXAMPLES

Ritengo utile fare questa analisi.	I think it is useful to do this analysis.
Ritiene di avere ragione.	He thinks he is right.
Ho ritenuto che fosse meglio così.	I thought that it was better that way.
Si ritiene un grande atleta.	He considers himself to be a great athlete.
Ritengo sia stato il ragazzo a rubare il denaro.	I maintain that it was the boy who stole the money.

ritirare
to pick up, to withdraw, to revoke, to retreat
Auxiliary verb: avere **Past participle:** ritirato **Gerund:** ritirando
Imperative: (tu) ritira (non ritirare); (Lei) ritiri; (noi) ritiriamo; (voi) ritirate; (Loro) ritirino

Mode	Simple Tenses		Compound Tenses	
	Singular	*Plural*	*Singular*	*Plural*
Indicative	**Present**		**Present Perfect**	
	ritiro	ritiriamo	ho ritirato	abbiamo ritirato
	ritiri	ritirate	hai ritirato	avete ritirato
	ritira	ritirano	ha ritirato	hanno ritirato
	Imperfect		**Past Perfect**	
	ritiravo	ritiravamo	avevo ritirato	avevamo ritirato
	ritiravi	ritiravate	avevi ritirato	avevate ritirato
	ritirava	ritiravano	aveva ritirato	avevano ritirato
	Past Definite		**Past Anterior**	
	ritirai	ritirammo	ebbi ritirato	avemmo ritirato
	ritirasti	ritiraste	avesti ritirato	aveste ritirato
	ritirò	ritirarono	ebbe ritirato	ebbero ritirato
	Future		**Future Perfect**	
	ritirerò	ritireremo	avrò ritirato	avremo ritirato
	ritirerai	ritirerete	avrai ritirato	avrete ritirato
	ritirerà	ritireranno	avrà ritirato	avranno ritirato
Subjunctive	**Present**		**Present Perfect**	
	ritiri	ritiriamo	abbia ritirato	abbiamo ritirato
	ritiri	ritiriate	abbia ritirato	abbiate ritirato
	ritiri	ritirino	abbia ritirato	abbiano ritirato
	Imperfect		**Past Perfect**	
	ritirassi	ritirassimo	avessi ritirato	avessimo ritirato
	ritirassi	ritiraste	avessi ritirato	aveste ritirato
	ritirasse	ritirassero	avesse ritirato	avessero ritirato
Conditional	**Present Conditional**		**Perfect Conditional**	
	ritirerei	ritireremmo	avrei ritirato	avremmo ritirato
	ritireresti	ritirereste	avresti ritirato	avreste ritirato
	ritirerebbe	ritirerebbero	avrebbe ritirato	avrebbero ritirato

Note: As a reflexive verb *ritirarsi* ("to retire," "to shrink") uses the reflexive pronouns *mi, ti, si, ci, vi, si*, as well as the auxiliary verb *essere*, to form compound tenses (see the fifth and sixth examples below).

EXAMPLES

Hai ritirato i soldi in banca?	Did you withdraw money from the bank?
Devo ritirare il vestito dalla tintoria.	I have to pick up the dress at the dry cleaner.
Non ritireranno la patente a Donatella.	They will not revoke Donatella's driving license.
Ritireranno gli atleti dalla gara.	They will withdraw the athletes from the competition.
Si è ritirato in campagna.	He retired in/to the countryside.
Il golf di lana si è ritirato.	The wool sweater shrank.

riunire

to reunite, to gather

Auxiliary verb: avere **Past participle:** riunito **Gerund:** riunendo
Imperative: (tu) riunisci (non riunire); (Lei) riunisca; (noi) riuniamo;
(voi) riunite; (Loro) riuniscano

Mode	Simple Tenses		Compound Tenses	
	Singular	*Plural*	*Singular*	*Plural*
Indicative	**Present**		**Present Perfect**	
	riunisco	riuniamo	ho riunito	abbiamo riunito
	riunisci	riunite	hai riunito	avete riunito
	riunisce	riuniscono	ha riunito	hanno riunito
	Imperfect		**Past Perfect**	
	riunivo	riunivamo	avevo riunito	avevamo riunito
	riunivi	riunivate	avevi riunito	avevate riunito
	riuniva	riunivano	aveva riunito	avevano riunito
	Past Definite		**Past Anterior**	
	riunii	riunimmo	ebbi riunito	avemmo riunito
	riunisti	riuniste	avesti riunito	aveste riunito
	riunì	riunirono	ebbe riunito	ebbero riunito
	Future		**Future Perfect**	
	riunirò	riuniremo	avrò riunito	avremo riunito
	riunirai	riunirete	avrai riunito	avrete riunito
	riunirà	riuniranno	avrà riunito	avranno riunito
Subjunctive	**Present**		**Present Perfect**	
	riunisca	riuniamo	abbia riunito	abbiamo riunito
	riunisca	riuniate	abbia riunito	abbiate riunito
	riunisca	riuniscano	abbia riunito	abbiano riunito
	Imperfect		**Past Perfect**	
	riunissi	riunissimo	avessi riunito	avessimo riunito
	riunissi	riuniste	avessi riunito	aveste riunito
	riunisse	riunissero	avesse riunito	avessero riunito
Conditional	**Present Conditional**		**Perfect Conditional**	
	riunirei	riuniremmo	avrei riunito	avremmo riunito
	riuniresti	riunireste	avresti riunito	avreste riunito
	riunirebbe	riunirebbero	avrebbe riunito	avrebbero riunito

Note: As a reflexive verb *riunirsi* ("to meet," "to gather," "to be reunited") uses the reflexive
pronouns *mi, ti, si, ci, vi, si*, as well as the auxiliary verb *essere*, to form compound tenses (see
the second, third, and fourth examples below).

EXAMPLES

Riunisco i miei libri ed ho finito.	I am gathering up my book and I am finished.
La commissione si riunirà domani.	The committee will meet tomorrow.
Ci riuniamo da Marco.	We will gather/meet at Marco's.
Alla fine padre e figlio si sono riuniti.	Father and son were eventually reunited.

riuscire

to succeed, to be successful, to manage to, to get, can, to go out again
Auxiliary verb: essere **Past participle:** riuscito **Gerund:** riuscendo
Imperative: (tu) riesci (non riuscire); (Lei) riesca; (noi) riusciamo; (voi) riuscite; (Loro) riescano

Mode	Simple Tenses		Compound Tenses	
	Singular	*Plural*	*Singular*	*Plural*
Indicative	**Present**		**Present Perfect**	
	riesco	riusciamo	sono riuscito/a	siamo riusciti/e
	riesci	riuscite	sei riuscito/a	siete riusciti/e
	riesce	riescono	è riuscito/a	sono riusciti/e
	Imperfect		**Past Perfect**	
	riuscivo	riuscivamo	ero riuscito/a	eravamo riusciti/e
	riuscivi	riuscivate	eri riuscito/a	eravate riusciti/e
	riusciva	riuscivano	era riuscito/a	erano riusciti/e
	Past Definite		**Past Anterior**	
	riuscii	riuscimmo	fui riuscito/a	fummo riusciti/e
	riuscisti	riusciste	fosti riuscito/a	foste riusciti/e
	riuscì	riuscirono	fu riuscito/a	furono riusciti/e
	Future		**Future Perfect**	
	riuscirò	riusciremo	sarò riuscito/a	saremo riusciti/e
	riuscirai	riuscirete	sarai riuscito/a	sarete riusciti/e
	riuscirà	riusciranno	sarà riuscito/a	saranno riusciti/e
Subjunctive	**Present**		**Present Perfect**	
	riesca	riusciamo	sia riuscito/a	siamo riusciti/e
	riesca	riusciate	sia riuscito/a	siate riusciti/e
	riesca	riescano	sia riuscito/a	siano riusciti/e
	Imperfect		**Past Perfect**	
	riuscissi	riuscissimo	fossi riuscito/a	fossimo riusciti/e
	riuscissi	riusciste	fossi riuscito/a	foste riusciti/e
	riuscisse	riuscissero	fosse riuscito/a	fossero riusciti/e
Conditional	**Present Conditional**		**Perfect Conditional**	
	riuscirei	riusciremmo	sarei riuscito/a	saremmo riusciti/e
	riusciresti	riuscireste	saresti riuscito/a	sareste riusciti/e
	riuscirebbe	riuscirebbero	sarebbe riuscito/a	sarebbero riusciti/e

Note: *Riuscire* requires the preposition *a* before an infinitive ("to succeed in doing something") (see the first and fifth examples below).

EXAMPLES

Alla fine è riuscito a risolvere il problema.	He finally managed to resolve the problem.
L'esperimento è riuscito.	The experiment was successful.
Carlo riesce in tutto quello che fa.	Carlo succeeds in everything he does.
Entrò e riuscì subito.	He came in and went out again immediately.
Non riesce ad aprire la porta.	He can't open the door.
Non ci riesco!	I can't do it.

rivelare

to reveal

Auxiliary verb: avere **Past participle:** rivelato **Gerund:** rivelando
Imperative: (tu) rivela (non rivelare); (Lei) riveli; (noi) riveliamo; (voi) rivelate; (Loro) rivelino

Mode	Simple Tenses		Compound Tenses	
	Singular	*Plural*	*Singular*	*Plural*
Indicative	**Present**		**Present Perfect**	
	rivelo	riveliamo	ho rivelato	abbiamo rivelato
	riveli	rivelate	hai rivelato	avete rivelato
	rivela	rivelano	ha rivelato	hanno rivelato
	Imperfect		**Past Perfect**	
	rivelavo	rivelavamo	avevo rivelato	avevamo rivelato
	rivelavi	rivelavate	avevi rivelato	avevate rivelato
	rivelava	rivelavano	aveva rivelato	avevano rivelato
	Past Definite		**Past Anterior**	
	rivelai	rivelammo	ebbi rivelato	avemmo rivelato
	rivelasti	rivelaste	avesti rivelato	aveste rivelato
	rivelò	rivelarono	ebbe rivelato	ebbero rivelato
	Future		**Future Perfect**	
	rivelerò	riveleremo	avrò rivelato	avremo rivelato
	rivelerai	rivelerete	avrai rivelato	avrete rivelato
	rivelerà	riveleranno	avrà rivelato	avranno rivelato
Subjunctive	**Present**		**Present Perfect**	
	riveli	riveliamo	abbia rivelato	abbiamo rivelato
	riveli	riveliate	abbia rivelato	abbiate rivelato
	riveli	rivelino	abbia rivelato	abbiano rivelato
	Imperfect		**Past Perfect**	
	rivelassi	rivelassimo	avessi rivelato	avessimo rivelato
	rivelassi	rivelaste	avessi rivelato	aveste rivelato
	rivelasse	rivelassero	avesse rivelato	avessero rivelato
Conditional	**Present Conditional**		**Perfect Conditional**	
	rivelerei	riveleremmo	avrei rivelato	avremmo rivelato
	riveleresti	rivelereste	avresti rivelato	avreste rivelato
	rivelerebbe	rivelerebbero	avrebbe rivelato	avrebbero rivelato

Note: *Rilevare* takes a direct object and an indirect object: *rilevare + qualcosa + a qualcuno* (see the first example below). As a reflexive verb *rivelarsi* ("to reveal oneself") uses the reflexive pronouns *mi, ti, si, ci, vi, si si,* as well as the auxiliary verb *essere,* to form compound tenses (see the last two examples below).

EXAMPLES

Ha rivelato un segreto alla collega in stretta confidenza.	He revealed a secret to his colleague in strict confidence.
Il quadro rivela il pittore.	The painting reveals the painter's style.
Si è rivelato un vero amico.	He revealed/showed/proved to be a true friend.
Si rilevò un codardo.	He proved himself a coward.

rivolgersi

to address, to speak, to turn; to apply

Auxiliary verb: essere **Past participle:** rivolto(si) **Gerund:** rivolgendo(si)

Imperative: (tu) rivolgiti (non rivolgerti); (Lei) si rivolga; (noi) rivolgiamoci; (voi) rivolgetevi; (Loro) si rivolgano

Mode	Simple Tenses		Compound Tenses	
	Singular	*Plural*	*Singular*	*Plural*
	Present		**Present Perfect**	
Indicative	mi rivolgo ti rivolgi si rivolge	ci rivolgiamo vi rivolgete si rivolgono	mi sono rivolto/a ti sei rivolto/a si è rivolto/a	ci siamo rivolti/e vi siete rivolti/e si sono rivolti/e
	Imperfect		**Past Perfect**	
	mi rivolgevo ti rivolgevi si rivolgeva	ci rivolgevamo vi rivolgevate si rivolgevano	mi ero rivolto/a ti eri rivolto/a si era rivolto/a	ci eravamo rivolti/e vi eravate rivolti/e si erano rivolti/e
	Past Definite		**Past Anterior**	
	mi rivolsi ti rivolgesti si rivolse	ci rivolgemmo vi rivolgeste si rivolsero	mi fui rivolto/a ti fosti rivolto/a si fu rivolto/a	ci fummo rivolti/e vi foste rivolti/e si furono rivolti/e
	Future		**Future Perfect**	
	mi rivolgerò ti rivolgerai si rivolgerà	ci rivolgeremo vi rivolgerete si rivolgeranno	mi sarò rivolto/a ti sarai rivolto/a si sarà rivolto/a	ci saremo rivolti/e vi sarete rivolti/e si saranno rivolti/e
Subjunctive	**Present**		**Present Perfect**	
	mi rivolga ti rivolga si rivolga	ci rivolgiamo vi rivolgiate si rivolgano	mi sia rivolto/a ti sia rivolto/a si sia rivolto/a	ci siamo rivolti/e vi siate rivolti/e si siano rivolti/e
	Imperfect		**Past Perfect**	
	mi rivolgessi ti rivolgessi si rivolgesse	ci rivolgessimo vi rivolgeste si rivolgessero	mi fossi rivolto/a ti fossi rivolto/a si fosse rivolto/a	ci fossimo rivolti/e vi foste rivolti/e si fossero rivolti/e
Conditional	**Present Conditional**		**Perfect Conditional**	
	mi rivolgerei ti rivolgeresti si rivolgerebbe	ci rivolgeremmo vi rivolgereste si rivolgerebbero	mi sarei rivolto/a ti saresti rivolto/a si sarebbe rivolto/a	ci saremmo rivolti/e vi sareste rivolti/e si sarebbero rivolti/e

Note: *Rivolgere* may be used nonreflexively with *avere* as its auxiliary verb to form compound tenses (see the fourth example below).

EXAMPLES

Mi rivolgo a tutti i presenti.	I am speaking to all the people here.
Mi sono rivolto a lui per un prestito.	I turned to him for a loan.
A chi bisogna rivolgersi?	To whom must one apply?
A chi posso rivolgere questa domanda?	Whom can I ask this question?
Si rivolgerà alla polizia.	He will turn to the police.
Non sa a chi rivolgersi.	He doesn't know whom to turn to.

rompere

to break

Auxiliary verb: avere **Past participle:** rotto **Gerund:** rompendo
Imperative: (tu) rompi (non rompere); (Lei) rompa; (noi) rompiamo;
(voi) rompete; (Loro) rompano

Mode	Simple Tenses		Compound Tenses	
	Singular	*Plural*	*Singular*	*Plural*
	Present		**Present Perfect**	
Indicative	rompo	rompiamo	ho rotto	abbiamo rotto
	rompi	rompete	hai rotto	avete rotto
	rompe	rompono	ha rotto	hanno rotto
	Imperfect		**Past Perfect**	
	rompevo	rompevamo	avevo rotto	avevamo rotto
	rompevi	rompevate	avevi rotto	avevate rotto
	rompeva	rompevano	aveva rotto	avevano rotto
	Past Definite		**Past Anterior**	
	ruppi	rompemmo	ebbi rotto	avemmo rotto
	rompesti	rompeste	avesti rotto	aveste rotto
	ruppe	ruppero	ebbe rotto	ebbero rotto
	Future		**Future Perfect**	
	romperò	romperemo	avrò rotto	avremo rotto
	romperai	romperete	avrai rotto	avrete rotto
	romperà	romperanno	avrà rotto	avranno rotto
Subjunctive	**Present**		**Present Perfect**	
	rompa	rompiamo	abbia rotto	abbiamo rotto
	rompa	rompiate	abbia rotto	abbiate rotto
	rompa	rompano	abbia rotto	abbiano rotto
	Imperfect		**Past Perfect**	
	rompessi	rompessimo	avessi rotto	avessimo rotto
	rompessi	rompeste	avessi rotto	aveste rotto
	rompesse	rompessero	avesse rotto	avessero rotto
Conditional	**Present Conditional**		**Perfect Conditional**	
	romperei	romperemmo	avrei rotto	avremmo rotto
	romperesti	rompereste	avresti rotto	avreste rotto
	romperebbe	romperebbero	avrebbe rotto	avrebbero rotto

Note: As a reflexive verb *rompersi* ("to break," "to get broken") uses the reflexive pronouns *mi, ti, si, ci, vi, si,* as well as the auxiliary verb *essere,* to form compound tenses (see the second, third, and fourth examples below).

EXAMPLES

Ho rotto il vaso in tre pezzi.	I broke the vase in(to) three pieces.
Il bicchiere si è rotto in mille pezzi.	The glass broke into tiny bits/smithereens.
Penso che si sia rotto un braccio.	I think he broke his arm.
Si rompe facilmente.	This breaks easily.
Se tu fossi stato attento, non avresti rotto il bicchiere.	If you had been careful, you wouldn't have broken the glass.

rovesciare

to reverse, to overthrow, to spill

Auxiliary verb: avere **Past participle:** rovesciato **Gerund:** rovesciando
Imperative: (tu) rovescia (non rovesciare); (Lei) rovesci; (noi) rovescia-
mo; (voi) rovesciate; (Loro) rovescino

Mode	Simple Tenses		Compound Tenses	
	Singular	*Plural*	*Singular*	*Plural*
Indicative	**Present**		**Present Perfect**	
	rovescio	rovesciamo	ho rovesciato	abbiamo rovesciato
	rovesci	rovesciate	hai rovesciato	avete rovesciato
	rovescia	rovesciano	ha rovesciato	hanno rovesciato
	Imperfect		**Past Perfect**	
	rovesciavo	rovesciavamo	avevo rovesciato	avevamo rovesciato
	rovesciavi	rovesciavate	avevi rovesciato	avevate rovesciato
	rovesciava	rovesciavano	aveva rovesciato	avevano rovesciato
	Past Definite		**Past Anterior**	
	rovesciai	rovesciammo	ebbi rovesciato	avemmo rovesciato
	rovesciasti	rovesciaste	avesti rovesciato	aveste rovesciato
	rovesciò	rovesciarono	ebbe rovesciato	ebbero rovesciato
	Future		**Future Perfect**	
	rovescerò	rovesceremo	avrò rovesciato	avremo rovesciato
	rovescerai	rovescerete	avrai rovesciato	avrete rovesciato
	rovescerà	rovesceranno	avrà rovesciato	avranno rovesciato
Subjunctive	**Present**		**Present Perfect**	
	rovesci	rovesciamo	abbia rovesciato	abbiamo rovesciato
	rovesci	rovesciate	abbia rovesciato	abbiate rovesciato
	rovesci	rovescino	abbia rovesciato	abbiano rovesciato
	Imperfect		**Past Perfect**	
	rovesciassi	rovesciassimo	avessi rovesciato	avessimo rovesciato
	rovesciassi	rovesciaste	avessi rovesciato	aveste rovesciato
	rovesciasse	rovesciassero	avesse rovesciato	avessero rovesciato
Conditional	**Present Conditional**		**Perfect Conditional**	
	rovescerei	rovesceremmo	avrei rovesciato	avremmo rovesciato
	rovesceresti	rovescereste	avresti rovesciato	avreste rovesciato
	rovescerebbe	rovescerebbero	avrebbe rovesciato	avrebbero rovesciato

Note: As a reflexive verb *rovesciarsi* ("to fall over," "to spill") uses the reflexive pronouns *mi, ti, si, ci, vi, si*, as well as the auxiliary verb *essere*, to form compound tenses (see the last two examples below).

EXAMPLES

Rovesciamo l'ordine della frase.	Let's reverse the order of the sentence.
Lo scandalo ha rovesciato il governo.	The scandal overthrew (toppled) the government.
Ho rovesciato il vino sulla tovaglia.	I spilled the wine on the table.
La bottiglia si è rovesciata.	The bottle fell over.
Il vino si è rovesciato sul tavolo.	The wine spilled on the table.

rovinare

to ruin, to deteriorate
Auxiliary verb: avere **Past participle:** rovinato **Gerund:** rovinando
Imperative: (tu) rovina (non rovinare); (Lei) rovini; (noi) roviniamo; (voi) rovinate; (Loro) rovinino

Mode	Simple Tenses		Compound Tenses	
	Singular	*Plural*	*Singular*	*Plural*
Indicative	**Present**		**Present Perfect**	
	rovino	roviniamo	ho rovinato	abbiamo rovinato
	rovini	rovinate	hai rovinato	avete rovinato
	rovina	rovinano	ha rovinato	hanno rovinato
	Imperfect		**Past Perfect**	
	rovinavo	rovinavamo	avevo rovinato	avevamo rovinato
	rovinavi	rovinavate	avevi rovinato	avevate rovinato
	rovinava	rovinavano	aveva rovinato	avevano rovinato
	Past Definite		**Past Anterior**	
	rovinai	rovinammo	ebbi rovinato	avemmo rovinato
	rovinasti	rovinaste	avesti rovinato	aveste rovinato
	rovinò	rovinarono	ebbe rovinato	ebbero rovinato
	Future		**Future Perfect**	
	rovinerò	rovineremo	avrò rovinato	avremo rovinato
	rovinerai	rovinerete	avrai rovinato	avrete rovinato
	rovinerà	rovineranno	avrà rovinato	avranno rovinato
Subjunctive	**Present**		**Present Perfect**	
	rovini	roviniamo	abbia rovinato	abbiamo rovinato
	rovini	roviniate	abbia rovinato	abbiate rovinato
	rovini	rovinino	abbia rovinato	abbiano rovinato
	Imperfect		**Past Perfect**	
	rovinassi	rovinassimo	avessi rovinato	avessimo rovinato
	rovinassi	rovinaste	avessi rovinato	aveste rovinato
	rovinasse	rovinassero	avesse rovinato	avessero rovinato
Conditional	**Present Conditional**		**Perfect Conditional**	
	rovinerei	rovineremmo	avrei rovinato	avremmo rovinato
	rovineresti	rovinereste	avresti rovinato	avreste rovinato
	rovinerebbe	rovinerebbero	avrebbe rovinato	avrebbero rovinato

Note: As a reflexive verb *rovinarsi* ("to deteriorate," "to ruin oneself") uses the reflexive pronouns *mi, ti, si, ci, vi, si*, as well as the auxiliary verb *essere*, to form compound tenses (see the fourth and fifth examples below).

EXAMPLES

I vicini hanno rovinato la festa.	The neighbors ruined the party.
Il brutto tempo rovinerà il raccolto.	Bad weather will ruin the harvest.
Cadendo, rovinò il vestito.	He ruined his suit when he fell.
L'affresco si è rovinato negli anni.	The fresco has deteriorated with time.
Mi sono rovinata l'appetito mangiando prima del pasto.	I ruined my appetite by eating before the meal.

rubare

to steal

Auxiliary verb: avere **Past participle:** rubato **Gerund:** rubando

Imperative: (tu) ruba (non rubare); (Lei) rubi; (noi) rubiamo; (voi) rubate; (Loro) rubino

Mode	Simple Tenses		Compound Tenses	
	Singular	*Plural*	*Singular*	*Plural*
Indicative	**Present**		**Present Perfect**	
	rubo	rubiamo	ho rubato	abbiamo rubato
	rubi	rubate	hai rubato	avete rubato
	ruba	rubano	ha rubato	hanno rubato
	Imperfect		**Past Perfect**	
	rubavo	rubavamo	avevo rubato	avevamo rubato
	rubavi	rubavate	avevi rubato	avevate rubato
	rubava	rubavano	aveva rubato	avevano rubato
	Past Definite		**Past Anterior**	
	rubai	rubammo	ebbi rubato	avemmo rubato
	rubasti	rubaste	avesti rubato	aveste rubato
	rubò	rubarono	ebbe rubato	ebbero rubato
	Future		**Future Perfect**	
	ruberò	ruberemo	avrò rubato	avremo rubato
	ruberai	ruberete	avrai rubato	avrete rubato
	ruberà	ruberanno	avrà rubato	avranno rubato
Subjunctive	**Present**		**Present Perfect**	
	rubi	rubiamo	abbia rubato	abbiamo rubato
	rubi	rubiate	abbia rubato	abbiate rubato
	rubi	rubino	abbia rubato	abbiano rubato
	Imperfect		**Past Perfect**	
	rubassi	rubassimo	avessi rubato	avessimo rubato
	rubassi	rubaste	avessi rubato	aveste rubato
	rubasse	rubassero	avesse rubato	avessero rubato
Conditional	**Present Conditional**		**Perfect Conditional**	
	ruberei	ruberemmo	avrei rubato	avremmo rubato
	ruberesti	ruberereste	avresti rubato	avreste rubato
	ruberebbe	ruberebbero	avrebbe rubato	avrebbero rubato

Note: *Rubare* takes a direct object and an indirect object: *rubare + qualcosa + a qualcuno* ("to steal something from somebody") (see the first example below).

EXAMPLES

Ieri hanno rubato a Marco la carta di credito.	Yesterday they stole Marco's credit card.
Le hanno rubato tutti i soldi.	All of her money has been stolen.
È stato sorpreso a rubare.	He was caught stealing.
Mi hai rubato le parole.	You took the words right out of my mouth.
Credo che qualcuno abbia rubato il mio ombrello.	I think someone stole my umbrella.

salire

to climb, to go/come up, to get on (when referring to a means of transit)
Auxiliary verb: essere/avere **Past participle:** salito **Gerund:** salendo
Imperative: (tu) sali (non salire); (Lei) salga; (noi) saliamo; (voi) salite;
(Loro) salgano

Mode	Simple Tenses		Compound Tenses	
	Singular	*Plural*	*Singular*	*Plural*
	Present		**Present Perfect**	
	salgo	saliamo	sono salito/a	siamo saliti/e
	sali	salite	sei salito/a	siete saliti/e
	sale	salgono	è salito/a	sono saliti/e
Indicative	**Imperfect**		**Past Perfect**	
	salivo	salivamo	ero salito/a	eravamo saliti/e
	salivi	salivate	eri salito/a	eravate saliti/e
	saliva	salivano	era salito/a	erano saliti/e
	Past Definite		**Past Anterior**	
	salii	salimmo	fui salito/a	fummo saliti/e
	salisti	saliste	fosti salito/a	foste saliti/e
	salì	salirono	fu salito/a	furono saliti/e
	Future		**Future Perfect**	
	salirò	saliremo	sarò salito/a	saremo saliti/e
	salirai	salirete	sarai salito/a	sarete saliti/e
	salirà	saliranno	sarà salito/a	saranno saliti/e
Subjunctive	**Present**		**Present Perfect**	
	salga	saliamo	sia salito/a	siamo saliti/e
	salga	saliate	sia salito/a	siate saliti/e
	salga	salgano	sia salito/a	siano saliti/e
	Imperfect		**Past Perfect**	
	salissi	salissimo	fossi salito/a	fossimo saliti/e
	salissi	saliste	fossi salito/a	foste saliti/e
	salisse	salissero	fosse salito/a	fossero saliti/e
Conditional	**Present Conditional**		**Perfect Conditional**	
	salirei	saliremmo	sarei salito/a	saremmo saliti/e
	saliresti	salireste	saresti salito/a	sareste saliti/e
	salirebbe	salirebbero	sarebbe salito/a	sarebbero saliti/e

Note: When used with a direct object, *salire* uses *avere* to form compound tenses (see the fourth example below). The compound verb *assalire* ("to attack") uses *avere* as auxiliary verb to form compound tenses.

EXAMPLES

Sono salito in ascensore.

I went up in the elevator.

Siete saliti in cima alla torre?

Have you climbed to the top of the tower?

Salite a prendere un caffé.

Come up for a cup of coffee.

Ho salito le scale di corsa.

I climbed the stairs in a hurry.

I prezzi sono saliti alle stelle.

Prices rocketed up.

È caduto mentre saliva sul treno.

He fell down while he was getting on the train.

saltare

to jump, to skip

Auxiliary verb: avere/essere **Past participle:** saltato **Gerund:** saltando
Imperative: (tu) salta (non saltare); (Lei) salti; (noi) saltiamo; (voi) saltate; (Loro) saltino

Mode	Simple Tenses		Compound Tenses	
	Singular	*Plural*	*Singular*	*Plural*
Indicative	**Present**		**Present Perfect**	
	salto	saltiamo	ho saltato	abbiamo saltato
	salti	saltate	hai saltato	avete saltato
	salta	saltano	ha saltato	hanno saltato
	Imperfect		**Past Perfect**	
	saltavo	saltavamo	avevo saltato	avevamo saltato
	saltavi	saltavate	avevi saltato	avevate saltato
	saltava	saltavano	aveva saltato	avevano saltato
	Past Definite		**Past Anterior**	
	saltai	saltammo	ebbi saltato	avemmo saltato
	saltasti	saltaste	avesti saltato	aveste saltato
	saltò	saltarono	ebbe saltato	ebbero saltato
	Future		**Future Perfect**	
	salterò	salteremo	avrò saltato	avremo saltato
	salterai	salterete	avrai saltato	avrete saltato
	salterà	salteranno	avrà saltato	avranno saltato
Subjunctive	**Present**		**Present Perfect**	
	salti	saltiamo	abbia saltato	abbiamo saltato
	salti	saltiate	abbia saltato	abbiate saltato
	salti	saltino	abbia saltato	abbiano saltato
	Imperfect		**Past Perfect**	
	saltassi	saltassimo	avessi saltato	avessimo saltato
	saltassi	saltaste	avessi saltato	aveste saltato
	saltasse	saltassero	avesse saltato	avessero saltato
Conditional	**Present Conditional**		**Perfect Conditional**	
	salterei	salteremmo	avrei saltato	avremmo saltato
	salteresti	saltereste	avresti saltato	avreste saltato
	salterebbe	salterebbero	avrebbe saltato	avrebbero saltato

Note: *Saltare* uses *essere* to form compound tenses (*sono saltato, sei saltato* . . .) when a point of departure or a point of arrival is mentioned (see the second example below).

EXAMPLES

Il bambino ha saltato tutto il giorno.	The child jumped up and down all day.
Il gatto è saltato dalla finestra.	The cat jumped out of the window.
Saltavano di gioia.	They jumped for joy.
Saltiamo da una pagina all'altra.	We are skipping from one page to the next.
Oggi salteremo il pranzo.	Today we're going to skip lunch.

salutare

to greet, to say hello/goodbye

Auxiliary verb: avere **Past participle:** salutato **Gerund:** salutando
Imperative: (tu) saluta (non salutare); (Lei) saluti; (noi) salutiamo; (voi)
salutate; (Loro) salutino

Mode	Simple Tenses		Compound Tenses	
	Singular	*Plural*	*Singular*	*Plural*
	Present		**Present Perfect**	
	saluto	salutiamo	ho salutato	abbiamo salutato
	saluti	salutate	hai salutato	avete salutato
	saluta	salutano	ha salutato	hanno salutato
	Imperfect		**Past Perfect**	
Indicative	salutavo	salutavamo	avevo salutato	avevamo salutato
	salutavi	salutavate	avevi salutato	avevate salutato
	salutava	salutavano	aveva salutato	avevano salutato
	Past Definite		**Past Anterior**	
	salutai	salutammo	ebbi salutato	avemmo salutato
	salutasti	salutaste	avesti salutato	aveste salutato
	salutò	salutarono	ebbe salutato	ebbero salutato
	Future		**Future Perfect**	
	saluterò	saluteremo	avrò salutato	avremo salutato
	saluterai	saluterete	avrai salutato	avrete salutato
	saluterà	saluteranno	avrà salutato	avranno salutato
	Present		**Present Perfect**	
	saluti	salutiamo	abbia salutato	abbiamo salutato
	saluti	salutiate	abbia salutato	abbiate salutato
Subjunctive	saluti	salutino	abbia salutato	abbiano salutato
	Imperfect		**Past Perfect**	
	salutassi	salutassimo	avessi salutato	avessimo salutato
	salutassi	salutaste	avessi salutato	aveste salutato
	salutasse	salutassero	avesse salutato	avessero salutato
Conditional	**Present Conditional**		**Perfect Conditional**	
	saluterei	saluteremmo	avrei salutato	avremmo salutato
	saluteresti	salutereste	avresti salutato	avreste salutato
	saluterebbe	saluterebbero	avrebbe salutato	avrebbero salutato

Note: As a reflexive verb *salutarsi* ("to greet each other") uses the reflexive pronouns *ci, vi, si*, as well as the auxiliary verb *essere*, to form compound tenses (see the sixth example).

EXAMPLES

Ha salutato l'amico con un bacio.	He greeted his friend with a kiss.
Non salutò nemmeno.	He didn't even say hello.
Sto andando alla stazione a salutare Paolo che parte.	I am going to the station to see Paolo off.
Salutami tutti!	Say hello to everybody for me!
La saluto cordialmente	With my kindest regards (used when writing a letter)
Si sono salutati alla stazione.	They greeted/said goodbye to each other at the station.

salvare

to save, to rescue, to bail out

Auxiliary verb: avere **Past participle:** salvato **Gerund:** salvando
Imperative: (tu) salva (non salvare); (Lei) salvi; (noi) salviamo; (voi) salvate; (Loro) salvino

Mode	Simple Tenses		Compound Tenses	
	Singular	*Plural*	*Singular*	*Plural*
Indicative	**Present**		**Present Perfect**	
	salvo	salviamo	ho salvato	abbiamo salvato
	salvi	salvate	hai salvato	avete salvato
	salva	salvano	ha salvato	hanno salvato
	Imperfect		**Past Perfect**	
	salvavo	salvavamo	avevo salvato	avevamo salvato
	salvavi	salvavate	avevi salvato	avevate salvato
	salvava	salvavano	aveva salvato	avevano salvato
	Past Definite		**Past Anterior**	
	salvai	salvammo	ebbi salvato	avemmo salvato
	salvasti	salvaste	avesti salvato	aveste salvato
	salvò	salvarono	ebbe salvato	ebbero salvato
	Future		**Future Perfect**	
	salverò	salveremo	avrò salvato	avremo salvato
	salverai	salverete	avrai salvato	avrete salvato
	salverà	salveranno	avrà salvato	avranno salvato
Subjunctive	**Present**		**Present Perfect**	
	salvi	salviamo	abbia salvato	abbiamo salvato
	salvi	salviate	abbia salvato	abbiate salvato
	salvi	salvino	abbia salvato	abbiano salvato
	Imperfect		**Past Perfect**	
	salvassi	salvassimo	avessi salvato	avessimo salvato
	salvassi	salvaste	avessi salvato	aveste salvato
	salvasse	salvassero	avesse salvato	avessero salvato
Conditional	**Present Conditional**		**Perfect Conditional**	
	salverei	salveremmo	avrei salvato	avremmo salvato
	salveresti	salvereste	avresti salvato	avreste salvato
	salverebbe	salverebbero	avrebbe salvato	avrebbero salvato

Note: As a reflexive verb *salvarsi* ("to save oneself") uses the reflexive pronouns *mi, ti, si, ci, vi, si,* as well as the auxiliary verb *essere,* to form compound tenses (see the third example below).

EXAMPLES

Ha salvato la vita alla donna.	He saved the woman's life.
Salvò tutta la famiglia dall'incendio.	He rescued the whole family from the fire.
Si è salvato per miracolo.	He saved himself miraculously.
Salveranno l'azienda dal fallimento.	They will bail out the company.
Se i soccorsi fossero arrivati in tempo, forse si sarebbe salvato.	If the rescue team had arrived in time, perhaps it could have saved his life.

sapere

to know, to be able to, to find out
Auxiliary verb: avere **Past participle:** saputo **Gerund:** sapendo
Imperative: (tu) sappi (non sapere); (Lei) sappia; (noi) sappiamo; (voi)
sappiate; (Loro) sappiano

Mode	Simple Tenses		Compound Tenses	
	Singular	*Plural*	*Singular*	*Plural*
Indicative	**Present**		**Present Perfect**	
	so	sappiamo	ho saputo	abbiamo saputo
	sai	sapete	hai saputo	avete saputo
	sa	sanno	ha saputo	hanno saputo
	Imperfect		**Past Perfect**	
	sapevo	sapevamo	avevo saputo	avevamo saputo
	sapevi	sapevate	avevi saputo	avevate saputo
	sapeva	sapevano	aveva saputo	avevano saputo
	Past Definite		**Past Anterior**	
	seppi	sapemmo	ebbi saputo	avemmo saputo
	sapesti	sapeste	avesti saputo	aveste saputo
	seppe	seppero	ebbe saputo	ebbero saputo
	Future		**Future Perfect**	
	saprò	sapremo	avrò saputo	avremo saputo
	saprai	saprete	avrai saputo	avrete saputo
	saprà	sapranno	avrà saputo	avranno saputo
Subjunctive	**Present**		**Present Perfect**	
	sappia	sappiamo	abbia saputo	abbiamo saputo
	sappia	sappiate	abbia saputo	abbiate saputo
	sappia	sappiano	abbia saputo	abbiano saputo
	Imperfect		**Past Perfect**	
	sapessi	sapessimo	avessi saputo	avessimo saputo
	sapessi	sapeste	avessi saputo	aveste saputo
	sapesse	sapessero	avesse saputo	avessero saputo
Conditional	**Present Conditional**		**Perfect Conditional**	
	saprei	sapremmo	avrei saputo	avremmo saputo
	sapresti	sapreste	avresti saputo	avreste saputo
	saprebbe	saprebbero	avrebbe saputo	avrebbero saputo

Note: *Conoscere* and *sapere* both correspond to the verb "to know," but they have different meanings. *Sapere* means "to be aware of," "to have knowledge of (facts)," "to find out." When *sapere* is followed immediately by an infinitive, it means "to know how" or "can" (see the second example). *Sapere* may be followed by the preposition *di* before an infinitive, in which case it means "to know" (see the fourth example below).

EXAMPLES

Sai dove sono andati?	Do you know where they went?
Non so nuotare.	I can't (don't know how to) swim.
Come avete saputo che lei si è sposata?	How did you find out that she got married?
So di aver ragione.	I know I'm right.
Lo sapevo che sarebbe tornato.	I knew he would come back.

sbagliare

to (make a) mistake, to get wrong

Auxiliary verb: avere **Past participle:** sbagliato **Gerund:** sbagliando
Imperative: (tu) sbaglia (non sbagliare); (Lei) sbagli; (noi) sbagliamo;
(voi) sbagliate; (Loro) sbaglino

Mode	Simple Tenses		Compound Tenses	
	Singular	*Plural*	*Singular*	*Plural*
	Present		**Present Perfect**	
Indicative	sbaglio	sbagliamo	ho sbagliato	abbiamo sbagliato
	sbagli	sbagliate	hai sbagliato	avete sbagliato
	sbaglia	sbagliano	ha sbagliato	hanno sbagliato
	Imperfect		**Past Perfect**	
	sbagliavo	sbagliavamo	avevo sbagliato	avevamo sbagliato
	sbagliavi	sbagliavate	avevi sbagliato	avevate sbagliato
	sbagliava	sbagliavano	aveva sbagliato	avevano sbagliato
	Past Definite		**Past Anterior**	
	sbagliai	sbagliammo	ebbi sbagliato	avemmo sbagliato
	sbagliasti	sbagliaste	avesti sbagliato	aveste sbagliato
	sbagliò	sbagliarono	ebbe sbagliato	ebbero sbagliato
	Future		**Future Perfect**	
	sbaglierò	sbaglieremo	avrò sbagliato	avremo sbagliato
	sbaglierai	sbaglierete	avrai sbagliato	avrete sbagliato
	sbaglierà	sbaglieranno	avrà sbagliato	avranno sbagliato
Subjunctive	**Present**		**Present Perfect**	
	sbagli	sbagliamo	abbia sbagliato	abbiamo sbagliato
	sbagli	sbagliate	abbia sbagliato	abbiate sbagliato
	sbagli	sbaglino	abbia sbagliato	abbiano sbagliato
	Imperfect		**Past Perfect**	
	sbagliassi	sbagliassimo	avessi sbagliato	avessimo sbagliato
	sbagliassi	sbagliaste	avessi sbagliato	aveste sbagliato
	sbagliasse	sbagliassero	avesse sbagliato	avessero sbagliato
Conditional	**Present Conditional**		**Perfect Conditional**	
	sbaglierei	sbaglieremmo	avrei sbagliato	avremmo sbagliato
	sbaglieresti	sbagliereste	avresti sbagliato	avreste sbagliato
	sbaglierebbe	sbaglierebbero	avrebbe sbagliato	avrebbero sbagliato

Note: As a reflexive verb *sbagliarsi* ("to be mistaken," "to be wrong") uses the reflexive pronouns *mi, ti, si, ci, vi, si,* as well as the auxiliary verb *essere,* to form compound tenses (see the fourth example below). *Sbagliare* requires the preposition *a* before an infinitive (see the third example below).

EXAMPLES

Hanno sbagliato tutti la seconda risposta.	They all got the second answer wrong.
Sbagliai strada.	I went the wrong way.
Hai sbagliato a dirgli la verità.	You made a mistake when you told him the truth.
Penso che lui si sia sbagliato.	I think he was wrong.

sbrigare

to get done, to clear, to hurry up

Auxiliary verb: avere **Past participle:** sbrigato **Gerund:** sbrigando
Imperative: (tu) sbriga (non sbrigare); (Lei) sbrighi; (noi) sbrighiamo;
(voi) sbrigate; (Loro) sbrighino

Mode	Simple Tenses		Compound Tenses	
	Singular	*Plural*	*Singular*	*Plural*
Indicative	**Present**		**Present Perfect**	
	sbrigo	sbrighiamo	ho sbrigato	abbiamo sbrigato
	sbrighi	sbrigate	hai sbrigato	avete sbrigato
	sbriga	sbrigano	ha sbrigato	hanno sbrigato
	Imperfect		**Past Perfect**	
	sbrigavo	sbrigavamo	avevo sbrigato	avevamo sbrigato
	sbrigavi	sbrigavate	avevi sbrigato	avevate sbrigato
	sbrigava	sbrigavano	aveva sbrigato	avevano sbrigato
	Past Definite		**Past Anterior**	
	sbrigai	sbrigammo	ebbi sbrigato	avemmo sbrigato
	sbrigasti	sbrigaste	avesti sbrigato	aveste sbrigato
	sbrigò	sbrigarono	ebbe sbrigato	ebbero sbrigato
	Future		**Future Perfect**	
	sbrigherò	sbrigheremo	avrò sbrigato	avremo sbrigato
	sbrigherai	sbrigherete	avrai sbrigato	avrete sbrigato
	sbrigherà	sbrigheranno	avrà sbrigato	avranno sbrigato
Subjunctive	**Present**		**Present Perfect**	
	sbrighi	sbrighiamo	abbia sbrigato	abbiamo sbrigato
	sbrighi	sbrighiate	abbia sbrigato	abbiate sbrigato
	sbrighi	sbrighino	abbia sbrigato	abbiano sbrigato
	Imperfect		**Past Perfect**	
	sbrigassi	sbrigassimo	avessi sbrigato	avessimo sbrigato
	sbrigassi	sbrigaste	avessi sbrigato	aveste sbrigato
	sbrigasse	sbrigassero	avesse sbrigato	avessero sbrigato
Conditional	**Present Conditional**		**Perfect Conditional**	
	sbrigherei	sbrigheremmo	avrei sbrigato	avremmo sbrigato
	sbrigheresti	sbrighereste	avresti sbrigato	avreste sbrigato
	sbrigherebbe	sbrigherebbero	avrebbe sbrigato	avrebbero sbrigato

Note: The reflexive *sbrigarsi* ("to hurry up") uses the reflexive pronouns *mi, ti, si, ci, vi, si*, as well as the auxiliary verb *essere*, to form compound tenses and it is mainly used in the imperative (see the last four examples below). *Sbrigarsi* requires the preposition *a* before an infinitive (see the sixth example below).

EXAMPLES

Hai sbrigato la posta?	Did you deal with the mail?
Devo sbrigare le pratiche per il passaporto.	I have to get all the papers for the passport ready.
Sbrigati!	Hurry up!
Sbrighiamoci!	Let's get moving!
Mi sbrigo subito!	I'll be right there!
Sbrigati a vestirti!	Hurry up and get dressed!

scappare

to escape, to run away

Auxiliary verb: essere **Past participle:** scappato **Gerund:** scappando
Imperative: (tu) scappi (non scappare); (Lei) scappi; (noi) scappiamo; (voi) scappate; (Loro) scappino

Mode	Simple Tenses		Compound Tenses	
	Singular	*Plural*	*Singular*	*Plural*
	Present		**Present Perfect**	
	scappo	scappiamo	sono scappato/a	siamo scappati/e
	scappi	scappate	sei scappato/a	siete scappati/e
	scappa	scappano	è scappato/a	sono scappati/e
Indicative	**Imperfect**		**Past Perfect**	
	scappavo	scappavamo	ero scappato/a	eravamo scappati/e
	scappavi	scappavate	eri scappato/a	eravate scappati/e
	scappava	scappavano	era scappato/a	erano scappati/e
	Past Definite		**Past Anterior**	
	scappai	scappammo	fui scappato/a	fummo scappati/e
	scappasti	scappaste	fosti scappato/a	foste scappati/e
	scappò	scapparono	fu scappato/a	furono scappati/e
	Future		**Future Perfect**	
	scapperò	scapperemo	sarò scappato/a	saremo scappati/e
	scapperai	scapperete	sarai scappato/a	sarete scappati/e
	scapperà	scapperanno	sarà scappato/a	saranno scappati/e
Subjunctive	**Present**		**Present Perfect**	
	scappi	scappiamo	sia scappato/a	siamo scappati/e
	scappi	scappiate	sia scappato/a	siate scappati/e
	scappi	scappino	sia scappato/a	siano scappati/e
	Imperfect		**Past Perfect**	
	scappassi	scappassimo	fossi scappato/a	fossimo scappati/e
	scappassi	scappaste	fossi scappato/a	foste scappati/e
	scappasse	scappassero	fosse scappato/a	fossero scappati/e
Conditional	**Present Conditional**		**Perfect Conditional**	
	scapperei	scapperemmo	sarei scappato/a	saremmo scappati/e
	scapperesti	scappereste	saresti scappato/a	sareste scappati/e
	scapperebbe	scapperebbero	sarebbe scappato/a	sarebbero scappati/e

EXAMPLES

Il detenuto è scappato di prigione.
The convict escaped from prison.

La ragazza è scappata di casa.
The girl ran away from home.

Quando la polizia è arrivata, i ladri erano già scappati dal giardino.
When the police arrived, the burglars had already escaped through the garden.

Vieni qui, non scappare!
Come here, don't run away!

Devo proprio scappare!
I really have to be on my way!

Mi è scappato di mente il suo nome.
His name slipped my mind.

scaricare

to discharge, to download, to unload, to deduct, to relieve
Auxiliary verb: avere **Past participle:** scaricato **Gerund:** scaricando
Imperative: (tu) scarica (non scaricare); (Lei) scarichi; (noi) scarichiamo;
(voi) scaricate; (Loro) scarichino

Mode	Simple Tenses		Compound Tenses	
	Singular	*Plural*	*Singular*	*Plural*
	Present		**Present Perfect**	
Indicative	scarico	scarichiamo	ho scaricato	abbiamo scaricato
	scarichi	scaricate	hai scaricato	avete scaricato
	scarica	scaricano	ha scaricato	hanno scaricato
	Imperfect		**Past Perfect**	
	scaricavo	scaricavamo	avevo scaricato	avevamo scaricato
	scaricavi	scaricavate	avevi scaricato	avevate scaricato
	scaricava	scaricavano	aveva scaricato	avevano scaricato
	Past Definite		**Past Anterior**	
	scaricai	scaricammo	ebbi scaricato	avemmo scaricato
	scaricasti	scaricaste	avesti scaricato	aveste scaricato
	scaricò	scaricarono	ebbe scaricato	ebbero scaricato
	Future		**Future Perfect**	
	scaricherò	scaricheremo	avrò scaricato	avremo scaricato
	scaricherai	scaricherete	avrai scaricato	avrete scaricato
	scaricherà	scaricheranno	avrà scaricato	avranno scaricato
Subjunctive	**Present**		**Present Perfect**	
	scarichi	scarichiamo	abbia scaricato	abbiamo scaricato
	scarichi	scarichiate	abbia scaricato	abbiate scaricato
	scarichi	scarichino	abbia scaricato	abbiano scaricato
	Imperfect		**Past Perfect**	
	scaricassi	scaricassimo	avessi scaricato	avessimo scaricato
	scaricassi	scaricaste	avessi scaricato	aveste scaricato
	scaricasse	scaricassero	avesse scaricato	avessero scaricato
Conditional	**Present Conditional**		**Perfect Conditional**	
	scaricherei	scaricheremmo	avrei scaricato	avremmo scaricato
	scaricheresti	scarichereste	avresti scaricato	avreste scaricato
	scaricherebbe	scaricherebbero	avrebbe scaricato	avrebbero scaricato

Note: As a reflexive verb *scaricarsi* ("to relieve oneself," "to unburden oneself") uses the reflexive pronouns *mi, ti, si, ci, vi, si*, as well as the auxiliary verb *essere*, to form compound tenses (see the fifth example below).

EXAMPLES

Hanno scaricato la macchina dopo essere tornati dal viaggio.	They unloaded the car after returning from their trip.
Devi scaricare il programma da internet.	You have to download the software from the Internet.
Scarichi le spese?	Do you deduct expenses?
Le scarica addosso tutti i suoi problemi.	He unloads all his problems on her.
Si è scaricata del segreto.	She relieved herself of a secret.
Ha scaricato tutti da ogni responsabilità.	He relieved everybody of all responsibilities.

scegliere
to choose, to select, to pick
Auxiliary verb: avere **Past participle:** scelto **Gerund:** scegliendo
Imperative: (tu) scegli (non scegliere); (Lei) scelga; (noi) scegliamo; (voi) scegliete; (Loro) scelgano

Mode	Simple Tenses		Compound Tenses	
	Singular	*Plural*	*Singular*	*Plural*
	Present		**Present Perfect**	
Indicative	scelgo	scegliamo	ho scelto	abbiamo scelto
	scegli	scegliete	hai scelto	avete scelto
	sceglie	scelgono	ha scelto	hanno scelto
	Imperfect		**Past Perfect**	
	sceglievo	sceglievamo	avevo scelto	avevamo scelto
	sceglievi	sceglievate	avevi scelto	avevate scelto
	sceglieva	sceglievano	aveva scelto	avevano scelto
	Past Definite		**Past Anterior**	
	scelsi	scegliemmo	ebbi scelto	avemmo scelto
	scegliesti	sceglieste	avesti scelto	aveste scelto
	scelse	scelsero	ebbe scelto	ebbero scelto
	Future		**Future Perfect**	
	sceglierò	sceglieremo	avrò scelto	avremo scelto
	sceglierai	sceglierete	avrai scelto	avrete scelto
	sceglierà	sceglieranno	avrà scelto	avranno scelto
Subjunctive	**Present**		**Present Perfect**	
	scelga	scegliamo	abbia scelto	abbiamo scelto
	scelga	scegliate	abbia scelto	abbiate scelto
	scelga	scelgano	abbia scelto	abbiano scelto
	Imperfect		**Past Perfect**	
	scegliessi	scegliessimo	avessi scelto	avessimo scelto
	scegliessi	sceglieste	avessi scelto	aveste scelto
	scegliesse	scegliessero	avesse scelto	avessero scelto
Conditional	**Present Conditional**		**Perfect Conditional**	
	sceglierei	sceglieremmo	avrei scelto	avremmo scelto
	sceglieresti	scegliereste	avresti scelto	avreste scelto
	sceglierebbe	sceglierebbero	avrebbe scelto	avrebbero scelto

Note: *Scegliere* requires the preposition *di* before an infinitive (see the sixth example below).

EXAMPLES

Ho scelto bene.	I chose well.
Lei sceglie sempre con cura le parole.	She always chooses her words carefully.
Sceglieremo un candidato.	We will select a candidate.
È stato scelto per rappresentare la scuola.	He has been picked to represent the school.
Non so quale scegliere.	I don't know which one to choose.
Scelse di rimanere.	He chose to stay.
Se potessi scegliere, sceglierei questo.	If I could choose, I'd choose this one.

scendere

to go down, to get off, to fall

Auxiliary verb: essere/avere **Past participle:** sceso **Gerund:** scendendo
Imperative: (tu) scendi (non scendere); (Lei) scenda; (noi) scendiamo;
(voi) scendete; (Loro) scendano

Mode	Simple Tenses		Compound Tenses	
	Singular	*Plural*	*Singular*	*Plural*
	Present		**Present Perfect**	
	scendo	scendiamo	sono sceso/a	siamo scesi/e
	scendi	scendete	sei sceso/a	siete scesi/e
	scende	scendono	è sceso/a	sono scesi/e
	Imperfect		**Past Perfect**	
	scendevo	scendevamo	ero sceso/a	eravamo scesi/e
	scendevi	scendevate	eri sceso/a	eravate scesi/e
	scendeva	scendevano	era sceso/a	erano scesi/e
Indicative	**Past Definite**		**Past Anterior**	
	scesi	scendemmo	fui sceso/a	fummo scesi/e
	scendesti	scendeste	fosti sceso/a	foste scesi/e
	scese	scesero	fu sceso/a	furono scesi/e
	Future		**Future Perfect**	
	scenderò	scenderemo	sarò sceso/a	saremo scesi/e
	scenderai	scenderete	sarai sceso/a	sarete scesi/e
	scenderà	scenderanno	sarà sceso/a	saranno scesi/e
	Present		**Present Perfect**	
	scenda	scendiamo	sia sceso/a	siamo scesi/e
	scenda	scendiate	sia sceso/a	siate scesi/e
Subjunctive	scenda	scendano	sia sceso/a	siano scesi/e
	Imperfect		**Past Perfect**	
	scendessi	scendessimo	fossi sceso/a	fossimo scesi/e
	scendessi	scendeste	fossi sceso/a	foste scesi/e
	scendesse	scendessero	fosse sceso/a	fossero scesi/e
Conditional	**Present Conditional**		**Perfect Conditional**	
	scenderei	scenderemmo	sarei sceso/a	saremmo scesi/e
	scenderesti	scendereste	saresti sceso/a	sareste scesi/e
	scenderebbe	scenderebbero	sarebbe sceso/a	sarebbero scesi/e

Note: When used with a direct object, *scendere* uses *avere* to form compound tenses (see the second example below).

EXAMPLES

Scusi, a quale fermata devo scendere?	Excuse me, when do I get off the bus?
Ho sceso le scale di corsa.	I ran down the stairs.
Siamo scesi in cantina.	We went down into the basement.
La temperatura continua a scendere.	The temperature keeps falling.
Non scende a compromessi.	He doesn't stoop to compromising.
Ha perso il portafoglio mentre scendeva dal treno.	He lost his wallet while he was getting off the train.

scherzare
to joke, to kid, to play
Auxiliary verb: avere **Past participle:** scherzato **Gerund:** scherzando
Imperative: (tu) scherza (non scherzare); (Lei) scherzi; (noi) scherziamo;
(voi) scherzate; (Loro) scherzino

Mode	Simple Tenses		Compound Tenses	
	Singular	*Plural*	*Singular*	*Plural*
Indicative	**Present**		**Present Perfect**	
	scherzo	scherziamo	ho scherzato	abbiamo scherzato
	scherzi	scherzate	hai scherzato	avete scherzato
	scherza	scherzano	ha scherzato	hanno scherzato
	Imperfect		**Past Perfect**	
	scherzavo	scherzavamo	avevo scherzato	avevamo scherzato
	scherzavi	scherzavate	avevi scherzato	avevate scherzato
	scherzava	scherzavano	aveva scherzato	avevano scherzato
	Past Definite		**Past Anterior**	
	scherzai	scherzammo	ebbi scherzato	avemmo scherzato
	scherzasti	scherzaste	avesti scherzato	aveste scherzato
	scherzò	scherzarono	ebbe scherzato	ebbero scherzato
	Future		**Future Perfect**	
	scherzerò	scherzeremo	avrò scherzato	avremo scherzato
	scherzerai	scherzerete	avrai scherzato	avrete scherzato
	scherzerà	scherzeranno	avrà scherzato	avranno scherzato
Subjunctive	**Present**		**Present Perfect**	
	scherzi	scherziamo	abbia scherzato	abbiamo scherzato
	scherzi	scherziate	abbia scherzato	abbiate scherzato
	scherzi	scherzino	abbia scherzato	abbiano scherzato
	Imperfect		**Past Perfect**	
	scherzassi	scherzassimo	avessi scherzato	avessimo scherzato
	scherzassi	scherzaste	avessi scherzato	aveste scherzato
	scherzasse	scherzassero	avesse scherzato	avessero scherzato
Conditional	**Present Conditional**		**Perfect Conditional**	
	scherzerei	scherzeremmo	avrei scherzato	avremmo scherzato
	scherzeresti	scherzereste	avresti scherzato	avreste scherzato
	scherzerebbe	scherzerebbero	avrebbe scherzato	avrebbero scherzato

EXAMPLES

Scherzo!	I'm kidding!
Stai scherzando?	Are you joking?
Scherzavo!	I was just kidding!
Scherza su tutto.	He jokes about everything.
Non scherzo mai su queste cose.	I never joke about these things.
Non scherzare con il fuoco!	Don't play with fire!
Non puoi scherzare con i sentimenti di Luisa.	You can't play with Luisa's feelings.
Pensavano che scherzassi.	They thought I was joking.

scindere

to split, to separate

Auxiliary verb: avere **Past participle:** scisso **Gerund:** scindendo
Imperative: (tu) scindi (non scindere); (Lei) scinda; (noi) scindiamo;
(voi) scindete; (Loro) scindano

Mode	Simple Tenses		Compound Tenses	
	Singular	*Plural*	*Singular*	*Plural*
Indicative	**Present**		**Present Perfect**	
	scindo	scindiamo	ho scisso	abbiamo scisso
	scindi	scindete	hai scisso	avete scisso
	scinde	scindono	ha scisso	hanno scisso
	Imperfect		**Past Perfect**	
	scindevo	scindevamo	avevo scisso	avevamo scisso
	scindevi	scindevate	avevi scisso	avevate scisso
	scindeva	scindevano	aveva scisso	avevano scisso
	Past Definite		**Past Anterior**	
	scissi	scindemmo	ebbi scisso	avemmo scisso
	scindesti	scindeste	avesti scisso	aveste scisso
	scisse	scissero	ebbe scisso	ebbero scisso
	Future		**Future Perfect**	
	scinderò	scinderemo	avrò scisso	avremo scisso
	scinderai	scinderete	avrai scisso	avrete scisso
	scinderà	scinderanno	avrà scisso	avranno scisso
Subjunctive	**Present**		**Present Perfect**	
	scinda	scindiamo	abbia scisso	abbiamo scisso
	scinda	scindiate	abbia scisso	abbiate scisso
	scinda	scindano	abbia scisso	abbiano scisso
	Imperfect		**Past Perfect**	
	scindessi	scindessimo	avessi scisso	avessimo scisso
	scindessi	scindeste	avessi scisso	aveste scisso
	scindesse	scindessero	avesse scisso	avessero scisso
Conditional	**Present Conditional**		**Perfect Conditional**	
	scinderei	scinderemmo	avrei scisso	avremmo scisso
	scinderesti	scindereste	avresti scisso	avreste scisso
	scinderebbe	scinderebbero	avrebbe scisso	avrebbero scisso

Note: As a reflexive verb *scindersi* ("to split up") uses the reflexive pronouns *mi, ti, si, ci, vi, si*, as well as the auxiliary verb *essere*, to form compound tenses (see the second example below).

EXAMPLES

Dobbiamo scindere una questione dall'altra.	We have to separate one issue from the other.
Il partito si è scisso in due correnti.	The party split up into two factions.
È possibile scindere l'atomo.	It is possible to split the atom.

sciogliere
to melt, to untie, to unleash
Auxiliary verb: avere **Past participle:** sciolto **Gerund:** sciogliendo
Imperative: (tu) sciogli (non sciogliere); (Lei) sciolga; (noi) sciogliamo; (voi) sciogliete; (Loro) sciolgano

Mode	Simple Tenses		Compound Tenses	
	Singular	*Plural*	*Singular*	*Plural*
Indicative	**Present**		**Present Perfect**	
	sciolgo	sciogliamo	ho sciolto	abbiamo sciolto
	sciogli	sciogliete	hai sciolto	avete sciolto
	scioglie	sciolgono	ha sciolto	hanno sciolto
	Imperfect		**Past Perfect**	
	scioglievo	scioglievamo	avevo sciolto	avevamo sciolto
	scioglievi	scioglievate	avevi sciolto	avevate sciolto
	scioglieva	scioglievano	aveva sciolto	avevano sciolto
	Past Definite		**Past Anterior**	
	sciolsi	sciogliemmo	ebbi sciolto	avemmo sciolto
	sciogliesti	scioglieste	avesti sciolto	aveste sciolto
	sciolse	sciolsero	ebbe sciolto	ebbero sciolto
	Future		**Future Perfect**	
	scioglierò	scioglieremo	avrò sciolto	avremo sciolto
	scioglierai	scioglierete	avrai sciolto	avrete sciolto
	scioglierà	scioglieranno	avrà sciolto	avranno sciolto
Subjunctive	**Present**		**Present Perfect**	
	sciolga	sciogliamo	abbia sciolto	abbiamo sciolto
	sciolga	sciogliate	abbia sciolto	abbiate sciolto
	sciolga	sciolgano	abbia sciolto	abbiano sciolto
	Imperfect		**Past Perfect**	
	sciogliessi	sciogliessimo	avessi sciolto	avessimo sciolto
	sciogliessi	scioglieste	avessi sciolto	aveste sciolto
	sciogliesse	sciogliessero	avesse sciolto	avessero sciolto
Conditional	**Present Conditional**		**Perfect Conditional**	
	scioglierei	scioglieremmo	avrei sciolto	avremmo sciolto
	scioglieresti	sciogliereste	avresti sciolto	avreste sciolto
	scioglierebbe	scioglierebbero	avrebbe sciolto	avrebbero sciolto

Note: As a reflexive verb *sciogliersi* ("to dissolve," "to melt") uses the reflexive pronouns *mi, ti, si, ci, vi, si,* as well as the auxiliary verb *essere,* to form compound tenses (see the fourth and fifth examples below).

EXAMPLES

Non riesco a sciogliere questo nodo. — I can't (manage) to untie this knot.
Perché hai sciolto il cane? — Why did you unleash the dog?
Sciogliere il cioccolato. — Melt the chocolate.
La neve si sciolse presto. — The snow melted quickly.
La società si è sciolta due anni fa. — The company was dissolved two years ago.

scommettere

to bet

Auxiliary verb: avere **Past participle:** scommesso **Gerund:** scommettendo

Imperative: (tu) scommetti (non scommettere); (Lei) scommetta; (noi) scommettiamo; (voi) scommettete; (Loro) scommettano

Mode	Simple Tenses		Compound Tenses	
	Singular	*Plural*	*Singular*	*Plural*
Indicative	**Present**		**Present Perfect**	
	scommetto	scommettiamo	ho scommesso	abbiamo scommesso
	scommetti	scommettete	hai scommesso	avete scommesso
	scommette	scommettono	ha scommesso	hanno scommesso
	Imperfect		**Past Perfect**	
	scommettevo	scommettevamo	avevo scommesso	avevamo scommesso
	scommettevi	scommettevate	avevi scommesso	avevate scommesso
	scommetteva	scommettevano	aveva scommesso	avevano scommesso
	Past Definite		**Past Anterior**	
	scommisi	scommettemmo	ebbi scommesso	avemmo scommesso
	scommettesti	scommetteste	avesti scommesso	aveste scommesso
	scommise	scommisero	ebbe scommesso	ebbero scommesso
	Future		**Future Perfect**	
	scommetterò	scommetteremo	avrò scommesso	avremo scommesso
	scommetterai	scommetterete	avrai scommesso	avrete scommesso
	scommetterà	scommetteranno	avrà scommesso	avranno scommesso
Subjunctive	**Present**		**Present Perfect**	
	scommetta	scommettiamo	abbia scommesso	abbiamo scommesso
	scommetta	scommettiate	abbia scommesso	abbiate scommesso
	scommetta	scommettano	abbia scommesso	abbiano scommesso
	Imperfect		**Past Perfect**	
	scommettessi	scommettessimo	avessi scommesso	avessimo scommesso
	scommettessi	scommetteste	avessi scommesso	aveste scommesso
	scommettesse	scommettessero	avesse scommesso	avessero scommesso
Conditional	**Present Conditional**		**Perfect Conditional**	
	scommetterei	scommetteremmo	avrei scommesso	avremmo scommesso
	scommetteresti	scommettereste	avresti scommesso	avreste scommesso
	scommetterebbe	scommetterebbero	avrebbe scommesso	avrebbero scommesso

EXAMPLES

Scommettiamo una cena!	Let's bet a dinner.
Ho scommesso sul secondo cavallo.	I bet on the second horse.
Scommettiamo!	Let's bet on it!
Ci scommetto che pioverà!	I'll bet that it will rain!
Ci puoi scommettere!	You bet!
Se fossi sicuro, ci scommetterei.	If I were sure, I would bet on it!

scomparire

to disappear, to vanish, to die out, to be shown up, not to show up

Auxiliary verb: essere **Past participle:** scomparso **Gerund:** scomparendo

Imperative: (tu) scompari (non scomparire); (Lei) scompaia; (noi) scompariamo; (voi) scomparite; (Loro) scompaiano

Mode	Simple Tenses		Compound Tenses	
	Singular	*Plural*	*Singular*	*Plural*
Indicative	**Present**		**Present Perfect**	
	scompaio	scompariamo	sono scomparso/a	siamo scomparsi/e
	scompari	scomparite	sei scomparso/a	siete scomparsi/e
	scompare	scompaiono	è scomparso/a	sono scomparsi/e
	Imperfect		**Past Perfect**	
	scomparivo	scomparivamo	ero scomparso/a	eravamo scomparsi/e
	scomparivi	scomparivate	eri scomparso/a	eravate scomparsi/e
	scompariva	scomparivano	era scomparso/a	erano scomparsi/e
	Past Definite		**Past Anterior**	
	scomparvi	scomparimmo	fui scomparso/a	fummo scomparsi/e
	scomparisti	scompariste	fosti scomparso/a	foste scomparsi/e
	scomparve	scomparvero	fu scomparso/a	furono scomparsi/e
	Future		**Future Perfect**	
	scomparirò	scompariremo	sarò scomparso/a	saremo scomparsi/e
	scomparirai	scomparirete	sarai scomparso/a	sarete scomparsi/e
	scomparirà	scompariranno	sarà scomparso/a	saranno scomparsi/e
Subjunctive	**Present**		**Present Perfect**	
	scompaia	scompariamo	sia scomparso/a	siamo scomparsi/e
	scompaia	scompariate	sia scomparso/a	siate scomparsi/e
	scompaia	scompaiano	sia scomparso/a	siano scomparsi/e
	Imperfect		**Past Perfect**	
	scomparissi	scomparissimo	fossi scomparso/a	fossimo scomparsi/e
	scomparissi	scompariste	fossi scomparso/a	foste scomparsi/e
	scomparisse	scomparissero	fosse scomparso/a	fossero scomparsi/e
Conditional	**Present Conditional**		**Perfect Conditional**	
	scomparirei	scompariremmo	sarei scomparso/a	saremmo scomparsi/e
	scompariresti	scomparireste	saresti scomparso/a	sareste scomparsi/e
	scomparirebbe	scomparirebbero	sarebbe scomparso/a	sarebbero scomparsi/e

Note: When the verb means "to be shown up" or "not to show up" the following regular forms may be found: present tense *io scomparisco, tu scomparisci . . .* ; past definite *scomparii, scomparisti . . .* ; past participle *scomparito*.

EXAMPLES

Sono scomparsi dietro l'angolo.	They disappeared behind the corner.
L'uomo è scomparso sei giorni fa.	The man went missing six days ago.
Improvvisamente la luce scomparve.	The light suddenly vanished.
tradizioni che vanno scomparendo	traditions that are dying out
Non farmi scomparire davanti a tutti!	Don't show me up in front of everybody!
Questo quadro scompare vicino agli altri.	This painting does not show up beside the others.

sconfiggere

to defeat, to beat, to conquer, to eliminate

Auxiliary verb: avere **Past participle:** sconfitto **Gerund:** sconfiggendo
Imperative: (tu) sconfiggi (non sconfiggere); (Lei) sconfigga; (noi) sconfiggiamo; (voi) sconfiggete; (Loro) sconfiggano

Mode	Simple Tenses		Compound Tenses	
	Singular	*Plural*	*Singular*	*Plural*
Indicative	**Present**		**Present Perfect**	
	sconfiggo	sconfiggiamo	ho sconfitto	abbiamo sconfitto
	sconfiggi	sconfiggete	hai sconfitto	avete sconfitto
	sconfigge	sconfiggono	ha sconfitto	hanno sconfitto
	Imperfect		**Past Perfect**	
	sconfiggevo	sconfiggevamo	avevo sconfitto	avevamo sconfitto
	sconfiggevi	sconfiggevate	avevi sconfitto	avevate sconfitto
	sconfiggeva	sconfiggevano	aveva sconfitto	avevano sconfitto
	Past Definite		**Past Anterior**	
	sconfissi	sconfiggemmo	ebbi sconfitto	avemmo sconfitto
	sconfiggesti	sconfiggeste	avesti sconfitto	aveste sconfitto
	sconfisse	sconfissero	ebbe sconfitto	ebbero sconfitto
	Future		**Future Perfect**	
	sconfiggerò	sconfiggeremo	avrò sconfitto	avremo sconfitto
	sconfiggerai	sconfiggerete	avrai sconfitto	avrete sconfitto
	sconfiggerà	sconfiggeranno	avrà sconfitto	avranno sconfitto
Subjunctive	**Present**		**Present Perfect**	
	sconfigga	sconfiggiamo	abbia sconfitto	abbiamo sconfitto
	sconfigga	sconfiggiate	abbia sconfitto	abbiate sconfitto
	sconfigga	sconfiggano	abbia sconfitto	abbiano sconfitto
	Imperfect		**Past Perfect**	
	sconfiggessi	sconfiggessimo	avessi sconfitto	avessimo sconfitto
	sconfiggessi	sconfiggeste	avessi sconfitto	aveste sconfitto
	sconfiggesse	sconfiggessero	avesse sconfitto	avessero sconfitto
Conditional	**Present Conditional**		**Perfect Conditional**	
	sconfiggerei	sconfiggeremmo	avrei sconfitto	avremmo sconfitto
	sconfiggeresti	sconfiggereste	avresti sconfitto	avreste sconfitto
	sconfiggerebbe	sconfiggerebbero	avrebbe sconfitto	avrebbero sconfitto

Note: Similar to *sconfiggere* are *affiggere* ("to post [up]"), *crocifiggere* ("to crucify") and *prefiggere* ("to fix," "to set"). They differ only in forming the past participle. Their past participles are *affiggere, affisso*; *crocifiggere, crocifisso*; *prefiggere, prefisso*.

EXAMPLES

Il Messico ha sconfitto la Giamaica.	Mexico beat Jamaica. (sport)
Il candidato repubblicano è stato sconfitto.	The Republican candidate was defeated.
Il governo vuole sconfiggere la disoccupazione.	The government wants to eliminate unemployment.
Sconfiggerai presto la tua paura.	You will soon conquer your fear.

scoppiare

to explode, to blow up, to burst, to be bursting with

Auxiliary verb: essere **Past participle:** scoppiato **Gerund:** scoppiando
Imperative: (tu) scoppia (non scoppiare); (Lei) scoppi; (noi) scoppiamo;
(voi) scoppiate; (Loro) scoppino

Mode	Simple Tenses		Compound Tenses	
	Singular	*Plural*	*Singular*	*Plural*
Indicative	**Present**		**Present Perfect**	
	scoppio	scoppiamo	sono scoppiato/a	siamo scoppiati/e
	scoppi	scoppiate	sei scoppiato/a	siete scoppiati/e
	scoppia	scoppiano	è scoppiato/a	sono scoppiati/e
	Imperfect		**Past Perfect**	
	scoppiavo	scoppiavamo	ero scoppiato/a	eravamo scoppiati/e
	scoppiavi	scoppiavate	eri scoppiato/a	eravate scoppiati/e
	scoppiava	scoppiavano	era scoppiato/a	erano scoppiati/e
	Past Definite		**Past Anterior**	
	scoppiai	scoppiammo	fui scoppiato/a	fummo scoppiati/e
	scoppiasti	scoppiaste	fosti scoppiato/a	foste scoppiati/e
	scoppiò	scoppiarono	fu scoppiato/a	furono scoppiati/e
	Future		**Future Perfect**	
	scoppierò	scoppieremo	sarò scoppiato/a	saremo scoppiati/e
	scoppierai	scoppierete	sarai scoppiato/a	sarete scoppiati/e
	scoppierà	scoppieranno	sarà scoppiato/a	saranno scoppiati/e
Subjunctive	**Present**		**Present Perfect**	
	scoppi	scoppiamo	sia scoppiato/a	siamo scoppiati/e
	scoppi	scoppiate	sia scoppiato/a	siate scoppiati/e
	scoppi	scoppino	sia scoppiato/a	siano scoppiati/e
	Imperfect		**Past Perfect**	
	scoppiassi	scoppiassimo	fossi scoppiato/a	fossimo scoppiati/e
	scoppiassi	scoppiaste	fossi scoppiato/a	foste scoppiati/e
	scoppiasse	scoppiassero	fosse scoppiato/a	fossero scoppiati/e
Conditional	**Present Conditional**		**Perfect Conditional**	
	scoppierei	scoppieremmo	sarei scoppiato/a	saremmo scoppiati/e
	scoppieresti	scoppiereste	saresti scoppiato/a	sareste scoppiati/e
	scoppierebbe	scoppierebbero	sarebbe scoppiato/a	sarebbero scoppiati/e

Note: *Scoppiare* requires the preposition *a* before an infinitive (see the second example below) and the preposition *di* before a noun (see the fourth example below).

EXAMPLES

La bomba è scoppiata alle 11:00.	The bomb exploded at 11:00.
Siamo scoppiati a ridere.	We burst out laughing.
Mi è scoppiato uno pneumatico.	One of my tires blew out.
Scoppia di energia.	He is bursting with energy.
Scoppiò un incendio.	A fire broke out.

scoprire

to find out, to discover, to uncover

Auxiliary verb: avere **Past participle:** scoperto **Gerund:** scoprendo
Imperative: (tu) scopri (non scoprire); (Lei) scopra; (noi) scopriamo;
(voi) scoprite; (Loro) scoprano

Mode	Simple Tenses		Compound Tenses	
	Singular	*Plural*	*Singular*	*Plural*
Indicative	**Present**		**Present Perfect**	
	scopro	scopriamo	ho scoperto	abbiamo scoperto
	scopri	scoprite	hai scoperto	avete scoperto
	scopre	scoprono	ha scoperto	hanno scoperto
	Imperfect		**Past Perfect**	
	scoprivo	scoprivamo	avevo scoperto	avevamo scoperto
	scoprivi	scoprivate	avevi scoperto	avevate scoperto
	scopriva	scoprivano	aveva scoperto	avevano scoperto
	Past Definite		**Past Anterior**	
	scoprii	scoprimmo	ebbi scoperto	avemmo scoperto
	scopristi	scopriste	avesti scoperto	aveste scoperto
	scoprì	scoprirono	ebbe scoperto	ebbero scoperto
	Future		**Future Perfect**	
	scoprirò	scopriremo	avrò scoperto	avremo scoperto
	scoprirai	scoprirete	avrai scoperto	avrete scoperto
	scoprirà	scopriranno	avrà scoperto	avranno scoperto
Subjunctive	**Present**		**Present Perfect**	
	scopra	scopriamo	abbia scoperto	abbiamo scoperto
	scopra	scopriate	abbia scoperto	abbiate scoperto
	scopra	scoprano	abbia scoperto	abbiano scoperto
	Imperfect		**Past Perfect**	
	scoprissi	scoprissimo	avessi scoperto	avessimo scoperto
	scoprissi	scopriste	avessi scoperto	aveste scoperto
	scoprisse	scoprissero	avesse scoperto	avessero scoperto
Conditional	**Present Conditional**		**Perfect Conditional**	
	scoprirei	scopriremmo	avrei scoperto	avremmo scoperto
	scopriresti	scoprireste	avresti scoperto	avreste scoperto
	scoprirebbe	scoprirebbero	avrebbe scoperto	avrebbero scoperto

Note: As a reflexive verb *scoprirsi* ("to take off one's clothes," "to throw off the bedclothes," "to discover one is") uses the reflexive pronouns *mi, ti, si, ci, vi, si,* as well as the auxiliary verb *essere,* to form compound tenses (see the fifth example below).

EXAMPLES

Ho scoperto la verità.	I found out the truth.
Scopriranno presto il colpevole.	They will soon find out who was responsible.
Hai scoperto la causa del guasto?	Did you discover the cause of the failure?
La scoprì che leggeva sotto le coperte.	He caught her reading under the blankets.
Mi sono scoperto un ottimo cuoco.	I have discovered I am an excellent cook.

scorrere

to slide, to pass, to flow, to run, to skim

Auxiliary verb: avere **Past participle:** scorso **Gerund:** scorrendo
Imperative: (tu) scorri (non scorrere); (Lei) scorra; (noi) scorriamo; (voi) scorrete; (Loro) scorrano

Mode	Simple Tenses		Compound Tenses	
	Singular	*Plural*	*Singular*	*Plural*
Indicative	**Present**		**Present Perfect**	
	scorro	scorriamo	ho scorso	abbiamo scorso
	scorri	scorrete	hai scorso	avete scorso
	scorre	scorrono	ha scorso	hanno scorso
	Imperfect		**Past Perfect**	
	scorrevo	scorrevamo	avevo scorso	avevamo scorso
	scorrevi	scorrevate	avevi scorso	avevate scorso
	scorreva	scorrevano	aveva scorso	avevano scorso
	Past Definite		**Past Anterior**	
	scorsi	scorremmo	ebbi scorso	avemmo scorso
	scorresti	scorreste	avesti scorso	aveste scorso
	scorse	scorsero	ebbe scorso	ebbero scorso
	Future		**Future Perfect**	
	scorrerò	scorreremo	avrò scorso	avremo scorso
	scorrerai	scorrerete	avrai scorso	avrete scorso
	scorrerà	scorreranno	avrà scorso	avranno scorso
Subjunctive	**Present**		**Present Perfect**	
	scorra	scorriamo	abbia scorso	abbiamo scorso
	scorra	scorriate	abbia scorso	abbiate scorso
	scorra	scorrano	abbia scorso	abbiano scorso
	Imperfect		**Past Perfect**	
	scorressi	scorressimo	avessi scorso	avessimo scorso
	scorressi	scorreste	avessi scorso	aveste scorso
	scorresse	scorressero	avesse scorso	avessero scorso
Conditional	**Present Conditional**		**Perfect Conditional**	
	scorrerei	scorreremmo	avrei scorso	avremmo scorso
	scorreresti	scorrereste	avresti scorso	avreste scorso
	scorrerebbe	scorrerebbero	avrebbe scorso	avrebbero scorso

EXAMPLES

Questo cassetto non scorre.	This drawer doesn't slide easily.
Il fiume scorre verso sud.	The river flows from north to south.
Il traffico scorreva regolarmente.	The traffic flowed smoothly.
Questa frase non scorre bene.	This sentence doesn't flow smoothly.
Lascia scorrere l'acqua.	Let the water run.
Ho appena scorso il libro.	I have just skimmed through the book.

scrivere

to write, to spell

Auxiliary verb: avere **Past participle:** scritto **Gerund:** scrivendo
Imperative: (tu) scrivi (non scrivere); (Lei) scriva; (noi) scriviamo; (voi)
scrivete; (Loro) scrivano

Mode	Simple Tenses		Compound Tenses	
	Singular	*Plural*	*Singular*	*Plural*
Indicative	**Present**		**Present Perfect**	
	scrivo	scriviamo	ho scritto	abbiamo scritto
	scrivi	scrivete	hai scritto	avete scritto
	scrive	scrivono	ha scritto	hanno scritto
	Imperfect		**Past Perfect**	
	scrivevo	scrivevamo	avevo scritto	avevamo scritto
	scrivevi	scrivevate	avevi scritto	avevate scritto
	scriveva	scrivevano	aveva scritto	avevano scritto
	Past Definite		**Past Anterior**	
	scrissi	scrivemmo	ebbi scritto	avemmo scritto
	scrivesti	scriveste	avesti scritto	aveste scritto
	scrisse	scrissero	ebbe scritto	ebbero scritto
	Future		**Future Perfect**	
	scriverò	scriveremo	avrò scritto	avremo scritto
	scriverai	scriverete	avrai scritto	avrete scritto
	scriverà	scriveranno	avrà scritto	avranno scritto
Subjunctive	**Present**		**Present Perfect**	
	scriva	scriviamo	abbia scritto	abbiamo scritto
	scriva	scriviate	abbia scritto	abbiate scritto
	scriva	scrivano	abbia scritto	abbiano scritto
	Imperfect		**Past Perfect**	
	scrivessi	scrivessimo	avessi scritto	avessimo scritto
	scrivessi	scriveste	avessi scritto	aveste scritto
	scrivesse	scrivessero	avesse scritto	avessero scritto
Conditional	**Present Conditional**		**Perfect Conditional**	
	scriverei	scriveremmo	avrei scritto	avremmo scritto
	scriveresti	scrivereste	avresti scritto	avreste scritto
	scriverebbe	scriverebbero	avrebbe scritto	avrebbero scritto

Note: As a reflexive verb *scriversi* ("to write each other") uses the reflexive pronouns *ci*, *vi*, *si*, as well as the auxiliary verb *essere*, to form compound tenses (see the eighth example below).

EXAMPLES

Ho scritto una lettera a Ornella.	I wrote a letter to Ornella.
Ha imparato a scrivere presto.	He learned how to write early on.
Come si scrive il tuo nome?	How do you spell your name?
Era scritto nero su bianco.	It was written in black-and-white.
Penso che lui scriva bene.	I think he writes well.
Devo scrivere a matita o a penna?	Do I have to write in pencil or in pen?
Per favore, scrivi in stampatello.	Write in block letters, please.
Ci siamo scritti.	We wrote each other.

scuotere

to shake, to upset

Auxiliary verb: avere **Past participle:** scosso **Gerund:** scuotendo
Imperative: (tu) scuoti (non scuotere); (Lei) scuota; (noi) scuotiamo;
(voi) scuotete; (Loro) scuotano

Mode	Simple Tenses		Compound Tenses	
	Singular	*Plural*	*Singular*	*Plural*
Indicative	**Present**		**Present Perfect**	
	scuoto	scuotiamo	ho scosso	abbiamo scosso
	scuoti	scuotete	hai scosso	avete scosso
	scuote	scuotono	ha scosso	hanno scosso
	Imperfect		**Past Perfect**	
	scuotevo	scuotevamo	avevo scosso	avevamo scosso
	scuotevi	scuotevate	avevi scosso	avevate scosso
	scuoteva	scuotevano	aveva scosso	avevano scosso
	Past Definite		**Past Anterior**	
	scossi	scuotemmo	ebbi scosso	avemmo scosso
	scuotesti	scuoteste	avesti scosso	aveste scosso
	scosse	scossero	ebbe scosso	ebbero scosso
	Future		**Future Perfect**	
	scuoterò	scuoteremo	avrò scosso	avremo scosso
	scuoterai	scuoterete	avrai scosso	avrete scosso
	scuoterà	scuoteranno	avrà scosso	avranno scosso
Subjunctive	**Present**		**Present Perfect**	
	scuota	scuotiamo	abbia scosso	abbiamo scosso
	scuota	scuotiate	abbia scosso	abbiate scosso
	scuota	scuotano	abbia scosso	abbiano scosso
	Imperfect		**Past Perfect**	
	scuotessi	scuotessimo	avessi scosso	avessimo scosso
	scuotessi	scuoteste	avessi scosso	aveste scosso
	scuotesse	scuotessero	avesse scosso	avessero scosso
Conditional	**Present Conditional**		**Perfect Conditional**	
	scuoterei	scuoteremmo	avrei scosso	avremmo scosso
	scuoteresti	scuotereste	avresti scosso	avreste scosso
	scuoterebbe	scuoterebbero	avrebbe scosso	avrebbero scosso

EXAMPLES

Hai già scosso la tovaglia?	Have you already shaken out the tablecloth?
Il fortissimo terremoto ha scosso l'intera regione.	The massive earthquake shook the whole region.
Questa storia mi ha scosso molto.	This story upset me.
Fu molto scosso dalla notizia.	He was badly shaken by the news.

scusare

to excuse, to apologize, to be sorry

Auxiliary verb: avere **Past participle:** scusato **Gerund:** scusando
Imperative: (tu) scusa (non scusare); (Lei) scusi; (noi) scusiamo; (voi) scusate; (Loro) scusino

Mode	Simple Tenses		Compound Tenses	
	Singular	*Plural*	*Singular*	*Plural*
	Present		**Present Perfect**	
Indicative	scuso	scusiamo	ho scusato	abbiamo scusato
	scusi	scusate	hai scusato	avete scusato
	scusa	scusano	ha scusato	hanno scusato
	Imperfect		**Past Perfect**	
	scusavo	scusavamo	avevo scusato	avevamo scusato
	scusavi	scusavate	avevi scusato	avevate scusato
	scusava	scusavano	aveva scusato	avevano scusato
	Past Definite		**Past Anterior**	
	scusai	scusammo	ebbi scusato	avemmo scusato
	scusasti	scusaste	avesti scusato	aveste scusato
	scusò	scusarono	ebbe scusato	ebbero scusato
	Future		**Future Perfect**	
	scuserò	scuseremo	avrò scusato	avremo scusato
	scuserai	scuserete	avrai scusato	avrete scusato
	scuserà	scuseranno	avrà scusato	avranno scusato
Subjunctive	**Present**		**Present Perfect**	
	scusi	scusiamo	abbia scusato	abbiamo scusato
	scusi	scusiate	abbia scusato	abbiate scusato
	scusi	scusino	abbia scusato	abbiano scusato
	Imperfect		**Past Perfect**	
	scusassi	scusassimo	avessi scusato	avessimo scusato
	scusassi	scusaste	avessi scusato	aveste scusato
	scusasse	scusassero	avesse scusato	avessero scusato
Conditional	**Present Conditional**		**Perfect Conditional**	
	scuserei	scuseremmo	avrei scusato	avremmo scusato
	scuseresti	scusereste	avresti scusato	avreste scusato
	scuserebbe	scuserebbero	avrebbe scusato	avrebbero scusato

Note: As a reflexive verb *scusarsi* ("to apologize," "to be sorry") uses the reflexive pronouns *mi, ti, si, ci, vi, si,* as well as the auxiliary verb *essere,* to form compound tenses (see the last two examples below). *Scusarsi* requires the preposition *di* before an infinitive (see the fifth example below).

EXAMPLES

Scusa, dov'è la stazione?	Excuse me, where is the station?
Scusi!	Excuse me! (formal)
Scusa il ritardo.	Sorry I'm late.
Scusa, ma devo proprio andare.	I'm sorry, I really have to go.
Mio fratello si scusa di non poter venire.	My brother is sorry he can't come.
Voglio scusarmi per ieri sera.	I want to apologize for last night.

sdraiarsi

to lie down, to stretch oneself out

Auxiliary verb: essere **Past participle:** sdraiato(si) **Gerund:** sdraiando(si)

Imperative: (tu) sdraiati (non sdraiarti); (Lei) si sdrai; (noi) sdraiamoci; (voi) sdraiatevi; (Loro) si sdraino

Mode	Simple Tenses		Compound Tenses	
	Singular	*Plural*	*Singular*	*Plural*
Indicative	**Present**		**Present Perfect**	
	mi sdraio ti sdrai si sdraia	ci sdraiamo vi sdraiate si sdraiano	mi sono sdraiato/a ti sei sdraiato/a si è sdraiato/a	ci siamo sdraiati/e vi siete sdraiati/e si sono sdraiati/e
	Imperfect		**Past Perfect**	
	mi sdraiavo ti sdraiavi si sdraiava	ci sdraiavamo vi sdraiavate si sdraiavano	mi ero sdraiato/a ti eri sdraiato/a si era sdraiato/a	ci eravamo sdraiati/e vi eravate sdraiati/e si erano sdraiati/e
	Past Definite		**Past Anterior**	
	mi sdraiai ti sdraiasti si sdraiò	ci sdraiammo vi sdraiaste si sdraiarono	mi fui sdraiato/a ti fosti sdraiato/a si fu sdraiato/a	ci fummo sdraiati/e vi foste sdraiati/e si furono sdraiati/e
	Future		**Future Perfect**	
	mi sdraierò ti sdraierai si sdraierà	ci sdraieremo vi sdraierete si sdraieranno	mi sarò sdraiato/a ti sarai sdraiato/a si sarà sdraiato/a	ci saremo sdraiati/e vi sarete sdraiati/e si saranno sdraiati/e
Subjunctive	**Present**		**Present Perfect**	
	mi sdrai ti sdrai si sdrai	ci sdraiamo vi sdraiate si sdraino	mi sia sdraiato/a ti sia sdraiato/a si sia sdraiato/a	ci siamo sdraiati/e vi siate sdraiati/e si siano sdraiati/e
	Imperfect		**Past Perfect**	
	mi sdraiassi ti sdraiassi si sdraiasse	ci sdraiassimo vi sdraiaste si sdraiassero	mi fossi sdraiato/a ti fossi sdraiato/a si fosse sdraiato/a	ci fossimo sdraiati/e vi foste sdraiati/e si fossero sdraiati/e
Conditional	**Present Conditional**		**Perfect Conditional**	
	mi sdraierei ti sdraieresti si sdraierebbe	ci sdraieremmo vi sdraiereste si sdraierebbero	mi sarei sdraiato/a ti saresti sdraiato/a si sarebbe sdraiato/a	ci saremmo sdraiati/e vi sareste sdraiati/e si sarebbero sdraiati/e

EXAMPLES

Vado a sdraiarmi per un'oretta.	I am going to lie down for an hour or so.
Ci siamo sdraiati sull'erba.	We lay down on the grass.
Ti sei appena sdraiato sui miei occhiali!	You just lay down on my glasses!

seccare

to dry, to bother, to vex, to annoy

Auxiliary verb: avere **Past participle:** seccato **Gerund:** seccando
Imperative: (tu) secca (non seccare); (Lei) secchi; (noi) secchiamo; (voi)
seccate; (Loro) secchino

Mode	Simple Tenses		Compound Tenses	
	Singular	*Plural*	*Singular*	*Plural*
	Present		**Present Perfect**	
	secco secchi secca	secchiamo seccate seccano	ho seccato hai seccato ha seccato	abbiamo seccato avete seccato hanno seccato
	Imperfect		**Past Perfect**	
Indicative	seccavo seccavi seccava	seccavamo seccavate seccavano	avevo seccato avevi seccato aveva seccato	avevamo seccato avevate seccato avevano seccato
	Past Definite		**Past Anterior**	
	seccai seccasti seccò	seccammo seccaste seccarono	ebbi seccato avesti seccato ebbe seccato	avemmo seccato aveste seccato ebbero seccato
	Future		**Future Perfect**	
	seccherò seccherai seccherà	seccheremo seccherete seccheranno	avrò seccato avrai seccato avrà seccato	avremo seccato avrete seccato avranno seccato
	Present		**Present Perfect**	
Subjunctive	secchi secchi secchi	secchiamo secchiate secchino	abbia seccato abbia seccato abbia seccato	abbiamo seccato abbiate seccato abbiano seccato
	Imperfect		**Past Perfect**	
	seccassi seccassi seccasse	seccassimo seccaste seccassero	avessi seccato avessi seccato avesse seccato	avessimo seccato aveste seccato avessero seccato
Conditional	**Present Conditional**		**Perfect Conditional**	
	seccherei seccheresti seccherebbe	seccheremmo secchereste seccherebbero	avrei seccato avresti seccato avrebbe seccato	avremmo seccato avreste seccato avrebbero seccato

Note: *Seccare* can also have a special construction as *piacere* and it means "to vex," "to mind"
(see the third and fourth examples below and the Verb Usage Review). As a reflexive verb *seccarsi* ("to get dry," "to get fed up") uses the reflexive pronouns *mi, ti, si, ci, vi, si,* as well as the
auxiliary verb *essere,* to form compound tenses (see the fifth and sixth examples below).

EXAMPLES

Il sole ha seccato la terra.	The sun dried up the ground.
Mi dispiace seccarti con questo problema.	I'm sorry to bother you with this problem.
Mi seccava dover ammettere che aveva ragione.	It vexed me to admit he was right.
Ti secca se ti lascio solo?	Do you mind if I leave you alone?
L'azalea si è seccata.	The azalea has dried out.
Ci siamo seccati di aspettare.	We got fed up with waiting.

sedersi

to sit (down), to seat oneself, to take a seat

Auxiliary verb: essere **Past participle:** seduto(si) **Gerund:** sedendo(si)

Imperative: (tu) siediti (non sederti); (Lei) si sieda; (noi) sediamoci; (voi) sedetevi; (Loro) si siedano

Mode	Simple Tenses		Compound Tenses	
	Singular	*Plural*	*Singular*	*Plural*
Indicative	**Present**		**Present Perfect**	
	mi siedo (seggo) ti siedi si siede	ci sediamo vi sedete si siedono (seggono)	mi sono seduto/a ti sei seduto/a si è seduto/a	ci siamo seduti/e vi siete seduti/e si sono seduti/e
	Imperfect		**Past Perfect**	
	mi sedevo ti sedevi si sedeva	ci sedevamo vi sedevate si sedevano	mi ero seduto/a ti eri seduto/a si era seduto/a	ci eravamo seduti/e vi eravate seduti/e si erano seduti/e
	Past Definite		**Past Anterior**	
	mi sedei (sedetti) ti sedesti si sedé (sedette)	ci sedemmo vi sedeste si sederono (sedettero)	mi fui seduto/a ti fosti seduto/a si fu seduto/a	ci fummo seduti/e vi foste seduti/e si furono seduti/e
	Future		**Future Perfect**	
	mi s(i)ederò ti s(i)ederai si s(i)ederà	ci s(i)ederemo vi s(i)ederete si s(i)ederanno	mi sarò seduto/a ti sarai seduto/a si sarà seduto/a	ci saremo seduti/e vi sarete seduti/e si saranno seduti/e
Subjunctive	**Present**		**Present Perfect**	
	mi sieda (segga) ti sieda (segga) si sieda (segga)	ci sediamo vi sediate si siedano (seggano)	mi sia seduto/a ti sia seduto/a si sia seduto/a	ci siamo seduti/e vi siate seduti/e si siano seduti/e
	Imperfect		**Past Perfect**	
	mi sedessi ti sedessi si sedesse	ci sedessimo vi sedeste si sedessero	mi fossi seduto/a ti fossi seduto/a si fosse seduto/a	ci fossimo seduti/e vi foste seduti/e si fossero seduti/e
Conditional	**Present Conditional**		**Perfect Conditional**	
	mi s(i)ederei ti s(i)ederesti si s(i)ederebbe	ci s(i)ederemmo vi s(i)edereste si s(i)ederebbero	mi sarei seduto/a ti saresti seduto/a si sarebbe seduto/a	ci saremmo seduti/e vi sareste seduti/e si sarebbero seduti/e

Note: *Sedere* ("to sit," "to be sitting") may be used nonreflexively, as shown in the fifth example below.

EXAMPLES

Ci siamo seduti a tavola all'una.	We sat down at the table at 1 p.m.
Non ti sedere per terra!	Don't sit down on the floor.
Sediamoci!	Let's sit down!
Si sieda!	Please sit down.
Sedeva alla scrivania.	He was sitting at the desk.
Mi ero appena seduto quando sei arrivato.	I had just taken a seat when you arrived.

seguire

to follow, to continue

Auxiliary verb: avere **Past participle:** seguito **Gerund:** seguendo
Imperative: (tu) segui (non seguire); (Lei) segua; (noi) seguiamo; (voi) seguite; (Loro) seguano

Mode	Simple Tenses		Compound Tenses	
	Singular	*Plural*	*Singular*	*Plural*
	Present		**Present Perfect**	
	seguo	seguiamo	ho seguito	abbiamo seguito
	segui	seguite	hai seguito	avete seguito
	segue	seguono	ha seguito	hanno seguito
Indicative	**Imperfect**		**Past Perfect**	
	seguivo	seguivamo	avevo seguito	avevamo seguito
	seguivi	seguivate	avevi seguito	avevate seguito
	seguiva	seguivano	aveva seguito	avevano seguito
	Past Definite		**Past Anterior**	
	seguii	seguimmo	ebbi seguito	avemmo seguito
	seguisti	seguiste	avesti seguito	aveste seguito
	seguì	seguirono	ebbe seguito	ebbero seguito
	Future		**Future Perfect**	
	seguirò	seguiremo	avrò seguito	avremo seguito
	seguirai	seguirete	avrai seguito	avrete seguito
	seguirà	seguiranno	avrà seguito	avranno seguito
Subjunctive	**Present**		**Present Perfect**	
	segua	seguiamo	abbia seguito	abbiamo seguito
	segua	seguiate	abbia seguito	abbiate seguito
	segua	seguano	abbia seguito	abbiano seguito
	Imperfect		**Past Perfect**	
	seguissi	seguissimo	avessi seguito	avessimo seguito
	seguissi	seguiste	avessi seguito	aveste seguito
	seguisse	seguissero	avesse seguito	avessero seguito
Conditional	**Present Conditional**		**Perfect Conditional**	
	seguirei	seguiremmo	avrei seguito	avremmo seguito
	seguiresti	seguireste	avresti seguito	avreste seguito
	seguirebbe	seguirebbero	avrebbe seguito	avrebbero seguito

EXAMPLES

Abbiamo seguito il sentiero.	We followed the path.
Seguirò il tuo consiglio.	I'll follow your advice.
Non segue la moda.	He doesn't follow fashion.
Sto seguendo uno studente che prepara l'esame.	I am coaching a student for the exam.
Non ti seguo.	I don't follow you.
Non hanno seguito gli ultimi sviluppi.	They didn't follow the latest developments.
segue a pag. 45	to be continued on p. 45.

sembrare

to seem, to look like, to think

Auxiliary verb: essere **Past participle:** sembrato **Gerund:** sembrando
Imperative: (tu) sembra (non sembrare); (Lei) sembri; (noi) sembriamo;
(voi) sembrate; (Loro) sembrino

Mode	Simple Tenses		Compound Tenses	
	Singular	*Plural*	*Singular*	*Plural*
Indicative	**Present**		**Present Perfect**	
	sembro	sembriamo	sono sembrato/a	siamo sembrati/e
	sembri	sembrate	sei sembrato/a	siete sembrati/e
	sembra	sembrano	è sembrato/a	sono sembrati/e
	Imperfect		**Past Perfect**	
	sembravo	sembravamo	ero sembrato/a	eravamo sembrati/e
	sembravi	sembravate	eri sembrato/a	eravate sembrati/e
	sembrava	sembravano	era sembrato/a	erano sembrati/e
	Past Definite		**Past Anterior**	
	sembrai	sembrammo	fui sembrato/a	fummo sembrati/e
	sembrasti	sembraste	fosti sembrato/a	foste sembrati/e
	sembrò	sembrarono	fu sembrato/a	furono sembrati/e
	Future		**Future Perfect**	
	sembrerò	sembreremo	sarò sembrato/a	saremo sembrati/e
	sembrerai	sembrerete	sarai sembrato/a	sarete sembrati/e
	sembrerà	sembreranno	sarà sembrato/a	saranno sembrati/e
Subjunctive	**Present**		**Present Perfect**	
	sembri	sembriamo	sia sembrato/a	siamo sembrati/e
	sembri	sembriate	sia sembrato/a	siate sembrati/e
	sembri	sembrino	sia sembrato/a	siano sembrati/e
	Imperfect		**Past Perfect**	
	sembrassi	sembrassimo	fossi sembrato/a	fossimo sembrati/e
	sembrassi	sembraste	fossi sembrato/a	foste sembrati/e
	sembrasse	sembrassero	fosse sembrato/a	fossero sembrati/e
Conditional	**Present Conditional**		**Perfect Conditional**	
	sembrerei	sembreremmo	sarei sembrato/a	saremmo sembrati/e
	sembreresti	sembrereste	saresti sembrato/a	sareste sembrati/e
	sembrerebbe	sembrerebbero	sarebbe sembrato/a	sarebbero sembrati/e

Note: This verb can be personal (see the first example below) and impersonal (see the second example below). It can also have a special construction as *piacere:* It is used in the third-person singular and plural with the indirect pronouns *mi, ti, gli/le, ci, vi* (refer to Verb Usage Review and the third example below). *Sembrare* requires the preposition *di* before an infinitive (see the fourth example below) and it may also be followed by *che* + subjunctive (see the second example below).

EXAMPLES

Sembri stanco.	You look tired.
Sembra che voglia piovere.	It looks like it's going to rain.
Mi è sembrata una buona idea.	It seemed like a good idea to me.
Gli sembrò di udire un fruscio.	He thought he heard something rustling.

sentire

to hear, to feel, to smell

Auxiliary verb: avere **Past participle:** sentito **Gerund:** sentendo
Imperative: (tu) senti (non sentire); (Lei) senta; (noi) sentiamo; (voi) sentite; (Loro) sentano

Mode	Simple Tenses		Compound Tenses	
	Singular	*Plural*	*Singular*	*Plural*
Indicative	**Present**		**Present Perfect**	
	sento	sentiamo	ho sentito	abbiamo sentito
	senti	sentite	hai sentito	avete sentito
	sente	sentono	ha sentito	hanno sentito
	Imperfect		**Past Perfect**	
	sentivo	sentivamo	avevo sentito	avevamo sentito
	sentivi	sentivate	avevi sentito	avevate sentito
	sentiva	sentivano	aveva sentito	avevano sentito
	Past Definite		**Past Anterior**	
	sentii	sentimmo	ebbi sentito	avemmo sentito
	sentisti	sentiste	avesti sentito	aveste sentito
	sentì	sentirono	ebbe sentito	ebbero sentito
	Future		**Future Perfect**	
	sentirò	sentiremo	avrò sentito	avremo sentito
	sentirai	sentirete	avrai sentito	avrete sentito
	sentirà	sentiranno	avrà sentito	avranno sentito
Subjunctive	**Present**		**Present Perfect**	
	senta	sentiamo	abbia sentito	abbiamo sentito
	senta	sentiate	abbia sentito	abbiate sentito
	senta	sentano	abbia sentito	abbiano sentito
	Imperfect		**Past Perfect**	
	sentissi	sentissimo	avessi sentito	avessimo sentito
	sentissi	sentiste	avessi sentito	aveste sentito
	sentisse	sentissero	avesse sentito	avessero sentito
Conditional	**Present Conditional**		**Perfect Conditional**	
	sentirei	sentiremmo	avrei sentito	avremmo sentito
	sentiresti	sentireste	avresti sentito	avreste sentito
	sentirebbe	sentirebbero	avrebbe sentito	avrebbero sentito

Note: When *sentire* is used with *ci* it means "to be able to hear" (see the second example below). *Sentire* requires no preposition before an infinitive (see the first and third examples below). As a reflexive verb *sentirsi* ("to feel") uses the reflexive pronouns *mi, ti, si, ci, vi, si,* as well as the auxiliary verb *essere,* to form compound tenses (see the sixth example below).

EXAMPLES

Non l'ho mai sentito dire una parola.	I haven't ever heard him say a word.
Non ci sento bene.	I can't hear very well.
Aveva sentito parlare bene di lui.	She had heard very good things about him.
Ho sentito che vai in Canada.	I heard you are going to Canada.
Come vi sentite?	How do you feel?
Mi sento triste.	I feel sad.

separare

to part, to separate, to split

Auxiliary verb: avere **Past participle:** separato **Gerund:** separando
Imperative: (tu) separa (non separare); (Lei) separi; (noi) separiamo;
(voi) separate; (Loro) separino

Mode	Simple Tenses		Compound Tenses	
	Singular	*Plural*	*Singular*	*Plural*
Indicative	**Present**		**Present Perfect**	
	separo	separiamo	ho separato	abbiamo separato
	separi	separate	hai separato	avete separato
	separa	separano	ha separato	hanno separato
	Imperfect		**Past Perfect**	
	separavo	separavamo	avevo separato	avevamo separato
	separavi	separavate	avevi separato	avevate separato
	separava	separavano	aveva separato	avevano separato
	Past Definite		**Past Anterior**	
	separai	separammo	ebbi separato	avemmo separato
	separasti	separaste	avesti separato	aveste separato
	separò	separarono	ebbe separato	ebbero separato
	Future		**Future Perfect**	
	separerò	separeremo	avrò separato	avremo separato
	separerai	separerete	avrai separato	avrete separato
	separerà	separeranno	avrà separato	avranno separato
Subjunctive	**Present**		**Present Perfect**	
	separi	separiamo	abbia separato	abbiamo separato
	separi	separiate	abbia separato	abbiate separato
	separi	separino	abbia separato	abbiano separato
	Imperfect		**Past Perfect**	
	separassi	separassimo	avessi separato	avessimo separato
	separassi	separaste	avessi separato	aveste separato
	separasse	separassero	avesse separato	avessero separato
Conditional	**Present Conditional**		**Perfect Conditional**	
	separerei	separeremmo	avrei separato	avremmo separato
	separeresti	separereste	avresti separato	avreste separato
	separerebbe	separerebbero	avrebbe separato	avrebbero separato

Note: As a reflexive verb *separarsi* ("to break up") uses the reflexive pronouns *mi, ti, si, ci, vi, si*, as well as the auxiliary verb *essere*, to form compound tenses (see the third and fourth examples below).

EXAMPLES

Nulla ci può separare.	Nothing can part us.
Le Alpi separano la Francia dall'Italia.	The Alps separate France from Italy.
Ci siamo separati due mesi fa.	We broke up two months ago.
Mi sono separata da lui un anno fa.	I left him one year ago.
Separare il tuorlo dall'albume.	Separate the whites from the yolks.

seppellire
to bury

Auxiliary verb: avere **Past participle:** seppellito/sepolto **Gerund:** seppellendo

Imperative: (tu) seppellisci (non seppellire); (Lei) seppellisca; (noi) seppelliamo; (voi) seppellite; (Loro) seppelliscano

Mode	Simple Tenses		Compound Tenses	
	Singular	*Plural*	*Singular*	*Plural*
Indicative	**Present**		**Present Perfect**	
	seppellisco	seppelliamo	ho seppellito	abbiamo seppellito
	seppellisci	seppellite	hai seppellito	avete seppellito
	seppellisce	seppelliscono	ha seppellito	hanno seppellito
	Imperfect		**Past Perfect**	
	seppellivo	seppellivamo	avevo seppellito	avevamo seppellito
	seppellivi	seppellivate	avevi seppellito	avevate seppellito
	seppelliva	seppellivano	aveva seppellito	avevano seppellito
	Past Definite		**Past Anterior**	
	seppellii	seppellimmo	ebbi seppellito	avemmo seppellito
	seppellisti	seppelliste	avesti seppellito	aveste seppellito
	seppellì	seppellirono	ebbe seppellito	ebbero seppellito
	Future		**Future Perfect**	
	seppellirò	seppelliremo	avrò seppellito	avremo seppellito
	seppellirai	seppellirete	avrai seppellito	avrete seppellito
	seppellirà	seppelliranno	avrà seppellito	avranno seppellito
Subjunctive	**Present**		**Present Perfect**	
	seppellisca	seppelliamo	abbia seppellito	abbiamo seppellito
	seppellisca	seppelliate	abbia seppellito	abbiate seppellito
	seppellisca	seppelliscano	abbia seppellito	abbiano seppellito
	Imperfect		**Past Perfect**	
	seppellissi	seppellissimo	avessi seppellito	avessimo seppellito
	seppellissi	seppelliste	avessi seppellito	aveste seppellito
	seppellisse	seppellissero	avesse seppellito	avessero seppellito
Conditional	**Present Conditional**		**Perfect Conditional**	
	seppellirei	seppelliremmo	avrei seppellito	avremmo seppellito
	seppelliresti	seppellireste	avresti seppellito	avreste seppellito
	seppellirebbe	seppellirebbero	avrebbe seppellito	avrebbero seppellito

Note: The past participle has two interchangeable forms: *seppellito* (regular) and *sepolto* (irregular). As a reflexive verb *seppellirsi* ("to bury oneself," "to shut oneself up") uses the reflexive pronouns *mi, ti, si, ci, vi, si,* as well as the auxiliary verb *essere,* to form compound tenses (see the fourth example below).

EXAMPLES

Dove è sepolto Dante?	Where is Dante buried?
Ha già sepolto due mariti.	She has already buried two husbands.
La mia borsa era sepolta sotto i cappotti.	My bag was buried under the coats.
Si è sepolto fra i libri.	He buried himself in his books.

servire
to serve, to need, to be useful
Auxiliary verb: avere **Past participle:** servito **Gerund:** servendo
Imperative: (tu) servi (non servire); (Lei) serva; (noi) serviamo; (voi) servite; (Loro) servano

Mode	Simple Tenses		Compound Tenses	
	Singular	*Plural*	*Singular*	*Plural*
Indicative	**Present**		**Present Perfect**	
	servo	serviamo	ho servito	abbiamo servito
	servi	servite	hai servito	avete servito
	serve	servono	ha servito	hanno servito
	Imperfect		**Past Perfect**	
	servivo	servivamo	avevo servito	avevamo servito
	servivi	servivate	avevi servito	avevate servito
	serviva	servivano	aveva servito	avevano servito
	Past Definite		**Past Anterior**	
	servii	servimmo	ebbi servito	avemmo servito
	servisti	serviste	avesti servito	aveste servito
	servì	servirono	ebbe servito	ebbero servito
	Future		**Future Perfect**	
	servirò	serviremo	avrò servito	avremo servito
	servirai	servirete	avrai servito	avrete servito
	servirà	serviranno	avrà servito	avranno servito
Subjunctive	**Present**		**Present Perfect**	
	serva	serviamo	abbia servito	abbiamo servito
	serva	serviate	abbia servito	abbiate servito
	serva	servano	abbia servito	abbiano servito
	Imperfect		**Past Perfect**	
	servissi	servissimo	avessi servito	avessimo servito
	servissi	serviste	avessi servito	aveste servito
	servisse	servissero	avesse servito	avessero servito
Conditional	**Present Conditional**		**Perfect Conditional**	
	servirei	serviremmo	avrei servito	avremmo servito
	serviresti	servireste	avresti servito	avreste servito
	servirebbe	servirebbero	avrebbe servito	avrebbero servito

Note: This verb can also have a special construction as *piacere* and it means "to need": It is used in the third-person singular and plural with the indirect pronouns *mi, ti, gli/le, ci, vi, gli* (refer to Verb Usage Review and the second and third examples below). As a reflexive verb *servirsi* ("to use," "to help oneself") uses the reflexive pronouns *mi, ti, si, ci, vi, si*, as well as the auxiliary verb *essere*, to form compound tenses (see the fourth and fifth examples below).

EXAMPLES

Serviremo il caffè in terrazza.	We will serve coffee on the terrace.
Mi serve un cacciavite.	I need a screwdriver.
Ti serve nulla?	Is there anything you need?
Prego, serviti!	Please, help yourself!
Si è servito di un buon esempio.	He used a good example.

sfruttare

to take advantage of, to exploit, to tap, to make maximum use of
Auxiliary verb: avere **Past participle:** sfruttato **Gerund:** sfruttando
Imperative: (tu) sfrutta (non sfruttare); (Lei) sfrutti; (noi) sfruttiamo;
(voi) sfruttate; (Loro) sfruttino

Mode	Simple Tenses		Compound Tenses	
	Singular	*Plural*	*Singular*	*Plural*
Indicative	**Present**		**Present Perfect**	
	sfrutto	sfruttiamo	ho sfruttato	abbiamo sfruttato
	sfrutti	sfruttate	hai sfruttato	avete sfruttato
	sfrutta	sfruttano	ha sfruttato	hanno sfruttato
	Imperfect		**Past Perfect**	
	sfruttavo	sfruttavamo	avevo sfruttato	avevamo sfruttato
	sfruttavi	sfruttavate	avevi sfruttato	avevate sfruttato
	sfruttava	sfruttavano	aveva sfruttato	avevano sfruttato
	Past Definite		**Past Anterior**	
	sfruttai	sfruttammo	ebbi sfruttato	avemmo sfruttato
	sfruttasti	sfruttaste	avesti sfruttato	aveste sfruttato
	sfruttò	sfruttarono	ebbe sfruttato	ebbero sfruttato
	Future		**Future Perfect**	
	sfrutterò	sfrutteremo	avrò sfruttato	avremo sfruttato
	sfrutterai	sfrutterete	avrai sfruttato	avrete sfruttato
	sfrutterà	sfrutteranno	avrà sfruttato	avranno sfruttato
Subjunctive	**Present**		**Present Perfect**	
	sfrutti	sfruttiamo	abbia sfruttato	abbiamo sfruttato
	sfrutti	sfruttiate	abbia sfruttato	abbiate sfruttato
	sfrutti	sfruttino	abbia sfruttato	abbiano sfruttato
	Imperfect		**Past Perfect**	
	sfruttassi	sfruttassimo	avessi sfruttato	avessimo sfruttato
	sfruttassi	sfruttaste	avessi sfruttato	aveste sfruttato
	sfruttasse	sfruttassero	avesse sfruttato	avessero sfruttato
Conditional	**Present Conditional**		**Perfect Conditional**	
	sfrutterei	sfrutteremmo	avrei sfruttato	avremmo sfruttato
	sfrutteresti	sfruttereste	avresti sfruttato	avreste sfruttato
	sfrutterebbe	sfrutterebbero	avrebbe sfruttato	avrebbero sfruttato

EXAMPLES

Sfrutteremo fonti di energia alternative.	We will tap alternative energy sources.
Stanno sfruttando le risorse del Paese.	They are exploiting the country's resources.
Ha sfruttato al massimo lo spazio.	He made the most of the space.
Sfruttava le proprie amicizie.	He used to exploit his friendships.
Si lascia sfruttare da tutti.	He allows people to take advantage of him.
Se fossi in te, sfrutterei l'occasione.	If I were you, I would take advantage of the opportunity.

significare

to mean

Auxiliary verb: avere **Past participle:** significato **Gerund:** significando
Imperative: (tu) significa (non significare); (Lei) significhi; (noi) signifi-
chiamo; (voi) significate; (Loro) significhino

Mode	Simple Tenses		Compound Tenses	
	Singular	*Plural*	*Singular*	*Plural*
	Present		**Present Perfect**	
Indicative	significo	significhiamo	ho significato	abbiamo significato
	significhi	significate	hai significato	avete significato
	significa	significano	ha significato	hanno significato
	Imperfect		**Past Perfect**	
	significavo	significavamo	avevo significato	avevamo significato
	significavi	significavate	avevi significato	avevate significato
	significava	significavano	aveva significato	avevano significato
	Past Definite		**Past Anterior**	
	significai	significammo	ebbi significato	avemmo significato
	significasti	significaste	avesti significato	aveste significato
	significò	significarono	ebbe significato	ebbero significato
	Future		**Future Perfect**	
	significherò	significheremo	avrò significato	avremo significato
	significherai	significherete	avrai significato	avrete significato
	significherà	significheranno	avrà significato	avranno significato
Subjunctive	**Present**		**Present Perfect**	
	significhi	significhiamo	abbia significato	abbiamo significato
	significhi	significhiate	abbia significato	abbiate significato
	significhi	significhino	abbia significato	abbiano significato
	Imperfect		**Past Perfect**	
	significassi	significassimo	avessi significato	avessimo significato
	significassi	significaste	avessi significato	aveste significato
	significasse	significassero	avesse significato	avessero significato
Conditional	**Present Conditional**		**Perfect Conditional**	
	significherei	significheremmo	avrei significato	avremmo significato
	significheresti	significhereste	avresti significato	avreste significato
	significherebbe	significherebbero	avrebbe significato	avrebbero significato

EXAMPLES

Che cosa significa questa parola?

What does this word mean?

La tua amicizia significa molto per me.

Your friendship means a lot to me.

Che cosa ha significato per te questa esperienza?

What did this experience mean to you?

Il denaro non significa nulla per me.

Money means nothing to me.

sistemare

to arrange, to tidy up, to settle

Auxiliary verb: avere **Past participle:** sistemato **Gerund:** sistemando
Imperative: (tu) sistema (non sistemare); (Lei) sistemi; (noi) sistemiamo;
(voi) sistemate; (Loro) sistemino

Mode	Simple Tenses		Compound Tenses	
	Singular	*Plural*	*Singular*	*Plural*
	Present		**Present Perfect**	
Indicative	sistemo sistemi sistema	sistemiamo sistemate sistemano	ho sistemato hai sistemato ha sistemato	abbiamo sistemato avete sistemato hanno sistemato
	Imperfect		**Past Perfect**	
	sistemavo sistemavi sistemava	sistemavamo sistemavate sistemavano	avevo sistemato avevi sistemato aveva sistemato	avevamo sistemato avevate sistemato avevano sistemato
	Past Definite		**Past Anterior**	
	sistemai sistemasti sistemò	sistemammo sistemaste sistemarono	ebbi sistemato avesti sistemato ebbe sistemato	avemmo sistemato aveste sistemato ebbero sistemato
	Future		**Future Perfect**	
	sistemerò sistemerai sistemerà	sistemeremo sistemerete sistemeranno	avrò sistemato avrai sistemato avrà sistemato	avremo sistemato avrete sistemato avranno sistemato
Subjunctive	**Present**		**Present Perfect**	
	sistemi sistemi sistemi	sistemiamo sistemiate sistemino	abbia sistemato abbia sistemato abbia sistemato	abbiamo sistemato abbiate sistemato abbiano sistemato
	Imperfect		**Past Perfect**	
	sistemassi sistemassi sistemasse	sistemassimo sistemaste sistemassero	avessi sistemato avessi sistemato avesse sistemato	avessimo sistemato aveste sistemato avessero sistemato
Conditional	**Present Conditional**		**Perfect Conditional**	
	sistemerei sistemeresti sistemerebbe	sistemeremmo sistemereste sistemerebbero	avrei sistemato avresti sistemato avrebbe sistemato	avremmo sistemato avreste sistemato avrebbero sistemato

Note: As a reflexive verb *sistemarsi* ("to settle [oneself] down," "to find a job," "to get married") uses the reflexive pronouns *mi, ti, si, ci, vi, si,* as well as the auxiliary verb *essere,* to form compound tenses (see the last example below).

EXAMPLES

Ha sistemato i libri sullo scaffale.

He arranged the books on the shelf.

Devo sistemare la casa.

I have to clean up my house.

Sistemerà la faccenda velocemente.

He will settle the matter quickly.

Ho sistemato tutto io con il direttore.

I've settled everything with the manager.

Quando ci saremo sistemati, verrete a cena da noi.

You have to come to dinner as soon as we're settled in.

smettere

to stop, to quit

Auxiliary verb: avere **Past participle:** smesso **Gerund:** smettendo
Imperative: (tu) smetti (non smettere); (Lei) smetta; (noi) smettiamo;
(voi) smettete; (Loro) smettano

Mode	Simple Tenses		Compound Tenses	
	Singular	*Plural*	*Singular*	*Plural*
Indicative	**Present**		**Present Perfect**	
	smetto	smettiamo	ho smesso	abbiamo smesso
	smetti	smettete	hai smesso	avete smesso
	smette	smettono	ha smesso	hanno smesso
	Imperfect		**Past Perfect**	
	smettevo	smettevamo	avevo smesso	avevamo smesso
	smettevi	smettevate	avevi smesso	avevate smesso
	smetteva	smettevano	aveva smesso	avevano smesso
	Past Definite		**Past Anterior**	
	smisi	smettemmo	ebbi smesso	avemmo smesso
	smettesti	smetteste	avesti smesso	aveste smesso
	smise	smisero	ebbe smesso	ebbero smesso
	Future		**Future Perfect**	
	smetterò	smetteremo	avrò smesso	avremo smesso
	smetterai	smetterete	avrai smesso	avrete smesso
	smetterà	smetteranno	avrà smesso	avranno smesso
Subjunctive	**Present**		**Present Perfect**	
	smetta	smettiamo	abbia smesso	abbiamo smesso
	smetta	smettiate	abbia smesso	abbiate smesso
	smetta	smettano	abbia smesso	abbiano smesso
	Imperfect		**Past Perfect**	
	smettessi	smettessimo	avessi smesso	avessimo smesso
	smettessi	smetteste	avessi smesso	aveste smesso
	smettesse	smettessero	avesse smesso	avessero smesso
Conditional	**Present Conditional**		**Perfect Conditional**	
	smetterei	smetteremmo	avrei smesso	avremmo smesso
	smetteresti	smettereste	avresti smesso	avreste smesso
	smetterebbe	smetterebbero	avrebbe smesso	avrebbero smesso

Note: Unlike English, the action stopped is expressed with the infinitive. *Smettere* requires the preposition *di* before an infinitive (see the first, second, third, and fifth examples below). For the meaning "to stop something or somebody," refer to the verb *fermare* and to the correspondent reflexive form *fermarsi* ("to stop oneself [from moving]").

EXAMPLES

Smetti di urlare!	Stop yelling!
Domani smetterò di fumare.	Tomorrow I'll quit smoking.
Ha smesso di piovere?	Has it stopped raining?
Smettila!	Stop it!
Smettiamo di lavorare alle diciotto.	We stop working at 6 p.m.

soddisfare

to satisfy, to please

Auxiliary verb: avere **Past participle:** soddisfatto **Gerund:** soddisfacendo

Imperative: (tu) soddisfa (non soddisfare); (Lei) soddisfi; (noi) soddisfacciamo; (voi) soddisfate; (Loro) soddisfino

Mode	Simple Tenses		Compound Tenses	
	Singular	*Plural*	*Singular*	*Plural*
Indicative	**Present**		**Present Perfect**	
	soddisfaccio	soddisfacciamo	ho soddisfatto	abbiamo soddisfatto
	soddisfai	soddisfate	hai soddisfatto	avete soddisfatto
	soddisfà	soddisfanno	ha soddisfatto	hanno soddisfatto
	Imperfect		**Past Perfect**	
	soddisfacevo	soddisfacevamo	avevo soddisfatto	avevamo soddisfatto
	soddisfacevi	soddisfacevate	avevi soddisfatto	avevate soddisfatto
	soddisfaceva	soddisfacevano	aveva soddisfatto	avevano soddisfatto
	Past Definite		**Past Anterior**	
	soddisfeci	soddisfacemmo	ebbi soddisfatto	avemmo soddisfatto
	soddisfacesti	soddisfaceste	avesti soddisfatto	aveste soddisfatto
	soddisfece	soddisfecero	ebbe soddisfatto	ebbero soddisfatto
	Future		**Future Perfect**	
	soddisfarò	soddisfaremo	avrò soddisfatto	avremo soddisfatto
	soddisfarai	soddisfarete	avrai soddisfatto	avrete soddisfatto
	soddisfarà	soddisfaranno	avrà soddisfatto	avranno soddisfatto
Subjunctive	**Present**		**Present Pefect**	
	soddisfaccia	soddisfacciamo	abbia soddisfatto	abbiamo soddisfatto
	soddisfaccia	soddisfacciate	abbia soddisfatto	abbiate soddisfatto
	soddisfaccia	soddisfacciano	abbia soddisfatto	abbiano soddisfatto
	Imperfect		**Past Perfect**	
	soddisfacessi	soddisfacessimo	avessi soddisfatto	avessimo soddisfatto
	soddisfacessi	soddisfaceste	avessi soddisfatto	aveste soddisfatto
	soddisfacesse	soddisfacessero	avesse soddisfatto	avessero soddisfatto
Conditional	**Present Conditional**		**Perfect Conditional**	
	soddisfarei	soddisfaremmo	avrei soddisfatto	avremmo soddisfatto
	soddisfaresti	soddisfareste	avresti soddisfatto	avreste soddisfatto
	soddisfarebbe	soddisfarebbero	avrebbe soddisfatto	avrebbero soddisfatto

Note: *Soddisfare* can conjugate like *fare* or as a regular *–are* verb (present: *soddisfo, soddisfi, soddisfa, soddisfiamo, soddisfate, soddisfano;* future: *soddisferò . . . ;* present subjunctive: *soddisfi, soddisfiamo, soddisfiate, soddisfino;* conditional: *soddisferei . . .*)

EXAMPLES

Soddisferai la tua curiosità.	You will satisfy your curiosity.
Non posso soddisfare tutti.	I can't please everybody.
Le tue spiegazioni non mi soddisfano.	Your explanations do not satisfy me.
La mia teoria soddisfa tutte le premesse.	My theory satisfies all the premises.
Il lavoro mi soddisfa.	I get satisfaction from my job.

soffrire

to suffer, to stand, to grieve

Auxiliary verb: avere **Past participle:** sofferto **Gerund:** soffrendo
Imperative: (tu) soffri (non soffrire); (Lei) soffra; (noi) soffriamo; (voi)
soffrite; (Loro) soffrano

Mode	Simple Tenses		Compound Tenses	
	Singular	*Plural*	*Singular*	*Plural*
	Present		**Present Perfect**	
Indicative	soffro	soffriamo	ho sofferto	abbiamo sofferto
	soffri	soffrite	hai sofferto	avete sofferto
	soffre	soffrono	ha sofferto	hanno sofferto
	Imperfect		**Past Perfect**	
	soffrivo	soffrivamo	avevo sofferto	avevamo sofferto
	soffrivi	soffrivate	avevi sofferto	avevate sofferto
	soffriva	soffrivano	aveva sofferto	avevano sofferto
	Past Definite		**Past Anterior**	
	soffrii	soffrimmo	ebbi sofferto	avemmo sofferto
	soffristi	soffriste	avesti sofferto	aveste sofferto
	soffrì	soffrirono	ebbe sofferto	ebbero sofferto
	Future		**Future Perfect**	
	soffrirò	soffriremo	avrò sofferto	avremo sofferto
	soffrirai	soffrirete	avrai sofferto	avrete sofferto
	soffrirà	soffriranno	avrà sofferto	avranno sofferto
Subjunctive	**Present**		**Present Perfect**	
	soffra	soffriamo	abbia sofferto	abbiamo sofferto
	soffra	soffriate	abbia sofferto	abbiate sofferto
	soffra	soffrano	abbia sofferto	abbiano sofferto
	Imperfect		**Past Perfect**	
	soffrissi	soffrissimo	avessi sofferto	avessimo sofferto
	soffrissi	soffriste	avessi sofferto	aveste sofferto
	soffrisse	soffrissero	avesse sofferto	avessero sofferto
Conditional	**Present Conditional**		**Perfect Conditional**	
	soffrirei	soffriremmo	avrei sofferto	avremmo sofferto
	soffriresti	soffrireste	avresti sofferto	avreste sofferto
	soffrirebbe	soffrirebbero	avrebbe sofferto	avrebbero sofferto

EXAMPLES

Soffro il mal di mare.	I suffer from seasickness.
Soffre di emicranie.	He suffers from migraines.
Ha sofferto la fame.	He suffered from hunger.
Non posso soffrire quell'uomo.	I can't stand that man.
Sta soffrendo molto.	He is in great pain.
Ha sofferto per la morte del padre.	He grieved over his father's death.
È morto senza soffrire.	He died without suffering.
Se ti aprissi di più, soffriresti di meno.	If you opened up more, you would suffer less.

sognare
to dream

Auxiliary verb: avere **Past participle:** sognato **Gerund:** sognando
Imperative: (tu) sogna (non sognare); (Lei) sogni; (noi) sogn(i)amo; (voi) sognate; (Loro) sognino

Mode	Simple Tenses		Compound Tenses	
	Singular	*Plural*	*Singular*	*Plural*
Indicative	**Present**		**Present Perfect**	
	sogno	sogn(i)amo	ho sognato	abbiamo sognato
	sogni	sognate	hai sognato	avete sognato
	sogna	sognano	ha sognato	hanno sognato
	Imperfect		**Past Perfect**	
	sognavo	sognavamo	avevo sognato	avevamo sognato
	sognavi	sognavate	avevi sognato	avevate sognato
	sognava	sognavano	aveva sognato	avevano sognato
	Past Definite		**Past Anterior**	
	sognai	sognammo	ebbi sognato	avemmo sognato
	sognasti	sognaste	avesti sognato	aveste sognato
	sognò	sognarono	ebbe sognato	ebbero sognato
	Future		**Future Perfect**	
	sognerò	sogneremo	avrò sognato	avremo sognato
	sognerai	sognerete	avrai sognato	avrete sognato
	sognerà	sogneranno	avrà sognato	avranno sognato
Subjunctive	**Present**		**Present Perfect**	
	sogni	sogn(i)amo	abbia sognato	abbiamo sognato
	sogni	sogn(i)ate	abbia sognato	abbiate sognato
	sogni	sognino	abbia sognato	abbiano sognato
	Imperfect		**Past Perfect**	
	sognassi	sognassimo	avessi sognato	avessimo sognato
	sognassi	sognaste	avessi sognato	aveste sognato
	sognasse	sognassero	avesse sognato	avessero sognato
Conditional	**Present Conditional**		**Perfect Conditional**	
	sognerei	sogneremmo	avrei sognato	avremmo sognato
	sogneresti	sognereste	avresti sognato	avreste sognato
	sognerebbe	sognerebbero	avrebbe sognato	avrebbero sognato

Note: *Sognare* requires the preposition *di* before an infinitive, "to dream of doing something" (see the second and fourth examples below). *Sognare* doesn't require a preposition before a direct object as does its English equivalent (see the third example below).

EXAMPLES

Che cosa hai sognato?	What did you dream about?
Ho sognato di volare.	I dreamed I was flying.
Ho sognato Marco.	I dreamed of Marco.
Sogna di diventare una ballerina.	She has the dream of becoming a dancer.
Sognavamo una vacanza ai tropici.	We were dreaming of a vacation in the tropics.
Non avrei mai sognato di ottenere quel posto.	I would never have dreamed I could get that job.
Stava sognando a occhi aperti.	She was daydreaming. (Literally, "dreaming with her eyes open")

sopportare
to stand, to bear
Auxiliary verb: avere **Past participle:** sopportato **Gerund:** sopportando
Imperative: (tu) sopporta (non sopportare); (Lei) sopporti; (noi) sopportiamo; (voi) sopportate; (Loro) sopportino

Mode	Simple Tenses		Compound Tenses	
	Singular	*Plural*	*Singular*	*Plural*
Indicative	**Present**		**Present Perfect**	
	sopporto	sopportiamo	ho sopportato	abbiamo sopportato
	sopporti	sopportate	hai sopportato	avete sopportato
	sopporta	sopportano	ha sopportato	hanno sopportato
	Imperfect		**Past Perfect**	
	sopportavo	sopportavamo	avevo sopportato	avevamo sopportato
	sopportavi	sopportavate	avevi sopportato	avevate sopportato
	sopportava	sopportavano	aveva sopportato	avevano sopportato
	Past Definite		**Past Anterior**	
	sopportai	sopportammo	ebbi sopportato	avemmo sopportato
	sopportasti	sopportaste	avesti sopportato	aveste sopportato
	sopportò	sopportarono	ebbe sopportato	ebbero sopportato
	Future		**Future Perfect**	
	sopporterò	sopporteremo	avrò sopportato	avremo sopportato
	sopporterai	sopporterete	avrai sopportato	avrete sopportato
	sopporterà	sopporteranno	avrà sopportato	avranno sopportato
Subjunctive	**Present**		**Present Perfect**	
	sopporti	sopportiamo	abbia sopportato	abbiamo sopportato
	sopporti	sopportiate	abbia sopportato	abbiate sopportato
	sopporti	sopportino	abbia sopportato	abbiano sopportato
	Imperfect		**Past Perfect**	
	sopportassi	sopportassimo	avessi sopportato	avessimo sopportato
	sopportassi	sopportaste	avessi sopportato	aveste sopportato
	sopportasse	sopportassero	avesse sopportato	avessero sopportato
Conditional	**Present Conditional**		**Perfect Conditional**	
	sopporterei	sopporteremmo	avrei sopportato	avremmo sopportato
	sopporteresti	sopportereste	avresti sopportato	avreste sopportato
	sopporterebbe	sopporterebbero	avrebbe sopportato	avrebbero sopportato

Note: As a reflexive verb *sopportarsi* ("to stand oneself/each other") uses the reflexive pronouns *mi, ti, si, ci, vi, si*, as well as the auxiliary verb *essere*, to form compound tenses (see the last example below).

EXAMPLES

Ha sopportato la perdita con coraggio.	He bore the loss bravely.
Non sopporto quell'uomo.	I can't stand that man.
Non si sopportano.	They can't stand each other.

sorgere

to rise

Auxiliary verb: essere **Past participle:** sorto **Gerund:** sorgendo
Imperative: (tu) sorgi (non sorgere); (Lei) sorga; (noi) sorgiamo; (voi)
sorgete; (Loro) sorgano

Mode	Simple Tenses		Compound Tenses	
	Singular	*Plural*	*Singular*	*Plural*
	Present		**Present Perfect**	
Indicative	sorgo	sorgiamo	sono sorto/a	siamo sorti/e
	sorgi	sorgete	sei sorto/a	siete sorti/e
	sorge	sorgono	è sorto/a	sono sorti/e
	Imperfect		**Past Perfect**	
	sorgevo	sorgevamo	ero sorto/a	eravamo sorti/e
	sorgevi	sorgevate	eri sorto/a	eravate sorti/e
	sorgeva	sorgevano	era sorto/a	erano sorti/e
	Past Definite		**Past Anterior**	
	sorsi	sorgemmo	fui sorto/a	fummo sorti/e
	sorgesti	sorgeste	fosti sorto/a	foste sorti/e
	sorse	sorsero	fu sorto/a	furono sorti/e
	Future		**Future Perfect**	
	sorgerò	sorgeremo	sarò sorto/a	saremo sorti/e
	sorgerai	sorgerete	sarai sorto/a	sarete sorti/e
	sorgerà	sorgeranno	sarà sorto/a	saranno sorti/e
Subjunctive	**Present**		**Present Perfect**	
	sorga	sorgiamo	sia sorto/a	siamo sorti/e
	sorga	sorgiate	sia sorto/a	siate sorti/e
	sorga	sorgano	sia sorto/a	siano sorti/e
	Imperfect		**Past Perfect**	
	sorgessi	sorgessimo	fossi sorto/a	fossimo sorti/e
	sorgessi	sorgeste	fossi sorto/a	foste sorti/e
	sorgesse	sorgessero	fosse sorto/a	fossero sorti/e
Conditional	**Present Conditional**		**Perfect Conditional**	
	sorgerei	sorgeremmo	sarei sorto/a	saremmo sorti/e
	sorgeresti	sorgereste	saresti sorto/a	sareste sorti/e
	sorgerebbe	sorgerebbero	sarebbe sorto/a	sarebbero sorti/e

Note: Like *sorgere* are *insorgere* ("to rebel") and *risorgere* ("to rise again," "to rise from the dead").

EXAMPLES

La città sorge su un colle.	The town stands on a hill.
A che ora sorge il sole?	What time does the sun rise?
Il sole sorge alle 5:30.	The sun rises at 5:30.
Mi sorse un dubbio improvviso.	A sudden doubt arose in my mind.
Sono sorte nuove difficoltà.	New difficulties have arisen.

sorprendere

to surprise, to catch

Auxiliary verb: avere **Past participle:** sorpreso **Gerund:** sorprendendo
Imperative: (tu) sorprendi (non sorprendere); (Lei) sorprenda; (noi) sorprendiamo; (voi) sorprendete; (Loro) sorprendano

Mode	Simple Tenses		Compound Tenses	
	Singular	*Plural*	*Singular*	*Plural*
Indicative	**Present**		**Present Perfect**	
	sorprendo	sorprendiamo	ho sorpreso	abbiamo sorpreso
	sorprendi	sorprendete	hai sorpreso	avete sorpreso
	sorprende	sorprendono	ha sorpreso	hanno sorpreso
	Imperfect		**Past Perfect**	
	sorprendevo	sorprendevamo	avevo sorpreso	avevamo sorpreso
	sorprendevi	sorprendevate	avevi sorpreso	avevate sorpreso
	sorprendeva	sorprendevano	aveva sorpreso	avevano sorpreso
	Past Definite		**Past Anterior**	
	sorpresi	sorprendemmo	ebbi sorpreso	avemmo sorpreso
	sorprendesti	sorprendeste	avesti sorpreso	aveste sorpreso
	sorprese	sorpresero	ebbe sorpreso	ebbero sorpreso
	Future		**Future Perfect**	
	sorprenderò	sorprenderemo	avrò sorpreso	avremo sorpreso
	sorprenderai	sorprenderete	avrai sorpreso	avrete sorpreso
	sorprenderà	sorprenderanno	avrà sorpreso	avranno sorpreso
Subjunctive	**Present**		**Present Perfect**	
	sorprenda	sorprendiamo	abbia sorpreso	abbiamo sorpreso
	sorprenda	sorprendiate	abbia sorpreso	abbiate sorpreso
	sorprenda	sorprendano	abbia sorpreso	abbiano sorpreso
	Imperfect		**Past Perfect**	
	sorprendessi	sorprendessimo	avessi sorpreso	avessimo sorpreso
	sorprendessi	sorprendeste	avessi sorpreso	aveste sorpreso
	sorprendesse	sorprendessero	avesse sorpreso	avessero sorpreso
Conditional	**Present Conditional**		**Perfect Conditional**	
	sorprenderei	sorprenderemmo	avrei sorpreso	avremmo sorpreso
	sorprenderesti	sorprendereste	avresti sorpreso	avreste sorpreso
	sorprenderebbe	sorprenderebbero	avrebbe sorpreso	avrebbero sorpreso

Note: *Sorprendersi* requires the preposition *di* before an infinitive (see the third example below) or a noun (see the fourth example below). *Sorprendere* may be followed by *che* + subjunctive (see the second example below). As a reflexive verb *sorprendersi* ("to be surprised") uses the reflexive pronouns *mi, ti, si, ci, vi, si*, as well as the auxiliary verb *essere*, to form compound tenses (see the third and fourth examples below).

EXAMPLES

La polizia ha sorpreso il ladro mentre rubava.	The police caught the thief stealing.
Mi sorprende che tu ti fidi ancora di lui.	I'm surprised that you still trust him.
Ti sorprendi di vedermi qui?	Are you surprised to see me here?
Non mi sorprendo più di nulla.	Nothing surprises me anymore.

sostenere

to uphold, to support, to carry, to maintain

Auxiliary verb: avere **Past participle:** sostenuto **Gerund:** sostenendo
Imperative: (tu) sostieni (non sostenere); (Lei) sostenga; (noi) sosteniamo; (voi) sostenete; (Loro) sostengano

Mode	Simple Tenses		Compound Tenses	
	Singular	*Plural*	*Singular*	*Plural*
	Present		**Present Perfect**	
Indicative	sostengo	sosteniamo	ho sostenuto	abbiamo sostenuto
	sostieni	sostenete	hai sostenuto	avete sostenuto
	sostiene	sostengono	ha sostenuto	hanno sostenuto
	Imperfect		**Past Perfect**	
	sostenevo	sostenevamo	avevo sostenuto	avevamo sostenuto
	sostenevi	sostenevate	avevi sostenuto	avevate sostenuto
	sosteneva	sostenevano	aveva sostenuto	avevano sostenuto
	Past Definite		**Past Anterior**	
	sostenni	sostenemmo	ebbi sostenuto	avemmo sostenuto
	sostenesti	sosteneste	avesti sostenuto	aveste sostenuto
	sostenne	sostennero	ebbe sostenuto	ebbero sostenuto
	Future		**Future Perfect**	
	sosterrò	sosterremo	avrò sostenuto	avremo sostenuto
	sosterrai	sosterrete	avrai sostenuto	avrete sostenuto
	sosterrà	sosterranno	avrà sostenuto	avranno sostenuto
Subjunctive	**Present**		**Present Perfect**	
	sostenga	sosteniamo	abbia sostenuto	abbiamo sostenuto
	sostenga	sosteniate	abbia sostenuto	abbiate sostenuto
	sostenga	sostengano	abbia sostenuto	abbiano sostenuto
	Imperfect		**Past Perfect**	
	sostenessi	sostenessimo	avessi sostenuto	avessimo sostenuto
	sostenessi	sosteneste	avessi sostenuto	aveste sostenuto
	sostenesse	sostenessero	avesse sostenuto	avessero sostenuto
Conditional	**Present Conditional**		**Perfect Conditional**	
	sosterrei	sosterremmo	avrei sostenuto	avremmo sostenuto
	sosterresti	sosterreste	avresti sostenuto	avreste sostenuto
	sosterrebbe	sosterrebbero	avrebbe sostenuto	avrebbero sostenuto

Note: *Sostenere* requires the preposition *di* before an infinitive (see the third example below) and it may also be followed by *che* + subjunctive. As a reflexive verb *sostenersi* ("to support oneself") uses the reflexive pronouns *mi, ti, si, ci, vi, si,* as well as the auxiliary verb *essere,* to form compound tenses (see the fifth example below).

EXAMPLES

Questa sedia non ti sosterrà.	This chair won't carry your weight.
Sosteniamo i diritti delle minoranze.	We uphold the rights of minorities.
Sostiene di essere innocente.	He maintains that he is innocent.
Pensavo che avrebbero sostenuto il partito.	I thought they would support the party.
L'associazione non può sostenersi solo con le quote sociali.	The association cannot support itself on membership fees alone.

sostituire
to replace, to substitute
Auxiliary verb: avere **Past participle:** sostituito **Gerund:** sostituendo
Imperative: (tu) sostituisci (non sostituire); (Lei) sostituisca; (noi) sostituiamo; (voi) sostituite; (Loro) sostituiscano

Mode	Simple Tenses		Compound Tenses	
	Singular	*Plural*	*Singular*	*Plural*
Indicative	**Present**		**Present Perfect**	
	sostituisco	sostituiamo	ho sostituito	abbiamo sostituito
	sostituisci	sostituite	hai sostituito	avete sostituito
	sostituisce	sostituiscono	ha sostituito	hanno sostituito
	Imperfect		**Past Perfect**	
	sostituivo	sostituivamo	avevo sostituito	avevamo sostituito
	sostituivi	sostituivate	avevi sostituito	avevate sostituito
	sostituiva	sostituivano	aveva sostituito	avevano sostituito
	Past Definite		**Past Anterior**	
	sostituii	sostituimmo	ebbi sostituito	avemmo sostituito
	sostituisti	sostituiste	avesti sostituito	aveste sostituito
	sostituì	sostituirono	ebbe sostituito	ebbero sostituito
	Future		**Future Perfect**	
	sostituirò	sostituiremo	avrò sostituito	avremo sostituito
	sostituirai	sostituirete	avrai sostituito	avrete sostituito
	sostituirà	sostituiranno	avrà sostituito	avranno sostituito
Subjunctive	**Present**		**Present Perfect**	
	sostituisca	sostituiamo	abbia sostituito	abbiamo sostituito
	sostituisca	sostituiate	abbia sostituito	abbiate sostituito
	sostituisca	sostituiscano	abbia sostituito	abbiano sostituito
	Imperfect		**Past Perfect**	
	sostituissi	sostituissimo	avessi sostituito	avessimo sostituito
	sostituissi	sostituiste	avessi sostituito	aveste sostituito
	sostituisse	sostituissero	avesse sostituito	avessero sostituito
Conditional	**Present Conditional**		**Perfect Conditional**	
	sostituirei	sostituiremmo	avrei sostituito	avremmo sostituito
	sostituiresti	sostituireste	avresti sostituito	avreste sostituito
	sostituirebbe	sostituirebbero	avrebbe sostituito	avrebbero sostituito

Examples

Potete sostituire la panna con un po' di latte.	You can replace cream with milk.
La prof. Berti sostituirà la prof. Soldi.	Professor Berti will substitute for Professor Soldi.
Hai sostituito i pneumatici?	Have you replaced the tires?
Ti sostituisco io mentre sei via.	I'll substitute for you while you are away.
Sostituirebbe la macchina, se avesse soldi.	If he had the money, he would replace his car.

spandere

to spread, to shed, to spray

Auxiliary verb: avere **Past participle:** spanso **Gerund:** spandendo
Imperative: (tu) spandi (non spandere); (Lei) spanda; (noi) spandiamo;
(voi) spandete; (Loro) spandano

Mode	Simple Tenses		Compound Tenses	
	Singular	*Plural*	*Singular*	*Plural*
Indicative	**Present**		**Present Perfect**	
	spando	spandiamo	ho spanso	abbiamo spanso
	spandi	spandete	hai spanso	avete spanso
	spande	spandono	ha spanso	hanno spanso
	Imperfect		**Past Perfect**	
	spandevo	spandevamo	avevo spanso	avevamo spanso
	spandevi	spandevate	avevi spanso	avevate spanso
	spandeva	spandevano	aveva spanso	avevano spanso
	Past Definite		**Past Anterior**	
	spansi/spandei	spandemmo	ebbi spanso	avemmo spanso
	spandesti	spandeste	avesti spanso	aveste spanso
	spanse/spandé	spansero/spanderono	ebbe spanso	ebbero spanso
	Future		**Future Perfect**	
	spanderò	spanderemo	avrò spanso	avremo spanso
	spanderai	spanderete	avrai spanso	avrete spanso
	spanderà	spanderanno	avrà spanso	avranno spanso
Subjunctive	**Present**		**Present Perfect**	
	spanda	spandiamo	abbia spanso	abbiamo spanso
	spanda	spandiate	abbia spanso	abbiate spanso
	spanda	spandano	abbia spanso	abbiano spanso
	Imperfect		**Past Perfect**	
	spandessi	spandessimo	avessi spanso	avessimo spanso
	spandessi	spandeste	avessi spanso	aveste spanso
	spandesse	spandessero	avesse spanso	avessero spanso
Conditional	**Present Conditional**		**Perfect Conditional**	
	spanderei	spanderemmo	avrei spanso	avremmo spanso
	spanderesti	spandereste	avresti spanso	avreste spanso
	spanderebbe	spanderebbero	avrebbe spanso	avrebbero spanso

Note: Like *spandere* is *espandere* ("to expand"). As a reflexive verb *spandersi* ("to spread out")
uses the reflexive pronouns *mi, ti, si, ci, vi, si*, as well as the auxiliary verb *essere*, to form
compound tenses (see the third and fourth examples below).

Examples

Vorrei spandere la cera sul pavimento.	I would like to spread wax over the floor.
inchiostro che spande	ink that spreads
Le macchie d'olio si spandono.	The oil stains are spreading out.
Non vorrei che l'olio si spandesse.	I would not like the oil to spread out.

sparare

to shoot, to fire

Auxiliary verb: avere **Past participle:** sparato **Gerund:** sparando
Imperative: (tu) spara (non sparare); (Lei) spari; (noi) spariamo; (voi) sparate; (Loro) sparino

Mode	Simple Tenses		Compound Tenses	
	Singular	*Plural*	*Singular*	*Plural*
	Present		**Present Perfect**	
Indicative	sparo	spariamo	ho sparato	abbiamo sparato
	spari	sparate	hai sparato	avete sparato
	spara	sparano	ha sparato	hanno sparato
	Imperfect		**Past Perfect**	
	sparavo	sparavamo	avevo sparato	avevamo sparato
	sparavi	sparavate	avevi sparato	avevate sparato
	sparava	sparavano	aveva sparato	avevano sparato
	Past Definite		**Past Anterior**	
	sparai	sparammo	ebbi sparato	avemmo sparato
	sparasti	sparaste	avesti sparato	aveste sparato
	sparò	spararono	ebbe sparato	ebbero sparato
	Future		**Future Perfect**	
	sparerò	spareremo	avrò sparato	avremo sparato
	sparerai	sparerete	avrai sparato	avrete sparato
	sparerà	spareranno	avrà sparato	avranno sparato
Subjunctive	**Present**		**Present Perfect**	
	spari	spariamo	abbia sparato	abbiamo sparato
	spari	spariate	abbia sparato	abbiate sparato
	spari	sparino	abbia sparato	abbiano sparato
	Imperfect		**Past Perfect**	
	sparassi	sparassimo	avessi sparato	avessimo sparato
	sparassi	sparaste	avessi sparato	aveste sparato
	sparasse	sparassero	avesse sparato	avessero sparato
Conditional	**Present Conditional**		**Perfect Conditional**	
	sparerei	spareremmo	avrei sparato	avremmo sparato
	spareresti	sparereste	avresti sparato	avreste sparato
	sparerebbe	sparerebbero	avrebbe sparato	avrebbero sparato

Note: As a reflexive verb *spararsi* ("to shoot oneself/each other") uses the reflexive pronouns *mi, ti, si, ci, vi, si*, as well as the auxiliary verb *essere*, to form compound tenses (see the fifth example below).

EXAMPLES

Hanno sparato un colpo in aria.	They fired a shot in the air.
Sparò un colpo di fucile.	He fired a shot with his rifle. (Literally, "a rifle shot")
Sparò a una lepre.	He shot at a hare.
Spara bene.	He shoots accurately. / He's a good shot.
Si è sparato alla testa.	He shot himself in the head.
Ci stanno sparando.	They're shooting at us.
Non sparate!	Don't shoot!

spargere

to scatter, to strew, to spread

Auxiliary verb: avere **Past participle:** sparso **Gerund:** spargendo
Imperative: (tu) spargi (non spargere); (Lei) sparga; (noi) spargiamo;
(voi) spargete; (Loro) spargano

Mode	Simple Tenses		Compound Tenses	
	Singular	*Plural*	*Singular*	*Plural*
	Present		**Present Perfect**	
Indicative	spargo	spargiamo	ho sparso	abbiamo sparso
	spargi	spargete	hai sparso	avete sparso
	sparge	spargono	ha sparso	hanno sparso
	Imperfect		**Past Perfect**	
	spargevo	spargevamo	avevo sparso	avevamo sparso
	spargevi	spargevate	avevi sparso	avevate sparso
	spargeva	spargevano	aveva sparso	avevano sparso
	Past Definite		**Past Anterior**	
	sparsi	spargemmo	ebbi sparso	avemmo sparso
	spargesti	spargeste	avesti sparso	aveste sparso
	sparse	sparsero	ebbe sparso	ebbero sparso
	Future		**Future Perfect**	
	spargerò	spargeremo	avrò sparso	avremo sparso
	spargerai	spargerete	avrai sparso	avrete sparso
	spargerà	spargeranno	avrà sparso	avranno sparso
Subjunctive	**Present**		**Present Perfect**	
	sparga	spargiamo	abbia sparso	abbiamo sparso
	sparga	spargiate	abbia sparso	abbiate sparso
	sparga	spargano	abbia sparso	abbiano sparso
	Imperfect		**Past Perfect**	
	spargessi	spargessimo	avessi sparso	avessimo sparso
	spargessi	spargeste	avessi sparso	aveste sparso
	spargesse	spargessero	avesse sparso	avessero sparso
Conditional	**Present Conditional**		**Perfect Conditional**	
	spargerei	spargeremmo	avrei sparso	avremmo sparso
	spargeresti	spargereste	avresti sparso	avreste sparso
	spargerebbe	spargerebbero	avrebbe sparso	avrebbero sparso

Note: Similar to *spargere* is *cospargere* ("to sprinkle"). As a reflexive verb *spargersi* ("to spread") uses the reflexive pronouns *mi, ti, si, ci, vi, si,* as well as the auxiliary verb *essere*, to form compound tenses (see the last example below).

EXAMPLES

Stai spargendo fogli dappertutto.

You are scattering sheets of paper everywhere.

Gli spettatori hanno sparso lattine ovunque.

The spectators strewed tin cans all over the place.

La voce si è sparsa in un baleno.

The news spread like wildfire.

sparire

to disappear, to go away/off, to vanish

Auxiliary verb: essere **Past participle:** sparito **Gerund:** sparendo
Imperative: (tu) sparisci (non sparire); (Lei) sparisca; (noi) spariamo;
(voi) sparite; (Loro) spariscano

Mode	Simple Tenses		Compound Tenses	
	Singular	*Plural*	*Singular*	*Plural*
Indicative	**Present**		**Present Perfect**	
	sparisco	spariamo	sono sparito/a	siamo spariti/e
	sparisci	sparite	sei sparito/a	siete spariti/e
	sparisce	spariscono	è sparito/a	sono spariti/e
	Imperfect		**Past Perfect**	
	sparivo	sparivamo	ero sparito/a	eravamo spariti/e
	sparivi	sparivate	eri sparito/a	eravate spariti/e
	spariva	sparivano	era sparito/a	erano spariti/e
	Past Definite		**Past Anterior**	
	sparii	sparimmo	fui sparito/a	fummo spariti/e
	sparisti	spariste	fosti sparito/a	foste spariti/e
	sparì	sparirono	fu sparito/a	furono spariti/e
	Future		**Future Perfect**	
	sparirò	spariremo	sarò sparito/a	saremo spariti/e
	sparirai	sparirete	sarai sparito/a	sarete spariti/e
	sparirà	spariranno	sarà sparito/a	saranno spariti/e
Subjunctive	**Present**		**Present Perfect**	
	sparisca	spariamo	sia sparito/a	siamo spariti/e
	sparisca	spariate	sia sparito/a	siate spariti/e
	sparisca	spariscano	sia sparito/a	siano spariti/e
	Imperfect		**Past Perfect**	
	sparissi	sparissimo	fossi sparito/a	fossimo spariti/e
	sparissi	spariste	fossi sparito/a	foste spariti/e
	sparisse	sparissero	fosse sparito/a	fossero spariti/e
Conditional	**Present Conditional**		**Perfect Conditional**	
	sparirei	spariremmo	sarei sparito/a	saremmo spariti/e
	spariresti	sparireste	saresti sparito/a	sareste spariti/e
	sparirebbe	sparirebbero	sarebbe sparito/a	sarebbero spariti/e

Examples

È sparito tra la folla.	He disappeared into the crowd.
La cicatrice è sparita.	The scar has gone away.
Il mal di testa è sparito.	My headache has gone away.
Dove eravate spariti?	Where did you disappear to?
È sparito con i soldi.	He vanished with the money.
Se avessi potuto, sarei sparito.	If I could have, I would have disappeared.

spaventare

to scare, to frighten

Auxiliary verb: avere **Past participle:** spaventato **Gerund:** spaventando
Imperative: (tu) spaventa (non spaventare); (Lei) spaventi; (noi) spaventiamo; (voi) spaventate; (Loro) spaventino

Mode	Simple Tenses		Compound Tenses	
	Singular	*Plural*	*Singular*	*Plural*
	Present		**Present Perfect**	
Indicative	spavento	spaventiamo	ho spaventato	abbiamo spaventato
	spaventi	spaventate	hai spaventato	avete spaventato
	spaventa	spaventano	ha spaventato	hanno spaventato
	Imperfect		**Past Perfect**	
	spaventavo	spaventavamo	avevo spaventato	avevamo spaventato
	spaventavi	spaventavate	avevi spaventato	avevate spaventato
	spaventava	spaventavano	aveva spaventato	avevano spaventato
	Past Definite		**Past Anterior**	
	spaventai	spaventammo	ebbi spaventato	avemmo spaventato
	spaventasti	spaventaste	avesti spaventato	aveste spaventato
	spaventò	spaventarono	ebbe spaventato	ebbero spaventato
	Future		**Future Perfect**	
	spaventerò	spaventeremo	avrò spaventato	avremo spaventato
	spaventerai	spaventerete	avrai spaventato	avrete spaventato
	spaventerà	spaventeranno	avrà spaventato	avranno spaventato
Subjunctive	**Present**		**Present Perfect**	
	spaventi	spaventiamo	abbia spaventato	abbiamo spaventato
	spaventi	spaventiate	abbia spaventato	abbiate spaventato
	spaventi	spaventino	abbia spaventato	abbiano spaventato
	Imperfect		**Past Perfect**	
	spaventassi	spaventassimo	avessi spaventato	avessimo spaventato
	spaventassi	spaventaste	avessi spaventato	aveste spaventato
	spaventasse	spaventassero	avesse spaventato	avessero spaventato
Conditional	**Present Conditional**		**Perfect Conditional**	
	spaventerei	spaventeremmo	avrei spaventato	avremmo spaventato
	spaventeresti	spaventereste	avresti spaventato	avreste spaventato
	spaventerebbe	spaventerebbero	avrebbe spaventato	avrebbero spaventato

Note: As a reflexive verb *spaventarsi* ("to be/get frightened/scared") uses the reflexive pronouns *mi, ti, si, ci, vi, si*, as well as the auxiliary verb *essere*, to form compound tenses (see the third and fifth examples below). *Spaventare* may also be followed by *che* + subjunctive (see the fourth example below).

EXAMPLES

Le tue parole non mi spaventano.	Your words don't scare me.
Mi hai spaventato.	You scared me.
Ha sentito dei passi e si è spaventata.	She heard some steps and she got scared.
Mi spaventa che tu dica queste cose.	It scares me that you say such things.
Ti spaventi per poco.	You are easily scared.

spedire

to send

Auxiliary verb: avere **Past participle:** spedito **Gerund:** spedendo
Imperative: (tu) spedisci (non spedire); (Lei) spedisca; (noi) spediamo;
(voi) spedite; (Loro) spediscano

Mode	Simple Tenses		Compound Tenses	
	Singular	*Plural*	*Singular*	*Plural*
	Present		**Present Perfect**	
Indicative	spedisco	spediamo	ho spedito	abbiamo spedito
	spedisci	spedite	hai spedito	avete spedito
	spedisce	spediscono	ha spedito	hanno spedito
	Imperfect		**Past Perfect**	
	spedivo	spedivamo	avevo spedito	avevamo spedito
	spedivi	spedivate	avevi spedito	avevate spedito
	spediva	spedivano	aveva spedito	avevano spedito
	Past Definite		**Past Anterior**	
	spedii	spedimmo	ebbi spedito	avemmo spedito
	spedisti	spediste	avesti spedito	aveste spedito
	spedì	spedirono	ebbe spedito	ebbero spedito
	Future		**Future Perfect**	
	spedirò	spediremo	avrò spedito	avremo spedito
	spedirai	spedirete	avrai spedito	avrete spedito
	spedirà	spediranno	avrà spedito	avranno spedito
Subjunctive	**Present**		**Present Perfect**	
	spedisca	spediamo	abbia spedito	abbiamo spedito
	spedisca	spediate	abbia spedito	abbiate spedito
	spedisca	spediscano	abbia spedito	abbiano spedito
	Imperfect		**Past Perfect**	
	spedissi	spedissimo	avessi spedito	avessimo spedito
	spedissi	spediste	avessi spedito	aveste spedito
	spedisse	spedissero	avesse spedito	avessero spedito
Conditional	**Present Conditional**		**Perfect Conditional**	
	spedirei	spediremmo	avrei spedito	avremmo spedito
	spediresti	spedireste	avresti spedito	avreste spedito
	spedirebbe	spedirebbero	avrebbe spedito	avrebbero spedito

EXAMPLES

Ho spedito il pacco a Teresa per via aerea.

I sent the parcel to Teresa by airmail.

Per favor pedisci le mie lettere a questo indirizzo.

Please send my letter to this address.

A chi spedisci questa lettera?

Who are you sending this letter to?

Se avessi avuto il tuo indirizzo, ti avrei spedito un biglietto d'auguri.

If I had had your address, I would have sent you a birthday card.

Gli manderò il mio indirizzo email al più presto.

I'll send him my e-mail address as soon as possible.

spegnere

to turn off, to switch off, to put out
Auxiliary verb: avere **Past participle:** spento **Gerund:** spegnendo
Imperative: (tu) spegni (non spegnere); (Lei) spenga; (noi) spegniamo;
(voi) spegnete; (Loro) spengano

Mode	Simple Tenses		Compound Tenses	
	Singular	*Plural*	*Singular*	*Plural*
Indicative	**Present**		**Present Perfect**	
	spengo	spegniamo	ho spento	abbiamo spento
	spegni	spegnete	hai spento	avete spento
	spegne	spengono	ha spento	hanno spento
	Imperfect		**Past Perfect**	
	spegnevo	spegnevamo	avevo spento	avevamo spento
	spegnevi	spegnevate	avevi spento	avevate spento
	spegneva	spegnevano	aveva spento	avevano spento
	Past Definite		**Past Anterior**	
	spensi	spegnemmo	ebbi spento	avemmo spento
	spegnesti	spegneste	avesti spento	aveste spento
	spense	spensero	ebbe spento	ebbero spento
	Future		**Future Perfect**	
	spegnerò	spegneremo	avrò spento	avremo spento
	spegnerai	spegnerete	avrai spento	avrete spento
	spegnerà	spegneranno	avrà spento	avranno spento
Subjunctive	**Present**		**Present Perfect**	
	spenga	spegniamo	abbia spento	abbiamo spento
	spenga	spegniate	abbia spento	abbiate spento
	spenga	spengano	abbia spento	abbiano spento
	Imperfect		**Past Perfect**	
	spegnessi	spegnessimo	avessi spento	avessimo spento
	spegnessi	spegneste	avessi spento	aveste spento
	spegnesse	spegnessero	avesse spento	avessero spento
Conditional	**Present Conditional**		**Perfect Conditional**	
	spegnerei	spegneremmo	avrei spento	avremmo spento
	spegneresti	spegnereste	avresti spento	avreste spento
	spegnerebbe	spegnerebbero	avrebbe spento	avrebbero spento

Note: As a reflexive verb *spegnersi* ("to be extinguished," "to go out [of light, flame]", "to burn oneself out") uses the reflexive pronouns *mi, ti, si, ci, vi, si,* as well as the auxiliary verb *essere,* to form compound tenses (see the fourth and fifth examples below).

EXAMPLES

Hai spento il gas?	Did you turn off the gas?
Spegni la luce!	Turn off the light!
Puoi spegnere la radio per favore?	Can you turn off the radio?
L'incendio si è spento prima dell'arrivo dei pompieri.	The fire burnt out before the firefighters arrived.
Il motore si è spento.	The engine stalled.

spendere

to spend

Auxiliary verb: avere **Past participle:** speso **Gerund:** spendendo
Imperative: (tu) spendi (non spendere); (Lei) spenda; (noi) spendiamo;
(voi) spendete; (Loro) spendano

Mode	Simple Tenses		Compound Tenses	
	Singular	*Plural*	*Singular*	*Plural*
	Present		**Present Perfect**	
Indicative	spendo	spendiamo	ho speso	abbiamo speso
	spendi	spendete	hai speso	avete speso
	spende	spendono	ha speso	hanno speso
	Imperfect		**Past Perfect**	
	spendevo	spendevamo	avevo speso	avevamo speso
	spendevi	spendevate	avevi speso	avevate speso
	spendeva	spendevano	aveva speso	avevano speso
	Past Definite		**Past Anterior**	
	spesi	spendemmo	ebbi speso	avemmo speso
	spendesti	spendeste	avesti speso	aveste speso
	spese	spesero	ebbe speso	ebbero speso
	Future		**Future Perfect**	
	spenderò	spenderemo	avrò speso	avremo speso
	spenderai	spenderete	avrai speso	avrete speso
	spenderà	spenderanno	avrà speso	avranno speso
Subjunctive	**Present**		**Present Perfect**	
	spenda	spendiamo	abbia speso	abbiamo speso
	spenda	spendiate	abbia speso	abbiate speso
	spenda	spendano	abbia speso	abbiano speso
	Imperfect		**Past Perfect**	
	spendessi	spendessimo	avessi speso	avessimo speso
	spendessi	spendeste	avessi speso	aveste speso
	spendesse	spendessero	avesse speso	avessero speso
Conditional	**Present Conditional**		**Perfect Conditional**	
	spenderei	spenderemmo	avrei speso	avremmo speso
	spenderesti	spendereste	avresti speso	avreste speso
	spenderebbe	spenderebbero	avrebbe speso	avrebbero speso

Note: For the meaning "to spend time or vacation," refer to the verb *passare* or *trascorrere*.

EXAMPLES

Quanto hai speso?	How much did you spend?
Non spende molto in vestiti.	He doesn't spend a lot on clothes.
Spendo troppo.	I spend too much.
Spenderà un patrimonio per comprare quella barca.	He'll spend a fortune to buy that boat.
Stiamo spendendo al di sopra delle nostre possibilità.	We are spending beyond our means.
Chi più spende, meno spende.	If you buy at high quality, you wind up spending less money in the end. (proverb)

sperare

to hope

Auxiliary verb: avere **Past participle:** sperato **Gerund:** sperando
Imperative: (tu) spera (non sperare); (Lei) speri; (noi) speriamo; (voi) sperate; (Loro) sperino

Mode	Simple Tenses		Compound Tenses	
	Singular	*Plural*	*Singular*	*Plural*
Indicative	**Present**		**Present Perfect**	
	spero	speriamo	ho sperato	abbiamo sperato
	speri	sperate	hai sperato	avete sperato
	spera	sperano	ha sperato	hanno sperato
	Imperfect		**Past Perfect**	
	speravo	speravamo	avevo sperato	avevamo sperato
	speravi	speravate	avevi sperato	avevate sperato
	sperava	speravano	aveva sperato	avevano sperato
	Past Definite		**Past Anterior**	
	sperai	sperammo	ebbi sperato	avemmo sperato
	sperasti	speraste	avesti sperato	aveste sperato
	sperò	sperarono	ebbe sperato	ebbero sperato
	Future		**Future Perfect**	
	spererò	spereremo	avrò sperato	avremo sperato
	spererai	spererete	avrai sperato	avrete sperato
	spererà	spereranno	avrà sperato	avranno sperato
Subjunctive	**Present**		**Present Perfect**	
	speri	speriamo	abbia sperato	abbiamo sperato
	speri	speriate	abbia sperato	abbiate sperato
	speri	sperino	abbia sperato	abbiano sperato
	Imperfect		**Past Perfect**	
	sperassi	sperassimo	avessi sperato	avessimo sperato
	sperassi	speraste	avessi sperato	aveste sperato
	sperasse	sperassero	avesse sperato	avessero sperato
Conditional	**Present Conditional**		**Perfect Conditional**	
	spererei	spereremmo	avrei sperato	avremmo sperato
	spereresti	sperereste	avresti sperato	avreste sperato
	spererebbe	spererebbero	avrebbe sperato	avrebbero sperato

Note: *Sperare* requires the preposition *di* before an infinitive (see the first example below). *Sperare* may also be followed by *che* + subjunctive (see the second and fourth examples below) or future (see the third example below).

EXAMPLES

Spero di tornare.	I hope to come back.
Spero che possano venire.	I hope they will be able to come.
Speriamo che tornerai presto.	We hope you'll be back soon.
Speravamo tutti che guarisse.	We all hoped he would recover.
Non è la risposta che sperava.	It's not the answer he was hoping for.
Spero di sì.	I hope so.
Speriamo in giorni migliori.	Let's hope for better days.
Speriamo bene!	Let's hope for the best!

spiegare

to explain

Auxiliary verb: avere **Past participle:** spiegato **Gerund:** spiegando
Imperative: (tu) spiega (non spiegare); (Lei) spieghi; (noi) spieghiamo;
(voi) spiegate; (Loro) spieghino

Mode	Simple Tenses		Compound Tenses	
	Singular	*Plural*	*Singular*	*Plural*
	Present		**Present Perfect**	
	spiego	spieghiamo	ho spiegato	abbiamo spiegato
	spieghi	spiegate	hai spiegato	avete spiegato
	spiega	spiegano	ha spiegato	hanno spiegato
	Imperfect		**Past Perfect**	
Indicative	spiegavo	spiegavamo	avevo spiegato	avevamo spiegato
	spiegavi	spiegavate	avevi spiegato	avevate spiegato
	spiegava	spiegavano	aveva spiegato	avevano spiegato
	Past Definite		**Past Anterior**	
	spiegai	spiegammo	ebbi spiegato	avemmo spiegato
	spiegasti	spiegaste	avesti spiegato	aveste spiegato
	spiegò	spiegarono	ebbe spiegato	ebbero spiegato
	Future		**Future Perfect**	
	spiegherò	spiegheremo	avrò spiegato	avremo spiegato
	spiegherai	spiegherete	avrai spiegato	avrete spiegato
	spiegherà	spiegheranno	avrà spiegato	avranno spiegato
	Present		**Present Perfect**	
	spieghi	spieghiamo	abbia spiegato	abbiamo spiegato
	spieghi	spieghiate	abbia spiegato	abbiate spiegato
Subjunctive	spieghi	spieghino	abbia spiegato	abbiano spiegato
	Imperfect		**Past Perfect**	
	spiegassi	spiegassimo	avessi spiegato	avessimo spiegato
	spiegassi	spiegaste	avessi spiegato	aveste spiegato
	spiegasse	spiegassero	avesse spiegato	avessero spiegato
	Present Conditional		**Perfect Conditional**	
Conditional	spiegherei	spiegheremmo	avrei spiegato	avremmo spiegato
	spiegheresti	spieghereste	avresti spiegato	avreste spiegato
	spiegherebbe	spiegherebbero	avrebbe spiegato	avrebbero spiegato

Note: As a reflexive verb *spiegarsi* ("to make oneself clear," "to be/become clear") uses the reflexive pronouns *mi, ti, si, ci, vi, si*, as well as the auxiliary verb *essere*, to form compound tenses (see the last example below).

EXAMPLES

L'insegnante ha spiegato tutto chiaramente.	The teacher explained everything clearly.
Spiegami cosa devo fare.	Explain to me what I should do.
Marialuce spiega bene.	Marialuce explains well.
Se lui avesse spiegato il problema, avrei capito.	If he had explained the problem, I would have understood.
Forse non mi sono spiegato bene.	Perhaps I did not make myself clear.

spingere

to push

Auxiliary verb: avere **Past participle:** spinto **Gerund:** spingendo
Imperative: (tu) spingi (non spingere); (Lei) spinga; (noi) spingiamo;
(voi) spingete; (Loro) spingano

Mode	Simple Tenses		Compound Tenses	
	Singular	*Plural*	*Singular*	*Plural*
Indicative	**Present**		**Present Perfect**	
	spingo	spingiamo	ho spinto	abbiamo spinto
	spingi	spingete	hai spinto	avete spinto
	spinge	spingono	ha spinto	hanno spinto
	Imperfect		**Past Perfect**	
	spingevo	spingevamo	avevo spinto	avevamo spinto
	spingevi	spingevate	avevi spinto	avevate spinto
	spingeva	spingevano	aveva spinto	avevano spinto
	Past Definite		**Past Anterior**	
	spinsi	spingemmo	ebbi spinto	avemmo spinto
	spingesti	spingeste	avesti spinto	aveste spinto
	spinse	spinsero	ebbe spinto	ebbero spinto
	Future		**Future Perfect**	
	spingerò	spingeremo	avrò spinto	avremo spinto
	spingerai	spingerete	avrai spinto	avrete spinto
	spingerà	spingeranno	avrà spinto	avranno spinto
Subjunctive	**Present**		**Present Perfect**	
	spinga	spingiamo	abbia spinto	abbiamo spinto
	spinga	spingiate	abbia spinto	abbiate spinto
	spinga	spingano	abbia spinto	abbiano spinto
	Imperfect		**Past Perfect**	
	spingessi	spingessimo	avessi spinto	avessimo spinto
	spingessi	spingeste	avessi spinto	aveste spinto
	spingesse	spingessero	avesse spinto	avessero spinto
Conditional	**Present Conditional**		**Perfect Conditional**	
	spingerei	spingeremmo	avrei spinto	avremmo spinto
	spingeresti	spingereste	avresti spinto	avreste spinto
	spingerebbe	spingerebbero	avrebbe spinto	avrebbero spinto

Note: *Spingere* requires the preposition *a* before an infinitive (see the fourth example below).
As a reflexive verb *spingersi* ("to go") uses the reflexive pronouns *mi, ti, si, ci, vi, si*, as well as
the auxiliary verb *essere*, to form compound tenses (see the fifth example below).

EXAMPLES

Spingere.	Push (on a door).
Abbiamo dovuto spingere la macchina.	We had to push the car.
La corrente lo ha spinto a riva.	The current carried him ashore.
Che cosa ti ha spinto a fare questa sciocchezza?	What made you do something so foolish?
Non credevo che si sarebbe spinto fino a questo punto.	I didn't think he would go to such extremes.

spogliarsi
to undress, to take off one's clothes, to strip
Auxiliary verb: essere **Past participle:** spogliato(si) **Gerund:**
spogliando(si)
Imperative: (tu) spogliati (non spogliarti); (Lei) si spogli; (noi) spoglia-
moci; (voi) spogliatevi; (Loro) si spoglino

Mode	Simple Tenses		Compound Tenses	
	Singular	*Plural*	*Singular*	*Plural*
Indicative	**Present**		**Present Perfect**	
	mi spoglio	ci spogliamo	mi sono spogliato/a	ci siamo spogliati/e
	ti spogli	vi spogliate	ti sei spogliato/a	vi siete spogliati/e
	si spoglia	si spogliano	si è spogliato/a	si sono spogliati/e
	Imperfect		**Past Perfect**	
	mi spogliavo	ci spogliavamo	mi ero spogliato/a	ci eravamo spogliati/e
	ti spogliavi	vi spogliavate	ti eri spogliato/a	vi eravate spogliati/e
	si spogliava	si spogliavano	si era spogliato/a	si erano spogliati/e
	Past Definite		**Past Anterior**	
	mi spogliai	ci spogliammo	mi fui spogliato/a	ci fummo spogliati/e
	ti spogliasti	vi spogliaste	ti fosti spogliato/a	vi foste spogliati/e
	si spogliò	si spogliarono	si fu spogliato/a	si furono spogliati/e
	Future		**Future Perfect**	
	mi spoglierò	ci spoglieremo	mi sarò spogliato/a	ci saremo spogliati/e
	ti spoglierai	vi spoglierete	ti sarai spogliato/a	vi sarete spogliati/e
	si spoglierà	si spoglieranno	si sarà spogliato/a	si saranno spogliati/e
Subjunctive	**Present**		**Present Perfect**	
	mi spogli	ci spogliamo	mi sia spogliato/a	ci siamo spogliati/e
	ti spogli	vi spogliate	ti sia spogliato/a	vi siate spogliati/e
	si spogli	si spoglino	si sia spogliato/a	si siano spogliati/e
	Imperfect		**Past Perfect**	
	mi spogliassi	ci spogliassimo	mi fossi spogliato/a	ci fossimo spogliati/e
	ti spogliassi	vi spogliaste	ti fossi spogliato/a	vi foste spogliati/e
	si spogliasse	si spogliassero	si fosse spogliato/a	si fossero spogliati/e
Conditional	**Present Conditional**		**Perfect Conditional**	
	mi spoglierei	ci spoglieremmo	mi sarei spogliato/a	ci saremmo spogliati/e
	ti spoglieresti	vi spogliereste	ti saresti spogliato/a	vi sareste spogliati/e
	si spoglierebbe	si spoglierebbero	si sarebbe spogliato/a	si sarebbero spogliati/e

Note: S*pogliare* ("to undress [somebody]") may be used nonreflexively with *avere* as its helping verb (see the third example below).

EXAMPLES

Si è spogliato e si è tuffato in acqua.	He undressed and dove into the water.
Devo spogliarmi o basta che mi tolga la camicia?	Do I have to strip down or is it enough if I just take off my shirt?
Ho spogliato il bambino e l'ho messo a letto.	I undressed the child and put him to bed.

sporcare

to (get) dirty, to smear, to stain

Auxiliary verb: avere **Past participle:** sporcato **Gerund:** sporcando
Imperative: (tu) sporca (non sporcare); (Lei) sporchi; (noi) sporchiamo;
(voi) sporcate; (Loro) sporchino

Mode	Simple Tenses		Compound Tenses	
	Singular	*Plural*	*Singular*	*Plural*
Indicative	**Present**		**Present Perfect**	
	sporco	sporchiamo	ho sporcato	abbiamo sporcato
	sporchi	sporcate	hai sporcato	avete sporcato
	sporca	sporcano	ha sporcato	hanno sporcato
	Imperfect		**Past Perfect**	
	sporcavo	sporcavamo	avevo sporcato	avevamo sporcato
	sporcavi	sporcavate	avevi sporcato	avevate sporcato
	sporcava	sporcavano	aveva sporcato	avevano sporcato
	Past Definite		**Past Anterior**	
	sporcai	sporcammo	ebbi sporcato	avemmo sporcato
	sporcasti	sporcaste	avesti sporcato	aveste sporcato
	sporcò	sporcarono	ebbe sporcato	ebbero sporcato
	Future		**Future Perfect**	
	sporcherò	sporcheremo	avrò sporcato	avremo sporcato
	sporcherai	sporcherete	avrai sporcato	avrete sporcato
	sporcherà	sporcheranno	avrà sporcato	avranno sporcato
Subjunctive	**Present**		**Present Perfect**	
	sporchi	sporchiamo	abbia sporcato	abbiamo sporcato
	sporchi	sporchiate	abbia sporcato	abbiate sporcato
	sporchi	sporchino	abbia sporcato	abbiano sporcato
	Imperfect		**Past Perfect**	
	sporcassi	sporcassimo	avessi sporcato	avessimo sporcato
	sporcassi	sporcaste	avessi sporcato	aveste sporcato
	sporcasse	sporcassero	avesse sporcato	avessero sporcato
Conditional	**Present Conditional**		**Perfect Conditional**	
	sporcherei	sporcheremmo	avrei sporcato	avremmo sporcato
	sporcheresti	sporchereste	avresti sporcato	avreste sporcato
	sporcherebbe	sporcherebbero	avrebbe sporcato	avrebbero sporcato

Note: As a reflexive *sporcarsi* ("to get dirty," "to dirty oneself") uses the reflexive pronouns *mi, ti, si, ci, vi, si,* as well as the auxiliary verb *essere,* to form compound tenses (see the fourth and fifth examples below).

EXAMPLES

Ho sporcato la cravatta.	I got my tie dirty.
Hai sporcato di rossetto la camicia.	You smeared your shirt with lipstick.
Ha sporcato la tovaglia di sugo.	He stained the tablecloth with sauce.
Mi sono sporcato le mani.	I got my hands dirty.
Non ti sporcare!	Don't get dirty!

sposarsi

to get married

Auxiliary verb: essere **Past participle:** sposato(si) **Gerund:** sposando(si)

Imperative: (tu) sposati (non sposarti); (Lei) si sposi; (noi) sposiamoci; (voi) sposatevi; (Loro) si sposino

Mode	Simple Tenses		Compound Tenses	
	Singular	*Plural*	*Singular*	*Plural*
Indicative	**Present**		**Present Perfect**	
	mi sposo ti sposi si sposa	ci sposiamo vi sposate si sposano	mi sono sposato/a ti sei sposato/a si è sposato/a	ci siamo sposati/e vi siete sposati/e si sono sposati/e
	Imperfect		**Past Perfect**	
	mi sposavo ti sposavi si sposava	ci sposavamo vi sposavate si sposavano	mi ero sposato/a ti eri sposato/a si era sposato/a	ci eravamo sposati/e vi eravate sposati/e si erano sposati/e
	Past Definite		**Past Anterior**	
	mi sposai ti sposasti si sposò	ci sposammo vi sposaste si sposarono	mi fui sposato/a ti fosti sposato/a si fu sposato/a	ci fummo sposati/e vi foste sposati/e si furono sposati/e
	Future		**Future Perfect**	
	mi sposerò ti sposerai si sposerà	ci sposeremo vi sposerete si sposeranno	mi sarò sposato/a ti sarai sposato/a si sarà sposato/a	ci saremo sposati/e vi sarete sposati/e si saranno sposati/e
Subjunctive	**Present**		**Present Perfect**	
	mi sposi ti sposi si sposi	ci sposiamo vi sposiate si sposino	mi sia sposato/a ti sia sposato/a si sia sposato/a	ci siamo sposati/e vi siate sposati/e si siano sposati/e
	Imperfect		**Past Perfect**	
	mi sposassi ti sposassi si sposasse	ci sposassimo vi sposaste si sposassero	mi fossi sposato/a ti fossi sposato/a si fosse sposato/a	ci fossimo sposati/e vi foste sposati/e si fossero sposati/e
Conditional	**Present Conditional**		**Perfect Conditional**	
	mi sposerei ti sposeresti si sposerebbe	ci sposeremmo vi sposereste si sposerebbero	mi sarei sposato/a ti saresti sposato/a si sarebbe sposato/a	ci saremmo sposati/e vi sareste sposati/e si sarebbero sposati/e

Note: *Sposare* may be used nonreflexively with *avere* as its helping verb (see the fifth example below). Note that *sposarsi* requires the preposition *con* (see the fourth example below).

EXAMPLES

Quando ti sposi?	When are you getting married?
Si sposano domani.	They are getting married tomorrow.
Ci siamo sposati dieci anni fa.	We got married ten years ago.
Lei si è sposata con Giovanni.	She got married to Giovanni.
Penso che abbia sposato un francese.	I think she married a Frenchman.

stabilire

to establish, to set, to fix, to decide, to agree
Auxiliary verb: avere **Past participle:** stabilito **Gerund:** stabilendo
Imperative: (tu) stabilisci (non stabilire); (Lei) stabilisca; (noi) stabiliamo; (voi) stabilite; (Loro) stabiliscano

Mode	Simple Tenses		Compound Tenses	
	Singular	*Plural*	*Singular*	*Plural*
	Present		**Present Perfect**	
Indicative	stabilisco	stabiliamo	ho stabilito	abbiamo stabilito
	stabilisci	stabilite	hai stabilito	avete stabilito
	stabilisce	stabiliscono	ha stabilito	hanno stabilito
	Imperfect		**Past Perfect**	
	stabilivo	stabilivamo	avevo stabilito	avevamo stabilito
	stabilivi	stabilivate	avevi stabilito	avevate stabilito
	stabiliva	stabilivano	aveva stabilito	avevano stabilito
	Past Definite		**Past Anterior**	
	stabilii	stabilimmo	ebbi stabilito	avemmo stabilito
	stabilisti	stabiliste	avesti stabilito	aveste stabilito
	stabilì	stabilirono	ebbe stabilito	ebbero stabilito
	Future		**Future Perfect**	
	stabilirò	stabiliremo	avrò stabilito	avremo stabilito
	stabilirai	stabilirete	avrai stabilito	avrete stabilito
	stabilirà	stabiliranno	avrà stabilito	avranno stabilito
Subjunctive	**Present**		**Present Perfect**	
	stabilisca	stabiliamo	abbia stabilito	abbiamo stabilito
	stabilisca	stabiliate	abbia stabilito	abbiate stabilito
	stabilisca	stabiliscano	abbia stabilito	abbiano stabilito
	Imperfect		**Past Perfect**	
	stabilissi	stabilissimo	avessi stabilito	avessimo stabilito
	stabilissi	stabiliste	avessi stabilito	aveste stabilito
	stabilisse	stabilissero	avesse stabilito	avessero stabilito
Conditional	**Present Conditional**		**Perfect Conditional**	
	stabilirei	stabiliremmo	avrei stabilito	avremmo stabilito
	stabiliresti	stabilireste	avresti stabilito	avreste stabilito
	stabilirebbe	stabilirebbero	avrebbe stabilito	avrebbero stabilito

Note: *Stabilire* requires the preposition *di* before an infinitive (see the third example below). As a reflexive verb *stabilirsi* ("to establish oneself," "to get settled") uses the reflexive pronouns *mi, ti, si, ci, vi, si*, as well as the auxiliary verb *essere*, to form compound tenses (see the fourth example below).

EXAMPLES

Ha stabilito la data della riunione.	He set the date of the meeting.
Stabiliremo delle regole.	We will establish some rules.
Stabilirono di fare a metà.	They agreed to split it down the middle.
Appena sposati si sono stabiliti a Milano.	After they got married, they got settled in Milan.

staccare

to detach, to remove, to take off, to unplug

Auxiliary verb: avere **Past participle:** staccato **Gerund:** staccando

Imperative: (tu) stacca (non staccare); (Lei) stacchi; (noi) stacchiamo; (voi) staccate; (Loro) stacchino

Mode	Simple Tenses		Compound Tenses	
	Singular	*Plural*	*Singular*	*Plural*
Indicative	**Present**		**Present Perfect**	
	stacco	stacchiamo	ho staccato	abbiamo staccato
	stacchi	staccate	hai staccato	avete staccato
	stacca	staccano	ha staccato	hanno staccato
	Imperfect		**Past Perfect**	
	staccavo	staccavamo	avevo staccato	avevamo staccato
	staccavi	staccavate	avevi staccato	avevate staccato
	staccava	staccavano	aveva staccato	avevano staccato
	Past Definite		**Past Anterior**	
	staccai	staccammo	ebbi staccato	avemmo staccato
	staccasti	staccaste	avesti staccato	aveste staccato
	staccò	staccarono	ebbe staccato	ebbero staccato
	Future		**Future Perfect**	
	staccherò	staccheremo	avrò staccato	avremo staccato
	staccherai	staccherete	avrai staccato	avrete staccato
	staccherà	staccheranno	avrà staccato	avranno staccato
Subjunctive	**Present**		**Present Perfect**	
	stacchi	stacchiamo	abbia staccato	abbiamo staccato
	stacchi	stacchiate	abbia staccato	abbiate staccato
	stacchi	stacchino	abbia staccato	abbiano staccato
	Imperfect		**Past Perfect**	
	staccassi	staccassimo	avessi staccato	avessimo staccato
	staccassi	staccaste	avessi staccato	aveste staccato
	staccasse	staccassero	avesse staccato	avessero staccato
Conditional	**Present Conditional**		**Perfect Conditional**	
	staccherei	staccheremmo	avrei staccato	avremmo staccato
	staccheresti	stacchereste	avresti staccato	avreste staccato
	staccherebbe	staccherebbero	avrebbe staccato	avrebbero staccato

Note As a reflexive verb *staccarsi* ("to separate from," "to detach oneself") uses the reflexive pronouns *mi, ti, si, ci, vi, si,* as well as the auxiliary verb *essere,* to form compound tenses (see the fifth and sixth examples below).

EXAMPLES

Ho staccato l'etichetta dalla camicia.	I removed the label from the shirt.
Non staccherà il quadro dalla parete.	He won't take the picture off the wall.
Penso che lei abbia staccato il telefono.	I think she has disconnected her phone.
Puoi staccare il ferro per favore?	Will you unplug the iron, please?
Si è staccato dalla famiglia.	He separated himself from his family.
Mi si è staccato un bottone dal vestito.	A button has come off my dress.

stare

to stay, to remain, to be about to do something
Auxiliary verb: essere **Past participle:** stato **Gerund:** stando
Imperative: (tu) sta'/stai (non stare); (Lei) stia; (noi) stiamo; (voi) state; (Loro) stiano

Mode	Simple Tenses		Compound Tenses	
	Singular	*Plural*	*Singular*	*Plural*
Indicative	**Present**		**Present Perfect**	
	sto	stiamo	sono stato/a	siamo stati/e
	stai	state	sei stato/a	siete stati/e
	sta	stanno	è stato/a	sono stati/e
	Imperfect		**Past Perfect**	
	stavo	stavamo	ero stato/a	eravamo stati/e
	stavi	stavate	eri stato/a	eravate stati/e
	stava	stavano	era stato/a	erano stati/e
	Past Definite		**Past Anterior**	
	stetti	stemmo	fui stato/a	fummo stati/e
	stesti	steste	fosti stato/a	foste stati/e
	stette	stettero	fu stato/a	furono stati/e
	Future		**Future Perfect**	
	starò	staremo	sarò stato/a	saremo stati/e
	starai	starete	sarai stato/a	sarete stati/e
	starà	staranno	sarà stato/a	saranno stati/e
Subjunctive	**Present**		**Present Perfect**	
	stia	stiamo	sia stato/a	siamo stati/e
	stia	stiate	sia stato/a	siate stati/e
	stia	stiano	sia stato/a	siano stati/e
	Imperfect		**Past Perfect**	
	stessi	stessimo	fossi stato/a	fossimo stati/e
	stessi	steste	fossi stato/a	foste stati/e
	stesse	stessero	fosse stato/a	fossero stati/e
Conditional	**Present Conditional**		**Perfect Conditional**	
	starei	staremmo	sarei stato/a	saremmo stati/e
	staresti	stareste	saresti stato/a	sareste stati/e
	starebbe	starebbero	sarebbe stato/a	sarebbero stati/e

Note: The present tense or the imperfect forms of *stare* are used to form the progressive form (refer to the Verb Usage Review and the fourth example below). When the present or imperfect form of *stare* is followed by the preposition *per* and an infinitive, it means "to be about + infinitive" (see the sixth example below).

EXAMPLES

Non sto a casa la domenica.	I don't stay at home on Sundays.
Marco sta dalla zia.	Marco is staying at his aunt's.
Come stai? Sto bene, grazie.	How are you? I am fine, thanks. (idiom)
Sta lavorando come giornalista.	He is working as a journalist.
Sta' attento!	Be careful! (idiom)
Stiamo per uscire.	We are about to go out.

stendere

to stretch, to hang, to draw, to lay

Auxiliary verb: avere **Past participle:** steso **Gerund:** stendendo
Imperative: (tu) stendi (non stendere); (Lei) stenda; (noi) stendiamo;
(voi) stendete; (Loro) stendano

Mode	Simple Tenses		Compound Tenses	
	Singular	*Plural*	*Singular*	*Plural*
	Present		**Present Perfect**	
Indicative	stendo	stendiamo	ho steso	abbiamo steso
	stendi	stendete	hai steso	avete steso
	stende	stendono	ha steso	hanno steso
	Imperfect		**Past Perfect**	
	stendevo	stendevamo	avevo steso	avevamo steso
	stendevi	stendevate	avevi steso	avevate steso
	stendeva	stendevano	aveva steso	avevano steso
	Past Definite		**Past Anterior**	
	stesi	stendemmo	ebbi steso	avemmo steso
	stendesti	stendeste	avesti steso	aveste steso
	stese	stesero	ebbe steso	ebbero steso
	Future		**Future Perfect**	
	stenderò	stenderemo	avrò steso	avremo steso
	stenderai	stenderete	avrai steso	avrete steso
	stenderà	stenderanno	avrà steso	avranno steso
Subjunctive	**Present**		**Present Perfect**	
	stenda	stendiamo	abbia steso	abbiamo steso
	stenda	stendiate	abbia steso	abbiate steso
	stenda	stendano	abbia steso	abbiano steso
	Imperfect		**Past Perfect**	
	stendessi	stendessimo	avessi steso	avessimo steso
	stendessi	stendeste	avessi steso	aveste steso
	stendesse	stendessero	avesse steso	avessero steso
Conditional	**Present Conditional**		**Perfect Conditional**	
	stenderei	stenderemmo	avrei steso	avremmo steso
	stenderesti	stendereste	avresti steso	avreste steso
	stenderebbe	stenderebbero	avrebbe steso	avrebbero steso

Note: As a reflexive verb *stendersi* ("to stretch oneself out," "to lie down") uses the reflexive pronouns *mi, ti, si, ci, vi, si*, as well as the auxiliary verb *essere*, to form compound tenses (see the fourth example below).

EXAMPLES

Sta stendendo il bucato in terrazza.	She is hanging the laundry out on the terrace.
Stendere la pasta.	Roll out the dough.
Hai steso il contratto?	Have you drawn up the contract?
Ci siamo stesi per terra.	We stretched ourselves out on the ground.
Ho steso il tappeto sul pavimento.	I laid the carpet on the floor.

strappare

to pull out, to tear, to snatch
Auxiliary verb: avere **Past participle:** strappato **Gerund:** strappando
Imperative: (tu) strappa (non strappare); (Lei) strappi; (noi) strappiamo;
(voi) strappate; (Loro) strappino

Mode	Simple Tenses		Compound Tenses	
	Singular	*Plural*	*Singular*	*Plural*
	Present		**Present Perfect**	
Indicative	strappo	strappiamo	ho strappato	abbiamo strappato
	strappi	strappate	hai strappato	avete strappato
	strappa	strappano	ha strappato	hanno strappato
	Imperfect		**Past Perfect**	
	strappavo	strappavamo	avevo strappato	avevamo strappato
	strappavi	strappavate	avevi strappato	avevate strappato
	strappava	strappavano	aveva strappato	avevano strappato
	Past Definite		**Past Anterior**	
	strappai	strappammo	ebbi strappato	avemmo strappato
	strappasti	strappaste	avesti strappato	aveste strappato
	strappò	strapparono	ebbe strappato	ebbero strappato
	Future		**Future Perfect**	
	strapperò	strapperemo	avrò strappato	avremo strappato
	strapperai	strapperete	avrai strappato	avrete strappato
	strapperà	strapperanno	avrà strappato	avranno strappato
Subjunctive	**Present**		**Present Perfect**	
	strappi	strappiamo	abbia strappato	abbiamo strappato
	strappi	strappiate	abbia strappato	abbiate strappato
	strappi	strappino	abbia strappato	abbiano strappato
	Imperfect		**Past Perfect**	
	strappassi	strappassimo	avessi strappato	avessimo strappato
	strappassi	strappaste	avessi strappato	aveste strappato
	strappasse	strappassero	avesse strappato	avessero strappato
Conditional	**Present Conditional**		**Perfect Conditional**	
	strapperei	strapperemmo	avrei strappato	avremmo strappato
	strapperesti	strappereste	avresti strappato	avreste strappato
	strapperebbe	strapperebbero	avrebbe strappato	avrebbero strappato

Note: As a reflexive verb *strapparsi* ("to tear [oneself]") uses the reflexive pronouns *mi, ti, si, ci, vi, si,* as well as the auxiliary verb *essere,* to form compound tenses (see the fifth example below).

EXAMPLES

Hai strappato la pagina dal libro?	Did you tear the page out of the book?
Devo strappare le erbacce.	I have to pull the weeds.
Il ladro le strappò la borsetta.	The thief snatched away her purse.
Se avesse il documento, lo strapperebbe in mille pezzi.	If she had the document, she would tear it up into little pieces.
Questa carta si strappa facilmente.	This paper tears easily.

stringere

to tighten, to clasp, to press, to take in

Auxiliary verb: avere **Past participle:** stretto **Gerund:** stringendo
Imperative: (tu) stringi (non stringere); (Lei) stringa; (noi) stringiamo;
(voi) stringete; (Loro) stringano

Mode	Simple Tenses		Compound Tenses	
	Singular	*Plural*	*Singular*	*Plural*
Indicative	**Present**		**Present Perfect**	
	stringo	stringiamo	ho stretto	abbiamo stretto
	stringi	stringete	hai stretto	avete stretto
	stringe	stringono	ha stretto	hanno stretto
	Imperfect		**Past Perfect**	
	stringevo	stringevamo	avevo stretto	avevamo stretto
	stringevi	stringevate	avevi stretto	avevate stretto
	stringeva	stringevano	aveva stretto	avevano stretto
	Past Definite		**Past Anterior**	
	strinsi	stringemmo	ebbi stretto	avemmo stretto
	stringesti	stringeste	avesti stretto	aveste stretto
	strinse	strinsero	ebbe stretto	ebbero stretto
	Future		**Future Perfect**	
	stringerò	stringeremo	avrò stretto	avremo stretto
	stringerai	stringerete	avrai stretto	avrete stretto
	stringerà	stringeranno	avrà stretto	avranno stretto
Subjunctive	**Present**		**Present Perfect**	
	stringa	stringiamo	abbia stretto	abbiamo stretto
	stringa	stringiate	abbia stretto	abbiate stretto
	stringa	stringano	abbia stretto	abbiano stretto
	Imperfect		**Past Perfect**	
	stringessi	stringessimo	avessi stretto	avessimo stretto
	stringessi	stringeste	avessi stretto	aveste stretto
	stringesse	stringessero	avesse stretto	avessero stretto
Conditional	**Present Conditional**		**Perfect Conditional**	
	stringerei	stringeremmo	avrei stretto	avremmo stretto
	stringeresti	stringereste	avresti stretto	avreste stretto
	stringerebbe	stringerebbero	avrebbe stretto	avrebbero stretto

Note: As a reflexive verb *stringersi* ("to press oneself," "to embrace") uses the reflexive pronouns *mi, ti, si, ci, vi, si,* as well as the auxiliary verb *essere,* to form compound tenses (see the fourth and fifth examples below).

EXAMPLES

Devo stringere la cintura.	I have to tighten my belt.
Mi ha stretto cordialmente la mano.	He shook my hand cordially.
Stringeva amicizia facilmente.	He used to strike up a friendship easily.
Il bambino si stringeva alla madre.	The child pressed himself against his mother.
Si sono stretti in un forte abbraccio.	They strongly embraced each other.
Il tempo stringe.	Time presses.
Il sarto stringerà il vestito in vita.	The tailor will take in the dress at the waist.

studiare

to study

Auxiliary verb: avere **Past participle:** studiato **Gerund:** studiando
Imperative: (tu) studia (non studiare); (Lei) studi; (noi) studiamo; (voi)
studiate; (Loro) studino

Mode	Simple Tenses		Compound Tenses	
	Singular	*Plural*	*Singular*	*Plural*
	Present		**Present Perfect**	
	studio	studiamo	ho studiato	abbiamo studiato
	studi	studiate	hai studiato	avete studiato
	studia	studiano	ha studiato	hanno studiato
	Imperfect		**Past Perfect**	
	studiavo	studiavamo	avevo studiato	avevamo studiato
Indicative	studiavi	studiavate	avevi studiato	avevate studiato
	studiava	studiavano	aveva studiato	avevano studiato
	Past Definite		**Past Anterior**	
	studiai	studiammo	ebbi studiato	avemmo studiato
	studiasti	studiaste	avesti studiato	aveste studiato
	studiò	studiarono	ebbe studiato	ebbero studiato
	Future		**Future Perfect**	
	studierò	studieremo	avrò studiato	avremo studiato
	studierai	studierete	avrai studiato	avrete studiato
	studierà	studieranno	avrà studiato	avranno studiato
	Present		**Present Perfect**	
	studi	studiamo	abbia studiato	abbiamo studiato
	studi	studiate	abbia studiato	abbiate studiato
Subjunctive	studi	studino	abbia studiato	abbiano studiato
	Imperfect		**Past Perfect**	
	studiassi	studiassimo	avessi studiato	avessimo studiato
	studiassi	studiaste	avessi studiato	aveste studiato
	studiasse	studiassero	avesse studiato	avessero studiato
	Present Conditional		**Perfect Conditional**	
Conditional	studierei	studieremmo	avrei studiato	avremmo studiato
	studieresti	studiereste	avresti studiato	avreste studiato
	studierebbe	studierebbero	avrebbe studiato	avrebbero studiato

EXAMPLES

Che cosa studi?	What do you study?
Ha studiato francese e storia.	He studied French and history.
Sta studiando per il dottorato.	He is studying for his doctorate.
Ha smesso di studiare.	He dropped out of school.
Studierò molto per l'esame.	I'll study hard for the exam.
Penso che lui abbia studiato tutto a memoria.	I think he learned everything by heart.

stupirsi

to wonder, to be surprised, to be astonished

Auxiliary verb: essere **Past participle:** stupito(si) **Gerund:** stupendo(si)
Imperative: (tu) stupisciti (non stupirti); (Lei) si stupisca; (noi) stupiamoci; (voi) stupitevi; (Loro) si stupiscano

Mode	Simple Tenses		Compound Tenses	
	Singular	*Plural*	*Singular*	*Plural*
Indicative	**Present**		**Present Perfect**	
	mi stupisco ti stupisci si stupisce	ci stupiamo vi stupite si stupiscono	mi sono stupito/a ti sei stupito/a si è stupito/a	ci siamo stupiti/e vi siete stupiti/e si sono stupiti/e
	Imperfect		**Past Perfect**	
	mi stupivo ti stupivi si stupiva	ci stupivamo vi stupivate si stupivano	mi ero stupito/a ti eri stupito/a si era stupito/a	ci eravamo stupiti/e vi eravate stupiti/e si erano stupiti/e
	Past Definite		**Past Anterior**	
	mi stupii ti stupisti si stupì	ci stupimmo vi stupiste si stupirono	mi fui stupito/a ti fosti stupito/a si fu stupito/a	ci fummo stupiti/e vi foste stupiti/e si furono stupiti/e
	Future		**Future Perfect**	
	mi stupirò ti stupirai si stupirà	ci stupiremo vi stupirete si stupiranno	mi sarò stupito/a ti sarai stupito/a si sarà stupito/a	ci saremo stupiti/e vi sarete stupiti/e si saranno stupiti/e
Subjunctive	**Present**		**Present Perfect**	
	mi stupisca ti stupisca si stupisca	ci stupiamo vi stupiate si stupiscano	mi sia stupito/a ti sia stupito/a si sia stupito/a	ci siamo stupiti/e vi siate stupiti/e si siano stupiti/e
	Imperfect		**Past Perfect**	
	mi stupissi ti stupissi si stupisse	ci stupissimo vi stupiste si stupissero	mi fossi stupito/a ti fossi stupito/a si fosse stupito/a	ci fossimo stupiti/e vi foste stupiti/e si fossero stupiti/e
Conditional	**Present Conditional**		**Perfect Conditional**	
	mi stupirei ti stupiresti si stupirebbe	ci stupiremmo vi stupireste si stupirebbero	mi sarei stupito/a ti saresti stupito/a si sarebbe stupito/a	ci saremmo stupiti/e vi sareste stupiti/e si sarebbero stupiti/e

Note: *Stupirsi* requires the preposition *di* before an infinitive (see the third example below) or a pronoun/noun (see the first example below). *Stupire/stupirsi* may be followed by *che* + subjunctive (see the second example below). *Stupire* ("to surprise," "to astonish") may be used nonreflexively with *avere* as its auxiliary verb (see the fifth example below).

EXAMPLES

Mi stupisco di te.	I am surprised at you.
Mi stupisco che non ti abbiano informato.	I am surprised they didn't inform you.
Si stupirono di vederlo arrivare.	They were surprised to see him arrive.
Non mi stupirebbe trovarlo lì.	I would not be surprised to find him there.
Ha stupito tutti con il suo comportamento.	He surprised everyone with his behavior.

succedere

to happen

Auxiliary verb: essere **Past participle:** successo **Gerund:** succedendo
Imperative: N/A

Mode	Simple Tenses		Compound Tenses	
	Singular	*Plural*	*Singular*	*Plural*
Indicative	**Present**		**Present Perfect**	
	succede	succedono	è successo/a	sono successi/e
	Imperfect		**Past Perfect**	
	succedeva	succedevano	era successo/a	erano successi/e
	Past Definite		**Past Anterior**	
	successe	successero	fu successo/a	furono successi/e
	Future		**Future Perfect**	
	succederà	succederanno	sarà successo/a	saranno successi/e
Subjunctive	**Present**		**Present Perfect**	
	succeda	succedano	sia successo/a	siano successi/e
	Imperfect		**Past Perfect**	
	succedesse	succedessero	fosse successo/a	fossero successi/e
Conditional	**Present Conditional**		**Perfect Conditional**	
	succederebbe	succederebbero	sarebbe successo/a	sarebbero successi/e

Note: *Succedere* is commonly used in third-person forms as shown in the verb chart. *Succedere* may also mean "to succeed or come after." In this meaning, it has a personal regular conjugation. It uses the auxiliary verb *essere* as well as the regular past participle *succeduto* to form compound tenses (see the fourth example below).

EXAMPLES

Che cosa è successo alla riunione?	What happened at the meeting?
Sta succedendo qualcosa.	Something's happening.
Può succedere di tutto.	Anything can happen.
Edoardo VII succedette (è succeduto) alla regina Vittoria.	King Edward VII succeeded Queen Victoria.

suggerire

to suggest, to prompt, to advise

Auxiliary verb: avere **Past participle:** suggerito **Gerund:** suggerendo
Imperative: (tu) suggerisci (non suggerire); (Lei) suggerisca; (noi) sugge-
riamo; (voi) suggerite; (Loro) suggeriscano

Mode	Simple Tenses		Compound Tenses	
	Singular	*Plural*	*Singular*	*Plural*
Indicative	**Present**		**Present Perfect**	
	suggerisco	suggeriamo	ho suggerito	abbiamo suggerito
	suggerisci	suggerite	hai suggerito	avete suggerito
	suggerisce	suggeriscono	ha suggerito	hanno suggerito
	Imperfect		**Past Perfect**	
	suggerivo	suggerivamo	avevo suggerito	avevamo suggerito
	suggerivi	suggerivate	avevi suggerito	avevate suggerito
	suggeriva	suggerivano	aveva suggerito	avevano suggerito
	Past Definite		**Past Anterior**	
	suggerii	suggerimmo	ebbi suggerito	avemmo suggerito
	suggeristi	suggeriste	avesti suggerito	aveste suggerito
	suggerì	suggerirono	ebbe suggerito	ebbero suggerito
	Future		**Future Perfect**	
	suggerirò	suggeriremo	avrò suggerito	avremo suggerito
	suggerirai	suggerirete	avrai suggerito	avrete suggerito
	suggerirà	suggeriranno	avrà suggerito	avranno suggerito
Subjunctive	**Present**		**Present Perfect**	
	suggerisca	suggeriamo	abbia suggerito	abbiamo suggerito
	suggerisca	suggeriate	abbia suggerito	abbiate suggerito
	suggerisca	suggeriscano	abbia suggerito	abbiano suggerito
	Imperfect		**Past Perfect**	
	suggerissi	suggerissimo	avessi suggerito	avessimo suggerito
	suggerissi	suggeriste	avessi suggerito	aveste suggerito
	suggerisse	suggerissero	avesse suggerito	avessero suggerito
Conditional	**Present Conditional**		**Perfect Conditional**	
	suggerirei	suggeriremmo	avrei suggerito	avremmo suggerito
	suggeriresti	suggerireste	avresti suggerito	avreste suggerito
	suggerirebbe	suggerirebbero	avrebbe suggerito	avrebbero suggerito

Note: *Suggerire* requires the preposition *di* before an infinitive (see the first and second examples below).

EXAMPLES

Che cosa mi suggerisci di fare?	What do you suggest I do?
Mi suggerì di rivolgermi a un avvocato.	He advised me to seek the help of a lawyer.
Hanno suggerito il tuo nome come futuro direttore.	Your name has been suggested as the next director.
Sono andata al ristorante che mi avevi suggerito.	I went to the restaurant where you had suggested.

suonare

to play (an instrument), to ring

Auxiliary verb: avere **Past participle:** suonato **Gerund:** suonando
Imperative: (tu) suona (non suonare); (Lei) suoni; (noi) suoniamo; (voi) suonate; (Loro) suonino

Mode	Simple Tenses		Compound Tenses	
	Singular	*Plural*	*Singular*	*Plural*
	Present		**Present Perfect**	
Indicative	suono	suoniamo	ho suonato	abbiamo suonato
	suoni	suonate	hai suonato	avete suonato
	suona	suonano	ha suonato	hanno suonato
	Imperfect		**Past Perfect**	
	suonavo	suonavamo	avevo suonato	avevamo suonato
	suonavi	suonavate	avevi suonato	avevate suonato
	suonava	suonavano	aveva suonato	avevano suonato
	Past Definite		**Past Anterior**	
	suonai	suonammo	ebbi suonato	avemmo suonato
	suonasti	suonaste	avesti suonato	aveste suonato
	suonò	suonarono	ebbe suonato	ebbero suonato
	Future		**Future Perfect**	
	suonerò	suoneremo	avrò suonato	avremo suonato
	suonerai	suonerete	avrai suonato	avrete suonato
	suonerà	suoneranno	avrà suonato	avranno suonato
Subjunctive	**Present**		**Present Perfect**	
	suoni	suoniamo	abbia suonato	abbiamo suonato
	suoni	suoniate	abbia suonato	abbiate suonato
	suoni	suonino	abbia suonato	abbiano suonato
	Imperfect		**Past Perfect**	
	suonassi	suonassimo	avessi suonato	avessimo suonato
	suonassi	suonaste	avessi suonato	aveste suonato
	suonasse	suonassero	avesse suonato	avessero suonato
Conditional	**Present Conditional**		**Perfect Conditional**	
	suonerei	suoneremmo	avrei suonato	avremmo suonato
	suoneresti	suonereste	avresti suonato	avreste suonato
	suonerebbe	suonerebbero	avrebbe suonato	avrebbero suonato

Note: *Suonare* may use *essere* as an auxiliary verb to form compound tenses, as in *La campanella è suonata alle 8:00* ("The bell rang at 8:00").

EXAMPLES

Per favore, non suonare il campanello.	Please don't ring the doorbell.
Simone suona la batteria.	Simone plays the drums.
Non suono nessuno strumento musicale.	I don't play any instruments.
Quale strumento suoni?	Which musical instrument do you play?
Stasera suoneranno Chopin.	Tonight they are playing Chopin.
Pensavo che lui suonasse a orecchio.	I thought he played by ear.

superare

to pass, to exceed, to get over, to overcome

Auxiliary verb: avere **Past participle:** superato **Gerund:** superando
Imperative: (tu) supera (non superare); (Lei) superi; (noi) superiamo;
(voi) superate; (Loro) superino

Mode	Simple Tenses		Compound Tenses	
	Singular	*Plural*	*Singular*	*Plural*
	Present		**Present Perfect**	
	supero	superiamo	ho superato	abbiamo superato
	superi	superate	hai superato	avete superato
	supera	superano	ha superato	hanno superato
	Imperfect		**Past Perfect**	
Indicative	superavo	superavamo	avevo superato	avevamo superato
	superavi	superavate	avevi superato	avevate superato
	superava	superavano	aveva superato	avevano superato
	Past Definite		**Past Anterior**	
	superai	superammo	ebbi superato	avemmo superato
	superasti	superaste	avesti superato	aveste superato
	superò	superarono	ebbe superato	ebbero superato
	Future		**Future Perfect**	
	supererò	supereremo	avrò superato	avremo superato
	supererai	supererete	avrai superato	avrete superato
	supererà	supereranno	avrà superato	avranno superato
	Present		**Present Perfect**	
	superi	superiamo	abbia superato	abbiamo superato
Subjunctive	superi	superiate	abbia superato	abbiate superato
	superi	superino	abbia superato	abbiano superato
	Imperfect		**Past Perfect**	
	superassi	superassimo	avessi superato	avessimo superato
	superassi	superaste	avessi superato	aveste superato
	superasse	superassero	avesse superato	avessero superato
Conditional	**Present Conditional**		**Perfect Conditional**	
	supererei	supereremmo	avrei superato	avremmo superato
	supereresti	superereste	avresti superato	avreste superato
	supererebbe	supererebbero	avrebbe superato	avrebbero superato

EXAMPLES

I risultati hanno superato ogni aspettativa.

Stai superando il limite di velocità.

Mi superò mentre rallentavo.

Hai superato l'esame?

Sono sicura che supereranno la crisi.

Speravo che avrebbero superato la crisi.

Ha superato enormi difficoltà.

The results exceeded all expectations.

You are exceeding the speed limit.

He passed me as I was slowing down.

Did you pass the exam?

I am sure they will get over the crisis.

I was hoping they would have gotten over the crisis.

He overcame great difficulties.

supporre

to suppose, to imagine, to assume

Auxiliary verb: avere **Past participle:** supposto **Gerund:** supponendo
Imperative: (tu) supponi (non supporre); (Lei) supponga; (noi) supponiamo; (voi) supponete; (Loro) suppongano

Mode	Simple Tenses		Compound Tenses	
	Singular	*Plural*	*Singular*	*Plural*
Indicative	**Present**		**Present Perfect**	
	suppongo	supponiamo	ho supposto	abbiamo supposto
	supponi	supponete	hai supposto	avete supposto
	suppone	suppongono	ha supposto	hanno supposto
	Imperfect		**Past Perfect**	
	supponevo	supponevamo	avevo supposto	avevamo supposto
	supponevi	supponevate	avevi supposto	avevate supposto
	supponeva	supponevano	aveva supposto	avevano supposto
	Past Definite		**Past Anterior**	
	supposi	supponemmo	ebbi supposto	avemmo supposto
	supponesti	supponeste	avesti supposto	aveste supposto
	suppose	supposero	ebbe supposto	ebbero supposto
	Future		**Future Perfect**	
	supporrò	supporremo	avrò supposto	avremo supposto
	supporrai	supporrete	avrai supposto	avrete supposto
	supporrà	supporranno	avrà supposto	avranno supposto
Subjunctive	**Present**		**Present Perfect**	
	supponga	supponiamo	abbia supposto	abbiamo supposto
	supponga	supponiate	abbia supposto	abbiate supposto
	supponga	suppongano	abbia supposto	abbiano supposto
	Imperfect		**Past Perfect**	
	supponessi	supponessimo	avessi supposto	avessimo supposto
	supponessi	supponeste	avessi supposto	aveste supposto
	supponesse	supponessero	avesse supposto	avessero supposto
Conditional	**Present Conditional**		**Perfect Conditional**	
	supporrei	supporremmo	avrei supposto	avremmo supposto
	supporresti	supporreste	avresti supposto	avreste supposto
	supporrebbe	supporrebbero	avrebbe supposto	avrebbero supposto

Note: *Supporre* requires the preposition *di* before an infinitive (see the second example below). It may also be followed by *che* + subjunctive or future (see the first, fifth, and sixth examples below).

EXAMPLES

Supponiamo che sia vero.	Let's suppose it's true.
Supponi di essere su un'isola deserta.	Imagine yourself to be on a deserted island.
Suppongo di sì.	I suppose so.
Suppongo di no.	I suppose not.
Suppongo che verrà.	I suppose he will come.
Tutti supponevano che io lo conoscessi.	Everyone assumed I knew him.

svegliarsi
to wake up
Auxiliary verb: essere **Past participle:** svegliato(si) **Gerund:** svegliando(si)
Imperative: (tu) svegliati (non svegliarti); (Lei) si svegli; (noi) svegliamoci; (voi) svegliatevi; (Loro) si sveglino

Mode	Simple Tenses		Compound Tenses	
	Singular	*Plural*	*Singular*	*Plural*
Indicative	**Present**		**Present Perfect**	
	mi sveglio	ci svegliamo	mi sono svegliato/a	ci siamo svegliati/e
	ti svegli	vi svegliate	ti sei svegliato/a	vi siete svegliati/e
	si sveglia	si svegliano	si è svegliato/a	si sono svegliati/e
	Imperfect		**Past Perfect**	
	mi svegliavo	ci svegliavamo	mi ero svegliato/a	ci eravamo svegliati/e
	ti svegliavi	vi svegliavate	ti eri svegliato/a	vi eravate svegliati/e
	si svegliava	si svegliavano	si era svegliato/a	si erano svegliati/e
	Past Definite		**Past Anterior**	
	mi svegliai	ci svegliammo	mi fui svegliato/a	ci fummo svegliati/e
	ti svegliasti	vi svegliaste	ti fosti svegliato/a	vi foste svegliati/e
	si svegliò	si svegliarono	si fu svegliato/a	si furono svegliati/e
	Future		**Future Perfect**	
	mi sveglierò	ci sveglieremo	mi sarò svegliato/a	ci saremo svegliati/e
	ti sveglierai	vi sveglierete	ti sarai svegliato/a	vi sarete svegliati/e
	si sveglierà	si sveglieranno	si sarà svegliato/a	si saranno svegliati/e
Subjunctive	**Present**		**Present Perfect**	
	mi svegli	ci svegliamo	mi sia svegliato/a	ci siamo svegliati/e
	ti svegli	vi svegliate	ti sia svegliato/a	vi siate svegliati/e
	si svegli	si sveglino	si sia svegliato/a	si siano svegliati/e
	Imperfect		**Past Perfect**	
	mi svegliassi	ci svegliassimo	mi fossi svegliato/a	ci fossimo svegliati/e
	ti svegliassi	vi svegliaste	ti fossi svegliato/a	vi foste svegliati/e
	si svegliasse	si svegliassero	si fosse svegliato/a	si fossero svegliati/e
Conditional	**Present Conditional**		**Perfect Conditional**	
	mi sveglierei	ci sveglieremmo	mi sarei svegliato/a	ci saremmo svegliati/e
	ti sveglieresti	vi svegliereste	ti saresti svegliato/a	vi sareste svegliati/e
	si sveglierebbe	si sveglierebbero	si sarebbe svegliato/a	si sarebbero svegliati/e

Note: *Svegliare* ("to awaken") may be used nonreflexively and followed by a direct object, with *avere* as its auxiliary verb to form compound tenses (see the first example below).

EXAMPLES

Devo svegliare i bambini presto.	I have to wake the children up early in the morning.
Stanotte mi sono svegliato tre volte.	Last night I woke up three times.
Non si sveglia mai prima delle otto.	He never wakes up before eight o'clock.
A che ora ti svegli? Mi sveglio alle 7:00.	At what time do you wake up? I wake up at 7:00.
Svegliati!	Wake up!

sviluppare

to develop, to expand

Auxiliary verb: avere **Past participle:** sviluppato **Gerund:** sviluppando
Imperative: (tu) sviluppa (non sviluppare); (Lei) sviluppi; (noi) sviluppiamo; (voi) sviluppate; (Loro) sviluppino

Mode	Simple Tenses		Compound Tenses	
	Singular	*Plural*	*Singular*	*Plural*
Indicative	**Present**		**Present Perfect**	
	sviluppo	sviluppiamo	ho sviluppato	abbiamo sviluppato
	sviluppi	sviluppate	hai sviluppato	avete sviluppato
	sviluppa	sviluppano	ha sviluppato	hanno sviluppato
	Imperfect		**Past Perfect**	
	sviluppavo	sviluppavamo	avevo sviluppato	avevamo sviluppato
	sviluppavi	sviluppavate	avevi sviluppato	avevate sviluppato
	sviluppava	sviluppavano	aveva sviluppato	avevano sviluppato
	Past Definite		**Past Anterior**	
	sviluppai	sviluppammo	ebbi sviluppato	avemmo sviluppato
	sviluppasti	sviluppaste	avesti sviluppato	aveste sviluppato
	sviluppò	svilupparono	ebbe sviluppato	ebbero sviluppato
	Future		**Future Perfect**	
	svilupperò	svilupperemo	avrò sviluppato	avremo sviluppato
	svilupperai	svilupperete	avrai sviluppato	avrete sviluppato
	svilupperà	svilupperanno	avrà sviluppato	avranno sviluppato
Subjunctive	**Present**		**Present Perfect**	
	sviluppi	sviluppiamo	abbia sviluppato	abbiamo sviluppato
	sviluppi	sviluppiate	abbia sviluppato	abbiate sviluppato
	sviluppi	sviluppino	abbia sviluppato	abbiano sviluppato
	Imperfect		**Past Perfect**	
	sviluppassi	sviluppassimo	avessi sviluppato	avessimo sviluppato
	sviluppassi	sviluppaste	avessi sviluppato	aveste sviluppato
	sviluppasse	sviluppassero	avesse sviluppato	avessero sviluppato
Conditional	**Present Conditional**		**Perfect Conditional**	
	svilupperei	svilupperemmo	avrei sviluppato	avremmo sviluppato
	svilupperesti	svilupperete	avresti sviluppato	avreste sviluppato
	svilupperebbe	svilupperebbero	avrebbe sviluppato	avrebbero sviluppato

Note: As a reflexive verb *svilupparsi* ("to break out") uses the reflexive pronouns *mi, ti, si, ci, vi, si*, as well as the auxiliary verb *essere*, to form compound tenses (see the fourth example below).

EXAMPLES

Sviluppa questa idea!	Develop this idea!
Il governo vuole sviluppare la rete autostradale.	The government wants to expand the highways.
Hai sviluppato le fotografie?	Did you develop the pictures?
Si è sviluppato un incendio.	A fire broke out.

svolgere

to carry out, to act

Auxiliary verb: avere **Past participle:** svolto **Gerund:** svolgendo

Imperative: (tu) svolgi (non svolgere); (Lei) svolga; (noi) svolgiamo; (voi) svolgete; (Loro) svolgano

Mode	Simple Tenses		Compound Tenses	
	Singular	*Plural*	*Singular*	*Plural*
Indicative	**Present**		**Present Perfect**	
	svolgo svolgi svolge	svolgiamo svolgete svolgono	ho svolto hai svolto ha svolto	abbiamo svolto avete svolto hanno svolto
	Imperfect		**Past Perfect**	
	svolgevo svolgevi svolgeva	svolgevamo svolgevate svolgevano	avevo svolto avevi svolto aveva svolto	avevamo svolto avevate svolto avevano svolto
	Past Definite		**Past Anterior**	
	svolsi svolgesti svolse	svolgemmo svolgeste svolsero	ebbi svolto avesti svolto ebbe svolto	avemmo svolto aveste svolto ebbero svolto
	Future		**Future Perfect**	
	svolgerò svolgerai svolgerà	svolgeremo svolgerete svolgeranno	avrò svolto avrai svolto avrà svolto	avremo svolto avrete svolto avranno svolto
Subjunctive	**Present**		**Present Perfect**	
	svolga svolga svolga	svolgiamo svolgiate svolgano	abbia svolto abbia svolto abbia svolto	abbiamo svolto abbiate svolto abbiano svolto
	Imperfect		**Past Perfect**	
	svolgessi svolgessi svolgesse	svolgessimo svolgeste svolgessero	avessi svolto avessi svolto avesse svolto	avessimo svolto aveste svolto avessero svolto
Conditional	**Present Conditional**		**Perfect Conditional**	
	svolgerei svolgeresti svolgerebbe	svolgeremmo svolgereste svolgerebbero	avrei svolto avresti svolto avrebbe svolto	avremmo svolto avreste svolto avrebbero svolto

Note: As a reflexive verb *svolgersi* ("to take place," "to be set") uses the reflexive pronouns *mi, ti, si, ci, vi, si,* as well as the auxiliary verb *essere,* to form compound tenses (see the fourth and fifth examples below).

EXAMPLES

Non ha svolto il suo compito.	He didn't carry out his task.
Svolge le funzioni di direttore.	He acts as manager.
Penso che svolga le funzioni di direttore.	I think he acts as manager.
La manifestazione si è svolta ordinatamente.	The demonstration took place without incident.
La storia si svolge nella Roma del Seicento.	The story is set in seventeenth-century Rome.

tacere

to be/keep silent, to make no mention
Auxiliary verb: avere **Past participle:** taciuto **Gerund:** tacendo
Imperative: (tu) taci (non tacere); (Lei) taccia; (noi) tacciamo; (voi)
tacete; (Loro) tacciano

Mode	Simple Tenses		Compound Tenses	
	Singular	*Plural*	*Singular*	*Plural*
Indicative	**Present**		**Present Perfect**	
	taccio	tacciamo	ho taciuto	abbiamo taciuto
	taci	tacete	hai taciuto	avete taciuto
	tace	tacciono	ha taciuto	hanno taciuto
	Imperfect		**Past Perfect**	
	tacevo	tacevamo	avevo taciuto	avevamo taciuto
	tacevi	tacevate	avevi taciuto	avevate taciuto
	taceva	tacevano	aveva taciuto	avevano taciuto
	Past Definite		**Past Anterior**	
	tacqui	tacemmo	ebbi taciuto	avemmo taciuto
	tacesti	taceste	avesti taciuto	aveste taciuto
	tacque	tacquero	ebbe taciuto	ebbero taciuto
	Future		**Future Perfect**	
	tacerò	taceremo	avrò taciuto	avremo taciuto
	tacerai	tacerete	avrai taciuto	avrete taciuto
	tacerà	taceranno	avrà taciuto	avranno taciuto
Subjunctive	**Present**		**Present Perfect**	
	taccia	tacciamo	abbia taciuto	abbiamo taciuto
	taccia	tacciate	abbia taciuto	abbiate taciuto
	taccia	tacciano	abbia taciuto	abbiano taciuto
	Imperfect		**Past Perfect**	
	tacessi	tacessimo	avessi taciuto	avessimo taciuto
	tacessi	taceste	avessi taciuto	aveste taciuto
	tacesse	tacessero	avesse taciuto	avessero taciuto
Conditional	**Present Conditional**		**Perfect Conditional**	
	tacerei	taceremmo	avrei taciuto	avremmo taciuto
	taceresti	tacereste	avresti taciuto	avreste taciuto
	tacerebbe	tacerebbero	avrebbe taciuto	avrebbero taciuto

EXAMPLES

Finora ho taciuto, ma adesso . . .

I've kept quiet so far, but now . . .

Tutto taceva.

Everything was still.

Non sa tacere.

He can never keep quiet.

Chi tace acconsente.

Silence gives consent. (proverb)

Detto questo, tacque.

After saying this, he fell silent.

La fonti contemporanee tacciono su questo argomento.

Contemporary sources make no mention of this subject.

tagliare

to cut, to chop

Auxiliary verb: avere **Past participle:** tagliato **Gerund:** tagliando
Imperative: (tu) taglia (non tagliare); (Lei) tagli; (noi) tagliamo; (voi)
tagliate; (Loro) taglino

Mode	Simple Tenses		Compound Tenses	
	Singular	**Plural**	**Singular**	**Plural**
	Present		**Present Perfect**	
Indicative	taglio	tagliamo	ho tagliato	abbiamo tagliato
	tagli	tagliate	hai tagliato	avete tagliato
	taglia	tagliano	ha tagliato	hanno tagliato
	Imperfect		**Past Perfect**	
	tagliavo	tagliavamo	avevo tagliato	avevamo tagliato
	tagliavi	tagliavate	avevi tagliato	avevate tagliato
	tagliava	tagliavano	aveva tagliato	avevano tagliato
	Past Definite		**Past Anterior**	
	tagliai	tagliammo	ebbi tagliato	avemmo tagliato
	tagliasti	tagliaste	avesti tagliato	aveste tagliato
	tagliò	tagliarono	ebbe tagliato	ebbero tagliato
	Future		**Future Perfect**	
	taglierò	taglieremo	avrò tagliato	avremo tagliato
	taglierai	taglierete	avrai tagliato	avrete tagliato
	taglierà	taglieranno	avrà tagliato	avranno tagliato
Subjunctive	**Present**		**Present Perfect**	
	tagli	tagliamo	abbia tagliato	abbiamo tagliato
	tagli	tagliate	abbia tagliato	abbiate tagliato
	tagli	taglino	abbia tagliato	abbiano tagliato
	Imperfect		**Past Perfect**	
	tagliassi	tagliassimo	avessi tagliato	avessimo tagliato
	tagliassi	tagliaste	avessi tagliato	aveste tagliato
	tagliasse	tagliassero	avesse tagliato	avessero tagliato
Conditional	**Present Conditional**		**Perfect Conditional**	
	taglierei	taglieremmo	avrei tagliato	avremmo tagliato
	taglieresti	tagliereste	avresti tagliato	avreste tagliato
	taglierebbe	taglierebbero	avrebbe tagliato	avrebbero tagliato

Note: As a reflexive verb *tagliarsi* ("to cut oneself or part of oneself") uses the reflexive pronouns *mi, ti, si, ci, vi, si*, as well as the auxiliary verb *essere*, to form compound tenses (see the last two examples below).

EXAMPLES

Questo coltello non taglia bene.	This knife doesn't cut well.
Hai tagliato la torta?	Did you cut the cake?
Taglia e incolla.	Cut and paste.
Taglieremo la stoffa in due.	We will cut the fabric in two.
Per fare prima, possiamo tagliare per i campi.	To get there faster, we can cut across the fields.
Ieri mi sono tagliata i capelli.	Yesterday I got a haircut.
Si è tagliato facendosi la barba.	He cut himself while shaving.

telefonare
to telephone, to call
Auxiliary verb: avere **Past participle:** telefonato **Gerund:** telefonando
Imperative: (tu) telefona (non telefonare); (Lei) telefoni; (noi) telefoniamo; (voi) telefonate; (Loro) telefonino

Mode	Simple Tenses		Compound Tenses	
	Singular	*Plural*	*Singular*	*Plural*
Indicative	**Present**		**Present Perfect**	
	telefono	telefoniamo	ho telefonato	abbiamo telefonato
	telefoni	telefonate	hai telefonato	avete telefonato
	telefona	telefonano	ha telefonato	hanno telefonato
	Imperfect		**Past Perfect**	
	telefonavo	telefonavamo	avevo telefonato	avevamo telefonato
	telefonavi	telefonavate	avevi telefonato	avevate telefonato
	telefonava	telefonavano	aveva telefonato	avevano telefonato
	Past Definite		**Past Anterior**	
	telefonai	telefonammo	ebbi telefonato	avemmo telefonato
	telefonasti	telefonaste	avesti telefonato	aveste telefonato
	telefonò	telefonarono	ebbe telefonato	ebbero telefonato
	Future		**Future Perfect**	
	telefonerò	telefoneremo	avrò telefonato	avremo telefonato
	telefonerai	telefonerete	avrai telefonato	avrete telefonato
	telefonerà	telefoneranno	avrà telefonato	avranno telefonato
Subjunctive	**Present**		**Present Perfect**	
	telefoni	telefoniamo	abbia telefonato	abbiamo telefonato
	telefoni	telefoniate	abbia telefonato	abbiate telefonato
	telefoni	telefonino	abbia telefonato	abbiano telefonato
	Imperfect		**Past Perfect**	
	telefonassi	telefonassimo	avessi telefonato	avessimo telefonato
	telefonassi	telefonaste	avessi telefonato	aveste telefonato
	telefonasse	telefonassero	avesse telefonato	avessero telefonato
Conditional	**Present Conditional**		**Perfect Conditional**	
	telefonerei	telefoneremmo	avrei telefonato	avremmo telefonato
	telefoneresti	telefonereste	avresti telefonato	avreste telefonato
	telefonerebbe	telefonerebbero	avrebbe telefonato	avrebbero telefonato

Note: *Telefonare* takes an indirect object: *telefonare a* (see the first and second examples below). As a reflexive verb *telefonarsi* ("to call each other") uses the reflexive pronouns *ci, vi, si,* as well as the auxiliary verb *essere,* to form compound tenses (see the fifth example below).

EXAMPLES

Telefona a Giulia.	Call Giulia.
Hai telefonato ai tuoi genitori?	Did you call your parents?
Ho provato a telefonarti ma era occupato.	I tried to get you on the phone, but the line was busy.
Se non puoi venire, telefonami.	If you can't come, call me.
Si telefonano tutti i giorni.	They call each other every day.

temere

to fear, to be afraid of

Auxiliary verb: avere **Past participle:** temuto **Gerund:** temendo

Imperative: (tu) temi (non temere); (Lei) tema; (noi) temiamo; (voi) temete; (Loro) temano

Mode	Simple Tenses		Compound Tenses	
	Singular	*Plural*	*Singular*	*Plural*
Indicative	**Present**		**Present Perfect**	
	temo temi teme	temiamo temete temono	ho temuto hai temuto ha temuto	abbiamo temuto avete temuto hanno temuto
	Imperfect		**Past Perfect**	
	temevo temevi temeva	temevamo temevate temevano	avevo temuto avevi temuto aveva temuto	avevamo temuto avevate temuto avevano temuto
	Past Definite		**Past Anterior**	
	temetti (temei) temesti temette (temé)	tememmo temeste temettero (temerono)	ebbi temuto avesti temuto ebbe temuto	avemmo temuto aveste temuto ebbero temuto
	Future		**Future Perfect**	
	temerò temerai temerà	temeremo temerete temeranno	avrò temuto avrai temuto avrà temuto	avremo temuto avrete temuto avranno temuto
Subjunctive	**Present**		**Present Perfect**	
	tema tema tema	temiamo temiate temano	abbia temuto abbia temuto abbia temuto	abbiamo temuto abbiate temuto abbiano temuto
	Imperfect		**Past Perfect**	
	temessi temessi temesse	temessimo temeste temessero	avessi temuto avessi temuto avesse temuto	avessimo temuto aveste temuto avessero temuto
Conditional	**Present Conditional**		**Perfect Conditional**	
	temerei temeresti temerebbe	temeremmo temereste temerebbero	avrei temuto avresti temuto avrebbe temuto	avremmo temuto avreste temuto avrebbero temuto

Note: *Temere* may be followed by *che* + subjunctive (see the fifth example below) or future (see the sixth example below). *Temere* requires the preposition *di* before an infinitive (see the third and fourth examples below).

EXAMPLES

Non temo niente.	I fear nothing. / I am not afraid of anything.
Temeva per la propria vita.	He feared for his life.
Temevo di sbagliare.	I was afraid of making a mistake.
Temo di non riuscire.	I'm afraid I might not succeed.
Temo che sia già partito.	I'm afraid he may have already left.
Temo che ci resterà male.	I fear he will be upset.
Temevo che avrebbe parlato.	I was afraid he might speak.

tendere

to tighten, to aim, to lean, to tend

Auxiliary verb: avere **Past participle:** teso **Gerund:** tendendo
Imperative: (tu) tendi (non tendere); (Lei) tenda; (noi) tendiamo; (voi)
tendete; (Loro) tendano

Mode	Simple Tenses		Compound Tenses	
	Singular	*Plural*	*Singular*	*Plural*
	Present		**Present Perfect**	
Indicative	tendo	tendiamo	ho teso	abbiamo teso
	tendi	tendete	hai teso	avete teso
	tende	tendono	ha teso	hanno teso
	Imperfect		**Past Perfect**	
	tendevo	tendevamo	avevo teso	avevamo teso
	tendevi	tendevate	avevi teso	avevate teso
	tendeva	tendevano	aveva teso	avevano teso
	Past Definite		**Past Anterior**	
	tesi	tendemmo	ebbi teso	avemmo teso
	tendesti	tendeste	avesti teso	aveste teso
	tese	tesero	ebbe teso	ebbero teso
	Future		**Future Perfect**	
	tenderò	tenderemo	avrò teso	avremo teso
	tenderai	tenderete	avrai teso	avrete teso
	tenderà	tenderanno	avrà teso	avranno teso
Subjunctive	**Present**		**Present Perfect**	
	tenda	tendiamo	abbia teso	abbiamo teso
	tenda	tendiate	abbia teso	abbiate teso
	tenda	tendano	abbia teso	abbiano teso
	Imperfect		**Past Perfect**	
	tendessi	tendessimo	avessi teso	avessimo teso
	tendessi	tendeste	avessi teso	aveste teso
	tendesse	tendessero	avesse teso	avessero teso
Conditional	**Present Conditional**		**Perfect Conditional**	
	tenderei	tenderemmo	avrei teso	avremmo teso
	tenderesti	tendereste	avresti teso	avreste teso
	tenderebbe	tenderebbero	avrebbe teso	avrebbero teso

Note: *Tendere* requires the preposition *a* before an infinitive (see the fourth example below).

EXAMPLES

Tendi le redini!	Tighten the reins!
Hanno teso una trappola.	They laid a trap.
Penso che lui tenda alla perfezione.	I think he aims at perfection.
Tende a ingrassare.	He tends to put on weight.
Tendevano a sinistra.	They used to lean to the left.

tenere

to keep, to hold

Auxiliary verb: avere **Past participle:** tenuto **Gerund:** tenendo
Imperative: (tu) tieni (non tenere); (Lei) tenga; (noi) teniamo; (voi)
tenete; (Loro) tengano

Mode	Simple Tenses		Compound Tenses	
	Singular	*Plural*	*Singular*	*Plural*
	Present		**Present Perfect**	
Indicative	tengo	teniamo	ho tenuto	abbiamo tenuto
	tieni	tenete	hai tenuto	avete tenuto
	tiene	tengono	ha tenuto	hanno tenuto
	Imperfect		**Past Perfect**	
	tenevo	tenevamo	avevo tenuto	avevamo tenuto
	tenevi	tenevate	avevi tenuto	avevate tenuto
	teneva	tenevano	aveva tenuto	avevano tenuto
	Past Definite		**Past Anterior**	
	tenni	tenemmo	ebbi tenuto	avemmo tenuto
	tenesti	teneste	avesti tenuto	aveste tenuto
	tenne	tennero	ebbe tenuto	ebbero tenuto
	Future		**Future Perfect**	
	terrò	terremo	avrò tenuto	avremo tenuto
	terrai	terrete	avrai tenuto	avrete tenuto
	terrà	terranno	avrà tenuto	avranno tenuto
Subjunctive	**Present**		**Present Perfect**	
	tenga	teniamo	abbia tenuto	abbiamo tenuto
	tenga	teniate	abbia tenuto	abbiate tenuto
	tenga	tengano	abbia tenuto	abbiano tenuto
	Imperfect		**Past Perfect**	
	tenessi	tenessimo	avessi tenuto	avessimo tenuto
	tenessi	teneste	avessi tenuto	aveste tenuto
	tenesse	tenessero	avesse tenuto	avessero tenuto
Conditional	**Present Conditional**		**Perfect Conditional**	
	terrei	terremmo	avrei tenuto	avremmo tenuto
	terresti	terreste	avresti tenuto	avreste tenuto
	terrebbe	terrebbero	avrebbe tenuto	avrebbero tenuto

Note: When *tenere* is used with the pronoun *ci (tenerci)*, it means "to value," "to care about"
(see the fourth example below). As a reflexive verb *tenersi* ("to hold oneself/each other") uses
the reflexive pronouns *mi, ti, si, ci, vi, si,* as well as the auxiliary verb *essere,* to form compound tenses (see the last example below).

Examples

Dove tieni il sapone?	Where do you keep the soap?
Hanno tenuto la porta aperta.	They kept the door open.
Teneva le mani in tasca.	He kept his hands in his pockets.
Ci tengo al tuo parere.	I value/care about your opinion.
Stanno tenendo una conferenza stampa.	They are holding a press conference.
Si tenevano per mano.	They were holding each other's hand.

tentare

to try, to tempt

Auxiliary verb: avere **Past participle:** tentato **Gerund:** tentando
Imperative: (tu) tenta (non tentare); (Lei) tenti; (noi) tentiamo; (voi) tentate; (Loro) tentino

Mode	Simple Tenses		Compound Tenses	
	Singular	*Plural*	*Singular*	*Plural*
Indicative	**Present**		**Present Perfect**	
	tento	tentiamo	ho tentato	abbiamo tentato
	tenti	tentate	hai tentato	avete tentato
	tenta	tentano	ha tentato	hanno tentato
	Imperfect		**Past Perfect**	
	tentavo	tentavamo	avevo tentato	avevamo tentato
	tentavi	tentavate	avevi tentato	avevate tentato
	tentava	tentavano	aveva tentato	avevano tentato
	Past Definite		**Past Anterior**	
	tentai	tentammo	ebbi tentato	avemmo tentato
	tentasti	tentaste	avesti tentato	aveste tentato
	tentò	tentarono	ebbe tentato	ebbero tentato
	Future		**Future Perfect**	
	tenterò	tenteremo	avrò tentato	avremo tentato
	tenterai	tenterete	avrai tentato	avrete tentato
	tenterà	tenteranno	avrà tentato	avranno tentato
Subjunctive	**Present**		**Present Perfect**	
	tenti	tentiamo	abbia tentato	abbiamo tentato
	tenti	tentiate	abbia tentato	abbiate tentato
	tenti	tentino	abbia tentato	abbiano tentato
	Imperfect		**Past Perfect**	
	tentassi	tentassimo	avessi tentato	avessimo tentato
	tentassi	tentaste	avessi tentato	aveste tentato
	tentasse	tentassero	avesse tentato	avessero tentato
Conditional	**Present Conditional**		**Perfect Conditional**	
	tenterei	tenteremmo	avrei tentato	avremmo tentato
	tenteresti	tentereste	avresti tentato	avreste tentato
	tenterebbe	tenterebbero	avrebbe tentato	avrebbero tentato

Note: *Tentare* requires the preposition *di* before an infinitive (see the third example below).

EXAMPLES

Ha tentato una nuova cura.	He tried out a new cure.
Tenteremo la fortuna.	We will try our luck.
Tento di parlare con il direttore.	I'll try to speak to the manager.
Il progetto mi tenta.	The plan is tempting.
È inutile tentare.	It's no use trying.
Tentiamo!	Let's try!
Tentar non nuoce.	(There is) no harm in trying.
Tenterei se avessi più tempo.	If I had more time, I would try.

terminare
to finish, to end

Auxiliary verb: avere/essere **Past participle:** terminato **Gerund:** terminando
Imperative: (tu) termina (non terminare); (Lei) termini; (noi) termi-
niamo; (voi) terminate; (Loro) terminino

Mode	Simple Tenses		Compound Tenses	
	Singular	*Plural*	*Singular*	*Plural*
	Present		**Present Perfect**	
	termino	terminiamo	ho terminato	abbiamo terminato
	termini	terminate	hai terminato	avete terminato
	termina	terminano	ha terminato	hanno terminato
	Imperfect		**Past Perfect**	
	terminavo	terminavamo	avevo terminato	avevamo terminato
	terminavi	terminavate	avevi terminato	avevate terminato
Indicative	terminava	terminavano	aveva terminato	avevano terminato
	Past Definite		**Past Anterior**	
	terminai	terminammo	ebbi terminato	avemmo terminato
	terminasti	terminaste	avesti terminato	aveste terminato
	terminò	terminarono	ebbe terminato	ebbero terminato
	Future		**Future Perfect**	
	terminerò	termineremo	avrò terminato	avremo terminato
	terminerai	terminerete	avrai terminato	avrete terminato
	terminerà	termineranno	avrà terminato	avranno terminato
	Present		**Present Perfect**	
	termini	terminiamo	abbia terminato	abbiamo terminato
	termini	terminiate	abbia terminato	abbiate terminato
Subjunctive	termini	terminino	abbia terminato	abbiano terminato
	Imperfect		**Past Perfect**	
	terminassi	terminassimo	avessi terminato	avessimo terminato
	terminassi	terminaste	avessi terminato	aveste terminato
	terminasse	terminassero	avesse terminato	avessero terminato
	Present Conditional		**Perfect Conditional**	
Conditional	terminerei	termineremmo	avrei terminato	avremmo terminato
	termineresti	terminereste	avresti terminato	avreste terminato
	terminerebbe	terminerebbero	avrebbe terminato	avrebbero terminato

Note: *Terminare* requires the preposition *di* before an infinitive (see the second example below). When the subject is an inanimate object, *terminare* uses *essere* to form compound tenses (see the last example below and contrast it with the second example).

EXAMPLES

Lo spettacolo terminerà alle 11:00.	The show will finish at 11:00.
A che ora hai terminato di lavorare?	What time did you finish working?
Parole che terminano in consonante	Words ending in a consonant
Là termina la strada.	The road ends there.
La comunicazione è arrivata quando aveva già terminato il lavoro.	The news arrived when he had already finished his job.
Lo spettacolo è terminato a mezzanotte.	The show ended at midnight.

tingere
to dye, to paint
Auxiliary verb: avere **Past participle:** tinto **Gerund:** tingendo
Imperative: (tu) tingi (non tingere); (Lei) tinga; (noi) tingiamo; (voi) tingete; (Loro) tingano

Mode	Simple Tenses		Compound Tenses	
	Singular	*Plural*	*Singular*	*Plural*
Indicative	**Present**		**Present Perfect**	
	tingo	tingiamo	ho tinto	abbiamo tinto
	tingi	tingete	hai tinto	avete tinto
	tinge	tingono	ha tinto	hanno tinto
	Imperfect		**Past Perfect**	
	tingevo	tingevamo	avevo tinto	avevamo tinto
	tingevi	tingevate	avevi tinto	avevate tinto
	tingeva	tingevano	aveva tinto	avevano tinto
	Past Definite		**Past Anterior**	
	tinsi	tingemmo	ebbi tinto	avemmo tinto
	tingesti	tingeste	avesti tinto	aveste tinto
	tinse	tinsero	ebbe tinto	ebbero tinto
	Future		**Future Perfect**	
	tingerò	tingeremo	avrò tinto	avremo tinto
	tingerai	tingerete	avrai tinto	avrete tinto
	tingerà	tingeranno	avrà tinto	avranno tinto
Subjunctive	**Present**		**Present Perfect**	
	tinga	tingiamo	abbia tinto	abbiamo tinto
	tinga	tingiate	abbia tinto	abbiate tinto
	tinga	tingano	abbia tinto	abbiano tinto
	Imperfect		**Past Perfect**	
	tingessi	tingessimo	avessi tinto	avessimo tinto
	tingessi	tingeste	avessi tinto	aveste tinto
	tingesse	tingessero	avesse tinto	avessero tinto
Conditional	**Present Conditional**		**Perfect Conditional**	
	tingerei	tingeremmo	avrei tinto	avremmo tinto
	tingeresti	tingereste	avresti tinto	avreste tinto
	tingerebbe	tingerebbero	avrebbe tinto	avrebbero tinto

Note: As a reflexive verb *tingersi* ("to dye a part of oneself, normally the hair") uses the reflexive pronouns *mi, ti, si, ci, vi, si,* as well as the auxiliary verb *essere,* to form compound tenses (see the second, third, and last examples below). *Tingere* and *tingersi* require the preposition *di* before a color (see the first two examples).

EXAMPLES

Ho tinto la stoffa di nero.	I dyed the fabric black.
Si è tinta i capelli di rosso.	She dyed her hair red.
Certe tribù si tingono il viso.	Some tribes paint their faces.
Si è fatto tingere i capelli.	He had his hair dyed.
Non pensavo che si tingesse i capelli.	I didn't think he would dye his hair.

tirare

to pull, to blow, to throw, to shoot (as in sports)
Auxiliary verb: avere **Past participle:** tirato **Gerund:** tirando
Imperative: (tu) tira (non tirare); (Lei) tiri; (noi) tiriamo; (voi) tirate;
(Loro) tirino

Mode	Simple Tenses		Compound Tenses	
	Singular	*Plural*	*Singular*	*Plural*
	Present		**Present Perfect**	
Indicative	tiro	tiriamo	ho tirato	abbiamo tirato
	tiri	tirate	hai tirato	avete tirato
	tira	tirano	ha tirato	hanno tirato
	Imperfect		**Past Perfect**	
	tiravo	tiravamo	avevo tirato	avevamo tirato
	tiravi	tiravate	avevi tirato	avevate tirato
	tirava	tiravano	aveva tirato	avevano tirato
	Past Definite		**Past Anterior**	
	tirai	tirammo	ebbi tirato	avemmo tirato
	tirasti	tiraste	avesti tirato	aveste tirato
	tirò	tirarono	ebbe tirato	ebbero tirato
	Future		**Future Perfect**	
	tirerò	tireremo	avrò tirato	avremo tirato
	tirerai	tirerete	avrai tirato	avrete tirato
	tirerà	tireranno	avrà tirato	avranno tirato
Subjunctive	**Present**		**Present Perfect**	
	tiri	tiriamo	abbia tirato	abbiamo tirato
	tiri	tiriate	abbia tirato	abbiate tirato
	tiri	tirino	abbia tirato	abbiano tirato
	Imperfect		**Past Perfect**	
	tirassi	tirassimo	avessi tirato	avessimo tirato
	tirassi	tiraste	avessi tirato	aveste tirato
	tirasse	tirassero	avesse tirato	avessero tirato
Conditional	**Present Conditional**		**Perfect Conditional**	
	tirerei	tireremmo	avrei tirato	avremmo tirato
	tireresti	tirereste	avresti tirato	avreste tirato
	tirerebbe	tirerebbero	avrebbe tirato	avrebbero tirato

Note: As a reflexive verb *tirarsi* ("to draw") uses the reflexive pronouns *mi, ti, si, ci, vi, si,* as well as the auxiliary verb *essere,* to form compound tenses (see the sixth example below). When *tirare* is followed by the preposition *su,* it means "to bring up," "to cheer up" (see the fifth example below).

EXAMPLES

Tirare	Pull (on a door)
La bambina tirava i capelli all'amica.	The child was pulling her friend's hair.
Non tirare sassi al cane.	Do not throw stones at the dog.
Da che parte tira il vento?	Which way is the wind blowing?
Tirò su quattro figli da sola.	She brought up four sons on her own.
All'ultimo momento si è tirato indietro.	At the last moment, he drew back.
Il calciatore ha tirato e ha segnato.	The soccer player shot and scored.

toccare

to touch, to be one's turn

Auxiliary verb: avere **Past participle:** toccato **Gerund:** toccando
Imperative: (tu) tocca (non toccare); (Lei) tocchi; (noi) tocchiamo; (voi) toccate; (Loro) tocchino

Mode	Simple Tenses		Compound Tenses	
	Singular	*Plural*	*Singular*	*Plural*
Indicative	**Present**		**Present Perfect**	
	tocco	tocchiamo	ho toccato	abbiamo toccato
	tocchi	toccate	hai toccato	avete toccato
	tocca	toccano	ha toccato	hanno toccato
	Imperfect		**Past Perfect**	
	toccavo	toccavamo	avevo toccato	avevamo toccato
	toccavi	toccavate	avevi toccato	avevate toccato
	toccava	toccavano	aveva toccato	avevano toccato
	Past Definite		**Past Anterior**	
	toccai	toccammo	ebbi toccato	avemmo toccato
	toccasti	toccaste	avesti toccato	aveste toccato
	toccò	toccarono	ebbe toccato	ebbero toccato
	Future		**Future Perfect**	
	toccherò	toccheremo	avrò toccato	avremo toccato
	toccherai	toccherete	avrai toccato	avrete toccato
	toccherà	toccheranno	avrà toccato	avranno toccato
Subjunctive	**Present**		**Present Perfect**	
	tocchi	tocchiamo	abbia toccato	abbiamo toccato
	tocchi	tocchiate	abbia toccato	abbiate toccato
	tocchi	tocchino	abbia toccato	abbiano toccato
	Imperfect		**Past Perfect**	
	toccassi	toccassimo	avessi toccato	avessimo toccato
	toccassi	toccaste	avessi toccato	aveste toccato
	toccasse	toccassero	avesse toccato	avessero toccato
Conditional	**Present Conditional**		**Perfect Conditional**	
	toccherei	toccheremmo	avrei toccato	avremmo toccato
	toccheresti	tocchereste	avresti toccato	avreste toccato
	toccherebbe	toccherebbero	avrebbe toccato	avrebbero toccato

Note: As a reflexive verb *toccarsi* ("to touch oneself/each other") uses the reflexive pronouns *mi, ti, si, ci, vi, si*, as well as the auxiliary verb *essere*, to form compound tenses (see the last example below). The indirect construction *toccare a + qualcuno* means "to be one's turn" (see the fifth example below).

EXAMPLES

Non toccare la vernice—è fresca!	Don't touch the paint—it's wet!
Si tocca lì?	Can you touch the bottom there?
Tocca ferro!	Knock on wood!
Abbiamo toccato questo argomento in classe.	We touched on this topic in class.
Tocca a te.	It's your turn.
Le loro schiene si toccavano.	Their backs touched.

togliere

to take away/off, to remove

Auxiliary verb: avere **Past participle:** tolto **Gerund:** togliendo

Imperative: (tu) togli (non togliere); (Lei) tolga; (noi) togliamo; (voi) togliete; (Loro) tolgano

Mode	Simple Tenses		Compound Tenses	
	Singular	*Plural*	*Singular*	*Plural*
	Present		**Present Perfect**	
	tolgo	togliamo	ho tolto	abbiamo tolto
	togli	togliete	hai tolto	avete tolto
	toglie	tolgono	ha tolto	hanno tolto
Indicative	**Imperfect**		**Past Perfect**	
	toglievo	toglievamo	avevo tolto	avevamo tolto
	toglievi	toglievate	avevi tolto	avevate tolto
	toglieva	toglievano	aveva tolto	avevano tolto
	Past Definite		**Past Anterior**	
	tolsi	togliemmo	ebbi tolto	avemmo tolto
	togliesti	toglieste	avesti tolto	aveste tolto
	tolse	tolsero	ebbe tolto	ebbero tolto
	Future		**Future Perfect**	
	toglierò	toglieremo	avrò tolto	avremo tolto
	toglierai	toglierete	avrai tolto	avrete tolto
	toglierà	toglieranno	avrà tolto	avranno tolto
Subjunctive	**Present**		**Present Perfect**	
	tolga	togliamo	abbia tolto	abbiamo tolto
	tolga	togliate	abbia tolto	abbiate tolto
	tolga	tolgano	abbia tolto	abbiano tolto
	Imperfect		**Past Perfect**	
	togliessi	togliessimo	avessi tolto	avessimo tolto
	togliessi	toglieste	avessi tolto	aveste tolto
	togliesse	togliessero	avesse tolto	avessero tolto
Conditional	**Present Conditional**		**Perfect Conditional**	
	toglierei	toglieremmo	avrei tolto	avremmo tolto
	toglieresti	togliereste	avresti tolto	avreste tolto
	toglierebbe	toglierebbero	avrebbe tolto	avrebbero tolto

Note: As a reflexive verb *togliersi* ("to take off," "to have removed") uses the reflexive pronouns *mi, ti, si, ci, vi, si,* as well as the auxiliary verb *essere,* to form compound tenses (see the first and second examples below).

EXAMPLES

Mi devo togliere un dente.	I have to have a tooth removed.
Si è tolto la giacca.	He took off his jacket.
Se toglieste quella roba, ci sarebbe spazio per tutti.	If you took that stuff away, there would be room for everybody.

torcere

to twist

Auxiliary verb: avere **Past participle:** torto **Gerund:** torcendo
Imperative: (tu) torci (non torcere); (Lei) torca; (noi) torciamo; (voi) torcete; (Loro) torcano

Mode	Simple Tenses		Compound Tenses	
	Singular	*Plural*	*Singular*	*Plural*
	Present		**Present Perfect**	
Indicative	torco	torciamo	ho torto	abbiamo torto
	torci	torcete	hai torto	avete torto
	torce	torcono	ha torto	hanno torto
	Imperfect		**Past Perfect**	
	torcevo	torcevamo	avevo torto	avevamo torto
	torcevi	torcevate	avevi torto	avevate torto
	torceva	torcevano	aveva torto	avevano torto
	Past Definite		**Past Anterior**	
	torsi	torcemmo	ebbi torto	avemmo torto
	torcesti	torceste	avesti torto	aveste torto
	torse	torsero	ebbe torto	ebbero torto
	Future		**Future Perfect**	
	torcerò	torceremo	avrò torto	avremo torto
	torcerai	torcerete	avrai torto	avrete torto
	torcerà	torceranno	avrà torto	avranno torto
Subjunctive	**Present**		**Present Perfect**	
	torca	torciamo	abbia torto	abbiamo torto
	torca	torciate	abbia torto	abbiate torto
	torca	torcano	abbia torto	abbiano torto
	Imperfect		**Past Perfect**	
	torcessi	torcessimo	avessi torto	avessimo torto
	torcessi	torceste	avessi torto	aveste torto
	torcesse	torcessero	avesse torto	avessero torto
Conditional	**Present Conditional**		**Perfect Conditional**	
	torcerei	torceremmo	avrei torto	avremmo torto
	torceresti	torcereste	avresti torto	avreste torto
	torcerebbe	torcerebbero	avrebbe torto	avrebbero torto

Note: Similar to *torcere* are *contorcere* ("to twist"), *distorcere* ("to distort"), *estorcere* ("to extort"), and *ritorcere* ("to throw back"). As a reflexive verb *torcersi* ("to writhe") uses the reflexive pronouns *mi, ti, si, ci, vi, si*, as well as the auxiliary verb *essere*, to form compound tenses (see the second example below).

EXAMPLES

Devo torcere questo filo di ferro.	I have to twist this wire.
Si torceva dal dolore.	He was writhing in pain.
Non torcerebbe un capello a nessuno.	He would not touch a hair on anyone's head. (idiom)

tornare

to return, to go back, to come back

Auxiliary verb: essere **Past participle:** tornato **Gerund:** tornando
Imperative: (tu) torna (non tornare); (Lei) torni; (noi) torniamo; (voi) tornate; (Loro) tornino

Mode	Simple Tenses		Compound Tenses	
	Singular	*Plural*	*Singular*	*Plural*
	Present		**Present Perfect**	
Indicative	torno	torniamo	sono tornato/a	siamo tornati/e
	torni	tornate	sei tornato/a	siete tornati/e
	torna	tornano	è tornato/a	sono tornati/e
	Imperfect		**Past Perfect**	
	tornavo	tornavamo	ero tornato/a	eravamo tornati/e
	tornavi	tornavate	eri tornato/a	eravate tornati/e
	tornava	tornavano	era tornato/a	erano tornati/e
	Past Definite		**Past Anterior**	
	tornai	tornammo	fui tornato/a	fummo tornati/e
	tornasti	tornaste	fosti tornato/a	foste tornati/e
	tornò	tornarono	fu tornato/a	furono tornati/e
	Future		**Future Perfect**	
	tornerò	torneremo	sarò tornato/a	saremo tornati/e
	tornerai	tornerete	sarai tornato/a	sarete tornati/e
	tornerà	torneranno	sarà tornato/a	saranno tornati/e
Subjunctive	**Present**		**Present Perfect**	
	torni	torniamo	sia tornato/a	siamo tornati/e
	torni	torniate	sia tornato/a	siate tornati/e
	torni	tornino	sia tornato/a	siano tornati/e
	Imperfect		**Past Perfect**	
	tornassi	tornassimo	fossi tornato/a	fossimo tornati/e
	tornassi	tornaste	fossi tornato/a	foste tornati/e
	tornasse	tornassero	fosse tornato/a	fossero tornati/e
Conditional	**Present Conditional**		**Perfect Conditional**	
	tornerei	torneremmo	sarei tornato/a	saremmo tornati/e
	torneresti	tornereste	saresti tornato/a	sareste tornati/e
	tornerebbe	tornerebbero	sarebbe tornato/a	sarebbero tornati/e

Note: Like *tornare* is *ritornare*. Refer to the verb *restituire*, for the meaning "to return something." *Tornare* requires the preposition *a* before an infinitive (see the fifth example below).

EXAMPLES

Dopo la scuola Elena torna a casa in bicicletta.	After school Elena returns home by bicycle.
Quando sei tornato da scuola?	When did you come back from school?
Penso che sia tornato a piedi.	I think he came back on foot.
Torna presto!	Come back soon!
Tornerà a prendere il libro domani.	He'll come back to get the book tomorrow.
Tornerebbe volentieri al suo paese.	He would rather return to his hometown.

tradire

to betray, to cheat (on somebody), to deceive

Auxiliary verb: avere **Past participle:** tradito **Gerund:** tradendo
Imperative: (tu) tradisci (non tradire); (Lei) tradisca; (noi) tradiamo;
(voi) tradite; (Loro) tradiscano

Mode	Simple Tenses		Compound Tenses	
	Singular	*Plural*	*Singular*	*Plural*
Indicative	**Present**		**Present Perfect**	
	tradisco	tradiamo	ho tradito	abbiamo tradito
	tradisci	tradite	hai tradito	avete tradito
	tradisce	tradiscono	ha tradito	hanno tradito
	Imperfect		**Past Perfect**	
	tradivo	tradivamo	avevo tradito	avevamo tradito
	tradivi	tradivate	avevi tradito	avevate tradito
	tradiva	tradivano	aveva tradito	avevano tradito
	Past Definite		**Past Anterior**	
	tradii	tradimmo	ebbi tradito	avemmo tradito
	tradisti	tradiste	avesti tradito	aveste tradito
	tradì	tradirono	ebbe tradito	ebbero tradito
	Future		**Future Perfect**	
	tradirò	tradiremo	avrò tradito	avremo tradito
	tradirai	tradirete	avrai tradito	avrete tradito
	tradirà	tradiranno	avrà tradito	avranno tradito
Subjunctive	**Present**		**Present Perfect**	
	tradisca	tradiamo	abbia tradito	abbiamo tradito
	tradisca	tradiate	abbia tradito	abbiate tradito
	tradisca	tradiscano	abbia tradito	abbiano tradito
	Imperfect		**Past Perfect**	
	tradissi	tradissimo	avessi tradito	avessimo tradito
	tradissi	tradiste	avessi tradito	aveste tradito
	tradisse	tradissero	avesse tradito	avessero tradito
Conditional	**Present Conditional**		**Perfect Conditional**	
	tradirei	tradiremmo	avrei tradito	avremmo tradito
	tradiresti	tradireste	avresti tradito	avreste tradito
	tradirebbe	tradirebbero	avrebbe tradito	avrebbero tradito

Note: As a reflexive verb *tradirsi* ("to betray oneself") uses the reflexive pronouns *mi, ti, si, ci, vi, si,* as well as the auxiliary verb *essere,* to form compound tenses (see the fourth example below).

EXAMPLES

Ha tradito la fiducia di Dario.	He betrayed Dario's trust.
Elena non mi tradirebbe mai.	Elena would never cheat on me.
Se la memoria non mi tradisce . . .	If my memory doesn't deceive me . . .
Appena parlò, si tradì.	As soon as he spoke, he betrayed himself.

tradurre

to translate

Auxiliary verb: avere **Past participle:** tradotto **Gerund:** traducendo
Imperative: (tu) traduci (non tradurre); (Lei) traduca; (noi) traduciamo;
(voi) traducete; (Loro) traducano

Mode	Simple Tenses		Compound Tenses	
	Singular	*Plural*	*Singular*	*Plural*
Indicative	**Present**		**Present Perfect**	
	traduco	traduciamo	ho tradotto	abbiamo tradotto
	traduci	traducete	hai tradotto	avete tradotto
	traduce	traducono	ha tradotto	hanno tradotto
	Imperfect		**Past Perfect**	
	traducevo	traducevamo	avevo tradotto	avevamo tradotto
	traducevi	traducevate	avevi tradotto	avevate tradotto
	traduceva	traducevano	aveva tradotto	avevano tradotto
	Past Definite		**Past Anterior**	
	tradussi	traducemmo	ebbi tradotto	avemmo tradotto
	traducesti	traduceste	avesti tradotto	aveste tradotto
	tradusse	tradussero	ebbe tradotto	ebbero tradotto
	Future		**Future Perfect**	
	tradurrò	tradurremo	avrò tradotto	avremo tradotto
	tradurrai	tradurrete	avrai tradotto	avrete tradotto
	tradurrà	tradurranno	avrà tradotto	avranno tradotto
Subjunctive	**Present**		**Present Perfect**	
	traduca	traduciamo	abbia tradotto	abbiamo tradotto
	traduca	traduciate	abbia tradotto	abbiate tradotto
	traduca	traducano	abbia tradotto	abbiano tradotto
	Imperfect		**Past Perfect**	
	traducessi	traducessimo	avessi tradotto	avessimo tradotto
	traducessi	traduceste	avessi tradotto	aveste tradotto
	traducesse	traducessero	avesse tradotto	avessero tradotto
Conditional	**Present Conditional**		**Perfect Conditional**	
	tradurrei	tradurremmo	avrei tradotto	avremmo tradotto
	tradurresti	tradurreste	avresti tradotto	avreste tradotto
	tradurrebbe	tradurrebbero	avrebbe tradotto	avrebbero tradotto

Note: The old Latin root of verbs ending in *–urre* is *–ucere*, as in *tradurre (traducere)*, thus the *–uc* that appears in many forms of the conjugation.

EXAMPLES

Traduciamo alla lettera.	Let's translate literally.
Ho tradotto dall'inglese in italiano.	I translated from English to Italian.
Questo passo si traduce bene.	This passage translates well.
Tradurresti questo brano per me?	Would you translate this section for me?

tramontare

to set, to go down; to fade

Auxiliary verb: essere **Past participle:** tramontato **Gerund:** tramontando
Imperative: (tu) tramonta (non tramontare); (Lei) tramonti; (noi) tramontiamo; (voi) tramontate; (Loro) tramontino

Mode	Simple Tenses		Compound Tenses	
	Singular	*Plural*	*Singular*	*Plural*
Indicative	**Present**		**Present Perfect**	
	tramonto	tramontiamo	sono tramontato/a	siamo tramontati/e
	tramonti	tramontate	sei tramontato/a	siete tramontati/e
	tramonta	tramontano	è tramontato/a	sono tramontati/e
	Imperfect		**Past Perfect**	
	tramontavo	tramontavamo	ero tramontato/a	eravamo tramontati/e
	tramontavi	tramontavate	eri tramontato/a	eravate tramontati/e
	tramontava	tramontavano	era tramontato/a	erano tramontati/e
	Past Definite		**Past Anterior**	
	tramontai	tramontammo	fui tramontato/a	fummo tramontati/e
	tramontasti	tramontaste	fosti tramontato/a	foste tramontati/e
	tramontò	tramontarono	fu tramontato/a	furono tramontati/e
	Future		**Future Perfect**	
	tramonterò	tramonteremo	sarò tramontato/a	saremo tramontati/e
	tramonterai	tramonterete	sarai tramontato/a	sarete tramontati/e
	tramonterà	tramonteranno	sarà tramontato/a	saranno tramontati/e
Subjunctive	**Present**		**Present Perfect**	
	tramonti	tramontiamo	sia tramontato/a	siamo tramontati/e
	tramonti	tramontiate	sia tramontato/a	siate tramontati/e
	tramonti	tramontino	sia tramontato/a	siano tramontati/e
	Imperfect		**Past Perfect**	
	tramontassi	tramontassimo	fossi tramontato/a	fossimo tramontati/e
	tramontassi	tramontaste	fossi tramontato/a	foste tramontati/e
	tramontasse	tramontassero	fosse tramontato/a	fossero tramontati/e
Conditional	**Present Conditional**		**Perfect Conditional**	
	tramonterei	tramonteremmo	sarei tramontato/a	saremmo tramontati/e
	tramonteresti	tramontereste	saresti tramontato/a	sareste tramontati/e
	tramonterebbe	tramonterebbero	sarebbe tramontato/a	sarebbero tramontati/e

EXAMPLES

Appena tramonta il sole, smettono di lavorare.

As soon as the sun has set, they will stop working.

La luna è tramontata prima di mezzanotte.

The moon went down before midnight.

La bellezza tramonta presto.

Beauty soon fades.

Il sole è tramontato alle sei.

The sun set at six o'clock.

trarre

to draw, to bring; to lead

Auxiliary verb: avere **Past participle:** tratto **Gerund:** traendo
Imperative: (tu) trai (non trarre); (Lei) tragga; (noi) traiamo; (voi) traete;
(Loro) traggano

Mode	Simple Tenses		Compound Tenses	
	Singular	*Plural*	*Singular*	*Plural*
	Present		**Present Perfect**	
Indicative	traggo	traiamo	ho tratto	abbiamo tratto
	trai	traete	hai tratto	avete tratto
	trae	traggono	ha tratto	hanno tratto
	Imperfect		**Past Perfect**	
	traevo	traevamo	avevo tratto	avevamo tratto
	traevi	traevate	avevi tratto	avevate tratto
	traeva	traevano	aveva tratto	avevano tratto
	Past Definite		**Past Anterior**	
	trassi	traemmo	ebbi tratto	avemmo tratto
	traesti	traeste	avesti tratto	aveste tratto
	trasse	trassero	ebbe tratto	ebbero tratto
	Future		**Future Perfect**	
	trarrò	trarremo	avrò tratto	avremo tratto
	trarrai	trarrete	avrai tratto	avrete tratto
	trarrà	trarranno	avrà tratto	avranno tratto
Subjunctive	**Present**		**Present Perfect**	
	tragga	traiamo	abbia tratto	abbiamo tratto
	tragga	traiate	abbia tratto	abbiate tratto
	tragga	traggano	abbia tratto	abbiano tratto
	Imperfect		**Past Perfect**	
	traessi	traessimo	avessi tratto	avessimo tratto
	traessi	traeste	avessi tratto	aveste tratto
	traesse	traessero	avesse tratto	avessero tratto
Conditional	**Present Conditional**		**Perfect Conditional**	
	trarrei	trarremmo	avrei tratto	avremmo tratto
	trarresti	trarreste	avresti tratto	avreste tratto
	trarrebbe	trarrebbero	avrebbe tratto	avrebbero tratto

Note: Like *trarre* are *astrarre* ("to abstract"), *attrarre* ("to attract"), *contrarre* ("to contract," "to reduce"), *detrarre* ("to deduct"), *distrarre* ("to distract"), *estrarre* ("to extract"), *protrarre* ("to protract," "to extend"), *ritrarre* ("to portray"), and *sottrarre* ("to subtract"). As a reflexive verb *trarsi* ("to draw") uses the reflexive pronouns *mi, ti, si, ci, vi, si*, as well as the auxiliary verb *essere*, to form compound tenses (see the sixth example below).

EXAMPLES

Lui trae ispirazione dalla natura.	He draws his inspiration from nature.
Trarranno a sorte il nome del vincitore.	They will draw the winner's name randomly.
Ho tratto gli esempi da Dante.	I drew my examples from Dante.
La curiosità mi ha tratto qui.	Curiosity has drawn me here.
Non mi trarre in tentazione.	Do not lead me into temptation.
Si è tratto in disparte.	He drew himself aside.

trascorrere

to spend, to pass, to elapse
Auxiliary verb: avere/essere **Past participle:** trascorso
Gerund: trascorrendo
Imperative: (tu) trascorri (non trascorrere); (Lei) trascorra; (noi) trascorriamo; (voi) trascorrete; (Loro) trascorrano

Mode	Simple Tenses		Compound Tenses	
	Singular	*Plural*	*Singular*	*Plural*
	Present		**Present Perfect**	
Indicative	trascorro	trascorriamo	ho trascorso	abbiamo trascorso
	trascorri	trascorrete	hai trascorso	avete trascorso
	trascorre	trascorrono	ha trascorso	hanno trascorso
	Imperfect		**Past Perfect**	
	trascorrevo	trascorrevamo	avevo trascorso	avevamo trascorso
	trascorrevi	trascorrevate	avevi trascorso	avevate trascorso
	trascorreva	trascorrevano	aveva trascorso	avevano trascorso
	Past Definite		**Past Anterior**	
	trascorsi	trascorremmo	ebbi trascorso	avemmo trascorso
	trascorresti	trascorreste	avesti trascorso	aveste trascorso
	trascorse	trascorsero	ebbe trascorso	ebbero trascorso
	Future		**Future Perfect**	
	trascorrerò	trascorreremo	avrò trascorso	avremo trascorso
	trascorrerai	trascorrerete	avrai trascorso	avrete trascorso
	trascorrerà	trascorreranno	avrà trascorso	avranno trascorso
Subjunctive	**Present**		**Present Perfect**	
	trascorra	trascorriamo	abbia trascorso	abbiamo trascorso
	trascorra	trascorriate	abbia trascorso	abbiate trascorso
	trascorra	trascorrano	abbia trascorso	abbiano trascorso
	Imperfect		**Past Perfect**	
	trascorressi	trascorressimo	avessi trascorso	avessimo trascorso
	trascorressi	trascorreste	avessi trascorso	aveste trascorso
	trascorresse	trascorressero	avesse trascorso	avessero trascorso
Conditional	**Present Conditional**		**Perfect Conditional**	
	trascorrerei	trascorreremmo	avrei trascorso	avremmo trascorso
	trascorreresti	trascorrereste	avresti trascorso	avreste trascorso
	trascorrerebbe	trascorrerebbero	avrebbe trascorso	avrebbero trascorso

Note: *Trascorrere* uses *essere* to form the compound tenses when it is used intransitively (see the third example below).

EXAMPLES

Abbiamo trascorso le vacanze all'estero.	We spent our holidays abroad.
Gli anni trascorrono veloci.	The years pass quickly.
È trascorso un anno dalla sua partenza.	A whole year has elapsed/gone by since he left.
Trascorreresti due settimane in montagna con me?	Would you spend two weeks in the mountains with me?

trasferirsi

to transfer, to move

Auxiliary verb: essere **Past participle:** trasferito(si) **Gerund:** trasferendo(si)

Imperative: (tu) trasferisciti (non trasferirti); (Lei) si trasferisca; (noi) trasferiamoci; (voi) trasferitevi; (Loro) si trasferiscano

Mode	Simple Tenses		Compound Tenses	
	Singular	*Plural*	*Singular*	*Plural*
Indicative	**Present**		**Present Perfect**	
	mi trasferisco	ci trasferiamo	mi sono trasferito/a	ci siamo trasferiti/e
	ti trasferisci	vi trasferite	ti sei trasferito/a	vi siete trasferiti/e
	si trasferisce	si trasferiscono	si è trasferito/a	si sono trasferiti/e
	Imperfect		**Past Perfect**	
	mi trasferivo	ci trasferivamo	mi ero trasferito/a	ci eravamo trasferiti/e
	ti trasferivi	vi trasferivate	ti eri trasferito/a	vi eravate trasferiti/e
	si trasferiva	si trasferivano	si era trasferito/a	si erano trasferiti/e
	Past Definite		**Past Anterior**	
	mi trasferii	ci trasferimmo	mi fui trasferito/a	ci fummo trasferiti/e
	ti trasferisti	vi trasferiste	ti fosti trasferito/a	vi foste trasferiti/e
	si trasferì	si trasferirono	si fu trasferito/a	si furono trasferiti/e
	Future		**Future Perfect**	
	mi trasferirò	ci trasferiremo	mi sarò trasferito/a	ci saremo trasferiti/e
	ti trasferirai	vi trasferirete	ti sarai trasferito/a	vi sarete trasferiti/e
	si trasferirà	si trasferiranno	si sarà trasferito/a	si saranno trasferiti/e
Subjunctive	**Present**		**Present Perfect**	
	mi trasferisca	ci trasferiamo	mi sia trasferito/a	ci siamo trasferiti/e
	ti trasferisca	vi trasferiate	ti sia trasferito/a	vi siate trasferiti/e
	si trasferisca	si trasferiscano	si sia trasferito/a	si siano trasferiti/e
	Imperfect		**Past Perfect**	
	mi trasferissi	ci trasferissimo	mi fossi trasferito/a	ci fossimo trasferiti/e
	ti trasferissi	vi trasferiste	ti fossi trasferito/a	vi foste trasferiti/e
	si trasferisse	si trasferissero	si fosse trasferito/a	si fossero trasferiti/e
Conditional	**Present Conditional**		**Perfect Conditional**	
	mi trasferirei	ci trasferiremmo	mi sarei trasferito/a	ci saremmo trasferiti/e
	ti trasferiresti	vi trasferireste	ti saresti trasferito/a	vi sareste trasferiti/e
	si trasferirebbe	si trasferirebbero	si sarebbe trasferito/a	si sarebbero trasferiti/e

Note: When *trasferirsi* is followed by the name of a country, the preposition *in* is used; when it is followed by the name of a city, *a* is used (see the third example below); when it is followed by the name of a person, *da* is used (see the last example below). *Trasferire* ("to move") may be used nonreflexively with *avere* as its auxiliary verb (see the first example below).

EXAMPLES

Abbiamo trasferito l'ufficio a Milano.	We moved our office to Milan.
Ci siamo trasferiti in un nuovo appartamento.	We moved into a new apartment.
Mi trasferisco in Italia a Napoli.	I am going to move to Naples, Italy.
Si trasferirà da amici.	He will move in with friends.

trasformare

to transform, to change

Auxiliary verb: avere **Past participle:** trasformato **Gerund:** trasformando
Imperative: (tu) trasforma (non trasformare); (Lei) trasformi; (noi) trasformiamo; (voi) trasformate; (Loro) trasformino

Mode	Simple Tenses		Compound Tenses	
	Singular	*Plural*	*Singular*	*Plural*
Indicative	**Present**		**Present Perfect**	
	trasformo	trasformiamo	ho trasformato	abbiamo trasformato
	trasformi	trasformate	hai trasformato	avete trasformato
	trasforma	trasformano	ha trasformato	hanno trasformato
	Imperfect		**Past Perfect**	
	trasformavo	trasformavamo	avevo trasformato	avevamo trasformato
	trasformavi	trasformavate	avevi trasformato	avevate trasformato
	trasformava	trasformavano	aveva trasformato	avevano trasformato
	Past Definite		**Past Anterior**	
	trasformai	trasformammo	ebbi trasformato	avemmo trasformato
	trasformasti	trasformaste	avesti trasformato	aveste trasformato
	trasformò	trasformarono	ebbe trasformato	ebbero trasformato
	Future		**Future Perfect**	
	trasformerò	trasformeremo	avrò trasformato	avremo trasformato
	trasformerai	trasformerete	avrai trasformato	avrete trasformato
	trasformerà	trasformeranno	avrà trasformato	avranno trasformato
Subjunctive	**Present**		**Present Perfect**	
	trasformi	trasformiamo	abbia trasformato	abbiamo trasformato
	trasformi	trasformiate	abbia trasformato	abbiate trasformato
	trasformi	trasformino	abbia trasformato	abbiano trasformato
	Imperfect		**Past Perfect**	
	trasformassi	trasformassimo	avessi trasformato	avessimo trasformato
	trasformassi	trasformaste	avessi trasformato	aveste trasformato
	trasformasse	trasformassero	avesse trasformato	avessero trasformato
Conditional	**Present Conditional**		**Perfect Conditional**	
	trasformerei	trasformeremmo	avrei trasformato	avremmo trasformato
	trasformeresti	trasformereste	avresti trasformato	avreste trasformato
	trasformerebbe	trasformerebbero	avrebbe trasformato	avrebbero trasformato

Note: As a reflexive verb *trasformarsi* ("to change," "to be transformed") uses the reflexive pronouns *mi, ti, si, ci, vi, si*, as well as the auxiliary verb *essere*, to form compound tenses (see the third example below).

EXAMPLES

Il successo ha trasformato il suo carattere.	Success has transformed his character.
Trasformeranno la vecchia fabbrica in museo.	They will change the old factory into a museum.
Il bruco si trasforma in farfalla.	The caterpillar changes into a butterfly.

traslocare

to move

Auxiliary verb: avere **Past participle:** traslocato **Gerund:** traslocando
Imperative: (tu) trasloca (non traslocare); (Lei) traslochi; (noi) traslo-
chiamo; (voi) traslocate; (Loro) traslochino

Mode	Simple Tenses		Compound Tenses	
	Singular	*Plural*	*Singular*	*Plural*
Indicative	**Present**		**Present Perfect**	
	trasloco	traslochiamo	ho traslocato	abbiamo traslocato
	traslochi	traslocate	hai traslocato	avete traslocato
	trasloca	traslocano	ha traslocato	hanno traslocato
	Imperfect		**Past Perfect**	
	traslocavo	traslocavamo	avevo traslocato	avevamo traslocato
	traslocavi	traslocavate	avevi traslocato	avevate traslocato
	traslocava	traslocavano	aveva traslocato	avevano traslocato
	Past Definite		**Past Anterior**	
	traslocai	traslocammo	ebbi traslocato	avemmo traslocato
	traslocasti	traslocaste	avesti traslocato	aveste traslocato
	traslocò	traslocarono	ebbe traslocato	ebbero traslocato
	Future		**Future Perfect**	
	traslocherò	traslocheremo	avrò traslocato	avremo traslocato
	traslocherai	traslocherete	avrai traslocato	avrete traslocato
	traslocherà	traslocheranno	avrà traslocato	avranno traslocato
Subjunctive	**Present**		**Present Perfect**	
	traslochi	traslochiamo	abbia traslocato	abbiamo traslocato
	traslochi	traslochiate	abbia traslocato	abbiate traslocato
	traslochi	traslochino	abbia traslocato	abbiano traslocato
	Imperfect		**Past Perfect**	
	traslocassi	traslocassimo	avessi traslocato	avessimo traslocato
	traslocassi	traslocaste	avessi traslocato	aveste traslocato
	traslocasse	traslocassero	avesse traslocato	avessero traslocato
Conditional	**Present Conditional**		**Perfect Conditional**	
	traslocherei	traslocheremmo	avrei traslocato	avremmo traslocato
	traslocheresti	traslochereste	avresti traslocato	avreste traslocato
	traslocherebbe	traslocherebbero	avrebbe traslocato	avrebbero traslocato

EXAMPLES

Abbiamo appena traslocato.	We have just moved.
Domani comincio a traslocare.	I'll start moving tomorrow.
Quando traslochi?	When are you moving?

trattare

to treat, to deal, to be about
Auxiliary verb: avere **Past participle:** trattato **Gerund:** trattando
Imperative: (tu) tratta (non trattare); (Lei) tratti; (noi) trattiamo; (voi)
trattate; (Loro) trattino

Mode	Simple Tenses		Compound Tenses	
	Singular	*Plural*	*Singular*	*Plural*
Indicative	**Present**		**Present Perfect**	
	tratto	trattiamo	ho trattato	abbiamo trattato
	tratti	trattate	hai trattato	avete trattato
	tratta	trattano	ha trattato	hanno trattato
	Imperfect		**Past Perfect**	
	trattavo	trattavamo	avevo trattato	avevamo trattato
	trattavi	trattavate	avevi trattato	avevate trattato
	trattava	trattavano	aveva trattato	avevano trattato
	Past Definite		**Past Anterior**	
	trattai	trattammo	ebbi trattato	avemmo trattato
	trattasti	trattaste	avesti trattato	aveste trattato
	trattò	trattarono	ebbe trattato	ebbero trattato
	Future		**Future Perfect**	
	tratterò	tratteremo	avrò trattato	avremo trattato
	tratterai	tratterete	avrai trattato	avrete trattato
	tratterà	tratteranno	avrà trattato	avranno trattato
Subjunctive	**Present**		**Present Perfect**	
	tratti	trattiamo	abbia trattato	abbiamo trattato
	tratti	trattiate	abbia trattato	abbiate trattato
	tratti	trattino	abbia trattato	abbiano trattato
	Imperfect		**Past Perfect**	
	trattassi	trattassimo	avessi trattato	avessimo trattato
	trattassi	trattaste	avessi trattato	aveste trattato
	trattasse	trattassero	avesse trattato	avessero trattato
Conditional	**Present Conditional**		**Perfect Conditional**	
	tratterei	tratteremmo	avrei trattato	avremmo trattato
	tratteresti	trattereste	avresti trattato	avreste trattato
	tratterebbe	tratterebbero	avrebbe trattato	avrebbero trattato

Note: As a reflexive verb *trattarsi* ("to treat oneself") uses the reflexive pronouns *mi, ti, si, ci, vi, si,* as well as the auxiliary verb *essere*, to form compound tenses (see the sixth example below). When *trattarsi* is followed by the preposition *di*, it means "to be a question/matter of" and it has an impersonal subject (see the fifth example below).

EXAMPLES

Stanno trattando la ferita con lo iodio.	They are treating the wound with iodine.
Tratta male sua moglie.	He treats his wife badly.
Tratterò direttamente con lui.	I'll deal directly with him.
Il libro tratta di storia contemporanea.	The book is about contemporary history.
Di che cosa si tratta?	What's the matter? (Literally, "What's this about?")
Si trattano bene.	They treat each other well.

trattenere

to keep, to hold, to stop

Auxiliary verb: avere **Past participle:** trattenuto **Gerund:** trattenendo

Imperative: (tu) trattieni (non trattenere); (Lei) trattenga; (noi) tratte-niamo; (voi) trattenete; (Loro) trattengano

Mode	Simple Tenses		Compound Tenses	
	Singular	*Plural*	*Singular*	*Plural*
	Present		**Present Perfect**	
Indicative	trattengo	tratteniamo	ho trattenuto	abbiamo trattenuto
	trattieni	trattenete	hai trattenuto	avete trattenuto
	trattiene	trattengono	ha trattenuto	hanno trattenuto
	Imperfect		**Past Perfect**	
	trattenevo	trattenevamo	avevo trattenuto	avevamo trattenuto
	trattenevi	trattenevate	avevi trattenuto	avevate trattenuto
	tratteneva	trattenevano	aveva trattenuto	avevano trattenuto
	Past Definite		**Past Anterior**	
	trattenni	trattenemmo	ebbi trattenuto	avemmo trattenuto
	trattenesti	tratteneste	avesti trattenuto	aveste trattenuto
	trattenne	trattennero	ebbe trattenuto	ebbero trattenuto
	Future		**Future Perfect**	
	tratterrò	tratterremo	avrò trattenuto	avremo trattenuto
	tratterrai	tratterrete	avrai trattenuto	avrete trattenuto
	tratterrà	tratterranno	avrà trattenuto	avranno trattenuto
Subjunctive	**Present**		**Present Perfect**	
	trattenga	tratteniamo	abbia trattenuto	abbiamo trattenuto
	trattenga	tratteniate	abbia trattenuto	abbiate trattenuto
	trattenga	trattengano	abbia trattenuto	abbiano trattenuto
	Imperfect		**Past Perfect**	
	trattenessi	trattenessimo	avessi trattenuto	avessimo trattenuto
	trattenessi	tratteneste	avessi trattenuto	aveste trattenuto
	trattenesse	trattenessero	avesse trattenuto	avessero trattenuto
Conditional	**Present Conditional**		**Perfect Conditional**	
	tratterrei	tratterremmo	avrei trattenuto	avremmo trattenuto
	tratterresti	tratterreste	avresti trattenuto	avreste trattenuto
	tratterrebbe	tratterrebbero	avrebbe trattenuto	avrebbero trattenuto

Note: As a reflexive verb *trattenersi* ("to keep," "to restrain oneself/each other," "to stop") uses the reflexive pronouns *mi, ti, si, ci, vi, si*, as well as the auxiliary verb *essere*, to form compound tenses (see the sixth example below).

EXAMPLES

Trattieni il respiro.	Hold your breath.
Non ha trattenuto le lacrime.	He didn't hold back his tears.
Mi trattenne fino a tardi.	He kept me late.
Hanno trattenuto mio padre in ospedale.	They have kept my father at the hospital.
Non ho potuto trattenermi dal ridere.	I couldn't hold back my laughter.
Giovanna si tratterrà a Milano una settimana.	Giovanna will stop in Milan for a week.

tremare

to tremble, to shake

Auxiliary verb: avere **Past participle:** tremato **Gerund:** tremando
Imperative: (tu) trema (non tremare); (Lei) tremi; (noi) tremiamo; (voi)
tremate; (Loro) tremino

Mode	Simple Tenses		Compound Tenses	
	Singular	*Plural*	*Singular*	*Plural*
Indicative	**Present**		**Present Perfect**	
	tremo	tremiamo	ho tremato	abbiamo tremato
	tremi	tremate	hai tremato	avete tremato
	trema	tremano	ha tremato	hanno tremato
	Imperfect		**Past Perfect**	
	tremavo	tremavamo	avevo tremato	avevamo tremato
	tremavi	tremavate	avevi tremato	avevate tremato
	tremava	tremavano	aveva tremato	avevano tremato
	Past Definite		**Past Anterior**	
	tremai	tremammo	ebbi tremato	avemmo tremato
	tremasti	tremaste	avesti tremato	aveste tremato
	tremò	tremarono	ebbe tremato	ebbero tremato
	Future		**Future Perfect**	
	tremerò	tremeremo	avrò tremato	avremo tremato
	tremerai	tremerete	avrai tremato	avrete tremato
	tremerà	tremeranno	avrà tremato	avranno tremato
Subjunctive	**Present**		**Present Perfect**	
	tremi	tremiamo	abbia tremato	abbiamo tremato
	tremi	tremiate	abbia tremato	abbiate tremato
	tremi	tremino	abbia tremato	abbiano tremato
	Imperfect		**Past Perfect**	
	tremassi	tremassimo	avessi tremato	avessimo tremato
	tremassi	tremaste	avessi tremato	aveste tremato
	tremasse	tremassero	avesse tremato	avessero tremato
Conditional	**Present Conditional**		**Perfect Conditional**	
	tremerei	tremeremmo	avrei tremato	avremmo tremato
	tremeresti	tremereste	avresti tremato	avreste tremato
	tremerebbe	tremerebbero	avrebbe tremato	avrebbero tremato

EXAMPLES

Sta tremando come una foglia.	He is shaking like a leaf.
È vecchio e gli trema la mano.	He is old and his hand trembles.
Mi tremano le gambe.	My legs are shaking.
A Gianna tremava la voce.	Gianna's voice was trembling.
Io tremerei di paura.	I would tremble with fear.

trovare

to find, to see/visit

Auxiliary verb: avere **Past participle:** trovato **Gerund:** trovando
Imperative: (tu) trova (non trovare); (Lei) trovi; (noi) troviamo; (voi) trovate; (Loro) trovino

Mode	Simple Tenses		Compound Tenses	
	Singular	*Plural*	*Singular*	*Plural*
	Present		**Present Perfect**	
Indicative	trovo	troviamo	ho trovato	abbiamo trovato
	trovi	trovate	hai trovato	avete trovato
	trova	trovano	ha trovato	hanno trovato
	Imperfect		**Past Perfect**	
	trovavo	trovavamo	avevo trovato	avevamo trovato
	trovavi	trovavate	avevi trovato	avevate trovato
	trovava	trovavano	aveva trovato	avevano trovato
	Past Definite		**Past Anterior**	
	trovai	trovammo	ebbi trovato	avemmo trovato
	trovasti	trovaste	avesti trovato	aveste trovato
	trovò	trovarono	ebbe trovato	ebbero trovato
	Future		**Future Perfect**	
	troverò	troveremo	avrò trovato	avremo trovato
	troverai	troverete	avrai trovato	avrete trovato
	troverà	troveranno	avrà trovato	avranno trovato
Subjunctive	**Present**		**Present Perfect**	
	trovi	troviamo	abbia trovato	abbiamo trovato
	trovi	troviate	abbia trovato	abbiate trovato
	trovi	trovino	abbia trovato	abbiano trovato
	Imperfect		**Past Perfect**	
	trovassi	trovassimo	avessi trovato	avessimo trovato
	trovassi	trovaste	avessi trovato	aveste trovato
	trovasse	trovassero	avesse trovato	avessero trovato
Conditional	**Present Conditional**		**Perfect Conditional**	
	troverei	troveremmo	avrei trovato	avremmo trovato
	troveresti	trovereste	avresti trovato	avreste trovato
	troverebbe	troverebbero	avrebbe trovato	avrebbero trovato

Note: As a reflexive verb *trovarsi* ("to find oneself," "to meet") uses the reflexive pronouns *mi, ti, si, ci, vi, si,* as well as the auxiliary verb *essere,* to form compound tenses (see the sixth and seventh examples below).

EXAMPLES

Per caso ho trovato l'anello che avevi perso.	By chance, I have found the ring you had lost.
Hai trovato lavoro?	Have you found a job?
Troverò una scusa.	I'll find an excuse.
Sono andato a trovare il mio amico.	I went to see my friend.
Chi cerca trova.	Seek and ye shall find. (proverb)
Dove ci troviamo?	Where shall we meet?
Si sono trovati davanti a scuola.	They met in front of school.
Ho trovato divertente la festa.	I found that the party was fun.

truccarsi

to make oneself up

Auxiliary verb: essere **Past participle:** truccato(si) **Gerund:** truccando(si)

Imperative: (tu) truccati (non truccarti); (Lei) si trucchi; (noi) trucchiamoci; (voi) truccatevi; (Loro) si trucchino

Mode	Simple Tenses		Compound Tenses	
	Singular	*Plural*	*Singular*	*Plural*
Indicative	**Present**		**Present Perfect**	
	mi trucco ti trucchi si trucca	ci trucchiamo vi truccate si truccano	mi sono truccato/a ti sei truccato/a si è truccato/a	ci siamo truccati/e vi siete truccati/e si sono truccati/e
	Imperfect		**Past Perfect**	
	mi truccavo ti truccavi si truccava	ci truccavamo vi truccavate si truccavano	mi ero truccato/a ti eri truccato/a si era truccato/a	ci eravamo truccati/e vi eravate truccati/e si erano truccati/e
	Past Definite		**Past Anterior**	
	mi truccai ti truccasti si truccò	ci truccammo vi truccaste si truccarono	mi fui truccato/a ti fosti truccato/a si fu truccato/a	ci fummo truccati/e vi foste truccati/e si furono truccati/e
	Future		**Future Perfect**	
	mi truccherò ti truccherai si truccherà	ci truccheremo vi truccherete si truccheranno	mi sarò truccato/a ti sarai truccato/a si sarà truccato/a	ci saremo truccati/e vi sarete truccati/e si saranno truccati/e
Subjunctive	**Present**		**Present Perfect**	
	mi trucchi ti trucchi si trucchi	ci trucchiamo vi trucchiate si trucchino	mi sia truccato/a ti sia truccato/a si sia truccato/a	ci siamo truccati/e vi siate truccati/e si siano truccati/e
	Imperfect		**Past Perfect**	
	mi truccassi ti truccassi si truccasse	ci truccassimo vi truccaste si truccassero	mi fossi truccato/a ti fossi truccato/a si fosse truccato/a	ci fossimo truccati/e vi foste truccati/e si fossero truccati/e
Conditional	**Present Conditional**		**Perfect Conditional**	
	mi truccherei ti truccheresti si truccherebbe	ci truccheremmo vi trucchereste si truccherebbero	mi sarei truccato/a ti saresti truccato/a si sarebbe truccato/a	ci saremmo truccati/e vi sareste truccati/e si sarebbero truccati/e

Note: *Truccare* ("to make up," "to fix") may be used nonreflexively with *avere* as its helping verb to form compound tenses (see the third example below).

EXAMPLES

Mi sono truccata in cinque minuti.	I made myself up in five minutes.
Si trucca poco.	She doesn't put on a lot of makeup.
Hanno truccato la partita.	They fixed the match.

turbare

to upset

Auxiliary verb: avere **Past participle:** turbato **Gerund:** turbando
Imperative: (tu) turba (non turbare); (Lei) turbi; (noi) turbiamo; (voi) turbate; (Loro) turbino

Mode	Simple Tenses		Compound Tenses	
	Singular	*Plural*	*Singular*	*Plural*
	Present		**Present Perfect**	
Indicative	turbo	turbiamo	ho turbato	abbiamo turbato
	turbi	turbate	hai turbato	avete turbato
	turba	turbano	ha turbato	hanno turbato
	Imperfect		**Past Perfect**	
	turbavo	turbavamo	avevo turbato	avevamo turbato
	turbavi	turbavate	avevi turbato	avevate turbato
	turbava	turbavano	aveva turbato	avevano turbato
	Past Definite		**Past Anterior**	
	turbai	turbammo	ebbi turbato	avemmo turbato
	turbasti	turbaste	avesti turbato	aveste turbato
	turbò	turbarono	ebbe turbato	ebbero turbato
	Future		**Future Perfect**	
	turberò	turberemo	avrò turbato	avremo turbato
	turberai	turberete	avrai turbato	avrete turbato
	turberà	turberanno	avrà turbato	avranno turbato
Subjunctive	**Present**		**Present Perfect**	
	turbi	turbiamo	abbia turbato	abbiamo turbato
	turbi	turbiate	abbia turbato	abbiate turbato
	turbi	turbino	abbia turbato	abbiano turbato
	Imperfect		**Past Perfect**	
	turbassi	turbassimo	avessi turbato	avessimo turbato
	turbassi	turbaste	avessi turbato	aveste turbato
	turbasse	turbassero	avesse turbato	avessero turbato
Conditional	**Present Conditional**		**Perfect Conditional**	
	turberei	turberemmo	avrei turbato	avremmo turbato
	turberesti	turbereste	avresti turbato	avreste turbato
	turberebbe	turberebbero	avrebbe turbato	avrebbero turbato

Note: As a reflexive verb *turbarsi* ("to become agitated/worried," "to get upset") uses the reflexive pronouns *mi, ti, si, ci, vi, si,* as well as the auxiliary verb *essere,* to form compound tenses (see the second and third examples below).

EXAMPLES

La notizia lo turbò.	The news upset him.
A quella vista si turbò fortemente.	At the sight of that, he got very upset.
Si turba per ogni sciocchezza.	She gets worried over every little thing.

ubbidire

to obey, to follow, to do as one is told

Auxiliary verb: avere **Past participle:** ubbidito **Gerund:** ubbidendo
Imperative: (tu) ubbidisci (non ubbidire); (Lei) ubbidisca; (noi) ubbidiamo; (voi) ubbidite; (Loro) ubbidiscano

Mode	Simple Tenses		Compound Tenses	
	Singular	*Plural*	*Singular*	*Plural*
Indicative	**Present**		**Present Perfect**	
	ubbidisco	ubbidiamo	ho ubbidito	abbiamo ubbidito
	ubbidisci	ubbidite	hai ubbidito	avete ubbidito
	ubbidisce	ubbidiscono	ha ubbidito	hanno ubbidito
	Imperfect		**Past Perfect**	
	ubbidivo	ubbidivamo	avevo ubbidito	avevamo ubbidito
	ubbidivi	ubbidivate	avevi ubbidito	avevate ubbidito
	ubbidiva	ubbidivano	aveva ubbidito	avevano ubbidito
	Past Definite		**Past Anterior**	
	ubbidii	ubbidimmo	ebbi ubbidito	avemmo ubbidito
	ubbidisti	ubbidiste	avesti ubbidito	aveste ubbidito
	ubbidì	ubbidirono	ebbe ubbidito	ebbero ubbidito
	Future		**Future Perfect**	
	ubbidirò	ubbidiremo	avrò ubbidito	avremo ubbidito
	ubbidirai	ubbidirete	avrai ubbidito	avrete ubbidito
	ubbidirà	ubbidiranno	avrà ubbidito	avranno ubbidito
Subjunctive	**Present**		**Present Perfect**	
	ubbidisca	ubbidiamo	abbia ubbidito	abbiamo ubbidito
	ubbidisca	ubbidiate	abbia ubbidito	abbiate ubbidito
	ubbidisca	ubbidiscano	abbia ubbidito	abbiano ubbidito
	Imperfect		**Past Perfect**	
	ubbidissi	ubbidissimo	avessi ubbidito	avessimo ubbidito
	ubbidissi	ubbidiste	avessi ubbidito	aveste ubbidito
	ubbidisse	ubbidissero	avesse ubbidito	avessero ubbidito
Conditional	**Present Conditional**		**Perfect Conditional**	
	ubbidirei	ubbidiremmo	avrei ubbidito	avremmo ubbidito
	ubbidiresti	ubbidireste	avresti ubbidito	avreste ubbidito
	ubbidirebbe	ubbidirebbero	avrebbe ubbidito	avrebbero ubbidito

Note: *Ubbidire* takes an indirect object: *ubbidire a* (see the first three examples below).

EXAMPLES

Il bambino non ubbidisce ai genitori.	The child doesn't obey his parents.
I soldati ubbidirono all'ordine.	The soldiers obeyed the order.
Sto ubbidendo alla voce della mia coscienza.	I am following (the voice of) my conscience.
Ubbidisci!	Do as you are told!

uccidere

to kill, to shoot

Auxiliary verb: avere **Past participle:** ucciso **Gerund:** uccidendo
Imperative: (tu) uccidi (non uccidere); (Lei) uccida; (noi) uccidiamo;
(voi) uccidete; (Loro) uccidano

Mode	Simple Tenses		Compound Tenses	
	Singular	*Plural*	*Singular*	*Plural*
Indicative	**Present**		**Present Perfect**	
	uccido	uccidiamo	ho ucciso	abbiamo ucciso
	uccidi	uccidete	hai ucciso	avete ucciso
	uccide	uccidono	ha ucciso	hanno ucciso
	Imperfect		**Past Perfect**	
	uccidevo	uccidevamo	avevo ucciso	avevamo ucciso
	uccidevi	uccidevate	avevi ucciso	avevate ucciso
	uccideva	uccidevano	aveva ucciso	avevano ucciso
	Past Definite		**Past Anterior**	
	uccisi	uccidemmo	ebbi ucciso	avemmo ucciso
	uccidesti	uccideste	avesti ucciso	aveste ucciso
	uccise	uccisero	ebbe ucciso	ebbero ucciso
	Future		**Future Perfect**	
	ucciderò	uccideremo	avrò ucciso	avremo ucciso
	ucciderai	ucciderete	avrai ucciso	avrete ucciso
	ucciderà	uccideranno	avrà ucciso	avranno ucciso
Subjunctive	**Present**		**Present Perfect**	
	uccida	uccidiamo	abbia ucciso	abbiamo ucciso
	uccida	uccidiate	abbia ucciso	abbiate ucciso
	uccida	uccidano	abbia ucciso	abbiano ucciso
	Imperfect		**Past Perfect**	
	uccidessi	uccidessimo	avessi ucciso	avessimo ucciso
	uccidessi	uccideste	avessi ucciso	aveste ucciso
	uccidesse	uccidessero	avesse ucciso	avessero ucciso
Conditional	**Present Conditional**		**Perfect Conditional**	
	ucciderei	uccideremmo	avrei ucciso	avremmo ucciso
	uccideresti	uccidereste	avresti ucciso	avreste ucciso
	ucciderebbe	ucciderebbero	avrebbe ucciso	avrebbero ucciso

Note: As a reflexive verb *uccidersi* ("to kill oneself") uses the reflexive pronouns *mi, ti, si, ci, vi, si,* as well as the auxiliary verb *essere,* to form compound tenses (see the third example below).

EXAMPLES

Hanno ucciso l'ostaggio a sangue freddo.	They killed the hostage in cold blood.
È stato ucciso da un cecchino.	He was shot by a sniper.
Si sono uccisi con il gas.	They have killed themselves by means of gas.
Il giudice pensa che l'uomo non abbia ucciso la moglie.	The judge thinks that the man didn't kill his wife.
Se tu fossi qui, ti ucciderei!	If you were here, I would kill you!
Quell'uomo non ucciderebbe una mosca.	That man wouldn't hurt a fly. (idiom)
Questo caldo mi uccide.	This heat is killing me.

udire

to hear

Auxiliary verb: avere **Past participle:** udito **Gerund:** udendo
Imperative: (tu) odi (non udire); (Lei) oda; (noi) udiamo; (voi) udite;
(Loro) odano

Mode	Simple Tenses		Compound Tenses	
	Singular	*Plural*	*Singular*	*Plural*
Indicative	**Present**		**Present Perfect**	
	odo	udiamo	ho udito	abbiamo udito
	odi	udite	hai udito	avete udito
	ode	odono	ha udito	hanno udito
	Imperfect		**Past Perfect**	
	udivo	udivamo	avevo udito	avevamo udito
	udivi	udivate	avevi udito	avevate udito
	udiva	udivano	aveva udito	avevano udito
	Past Definite		**Past Anterior**	
	udii	udimmo	ebbi udito	avemmo udito
	udisti	udiste	avesti udito	aveste udito
	udì	udirono	ebbe udito	ebbero udito
	Future		**Future Perfect**	
	udirò (udrò)	udiremo (udremo)	avrò udito	avremo udito
	udirai (udrai)	udirete (udrete)	avrai udito	avrete udito
	udirà (udrà)	udiranno (udranno)	avrà udito	avranno udito
Subjunctive	**Present**		**Present Perfect**	
	oda	udiamo	abbia udito	abbiamo udito
	oda	udiate	abbia udito	abbiate udito
	oda	odano	abbia udito	abbiano udito
	Imperfect		**Past Perfect**	
	udissi	udissimo	avessi udito	avessimo udito
	udissi	udiste	avessi udito	aveste udito
	udisse	udissero	avesse udito	avessero udito
Conditional	**Present Conditional**		**Perfect Conditional**	
	udirei (udrei)	udiremmo (udremmo)	avrei udito	avremmo udito
	udiresti (udresti)	udireste (udreste)	avresti udito	avreste udito
	udirebbe (udrebbe)	udirebbero (udrebbero)	avrebbe udito	avrebbero udito

EXAMPLES

Udì un tonfo.	He heard a thud.
Udivo qualcuno cantare.	I heard someone singing.
Dovranno prima udire i testimoni.	They will have to hear the witnesses first.
Udite!	Listen one and all!
Ho udito che lui . . .	I heard that he . . .

ungere

to grease, to oil

Auxiliary verb: avere **Past participle:** unto **Gerund:** ungendo
Imperative: (tu) ungi (non ungere); (Lei) unga; (noi) ungiamo; (voi)
ungete; (Loro) ungano

Mode	Simple Tenses		Compound Tenses	
	Singular	*Plural*	*Singular*	*Plural*
Indicative	**Present**		**Present Perfect**	
	ungo	ungiamo	ho unto	abbiamo unto
	ungi	ungete	hai unto	avete unto
	unge	ungono	ha unto	hanno unto
	Imperfect		**Past Perfect**	
	ungevo	ungevamo	avevo unto	avevamo unto
	ungevi	ungevate	avevi unto	avevate unto
	ungeva	ungevano	aveva unto	avevano unto
	Past Definite		**Past Anterior**	
	unsi	ungemmo	ebbi unto	avemmo unto
	ungesti	ungeste	avesti unto	aveste unto
	unse	unsero	ebbe unto	ebbero unto
	Future		**Future Perfect**	
	ungerò	ungeremo	avrò unto	avremo unto
	ungerai	ungerete	avrai unto	avrete unto
	ungerà	ungeranno	avrà unto	avranno unto
Subjunctive	**Present**		**Present Perfect**	
	unga	ungiamo	abbia unto	abbiamo unto
	unga	ungiate	abbia unto	abbiate unto
	unga	ungano	abbia unto	abbiano unto
	Imperfect		**Past Perfect**	
	ungessi	ungessimo	avessi unto	avessimo unto
	ungessi	ungeste	avessi unto	aveste unto
	ungesse	ungessero	avesse unto	avessero unto
Conditional	**Present Conditional**		**Perfect Conditional**	
	ungerei	ungeremmo	avrei unto	avremmo unto
	ungeresti	ungereste	avresti unto	avreste unto
	ungerebbe	ungerebbero	avrebbe unto	avrebbero unto

Note: As a reflexive verb *ungersi* ("to get grease on oneself") uses the reflexive pronouns *mi, ti, si, ci, vi, si,* as well as the auxiliary verb *essere,* to form compound tenses (see the third example below).

EXAMPLES

Hai unto la teglia?	Have you greased the pan?
Dovresti ungere i cardini della porta.	You should oil the hinges of the door.
Ti sei tutto unto!	You've got grease all over yourself!

unire
to unite, to combine, to join, to mix
Auxiliary verb: avere **Past participle:** unito **Gerund:** unendo
Imperative: (tu) unisci (non unire); (Lei) unisca; (noi) uniamo; (voi)
unite; (Loro) uniscano

Mode	Simple Tenses		Compound Tenses	
	Singular	*Plural*	*Singular*	*Plural*
	Present		**Present Perfect**	
Indicative	unisco	uniamo	ho unito	abbiamo unito
	unisci	unite	hai unito	avete unito
	unisce	uniscono	ha unito	hanno unito
	Imperfect		**Past Perfect**	
	univo	univamo	avevo unito	avevamo unito
	univi	univate	avevi unito	avevate unito
	univa	univano	aveva unito	avevano unito
	Past Definite		**Past Anterior**	
	unii	unimmo	ebbi unito	avemmo unito
	unisti	uniste	avesti unito	aveste unito
	unì	unirono	ebbe unito	ebbero unito
	Future		**Future Perfect**	
	unirò	uniremo	avrò unito	avremo unito
	unirai	unirete	avrai unito	avrete unito
	unirà	uniranno	avrà unito	avranno unito
Subjunctive	**Present**		**Present Perfect**	
	unisca	uniamo	abbia unito	abbiamo unito
	unisca	uniate	abbia unito	abbiate unito
	unisca	uniscano	abbia unito	abbiano unito
	Imperfect		**Past Perfect**	
	unissi	unissimo	avessi unito	avessimo unito
	unissi	uniste	avessi unito	aveste unito
	unisse	unissero	avesse unito	avessero unito
Conditional	**Present Conditional**		**Perfect Conditional**	
	unirei	uniremmo	avrei unito	avremmo unito
	uniresti	unireste	avresti unito	avreste unito
	unirebbe	unirebbero	avrebbe unito	avrebbero unito

Note: The reflexive verb *unirsi* ("to unite (each other)" or "to join something/in something")
uses the reflexive pronouns *mi, ti, si, ci, vi, si,* as well as the auxiliary verb *essere,* to form
compound tenses (see the fifth and sixth examples below).

EXAMPLES

Uniamo le nostre forze!	Let's join our strengths!
Se uniscono i loro sforzi ce la faranno.	If they combine their efforts, they will do it/ pull it off.
Ho unito l'utile con il dilettevole.	I (have) mixed business and pleasure.
Possiamo unire due tavoli?	Can we bring/join two tables together?
Si sono uniti in matrimonio.	They joined in marriage.
Posso unirmi a voi?	May I join you?
Unire la farina con le uova.	Mix the eggs into the flour.

urlare

to shout, to yell, to scream

Auxiliary verb: avere **Past participle:** urlato **Gerund:** urlando
Imperative: (tu) urla (non urlare); (Lei) urli; (noi) urliamo; (voi) urlate;
(Loro) urlino

Mode	Simple Tenses		Compound Tenses	
	Singular	*Plural*	*Singular*	*Plural*
Indicative	**Present**		**Present Perfect**	
	urlo	urliamo	ho urlato	abbiamo urlato
	urli	urlate	hai urlato	avete urlato
	urla	urlano	ha urlato	hanno urlato
	Imperfect		**Past Perfect**	
	urlavo	urlavamo	avevo urlato	avevamo urlato
	urlavi	urlavate	avevi urlato	avevate urlato
	urlava	urlavano	aveva urlato	avevano urlato
	Past Definite		**Past Anterior**	
	urlai	urlammo	ebbi urlato	avemmo urlato
	urlasti	urlaste	avesti urlato	aveste urlato
	urlò	urlarono	ebbe urlato	ebbero urlato
	Future		**Future Perfect**	
	urlerò	urleremo	avrò urlato	avremo urlato
	urlerai	urlerete	avrai urlato	avrete urlato
	urlerà	urleranno	avrà urlato	avranno urlato
Subjunctive	**Present**		**Present Perfect**	
	urli	urliamo	abbia urlato	abbiamo urlato
	urli	urliate	abbia urlato	abbiate urlato
	urli	urlino	abbia urlato	abbiano urlato
	Imperfect		**Past Perfect**	
	urlassi	urlassimo	avessi urlato	avessimo urlato
	urlassi	urlaste	avessi urlato	aveste urlato
	urlasse	urlassero	avesse urlato	avessero urlato
Conditional	**Present Conditional**		**Perfect Conditional**	
	urlerei	urleremmo	avrei urlato	avremmo urlato
	urleresti	urlereste	avresti urlato	avreste urlato
	urlerebbe	urlerebbero	avrebbe urlato	avrebbero urlato

EXAMPLES

È andata via urlando.　　　　　　He went away yelling.

Smetti di urlare come un ossesso!　Stop shouting like a madman!

Il bambino iniziò a urlare.　　　　The child started to scream.

Stai urlando!　　　　　　　　　You are shouting!

usare

to use

Auxiliary verb: avere **Past participle:** usato **Gerund:** usando
Imperative: (tu) usa (non usare); (Lei) usi; (noi) usiamo; (voi) usate;
(Loro) usino

Mode	Simple Tenses		Compound Tenses	
	Singular	*Plural*	*Singular*	*Plural*
Indicative	**Present**		**Present Perfect**	
	uso	usiamo	ho usato	abbiamo usato
	usi	usate	hai usato	avete usato
	usa	usano	ha usato	hanno usato
	Imperfect		**Past Perfect**	
	usavo	usavamo	avevo usato	avevamo usato
	usavi	usavate	avevi usato	avevate usato
	usava	usavano	aveva usato	avevano usato
	Past Definite		**Past Anterior**	
	usai	usammo	ebbi usato	avemmo usato
	usasti	usaste	avesti usato	aveste usato
	usò	usarono	ebbe usato	ebbero usato
	Future		**Future Perfect**	
	userò	useremo	avrò usato	avremo usato
	userai	userete	avrai usato	avrete usato
	userà	useranno	avrà usato	avranno usato
Subjunctive	**Present**		**Present Perfect**	
	usi	usiamo	abbia usato	abbiamo usato
	usi	usiate	abbia usato	abbiate usato
	usi	usino	abbia usato	abbiano usato
	Imperfect		**Past Perfect**	
	usassi	usassimo	avessi usato	avessimo usato
	usassi	usaste	avessi usato	aveste usato
	usasse	usassero	avesse usato	avessero usato
Conditional	**Present Conditional**		**Perfect Conditional**	
	userei	useremmo	avrei usato	avremmo usato
	useresti	usereste	avresti usato	avreste usato
	userebbe	userebbero	avrebbe usato	avrebbero usato

EXAMPLES

Sai usare il computer?	Do you know how to use a computer?
Usa la testa!	Use your head!
Non si usa molto il cappotto con questo clima.	You don't use coats much in this climate.
Hai usato la mia macchina?	Did you use my car?
Non stai usando questa parola correttamente.	You aren't using this word correctly.
Se usassi un buon programma, sarebbe più facile.	If I used good software, it would be easier.

uscire

to go out, to leave (exit), to date

Auxiliary verb: essere **Past participle:** uscito **Gerund:** uscendo

Imperative: (tu) esci (non uscire); (Lei) esca; (noi) usciamo; (voi) uscite; (Loro) escano

Mode	Simple Tenses		Compound Tenses	
	Singular	*Plural*	*Singular*	*Plural*
	Present		**Present Perfect**	
Indicative	esco	usciamo	sono uscito/a	siamo usciti/e
	esci	uscite	sei uscito/a	siete usciti/e
	esce	escono	è uscito/a	sono usciti/e
	Imperfect		**Past Perfect**	
	uscivo	uscivamo	ero uscito/a	eravamo usciti/e
	uscivi	uscivate	eri uscito/a	eravate usciti/e
	usciva	uscivano	era uscito/a	erano usciti/e
	Past Definite		**Past Anterior**	
	uscii	uscimmo	fui uscito/a	fummo usciti/e
	uscisti	usciste	fosti uscito/a	foste usciti/e
	uscì	uscirono	fu uscito/a	furono usciti/e
	Future		**Future Perfect**	
	uscirò	usciremo	sarò uscito/a	saremo usciti/e
	uscirai	uscirete	sarai uscito/a	sarete usciti/e
	uscirà	usciranno	sarà uscito/a	saranno usciti/e
Subjunctive	**Present**		**Present Perfect**	
	esca	usciamo	sia uscito/a	siamo usciti/e
	esca	usciate	sia uscito/a	siate usciti/e
	esca	escano	sia uscito/a	siano usciti/e
	Imperfect		**Past Perfect**	
	uscissi	uscissimo	fossi uscito/a	fossimo usciti/e
	uscissi	usciste	fossi uscito/a	foste usciti/e
	uscisse	uscissero	fosse uscito/a	fossero usciti/e
Conditional	**Present Conditional**		**Perfect Conditional**	
	uscirei	usciremmo	sarei uscito/a	saremmo usciti/e
	usciresti	uscireste	saresti uscito/a	sareste usciti/e
	uscirebbe	uscirebbero	sarebbe uscito/a	sarebbero usciti/e

Note: *Uscire* requires the preposition *a* before an infinitive (see the fifth example below).

EXAMPLES

Esce di casa alle 5:00.	She leaves home at 5:00.
Ieri sera non siamo usciti; siamo rimasti a casa.	Yesterday night we didn't go out; we stayed home.
Domani Daniela uscirà con Marco.	Tomorrow Daniela is going out with Marco.
Anna e Fabio stanno uscendo insieme.	Anna and Fabio are dating.
Usciamo a fare una passeggiata.	We are going out to take a walk/stroll.
Uscirei volentieri, ma devo lavorare.	I would be happy to go out, but I have to work.

valere
to be worth/valid
Auxiliary verb: essere **Past participle:** valso **Gerund:** valendo
Imperative: (tu) vali (non valere); (Lei) valga; (noi) valiamo; (voi) valete;
(Loro) valgano

Mode	Simple Tenses		Compound Tenses	
	Singular	*Plural*	*Singular*	*Plural*
	Present		**Present Perfect**	
Indicative	valgo	valiamo	sono valso/a	siamo valsi/e
	vali	valete	sei valso/a	siete valsi/e
	vale	valgono	è valso/a	sono valsi/e
	Imperfect		**Past Perfect**	
	valevo	valevamo	ero valso/a	eravamo valsi/e
	valevi	valevate	eri valso/a	eravate valsi/e
	valeva	valevano	era valso/a	erano valsi/e
	Past Definite		**Past Anterior**	
	valsi	valemmo	fui valso/a	fummo valsi/e
	valesti	valeste	fosti valso/a	foste valsi/e
	valse	valsero	fu valso/a	furono valsi/e
	Future		**Future Perfect**	
	varrò	varremo	sarò valso/a	saremo valsi/e
	varrai	varrete	sarai valso/a	sarete valsi/e
	varrà	varranno	sarà valso/a	saranno valsi/e
Subjunctive	**Present**		**Present Perfect**	
	valga	valiamo	sia valso/a	siamo valsi/e
	valga	valiate	sia valso/a	siate valsi/e
	valga	valgano	sia valso/a	siano valsi/e
	Imperfect		**Past Perfect**	
	valessi	valessimo	fossi valso/a	fossimo valsi/e
	valessi	valeste	fossi valso/a	foste valsi/e
	valesse	valessero	fosse valso/a	fossero valsi/e
Conditional	**Present Conditional**		**Perfect Conditional**	
	varrei	varremmo	sarei valso/a	saremmo valsi/e
	varresti	varreste	saresti valso/a	sareste valsi/e
	varrebbe	varrebbero	sarebbe valso/a	sarebbero valsi/e

Note: *Valere* rarely uses *avere* as the auxiliary verb to form compound tenses (see the sixth example below) in which case it means "to earn." As a reflexive verb, *valersi* ("to make use of," "to use") uses the reflexive pronouns *mi, ti, si, ci, vi, si,* as well as the auxiliary verb *essere,* to form compound tenses (see the fifth example below). The compound verb *prevalere* ("to prevail") uses either *avere* or *essere* as its auxiliary verb.

EXAMPLES

Questa macchina vale molto.	This car is worth a lot.
Non è valsa la pena.	It was not worth the trouble.
Vale ancora questo passaporto?	Is this passport still valid?
Vale la pena leggere questo romanzo.	This novel is worth reading. (Literally, "It's worth the effort to read this novel.")
Si è valso di me come mediatore.	He used my services as mediator.
La scoperta gli ha valso il premio Nobel.	The discovery earned him the Nobel Prize.

valutare

to evaluate, to value, to assess

Auxiliary verb: avere **Past participle:** valutato **Gerund:** valutando
Imperative: (tu) valuta (non valutare); (Lei) valuti; (noi) valutiamo; (voi) valutate; (Loro) valutino

Mode	Simple Tenses		Compound Tenses	
	Singular	*Plural*	*Singular*	*Plural*
	Present		**Present Perfect**	
Indicative	valuto	valutiamo	ho valutato	abbiamo valutato
	valuti	valutate	hai valutato	avete valutato
	valuta	valutano	ha valutato	hanno valutato
	Imperfect		**Past Perfect**	
	valutavo	valutavamo	avevo valutato	avevamo valutato
	valutavi	valutavate	avevi valutato	avevate valutato
	valutava	valutavano	aveva valutato	avevano valutato
	Past Definite		**Past Anterior**	
	valutai	valutammo	ebbi valutato	avemmo valutato
	valutasti	valutaste	avesti valutato	aveste valutato
	valutò	valutarono	ebbe valutato	ebbero valutato
	Future		**Future Perfect**	
	valuterò	valuteremo	avrò valutato	avremo valutato
	valuterai	valuterete	avrai valutato	avrete valutato
	valuterà	valuteranno	avrà valutato	avranno valutato
Subjunctive	**Present**		**Present Perfect**	
	valuti	valutiamo	abbia valutato	abbiamo valutato
	valuti	valutiate	abbia valutato	abbiate valutato
	valuti	valutino	abbia valutato	abbiano valutato
	Imperfect		**Past Perfect**	
	valutassi	valutassimo	avessi valutato	avessimo valutato
	valutassi	valutaste	avessi valutato	aveste valutato
	valutasse	valutassero	avesse valutato	avessero valutato
Conditional	**Present Conditional**		**Perfect Conditional**	
	valuterei	valuteremmo	avrei valutato	avremmo valutato
	valuteresti	valutereste	avresti valutato	avreste valutato
	valuterebbe	valuterebbero	avrebbe valutato	avrebbero valutato

EXAMPLES

Ha valutato l'orologio cento euro.
Chi valuterà i danni?
Stanno valutando i risultati.

He has valued the watch at a hundred euro.
Who is going to assess the damages?
They are evaluating the results.

vantare
to boast, to brag
Auxiliary verb: avere **Past participle:** vantato **Gerund:** vantando
Imperative: (tu) vanta (non vantare); (Lei) vanti; (noi) vantiamo; (voi) vantate; (Loro) vantino

Mode	Simple Tenses		Compound Tenses	
	Singular	*Plural*	*Singular*	*Plural*
Indicative	**Present**		**Present Perfect**	
	vanto	vantiamo	ho vantato	abbiamo vantato
	vanti	vantate	hai vantato	avete vantato
	vanta	vantano	ha vantato	hanno vantato
	Imperfect		**Past Perfect**	
	vantavo	vantavamo	avevo vantato	avevamo vantato
	vantavi	vantavate	avevi vantato	avevate vantato
	vantava	vantavano	aveva vantato	avevano vantato
	Past Definite		**Past Anterior**	
	vantai	vantammo	ebbi vantato	avemmo vantato
	vantasti	vantaste	avesti vantato	aveste vantato
	vantò	vantarono	ebbe vantato	ebbero vantato
	Future		**Future Perfect**	
	vanterò	vanteremo	avrò vantato	avremo vantato
	vanterai	vanterete	avrai vantato	avrete vantato
	vanterà	vanteranno	avrà vantato	avranno vantato
Subjunctive	**Present**		**Present Perfect**	
	vanti	vantiamo	abbia vantato	abbiamo vantato
	vanti	vantiate	abbia vantato	abbiate vantato
	vanti	vantino	abbia vantato	abbiano vantato
	Imperfect		**Past Perfect**	
	vantassi	vantassimo	avessi vantato	avessimo vantato
	vantassi	vantaste	avessi vantato	aveste vantato
	vantasse	vantassero	avesse vantato	avessero vantato
Conditional	**Present Conditional**		**Perfect Conditional**	
	vanterei	vanteremmo	avrei vantato	avremmo vantato
	vanteresti	vantereste	avresti vantato	avreste vantato
	vanterebbe	vanterebbero	avrebbe vantato	avrebbero vantato

Note: As a reflexive verb *vantarsi* ("to boast," "to be proud of") uses the reflexive pronouns *mi, ti, si, ci, vi, si,* as well as the auxiliary verb *essere,* to form compound tenses (see the second and third examples below). *Vantarsi* requires the preposition *di* before an infinitive or a noun (see the second example below).

EXAMPLES

Una città che vanta una storia gloriosa	A city that boasts a glorious history.
Si vanta delle sue imprese.	He boasts of his exploits.
L'ho fatto e me ne vanto.	I did it and I am proud of it.

vedere

to see

Auxiliary verb: avere **Past participle:** visto **Gerund:** vedendo
Imperative: (tu) vedi (non vedere); (Lei) veda; (noi) vediamo; (voi)
vedete; (Loro) vedano

Mode	Simple Tenses		Compound Tenses	
	Singular	*Plural*	*Singular*	*Plural*
Indicative	**Present**		**Present Perfect**	
	vedo	vediamo	ho visto	abbiamo visto
	vedi	vedete	hai visto	avete visto
	vede	vedono	ha visto	hanno visto
	Imperfect		**Past Perfect**	
	vedevo	vedevamo	avevo visto	avevamo visto
	vedevi	vedevate	avevi visto	avevate visto
	vedeva	vedevano	aveva visto	avevano visto
	Past Definite		**Past Anterior**	
	vidi	vedemmo	ebbi visto	avemmo visto
	vedesti	vedeste	avesti visto	aveste visto
	vide	videro	ebbe visto	ebbero visto
	Future		**Future Perfect**	
	vedrò	vedremo	avrò visto	avremo visto
	vedrai	vedrete	avrai visto	avrete visto
	vedrà	vedranno	avrà visto	avranno visto
Subjunctive	**Present**		**Present Perfect**	
	veda	vediamo	abbia visto	abbiamo visto
	veda	vediate	abbia visto	abbiate visto
	veda	vedano	abbia visto	abbiano visto
	Imperfect		**Past Perfect**	
	vedessi	vedessimo	avessi visto	avessimo visto
	vedessi	vedeste	avessi visto	aveste visto
	vedesse	vedessero	avesse visto	avessero visto
Conditional	**Present Conditional**		**Perfect Conditional**	
	vedrei	vedremmo	avrei visto	avremmo visto
	vedresti	vedreste	avresti visto	avreste visto
	vedrebbe	vedrebbero	avrebbe visto	avrebbero visto

Note: As a reflexive verb *vedersi* ("to meet," "to see oneself/each other") uses the reflexive pronouns *mi, ti, si, ci, vi, si*, as well as the auxiliary verb *essere*, to form compound tenses (see the sixth example below). When *vedere* is used with the pronoun *ci*, it means "to be able to see" (see the second example below). For the meaning "to go to see a friend," use *andare a trovare*.

EXAMPLES

Hai visto questo film?	Have you seen this film?
Ho acceso la luce perché non ci vedevo bene.	I turned the light because I couldn't see.
Non abbiamo visto Carlo entrare.	We didn't see Carlo entering.
È una mostra da vedere.	It's an exhibition worth seeing.
Non vedo l'ora di rivederti.	I can't wait to see you/I am looking forward to seeing you again.
Ci siamo visti ieri sera.	We saw each other last night.

vendere

to sell

Auxiliary verb: avere **Past participle:** venduto **Gerund:** vendendo
Imperative: (tu) vendi (non vendere); (Lei) venda; (noi) vendiamo; (voi)
vendete; (Loro) vendano

Mode	Simple Tenses		Compound Tenses	
	Singular	*Plural*	*Singular*	*Plural*
Indicative	**Present**		**Present Perfect**	
	vendo	vendiamo	ho venduto	abbiamo venduto
	vendi	vendete	hai venduto	avete venduto
	vende	vendono	ha venduto	hanno venduto
	Imperfect		**Past Perfect**	
	vendevo	vendevamo	avevo venduto	avevamo venduto
	vendevi	vendevate	avevi venduto	avevate venduto
	vendeva	vendevano	aveva venduto	avevano venduto
	Past Definite		**Past Anterior**	
	vendetti (vendei)	vendemmo	ebbi venduto	avemmo venduto
	vendesti	vendeste	avesti venduto	aveste venduto
	vendette (vendé)	vendettero (venderono)	ebbe venduto	ebbero venduto
	Future		**Future Perfect**	
	venderò	venderemo	avrò venduto	avremo venduto
	venderai	venderete	avrai venduto	avrete venduto
	venderà	venderanno	avrà venduto	avranno venduto
Subjunctive	**Present**		**Present Perfect**	
	venda	vendiamo	abbia venduto	abbiamo venduto
	venda	vendiate	abbia venduto	abbiate venduto
	venda	vendano	abbia venduto	abbiano venduto
	Imperfect		**Past Perfect**	
	vendessi	vendessimo	avessi venduto	avessimo venduto
	vendessi	vendeste	avessi venduto	aveste venduto
	vendesse	vendessero	avesse venduto	avessero venduto
Conditional	**Present Conditional**		**Perfect Conditional**	
	venderei	venderemmo	avrei venduto	avremmo venduto
	venderesti	vendereste	avresti venduto	avreste venduto
	venderebbe	venderebbero	avrebbe venduto	avrebbero venduto

Note: As a reflexive verb, *vendersi* ("to sell oneself") uses the reflexive pronouns *mi, ti, si, ci, vi, si,* as well as the auxiliary verb *essere,* to form compound tenses (see the sixth example below).

EXAMPLES

Compro e vendo tutto.	I buy and sell everything.
Stanno vendendo alcuni prodotti a sconto.	They are selling some items at a discount.
Vende a peso o al metro?	Does he sell by weight or by the meter?
Venderanno al migliore offerente.	They will sell to the highest bidder.
Ha venduto l'anima al diavolo.	He sold his soul to the devil.
Si era venduto al nemico.	He had sold himself to the enemy.

vendicarsi

to revenge, to avenge, to take one's revenge

Auxiliary verb: essere **Past participle:** vendicato(si) **Gerund:** vendicando(si)

Imperative: (tu) vendicati (non vendicarti); (Lei) si vendichi; (noi) vendichiamoci; (voi) vendicatevi; (Loro) si vendichino

Mode	Simple Tenses		Compound Tenses	
	Singular	*Plural*	*Singular*	*Plural*
Indicative	**Present**		**Present Perfect**	
	mi vendico	ci vendichiamo	mi sono vendicato/a	ci siamo vendicati/e
	ti vendichi	vi vendicate	ti sei vendicato/a	vi siete vendicati/e
	si vendica	si vendicano	si è vendicato/a	si sono vendicati/e
	Imperfect		**Past Perfect**	
	mi vendicavo	ci vendicavamo	mi ero vendicato/a	ci eravamo vendicati/e
	ti vendicavi	vi vendicavate	ti eri vendicato/a	vi eravate vendicati/e
	si vendicava	si vendicavano	si era vendicato/a	si erano vendicati/e
	Past Definite		**Past Anterior**	
	mi vendicai	ci vendicammo	mi fui vendicato/a	ci fummo vendicati/e
	ti vendicasti	vi vendicaste	ti fosti vendicato/a	vi foste vendicati/e
	si vendicò	si vendicarono	si fu vendicato/a	si furono vendicati/e
	Future		**Future Perfect**	
	mi vendicherò	ci vendicheremo	mi sarò vendicato/a	ci saremo vendicati/e
	ti vendicherai	vi vendicherete	ti sarai vendicato/a	vi sarete vendicati/e
	si vendicherà	si vendicheranno	si sarà vendicato/a	si saranno vendicati/e
Subjunctive	**Present**		**Present Perfect**	
	mi vendichi	ci vendichiamo	mi sia vendicato/a	ci siamo vendicati/e
	ti vendichi	vi vendichiate	ti sia vendicato/a	vi siate vendicati/e
	si vendichi	si vendichino	si sia vendicato/a	si siano vendicati/e
	Imperfect		**Past Perfect**	
	mi vendicassi	ci vendicassimo	mi fossi vendicato/a	ci fossimo vendicati/e
	ti vendicassi	vi vendicaste	ti fossi vendicato/a	vi foste vendicati/e
	si vendicasse	si vendicassero	si fosse vendicato/a	si fossero vendicati/e
Conditional	**Present Conditional**		**Perfect Conditional**	
	mi vendicherei	ci vendicheremmo	mi sarei vendicato/a	ci saremmo vendicati/e
	ti vendicheresti	vi vendichereste	ti saresti vendicato/a	vi sareste vendicati/e
	si vendicherebbe	si vendicherebbero	si sarebbe vendicato/a	si sarebbero vendicati/e

Note: Vendicare ("to revenge," "to avenge") may be used nonreflexively with *avere* as its auxiliary verb (see the first example below).

EXAMPLES

Vendicherà suo padre.	He will avenge his father.
Non mi vendicherò.	I won't take my revenge.
Si sono vendicati dell'offesa.	They took their revenge for the offense done to them.

venire

to come

Auxiliary verb: essere **Past participle:** venuto **Gerund:** venendo
Imperative: (tu) vieni (non venire); (Lei) venga; (noi) veniamo; (voi)
venite; (Loro) vengano

Mode	Simple Tenses		Compound Tenses	
	Singular	*Plural*	*Singular*	*Plural*
Indicative	**Present**		**Present Perfect**	
	vengo	veniamo	sono venuto/a	siamo venuti/e
	vieni	venite	sei venuto/a	siete venuti/e
	viene	vengono	è venuto/a	sono venuti/e
	Imperfect		**Past Perfect**	
	venivo	venivamo	ero venuto/a	eravamo venuti/e
	venivi	venivate	eri venuto/a	eravate venuti/e
	veniva	venivano	era venuto/a	erano venuti/e
	Past Definite		**Past Anterior**	
	venni	venimmo	fui venuto/a	fummo venuti/e
	venisti	veniste	fosti venuto/a	foste venuti/e
	venne	vennero	fu venuto/a	furono venuti/e
	Future		**Future Perfect**	
	verrò	verremo	sarò venuto/a	saremo venuti/e
	verrai	verrete	sarai venuto/a	sarete venuti/e
	verrà	verranno	sarà venuto/a	saranno venuti/e
Subjunctive	**Present**		**Present Perfect**	
	venga	veniamo	sia venuto/a	siamo venuti/e
	venga	veniate	sia venuto/a	siate venuti/e
	venga	vengano	sia venuto/a	siano venuti/e
	Imperfect		**Past Perfect**	
	venissi	venissimo	fossi venuto/a	fossimo venuti/e
	venissi	veniste	fossi venuto/a	foste venuti/e
	venisse	venissero	fosse venuto/a	fossero venuti/e
Conditional	**Present Conditional**		**Perfect Conditional**	
	verrei	verremmo	sarei venuto/a	saremmo venuti/e
	verresti	verreste	saresti venuto/a	sareste venuti/e
	verrebbe	verrebbero	sarebbe venuto/a	sarebbero venuti/e

Note: *Venire* requires the preposition *a* before an infinitive (see the first and sixth examples below). When *venire* is followed by the preposition *da*, it may mean: (1) origin (see the second example below); (2) at one's house/place (see the third example below). A means of transportation used with *venire* is preceded by the preposition *in* (see the fourth example below). *Avvenire* ("to happen"), *prevenire* ("to prevent"), and *svenire* ("to faint") are compound verbs: *avvenire* is an impersonal verb and it is only used in the third person forms. *Prevenire* uses *avere* as auxiliary verb. *Svenire* has also regular forms for the future (*svenirò*) and the conditional (*svenirei*).

EXAMPLES

Vieni a vedere la partita?	Will you come and see the game?
Vengo dal Canada.	I come from Canada.
Domani veniamo da voi.	Tomorrow we are coming to your place.
Vieni in macchina?	Are you coming by car?
Oggi Anna non è venuta in ufficio.	Today Anna didn't come to the office.
Verrà a trovarmi.	He'll come to see me.
Vengo con te alla festa?	Am I coming to the party with you?

vergognarsi

to be/feel ashamed, to be shy

Auxiliary verb: essere **Past participle:** vergognato(si) **Gerund:** vergognando(si)

Imperative: (tu) vergognati (non vergognarti); (Lei) si vergogni; (noi) vergogniamoci; (voi) vergognatevi; (Loro) si vergognino

Mode	Simple Tenses		Compound Tenses	
	Singular	*Plural*	*Singular*	*Plural*
Indicative	**Present**		**Present Perfect**	
	mi vergogno / ti vergogni / si vergogna	ci vergogniamo / vi vergognate / si vergognano	mi sono vergognato/a / ti sei vergognato/a / si è vergognato/a	ci siamo vergognati/e / vi siete vergognati/e / si sono vergognati/e
	Imperfect		**Past Perfect**	
	mi vergognavo / ti vergognavi / si vergognava	ci vergognavamo / vi vergognavate / si vergognavano	mi ero vergognato/a / ti eri vergognato/a / si era vergognato/a	ci eravamo vergognati/e / vi eravate vergognati/e / si erano vergognati/e
	Past Definite		**Past Anterior**	
	mi vergognai / ti vergognasti / si vergognò	ci vergognammo / vi vergognaste / si vergognarono	mi fui vergognato/a / ti fosti vergognato/a / si fu vergognato/a	ci fummo vergognati/e / vi foste vergognati/e / si furono vergognati/e
	Future		**Future Perfect**	
	mi vergognerò / ti vergognerai / si vergognerà	ci vergogneremo / vi vergognerete / si vergogneranno	mi sarò vergognato/a / ti sarai vergognato/a / si sarà vergognato/a	ci saremo vergognati/e / vi sarete vergognati/e / si saranno vergognati/e
Subjunctive	**Present**		**Present Perfect**	
	mi vergogni / ti vergogni / si vergogni	ci vergogniamo / vi vergogniate / si vergognino	mi sia vergognato/a / ti sia vergognato/a / si sia vergognato/a	ci siamo vergognati/e / vi siate vergognati/e / si siano vergognati/e
	Imperfect		**Past Perfect**	
	mi vergognassi / ti vergognassi / si vergognasse	ci vergognassimo / vi vergognaste / si vergognassero	mi fossi vergognato/a / ti fossi vergognato/a / si fosse vergognato/a	ci fossimo vergognati/e / vi foste vergognati/e / si fossero vergognati/e
Conditional	**Present Conditional**		**Perfect Conditional**	
	mi vergognerei / ti vergogneresti / si vergognerebbe	ci vergogneremmo / vi vergognereste / si vergognerebbero	mi sarei vergognato/a / ti saresti vergognato/a / si sarebbe vergognato/a	ci saremmo vergognati/e / vi sareste vergognati/e / si sarebbero vergognati/e

Note: *Vergognarsi* requires the preposition *di* before an infinitive (see the last two examples below) or a noun (see the first example below).

EXAMPLES

Non mi vergogno di te.	I am not ashamed of you.
Fossi in te, io non mi vergognerei.	If I were you, I would not be ashamed.
Si vergognava di aver detto quelle cose.	He was ashamed of having said such things.
Mi vergogno di fare un regalo così modesto.	I'm ashamed of giving such a small present.

verificare

to verify, to check, to confirm

Auxiliary verb: avere **Past participle:** verificato **Gerund:** verificando
Imperative: (tu) verifica (non verificare); (Lei) verifichi; (noi) verifi-
chiamo; (voi) verificate; (Loro) verifichino

Mode	Simple Tenses		Compound Tenses	
	Singular	*Plural*	*Singular*	*Plural*
Indicative	**Present**		**Present Perfect**	
	verifico	verifichiamo	ho verificato	abbiamo verificato
	verifichi	verificate	hai verificato	avete verificato
	verifica	verificano	ha verificato	hanno verificato
	Imperfect		**Past Perfect**	
	verificavo	verificavamo	avevo verificato	avevamo verificato
	verificavi	verificavate	avevi verificato	avevate verificato
	verificava	verificavano	aveva verificato	avevano verificato
	Past Definite		**Past Anterior**	
	verificai	verificammo	ebbi verificato	avemmo verificato
	verificasti	verificaste	avesti verificato	aveste verificato
	verificò	verificarono	ebbe verificato	ebbero verificato
	Future		**Future Perfect**	
	verificherò	verificheremo	avrò verificato	avremo verificato
	verificherai	verificherete	avrai verificato	avrete verificato
	verificherà	verificheranno	avrà verificato	avranno verificato
Subjunctive	**Present**		**Present Perfect**	
	verifichi	verifichiamo	abbia verificato	abbiamo verificato
	verifichi	verifichiate	abbia verificato	abbiate verificato
	verifichi	verifichino	abbia verificato	abbiano verificato
	Imperfect		**Past Perfect**	
	verificassi	verificassimo	avessi verificato	avessimo verificato
	verificassi	verificaste	avessi verificato	aveste verificato
	verificasse	verificassero	avesse verificato	avessero verificato
Conditional	**Present Conditional**		**Perfect Conditional**	
	verificherei	verificheremmo	avrei verificato	avremmo verificato
	verificheresti	verifichereste	avresti verificato	avreste verificato
	verificherebbe	verificherebbero	avrebbe verificato	avrebbero verificato

Note: As a reflexive verb, *verificarsi* ("to come true," "to happen") uses the reflexive pronouns *mi, ti, si, ci, vi, si,* as well as the auxiliary verb *essere,* to form compound tenses (see the third and fourth examples below).

EXAMPLES

Dobbiamo verificare i conti.	We have to check the accounts.
Hai verificato se tutto è pronto?	Did you check if everything is ready?
Si è verificata la profezia.	The prophecy has come true.
Se si verifica qualche incoveniente.	If something unexpected should happen.

versare

to pour, to pay

Auxiliary verb: avere **Past participle:** versato **Gerund:** versando
Imperative: (tu) versa (non versare); (Lei) versi; (noi) versiamo; (voi) versate; (Loro) versino

Mode	Simple Tenses		Compound Tenses	
	Singular	*Plural*	*Singular*	*Plural*
Indicative	**Present**		**Present Perfect**	
	verso	versiamo	ho versato	abbiamo versato
	versi	versate	hai versato	avete versato
	versa	versano	ha versato	hanno versato
	Imperfect		**Past Perfect**	
	versavo	versavamo	avevo versato	avevamo versato
	versavi	versavate	avevi versato	avevate versato
	versava	versavano	aveva versato	avevano versato
	Past Definite		**Past Anterior**	
	versai	versammo	ebbi versato	avemmo versato
	versasti	versaste	avesti versato	aveste versato
	versò	versarono	ebbe versato	ebbero versato
	Future		**Future Perfect**	
	verserò	verseremo	avrò versato	avremo versato
	verserai	verserete	avrai versato	avrete versato
	verserà	verseranno	avrà versato	avranno versato
Subjunctive	**Present**		**Present Perfect**	
	versi	versiamo	abbia versato	abbiamo versato
	versi	versiate	abbia versato	abbiate versato
	versi	versino	abbia versato	abbiano versato
	Imperfect		**Past Perfect**	
	versassi	versassimo	avessi versato	avessimo versato
	versassi	versaste	avessi versato	aveste versato
	versasse	versassero	avesse versato	avessero versato
Conditional	**Present Conditional**		**Perfect Conditional**	
	verserei	verseremmo	avrei versato	avremmo versato
	verseresti	versereste	avresti versato	avreste versato
	verserebbe	verserebbero	avrebbe versato	avrebbero versato

Note: As a reflexive verb, *versarsi* ("to spill," "to flow") uses the reflexive pronouns *mi, ti, si, ci, vi, si,* as well as the auxiliary verb *essere,* to form compound tenses (see the third and fourth examples below).

EXAMPLES

Stai versando il vino sulla tovaglia.	You are spilling the wine on the tablecloth.
Verserò mille euro nel conto.	I'll pay a thousand euro into my account.
Si è versato un po' di vino.	A little wine has spilled.
Il Po si versa nell'Adriatico.	The Po flows into the Adriatic.
Sua madre non ha versato una lacrima.	His mother didn't shed a tear.

vestirsi

to dress, to get dressed; to wear

Auxiliary verb: essere **Past participle:** vestito(si) **Gerund:** vestendo(si)
Imperative: (tu) vestiti (non vestirti); (Lei) si vesta; (noi) vestiamoci; (voi)
vestitevi; (Loro) si vestano

Mode	Simple Tenses		Compound Tenses	
	Singular	*Plural*	*Singular*	*Plural*
Indicative	**Present**		**Present Perfect**	
	mi vesto	ci vestiamo	mi sono vestito/a	ci siamo vestiti/e
	ti vesti	vi vestite	ti sei vestito/a	vi siete vestiti/e
	si veste	si vestono	si è vestito/a	si sono vestiti/e
	Imperfect		**Past Perfect**	
	mi vestivo	ci vestivamo	mi ero vestito/a	ci eravamo vestiti/e
	ti vestivi	vi vestivate	ti eri vestito/a	vi eravate vestiti/e
	si vestiva	si vestivano	si era vestito/a	si erano vestiti/e
	Past Definite		**Past Anterior**	
	mi vestii	ci vestimmo	mi fui vestito/a	ci fummo vestiti/e
	ti vestisti	vi vestiste	ti fosti vestito/a	vi foste vestiti/e
	si vestì	si vestirono	si fu vestito/a	si furono vestiti/e
	Future		**Future Perfect**	
	mi vestirò	ci vestiremo	mi sarò vestito/a	ci saremo vestiti/e
	ti vestirai	vi vestirete	ti sarai vestito/a	vi sarete vestiti/e
	si vestirà	si vestiranno	si sarà vestito/a	si saranno vestiti/e
Subjunctive	**Present**		**Present Perfect**	
	mi vesta	ci vestiamo	mi sia vestito/a	ci siamo vestiti/e
	ti vesta	vi vestiate	ti sia vestito/a	vi siate vestiti/e
	si vesta	si vestano	si sia vestito/a	si siano vestiti/e
	Imperfect		**Past Perfect**	
	mi vestissi	ci vestissimo	mi fossi vestito/a	ci fossimo vestiti/e
	ti vestissi	vi vestiste	ti fossi vestito/a	vi foste vestiti/e
	si vestisse	si vestissero	si fosse vestito/a	si fossero vestiti/e
Conditional	**Present Conditional**		**Perfect Conditional**	
	mi vestirei	ci vestiremmo	mi sarei vestito/a	ci saremmo vestiti/e
	ti vestiresti	vi vestireste	ti saresti vestito/a	vi sareste vestiti/e
	si vestirebbe	si vestirebbero	si sarebbe vestito/a	si sarebbero vestiti/e

Note: *Vestire* ("to dress") may be used nonreflexively with *avere* as its auxiliary verb (see the fifth example below).

EXAMPLES

Mi vesto subito e vengo.	I'll get dressed immediately and come.
Maria veste sempre bene.	Maria always dresses well.
Come ti vesti per il colloquio?	What are you going to wear for the interview?
Si è vestito da pirata.	He dressed up as a pirate.
La madre ha vestito la bambina di rosa.	The mother dressed her child in pink.

viaggiare

to travel

Auxiliary verb: avere **Past participle:** viaggiato **Gerund:** viaggiando
Imperative: (tu) viaggia (non viaggiare); (Lei) viaggi; (noi) viaggiamo;
(voi) viaggiate; (Loro) viaggino

Mode	Simple Tenses		Compound Tenses	
	Singular	*Plural*	*Singular*	*Plural*
	Present		**Present Perfect**	
	viaggio	viaggiamo	ho viaggiato	abbiamo viaggiato
	viaggi	viaggiate	hai viaggiato	avete viaggiato
	viaggia	viaggiano	ha viaggiato	hanno viaggiato
Indicative	**Imperfect**		**Past Perfect**	
	viaggiavo	viaggiavamo	avevo viaggiato	avevamo viaggiato
	viaggiavi	viaggiavate	avevi viaggiato	avevate viaggiato
	viaggiava	viaggiavano	aveva viaggiato	avevano viaggiato
	Past Definite		**Past Anterior**	
	viaggiai	viaggiammo	ebbi viaggiato	avemmo viaggiato
	viaggiasti	viaggiaste	avesti viaggiato	aveste viaggiato
	viaggiò	viaggiarono	ebbe viaggiato	ebbero viaggiato
	Future		**Future Perfect**	
	viaggerò	viaggeremo	avrò viaggiato	avremo viaggiato
	viaggerai	viaggerete	avrai viaggiato	avrete viaggiato
	viaggerà	viaggeranno	avrà viaggiato	avranno viaggiato
Subjunctive	**Present**		**Present Perfect**	
	viaggi	viaggiamo	abbia viaggiato	abbiamo viaggiato
	viaggi	viaggiate	abbia viaggiato	abbiate viaggiato
	viaggi	viaggino	abbia viaggiato	abbiano viaggiato
	Imperfect		**Past Perfect**	
	viaggiassi	viaggiassimo	avessi viaggiato	avessimo viaggiato
	viaggiassi	viaggiaste	avessi viaggiato	aveste viaggiato
	viaggiasse	viaggiassero	avesse viaggiato	avessero viaggiato
Conditional	**Present Conditional**		**Perfect Conditional**	
	viaggerei	viaggeremmo	avrei viaggiato	avremmo viaggiato
	viaggeresti	viaggereste	avresti viaggiato	avreste viaggiato
	viaggerebbe	viaggerebbero	avrebbe viaggiato	avrebbero viaggiato

EXAMPLES

Lucia e Barbara amano viaggiare.	Lucia and Barbara love traveling.
Attilio viaggia spesso per lavoro.	Attilio travels often on business.
Ha viaggiato molto.	He has traveled a lot.
Il treno viaggiava a settanta chilometri orari.	The train was travelling at seventy kilometers an hour.
Il treno viaggia con quaranta minuti di ritardo.	The train is forty minutes late.
Viaggio in aereo.	I travel by plane.
Viaggiava con pochi bagagli.	He would travel/was travelling light.

vietare

to forbid, to prevent

Auxiliary verb: avere **Past participle:** vietato **Gerund:** vietando
Imperative: (tu) vieta (non vietare); (Lei) vieti; (noi) vietiamo; (voi) vietate; (Loro) vietino

Mode	Simple Tenses		Compound Tenses	
	Singular	*Plural*	*Singular*	*Plural*
Indicative	**Present**		**Present Perfect**	
	vieto	vietiamo	ho vietato	abbiamo vietato
	vieti	vietate	hai vietato	avete vietato
	vieta	vietano	ha vietato	hanno vietato
	Imperfect		**Past Perfect**	
	vietavo	vietavamo	avevo vietato	avevamo vietato
	vietavi	vietavate	avevi vietato	avevate vietato
	vietava	vietavano	aveva vietato	avevano vietato
	Past Definite		**Past Anterior**	
	vietai	vietammo	ebbi vietato	avemmo vietato
	vietasti	vietaste	avesti vietato	aveste vietato
	vietò	vietarono	ebbe vietato	ebbero vietato
	Future		**Future Perfect**	
	vieterò	vieteremo	avrò vietato	avremo vietato
	vieterai	vieterete	avrai vietato	avrete vietato
	vieterà	vieteranno	avrà vietato	avranno vietato
Subjunctive	**Present**		**Present Perfect**	
	vieti	vietiamo	abbia vietato	abbiamo vietato
	vieti	vietiate	abbia vietato	abbiate vietato
	vieti	vietino	abbia vietato	abbiano vietato
	Imperfect		**Past Perfect**	
	vietassi	vietassimo	avessi vietato	avessimo vietato
	vietassi	vietaste	avessi vietato	aveste vietato
	vietasse	vietassero	avesse vietato	avessero vietato
Conditional	**Present Conditional**		**Perfect Conditional**	
	vieterei	vieteremmo	avrei vietato	avremmo vietato
	vieteresti	vietereste	avresti vietato	avreste vietato
	vieterebbe	vieterebbero	avrebbe vietato	avrebbero vietato

Note: *Vietare* may be followed by *che* + subjunctive (see the fourth example below). *Vietare* requires the preposition *di* before an infinitive (see the first example below).

EXAMPLES

Il medico mi ha vietato di fumare.	The doctor has forbidden me to smoke.
È vietato entrare.	Entry is prohibited.
La legge vieta il commercio di stupefacenti.	The law forbids the trafficking of drugs.
Che cosa vieta che tu lo faccia?	What prevents you from doing it?
Se lui volesse andare, non glielo vieterei.	If he wanted to go, I would not forbid it.

vincere

to win, to beat, to surpass

Auxiliary verb: avere **Past participle:** vinto **Gerund:** vincendo
Imperative: (tu) vinci (non vincere); (Lei) vinca; (noi) vinciamo; (voi) vincete; (Loro) vincano

Mode	Simple Tenses		Compound Tenses	
	Singular	*Plural*	*Singular*	*Plural*
	Present		**Present Perfect**	
Indicative	vinco	vinciamo	ho vinto	abbiamo vinto
	vinci	vincete	hai vinto	avete vinto
	vince	vincono	ha vinto	hanno vinto
	Imperfect		**Past Perfect**	
	vincevo	vincevamo	avevo vinto	avevamo vinto
	vincevi	vincevate	avevi vinto	avevate vinto
	vinceva	vincevano	aveva vinto	avevano vinto
	Past Definite		**Past Anterior**	
	vinsi	vincemmo	ebbi vinto	avemmo vinto
	vincesti	vinceste	avesti vinto	aveste vinto
	vinse	vinsero	ebbe vinto	ebbero vinto
	Future		**Future Perfect**	
	vincerò	vinceremo	avrò vinto	avremo vinto
	vincerai	vincerete	avrai vinto	avrete vinto
	vincerà	vinceranno	avrà vinto	avranno vinto
Subjunctive	**Present**		**Present Perfect**	
	vinca	vinciamo	abbia vinto	abbiamo vinto
	vinca	vinciate	abbia vinto	abbiate vinto
	vinca	vincano	abbia vinto	abbiano vinto
	Imperfect		**Past Perfect**	
	vincessi	vincessimo	avessi vinto	avessimo vinto
	vincessi	vinceste	avessi vinto	aveste vinto
	vincesse	vincessero	avesse vinto	avessero vinto
Conditional	**Present Conditional**		**Perfect Conditional**	
	vincerei	vinceremmo	avrei vinto	avremmo vinto
	vinceresti	vincereste	avresti vinto	avreste vinto
	vincerebbe	vincerebbero	avrebbe vinto	avrebbero vinto

Note: As a reflexive verb, *vincersi* ("to master oneself," "to restrain oneself") uses the reflexive pronouns *mi, ti, si, ci, vi, si*, as well as the auxiliary verb *essere*, to form compound tenses (see the fifth example below).

EXAMPLES

Daniela ha vinto la gara di sci.	Daniela won the skiing competition.
Pensavo che avrebbe vinto la causa.	I thought he would win the case.
Il governo vinse per pochi voti.	The government won by a few votes.
Vince tutti in bontà.	He surpasses all when it comes to goodness.
È riuscito a vincersi.	He could restrain himself.

visitare

to visit, to examine
Auxiliary verb: avere **Past participle:** visitato **Gerund:** visitando
Imperative: (tu) visita (non visitare); (Lei) visiti; (noi) visitiamo; (voi) visitate; (Loro) visitino

Mode	Simple Tenses		Compound Tenses	
	Singular	*Plural*	*Singular*	*Plural*
	Present		**Present Perfect**	
	visito	visitiamo	ho visitato	abbiamo visitato
	visiti	visitate	hai visitato	avete visitato
	visita	visitano	ha visitato	hanno visitato
Indicative	**Imperfect**		**Past Perfect**	
	visitavo	visitavamo	avevo visitato	avevamo visitato
	visitavi	visitavate	avevi visitato	avevate visitato
	visitava	visitavano	aveva visitato	avevano visitato
	Past Definite		**Past Anterior**	
	visitai	visitammo	ebbi visitato	avemmo visitato
	visitasti	visitaste	avesti visitato	aveste visitato
	visitò	visitarono	ebbe visitato	ebbero visitato
	Future		**Future Perfect**	
	visiterò	visiteremo	avrò visitato	avremo visitato
	visiterai	visiterete	avrai visitato	avrete visitato
	visiterà	visiteranno	avrà visitato	avranno visitato
Subjunctive	**Present**		**Present Perfect**	
	visiti	visitiamo	abbia visitato	abbiamo visitato
	visiti	visitiate	abbia visitato	abbiate visitato
	visiti	visitino	abbia visitato	abbiano visitato
	Imperfect		**Past Perfect**	
	visitassi	visitassimo	avessi visitato	avessimo visitato
	visitassi	visitaste	avessi visitato	aveste visitato
	visitasse	visitassero	avesse visitato	avessero visitato
Conditional	**Present Conditional**		**Perfect Conditional**	
	visiterei	visiteremmo	avrei visitato	avremmo visitato
	visiteresti	visitereste	avresti visitato	avreste visitato
	visiterebbe	visiterebbero	avrebbe visitato	avrebbero visitato

Note: For the meaning "to visit a friend," use *andare a trovare* or *fare visita a*.

EXAMPLES

Nel pomeriggio visiteremo la città.	In the afternoon, we will visit the city.
Ho visitato tutte le sale del museo.	I've been into every room of the museum.
Il dottore sta visitando i pazienti.	The doctor is examining the patients.
Il dottore non mi ha visitato.	The doctor did not examine me.
Hai visitato il mio nuovo sito?	Have you visited my new site?

vivere

to live

Auxiliary verb: avere **Past participle:** vissuto **Gerund:** vivendo
Imperative: (tu) vivi (non vivere); (Lei) viva; (noi) viviamo; (voi) vivete;
(Loro) vivano

Mode	Simple Tenses		Compound Tenses	
	Singular	*Plural*	*Singular*	*Plural*
Indicative	**Present**		**Present Perfect**	
	vivo	viviamo	ho vissuto	abbiamo vissuto
	vivi	vivete	hai vissuto	avete vissuto
	vive	vivono	ha vissuto	hanno vissuto
	Imperfect		**Past Perfect**	
	vivevo	vivevamo	avevo vissuto	avevamo vissuto
	vivevi	vivevate	avevi vissuto	avevate vissuto
	viveva	vivevano	aveva vissuto	avevano vissuto
	Past Definite		**Past Anterior**	
	vissi	vivemmo	ebbi vissuto	avemmo vissuto
	vivesti	viveste	avesti vissuto	aveste vissuto
	visse	vissero	ebbe vissuto	ebbero vissuto
	Future		**Future Perfect**	
	vivrò	vivremo	avrò vissuto	avremo vissuto
	vivrai	vivrete	avrai vissuto	avrete vissuto
	vivrà	vivranno	avrà vissuto	avranno vissuto
Subjunctive	**Present**		**Present Perfect**	
	viva	viviamo	abbia vissuto	abbiamo vissuto
	viva	viviate	abbia vissuto	abbiate vissuto
	viva	vivano	abbia vissuto	abbiano vissuto
	Imperfect		**Past Perfect**	
	vivessi	vivessimo	avessi vissuto	avessimo vissuto
	vivessi	viveste	avessi vissuto	aveste vissuto
	vivesse	vivessero	avesse vissuto	avessero vissuto
Conditional	**Present Conditional**		**Perfect Conditional**	
	vivrei	vivremmo	avrei vissuto	avremmo vissuto
	vivresti	vivreste	avresti vissuto	avreste vissuto
	vivrebbe	vivrebbero	avrebbe vissuto	avrebbero vissuto

Note: *Vivere* may also use *essere* as its auxiliary verb to form compound tenses (see the first example below). Refer to the Verb Usage Review for an explanation of the third example. *Convivere* ("to live together") and *sopravvivere* ("to survive") are compound verbs of *vivere*. Both may have regular forms for the future tense (*conviverò . . .; sopravvivverò . . .*). *Sopravvivere* usually use *essere* to form compound tenses.

EXAMPLES

Mio nonno ha/è vissuto fino a ottanta anni.	My grandfather lived to be eighty.
Vivo a Roma con i genitori.	I live in Rome with my parents.
Vive in Italia da dieci anni.	He has been living in Italy for ten years.
Ha abitato in Italia per dieci anni.	He lived in Italy for ten years.
I personaggi dei racconti di Moravia vivono di espedienti.	The characters in Moravia's short stories live by their wits.

volare

to fly

Auxiliary verb: avere/essere **Past participle:** volato **Gerund:** volando
Imperative: (tu) vola (non volare); (Lei) voli; (noi) voliamo; (voi) volate;
(Loro) volino

Mode	Simple Tenses		Compound Tenses	
	Singular	*Plural*	*Singular*	*Plural*
Indicative	**Present**		**Present Perfect**	
	volo	voliamo	ho volato	abbiamo volato
	voli	volate	hai volato	avete volato
	vola	volano	ha volato	hanno volato
	Imperfect		**Past Perfect**	
	volavo	volavamo	avevo volato	avevamo volato
	volavi	volavate	avevi volato	avevate volato
	volava	volavano	aveva volato	avevano volato
	Past Definite		**Past Anterior**	
	volai	volammo	ebbi volato	avemmo volato
	volasti	volaste	avesti volato	aveste volato
	volò	volarono	ebbe volato	ebbero volato
	Future		**Future Perfect**	
	volerò	voleremo	avrò volato	avremo volato
	volerai	volerete	avrai volato	avrete volato
	volerà	voleranno	avrà volato	avranno volato
Subjunctive	**Present**		**Present Perfect**	
	voli	voliamo	abbia volato	abbiamo volato
	voli	voliate	abbia volato	abbiate volato
	voli	volino	abbia volato	abbiano volato
	Imperfect		**Past Perfect**	
	volassi	volassimo	avessi volato	avessimo volato
	volassi	volaste	avessi volato	aveste volato
	volasse	volassero	avesse volato	avessero volato
Conditional	**Present Conditional**		**Perfect Conditional**	
	volerei	voleremmo	avrei volato	avremmo volato
	voleresti	volereste	avresti volato	avreste volato
	volerebbe	volerebbero	avrebbe volato	avrebbero volato

Note: *Volare* may also use *essere* as its auxiliary verb to form compound tenses if a point of departure or a point of arrival is mentioned and if it is used in a figurative sense (see the second and fourth examples below).

EXAMPLES

Mio nonno non ha mai volato.	Grandpa never flew.
L'uccello è volato sull'albero e poi è volato via.	The bird flew onto the tree and away.
Il tempo vola.	Time flies.
Il tempo è volato via.	Time flew.
L'aereo vola da Roma a Parigi.	The plane flies from Rome to Paris.
Gli uccelli stanno volando alti.	Birds are flying high.

volere

to want, to wish

Auxiliary verb: avere **Past participle:** voluto **Gerund:** volendo
Imperative: (tu) vogli (non volere); (Lei) voglia; (noi) vogliamo; (voi)
vogliate; (Loro) vogliano

Mode	Simple Tenses		Compound Tenses	
	Singular	*Plural*	*Singular*	*Plural*
	Present		**Present Perfect**	
Indicative	voglio	vogliamo	ho voluto	abbiamo voluto
	vuoi	volete	hai voluto	avete voluto
	vuole	vogliono	ha voluto	hanno voluto
	Imperfect		**Past Perfect**	
	volevo	volevamo	avevo voluto	avevamo voluto
	volevi	volevate	avevi voluto	avevate voluto
	voleva	volevano	aveva voluto	avevano voluto
	Past Definite		**Past Anterior**	
	volli	volemmo	ebbi voluto	avemmo voluto
	volesti	voleste	avesti voluto	aveste voluto
	volle	vollero	ebbe voluto	ebbero voluto
	Future		**Future Perfect**	
	vorrò	vorremo	avrò voluto	avremo voluto
	vorrai	vorrete	avrai voluto	avrete voluto
	vorrà	vorranno	avrà voluto	avranno voluto
Subjunctive	**Present**		**Present Perfect**	
	voglia	vogliamo	abbia voluto	abbiamo voluto
	voglia	vogliate	abbia voluto	abbiate voluto
	voglia	vogliano	abbia voluto	abbiano voluto
	Imperfect		**Past Perfect**	
	volessi	volessimo	avessi voluto	avessimo voluto
	volessi	voleste	avessi voluto	aveste voluto
	volesse	volessero	avesse voluto	avessero voluto
Conditional	**Present Conditional**		**Perfect Conditional**	
	vorrei	vorremmo	avrei voluto	avremmo voluto
	vorresti	vorreste	avresti voluto	avreste voluto
	vorrebbe	vorrebbero	avrebbe voluto	avrebbero voluto

Note: *Volere* may also use *essere* as its auxiliary verb to form compound tenses if the following infinitive is a verb that in compound tenses requires *essere* (see the Verb Usage Review and the ninth example below). *Volere* takes on different meanings depending on the tense in which it is used refer to the Verb Usage Review.

EXAMPLES

Vogliamo andare in Italia.	We want to go to Italy.
Voleva partire nel pomeriggio.	He wanted to leave in the afternoon.
Ha voluto offrire il caffè a tutti.	He wanted to offer coffee for/to everyone.
Vorrà restare da sola.	She'll want to be by herself.
Vorrei chiederti un favore.	I would like to ask a favor of you.
Avrebbero voluto invitarla.	They would have liked to invite her.
Non credo che lei voglia sposarsi.	I don't think she wants to get married.
Speravamo che tu volessi rimanere.	We hoped that you wanted to stay.
Sono voluto entrare.	I wanted to go in.

volgere

to turn to, to take a turn, to change to
Auxiliary verb: avere **Past participle:** volto **Gerund:** volgendo
Imperative: (tu) volgi (non volgere); (Lei) volga; (noi) volgiamo; (voi) volgete; (Loro) volgano

Mode	Simple Tenses		Compound Tenses	
	Singular	*Plural*	*Singular*	*Plural*
Indicative	**Present**		**Present Perfect**	
	volgo	volgiamo	ho volto	abbiamo volto
	volgi	volgete	hai volto	avete volto
	volge	volgono	ha volto	hanno volto
	Imperfect		**Past Perfect**	
	volgevo	volgevamo	avevo volto	avevamo volto
	volgevi	volgevate	avevi volto	avevate volto
	volgeva	volgevano	aveva volto	avevano volto
	Past Definite		**Past Anterior**	
	volsi	volgemmo	ebbi volto	avemmo volto
	volgesti	volgeste	avesti volto	aveste volto
	volse	volsero	ebbe volto	ebbero volto
	Future		**Future Perfect**	
	volgerò	volgeremo	avrò volto	avremo volto
	volgerai	volgerete	avrai volto	avrete volto
	volgerà	volgeranno	avrà volto	avranno volto
Subjunctive	**Present**		**Present Perfect**	
	volga	volgiamo	abbia volto	abbiamo volto
	volga	volgiate	abbia volto	abbiate volto
	volga	volgano	abbia volto	abbiano volto
	Imperfect		**Past Perfect**	
	volgessi	volgessimo	avessi volto	avessimo volto
	volgessi	volgeste	avessi volto	aveste volto
	volgesse	volgessero	avesse volto	avessero volto
Conditional	**Present Conditional**		**Perfect Conditional**	
	volgerei	volgeremmo	avrei volto	avremmo volto
	volgeresti	volgereste	avresti volto	avreste volto
	volgerebbe	volgerebbero	avrebbe volto	avrebbero volto

Note: As a reflexive verb, *volgersi* uses the reflexive pronouns *mi, ti, si, ci, vi, si,* as well as the auxiliary verb *essere,* to form compound tenses (see the fifth example below).

EXAMPLES

Ha volto gli occhi al cielo.	He has turned his eyes to the sky.
La situazione sta volgendo al peggio.	The situation is taking a turn for the worse.
La riunione volge al termine.	Our meeting is coming to an end.
Il giorno volgeva a sera.	The day was turning to evening.
Il suo odio si volse in amore.	His hatred turned to love.

voltare

to turn

Auxiliary verb: avere **Past participle:** voltato **Gerund:** voltando
Imperative: (tu) volta (non voltare); (Lei) volti; (noi) voltiamo; (voi) voltate; (Loro) voltino

Mode	Simple Tenses		Compound Tenses	
	Singular	*Plural*	*Singular*	*Plural*
	Present		**Present Perfect**	
	volto	voltiamo	ho voltato	abbiamo voltato
	volti	voltate	hai voltato	avete voltato
	volta	voltano	ha voltato	hanno voltato
	Imperfect		**Past Perfect**	
Indicative	voltavo	voltavamo	avevo voltato	avevamo voltato
	voltavi	voltavate	avevi voltato	avevate voltato
	voltava	voltavano	aveva voltato	avevano voltato
	Past Definite		**Past Anterior**	
	voltai	voltammo	ebbi voltato	avemmo voltato
	voltasti	voltaste	avesti voltato	aveste voltato
	voltò	voltarono	ebbe voltato	ebbero voltato
	Future		**Future Perfect**	
	volterò	volteremo	avrò voltato	avremo voltato
	volterai	volterete	avrai voltato	avrete voltato
	volterà	volteranno	avrà voltato	avranno voltato
	Present		**Present Perfect**	
	volti	voltiamo	abbia voltato	abbiamo voltato
	volti	voltiate	abbia voltato	abbiate voltato
Subjunctive	volti	voltino	abbia voltato	abbiano voltato
	Imperfect		**Past Perfect**	
	voltassi	voltassimo	avessi voltato	avessimo voltato
	voltassi	voltaste	avessi voltato	aveste voltato
	voltasse	voltassero	avesse voltato	avessero voltato
Conditional	**Present Conditional**		**Perfect Conditional**	
	volterei	volteremmo	avrei voltato	avremmo voltato
	volteresti	voltereste	avresti voltato	avreste voltato
	volterebbe	volterebbero	avrebbe voltato	avrebbero voltato

Note: As a reflexive verb, *voltarsi* uses the reflexive pronouns *mi, ti, si, ci, vi, si,* as well as the auxiliary verb *essere,* to form compound tenses (see the third example below).

EXAMPLES

Voltiamo pagina.	Let's turn the page.
Non ha mai voltato le spalle a nessuno.	He has never turned his back on anybody.
Voltatevi da quella parte!	Turn that way!

vuotare
to empty
Auxiliary verb: avere **Past participle:** vuotato **Gerund:** vuotando
Imperative: (tu) vuota (non vuotare); (Lei) vuoti; (noi) vuotiamo; (voi) vuotate; (Loro) vuotino

Mode	Simple Tenses		Compound Tenses	
	Singular	*Plural*	*Singular*	*Plural*
	Present		**Present Perfect**	
Indicative	vuoto	vuotiamo	ho vuotato	abbiamo vuotato
	vuoti	vuotate	hai vuotato	avete vuotato
	vuota	vuotano	ha vuotato	hanno vuotato
	Imperfect		**Past Perfect**	
	vuotavo	vuotavamo	avevo vuotato	avevamo vuotato
	vuotavi	vuotavate	avevi vuotato	avevate vuotato
	vuotava	vuotavano	aveva vuotato	avevano vuotato
	Past Definite		**Past Anterior**	
	vuotai	vuotammo	ebbi vuotato	avemmo vuotato
	vuotasti	vuotaste	avesti vuotato	aveste vuotato
	vuotò	vuotarono	ebbe vuotato	ebbero vuotato
	Future		**Future Perfect**	
	vuoterò	vuoteremo	avrò vuotato	avremo vuotato
	vuoterai	vuoterete	avrai vuotato	avrete vuotato
	vuoterà	vuoteranno	avrà vuotato	avranno vuotato
Subjunctive	**Present**		**Present Perfect**	
	vuoti	vuotiamo	abbia vuotato	abbiamo vuotato
	vuoti	vuotiate	abbia vuotato	abbiate vuotato
	vuoti	vuotino	abbia vuotato	abbiano vuotato
	Imperfect		**Past Perfect**	
	vuotassi	vuotassimo	avessi vuotato	avessimo vuotato
	vuotassi	vuotaste	avessi vuotato	aveste vuotato
	vuotasse	vuotassero	avesse vuotato	avessero vuotato
Conditional	**Present Conditional**		**Perfect Conditional**	
	vuoterei	vuoteremmo	avrei vuotato	avremmo vuotato
	vuoteresti	vuotereste	avresti vuotato	avreste vuotato
	vuoterebbe	vuoterebbero	avrebbe vuotato	avrebbero vuotato

Note: As a reflexive verb, *vuotarsi* ("to empty," "to be empty") uses the reflexive pronouns *mi, ti, si, ci, vi, si,* as well as the auxiliary verb *essere,* to form compound tenses (see the third example below).

EXAMPLES

Devo vuotare la stanza di tutti i mobili.

I have to empty out all the furniture from the room.

Hai vuotato il cassetto?

Did you empty the drawer?

La sala si è vuotata in pochi minuti.

The hall emptied (with)in a few minutes.

APPENDIX OF ADDITIONAL VERBS

This appendix consists of over 1,500 additional verbs. Each verb in this appendix has a reference to a fully conjugated verb with a matching conjugation. For example, *ammirare* (to admire) will point you to page 298, where you'll find *guardare* (to look), because both verbs are identically conjugated. The note of the charted verb may include information on the verb you need. This appendix also contains idiomatic usages of common verbs.

Note the following:

- Verbs followed by an asterisk (*) use *avere* or *essere* in compound tenses without distinction. The asterisk also follows the verb that usually take *essere* in compound tenses, unless followed by a direct object, in which case they require *avere*. (See the Verb Usage Review for more information.)
- Verbs followed by a dagger (†) do not have a past participle.
- Verbs followed by a double dagger (‡) do not have a past participle or a past definite.

Italian Verb	English Verb	Page Number
abbaiare	to bark	567
abbattere	to knock down, to destroy	124
abbattersi	to lose heart	124
abbellire	to embellish	140
abbinare	to go with, to match, to pair	394
abbonarsi	to take out a subscription/season ticket	84
abbondare	to abound	394
abbreviare	to shorten	567
abbronzarsi	to get tanned	84
abbrustolire	to toast	271
abbrutirsi	to become brutish	596
abbuffarsi	to stuff oneself	84
abdicare	to abdicate	287
abolire	to abolish	140
abortire	to abort, to have an abortion	140
abusare	to abuse	394
accadere	to happen	135
accaldarsi	to get hot	84
accalorarsi	to become animated	84

accanirsi	to persist doggedly	596
accarezzare	to caress	394
accecare	to blind	287
accelerare *	to quicken, to accelerate	117
accennare	to point to, to beckon, to nod	394
accentrare	to concentrate, to centralize	394
accertarsi	to make sure	84
acchiappare	to catch	394
accingersi (a)	to get ready, to make ready	69
acclamare	to acclaim	394
accludere	to enclose	420
accondiscendere	to consent, to acquiesce, to agree	554
acconsentire (a)	to agree, to consent	531
accontentare	to satisfy, to please	394
accontentarsi (di)	to be satisfied with, to content oneself	84
accorciare	to shorten	121
accordare	to harmonize, to tune (to agree)	394
accordarsi	to match, to reach an agreement	84
accorrere	to rush	189
accrescere *	to increase, to augment	196
accudire	to look after, to nurse	140
accumulare	to accumulate, to cumulate	394
acquisire	to acquire	140
acquistare	to buy, to purchase	162
acuire	to sharpen	140
adattare	to adapt, to fit	394
adattarsi (a)	to adapt oneself, to fit, to submit	84
addestrare	to train, to school, to drill	394
addolcire	to sweeten, to soften	140
addolcirsi	to become sweet	596
addurre	to bring forward, to cite	170
adeguare (a)	to adapt, to adjust	394
adeguarsi	to conform oneself	84
adempiere	to fulfill	159
adempire	to fulfill	472
adibire	to use, to assign	140
adoperare	to use, to employ	394
adoperarsi	to exert oneself	84
adorare	to adore, to like, to love	85
adottare	to adopt	394
affascinare	to charm	551

afferrare	to grasp, to seize, to get hold of	394
affettare	to slice	394
affievolirsi	to weaken, to fade	596
affiorare	to surface, to come to the surface	247
affiggere	to post, to post up	519
affliggere	to afflict	339
affluire	to flow, to pour in	263
affogare *	to drown	142
affollarsi	to crowd	84
affondare *	to sink	117
affrettare	to quicken one's step	394
affrettarsi	to hurry up	84
affrontare	to face, to confront	394
affrontarsi	to meet (sport)	84
affumicare	to smoke	287
aggiornare	to update	394
aggiornarsi	to bring up to date (oneself)	84
aggrapparsi	to catch hold	84
aggredire	to attack	271
allacciare	to lace up, to fasten	121
allagare	to flood	391
allargare	to broaden, to expand, to widen	391
allattare	to suckle	394
allearsi	to form an alliance	84
allegare	to enclose	391
allenare	to train, to coach	394
allenarsi	to train oneself	84
allentare	to loosen	394
allevare	to breed, to raise, to bring up	394
alloggiare	to lodge	347
allontanare	to remove	394
allontanarsi	to move away	84
alludere	to allude	420
allunare *	to land on the moon	247
alterare	to alter, to modify	394
alternarsi	to take turns	84
ambire (a)	to aspire	140
ammansire *	to tame, to soothe	307
ammansirsi	to become tame	596
ammattire	to go mad	263
ammazzare	to kill	394

amministrare	to administrate, to manage	394
ammirare	to admire	298
ammonire	to admonish	140
ammorbidire	to make soft	140
ammorbidirsi	to go soft	596
ammuffire	to go moldly	263
ammutinarsi	to mutiny	84
ammutolire *	to fall silent	263
amnistiare	to grant amnesty	328
andare bene	to fit	88
annacquare	to water down, to dilute	394
annaffiare	to water	137
annegare *	to drown	142
annerire *	to blacken	263
annettere	to attach, to add	175
annichilire	to annihilate	140
annodare	to knot	394
annuire	to nod	140
annunciare	to announce	121
annusare	to smell, to sniff	394
ansimare	to pant	394
anteporre	to place before	413
anticipare	to anticipate	394
apparecchiare	to set the table	567
appartarsi	to isolate oneself	84
appassionarsi (a)	to become very keen (on)	84
appassire	to wither	263
appesantire	to make heavy/heavier	140
appiattire	to flatten, to level	140
appisolarsi	to doze off	84
applicare	to put on, to apply	287
apporre	to append	413
apprezzare	to appreciate	85
approfittare (di)	to take advantage	394
approfondire	to deepen, to examine	140
approvare	to approve	394
appuntire	to sharpen, to point	140
arare	to plow	394
ardire	to dare, to venture	140
armare	to arm, to reinforce	394
arrampicarsi	to climb	618

arrangiarsi	to manage, to get along	73
arredare	to furnish	394
arrestare	to arrest	394
arretrare *	to move back, to withdraw	397
arricchire	to make rich	140
arricchirsi	to get rich	596
arrossire	to flush, to blush	263
arrostire	to roast	140
arrugginirsi	to rust, to grow rust	596
arruolare	to draft	394
ascendere	to ascend	513
ascrivere	to ascribe	523
asfaltare	to asphalt	394
aspirare (a)	to aspirate, to aspire	394
assalire	to attack	503
assassinare	to slaughter, to kill	394
assecondare	to support, to comply with	394
assediare	to besiege	137
assegnare	to award, to assign	541
assentire	to assent	531
asserire	to declare, to claim	140
associare (a)	to associate, to link	121
assolvere (a)	to acquit, to absolve	490
assopire	to make drowsy	271
assopirsi	to drowse	596
assorbire	to absorb	271
assurgere	to rise	290
astenersi (da)	to abstain	582
astrarre	to abstract	594
attardarsi	to tarry	84
attecchire	to take root	263
attenere	to pertain, to concern	582
attenuare	to lessen, to attenuate	394
atterrire *	to frighten	307
attingere	to draw	585
attirare	to capture, to attract	394
attrarre	to capture, to attract	594
attraversare	to cross	394
attrezzare	to equip, to provide with	394
attutire	to reduce, to lessen	140
autorizzare (a)	to authorize	394

avanzare	to advance	394
avanzare	to be left	247
avere . . . anni	to be . . . years old	118
avere bisogno di	to need	118
avere caldo	to be hot	118
avere fame	to be hungry	118
avere fortuna	to be lucky	118
avere freddo	to be cold	118
avere fretta	to be in a hurry	118
avere intenzione di	to intend	118
avere l'abitudine di	to be used to	118
avere paura (di)	to be afraid	118
avere pazienza	to be patient	118
avere ragione	to be right	118
avere sete	to be thirsty	118
avere sonno	to be sleepy	118
avere torto	to be wrong	118
avere voglia (di)	to feel like	118
avvalersi	to avail oneself	613
avvelenare	to poison, to envenom	394
avvenire	to happen, to occur	619
avvertire	to sense, to inform, to warn	531
avviare	to start out, to initiate	328
avvicinare	to bring something close	394
avvicinarsi	to approach	84
avvilire	to humiliate	140
avvincere	to charm, to grip	626
avvitare	to screw	394
avvizzire	to wither, to wilt	263
avvolgere	to wind, to wrap	631
azzardarsi	to dare, to venture	84
azzuffarsi	to scuffle	84
badare (a)	to mind, to pay attention, to take care	394
bagnare	to wet	541
bagnarsi	to get wet	84
balbettare	to stammer	394
balzare	to leap, to jump	247
bandire	to announce, to ban	140
barare	to cheat	394
barrire	to trumpet	271
basare	to base	394

basarsi	to base oneself	84
bastonare	to beat, to club, to bludgeon	394
battezzare	to baptize	394
beccare	to peck, to catch	287
belare	to bleat	394
benedire	to bless	182
beneficiare	to profit, to benefit	121
bestemmiare	to curse, to swear	567
bisbigliare	to whisper	177
bisticciare (con)	to squabble	121
blandire	to blandish	140
brandire	to brandish	140
brontolare	to mutter, to mumble	394
bucare	to make a hole, to perforate	287
cacciare	to hunt	121
calare *	to lower, to go down	397
calciare	to kick	121
calcolare	to calculate	394
calpestare	to trample, to step on	394
calzare	to wear, to fit	394
campare *	to live	247
cancellare	to delete, to erase	394
capovolgere	to turn upside down	631
caricare	to load	287
carpire	to snatch, to worm	140
catturare	to seize, to capture	394
cavare	to extract, to take out, to pull out, to get out	394
celebrare	to celebrate	394
certificare	to certify	287
cessare (di)	to cease, to stop	584
chiacchierare	to chat	394
chiarire	to explain, to make clear, to clarify	140
chinare	to bend, to bow, to lower	394
chinarsi	to stoop	84
cingere	to surround	557
circolare *	to circulate, to move about	397
circoncidere	to circumcise	470
circondare *	to surround, to encircle	397
circoscrivere	to circumscribe	523
circuire	to get around, to deceive	140
citare	to quote	394

classificare	to classify	287
coesistere	to coexist	252
coincidere *	to coincide	470
colare	to strain, to filter	394
collaborare	to cooperate, to collaborate	394
collegare	to connect, to link	391
collidere	to collide	470
collocare	to place, to put	287
colludere	to collude	470
colmare	to fill	394
colorare	to color	394
colorire	to color	271
comandare	to command, to give orders	394
combinare	to combine, to match	394
commentare	to comment on, to annotate	394
compatire	to pity, to sympathize with	140
compensare	to compensate for	394
competere †	to compete	195
compiacere *	to be pleased	407
compiangere	to be sorry for, to pity	408
compire	to complete, to do	472
completare	to complete, to conclude	394
complicare	to complicate	287
compromettere	to compromise, to jeopardize	355
concentrare	to concentrate	394
concepire	to conceive	140
concernere ‡	to concern, to regard	195
conchiudere	to conclude	149
conciliare	to conciliate	567
concordare	to agree on, to arrange	394
concorrere	to contribute, to compete	189
concretare	to concretize	394
concupire	to covet	271
condensare	to condense	394
condiscendere (a)	to consent, to acquiesce, to agree	554
condividere	to share	235
condizionare	to condition	394
conferire	to confer	271
confezionare	to pack up	394
conficcare	to drive, to hammer	287
confidare	to confide in, to trust	394

configgere	to drive, to hammer	519
configurare	to configure	394
confinare	to confine, to border	394
confiscare	to confiscate	287
confluire *	to flow, to merge	263
confortare	to comfort	394
confrontare	to compare	394
congedare	to dismiss, to release	394
congelare	to freeze	394
congelarsi	to freeze	84
congiungere	to join	557
congiurare	to conspire	394
coniugare	to conjugate, to marry	391
conquistare	to conquer	394
consacrare	to consecrate	394
consegnare	to deliver	541
conseguire	to achieve	529
consentire (a)	to agree, to allow	531
conservare	to preserve	394
considerare	to consider	394
consolare	to console	394
consolidare	to consolidate, to strenghten	394
constare	to consist	247
constatare	to ascertain	394
consultare	to consult	394
consumare	to consume, to wear out	394
contagiare	to infect	121
contemplare	to admire	394
contendere	to contend	581
contestare	to notify, to question	394
contorcere	to twist, to contort	589
contrabbandare	to smuggle	394
contraccambiare	to reciprocate	137
contraddistinguere	to mark	228
contraffare	to imitate	473
contrapporre	to oppose	413
contrastare	to impede	394
contrattare	to bargain, to negotiate	394
contravvenire	to transgress, to disobey	619
controllare	to check	394
convalidare	to confirm, to validate	394

convergere ‡	to converge	195
convertire	to convert	531
convertirsi	to be converted	399
convivere	to live together	628
convocare	to call together	287
cooperare	to cooperate	394
coordinare	to coordinate	394
copiare	to copy	567
coricarsi	to lie down, to go to bed	618
corrodere	to corrode	470
corteggiare	to court, to woo	347
costeggiare	to sail along, to run along	347
costituire	to constitute	140
covare	to brood	394
cozzare	to bang	394
creare	to create	394
crepare	to burst, to die	247
criticare	to criticize	287
crocifiggere	to crucify	519
crollare	to collapse	247
cullare	to rock, to cradle	394
culminare *	to culminate, to reach its climax	247
curvare	to bend	394
custodire	to keep, to guard	140
danneggiare	to damage	347
danzare	to dance	394
datare	to date	394
debuttare	to make one's debut, to debut	394
decadere	to decline	135
decollare *	to take off	247
decomporsi	to decompose	160
decomprimere	to decompress	164
decorare	to decorate	394
decorrere	to become effective, to start	189
decrescere	to decrease	196
dedurre	to deduce	170
deferire	to submit	271
defluire	to flow out/away	263
deformare	to deform	394
defungere	to die	290
degenerare	to degenerate	247

deglutire	to swallow	140
degradare	to demote, to degrade	394
delegare	to delegate	391
deliberare	to decide, to deliberate	394
delinquere ‡	to commit a crime	195
delirare	to rave	394
demolire	to demolish	140
demoralizzare	to demoralize	394
demordere	to give up	359
deperire	to lose strength	263
deporre	to put down	413
depositare	to deposit	394
deprimere	to depress	257
deridere	to deride, to belittle	470
derivare *	to derive	397
derubare	to rob	502
desistere	to desist	322
destinare	to destine	394
desumere	to deduce	111
detenere	to hold	582
determinare	to define, to determinate	394
detrarre	to deduct	594
dettare	to dictate	394
deviare	to divert	328
dialogare	to talk, to communicate	391
differire	to defer, to differ	140
digiunare	to fast, to go without food	394
dilagare	to flood	391
dilatare	to dilate	394
dileguare	to disperse	394
diluire	to dilute	140
dilungarsi	to talk at length, to linger	618
dimagrire	to lose weight	263
dimettersi	to resign	355
dirimere ‡	to settle	195
dirottare	to divert, to hijack	394
disarmare	to disarm	394
disattendere	to fail to comply with	554
discendere *	to descend	513
discernere ‡	to discern	195
dischiudere	to disclose, to open slightly	149

disconoscere	to disclaim	176
discorrere	to chat	189
disdire	to retract	182
diseredare	to disinherit, to cut somebody off	394
disfare	to undo	473
disgiungere	to separate, to disjoin	78
disilludere	to disenchant	470
disinfettare	to disinfect	394
disintossicare	to detoxify	287
disonorare	to dishonor	394
disorientare	to disorient	394
disperdere	to disperse	400
disprezzare	to despise, to disparage	394
disquisire	to discourse	140
disseminare	to disseminate	394
dissentire	to dissent	531
disseppellire	to disinter, to exhume	533
dissipare	to dissipate	394
dissolvere	to dissolve	490
dissuadere	to dissuade	403
distaccare	to take away/off	287
distendere	to lay out, to stretch out	581
distogliere	to dissuade	588
distorcere	to distort	589
disubbidire	to disobey	605
disunire	to disunite	609
disviare	to misdirect	328
divenire	to become	619
diventare rosso	to blush	233
divergere †	to diverge	195
divorare	to devour	394
divorziare	to divorce	378
domare	to tame	394
dominare	to dominate	394
donare	to donate	453
dondolare	to swing	394
dotare	to furnish, to endow	394
drizzare	to put up, to prick up	394
drogare	to spice, to drug	391
drogarsi	to take drugs	618

eccedere	to exceed	195
eccepire	to object	140
eccitare	to excite, to arouse	394
edificare	to build, to erect	287
effondere	to pour out, to give off	274
elencare	to list	287
elevare	to raise, to elevate	394
elidere	to elide, to annul	470
eludere	to evade, to elude	206
emigrare *	to emigrate	247
emozionarsi	to get excited	84
enfatizzare	to emphasize	394
entusiasmare	to excite	551
equilibrare	to balance	394
equivalere *	to be equivalent	613
ereditare	to inherit	394
ergere	to raise	557
erigere	to erect	222
erodere	to erode	470
erogare	to allocate, to supply	391
erompere	to burst out, to erupt, to gush out	499
erudire	to educate	140
esalare	to exhale	394
esaltare	to exhalt	394
esaminare	to examine	394
esasperare	to exasperate	551
esaudire	to grant, to fulfill	140
esaurire	to exhaust, to use up, to sell out	140
esclamare	to exclaim	394
esercitare	to exercise	394
esibire	to show, to produce	140
esimere †	to exempt	195
esonerare (da)	to exonerate, to excuse from	394
esordire	to begin, to make one's debut	140
espandere	to expand	547
espiare	to expiate, to make amends	328
esplorare	to explore	394
esportare	to export	394
espungere	to expunge	557
esternare	to express	394
estorcere	to extort, to wring	589

estrarre	to extract, to take out	594
estromettere	to exclude, to expel	355
esultare	to exult	394
evacuare	to evacuate	394
evaporare	to evaporate, to vaporize	247
evincere	to infer, to evict	626
fabbricare	to produce, to fabricate	287
facilitare	to facilitate	394
falsare	to distort	394
falsificare	to falsify, to counterfeit	287
farcire	to stuff	140
fare bel tempo	to be good weather	264
fare colazione	to have breakfast	264
fare domanda	to apply	264
fare il bagno	to take a bath	264
fare il pieno	to fill up one's gas tank	264
fare l'autostop	to hitchhike	264
fare la doccia	to take a shower	264
fare la spesa	to go grocery shopping	264
fare male	to ache, to hurt	264
fare presto	to hurry	264
fare sciopero	to go on strike	264
fare un viaggio	to take a trip	264
fare una domanda	to ask a question	264
fare una foto	to take a picture	264
fare una gita	to take a short trip	264
fare una passeggiata	to take a walk	264
faticare	to labor, to struggle	287
favorire	to favor	140
fecondare	to fertilize, to inseminate	394
fervere †	to blaze, to be in full swing	195
fiatare	to breathe, to open one's mouth	394
ficcare	to thrust, to ram, to drive, to stick	287
figliare	to breed	177
figurare	to represent, to picture	394
filare	to spin	394
filmare	to film	394
filtrare	to filter, to filtrate, to strain	394
fiorire	to flower, to bloom	263
fischiare	to whistle	489
fiutare	to sniff, to scent	394

fluire	to flow	263
focalizzare	to focus	394
foderare	to line, to cover	394
forbire	to furbish	140
forzare	to force	394
fotografare	to photograph, to take a photograph	394
fracassare	to smash	394
fraintendere	to misunderstand	323
frammettere	to interpose	355
franare	to slide down, to subside	247
frangere	to break, to press	557
frantumare	to shatter	394
frapporre	to interpose	413
fratturarsi	to break	84
freddare	to chill, to cool	394
fregare	to rub, to scrub, to cheat	391
fremere	to quiver, to be thrilled	195
frenare	to slow down, to hold back, to curb	394
frodare	to deceive	394
fronteggiare	to face up, to cope	347
frugare	to rummage	391
fruire	to enjoy the use of, to benefit from	140
fruttare	to bear fruit, to return a profit	394
fucilare	to execute	394
fungere	to act, to serve as, to function	557
fuoriuscire	to come out	612
fuorviare	to lead astray, to mislead	328
galleggiare	to float	347
galoppare	to gallop	394
gareggiare	to compete	347
gelare *	to freeze	397
gemere	to groan	195
generare	to procreate	394
germogliare *	to sprout	327
ghiacciare *	to freeze, to ice	121
gioire (di)	to be delighted, to rejoice	140
giovare	to be useful	394
giustapporre	to juxtapose	413
giustificare	to justify	287
gocciolare	to drip	247
governare	to rule, to govern	394

graffiare	to stratch, to scrape	567
grandinare	to hail	394
grattare	to scratch, to grate	394
gremire	to fill up, to pack	140
grondare	to drip	247
grugnire	to grunt	140
guaire	to yelp	140
guarnire	to decorate, to garnish	140
guastare	to spoil, to ruin	394
gustare	to enjoy	394
ideare	to conceive, to devise	394
illanguidire	to make languid	271
illudere	to deceive, to delude	470
illustrare	to illustrate	394
imballare	to pack, to box	394
imbarazzare	to embarrass	551
imbarcare	to embark, to load	287
imbarcarsi	to board	618
imbastire	to tack, to baste, to draft	140
imbattersi	to bump into	124
imbiancare	to whiten, to paint, to whitewash	287
imboccare	to spoon-feed	287
imbottigliare	to bottle	137
imbottire	to stuff, to fill	140
imbruttire	to become ugly	263
imbucare	to mail	287
imburrare	to butter	394
imitare	to imitate, to copy	394
immedesimarsi	to identify, to get into one's character	84
immergere	to immerse, to plunge	245
immettere	to put in, to let in	355
immischiarsi	to get involved in, to interfere	352
impacchettare	to wrap, to package	394
impadronirsi	to take over	596
impallidire	to turn pale, to go pale, to blanche	263
impartire	to give	271
impastare	to knead, to mix	394
impiccare	to hang	287
impiccarsi	to hang oneself	618
impiegare	to use, to employ, to spend	391
impigliarsi	to get entangled	352

impigrirsi	to become lazy	596
implicare	to involve, to imply	287
implodere	to implode	255
imporre	to impose	413
importunare	to bother, to annoy	394
impostare	to plan, to mail, to set	394
impratichirsi	to get some practice	596
impressionare	to strike, to impress	394
imprigionare	to imprison, to jail	394
imprimere	to imprint, to stamp	164
improvvisare	to improvise, to extemporize	394
impuntarsi	to jib, to insist stubbornly on	84
inacerbire	to embitter	307
inacidire	to sour, to acidify	307
inacidirsi	to sour, to become embittered	596
inaridirsi	to dry up, to become arid	596
inasprirsi	to turn sour	596
inaugurare	to open, to inaugurate	394
incalzare	to press, to urge	394
incamminarsi	to set out on one's way	84
incancrenirsi	to gangrene, to become gangrenous	596
incantare	to charm, to captivate	394
incarcerare	to jail	394
incaricare	to charge	287
incartare	to wrap	394
incassare	to cash	394
incastrare	to wedge, to get something stuck	394
incatenare	to chain	394
incendiare	to fire, to set on fire	137
incenerire	to burn to ashes	271
incepparsi	to jam	84
inchinarsi	to bow	84
inchiodare	to nail	394
inciampare *	to trip, to stumble	247
incidere	to affect, to carve, to etch	470
incitare	to spur, to urge, to incite	394
inclinare	to tilt, to incline	394
incollare	to glue, to stick	394
incolpare	to blame	394
incombere †	to hang (over), to loom	195
incominciare (a)	to start, to begin	155

incoronare	to crown	394
incorrere	to incur	189
incrociare	to cross	121
indagare	to investigate	391
indebolire	to weaken	307
indebolirsi	to get weak	596
indietreggiare *	to draw back, to retreat	347
indire	to call, to announce	182
indirizzare	to address	394
indispettire	to vex, to annoy	307
individuare	to locate, to identify	394
indolenzirsi	to stiffen, to become numb/sore	596
indossare	to wear	414
indovinare	to guess	394
indugiare	to delay, to hesitate	347
indulgere	to indulge	557
indurirsi	to harden	596
indurre	to persuade, to lead	170
inebetirsi	to dull, to numb	596
infamare	to dishonor, to slander	394
infarinare	to flour, to coat with flour	394
infastidire	to annoy	271
infastidirsi	to get annoyed	596
infervorare	to excite	394
infettare	to infect	394
infiammare	to set on fire, to inflame	394
infierire	to rage, to treat cruelly	140
infilare	to thread	394
infischiarsi	to not care a bit	352
infittirsi	to thicken	596
infliggere	to inflict	77
influenzare	to influence, to affect	394
infondere	to infuse, to inspire	274
infrangere	to break, to violate	557
ingelosire	to make jealous	307
ingelosirsi	to become jealous	596
ingerire	to ingest	214
ingessare	to apply plaster	394
inghiottire	to swallow	140
ingiallirsi	to turn yellow	596
ingigantire	to magnify	140

inginocchiarsi	to kneel	352
ingobbirsi	to become hunchbacked	596
ingoiare	to swallow, to gulp down	137
ingombrare	to clutter	394
ingrandire *	to enlarge	263
ingrassare	to fatten, to get fat	247
inibire	to inhibit, to forbid	140
innalzare	to raise, to lift up	394
innervosire	to irritate, to get on somebody's nerves	307
innervosirsi	to become nervous	596
inoltrare	to forward, to send in	394
inondare	to flood, to inundate	394
inorridire	to horrify, to be horrified	307
inquietare	to alarm	394
inquinare	to pollute	394
inquisire	to investigate	140
insaporire	to flavor	140
inseguire	to chase	529
inserire	to insert	140
insidiare	to set a trap for	137
insignire	to decorate, to bestow, to confer	271
insinuare	to insinuate	394
insorgere	to rise up, to revolt, to rebel	543
insospettire	to make suspicious	307
inspirare	to breathe in	394
installare	to install	394
insultare	to insult	394
intasare	to block, to clog, to obstruct	394
intascare	to pocket	287
interagire	to interact	79
intercorrere	to elapse	189
interdire	to debar, to interdict	182
interferire	to interfere	140
interporre	to interpose	413
interpretare	to interpret, to play the role	394
interrogare	to question, to interrogate, to test orally	391
interrompere	to interrupt	499
intervenire	to intervene	619
intestardirsi	to become obstinate	596
intimidire	to intimidate, to awe, to make shy	307
intimorire	to intimidate	307

intingere	to dip	585
intitolare	to title	394
intraprendere	to undertake	420
intrattenere	to entertain	582
intravedere	to glimpse	427
intrecciare	to interlace, to intertwine	121
intridere	to soak, to saturate	470
intrigare	to intrigue	391
intromettersi	to intervene, to interpose oneself	355
intuire	to sense, to feel, to intuit	140
inumidire	to dampen, to moisten	307
inveire	to inveigh, to rail, to lash out	140
inventare	to invent	394
invertire	to reverse, to invert	531
investire	to invest, to collide, to run over	531
invidiare	to envy	137
invocare	to invoke	287
inzuppare	to soak, to dunk	394
irretire	to trap	140
irrigidirsi	to stiffen, to become stiff	596
irritare	to irritate	551
irritarsi	to get irritated	84
irrompere †	to storm, to burst	499
isolare	to isolate	394
ispezionare	to inspect	394
ispirare	to inspire	394
istituire	to establish	140
istruire	to educate, to instruct	140
lambire	to lap	140
lampeggiare *	to flash	347
languire	to languish	140
leccare	to lick	287
ledere	to damage	470
lenire	to soothe, to alleviate	140
lessare	to boil	394
levigare	to smooth	391
liberare	to free, to set free, to liberate	394
limare	to file	394
limitare	to restrict, to set a limit	394
liquefare	to liquefy	473
liquidare	to liquidate, to pay off	394

lodare	to praise, to laud	394
logorare	to wear out	394
lottare	to wrestle, to struggle	394
luccicare *	to glitter, to shine, to sparkle	287
lucidare	to polish, to wax, to trace	394
lusingare	to brandish, to flatter	391
macinare	to grind, to mill	394
maltrattare	to maltreat, to mistreat	394
maneggiare	to handle	347
manipolare	to manipulate	394
manomettere	to tamper, to violate	355
manovrare	to operate	394
marcare	to mark	287
marciare	to march	121
marcire	to rot	263
martellare	to hammer	394
mascherare	to mask	394
massacrare	to massacre	394
massaggiare	to massage	347
masticare	to chew	287
medicare	to treat	287
meditare	to meditate	394
mendicare	to beg	287
miagolare	to meow	394
mietere	to reap	195
mimetizzare	to camouflage	394
mirare	to aim	394
mischiare	to mix, to mingle	137
misconoscere	to disregard	176
mitigare	to ease, to mitigate	391
modellare	to model	394
modificare	to modify	287
molestare	to irritate, to molest	394
mollare	to let go, to release	394
moltiplicare	to multiply	287
montare *	to mount, to whip	397
mormorare	to sigh, to murmur	394
mortificare	to mortify	287
motivare	to justify, to motivate	394
muggire	to moo	140
mugolare	to whimper	394

multare	to fine, to give a ticket	394
mungere	to milk	557
munire	to provide	140
murare	to wall up	394
mutare *	to change	247
naufragare *	to be wrecked, to be shipwrecked	142
necessitare	to require	394
negoziare	to transact, to negotiate	137
nitrire	to neigh, to whinny	140
notificare	to notify, to serve, to give notice of	287
numerare	to number	394
obbedire	to obey	140
obiettare	to object	394
obliare	to forget	328
obliterare	to stamp (a ticket), to punch	394
occludere	to obstruct	470
occultare	to conceal, to cover up	394
odorare	to smell	394
offuscare	to darken, to obscure	287
oliare	to grease, to oil	567
oltrepassare	to go beyond	394
omettere	to omit	355
ondeggiare	to sway, to rock, to roll	347
onorare	to honor	394
opprimere	to oppress, to weigh upon	164
ordire	to wrap	140
originare *	to originate	356
origliare	to eavesdrop	177
ormeggiare	to dock, to moor, to wharf	347
ornare	to adorn, to embellish	394
oscillare	to swing, to oscillate	394
oscurare	to obscure	394
ossessionare	to obsess	551
ostacolare	to obstruct, to hinder, to impede	394
ostentare	to show off	394
ostruire	to clog, to obstruct	140
ovviare	to obviate	328
padroneggiare	to control, to have a good command	347
palesare	to reveal	394
paragonare	to compare	394
paralizzare	to paralyze	394

parare	to protect, to save (in sports), to block	394
pareggiare	to level, to tie (in sports)	347
parteggiare	to take sides, to support	347
partorire	to give birth	140
pascolare	to pasture, to graze	394
passeggiare	to take a walk	347
pasteggiare (a)	to have (something) for one's meal	347
pasticciare	to mess up	121
patire	to suffer, to undergo	140
patteggiare	to negotiate, to come to terms	347
pattinare	to skate	394
pattuire	to agree on	140
pedalare	to pedal	394
pedinare	to shadow	394
peggiorare *	to worsen	356
pelare	to peel	394
penare	to suffer	394
pendere	to hang, to lean	195
penetrare *	to penetrate	356
percepire	to perceive	140
percorrere	to cover, to cross	189
percuotere	to beat up, to strike	524
perfezionare	to perfect	394
perire	to perish	140
perorare	to plead	394
perquisire	to search	140
persistere	to persist	322
pervadere	to pervade	470
pervenire	to reach, to arrive	619
pestare	to tread, to step on	394
piazzare	to place, to position	394
picchiare	to beat	489
pigiare	to press	347
pigliare	to take	177
pilotare	to pilot	394
pizzicare	to pinch, to sting	287
poltrire	to idle about, to laze about	140
posare	to lay down, to pose	394
posporre	to postpone	413
posticipare	to postpone	479
potare	to prune	394

pranzare	to have lunch	145
praticare	to practice	287
precedere	to precede	195
precipitare	to hurl down, to precipitate	247
precipitarsi	to rush	84
precisare	to specify	394
precludere	to preclude	470
precorrere	to anticipate, to be ahead of one's time	189
predicare	to preach	287
prediligere	to prefer, to have a preference for	222
predire	to predict	182
predisporre	to arrange	413
prefiggere	to fix, to set	519
preludere	to herald	470
premettere	to state first	355
premunirsi	to provide oneself	596
preporre	to put in charge	413
presagire	to have a presentiment of, to predict	79
prescegliere	to select	512
prescrivere	to prescribe	523
presentire	to foresee	531
prestabilire	to prearrange	561
presumere	to presume	461
presupporre	to presuppose, to assume	413
prevalere *	to prevail	613
prevenire	to prevent	619
privare	to deprive	394
procedere *	to proceed	195
processare	to try, to bring to trial	394
proclamare	to proclaim	394
procurare	to obtain	394
proferire	to utter	271
profilare	to outline	394
profondere	to lavish	274
profumare	to scent, to perfume	394
progettare	to plan	394
progredire	to progress	271
proiettare	to project	394
prolungare	to prolong, to lengthen, to extend	391
propagare	to propagate	391
propendere	to incline	554

prorogare	to extend, to defer	391
prorompere	to burst	499
prosciogliere	to absolve	516
prosciugare	to dry up	391
proscrivere	to proscribe	523
prosperare	to prosper	394
prostituire	to prostitute	140
prostituirsi	to prostitute oneself	596
protestare	to protest	394
protrarre	to protract	594
provenire (da)	to come from	619
provocare	to provoke, to cause	287
prudere †	to itch	195
pubblicare	to publish	287
pulsare	to beat	394
punire	to punish	140
puntare	to point	394
quadrare	to square, to fit up	394
qualificare	to define, to qualify	287
quotare	to quote	394
rabbonire	to mollify	140
rabbrividire *	to shiver	263
raccattare	to pick up	394
racchiudere	to contain	149
raddoppiare	to double	567
raddrizzare	to straighten	394
radunare	to muster, to assemble, to gather	394
raffigurare	to recognize, to represent	394
rafforzare	to strenghten	394
raffreddare	to cool	394
raffreddarsi	to catch cold	84
rallegrare	to cheer up	394
rammendare	to mend	394
rapire	to kidnap	140
rasarsi	to shave	84
raschiare	to scrape	489
rasserenare	to brighten, to cheer up	394
rassicurare	to reassure	394
rassodare	to harden, to tone up	394
rattrappirsi	to stiffen, to twist, to become numb	596
rattristarsi	to grow sad, to grieve	84

raziare	to raid	328
recare	to bring, to take	287
recedere	to withdraw	195
recensire	to review	140
recepire	to acknowledge, to understand	140
recidere	to cut off, to sever	470
recingere	to enclose, to fence	557
reclamare	to complain, to protest	394
recludere	to imprison	167
reclutare	to recruit	394
recuperare	to recover	394
redigere	to draw up, to write	251
registrare	to record, to register	394
regnare	to reign	541
regolare	to regulate	394
regredire	to recede	263
reinserire	to reintroduce	140
remare	to row	394
reperire	to find	140
replicare	to replicate	287
reprimere	to repress, to restrain	164
requisire	to requisition	140
rescindere	to rescind	515
restringere	to narrow, to reduce	566
retribuire	to pay	140
riacquistare	to buy again, to regain	394
rialzare	to raise, to elevate	83
riaprire	to open again	99
riavere	to have again, to recover	118
ribadire	to reassert	140
ribaltare	to overturn	394
ribassare	to lower, to reduce	60
ribollire	to reboil	531
ricadere	to fall again	135
ricalcare	to trace	287
ricamare	to embroider	394
ricambiare	to reciprocate, to return	137
ricavare	to derive from, to obtain from	394
richiudere	to close again, to shut again	149
ricominciare	to begin again, to start again	155
ricomparire	to reappear	92

ricompensare	to reward, to recompense	398
ricondurre	to bring again, to take again	170
riconquistare	to reconquer	394
riconsegnare	to redeliver, to give back	541
ricopiare	to recopy, to write out, to type out	567
ricoprire	to cover again	187
ricostruire	to rebuild, to reestablish, to reconstruct	194
ricoverare	to shelter, to admit, to send	394
ridiventare	to become again	233
rientrare	to reenter, to go back	247
rifinire	to finish off, to apply the finishing touches	271
riformare	to reform, to re-form	394
rifornire	to supply	277
rifriggere	to refry	279
rifuggire	to shrink, to shun	280
rifugiarsi	to take refuge, to shelter	73
rigenerare	to regenerate	394
rigirare	to turn again	288
rigovernare	to wash up	394
rilasciare	to leave again, to issue, to release	333
rilegare	to tie again, to bind	338
rileggere	to read again	339
rilevare	to take away again, to point out	340
rilucere †	to shine	195
rimbalzare	to bounce	394
rimediare	to remedy	567
rimettere	to put back, to remit, to vomit	355
rimodernare	to modernize, to update	394
rimorchiare	to tow, to pick up	489
rimpiangere	to regret, to look back with melancholy on	408
rimproverare	to reprehend, to reproach, to scold	394
rimuginare	to brood, to ruminate, to ponder	394
rimuovere	to remove	362
rinascere	to be born again, to revive	364
rincarare *	to become more expensive	117
rincarare	to raise the price of	394
rinchiudere	to lock up/in, to confine	149
rincorrere	to run after, to chase	189
rincrescere	to regret	196
rinfrescare	to refresh, to freshen	287

ringhiare	to snarl, to growl	489
ringiovanire *	to rejuvenate	263
rintracciare	to trace, to track down	121
rinviare	to send back, to put off	328
rinvigorirsi	to regain strength	596
riordinare	to rearrange, to put in order	394
ripagare	to pay again/back	391
riparlare	to speak again	394
ripartire	to leave again, to start	396
ripartire	to split	271
ripassare *	to cross again, to pass again	397
ripassare	to brush up	394
ripensare	to think over, to reflect	398
ripescare	to fish again, to retrieve	405
ripiegare	to fold again	410
riporre	to put back, to replace	413
riportare	to bring again/back, to restore	414
riprodurre	to reproduce	429
riproporre	to repropose	413
ripulire	to clean again, to clean out	438
risalire	to go up again, to go backward (in time)	503
risarcire	to indemnify	140
riscattare	to redeem, to buy back	394
risciacquare	to rinse	335
riscoprire	to rediscover	187
riscrivere	to rewrite	523
riscuotere	to collect, to cash, to win, to gain	524
risentire	to hear again, to hear from	531
riservare	to reserve	394
risorgere	to rise again, to rise from the dead	543
rispecchiare	to mirror, to reflect	137
rispettare	to respect	394
risplendere †	to shine	195
ristabilire	to reestablish, to establish again, to restore	561
risultare	to result	590
risuonare *	to play again, to resound	571
risuscitare	to raise from the dead	247
ritardare	to delay	394
ritoccare	to touch again/up	287
ritorcersi	to rebound, to backfire	589
ritornare	to come back, to return, to reappear	590

ritrarre	to portray	594
ritrovare	to find, to recover, to regain	602
rivalersi	to avail oneself again	613
rivalutare	to revalue	614
rivedere	to see again, to meet again	616
rivendicare	to claim, to lay claim to	287
rivivere	to come back to life, to revive	628
rivoltare	to turn again, to upset	394
rodere	to gnaw	470
ronzare	to hum, to buzz	394
rotolare	to roll	394
rovistare	to rifle through, to rummage	394
ruggire	to roar	140
ruotare	to rotate, to circle, to wheel	394
russare	to snore	394
sabotare	to sabotage	394
saccheggiare	to sack	347
sacrificare	to sacrifice	287
salare	to salt	394
saldare	to pay off, to weld, to solder	394
salire a bordo	to board	503
salpare	to sail, to weigh anchor	247
sancire	to decree, to rule	140
sanguinare	to bleed	394
santificare	to sanctify	287
sbadigliare	to yawn	177
sbalordire	to astonish	140
sbandare	to disband	394
sbarcare *	to disembark	142
sbarrare	to bar	394
sbattere	to beat, to whip, to slam	124
sbavare	to dribble, to drool	394
sbiadirsi	to fade, to discolor	596
sbiancare	to whiten	287
sbigottire	to stun, to dismay	140
sbizzarrirsi	to run wild, to do as one pleases	596
sbloccare	to unblock	287
sboccare	to flow into, to run into	142
sbottonare	to unbutton	394
sbranare	to tear to pieces	394

sbriciolare	to crumble	394
sbucare	to emerge, to pop out, to peep out	142
sbucciare	to peel	121
sbuffare	to puff, to snort, to fume	394
scacciare	to drive away, to chase away	121
scadere	to expire, to lose	135
scagliare	to throw, to fling	177
scalare	to climb, to deduct	394
scaldare	to heat, to warm up	394
scaldarsi	to get warm, to warm oneself	84
scalfire	to scratch, to graze	140
scambiare	to mistake, to exchange	137
scampare	to avoid, to escape	397
scandalizzare	to shock, to scandalize	394
scandire	to scan	140
scansare	to avoid, to shun, to dodge	394
scarabocchiare	to scribble	489
scarcerare	to release from prison	394
scarseggiare	to be in short supply	347
scartare	to unwrap, to eliminate, to discard	394
scassare	to wreck, to destroy	394
scatenare	to unchain	394
scattare	to click, to snap	85
scattare	to sprint, to go off	247
scaturire	to gush, to originate	263
scavalcare	to pass over, to step over, to supplant	287
scavare	to dig, to hollow out, to excavate	394
schedare	to file	394
schernire	to mock	271
schiacciare	to crush, to squash	121
schiaffeggiare	to slap, to smack	347
schiantare	to smash up, to break	394
schiarire *	to brighten, to lighten	263
schierare	to draw up, to line up	394
schiudere	to unclose, to hatch	149
schivare	to dodge	394
schizzare	to squirt, to splash	394
schizzare	to jump, to shoot (off)	247
sciacquare	to rinse	394
sciare	to ski	328
scioperare	to strike, to go on strike	394

sciupare	to spoil, to ruin	394
scivolare *	to slide	247
scocciare	to irritate	121
scolorire *	to discolor, to fade	263
scolpire	to carve, to sculpt	271
scomporre	to dismantle, to decompose	160
scomunicare	to excommunicate	165
scongelare	to defrost	394
scongiurare	to implore	394
sconnettere	to disconnect	175
sconsigliare	to advise against, to advise not to do something	177
scontare	to discount, to expiate	394
scontrarsi	to collide, to crash	84
sconvolgere	to devastate, to wreak havoc	631
scoraggiare	to discourage	314
scorgere	to catcht sight of, to see	557
scottare	to scorch, to burn	394
scovare	to dig up/out	394
scricchiolare	to creak	394
scrutare	to scrutinize	394
scuocere	to overcook	199
scurire *	to darken	271
scurirsi	to grow dark	596
sdebitarsi	to pay off one's debts, to return a favor	84
sdegnarsi	to be offended	84
sedare	to calm	394
sedurre	to seduce	170
segnalare	to signal	394
segnare	to make tick marks, to mark, to score (as in sports)	394
segregare	to segregate	391
selezionare	to select	394
seminare	to sow, to seed	394
semplificare	to simplify	287
serbare	to put away, to lay aside	394
serpeggiare	to twist and turn, to wind	347
sfamare	to appease somebody's hunger	394
sfasciare	to smash	333
sfidare	to challenge, to defy, to dare somebody	394
sfilare	to unthread, to file, to parade	394
sfiorire	to fade, to wither	263

sfogare	to vent, to pour out, to spill out	391
sfogliare	to leaf through, to skim	177
sfollare	to clear, to evacuate	394
sfoltire	to thin out	140
sfondare	to knock the bottom out of, to crack	394
sforzare	to strain	394
sfrattare	to evict, to force to leave	394
sfregare	to rub	391
sfregiare	to slash	347
sfuggire *	to avoid, to shun	280
sfumare	to soften, to tone down, to shade off	394
sfumare	to come to nothing, to fall through	247
sganciare	to unhook, to unfasten	121
sgombrare	to clear (out)	394
sgomentare	to dismay	551
sgonfiare	to deflate, to reduce swelling	294
sgorgare	to gush, to pour from	142
sgozzare	to slit somebody's throat	394
sgranchirsi	to stretch, to loosen up	596
sgranocchiare	to crunch, to nibble	489
sgrassare	to degrease	394
sgridare	to scold	394
sgualcire	to crease, to crumple	140
sguarnire	to dismantle, to unrig	140
simpatizzare	to take a liking to, to favor	394
simulare	to simulate	394
situare	to place, to locate	247
slacciare	to unlace, to untie	121
slanciarsi	to through oneself, to fling oneself	73
slegare	to untie	391
slittare	to skid, to slip, to drift	394
slogarsi	to dislocate	618
sloggiare	to dislodge, to drive out, to move out	347
smacchiare	to remove stains from	489
smaltare	to enamel	394
smaltire	to get rid of	140
smarrire	to lose, to mislay	140
smascherare	to unmask	394
smentire	to deny, to disclaim, to belie	140
sminuirsi	to belittle oneself	596
smontare	to diassemble, to dismount	394

smuovere	to budge	362
snellire	to slim	271
snobbare	to snub	394
socchiudere	to half-close	149
soccombere †	to succumb	195
soccorrere	to aid	189
soffermarsi	to pause	84
soffiare	to blow	567
soffocare	to stifle, to smother, to choke	287
soffriggere	to fry lightly	279
soggiacere	to be subject to	286
soggiogare	to subjugate	391
sollecitare	to solicit, urge, to press	394
sollevare	to raise, to lift	394
somigliare (a) *	to resemble, to look like	110
sommare	to add	394
sommergere	to submerge	245
sondare	to sound, to plumb	394
sopire	to soothe	140
soppiantare	to supersede	394
sopprimere	to suppress	164
sopraffare	to overwhelm, to overpower	473
sopraggiungere	to supervene	290
sopravvalutare	to overestimate, to overrate	614
sopravvivere	to survive	628
sorbire	to put up with	140
sorpassare	to surpass, to overtake	394
sorreggere	to prop up	454
sorridere	to smile	470
sorvegliare	to watch over	177
sorvolare	to fly over, to skip	629
sospendere	to suspend	94
sospettare	to suspect	394
sospirare	to sigh	394
sostare	to pause, to stop off, to halt	394
sottendere	to subtend, to imply	581
sotterrare	to bury	394
sottintendere	to imply, to hint, to leave out/unsaid	581
sottolineare	to underline	394
sottomettere	to subject, to subjugate, to subdue	355
sottoporre	to submit	413

sottoscrivere	to underwrite	523
sottostare	to be subject	563
sottrarre	to subtract, to embezzle	594
sovraccaricare	to overload	287
sovrapporre	to superimpose	413
sovrastare	to overtop, to tower above	394
sovresporre	to overexpose	413
sovvertire	to subvert	531
spaccare	to crack, to chop, to split	287
spacciare	to deal (drugs), to push	121
spalancare	to open wide	287
spalare	to shovel	394
spalmare	to spread, to smear	394
sparecchiare	to clear the table	489
spartire	to split, to divide	271
spaziare	to move freely, to range	567
spazientirsi	to lose patience	596
spazzare	to sweep	394
specchiarsi	to look oneself in a mirror	352
specializzarsi (in)	to specialize (in)	84
specificare	to specify	287
speculare	to speculate	394
spellarsi	to peel	84
spennare	to pluck, to overcharge	394
sperimentare	to experiment, to test	394
sperperare	to squander	394
spettare (a)	to pertain (to), to be due	247
spettinarsi	to ruffle one's hair	84
spezzare	to break	394
spiacere	to be sorry	226
spianare	to smooth (out/away)	394
spiare	to spy	328
spiccare	to contrast, to stand out	287
spifferare	to blab	394
spiovere	to stop raining	411
spirare	to blow	247
splendere †	to shine	195
spolverare	to dust	394
sporgersi	to lean out	69
spostare	to move, to shift	394
sprecare	to waste	287

spremere	to squeeze	195
sprofondare *	to cast, to plunge, to fall down	247
spruzzare	to spray, to spritz	394
spuntare	to sprout	247
spuntare	to trim	394
sputare	to spit (out)	394
squalificare	to disqualify	287
squillare	to ring, to blare	394
squittire	to squeak	140
stampare	to print	394
stanare	to rouse, to track down	394
stancare	to tire out	287
stancarsi	to get tired	618
starnutire	to sneeze	140
stentare (a)	to find it hard (to)	394
sterzare	to steer	394
stimare	to estimate, to esteem	394
stingersi	to fade, to discolor	69
stirare	to iron	394
stizzire	to make angry	307
stonare	to sing out of tune, to jar	394
storcere	to twist, to wrench, to wrest	589
stordire	to stun, to stupefy	271
stormire	to rustle	140
storpiare	to cripple, to mangle	567
strafare	to overdo	473
strangolare	to strangle	394
stravedere (per)	to be crazy about	427
stravincere	to crush	626
stravolgere	to twist, to upset, to distort	631
straziare	to tear to pieces	481
stregare	to bewitch	391
striare	to stripe	328
stridere †	to squeak	195
strillare	to scream, to shriek	394
strisciare	to crawl	333
strofinare	to rub, to wipe	394
stroncare	to break off, to slash, to slate	287
strozzare	to throttle, to strangle, to choke	394
struggere	to melt, to liquify	231
stufare	to stew, to bore	394

stupefare	to stupefy, to amaze, to astonish	473
subire	to undergo	140
succhiare	to suck	489
sudare	to sweat	394
suddividere	to (sub)divide, to split up	235
suicidarsi	to commit suicide	84
supplicare	to entreat, to plead, to implore	287
supplire	to compensate for	140
suscitare	to stir up, to excite	394
susseguirsi	to follow/succeed one another	399
sussistere	to subsist, to hold water	252
svagarsi	to relax, to find distraction	618
svalutare	to devalue	614
svanire	to lose flavor, to vanish, to fade	263
svelare	to disclose	394
sveltire	to speed up	140
svendere	to undersell	617
svenire	to faint	619
sventolare	to flap	394
svestirsi	to undress	623
sviare	to divert, to draw away	328
svilire	to depreciate	307
svolazzare	to flutter	394
svuotare	to empty	633
tamponare	to tamp on, to bump (into)	394
tappare	to cork, to put a top on	394
tappezzare	to tapestry	394
tardare	to be late, to delay	394
tassare	to tax	394
tempestare	to storm	394
terrorizzare	to terrorize	394
tessere	to weave, to spin	195
testimoniare	to witness	567
timbrare	to stamp	394
tinteggiare	to color-wash	347
tollerare	to tolerate	394
tormentare	to torment	394
torturare	to torture	394
tosare	to shear	394
tossire	to cough	140
tostare	to toast	394

traballare	to totter, to stagger	394
tracciare	to trace	121
trafiggere	to tranfix	339
trainare	to drag	394
tramortire	to stun	263
trangugiare	to gulp down	347
tranquillizzare	to calm	394
trapassare	to pierce	394
trasalire	to start, to jump	503
trascendere	to transcend	513
trascinare	to drag	394
trascrivere	to transcribe	523
trascurare	to neglect	394
trasfondere	to transfuse	274
trasgredire	to transgress, to infringe	140
trasmettere	to transmit	355
trasparire	to be transparent	92
trasporre	to transpose	413
trasportare	to transport	394
travasare	to pour off	394
travestirsi	to disguise oneself	399
traviare	to lead astray, to corrupt	328
travolgere	to sweep away	631
triplicare	to triple, to treble	287
tritare	to mince	394
troncare	to sever, to truncate	287
trottare	to trot	394
truffare	to cheat, to swindle	394
tuffare	to plunge, to immerse	394
tuffarsi	to dive	84
tuonare	to thunder	394
ubriacarsi	to get drunk	618
ultimare	to complete, to finish	394
ululare	to howl	394
umiliare	to humiliate, to abase	567
unificare	to unify	287
urgere ‡	to be urgently required	195
urtare	to bang, to bump into	394
usufruire	to have the use of	140
usurpare	to usurp	394
utilizzare	to use, to utilize	394

vacillare	to totter, to stagger	394
vagabondare	to wander about, to roam about	394
valorizzare	to appreciate	394
variare *	to vary	137
vegliare	to stay awake	177
vendemmiare	to harvest (grapes)	567
verniciare	to lacquer, to varnish	121
vertere †	to concern, to regard	195
vibrare	to vibrate	394
vigere †	to apply, to be in use	195
vigilare	to watch over, to guard	394
violare	to violate	394
violentare	to rape, to force	394
viziare	to spoil	137
vomitare	to vomit	394
votare	to vote	394
zappare	to hoe	394
zigzagare	to zigzag	391
zittire	to hush, to silence	140
zoppicare	to limp	287
zuccherare	to add sugar	394

APPENDIX OF IRREGULAR FORMS

This appendix lists irregular verb forms that are different in appearance from the infinitive and may, therefore, be difficult to identify. The first person of each irregular tense is provided, the forms for the other persons are easily deduced. Also, when the verb has similar irregularities in different tenses, only one form is given; for example, the first-person future tense of the verb *avere* is *avrò* and the conditional is *avrei*, but only the future form is given. Verbs with spelling changes and those whose first few letters resemble the infinitive have not been included because they are easily recognizable. The page number next to the infinitive of the verb will direct you to the verb chart containing the irregular form.

E

è **essere** 258
ebbi **avere** 118
eccelso **eccellere** 241
elessi **eleggere** 243
eletto **eleggere** 243
emerso **emergere** 245
emesso **emettere** 246
emisi **emettere** 246
ero **essere** 258
esatto **esigere** 251
esca **uscire** 612
escluso **escludere** 249
esco **uscire** 612
esploso **esplodere** 255
espulso **espellere** 254
esponevo **esporre** 256
espongo **esporre** 256
esponi **esporre** 256
esporrò **esporre** 256
esposto **esporre** 256
espresso **esprimere** 257
espulsi **espellere** 254
estesi **estendere** 259
esteso **estendere** 259
estinsi **estinguere** 260
estinto **estinguere** 260
evaso **evadere** 261

F

fa' **fare** 264
faccio, facciamo **fare** 264
facessi **fare** 264
facevo **fare** 264
farò **fare** 264
fatto **fare** 264
feci **fare** 264

finsi **fingere** 270
finto **fingere** 270
fossi **essere** 258
fosti, foste **essere** 258
frissi **friggere** 279
fritto **friggere** 279
fui, fu, fummo, furono **essere** 258
fuso **fondere** 274

G

giaccio **giacere** 286
giaciuto **giacere** 286
giacqui **giacere** 286
giunsi **giungere** 290
giunto **giungere** 290
godrò **godere** 293

H

ha **avere** 118
hai **avere** 118
hanno **avere** 118
ho **avere** 118

I

incluso **includere** 312
insistito **insistere** 322
inteso **intendere** 323
introdotto **introdurre** 325
introduca **introdurre** 325
introducevo **introdurre** 325
introduco **introdurre** 325
introdussi **introdurre** 325
invaso **invadere** 326
iscrissi **iscrivere** 330
iscritto **iscrivere** 330

M

maledetto **maledire** 344
maledica **maledire** 344

maledicessi **maledire 344**

maledicesti **maledire 344**

maledico, maledicevo **maledire 344**

maledissi **maledire 344**

mantengo **mantenere 349**

manterrò **mantenere 349**

mantieni **mantenere 349**

messo **mettere 355**

misi **mettere 355**

morrò **morire 360**

morso **mordere 359**

morto **morire 360**

mosso **muovere 362**

muoia **morire 360**

muoio **morire 360**

muore, muori **morire 360**

N

nacqui **nascere 364**

nascosi **nascondere 365**

nascosto **nascondere 365**

nato **nascere 364**

nociuto **nuocere 372**

nocqui **nuocere 372**

nuoccio **nuocere 372**

nuociuto **nuocere 372**

O

odo **udire 607**

offerto **offrire 380**

offeso **offendere 379**

opponevo **opporre 382**

oppongo **opporre 382**

opponi **opporre 382**

opporrò **opporre 382**

opposi **opporre 382**

opposto **opporre 382**

ottengo **ottenere 390**

otterrò **ottenere 390**

ottieni **ottenere 390**

P

paio **parere 423**

parrò **parere 423**

parso **parere 423**

parvi **parere 423**

permesso **permettere 402**

permisi **permettere 402**

perso **perdere 400**

persuaso **persuadere 403**

piaccio **piacere 407**

piaciuto **piacere 407**

piacqui **piacere 407**

piansi **piangere 408**

pianto **piangere 408**

piovvi **piovere 411**

ponevo **porre 413**

pongo **porre 413**

poni **porre 413**

porsi **porgere 412**

porto **porgere 412**

posi **porre 413**

possa **potere 416**

possiamo **potere 416**

posso **potere 416**

posto **porre 413**

poté **potere 416**

potei **potere 416**

potrò **potere 416**

preso **prendere 420**

preteso **pretendere 426**

previdi **prevedere 427**

previsto **prevedere 427**

prodotto **produrre 429**

producevo **produrre 429**

produco **produrre 429**

produssi **produrre 429**

promesso **promettere 431**

promisi **promettere 431**

promosso **promuovere 362**

proponevo **proporre 434**

propongo **proporre 434**

scosso **scuotere** 524

scrissi **scrivere** 523

scritto **scrivere** 523

seggo **sedere** 528

sei **essere** 258

sepolto **seppellire** 533

seppi **sapere** 507

sia **essere** 258

siamo **essere** 258

siede **sedere** 528

siederò **sedere** 528

siedo **sedere** 528

siete **essere** 258

sii **essere** 258

smesso **smettere** 538

smisi **smettere** 538

so **sapere** 507

soddisfaccio, soddisfacciamo
soddisfare 539

soddisfacevo **soddisfare** 539

soddisfarò **soddisfare** 539

soddisfatto **soddisfare** 539

soddisfeci **soddisfare** 539

sofferto **soffrire** 380

sono **essere** 258

sorpresi **sorprendere** 544

sorpreso **sorprendere** 544

sorse **sorgere** 543

sorto **sorgere** 543

sostengo **sostenere** 545

sostenni **sostenere** 545

sosterrò **sostenere** 545

sostieni **sostenere** 545

spansi **spandere** 547

spanso **spandere** 547

spengo **spegnere** 553

spensi **spegnere** 553

spento **spegnere** 553

speso **spendere** 554

spinsi **spingere** 557

spinto **spingere** 557

sta' **stare** 563

stai **stare** 563

stanno **stare** 563

starò **stare** 563

stato **essere** 258, **stare** 563

steso **stendere**

stessi **stare** 563

stetti **stare** 563

stia **stare** 563

stretto **stringere** 566

strinsi **stringere** 566

successo **succedere** 569

supponevo **supporre** 573

suppongo **supporre** 573

supponi **supporre** 573

supposi **supporre** 573

supposto **supporre** 573

svolsi **svolgere** 576

svolto **svolgere** 576

T

taccio **tacere** 577

taciuto **tacere** 577

tacqui **tacere** 577

tengo **tenere** 582

terrò **tenere** 582

teso **tendere** 581

tieni **tenere** 582

tinsi **tingere** 585

tinto **tingere** 585

tolsi **togliere** 588

tolto **togliere** 588

torsi **torcere** 589

torto **torcere** 589

tradotto **tradurre** 592

traduca **tradurre** 592

traducevo **tradurre** 592

traduco **tradurre** 592

tradussi **tradurre** 592

trae **trarre** 594

traendo **trarre** 594

traevo **trarre** 594
tragga **trarre** 594
traggo **trarre** 594
trai **trarre** 594
trarrò **trarre** 594
trascorsi **trascorrere** 595
trascorso **trascorrere** 595
trassi **trarre** 594
trattengo **trattenere** 600
trattenni **trattenere** 600
tratterrò **trattenere** 600
trattieni **trattenere** 600
tratto **trarre** 594

U
udrò **udire** 607
unsi **ungere** 608
unto **ungere** 608

V
vada **andare** 88
vado **andare** 88
vai, va' **andare** 88
valgo **valere** 613
valso **valere** 613
varrò **valere** 613
vedrò **vedere** 616
vengo **venire** 619
venni **venire** 619
venuto **venire** 619
verrò **venire** 619
vidi **vedere** 616
viene **venire** 619
vieni **venire** 619
vinsi **vincere** 626
vinto **vincere** 626
vissi **vivere** 628
vissuto **vivere** 628
visto **vedere** 616
vivrò **vivere** 628
voglio **volere** 630

volli **volere** 630
volsi **volgere** 631
volto **volgere** 631
vorrò **volere** 630
vuoi **volere** 630
vuole **volere** 630

APPENDIX OF VERBS USED WITH PREPOSITIONS

Some verbs do not require a preposition; they are followed immediately by an infinitive. You can find a list of these verbs in the Verb Usage Review.

The following verbs require the preposition *a* before the infinitive. In English, either the *–ing* form (gerund) or the infinitive can be used— for example, *Proviamo a entrare* ("Let's try getting in" or "Let's try to get in").

abituarsi (to get used to)

affrettarsi (to hurry)

aiutare (to help)

andare (to go)

apprendere (to learn)

cominciare (to begin)

condannare (to condemn)

continuare (to continue)

convincere (to convince)

correre (to run)

costringere (to compel)

decidersi (to make up one's mind)

divertirsi (to have fun)

entrare (to enter)

esitare (to hesitate)

fermarsi (to stop)

giungere (to reach)

imparare (to learn)

incominciare (to begin)

incoraggiare (to encourage)

indurre (to induce, to lead)

iniziare (to start)

insegnare (to teach)

invitare (to invite)

mandare (to send)

mettersi (to begin)

obbligare (to oblige)

ostinarsi (to persist)

passare (to stop by)

persuadere (to convince)

portare (to take)

prepararsi (to get ready)

proseguire (to go on)

provare (to try)

rassegnarsi (to give up)

restare (to stay)

ridursi (to end up)

rimanere (to remain)

rinunciare (to give up)

riprendere (to start again)

riuscire (to succeed)

salire (to climb, to go up)

sbagliare (to be wrong)

sbrigarsi (to hurry)

scendere (to go down)

scoppiare (to burst)

servire (to be good for)

spingere (to push)

stare (to stay)

tendere (to tend)

tornare (to return)

uscire (to leave)

venire (to come)

volerci (to take) *

* This verb is also used with *per*.

The following verbs require the preposition *di* before the infinitive. In English, either the –ing form (gerund) or the infinitive can be used.

accettare (to accept)
accorgersi (to realize)
accusare (to accuse)
affermare (to assert)
ammettere (to admit)
aspettarsi (to expect)
augurarsi (to hope)
avere bisogno (to need to)
avere fretta (to be in a hurry)
avere intenzione (to intend)
avere voglia (to feel like)
avvisare (to inform)
cercare (to try to)
cessare (to stop)
chiedere (to ask to)
comandare (to order)
comunicare (to inform)
confessare (to confess)
consigliare (to advise)
credere (to believe)
decidere (to decide to)
denunciare (to report)
dichiarare (to declare)
dispiacere (to be sorry)
dimenticare (to forget)
dimostrare (to show)
dire (to say, to declare)
domandare (to ask)
dubitare (to doubt)
evitare (to avoid)
fare a meno (to do without)
fingere (to pretend)
finire (to finish)
giurare (to swear)
ignorare (to ignore)
immaginare (to imagine)
impedire (to prevent)
lamentarsi (to complain)

meravigliarsi (to be surprised)
meritare (to deserve)
minacciare (to threaten)
negare (to deny)
offrire (to offer)
ordinare (to order)
pensare (to plan)
pentirsi (to repent)
permettere (to allow to)
pregare (to beg)
pretendere (to demand)
proibire (to prohibit)
promettere (to promise to)
proporre (to propose)
raccomandare (to entrust)
rendersi conto (to realize)
ricordarsi (to remember to)
rifiutare (to refuse)
ringraziare (to thank)
rischiare (to risk)
ritenere (to think)
scegliere (to choose)
scrivere (to write)
scusare (to be sorry)
smettere (to quit, to stop)
sognare (to dream)
supporre (to suppose)
sostenere (to maintain)
sperare (to hope to)
stabilire (to agree)
stancarsi (to get tired)
stupirsi (to be astonished)
suggerire (to suggest)
temere (to fear)
tentare (to try)
terminare (to end)
vantarsi (to boast)
vergognarsi (to be ashamed)
vietare (to forbid)

ENGLISH-ITALIAN VERB INDEX

This is an alphabetical list of English verbs that will allow you to easily find the Italian equivalent. The number following the Italian verb is the page where you can find the full conjugation of that verb or a verb that has an equivalent conjugation. The note of the charted verb may include information on the verb you need. This appendix also contains idiomatic usages of common verbs.

boil **bollire 129**

bore **annoiare 90**

borrow **prestare 425**

bother **disturbare 232, seccare 527, dare fastidio 201**

break **rompere 499**

break up **lasciarsi 333, dividersi 235**

breathe **respirare 458**

bribe **corrompere 499**

bring something close **avvicinare 394**

bring oneself up to date **aggiornarsi 84**

bring up **accennare 394**

bring **portare 414, trarre 594**

broadcast **dare in televisione 201**

broaden **allargare 391**

brush **lavare 335, pulire 438**

build **costruire 194**

bump **battere 124**

burn **bruciare 132, ardere 100**

burst **scoppiare 520, esplodere 255**

bury **seppellire 533**

buy **comprare 162**

call **chiamare 147, telefonare 579**

call back/off **richiamare 465**

calm **calmare 136**

calm down **calmarsi 136**

can **potere 416, riuscire 496**

cancel **annullare 91**

capture **catturare 394**

care **preoccuparsi 84, importare 414**

caress **accarezzare 394**

carry out **svolgere 576, eseguire 250**

carry **portare 414, sostenere 545**

carve **incidere 470, scolpire 140**

cash **riscuotere 524, incassare 394**

cast **gettare 285**

catch a cold **prendere il raffreddore 420**

catch cold **raffredarsi 84**

catch hold **aggrapparsi 84**

catch sight of **intravedere 427, scorgere 557**

catch up with **raggiungere 445**

catch **prendere 420, cogliere 150, afferrare 394, acchiappare 394**

cause **causare 143**

cease **cessare 584**

celebrate **festeggiare 267, celebrare 394**

centralize **accentrare 394, centralizzare 394**

certify **certificare 287**

challenge **sfidare 394**

change **cambiare 137**

change clothes **cambiarsi 137**

charge **(in)caricare 287, denunciare 207, accusare 70**

charm **affascinare 551**

chase away **scacciare 121**

chase **inseguire 529, rincorrere 189**

chat **chiacchierare 394**

cheat **imbrogliare 304, tradire 591, ingannare 318, barare 394**

check **verificare 621**

cheer up **rallegrare 551**

chew **masticare 287**

choke **soffocare 287, strozzare 85**

choose **scegliere 512**

chop **tagliare 578**

claim **chiedere 148, esigere 251, pretendere 426, rivendicare 287**

clarify **chiarire 140**

classify **classificare 287**

clean **pulire 438**

clear **chiarire 140, liberare 85**

clear the table **sparecchiare 489**

consume **consumare 394**

contain **contenere 582**

contend **contendere 581**

content oneself **accontentarsi 84**

continue **continuare 181**

contract **contrarre 594**

contradict **contraddire 182**

contribute **contribuire 184**

convert **convertire 531**

convict **condannare 168**

convince **convincere 186, persuadere 403**

cook **cucinare 197, cuocere 199**

cool **raffreddare 394, raffreddarsi 84**

cooperate **cooperare 394**

coordinate **coordinare 394**

copy **copiare 567**

cork **tappare 394**

correct **correggere 454**

correspond **corrispondere 190**

corroborate **confermare 171**

corrupt **corrompere 499**

cost **costare 192**

cough **tossire 140**

count **contare 179**

court **corteggiare 347**

cover **coprire 187**

crack **spaccare 287**

cradle **cullare 394**

crash **scontrarsi 84**

crawl **strisciare 137**

create **creare 394**

criticize **criticare 287**

cross **attraversare 394**

crown **incoronare 394**

cry **piangere 408**

cultivate **coltivare 153**

cumulate **accumulare 394**

cure **curare 200, guarire 299**

curse **maledire 344, bestemmiare 567**

cut down **ridurre 471**

cut off **recidere 470**

cut **tagliare 578**

damage **danneggiare 347, nuocere 372**

dance **ballare 122**

dare **sfidare 394**

date **datare 394, uscire con 612**

deal in **spacciare 121**

deal **trattare 599**

debate **discutere 223**

deceive **ingannare 318, tradire 591**

decide **decidere 202**

declare **dichiarare 211, affermare 74**

decline **rifiutare 475**

decompose **scomporre 413**

decompress **decomprimere 164**

decorate **decorare ornare 394**

decrease **diminuire 216, decrescere 196**

dedicate **dedicare 203**

deduce **dedurre 170**

deduct **detrarre 594, scaricare 511**

deepen **approfondire 140**

defeat **sconfiggere 519, battere 124**

defend **difendere 212**

defer **differire 140, prorogare 391**

define **definire 271**

deflate **sgonfiare 294**

deform **deformare 394**

defrost **scongelare 394**

defy **sfidare 394**

degrease **sgrassare 394**

deign **degnare 204**

delay **(ri)tardare 394, rimandare 479**

delegate **delegare 391**

delete **cancellare 394**

deliberate **deliberare 394**

deliver **consegnare 541**

demand **esigere 251, pretendere 426, richiedere 466**

demolish **demolire 140**

demonstrate **dimostrare 217, manifestare 348**

denounce **denunciare 207**

deny **negare 367**

depart **partire 396**

depend **dipendere 218**

depict **rappresentare 448**

deport **espellere 254**

deposit **depositare 394**

depress **deprimere 257**

deprive **privare 394**

descend **discendere 513**

describe **descrivere 208**

deserve **meritare 353**

design **disegnare 224, progettare 285 394**

designate **nominare 370**

desire **desiderare 209**

despair **disperare 225**

despise **disprezzare 394, detestare 210, odiare 378**

destroy **distruggere 231**

detach **staccare 562**

determine **determinare 394, identificare 301**

detest **odiare 378, detestare 210**

detoxify **disintossicare 287**

devalue **svalutare 614**

devastate **devastare 394, sconvolgere 631**

develop **sviluppare 575**

devise **ideare 394**

devour **divorare 394**

dial **comporre 160**

diassemble **smontare 394**

dictate **dettare 394**

die out **scomparire 518**

die **morire 360**

dig **scavare 394**

digest **digerire 214**

dilate **dilatare 394**

dilute **diluire 140**

diminish **diminuire 216**

dine **cenare 145**

direct **dirigere 222**

dirty **sporcare 559, macchiare 343**

disappear **scomparire 518, sparire 550**

disappoint **deludere 206**

disarm **disarmare 394**

discharge **scaricare 511**

disclaim **disconoscere 176**

disclose **dischiudere 149**

disconnect **sconnettere 175**

discount **scontare 394**

discourage **scoraggiare 314**

discover **scoprire 187**

discuss **discutere 223**

disguise oneself **travestirsi 399**

dishonor **disonorare 394**

disinfect **disinfettare 394**

disinherit **diseredare 394**

dislocate **slogarsi 618**

dismantle **scomporre 413**

dismiss **congedare 394, mandare via 358**

disobey **disubbidire 605**

disorient **disorientare 385**

disperse **disperdere 400**

display **esporre 256**

disqualify **squalificare 287**

disregard **misconoscere 176**

disseminate **disseminare 394**

dissipate **dissipare 394**

dissolve **dissolvere 490**

dissuade **dissuadere 403**

distinguish **distinguere 228**

distort **distorcere 589**

distract **distrarsi 229**

distress oneself **agitarsi 80, affliggersi 77**

distribute **distribuire 230**

disturb **disturbare 232**

disunite **disunire 609**

dive **tuffarsi 84**

divert **deviare 328**

divide **dividere 235**

divorce **divorziare 378**

do again **rifare 473**

do **fare 264**

dodge **schivare 394**

dominate **dominare 394**

donate **donare 394**

double **raddoppiare 567**

doubt **dubitare 239**

download **scaricare 511**

draft **abbozzare 394, fare una bozza 264, arruolare 394**

drag **trainare 394**

draw away **sviare 328**

draw back **indietreggiare 347**

draw something close **avvicinare 394**

draw **trarre 594, disegnare 224**

dread **temere 580**

dream **sognare 541**

dress **vestire 623, condire 169, pettinarsi 406**

drink a toast **brindare 131**

drink **bere 125**

drive away **scacciare 121**

drive back **respingere 457**

drop **gocciolare 394, cadere 135, abbandonare 59**

drown **affogare 142**

drug oneself **drogarsi 618**

dry up **prosciugare 391**

dry **asciugare 104, seccare 527**

dust **spolverare 394**

dye **tingere 585**

earn **guadagnare 297**

ease **calmare 394**

eat **mangiare 347**

eat dinner **cenare 145**

eat lunch **pranzare 145**

eavesdrop **origliare 177**

educate **istruire 140**

elapse **trascorrere 595, intercorrere 189**

elect **eleggere 243**

elevate **elevare 394**

elide **elidere 470**

eliminate **eliminare 244**

embarrass **imbarazzare 551**

embrace **abbracciare 61**

embroider **ricamare 394**

emerge **emergere 245**

emigrate **emigrare 247**

emit **emettere 246**

emphasize **enfatizzare 394**

employ **usare 611**

empty **vuotare 633**

enamel **smaltare 394**

enclose **includere 312**

encourage **incoraggiare 314**

end **finire 271, terminare 584**

endow **dotare 394**

endure **resistere 252**

enjoy **piacere 407, godere 293**

enjoy oneself **divertirsi 234**

enroll **iscriversi 330**

enter **entrare 247**

entertain **intrattenere 582**

entrust **affidare 75**

envy **invidiare 567**

equip **attrezzare 394**

erase **cancellare 394**

erect **edificare 287, erigere 222**

find out **scoprire 187, sapere 507**

find **trovare 602**

fine **multare 394**

finish off **rifinire 271**

finish **finire 271, compiere 159,
terminare 584**

fire **licenziare 341, sparare 548**

fish **pescare 405**

fit **andare bene 88, essere della
misura giusta 258**

fix **fissare 273, stabilire 561**

flash **lampeggiare 347**

flatten **appiattire 140**

flatter **lusingare 391**

flavor **insaporire 140**

flee **fuggire 280**

fling **lanciare 332**

float **galleggiare 347**

flood **inondare 394, allagare 391**

flour **infarinare 394**

flow **scorrere 522**

flower **fiorire 263**

flush **arrossire 263**

fly **volare 629**

fly over **sorvolare 629**

focus **focalizzare 394**

fold **piegare 410**

follow one another **susseguirsi 399**

forbid **proibire 430, impedire
309, vietare 625**

force **costringere 193,
obbligare 375**

forecast **prevedere 427**

foresee **presentire 531**

foretell **prevedere 427**

forget **dimenticare 215**

forgive **perdonare 401**

form **formare 276**

form an alliance **allearsi 84**

forward **inoltrare 394**

foster **allevare 394, incoraggiare
314**

found **fondare 274**

free **liberare 394**

freeze **(con)gelare 394,
congelarsi 84**

freshen **rinfrescare 287**

frighten **impaurire 307, spaventare 551**

fry lightly **soffriggere 279**

fry **friggere 279**

fulfill **realizzare 451**

fume **sbuffare 394**

function **funzionare 282,
fungere 557**

furnish **arredare 394, fornire 277**

fuse **fondere 274**

gain weight **ingrassare 247**

gain **guadagnare 297**

gallop **galoppare 394**

garnish **guarnire 140**

gather **riunire 609, radunare 394,
(rac)cogliere 150**

generate **produrre 429**

get **ottenere 390**

get accustomed to **abituarsi 63**

get along **arrangiarsi 73**

get angry **arrabbiarsi 101**

get annoyed **arrabbiarsi 101**

get better **migliorare 356**

get bored **annoiarsi 90**

get burned **bruciarsi 132**

get confused **confondersi 173**

get dirty **sporcarsi 559,
macchiarsi 343**

get done **sbrigare 509**

get dressed **vestirsi 623**

get drunk **ubriacarsi 618**

get engaged **fidanzarsi 268**

get entangled **impigliarsi 352**

get excited **emozionarsi 84**

get fat **ingrassare 247**

get going **avviarsi 119**

get hold of **afferrare 394**

grunt **grugnire 140**

guarantee **assicurare 108,
garantire 283**

guard **custodire 140, vigilare 394**

guess **indovinare 394**

guide **dirigere 222**

gulp down **trangugiare 347**

gush **scaturire 263, sgorgare 142**

hail **grandinare 394**

half-close **socchiudere 149**

half-open **schiudere 149**

halt **sostare 394**

hammer **martellare 394**

hand **porgere 412, allungare 82**

handle **maneggiare 347**

hang **appendere 94, attaccare
112, stendere 564, impiccare
146**

happen **succedere 569,
capitare 141**

harden **indurirsi 596, rassodare
394**

harm **nuocere 372**

harmonize **accordare 394**

harvest (grapes) **vendemmiare 567**

hate **odiare 378, detestare 210**

have **avere 118, possedere 415**

have a coffee **prendere un caffè
420**

have a preference for **preferire 417**

have a good command **padroneg-
giare 347**

have a good time **divertirsi 234**

have again **riavere 118**

have an abortion **abortire 140**

have dinner **cenare 145**

have fun **divertirsi 234**

have lunch **pranzare 145**

have to **dovere 238**

hazard **rischiare 489**

head **dirigersi 222**

heal **guarire 299**

hear again **risentire 531**

hear **sentire 531, udire 607**

heat up **riscaldare 488**

heat **scaldare 488**

heed **dare retta 201**

help **aiutare 81, assistere 109**

herald **preludere 470**

hesitate **esitare 253**

hide **nascondere 365**

hijack **dirottare 394**

hinder **ostacolare 394**

hint **suggerire 570,
sottintendere 581**

hire **assumere 111**

hit **colpire 152**

hoe **zappare 394**

hold **reggere 454, tenere 582,
trattenere 582**

hollow out **scavare 394**

honor **onorare 394**

hope **sperare 555**

horrify **inorridire 307**

host **ospitare 387**

howl **ululare 394**

hug **abbracciare 61**

hum **ronzare 394**

humiliate **umiliare 567**

hunch **ingobbire 271**

hunt **cacciare 121**

hurl down **precipitare 247**

hurry up **affrettarsi 84,
sbrigarsi 509**

hurt **ferire 265, nuocere 372,
offendere 379**

hush **zittire 140**

ice **ghiacciare 121**

identify **identificare 301**

idle about **poltrire 140**

ignore **ignorare 302**

illustrate **illustrare 394**

imagine **immaginare 305**

imitate **imitare 394**

join **unire 609, raggiungere 445,
iscriversi 330, aderire 72, connettere 175**

joke **scherzare 514**

judge **giudicare 289**

jump **saltare 504**

justify **giustificare 292**

juxtapose **giustapporre 413**

keep **mantenere 582, tenere 582,
trattenere 582**

keep busy **impegnare 310**

keep from **impedire 309**

keep on **continuare 181**

kick **calciare 121**

kid **scherzare 514**

kidnap **rapire 140**

kill **uccidere 606, ammazzare 394**

kiss **baciare 121**

knead **impastare 394**

kneel **inginocchiarsi 352**

knock **bussare 133**

knock down **abbattere 124,
atterrare 114**

knock the bottom out of **sfondare
394**

knot **annodare 394**

know **conoscere 176, sapere 507**

labor **faticare 287**

lace up **allacciare 121**

lack **mancare 345**

lacquer **verniciare 137**

land **atterrare 114**

languish **languire 140**

last **durare 240**

laugh **ridere 470**

launch **lanciare 332**

lay down **posare 394**

lay out **distendere 581**

lead astray **fuorviare 328**

lead **condurre 170, guidare,
trarre 594**

leaf through **sfogliare 177**

lean **appoggiare 96, tendere 581**

lean out **sporgersi 69**

leap **balzare 247**

learn **imparare 306,
apprendere 97**

lease **affittare 76**

leave out **escludere 249**

leave out/unsaid **sottintendere 581**

leave **lasciare 333, partire 396,
uscire 612, dimenticare 215,
abbandonare 59, andarsene 89**

lend **prestare 425**

lengthen **allungare 82,
prolungare 391**

let **permettere 402**

level **pareggiare 347**

lick **leccare 287**

lie **mentire 351**

lie down **sdraiarsi 526, giacere
286**

lift **alzare 83, sollevare 394**

light **illuminare 303**

light up **accendersi 64**

lighten **schiarire 271**

like best/better **preferire 417**

like **piacere 407**

limp **zoppicare 287**

line up **schierare 394**

line **foderare 394**

linger **dilungarsi 618**

link **connettere 175,
collegare 391**

liquidate **liquidare 394**

list **elencare 287**

listen **ascoltare 105**

live **abitare 62, vivere 628**

live together **convivere 628**

load **caricare 287**

loan **prestare 425**

loathe **detestare 210**

locate **individuare 394, situare
247, trovare 602**

mirror **rispecchiare 489**

mislay **smarrire 140**

mislead **fuorviare 328**

miss **mancare 345, perdere 400, fallire 263**

mistake **sbagliare 508, scambiare 137**

mistreat **maltrattare 599**

misunderstand **fraintendere 323**

mitigate **mitigare 391**

mix **mescolare 354**

mix up **confondere 173**

moan **lamentarsi 84**

mock **prendere in giro 420, schernire 271**

model **modellare 394**

modernize **rimodernare 394**

modify **modificare 287**

moisten **inumidire 140**

molest **molestare 394**

moo **muggire 140**

moor **ormeggiare 347**

mortify **mortificare 287**

motivate **motivare 394**

mount **montare 247**

mourn **lamentare 331**

move **muovere 362, commuovere 157, traslocare 598, trasferirsi 596**

move away **allontanarsi 84**

move closer/near **avvicinare 394**

move freely **spaziare 481**

multiply **moltiplicare 287**

mumble **brontolare 394**

murmur **mormorare 394**

must **dovere 238**

muster **radunare 394**

mutiny **ammutinarsi 84**

mutter **brontolare 394**

nail **inchiodare 273**

name **chiamare 147**

narrate **narrare 363, raccontare 179**

narrow **restringere 566**

need **avere bisogno di 118, servire 534, occorrere 376, dovere 238**

neglect **trascurare 394**

negotiate **contrattare 394**

neigh **nitrire 140**

nibble **sgranocchiare 489**

nod **accennare 394**

not pay attention **distrarsi 229**

note **notare 371, osservare 388**

notice **notare 371, accorgersi 69**

notify **notificare 287**

nourish **nutrire 374**

number **numerare 394**

nurse **accudire 140**

obey **ubbidire 605, obbedire 140**

object **obiettare 394, opporre 382**

oblige **obbligare 375**

obscure **oscurare 394**

observe **osservare 388, notare 371**

obsess **ossessionare 394**

obstruct **ostruire 140**

obtain **ottenere 390**

obviate **ovviare 328**

occupy **occupare 377**

occur **succedere 569**

offend **offendere 379**

offer **offrire, porgere 412**

oil **ungere 608, oliare 567**

old **invecchiare 327**

omit **omettere 355**

open **aprire 99**

open again **riaprire 99**

open wide **spalancare 287**

operate **operare 381**

oppose **opporre 382, combattere 124**

oppress **opprimere 257**

order **ordinare 383**

postpone **rimandare 479, posporre 413**

pour **rovesciare 500**

pour from **sgorgare 142**

pour in **affluire 263**

pour off **travasare 394**

pour out **effondere 275**

practice **praticare 287**

praise **lodare 394**

pray **pregare 418**

preach **predicare 287**

prearrange **prestabilire 140**

precede **precedere 195**

precipitate **precipitare 247**

preclude **precludere 470**

predict **predire 182, prevedere 427**

prefer **preferire 417**

prepare **preparare 423**

prescribe **prescrivere 523**

present **presentare 424**

preserve **conservare 394**

press **premere, stringere 566**

press (for information) **sollecitare 394**

presume **presumere 461**

presuppose **presupporre 413**

pretend **fingere 270**

prevail **prevalere 613**

prevent **impedire 309, vietare 625**

prick up **drizzare 394**

print **stampare 394**

proceed **procedere 195**

proclaim **proclamare 394**

procreate **generare 394**

produce **produrre 429, esibire 140**

profit **approffittare**

progress **progredire 271**

prohibit **proibire 430**

project **proiettare 394**

prolong **prolungare 391**

promote **coltivare 153**

prompt **suggerire 570**

prop up **sorreggere 454**

propagate **propagare 391**

proscribe **proscrivere 523**

prosper **prosperare 394**

prostitute **prostituire 140**

protect **riparare 484**

protest **protestare 394, manifestare 348, reagire 450**

protract **protrarre 594**

prove **provare 437**

provide with **attrezzare 394**

provide **fornire 277**

provoke **provocare 287**

prune **potare 394**

publish **pubblicare 287**

puff **sbuffare 394**

pull **tirare 586**

pull away **allontanare 394**

pull out **strappare 565**

pump **gonfiare 294**

punch **obliterare 394**

punish **punire 609 140**

purchase **acquistare 162**

pursue **ricercare 463, perseguire 529**

put after/off **posporre 413**

put again/back **rimettere 355**

put back **riporre 413**

put in order **riordinare 383**

put in plaster **ingessare 394**

put on weight **ingrassare 247**

put out **spegnere 553, estinguere 260**

put to sleep **addormentare 71**

qualify **qualificare 287**

quarrel **litigare 342**

question **interrogare 391**

question something's validity **contestare 394**

quicken **accelerare 394**

rent **affittare 76, noleggiare 369, prendere in affitto 420, prendere a noleggio 420**

repair **riparare 484**

repeat **ripetere 485**

repent **pentirsi 399**

replace **sostituire 546, riporre 413**

replicate **replicare 287**

reply **rispondere 492**

report **denunciare 207, riferire 474, riportare 414**

represent **rappresentare 448, raffigurare 394**

repress **reprimere 257**

reproduce **riprodurre 429**

repropose **riproporre 413**

request **richiedere 466**

require **richiedere 466**

rescind **disdire 182, rescindere 515**

rescue **salvare 506**

research **ricercare 463**

resemble **assomigliare 110**

reserve **prenotare 421**

resign **abbandonare 59, rassegnarsi 449**

resign (oneself) **rassegnarsi 449**

resign quit one's job **licenziarsi 341**

resist **resistere 252**

resolve **risolvere 490, determinare 394**

resound **risuonare 571**

respect **rispettare 85**

respond **reagire 450, rispondere 492**

rest **riposare 486**

restore **ristabilire 561**

restrain **reprimere 257, comprimere 164**

restrict **restringere 566**

result **risultare 590**

resume **riprendere 487**

retire **ritirarsi 494, andare in pensione 88**

retreat **ritirare 586**

retrieve **ricuperare 394**

return **tornare 590, ricambiare 137**

return (something) **rendere 455, restituire 460**

reunite **riunire 609**

revalue **rivalutare 614**

reveal **rivelare 497, mostrare 316**

revenge **vendicarsi 618**

reverse **rovesciare 500, invertire 531, capovolgere 631**

review **recensire 140**

revive **rivivere 628**

revoke **ritirare 586, annullare 91**

revolt **ribellarsi 462, insorgere 543**

reward **ricompensare 398**

ride a horse/bicycle/motorbike **andare a cavallo/in bicicletta/ in moto 88**

rifle through **rovistare 394**

ring **suonare 571**

ripen **maturare 350**

rise from the dead **risorgere 543**

rise up **insorgere 543**

rise **sorgere 543, levarsi 340**

risk **rischiare 489, azzardare 394**

roar **ruggire 140**

roast **arrostire 140**

rob someone **derubare 502**

rob something **rubare 502**

rock **cullare 394, dondolare 394**

roll **rotolare 394, ondeggiare 347**

rot **marcire 263**

row **remare 394**

rub **(s)fregare 391, strofinare 394**

ruffle one's hair **spettinarsi 84**

ruin **rovinare 501**

rule **governare 394**

share **condividere 235**

sharpen **appuntire 140**

shatter **distruggere 231, frantumare 394**

shave **rasarsi 84**

shear **tosare 394**

sheathe **rivestire 623**

shed **diffondere 213, spandere 547**

shelter **riparare 484**

shift **spostare 394**

shine **luccicare 394**

ship **imbarcare 287**

shock **scandalizzare 394**

shoot **sparare 548, uccidere 606, girare 288, colpire 152**

shorten **accorciare 121, abbreviare 567**

shout **gridare 296, urlare 610**

shovel **spalare 394**

show **mostrare 316**

show off **ostentare 394**

shriek **strillare 610**

shrink **ritirarsi 494**

shun **evitare 262**

shut **chiudere 149**

sigh **sospirare 394**

sign **firmare 272**

signal **segnalare 394**

silence **zittire 140**

simplify **semplificare 287**

simulate **simulare 394**

sing **cantare 139**

sing out-of-tune **stonare 139**

sink **affondare 356**

sit **sedersi 528**

skate **pattinare 394**

skim **scorrere 522**

skip **saltare 504**

slacken **rallentare 447**

slam **sbattere 124**

slander **infamare 394**

slap **schiaffeggiare 347**

slash **sfregiare 347**

sleep **dormire 237**

slice **affettare 394**

slide **scorrere 522, scivolare 247**

slide down **franare 247**

slim **snellire 271**

slip **scivolare 247**

slow down **rallentare 447**

smack **schiaffeggiare 347**

smash up **distruggere 231**

smash **sfasciare 333**

smear **sporcare 559 287**

smell **sentire 531**

smell bad **puzzare 440**

smile **sorridere 470**

smoke **fumare 281, affumicare 287**

smooth out/away **spianare 394**

smooth **levigare 391**

smother **soffocare 287**

smuggle **contrabbandare 394**

snap **scattare 394**

snarl **ringhiare 489**

snatch **strappare 565, afferrare 394**

sneeze **starnutire 140**

sniff **annusare 394**

snore **russare 394**

snort **sbuffare 394**

snow **nevicare 368**

snub **snobbare 394**

soak **inzuppare 394**

soften **ammorbidire 140**

solve **risolvere 490**

soothe **calmare 85**

sound **suonare 571, sembrare 530**

sow **seminare 394**

sparkle **luccicare 394**

speak **parlare 394**

speak again **riparlare 394**

subjugate **sottomettere** 355

submerge **sommergere** 245

submit **sottoporre** 413

substitute **sostituire** 546

subtract **sottrarre** 594

subvert **sovvertire** 531

succeed one another **susseguirsi** 399

succeed **riuscire** 496, **avere successo** 118

suck **succhiare** 489

suckle **allattare** 394

suffer **soffrire** 540

suffice **bastare** 123

sugar **zuccherare** 394

suggest **suggerire** 570

suit **convenire** 185

sum up **riassumere** 461

sunbathe **prendere il sole** 420

summarize **riassumere** 461

superimpose **sovrapporre** 413

supersede **soppiantare** 413

supervene **sopraggiungere** 290

supervise **dirigere** 222

supplant **scavalcare** 287

supply **fornire** 277

support **reggere** 454, **sostenere** 545

suppose **supporre** 573

suppress **sopprimere** 257

surpass **superare** 572

surprise **sorprendere** 544, **stupire** 568

surrender **arrendersi** 102

surround **circondare** 394

survive **sopravvivere** 628

suspect **sospettare** 394

suspend **sospendere** 94

swallow **inghiottire** 140

swear **giurare** 291

sweat **sudare** 394

sweep **spazzare** 394, **scopare** 394

sweep away **travolgere** 631

sweeten **addolcire** 140

swell **gonfiare** 294

swim **nuotare** 373

swindle **truffare** 318

swing **dondolare** 394

switch **scuotere** 524, **cambiare** 137

switch off **spegnere** 553

switch on **accendere** 64

sympathize with **comprendere** 163

take **prendere** 420, **portare** 414, **accettare** 65, **accompagnare** 68, **cogliere** 150

take time **metterci** 355

take a bath **fare il bagno** 264

take a picture **fare una fotografia** 264

take a rest **riposare** 486

take a seat **accomodarsi** 67

take a shower **fare una doccia** 264

take a walk **fare una passeggiata** 264

take advantage **sfruttare** 535

take an exam **dare un esame** 201

take away/off **togliere** 588, **staccare** 562

take care **occuparsi** 377

take chances/risks **rischiare** 489

take for **confondere** 173

take in **imbrogliare** 304

take off **andarsene** 89

take off one's clothes **spogliarsi** 558

take on **assumere** 111

take out a suscription/season ticket **abbonarsi** 84

take out **estrarre** 594

take place **svolgersi** 576, **avere luogo** 118

take sides **parteggiare** 347

take turns **alternarsi** 84

turn yellow **ingiallirsi 596**

twist **torcere 589**

type out **ricopiare 567**

unblock **sbloccare 287**

unbotton **sbottonare 394**

unchain **scatenare 394**

uncover **scoprire 187**

undergo **subire 140**

underline **sottolineare 394**

undersell **svendere 617**

understand **capire 140, comprendere 163**

undertake **intraprendere 420, assumere 111**

underwrite **sottoscrivere 523**

undo **disfare 264**

undress **spogliarsi 558**

unhook **sganciare 121**

unify **unificare 287**

unite **unire 609**

unleash **sciogliere 516**

unload **scaricare 511**

unmask **smascherare 394**

unplug **staccare 562**

untie **slacciare 121, slegare 391, sciogliere 516**

unwrap **scartare 394**

update **aggiornare 394**

uphold **sostenere 545**

upset **turbare 604, agitare 80, scuotere 524**

urge **sollecitare 394**

use **usare 611**

usurp **usurpare 394**

utilize **utilizzare 394, impiegare 391**

utter **proferire 140**

validate **convalidare 394**

value **valutare 614**

vanish **scomparire 518, sparire 550, svanire**

vaporize **evaporare 247**

varnish **verniciare 121**

vary **variare 567**

venture **azzardarsi 84**

verify **verificare 621**

vex **irritare 551, seccare 527**

vibrate **vibrare 394**

violate **violare 394, infrangere 557**

visit **trovare 602, visitare 627**

vomit **vomitare 394**

vote **votare 394**

wait for **aspettare 106, attendere 113**

wake up **svegliarsi 574**

walk **camminare 138**

wall up **murare 394**

wander about **vagabondare 394**

want **volere 629, desiderare 209**

warm up **riscaldare 488**

warn **avvertire 531**

wash **lavare 335, lavarsi 336**

waste **sprecare 287**

watch over **sorvegliare 137**

watch **guardare 298**

water down **annacquare 394**

water **annaffiare 567**

wax **lucidare 394**

weaken **indebolire 307**

wear **portare 414**

wear out **consumare 394, logorare 394**

weave **tessere 195**

wedge **incastrare 394**

weep **piangere 408**

weight anchor **salpare 247**

weigh **pesare 404**

welcome **ricevere 464, accogliere 150**

weld **saldare 394**

wet **bagnare 541**

wharf **ormeggiare 347**

while away **ingannare 318**